江苏省地方志编纂委员会

江苏省志·人物志（一）

凤凰出版社

图书在版编目(CIP)数据

江苏省志．人物志/江苏省地方志编纂委员会编．— 南京：凤凰出版社，2008.6
ISBN 978-7-80729-204-3

Ⅰ．江… Ⅱ．江… Ⅲ．①江苏省－地方志②人物－列传－江苏省 Ⅳ．K295.3

中国版本图书馆 CIP 数据核字(2008)第 175397 号

书　　名	江苏省志·人物志（一、二、三）
编　　者	江苏省地方志编纂委员会
责任编辑	常宁文
出版发行	凤凰出版传媒集团
	凤凰出版社（原江苏古籍出版社）
	南京市中央路 165 号　邮编 210009
	发行部电话 025—83223462
集团网址	凤凰出版传媒网　http://www.ppm.cn
印　　刷	南京爱德印刷有限公司
	南京市江宁区东山镇东善桥秣周中路 99 号　邮编 211153
开　　本	787×1092 毫米　1/16
印　　张	96
字　　数	1622 千字
版　　次	2008 年 6 月第 1 版　2008 年 6 月第 1 次印刷
标准书号	ISBN 978-7-80729-204-3
定　　价	608.00 元（全三册）

（凤凰出版社图书凡印装错误可向承印厂调换）

江苏省志·人物志

泰伯(生卒年不详),商末吴国始祖

泰伯墓(无锡)

伍子胥(?~前484),春秋政治家、军事家

孙武(生卒年不详),春秋军事家,《孙子兵法》作者

孙武墓冢(苏州)

JIANG SU SHENG ZHI·REN WU ZHI

言偃(前506~前443),春秋时期教育家

言偃墓(常熟)

徐福(生卒年不详),秦方士,东渡日本开拓者

徐福故里(赣榆)

项羽故里(宿迁)

项羽(前232~前202),秦末农民起义领袖

江苏省志·人物志

刘邦(前256或前247~前195),西汉王朝建立者

刘邦画像(沛县)

韩信(？~前196),汉初军事家

萧何(？~前193),汉初相国

汉赋大家枚乘(？~前140)故里碑亭(淮安)

张道陵(34~156),道教始祖,世称"张天师"

孙权(182~252),三国吴创立者

葛洪(约283~363),东晋道学家、炼丹术专家、医药学家

司马睿(276~322),东晋建立者

王羲之(303~379),东晋书法家

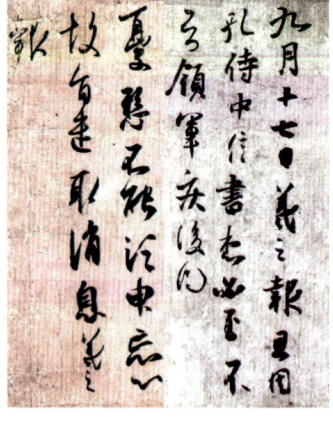
王羲之作品

江苏省志·人物志

顾恺之（约345~409），东晋书画家

顾恺之作品

刘裕（363~422），南朝宋建立者

萧道成（427~482），南朝齐建立者

祖冲之（429~500），南朝著名科学家

萧衍（464~549），南朝梁建立者

宝志(418~514),南朝梁名僧

宝志舍利塔(南京)

萧统(501~531),南朝文学家

萧统读书台(镇江)

杨惠之(唐,生卒年不详)雕塑作品(苏州)

江苏省志·人物志

鉴真(688~763),唐高僧

刘禹锡(772~842),唐思想家、文学家

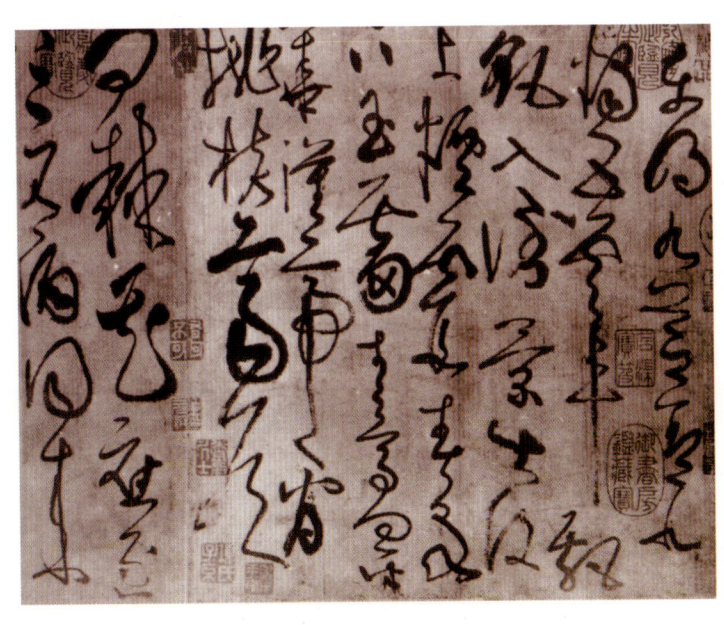

张旭作品

张旭(658~747),唐书法家

李煜（937~978），南唐国主，词人

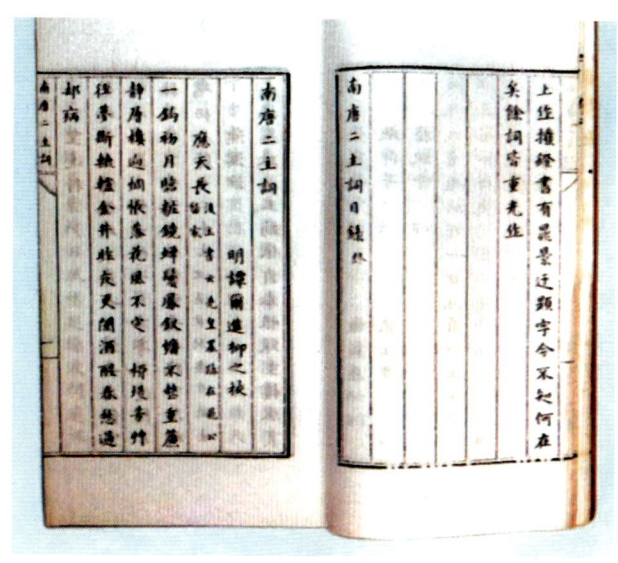

李煜词作

为纪念范仲淹修建的"先忧后乐"牌楼（苏州，毁于1966年）

范仲淹（989~1052），北宋政治家、军事家、教育家、文学家

胡瑗（993~1059），北宋教育家

安定书院旧址（泰州）

江苏省志·人物志

沈括故居(镇江)

沈括(1031~1095),北宋著名科学家、政治家

秦观(1049~1100),北宋著名词人

米芾(1051~1107),北宋书画家

秦观、苏东坡会文之地(高邮)

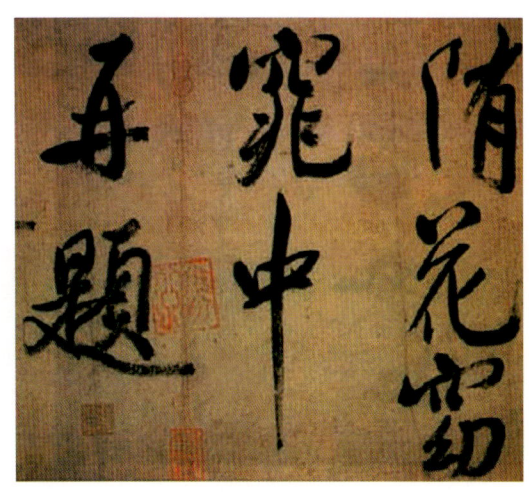

米芾作品

JIANG SU SHENG ZHI·REN WU ZHI

岳飞（1103~1142），南宋抗金名将

岳飞庙（泰州）

梁红玉（？~1153），南宋抗金女将

韩世忠（1089~1151），南宋抗金名将

韩世忠墓碑（苏州）

江苏省志·人物志

陆秀夫纪念馆（盐城）

陆秀夫（1238~1279），南宋大臣、抗元英雄

张士诚（1321~1367），元末农民起义领袖

文天祥（1236~1283），南宋名臣、抗元英雄

施耐庵墓（兴化）

施耐庵（1296~1370），《水浒传》作者

倪瓒（1301或1306~1374），元末明初书画家、诗人

倪瓒作品

朱元璋（1328~1398），明朝建立者

明孝陵朱元璋墓（南京）

江苏省志·人物志

郑和(1371~1435),明航海家

郑和墓(南京)

蒯祥墓(苏州)

蒯祥(1398~1481),明建筑大师

唐寅(1470~1524),明书画家

唐寅作品

JIANG SU SHENG ZHI·REN WU ZHI

王艮（1483~1541），明思想家、泰州学派创立者

祭祀王艮的崇儒祠（泰州）

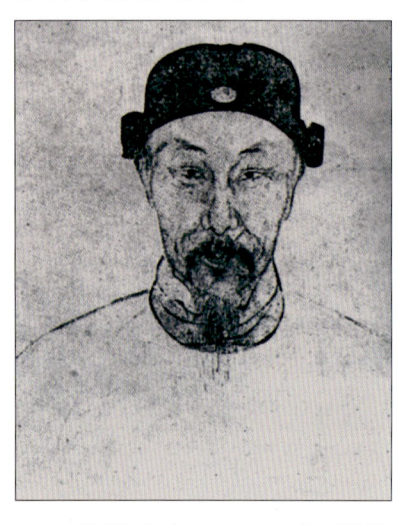

唐顺之（1507~1560），明抗倭名将、文学家

唐顺之墓地（常州）

吴承恩（约1500~约1582），《西游记》作者

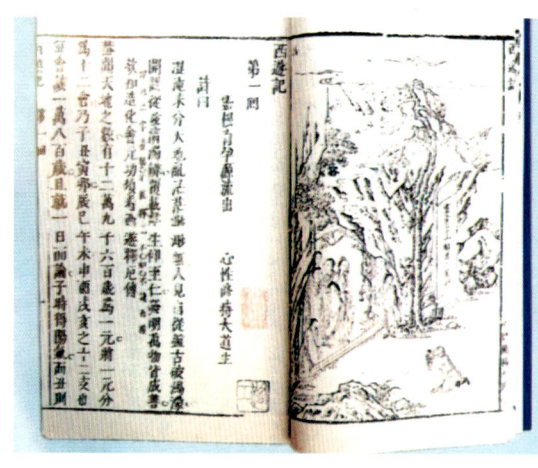

《西游记》线装书

江苏省志·人物志

海瑞（1514~1587），明著名清官

顾宪成（1550~1612），明"东林党"领袖

王肯堂（1549~1613），明著名医学家

陈实功（1555~1636），明医学家

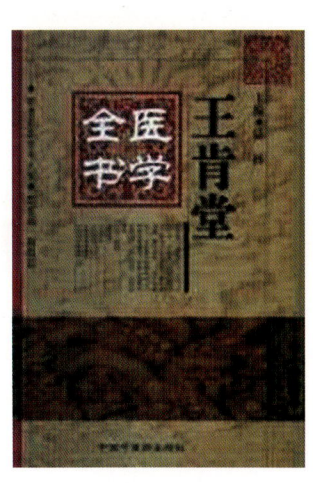

王肯堂医学全书

JIANG SU SHENG ZHI·REN WU ZHI

徐霞客故居(江阴)

徐霞客(1587~1641),明地理学家、旅行家

时大彬(1573~1648)制紫砂壶

史可法(1601~1645),明末抗清名将

史可法墓(扬州)

江苏省志·人物志

顾炎武(1613~1682),明末清初思想家、学者

亭林公园(昆山)

清初书画家恽南田(1633~1690)纪念馆(常州)

郑燮(1693~1765),清书画家

郑燮作品

恽南田作品

曹雪芹(约1715~约1764),《红楼梦》作者

段玉裁(1735~1815),清经学家、文字学家

段玉裁纪念馆(金坛)

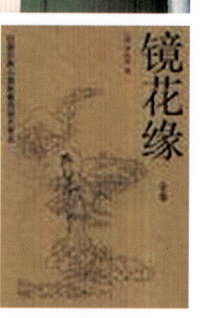

李汝珍(约1763~1828),小说《镜花缘》作者

王念孙(1744~1832)、王引之(1766~1834)父子,清乾嘉学派著名学者

高邮王氏纪念馆

江苏省志·人物志

吴瑭(1758~1836),
清著名医学家

吴瑭医书

关天培(1781~1841),清抗英爱国名将、民族英雄

关天培纪念馆(淮安)

邓廷桢(1776~1846),清抗英大臣,民族英雄

徐寿(1818~1884),清科学家

洪秀全(1814~1864),太平天国创立者

徐寿设计的中国第一艘轮船"黄鹄号"

JIANG SU SHENG ZHI · REN WU ZHI

薛福成(1838~1894),清抗法民族英雄

薛福成故居(无锡)

翁同龢故居(常熟)

华衡芳(1833~1902),清末数学家、教育家

翁同龢(1830~1904),清末政治家

赵声(1881~1911),辛亥革命先烈

位于镇江伯先公园内的赵声塑像

江苏省地方志编纂委员会

（1986年1月—1999年3月）

主 任 委 员 顾秀莲（1986年1月—1989年12月）

陈焕友（1989年12月—1995年9月）

郑斯林（1995年9月—1999年3月）

副主任委员 胡福明　罗运来　段绪申　刘　坚

盛思明　汪文超　王建中

委　　　员（按姓氏笔画为序）

于鸿模　王一香　王小敏　王淮冰

王朝元　王霞林　冯志道　许京安

孙富中　吕振林　李炳才　吴　镕

吴鹩筠　邱克勤　沙人麟　沈嘉荣

陈乃林　金靖中　姜其温　姜宗濂

洪焕椿　施绍祥　施学道　秦　杰

耿保和　顾　愉　徐福基　钱协寅

梁昆义　蒋迪安　颜　伟　濮梦龄

瞿光枢

专职委员 樊发源　杨　巩　徐　复　朱锡通

江苏省地方志编纂委员会

（1999年4月起）

主任委员 季允石

副主任委员 俞兴德　胡福明　段绪申　张长胜
　　　　　　　王建中

委　　　员（排名以发文顺序为准）

　　　　　　　顾介康　钱协寅　唐　建　赵京玉
　　　　　　　吕振林　柯广坚　刘向东　戴镇基
　　　　　　　张九汉　吴　晶　黄玉生　钱志新
　　　　　　　周　游　叶　坚　徐其耀　王永顺
　　　　　　　陈乃林　杨布尔　梁昆义　施学道
　　　　　　　季根章　杨卫泽　王传明　夏　鸣
　　　　　　　谈宝忠　邹国忠　宋林飞　朱步楼
　　　　　　　王宏民　吴新雄　于广洲　孟金元
　　　　　　　陈德铭　程亚民　夏　耕　陈从亮
　　　　　　　李全林　苏泽群　周大平　丁解民
　　　　　　　佘义和

江苏省地方志编纂委员会

(2001年3月起)

主 任 委 员 季允石

副主任委员 梁保华　俞兴德　段绪申　张长胜　王建中

委　　　员（排名以发文顺序为准）

　　　　　　李云峰　薛　和　　唐　建　　赵京玉
　　　　　　宋玉友　柯广坚　　姚晓东　　周和平
　　　　　　吴　晶　黄玉生　　钱志新　　吴瑞林
　　　　　　王永顺　顾汉萍(女)　周桂根　　王时中
　　　　　　酆祥林　蒋华年　　黄莉新(女)　张九汉
　　　　　　叶　坚　季根章　　周　珉(女)　王传明
　　　　　　杨布尔　周　游　　许祖元　　谈宝忠
　　　　　　宋林飞　廖　进　　王宏民　　王　荣
　　　　　　潘永和　李全林　　杨卫泽　　罗一民
　　　　　　陈震宁　陈从亮　　陶培荣　　季建业
　　　　　　史和平　夏　鸣　　仇　和

江苏省地方志编纂委员会

(2003年2月起)

主 任 委 员 梁保华
副 主 任 蒋定之　柏苏宁　张桃林　陆　军　李小敏
　　　　　　王建中
委　　　员（排名以发文顺序为准）
　　　　　　李云峰　薛　和　唐　建　赵京玉　陈以尧
　　　　　　王　奇　谭　跃　周和平　缪蒂生　俞胶东
　　　　　　蒋宏坤　毛小平　李福全　王伟成　阎　立
　　　　　　丁大卫　刘永忠　樊金龙　赵　鹏　王燕文
　　　　　　许津荣　毛伟明　张新实　钱志新　韩庆华
　　　　　　王斌泰　王永顺　赵顺盘　包国新　赵永贤
　　　　　　周　游　潘永和　吕振霖　刘立仁　张　雷
　　　　　　章剑华　郭兴华　汤以伦　王传明　王　华
　　　　　　谈宝忠　宋林飞　廖　进

江苏省地方志编纂委员会

（2006年12月起）

主 任 委 员　梁保华
副主任委员　赵克志　柏苏宁　张桃林　陆　军　李小敏
　　　　　　　方未艾
委　　　员（排名以发文顺序为准）
　　　　　　　姚晓东　薛　和　韩庆华　唐　建　赵京玉
　　　　　　　傅沿江　郭广银　孙学玉　周和平　缪蒂生
　　　　　　　俞胶东　蒋宏坤　毛小平　曹新平　王伟成
　　　　　　　阎　立　丁大卫　刘永忠　樊金龙　李　强
　　　　　　　王燕文　许津荣　姚建华　缪瑞林　毛伟明
　　　　　　　王斌泰　朱克江　赵顺盘　包国新　赵永贤
　　　　　　　周　游　潘永和　吕振霖　刘立仁　张　雷
　　　　　　　章剑华　郭兴华　汤以伦　徐毅英　王　华
　　　　　　　韩　杰　宋林飞　廖　进

《江苏省志》总纂、副总纂

总　　纂　胡福明

副总纂　樊发源　姜其温　吴　镕　邱　路
　　　　郁　冠　翁　展　刘登仁　蔡秋明
　　　　叶春生　熊人民　张俊森　汪文超
　　　　王建中

总　序

陈　焕　友

在改革开放和现代化建设新的历史时期,规模宏大的《江苏省志》各分卷开始陆续问世了!这是我省社会主义精神文明建设的一项重要工程,也是我省文化史上的一件大事,功在当代,惠及子孙。

《江苏省志》是江苏省人民政府主持编纂的大型地方资料文献。全志共92卷,约4000多万字。内容从自然到社会,记述江苏的历史和现状,展示了江苏人民在10万平方公里的土地上辛勤劳动、进行革命和建设的宏伟业绩,特别是1978年贯彻改革开放政策以来所取得的巨大成就。

编纂《江苏省志》的根本目的,在于提供我省准确、全面、完整、系统的地情资料,为今人及后人了解江苏、认识江苏、发展江苏提供借鉴,以期起到资治、存史、教化之功效。

编纂《江苏省志》,是历史赋予我们的神圣使命,是江苏人民的迫切需要。我国历来有修志传统,江苏省又素有人文荟萃之誉。但是,自清代康熙六年(1667年)江苏建省300多年来,由于种种原因,还没有一部完整的《江苏省志》出版面世。康熙二十三年刊刻的《江南通志》,仍按江南省旧例,以江苏与安徽合置。雍正九年(1731年)重修的《江南通志》,刊刻于乾隆元年(1736年),地域范围一仍其旧。宣统元年(1909年)设江苏通志局,为创修《江苏通志》之始,此后,在民国7年(1918年)、民国18年和民国

34年,先后4次动议,4次设局编修,其结果是4次中辍。当时,先后出任总纂、主编的缪荃孙、冯煦、庄蕴宽、吴廷燮,都是著名的大手笔,终因种种原因,加上人事更迭,最后只留下部分铅印本和一大摞手稿。这部《江苏省志》的最终出版面世,从而结束"内地十八省,唯江苏无专志"的历史!

《江苏省志》工程浩大,牵涉面广,编修实属不易。自1986年起步,到第一部编修完成的《江苏省志·陶瓷工业志》于1993年交付出版,前后已历时8年,整套《江苏省志》全部出版面世,还需要若干年艰苦的努力。在编纂过程中,动员组织了数千名各行各业的人员参与这项工作。修志人员从研究情况、制订篇目开始,到搜集、整理、鉴别、考证资料,撰写志稿,组织专家、行家多次评审,对志稿反复修改编纂加工,最后定稿付梓,这是众手成志的工作过程,也是一个相当严谨的科学的工作过程。在这个过程中,既要在浩如烟海的文献典籍中辛勤搜寻资料,并要通过社会调查挖掘,抢救珍贵资料,还要集中众人的智慧,字斟句酌,认真推敲,精心撰写,方能完成。这届修志,队伍之庞大,组织之严密,方法之科学,都是以往修志所不可比拟的。可以说,这部《江苏省志》,是我省修志人员肩负党和人民的重托、辛勤笔耕的科学结晶。

这部《江苏省志》,大部分资料来自历代文献和档案资料,亦有部分资料采自口碑,皆弥足珍贵。编成这部巨型的科学著作,除了修志队伍努力的工作外,还依靠许多老干部、老同志的大力支持以及许许多多孜孜不倦工作的无名英雄的配合。

地方志书的实用性极强,修志是为了用志。我们殷切希望《江苏省志》在社会主义物质文明和精神文明建设中充分发挥作用。

凡　　例

一、本志定为《江苏省志》,各专业志定名为《江苏省志·××志》。

二、本志上限不定,各类事物的记述,均追溯至起始发端;下限年份,考虑到各专业志的相对独立性和全志编纂时间较长,分别采用1987年、1990年、1992年。下限为1987年的专业志,其概述和大事年表延伸至1990年或1992年。

三、本志记述江苏省现行行政区划境域内之事物。对在江苏境内的中央、军队以及兄弟省、市、自治区所属企业、事业单位和三资企业等均作记述。为反映事物的完整性,对业务主管范围延伸至省外者,延伸部分作简略记述。

四、本志记事,详今略古。全志设89部专业志,另有《总述·大事记》、《江苏人民革命斗争纪略》、《附录》各1卷,共计92卷。

五、本志从现代社会分工、科学分类和便于编纂出发,继承"横分门类,纵向叙述"的传统做法。各专业志原则上设章、节、目、子目四个层次。少数专业志增设"篇"的层次。

六、本志采用述、记、志、传、录、图、表等并用的综合体裁。全志的总述和专业志的概述,述议结合,勾勒事物发展的轮廓;全志的大事记和专业志的大事年表,以编年体为主,辅之以纪事本末体。各类专业志用记述体。

七、本志《人物志》分传、简介、表三个层次。生不立传,但可以入人物表。各专业志不设人物章,用以事系人的办法,反映人民群众的作用。

八、一般专业志不写党、团、工会组织及其活动,有关内容入《党派志》或《社团志》。中共各级委员会的重大决策和民主党派的重大参政活动,穿插在专业记述之中。土地改革、农业社会主义改造、农村经济体制改革,归入《农业志》记述;商业社会主义改造,城市部分归入《商业志》记述,农村部分归入《供销合作社志》记述;手工业社会主义改造,归入《轻工业志》记述;《综合经济志》则综合记述"三大改造"和城市经济体制改革。政治运动不设专志,分别在《大事记》和有关专业志中记述。

九、为了行文简略,以"建国前(或后)"表示"中华人民共和国成立前(或后)"。

十、本志资料,均为经过核实整理的历史文献、档案和口碑资料,一般不注明出处。建国后的统计数字,以统计部门的统计数字入志;统计部门没有的数字,以业务主管部门的统计数字入志。

十一、历史纪年,建国前先写朝代纪年,后括注相应的公元纪年;建国后一律用公元纪年。大事记和大事年表中,一律用公元纪年,建国前的公元纪年括注朝代纪年。

十二、计量单位,采用国务院1984年3月4日颁布的中华人民共和国法定计量单位,1984年3月以前使用的计量单位则照实记载,必要时用括号注明其换算值。

十三、数字的使用,按1983年12月10日颁布的《中华人民共和国统计法》和国家语言文字工作委员会等七单位于1986年12月31日颁布的《关于出版物上数字用法的试行规定》执行。

十四、地名,以省地名委员会颁布的地名为准。古地名用原名,有准确地域范围的括注今地名。地图,以省测绘局的标准图为蓝本。

总　　目

第 1 卷　总述
第 1 卷　大事记·古代部分
第 1 卷　大事记·民国部分
第 1 卷　大事记·建国后部分
第 2 卷　地理志
第 3 卷　人口志
第 4 卷　计划生育志
第 5 卷　天文事业志
第 6 卷　气象事业志
第 7 卷　地质矿产志
第 8 卷　地震事业志
第 9 卷　土壤志
第 10 卷　生物志·动物篇
第 10 卷　生物志·植物篇
第 11 卷　土地管理志
第 12 卷　综合经济志
　　　　　（上、下）
第 13 卷　水利志
第 14 卷　农业志
第 15 卷（上）　林业志
第 15 卷（下）　园艺志
第 16 卷　畜牧志
第 17 卷　水产志
第 18 卷　农机具志
第 19 卷　海涂开发志
第 20 卷　蚕桑丝绸志
第 21 卷　轻工业志
第 22 卷　纺织工业志
第 23 卷　陶瓷工业志
第 24 卷　盐业志
第 25 卷　医药志
第 26 卷　电子工业志
第 27 卷　冶金工业志
第 28 卷　机械工业志
第 29 卷　石油工业志
第 30 卷　化学工业志
第 31 卷　煤炭工业志
第 32 卷　电力工业志
第 33 卷　建材工业志
第 34 卷　建筑志
第 35 卷　军事工业志
第 36 卷　乡镇工业志
第 37 卷　城乡建设志
第 38 卷　房地产管理志
第 39 卷　风景园林志
第 40 卷　测绘志
第 41 卷　环境保护志
第 42 卷　交通志·航运篇
第 42 卷　交通志·民航篇
第 42 卷　交通志·铁路篇
第 42 卷　交通志·公路篇
第 43 卷　邮电志

第44卷	商业志	第65卷	政府法制志
第45卷	供销合作社志	第66卷	公安志
第46卷	粮食志	第67卷	检察志
第47卷	物资志	第68卷	审判志
第48卷	对外经济贸易志	第69卷	司法志
第49卷	旅游业志	第70卷	民政志
第50卷	商品检验志	第71卷	地名志
第51卷	海关志	第72卷	劳动管理志
第52卷	工商行政管理志	第73卷	人事管理志
第53卷	价格志	第74卷	外事志
第54卷	标准化志	第75卷	侨务志
第55卷	计量志	第76卷	档案志
第56卷	财政志(上、下)	第77卷	教育志(上、下)
第57卷	税务志	第78卷	科学技术志
第58卷	金融志	第79卷	社会科学志
第59卷	保险志	第80卷	报业志
第60卷	审计志	第81卷	出版志
第61卷(上)	议会 人民代表大会志	第82卷	广播电视志
		第83卷(上)	文化艺术志
第61卷(中)	政府志	第83卷(下)	文学志
第61卷(下)	政协志	第84卷	文物志
第62卷(上)	中共志	第85卷	卫生志(上、下)
第62卷(中)	民主党派 工商联志	第86卷	体育志
		第87卷	宗教志
第62卷(下)	国民党志	第88卷	民俗志
第63卷	社团志·工人团体篇	第89卷	方言志
第63卷	社团志·农民团体篇	第90卷	人物志(一、二、三)
第63卷	社团志·青年团体篇	第91卷	江苏人民革命斗争纪略
第63卷	社团志·妇女团体篇		
第64卷	军事志(上、下)	第92卷	附录

《江苏省志·人物志》编纂人员

主　　编　汪文超
副 主 编　张尚金　于砚云（女,执行）
特邀审稿（按姓氏笔画为序）
　　　　　孙富中　　　许京安　　　朱通华　　　吴　镕
　　　　　诸葛计　　　盛思明　　　蔡秋明
编　　撰（按姓氏笔画为序）
　　　　　于砚云（女）　尤　岩（女）　王洪宇　　　王振福
　　　　　吕武进　　　朱邦华　　　朱家康　　　李　文（女）
　　　　　李嘉球　　　何惠斌　　　张尚金　　　张颖颖（女）
　　　　　狄树芝　　　陈　华　　　吴之光　　　吴炳顺
　　　　　吴逵隆　　　吴福林　　　肖　波　　　茆贵鸣
　　　　　林小玲（女）　郁有满　　　季为群（女）周文晓
　　　　　宗清元　　　荀德麟　　　赵匡民　　　宫冠丽（女）
　　　　　郭维庚　　　奚博凯　　　蒋永才

本卷责任副总纂　蔡秋明
本卷责任协纂　张乃格　陈　华

核（校）稿（按姓氏笔画为序）

卢　岚（女）　　吉文成　　　吉　祥　　　孙　进

朱兰霞（女）　朱莉萍（女）　江龙波　　　何　磊

张兴亚　　　　张胜旺　　　桑　荟（女）　黄　静（女）

嵇安阳　　　　缪小咏

江苏省志·人物志

目 录

（一）

概 述 ………………………………………………………… 1

人物传（夏商～公元1911）

彭　祖(生卒年不详) ………… 31
太　伯(生卒年不详) ………… 31
　仲　雍(生卒年不详) ………… 31
专　诸(？～前515) …………… 32
阖　闾(？～前496) …………… 33
伍子胥(？～前484) …………… 33
季　札(前576～前485) ……… 34
孙　武(生卒年不详) ………… 35
姬夫差(？～前473) …………… 35
范　蠡(生卒年不详) ………… 35
老　子(生卒年不详) ………… 36
言　偃(前506～前443) ……… 37
干　将(生卒年不详) ………… 37
　莫　邪(生卒年不详) ………… 37

黄　歇(？～前238) …………… 38
项　燕(？～前223) …………… 39
　项　伯(？～前192) …………… 39
徐　福(生卒年不详) ………… 39
召　平(生卒年不详) ………… 39
项　梁(？～前208) …………… 40
周　苛(生卒年不详) ………… 41
项　羽(前232～前202) ……… 41
虞　姬(前约232～前202) …… 42
钟离眛(？～前200) …………… 42
韩　信(？～前196) …………… 43
刘　邦(前256或前247～前195)
　………………………………… 44
萧　何(？～前193) …………… 45

曹　参(？～前190)……46	张　纮(152～211)……64
樊　哙(？～前189)……46	张　鲁(生卒年不详)……65
王　陵(？～前181)……47	陈　琳(156～217)……65
吕　雉(约前241～前180)……48	鲁　肃(172～217)……66
夏侯婴(？～前172)……49	陆　绩(187～219)……67
陆　贾(约前240～前170)……49	张　昭(156～236)……68
周　勃(？～前169)……50	徐　宣(168～236)……69
刘　濞(前215～前154)……51	严　畯(生卒年不详)……70
枚　乘(？～前140)……51	陈　矫(？～237)……70
枚　皋(前156～？)……51	陈　骞(212～292)……70
刘　安(前179～前122)……52	朱　桓(177～238)……71
严　助(？～前122)……53	顾　雍(168～243)……72
朱买臣(？～前115)……53	葛　玄(164～约244)……73
严　忌(约前188～前105)……54	陆　逊(183～245)……73
董仲舒(前179～前104)……54	步　骘(？～248)……74
刘细君(约前123～？)……55	孙　权(182～252)……75
刘解忧(前119～前49)……55	吕　岱(161～256)……76
刘　彻(前156～前87)……56	支　谦(生卒年不详)……77
严延年(？～前58)……57	韦　昭(204～273)……77
严彭祖(生卒年不详)……57	陆　抗(226～274)……78
刘　向(约前77～前6)……57	吴　普(生卒年不详)……79
龚　胜(约前69～约10)……58	周　处(240～297)……80
刘　歆(前53～23)……59	陆　机(261～303)……80
周　纡(？～97)……59	陆　云(262～303)……81
徐　淑(约98～？)……60	顾　荣(？～312)……82
徐　璆(生卒年不详)……60	张　翰(？～319)……82
张　婴(？～145)……61	司马睿(276～322)……83
张道陵(34～156)……61	纪　瞻(生卒年不详)……84
臧　旻(生卒年不详)……61	郭　璞(276～324)……84
臧　洪(160～196)……61	卞　壸(281～328)……85
陈　登(生卒年不详)……62	刘　隗(273～333)……85
华　佗(？～208)……63	王　导(276～339)……86

葛　洪(约283～363) …………… 87	刘　勰(约465～约532) ……… 108
王羲之(303～379) ……………… 88	陶弘景(456～536) ……………… 108
谢　安(320～385) ……………… 89	萧子显(489～537) ……………… 109
戴　逵(？～396) ……………… 89	萧子云(487～549) …………… 109
徐　邈(344～397) ……………… 90	刘孝绰(481～539) ……………… 109
刘牢之(？～402) ……………… 90	刘令娴(生卒年不详) ………… 109
顾恺之(约345～409) …………… 91	张僧繇(生卒年不详) …………… 110
刘　毅(约362～412) …………… 92	任孝恭(？～548) ……………… 110
法　显(约337～约420) ………… 93	萧　衍(464～549) ……………… 111
刘　裕(363～422) ……………… 93	刘孝仪(484～550) ……………… 112
檀道济(？～436) ……………… 94	侯　景(503～552) ……………… 112
戴　颙(378～441) ……………… 95	萧　绎(508～554) ……………… 113
刘义庆(403～444) ……………… 95	陈霸先(503～559) ……………… 113
何承天(370～447) ……………… 96	刘　璠(510～568) ……………… 114
臧　质(生卒年不详) …………… 97	顾野王(519～581) ……………… 114
沈　璞(生卒年不详) ………… 97	徐　陵(507～583) ……………… 115
鲍　照(414～466) ……………… 98	陈叔宝(553～604) ……………… 115
鲍令晖(生卒年不详) ………… 98	张　𪠘(约560～605) …………… 116
萧道成(427～482) ……………… 98	巢元方(生卒年不详) …………… 117
陆探微(？～约485) …………… 99	管　崇(？～613) ……………… 117
臧荣绪(415～488) ……………… 100	沈法兴(？～620) ……………… 118
萧子良(460～494) ……………… 100	李子通(？～622) ……………… 118
王敬则(435～498) ……………… 101	陆德明(约550～630) …………… 119
谢　朓(464～499) ……………… 102	陆柬之(585～638) ……………… 120
祖冲之(429～500) ……………… 102	孙过庭(生卒年不详) …………… 120
陈伯之(生卒年不详) …………… 103	曹　宪(约541～645) …………… 120
江　淹(444～505) ……………… 103	刘德威(？～652) ……………… 121
范　缜(约450～约510) ………… 104	法　融(594～657) ……………… 121
宝　志(418～514) ……………… 105	上官仪(约608～664) …………… 122
僧　祐(445～518) ……………… 105	道　宣(596～667) ……………… 122
萧　宏(473～526) ……………… 106	王义方(615～669) ……………… 123
萧　统(501～531) ……………… 107	李　善(约630～689) …………… 123

李 邕(678~747) …… 123	赵 幹(生卒年不详) …… 145
张若虚(约660~约720) …… 125	李 昇(888~943) …… 145
刘知几(661~721) …… 125	沈 斌(?~945) …… 147
周 广(生卒年不详) …… 126	刘仁赡(900~957) …… 148
张 旭(658~747) …… 126	李 璟(916~961) …… 148
杨惠之(生卒年不详) …… 127	韩熙载(902~970) …… 150
王昌龄(约698~约756) …… 127	徐 锴(920~975) …… 150
萧颖士(709~760) …… 128	徐 铉(916~992) …… 150
鉴 真(688~763) …… 129	周文矩(约917~?) …… 151
储光羲(707~约766) …… 130	鱼崇谅(903~977) …… 152
皇甫冉(约717~约770) …… 131	李 煜(937~978) …… 152
独孤及(725~777) …… 132	刘 福(生卒年不详) …… 154
颜真卿(709~785) …… 132	徐 熙(生卒年不详) …… 154
戴叔伦(732~789) …… 133	刘承规(949~1012) …… 155
韦应物(约737~约791) …… 134	丁 谓(966~1037) …… 156
吉中孚(约740~798) …… 135	苏舜钦(1008~1049) …… 156
沈既济(约750~约800) …… 135	范仲淹(989~1052) …… 157
权德舆(761~818) …… 135	胡 瑗(993~1059) …… 157
张 籍(约766~约830) …… 136	沈 起(生卒年不详) …… 158
蒋 防(792~835) …… 137	胡 宿(996~1067) …… 159
刘禹锡(772~842) …… 137	刁 约(生卒年不详) …… 160
白居易(772~846) …… 138	欧阳修(1007~1072) …… 160
张 璪(卒年不详) …… 139	卫 朴(?~1077) …… 161
李 绅(772~846) …… 139	程 颢(1032~1085) …… 162
王 起(760~847) …… 140	王安石(1021~1086) …… 163
李德裕(787~850) …… 141	孙 觉(1028~1090) …… 163
李 珏(784~853) …… 141	沈 括(1031~1095) …… 164
赵 嘏(806~854) …… 142	朱长文(1041~1098) …… 165
庞 勋(?~869) …… 143	王 观(1035~1100) …… 166
许 佶(?~869) …… 143	王 觌(1036~1103) …… 166
许 浑(生卒年不详) …… 144	王俊乂(1036~1103) …… 166
陆龟蒙(?~约881) …… 144	秦 观(1049~1100) …… 166

苏　颂(1020~1101) ………… 167
王　存(1023~1101) ………… 167
范纯仁(1027~1101) ………… 168
苏　轼(1037~1101) ………… 168
刘　庠(生卒年不详) ………… 169
陈师道(1053~1102) ………… 170
郏　亶(1038~1103) ………… 171
米　芾(1051~1107) ………… 171
邹　浩(1060~1111) ………… 172
徐　积(1038~1114) ………… 173
张　耒(1054~1114) ………… 174
霍端友(1056~1115) ………… 174
杨　介(生卒年不详) ………… 175
俞　栗(生卒年不详) ………… 175
陈　东(1086~1127) ………… 176
宗　泽(1059~1128) ………… 177
蒋　猷(1063~1129) ………… 177
杨邦乂(1085~1129) ………… 178
赵　立(1094~1130) ………… 178
王资深(生卒年不详) ………… 179
王　洋(生卒年不详) ………… 179
李　纲(1083~1140) ………… 180
胡世将(1085~1142) ………… 181
岳　飞(1103~1142) ………… 182
张　守(1084~1145) ………… 183
胡松年(1086~1146) ………… 184
秦　梓(？~1146) ………… 185
叶梦得(1077~1148) ………… 185
韩世忠(1089~1151) ………… 185
梁红玉(？~1153) ………… 185
许叔微(1080~1154) ………… 187
秦　桧(1090~1155) ………… 188

魏　胜(1120~1164) ………… 189
汤鹏举(约1087~1165) ………… 190
张　纲(1083~1166) ………… 190
张孝祥(约1132~1169) ………… 191
曾　怀(约1106~约1174) ………… 192
范成大(1126~1193) ………… 192
尤　袤(1127~1202) ………… 193
丘　崈(1135~1209) ………… 193
吴柔胜(生卒年不详) ………… 194
吴　渊(1190~1257) ………… 194
吴　潜(1196~1262) ………… 194
卫　泾(1159~1226) ………… 196
周　虎(？~1229) ………… 196
杨妙真(生卒年不详) ………… 197
李　全(？~1231) ………… 197
刘　宰(1165~1233) ………… 198
刘必成(生卒年不详) ………… 199
赵　葵(1185~1266) ………… 199
马光祖(生卒年不详) ………… 200
李庭芝(1219~1276) ………… 201
陆秀夫(1238~1279) ………… 202
文天祥(1236~1283) ………… 204
蒋　捷(生卒年不详) ………… 205
朱　清(1237~1303) ………… 205
龚　开(1222~约1304) ………… 206
彻里燕只吉台氏(1258~1305) ………… 207
汤　垕(生卒年不详) ………… 208
睢景臣(约1264~1330) ………… 208
芝麻李(？~1352) ………… 209
黄公望(1269~1354) ………… 209
萨都剌(1272~约1355) ………… 210

朱德润(1294~1365)	211	陈　瑄(1365~1433)	233
张士诚(1321~1367)	211	郑　亨(?~1434)	234
陈祖仁(1314~1368)	213	夏　升(1365~1435)	234
顾　瑛(1310~1369)	213	郑　和(1371~1435)	235
施耐庵(1296~1370)	214	费　信(1388~?)	235
倪　瓒(1301~1374)	215	巩　珍(生卒年不详)	235
高　启(1336~1374)	216	金　纯(?~1440)	236
刘　基(1311~1375)	216	况　钟(1383~1443)	236
韩　政(?~1378)	217	张　洪(约1361~约1444)	237
汪广洋(?~1379)	218	周　忱(1381~1453)	238
宋　濂(1310~1381)	219	高　谷(1391~1460)	238
王　履(1332~?)	219	金　濂(?~1461)	238
李文忠(1339~1384)	219	李信圭(生卒年不详)	239
徐　达(1332~1385)	220	胡　濙(1375~1463)	240
滑　寿(1304~1386)	221	杜　董(生卒年不详)	241
沈万三(生卒年不详)	222	夏　昶(1388~1470)	241
宋　克(1327~1387)	222	徐有贞(1407~1472)	242
李善长(1314~1390)	223	颜　彪(?~1475)	242
谢应芳(1296~1392)	223	蒯　祥(1398~1481)	243
杨　靖(1360~1397)	224	王　竑(1414~1489)	243
朱元璋(1328~1398)	225	叶　淇(?~1496)	244
方孝孺(1359~1402)	226	徐　溥(1428~1499)	244
朱允炆(1377~1402)	226	庄　昶(1437~1499)	245
朱守仁(?~约1403)	227	白　昂(1435~1503)	246
王　绂(1362~1416)	228	吴　宽(1435~1504)	246
姚广孝(1335~1418)	229	沈　周(1427~1509)	247
卞元亨(1328~1419)	229	徐祯卿(1479~1511)	247
刘　荣(?~1420)	230	于　湛(生卒年不详)	248
陈　济(1363~1424)	231	储　罐(1457~1513)	248
鱼　侃(生卒年不详)	231	徐　恪(?~1516)	249
钱　昕(生卒年不详)	231	胡　琏(生卒年不详)	250
虞　谦(?~1427)	232	靳　贵(1464~1520)	250

陶　成(生卒年不详) …………… 251
陈　铎(约1488～约1521) …… 251
毛　澄(1460～1523) …………… 252
王　鏊(1450～1524) …………… 253
唐　寅(1470～1524) …………… 254
祝允明(1460～1526) …………… 254
邵　宝(1460～1527) …………… 255
杨　果(1473～1529) …………… 256
左　唐(生卒年不详) …………… 256
杨一清(1454～1530) …………… 257
王　磐(1470～1530) …………… 257
王　宠(1494～1533) …………… 258
安　国(1481～1534) …………… 258
仲　本(？～1536) ……………… 259
陆　采(1497～1537) …………… 260
顾鼎臣(1473～1540) …………… 260
王　艮(1483～1541) …………… 261
林　春(1498～1541) …………… 262
蔡　羽(？～1541) ……………… 263
杨循吉(1456～1544) …………… 263
盛　仪(约1487～？) …………… 264
曾　铣(？～1548) ……………… 264
仇　英(约1501～约1551) ……… 265
席上珍(？～1555) ……………… 266
王　铁(1514～1555) …………… 266
崔　桐(1478～1556) …………… 267
刘景韶(生卒年不详) …………… 267
曹　顶(1514～1557) …………… 268
薛　己(约1488～1558) ………… 268
皇甫冲(1490～1558) …………… 269
　皇甫涍(1497～1546) …………… 269
　皇甫汸(1498～1583) …………… 269
皇甫濂(1508～1564) …………… 269
文徵明(1470～1559) …………… 269
　文　彭(1498～1573) …………… 269
邱　陞(？～1559) ……………… 270
卢　翊(生卒年不详) …………… 271
魏良辅(生卒年不详) …………… 271
沈　坤(1507～1560) …………… 272
唐顺之(1507～1560) …………… 272
宗　臣(1525～1560) …………… 274
顾可久(1485～1561) …………… 274
沈　啓(1490～1563) …………… 275
徐九思(1481～1566) …………… 275
钱　榖(约1506～约1570) ……… 276
归有光(1506～1571) …………… 277
薛应旂(1500～1572) …………… 278
华　察(1497～1574) …………… 278
汤克宽(？～1576) ……………… 279
陆　治(1496～1577) …………… 280
丁士美(1521～1577) …………… 280
吴承恩(约1500～约1582) ……… 281
严　讷(1511～1584) …………… 281
李春芳(1511～1585) …………… 282
海　瑞(1514～1587) …………… 282
汤应曾(约1530～约1588) ……… 284
王世贞(1526～1590) …………… 284
梁辰鱼(约1521～1594) ………… 286
王　樵(1521～1601) …………… 287
陆西星(1520～约1601) ………… 287
冯应京(？～1607) ……………… 288
陆子冈(生卒年不详) …………… 288
卢廷兰(生卒年不详) …………… 289
王　衡(1561～1609) …………… 289

姓名	页码
王锡爵(1534~1610)	290
沈 璟(1553~1610)	290
顾宪成(1550~1612)	291
张凤翼(1527~1613)	292
王肯堂(1549~1613)	293
翁 遴(生卒年不详)	294
申时行(1535~1614)	294
朱 梓(1542~1616)	295
刘 绖(?~1619)	296
李士达(1500~1620)	297
焦 竑(1541~1620)	297
张贞观(生卒年不详)	298
许自昌(1578~1623)	299
朱之蕃(1548~1624)	299
高攀龙(1562~1626)	299
周顺昌(1584~1626)	300
缪希雍(1546~1627)	301
计 成(1582~?)	301
陈实功(1555~1636)	302
孙慎行(1565~1636)	302
文震孟(1574~1636)	303
卢象昇(1600~1639)	303
程国祥(1580~1641)	304
徐霞客(1587~1641)	305
徐 燿(1592~1641)	306
张 溥(1602~1641)	306
徐上瀛(生卒年不详)	307
王鸣鹤(生卒年不详)	308
于仕廉(1559~1645)	308
史可法(1601~1645)	309
阎应元(1607~1645)	310
沈宠绥(?~1645)	311
周遇吉(?~约1645)	311
冯梦龙(1574~1646)	312
朱由崧(?~1646)	312
时大彬(1573~1648)	313
徐友泉(1576~1643)	313
吴 炳(1595~1648)	314
堵胤锡(1601~1649)	314
瞿式耜(1590~1650)	315
薄 珏(生卒年不详)	316
董小宛(1624~1651)	316
万寿祺(1603~1652)	317
江千里(生卒年不详)	318
智 旭(1599~1655)	318
陈贞慧(1604~1656)	318
吴有性(1587~1657)	320
徐常遇(生卒年不详)	320
毛 晋(1599~1659)	321
金圣叹(1608~1661)	321
孙云球(1630~1662)	322
孙 榘(生卒年不详)	322
沈 汉(生卒年不详)	323
钱谦益(1582~1664)	323
吕 宫(1603~1664)	324
柳如是(1618~1664)	324
史德威(生卒年不详)	325
朱佐朝(生卒年不详)	325
马世俊(1609~1666)	326
庄臻凤(1624~1667)	326
杨廷鉴(生卒年不详)	327
孙一致(生卒年不详)	327
徐 祺(生卒年不详)	328
徐 俊(生卒年不详)	328

柳敬亭(1587~约1670) ……… 328	张 玿(1625~1691) ………… 351
李 玉(1591~1671) ………… 329	徐元文(1634~1691) ………… 351
冯 班(1602~1671) ………… 330	髡 残(1612~1692) ………… 352
冯 舒(生卒年不详) ……… 330	陆 舜(1617~1692) ………… 353
袁于令(1592~约1672) ……… 331	陆儋辰(1777~1842) ……… 353
吴伟业(1609~1672) ………… 331	笪重光(1623~1692) ………… 353
陆世仪(1611~1672) ………… 332	冒 襄(1611~1693) ………… 354
钱邦芑(1600~1673) ………… 333	徐乾学(1631~1694) ………… 355
归 庄(1613~1673) ………… 334	陈圆圆(1623~1695) ………… 356
玉琳琇(1614~1675) ………… 335	胡简敬(1631~1695) ………… 356
王大经(生卒年不详) ………… 335	朱柏庐(1627~1698) ………… 357
王 鉴(1598~1677) ………… 336	张竹坡(1670~1698) ………… 357
李枝翘(生卒年不详) ………… 336	李 蟠(生卒年不详) ………… 358
吴三桂(1612~1678) ………… 337	朱 倠(生卒年不详) ………… 358
阎尔梅(1603~1679) ………… 338	钱 曾(1629~1701) ………… 359
薛鼎臣(1630~1679) ………… 339	宋 曹(1620~1702) ………… 359
李香君(生卒年不详) ………… 340	严绳孙(1623~1702) ………… 360
王时敏(1592~1680) ………… 340	尤 侗(1618~1704) ………… 361
李 渔(1610~1680) ………… 341	阎若璩(1636~1704) ………… 361
江之蕙(生卒年不详) ………… 342	邵长蘅(1637~1704) ………… 362
顾炎武(1613~1682) ………… 342	韩 菼(1637~1704) ………… 363
陈维崧(1625~1682) ………… 344	石 涛(约1642~约1707) …… 363
王锡阐(1628~1682) ………… 345	潘 耒(1646~1708) ………… 365
李 清(1602~1683) ………… 345	毛宗岗(生卒年不详) ………… 365
吴嘉纪(1618~1684) ………… 345	徐秉义(1633~1711) ………… 366
吴兆骞(1631~1684) ………… 346	张玉书(1642~1711) ………… 366
万 树(1625~1687) ………… 347	徐正明(生卒年不详) ………… 367
宋德宜(1626~1687) ………… 347	曹 寅(1658~1712) ………… 368
张大复(生卒年不详) ………… 348	曹雪芹(约1715~约1764) … 368
龚 贤(1618~1689) ………… 349	顾贞观(1637~1714) ………… 369
汪 琬(1624~1690) ………… 349	王原祁(1642~1715) ………… 370
恽南田(1633~1690) ………… 350	禹之鼎(1647~1716) ………… 370

王 翚(1632~1717) …………… 371	马曰璐(1697~1766) ……… 391
吴 历(1632~1718) …………… 371	华 嵒(1682~1756) ………… 392
孔尚任(1648~1718) …………… 372	王安国(1692~1757) ……… 392
僧传悟(1619~1719) …………… 373	王念孙(1744~1832) ……… 392
彭定求(1645~1719) …………… 373	王引之(1766~1834) ……… 392
赵申乔(1644~1720) …………… 374	惠 栋(1697~1758) ………… 395
陈厚耀(1648~1722) …………… 374	惠周惕(生卒年不详) ………… 395
张符骧(1663~1727) …………… 376	惠士奇(1671~1741) ……… 395
刘 智(1660~1730) …………… 376	顾栋高(1679~1759) ………… 396
蒋廷锡(1669~1732) …………… 377	汪士慎(1686~1759) ………… 396
蒋 溥(?~1761) …………… 377	庄培因(1723~1759) ………… 397
倪瑞璇(1702~1732) …………… 378	浦起龙(1679~1762) ………… 397
杨名时(1661~1737) …………… 379	李 鱓(1686~1762) ………… 398
李 卫(1686~1738) …………… 379	金 农(1687~1763) ………… 399
嵇曾筠(1670~1739) …………… 381	史贻直(1683~1764) ………… 400
蒋 衡(1672~1742) …………… 382	秦蕙田(1702~1764) ………… 400
王 澍(1668~1743) …………… 382	李 葂(1705~1764) ………… 401
叶天士(1667~1746) …………… 383	郑 燮(1693~1765) ………… 402
任兰枝(1677~1746) …………… 383	黄 慎(1687~1766) ………… 403
袁 江(约1671~约1746) …… 384	沈德潜(1673~1769) ………… 404
高凤翰(1683~1748) …………… 384	薛 雪(1681~1770) ………… 404
王维德(1669~1749) …………… 385	邹一桂(1686~1772) ………… 405
边寿民(1684~1752) …………… 385	徐大椿(1693~1772) ………… 405
潘思榘(1695~1752) …………… 386	钱维城(1720~1772) ………… 406
甘凤池(生卒年不详) …………… 386	吴玉搢(1689~1773) ………… 406
浦 琳(生卒年不详) …………… 387	沈金鳌(1717~1776) ………… 407
梁魏今(生卒年不详) …………… 387	秦大士(1715~1777) ………… 408
张 肱(生卒年不详) …………… 388	乔 林(1731~?) ………… 408
高 翔(1688~1753) …………… 389	于敏中(1714~1780) ………… 409
李方膺(1695~1754) …………… 389	黄景仁(1749~1783) ………… 410
吴敬梓(1701~1754) …………… 390	杨潮观(1710~1788) ………… 411
马曰琯(1688~1755) …………… 391	庄存与(1719~1788) ………… 412

姓名	页码
任大椿(1738~1789)	412
缪遵义(1710~1793)	413
潘恭寿(1741~1794)	414
汪　中(1745~1794)	414
任　瑗(约1715~1796)	415
黄文旸(1736~?)	416
吕又祥(生卒年不详)	416
袁　枚(1716~1797)	417
王鸣盛(1722~1797)	418
毕　沅(1730~1797)	418
王贞仪(1768~1797)	419
王周士(生卒年不详)	420
管干贞(1734~1798)	420
程得龄(生卒年不详)	421
罗　聘(1733~1799)	421
王文治(1730~1802)	423
沈起凤(1741~1802)	423
张惠言(1761~1802)	424
刘台拱(1752~1805)	425
李毓昌(1771~1808)	425
洪亮吉(1746~1809)	426
凌廷堪(1755~1809)	427
钱伯炯(1738~1812)	428
赵　翼(1727~1814)	428
段玉裁(1735~1815)	429
伊秉绶(1754~1815)	431
恽　敬(1757~1817)	432
李　锐(1768~1817)	432
李　斗(?~1817)	433
郭大昌(1742~1818)	433
孙星衍(1753~1818)	434
程伟元(?~约1818)	435
焦　循(1763~1820)	435
卢　顺(?~1820)	437
王卫均(生卒年不详)	437
孙长源(生卒年不详)	438
戴联奎(1751~1822)	439
许桂林(1779~1822)	439
赵怀玉(1747~1823)	440
汪　椿(1760~1825)	441
汪廷珍(1757~1827)	441
高朗亭(1774~1827)	442
李汝珍(约1763~1828)	443
徐　碌(1775~1829)	444
刘逢禄(1776~1829)	444
骆绮兰(1756~约1830)	445
徐开业(1788~1831)	445
张　琦(1764~1833)	446
恽　珠(1771~1833)	446
吴甸华(1733~1834)	447
吴　璥(1758~1836)	448
瞿绍基(1772~1836)	449
瞿　镛(1794~1876)	449
石韫玉(1756~1837)	449
唐汝明(生卒年不详)	449
顾广圻(1770~1839)	450
陶　澍(1779~1839)	450
潘德舆(1785~1839)	451
王希文(1766~1841)	452
李兆洛(1769~1841)	453
骆腾凤(1770~1841)	454
关天培(1781~1841)	454
海　龄(?~1842)	455
邹　澍(1790~1844)	455

邓廷桢(1776~1846) …………… 456	季芝昌(1791~1860) …………… 478
张成龙(1775~1847) …………… 457	赵振祚(？~1860) …………… 478
徐子容(1782~1847) …………… 458	石寿棠(生卒年不详) …………… 479
阮　元(1764~1849) …………… 458	彭蕴章(1792~1862) …………… 480
林则徐(1785~1850) …………… 459	徐　鼒(1810~1862) …………… 480
胡翘汉(约1796~1850) ………… 461	鲁一同(1805~1863) …………… 481
胡盍朋(1826~1866) ………… 461	贝青乔(1810~约1863) ………… 482
卢　栋(？~1850) …………… 462	石达开(1830~1863) …………… 482
丘心如(1804~1851) …………… 463	洪秀全(1814~1864) …………… 483
许乔林(1775~1852) …………… 463	洪仁玕(1821~1864) …………… 484
王　相(1789~1852) …………… 464	李秀成(1823~1864) …………… 485
甘　熙(1798~1852) …………… 465	陈坤书(？~1864) …………… 486
程开聚(生卒年不详) …………… 465	施志远(？~约1864) ………… 487
程立炜(？~1870) …………… 465	李世贤(1834~1865) …………… 488
程立昕(？~1869) …………… 465	张积中(1800~1866) …………… 488
余保纯(1775~1853) …………… 466	许联镖(1801~1867) …………… 489
汤贻汾(1778~1853) …………… 467	蒋春霖(1818~1868) …………… 490
臧纡青(1797~1853) …………… 468	陈　森(1796~1870) …………… 490
刘文淇(1789~1854) …………… 468	吴熙载(1799~1870) …………… 491
刘毓崧(1818~1867) ………… 468	史致谔(1802~1872) …………… 492
刘寿曾(1838~1882) ………… 468	曾国藩(1811~1872) …………… 493
吴文镕(1792~1854) …………… 470	冯桂芬(1809~1874) …………… 493
包世臣(1775~1855) …………… 470	丁　晏(1794~1875) …………… 494
刘宝楠(1791~1855) …………… 471	吴　棠(？~1875) …………… 495
韦昌辉(1823~1856) …………… 472	庞钟璐(1822~1876) …………… 495
杨秀清(1823~1856) …………… 472	马如飞(1817~？) …………… 496
魏　源(1794~1857) …………… 473	龚振麟(生卒年不详) …………… 496
陈玉标(？~1857) …………… 474	刘熙载(1813~1881) …………… 497
华秋苹(1785~1858) …………… 475	吴昆田(1809~1882) …………… 498
朱骏声(1788~1858) …………… 476	陆增祥(1814~1882) …………… 498
杨凤翩(生卒年不详) …………… 476	梅巧玲(1842~1882) …………… 499
冯道立(1782~1860) …………… 477	梅雨田(1865~1912) ………… 499

李光炘(1808~1884) …… 500	马建忠(1845~1900) …… 523
徐　寿(1818~1884) …… 500	时小福(1846~1900) …… 524
汪　蘋(1832~1884) …… 501	裔步銮(1838~1901) …… 524
费伯雄(1810~1885) …… 502	何嗣焜(1844~1901) …… 525
左宗棠(1812~1885) …… 503	徐建寅(1845~1901) …… 526
金　和(1818~1885) …… 504	成肇麐(1846~1901) …… 527
金运昌(？~1885) …… 504	张大烈(1821~1902) …… 527
吴师机(1806~1886) …… 505	华蘅芳(1833~1902) …… 528
高延第(1823~1886) …… 506	吴大澂(1835~1902) …… 529
胡恩燮(1825~1888) …… 506	恽祖翼(1838~1902) …… 530
潘祖荫(1830~1890) …… 508	丁立钧(1854~1902) …… 530
李金镛(1835~1890) …… 508	赵海仙(1829~1904) …… 531
秦　焕(1818~1891) …… 509	翁同龢(1830~1904) …… 532
董　恂(1807~1892) …… 510	欣澹庵(1846~1904) …… 534
卞宝第(1824~1892) …… 510	裴毓芳(1871~1904) …… 534
徐小香(生卒年不详) …… 511	马培之(1820~1905) …… 535
洪　钧(1839~1893) …… 511	范当世(1854~1905) …… 536
吴友如(1850~1893) …… 512	杨宗濂(1832~1906) …… 537
左宝贵(1837~1894) …… 512	陈玉澍(1852~1906) …… 538
薛福成(1838~1894) …… 513	李宝嘉(1867~1906) …… 538
裴荫森(1823~1895) …… 514	俞　樾(1821~1907) …… 539
黄振均(1826~1895) …… 515	余思诒(1835~1907) …… 540
杨泗洪(1847~1895) …… 516	王得胜(1822~1908) …… 540
陈崇光(1838~1896) …… 516	陆宝忠(1850~1908) …… 541
王仁堪(1850~1896) …… 517	张鹤龄(1867~1908) …… 542
王　韬(1828~1897) …… 518	甄遇都(生卒年不详) …… 543
张联桂(1838~1897) …… 519	张之洞(1837~1909) …… 544
万青选(？~1898) …… 519	刘　鹗(1857~1909) …… 545
吴凤柱(1833~1899) …… 520	杨士骧(？~1909) …… 545
江　标(1860~1899) …… 521	杨士琦(1862~1918) …… 545
李厚坤(生卒年不详) …… 521	杨宗瀚(1842~1910) …… 546
殷自芳(1820~1900) …… 522	熊成基(1887~1910) …… 547

杨文会(1836~1911) ………… 548
端　方(1861~1911) ………… 549
卞　赓(1875~1911) ………… 550
陶骏保(1878~1911) ………… 550
赵　声(1881~1911) ………… 551
周　实(1883~1911) ………… 551

阮　式(1889~1911) ………… 551
阮德山(1885~1911) ………… 552
华金元(1889~1911) ………… 553
徐国泰(1889~1911) ………… 554
孙天生(？~1911) ………… 555

（二）

人物传（1912~1949.9）

白雅雨(1868~1912) ………… 557
王少华(1876~1912) ………… 558
江来甫(1878~1912) ………… 559
曹俊鹏(生卒年不详) ………… 559
王锡祺(1855~1913) ………… 560
陈　范(1860~1913) ………… 561
王仁俊(1866~1913) ………… 561
徐宝山(1866~1913) ………… 562
黄　人(1866~1913) ………… 563
杨　冰(1871~1913) ………… 564
李楚江(1881~1913) ………… 564
林述庆(1881~1913) ………… 565
朱葆诚(1889~1913) ………… 566
刘旦诞(1826~1914) ………… 566
俞菊笙(1839~1914) ………… 567
黄思永(1842~1914) ………… 567
吕谷金(1855~1914) ………… 568
颜承烈(1866~1914) ………… 568

周祥骏(1870~1914) ………… 569
范鸿仙(1882~1914) ………… 570
刘天恨(1888~1914) ………… 571
陆润庠(1841~1915) ………… 572
丁凤山(1842~1915) ………… 573
刘清韵(1842~1915) ………… 573
马为瑗(1849~1915) ………… 574
许鼎霖(1857~1915) ………… 574
沈缦云(1869~1915) ………… 575
陆镜若(1885~1915) ………… 577
徐血儿(1891~1915) ………… 578
许　珏(1843~1916) ………… 579
盛宣怀(1844~1916) ………… 579
李映庚(1845~1916) ………… 582
朱守成(1858~1916) ………… 583
林肇灿(1864~1916) ………… 584
杨保恒(1873~1916) ………… 584
吴子敬(1874~1916) ………… 585

黄　兴(1874~1916) ………… 585
臧在新(1882~1916) ………… 587
伏　龙(1884~1916) ………… 588
顾锡九(1885~1916) ………… 589
马继增(？~1916) …………… 589
叶昌炽(1849~1917) ………… 590
王以昭(1855~1917) ………… 591
丁宝铨(？~1917) …………… 592
徐致靖(1844~1918) ………… 592
汪凤藻(1851~1918) ………… 593
郑文焯(1856~1918) ………… 593
恽毓鼎(1863~1918) ………… 594
孟昭常(1871~1918) ………… 595
龙　璋(1865~？) …………… 596
缪荃孙(1844~1919) ………… 597
沈云霈(1854~1919) ………… 598
黄山寿(1855~1919) ………… 598
刘师培(1884~1919) ………… 599
赵念伯(1887~1919) ………… 601
特莱克(1890~1919) ………… 602
陈作霖(1837~1920) ………… 602
陆廉夫(1851~1920) ………… 603
李瑞清(1867~1920) ………… 604
李广德(生卒年不详) ………… 605
邹嘉来(1852~1921) ………… 605
屠　寄(1856~1921) ………… 606
姚锡光(1857~1921) ………… 606
李　兰(1862~1921) ………… 607
彭诒孙(1864~1921) ………… 608
宗　仰(1865~1921) ………… 608
沈　寿(1874~1921) ………… 609
尤先甲(1843~1922) ………… 610

李　仁(1868~1922) ………… 611
孙毓修(1871~1922) ………… 611
韩　恢(1887~1922) ………… 612
范　冕(1841~1923) ………… 613
魏筱泉(约1850~1923) ……… 613
周舜卿(1852~1923) ………… 614
张　勋(1854~1923) ………… 615
李涵秋(1874~1923) ………… 616
许指严(1875~1923) ………… 617
陈撷芬(1883~1923) ………… 618
曾玉良(1886~1923) ………… 619
周甘尘(1889~1923) ………… 620
盛延祺(1894~1923) ………… 621
黄葆年(1845~1924) ………… 622
段朝端(1844~1925) ………… 623
王鸿寿(1850~1925) ………… 623
孙中山(1866~1925) ………… 624
汪文溥(1869~1925) ………… 626
张文生(1872~1925) ………… 626
顾正红(1905~1925) ………… 627
张　謇(1853~1926) ………… 628
祝大椿(1856~1926) ………… 630
朱宝奎(1861~1926) ………… 631
丁甘仁(1865~1926) ………… 632
郁芑生(1873~1926) ………… 633
吴介璋(1875~1926) ………… 634
柳伯英(1884~1926) ………… 635
丁祖庚(1890~1926) ………… 635
毕倚虹(1892~1926) ………… 636
周水平(1894~1926) ………… 637
汪伯乐(1900~1926) ………… 638
冯　煦(1843~1927) ………… 639

金泽荣(1850~1927) …………… 640	钱振标(1896~1928) …………… 670
李平书(1854~1927) …………… 641	仇一民(1897~1928) …………… 671
沙元炳(1864~1927) …………… 641	叶天底(1898~1928) …………… 672
陈为倚(1871~1927) …………… 642	姚佐唐(1898~1928) …………… 673
王荷波(1882~1927) …………… 643	沈　毅(1900~1928) …………… 673
李更生(1883~1927) …………… 644	陈乔年(1902~1928) …………… 675
陈君起(1884~1927) …………… 645	罗亦农(1902~1928) …………… 676
钱涤根(1887~1927) …………… 646	史砚芬(1903~1928) …………… 678
胡明复(1891~1927) …………… 647	徐　玮(1903~1928) …………… 678
谢文锦(1894~1927) …………… 647	吴宗鲁(1904~1928) …………… 679
夏　霖(1895~1927) …………… 648	苏德馨(1904~1928) …………… 679
侯绍裘(1896~1927) …………… 649	沈肇洲(1857~1929) …………… 680
黄竞西(1897~1927) …………… 650	吴观岱(1862~1929) …………… 681
孙逊群(1897~1927) …………… 651	陈庆年(1862~1929) …………… 681
张太雷(1898~1927) …………… 652	薛南溟(1862~1929) …………… 682
陈延年(1899~1927) …………… 654	郑　谦(1876~1929) …………… 683
郭伯和(1900~1927) …………… 656	倪天荣(1881~1929) …………… 684
张应春(1901~1927) …………… 657	过探先(1887~1929) …………… 685
赵世炎(1901~1927) …………… 658	巴玉藻(1892~1929) …………… 686
徐梦影(1901~1927) …………… 660	吕彦直(1894~1929) …………… 686
万　益(1902~1927) …………… 661	彭　湃(1896~1929) …………… 687
文化震(1902~1927) …………… 661	茅学勤(1900~1929) …………… 689
刘重民(1902~1927) …………… 662	徐芳德(1901~1929) …………… 690
乔心全(1905~1927) …………… 663	顾仲起(1903~1929) …………… 691
许金元(1906~1927) …………… 664	吴亚苏(1907~1929) …………… 691
张佐臣(1906~1927) …………… 665	吴亚鲁(1898~1939) ……… 691
秦　起(1907~1927) …………… 666	俞粟庐(1847~1930) …………… 693
李寿铨(1859~1928) …………… 666	程德全(1860~1930) …………… 694
龚其伟(1865~1928) …………… 667	蒋炳章(1864~1930) …………… 695
江潄芳(1867~1928) …………… 668	顾麟士(1865~1930) …………… 695
潘月樵(1869~1928) …………… 668	丁传靖(1870~1930) …………… 696
孙津川(1895~1928) …………… 669	褚玉璞(1874~1930) …………… 697

谢荫昌(1877～1930) …………… 698	季子莞(生卒年不详) ………… 723
周应时(1884～1930) …………… 699	恽雨棠(1902～1931) …………… 723
俞庆恩(1885～1930) …………… 699	李　文(1910～1931) ………… 723
何　坤(1898～1930) …………… 700	高小生(1903～1931) …………… 725
范希曾(1899～1930) …………… 701	武同儒(1904～1931) …………… 725
陶　烈(1901～1930) …………… 702	吴长来(1905～1931) …………… 726
王树璜(1901～1930) …………… 702	李超时(1906～1931) …………… 727
孙文源(1901～1930) …………… 703	曹起溍(1906～1931) …………… 728
姜景义(1903～1930) ………… 703	颜　辉(1906～1931) …………… 729
周存朴(1901～1930) ………… 703	于　咸(1907～1931) …………… 730
赵龙云(1902～1930) …………… 704	夏凤山(1907～1931) …………… 731
马　伦(1903～1930) …………… 704	孙耀宗(1910～1931) …………… 732
黄瑞生(1904～1930) …………… 705	段鸿谟(1853～1932) …………… 733
陆　骧(1905～1930) …………… 706	黄以霖(1857～1932) …………… 734
黄祥宾(1905～1930) …………… 707	方　还(1866～1932) …………… 735
吕励之(1907～1930) …………… 707	魏荫塘(1866～1932) …………… 735
李维选(1908～1930) …………… 708	庄蕴宽(1867～1932) …………… 736
曹沧洲(1850～1931) …………… 709	卢瀚荫(1868～1932) …………… 738
吴荫培(1851～1931) …………… 709	项尧仁(1872～1932) …………… 739
李　详(1859～1931) …………… 710	朱锡梁(1873～1932) …………… 740
廉　泉(1868～1931) …………… 711	张　蓁(1880～1932) …………… 740
曾　鲁(1874～1931) …………… 712	萧万才(1880～1932) …………… 741
毛乃庸(1875～1931) …………… 712	刘天华(1895～1932) …………… 742
沈卓吾(1887～1931) …………… 713	孟昭珮(1902～1932) …………… 743
邓演达(1895～1931) …………… 714	蒋　云(1903～1932) …………… 743
恽代英(1895～1931) …………… 715	潘家辰(1904～1932) …………… 744
李　林(1896～1931) …………… 717	李耘生(1905～1932) …………… 745
何孟雄(1898～1931) …………… 718	李桂五(1905～1932) …………… 747
朱杏南(1899～1931) …………… 719	施　简(1906～1932) …………… 747
吴丽石(1899～1931) …………… 720	孙小宝(1907～1932) …………… 749
解慕唐(1899～1931) …………… 721	朱虞生(？～1932) …………… 749
杨光鋆(1901～1931) …………… 722	杨葆寅(1858～1933) …………… 750

张相文(1867~1933) …………… 751	魏云岭(1909~1934) …………… 776
陈去病(1874~1933) …………… 752	吴双热(1884~?) …………… 777
赵　石(1874~1933) …………… 753	陆文椿(1861~1935) …………… 778
汪荣宝(1878~1933) …………… 753	陆尔奎(1862~1935) …………… 778
叶玉森(1880~1933) …………… 754	曾　朴(1872~1935) …………… 779
谈荔孙(1880~1933) …………… 755	孙德谦(1873~1935) …………… 780
王无能(1893~1933) …………… 756	赵锡蕃(1873~1935) …………… 780
张腾龙(1898~1933) …………… 756	袁励准(1877~1935) …………… 781
刘煜生(1900~1933) …………… 757	恽铁樵(1878~1935) …………… 781
陈原道(1901~1933) …………… 758	葛节支(1879~1935) …………… 782
李耀晶(1904~1933) …………… 759	李竟成(1880~1935) …………… 783
徐　德(1904~1933) …………… 760	刘永康(1883~1935) …………… 784
葛耀山(1904~1933) …………… 761	戈公振(1890~1935) …………… 785
王世元(1906~1933) …………… 762	陈半亭(1892~1935) …………… 786
孙秉焘(1908~1933) …………… 762	瞿秋白(1899~1935) …………… 787
黄家骏(1909~1933) …………… 763	曾中生(1900~1935) …………… 789
王谢长达(1848~1934) ………… 764	许包野(1900~1935) …………… 790
韩志正(1865~1934) …………… 764	戴蔚霞(1904~1935) …………… 791
韩达哉(1867~1934) …………… 765	孙凤鸣(1905~1935) …………… 791
吴芝瑛(1868~1934) …………… 766	崔正瑶(约1911~1935) ……… 791
张少南(1870~1934) …………… 767	娄培儒(1905~1935) …………… 793
杨瑞文(1870~1934) …………… 768	潘洪烈(1908~1935) …………… 793
陶懋立(1870~1934) …………… 769	裴义理(?~1935) …………… 794
蔡　寅(1873~1934) …………… 769	徐绍桢(1861~1936) …………… 795
史量才(1880~1934) …………… 770	唐保谦(1866~1936) …………… 796
蒋汝坊(1880~1934) …………… 771	章太炎(1869~1936) …………… 796
刘半农(1891~1934) …………… 771	杨殿玉(1874~1936) …………… 798
陈阿金(1898~1934) …………… 772	董永成(1876~1936) …………… 798
何复生(1902~1934) …………… 773	丁文江(1887~1936) …………… 799
吴静焘(1904~1934) …………… 774	俞　锷(1887~1936) …………… 800
张绩之(1905~1934) …………… 775	于以振(1904~1936) …………… 800
宗益寿(1907~1934) …………… 775	张春帆(?~1936) …………… 801

邓星伯(1862～1937) …………… 802
洪承点(生卒年不详) …………… 803
巴泽宪(生卒年不详) …………… 804
章　钰(1865～1937) …………… 804
蔡缄三(1868～1937) …………… 805
曹亚伯(1875～1937) …………… 806
秦毓鎏(1880～1937) …………… 806
脱希曾(1881～1937) …………… 807
张栋梁(1887～1937) …………… 808
徐枕亚(1889～1937) …………… 808
萧山令(1892～1937) …………… 809
薛福基(1894～1937) …………… 809
路景荣(1902～1937) …………… 810
吴继光(1903～1937) …………… 811
尹　杰(1908～1937) …………… 812
王洁予(1909～1937) …………… 813
郭纲琳(1909～1937) …………… 814
陈处泰(1910～1937) …………… 815
陈志正(1910～1937) …………… 816
韩师愈(1911～1937) …………… 816
赵凤昌(1856～1938) …………… 817
金兰升(1865～1938) …………… 818
姚承祖(1866～1938) …………… 818
孟　森(1868～1938) …………… 819
管凤龢(1868～1938) …………… 820
马锡簪(1870～1938) …………… 821
庄曜孚(1870～1938) …………… 821
唐　驼(1871～1938) …………… 822
顾述之(1872～1938) …………… 822
荣宗敬(1873～1938) …………… 823
秦仁金(1879～1938) …………… 825
胡笔江(1881～1938) …………… 826

朱文鑫(1883～1938) …………… 827
刘仁航(1884～1938) …………… 828
胡文臣(1888～1938) …………… 828
阎海如(1889～1938) …………… 829
释常惺(1896～1938) …………… 829
郁仁治(1905～1938) …………… 830
陈怀民(1916～1938) …………… 831
孙世实(1918～1938) …………… 831
马相伯(1840～1939) …………… 832
邓邦述(1868～1939) …………… 833
胡石予(1868～1939) …………… 834
华　瑾(1869～1939) …………… 834
祝丹卿(1871～1939) …………… 835
马锦春(1874～1939) …………… 836
王家驹(1878～1939) …………… 837
吴光新(1881～1939) …………… 837
吴　梅(1884～1939) …………… 837
王陶民(1894～1939) …………… 839
朱文中(1894～1939) …………… 840
江小鹣(1894～1939) …………… 840
董亦湘(1896～1939) …………… 841
李旸谷(1899～1939) …………… 842
冷启英(1901～1939) …………… 843
陈　文(1902～1939) …………… 844
吴志骞(1904～1939) …………… 845
胡发坚(1906～1939) …………… 845
吴　焜(1910～1939) …………… 846
王文彬(1911～1939) …………… 847
江上青(1911～1939) …………… 849
吴甲寅(1911～1939) …………… 850
龙树林(1911～1939) …………… 851
王　赤(1913～1939) …………… 851

张芳久(1913~1939) ………… 852
瞿犊(1914~1939) ………… 853
　王进(1920~1939) ……… 853
汤曙红(1915~1939) ………… 854
肖国生(1917~1939) ………… 854
吴郁生(1854~1940) ………… 854
胡玉缙(1859~1940) ………… 855
沈伯溥(1860~1940) ………… 856
印光(1862~1940) ………… 856
罗振玉(1866~1940) ………… 857
　罗振常(1875~1942) ……… 857
蔡元培(1868~1940) ………… 858
刘柏森(1869~1940) ………… 860
郭坚忍(1869~1940) ………… 862
罗鸿慈(1870~1940) ………… 862
陶湘(1871~1940) ………… 863
瞿启甲(1873~1940) ………… 864
马玉仁(1875~1940) ………… 864
顾子扬(1875~1940) ………… 866
王开疆(1890~1940) ………… 866
管有为(1900~1940) ………… 867
李守维(1901~1940) ………… 867
朱爱周(1902~1940) ………… 868
王丰庆(1907~1940) ………… 869
张大烈(1911~1940) ………… 870
沈其生(1912~1940) ………… 871
顾永田(1916~1940) ………… 871
柳流(1918~1940) ………… 872
章辅(1918~1940) ………… 873
王同愈(1856~1941) ………… 874
张鸿(1867~1941) ………… 874
贝寿同(1875~1941) ………… 875

刘勋麟(1879~1941) ………… 875
吴楠(1880~1941) ………… 876
袁桂生(1881~1941) ………… 877
徐天啸(1886~1941) ………… 877
冯子和(1888~1941) ………… 878
汪同尘(1891~1941) ………… 878
袁兆瑞(1898~1941) ………… 879
喻兆琦(1898~1941) ………… 880
朱松寿(1900~1941) ………… 881
方强(1901~1941) ………… 882
巫恒通(1903~1941) ………… 884
廖海涛(1903~1941) ………… 884
朱廉贻(1904~1941) ………… 886
陈中柱(1906~1941) ………… 886
刘保罗(1907~1941) ………… 888
周苏平(1909~1941) ………… 888
丘东平(1910~1941) ………… 889
周木斋(1910~1941) ………… 891
罗忠毅(1910~1941) ………… 892
裴励(1910~1941) ………… 893
许晴(1911~1941) ………… 894
顾民元(1912~1941) ………… 895
李增援(1913~1941) ………… 896
苏光华(1913~1941) ………… 896
郭猛(1913~1941) ………… 897
刘惠馨(1914~1941) ………… 897
吴载文(1914~1941) ………… 898
张新华(1916~1941) ………… 899
陈振东(1917~1941) ………… 899
朱真(1918~1941) ………… 900
陈宗平(1919~1941) ………… 901
柳肇珍(1920~1941) ………… 901

艾　侠(1921~1941) …………… 902	程瞻庐(1879~1943) …………… 928
刘群先(1907~?) …………… 903	胡汀鹭(1884~1943) …………… 928
韩国钧(1857~1942) …………… 904	王　预(1886~1943) …………… 929
李厚基(1869~1942) …………… 906	胡抱一(1890~1943) …………… 930
赵椿年(1870~1942) …………… 907	高　阳(1892~1943) …………… 931
宋泽夫(1872~1942) …………… 908	冯肇传(1895~1943) …………… 931
江　谦(1875~1942) …………… 909	朱穰丞(1901~1943) …………… 932
周小农(1876~1942) …………… 910	王光夏(1904~1943) …………… 933
李毅士(1886~1942) …………… 910	董正香(1904~1943) …………… 934
王柏龄(1889~1942) …………… 911	苏同仁(1905~1943) …………… 935
卢秉枢(1902~1942) …………… 912	孙明瑾(1907~1943) …………… 935
李贞乾(1903~1942) …………… 913	保三娘(1911~1943) …………… 936
金维映(1904~约1942) ………… 914	索家凤(1928~1943) …………… 936
周奎麟(1905~1942) …………… 915	符竹庭(1912~1943) …………… 937
姚竹修(1906~1942) …………… 915	童世明(1912~1943) …………… 938
唐雨生(1906~1942) …………… 916	解舜臣(1912~1943) …………… 939
范子侠(1908~1942) …………… 917	田守尧(1915~1943) …………… 940
常德善(1908~1942) …………… 918	彭　雄(1915~1943) …………… 941
朱启勋(1909~1942) …………… 919	杨瑞年(1916~1943) …………… 941
瞿　淑(1912~1942) …………… 920	李云鹏(1920~1943) …………… 942
陈国权(1916~1942) …………… 920	刘　鹏(1928~1943) …………… 943
强　博(1918~1942) …………… 921	沈恩孚(1864~1944) …………… 943
周　喆(1921~1942) …………… 922	王伯沆(1871~1944) …………… 944
岳荣烈(1921~1942) …………… 922	张一鹏(1871~1944) …………… 945
朱　平(1922~1942) …………… 923	赵得臣(1872~1944) …………… 946
张　明(1920~1943) …………… 923	姚锡舟(1875~1944) …………… 947
程善之(?~1942) …………… 923	钱振锽(1875~1944) …………… 947
崔聘臣(1860~1943) …………… 924	凌文渊(1876~1944) …………… 948
张一麐(1867~1943) …………… 925	汪精卫(1883~1944) …………… 949
欧阳渐(1871~1943) …………… 926	徐明富(1890~1944) …………… 950
徐岫青(1873~1943) …………… 926	史蔚馥(1891~1944) …………… 951
若　舜(1879~1943) …………… 927	郭乐三(1891~1944) …………… 951

顾明道(1897~1944)	952	梅思平(1896~1946)	981
王洪章(1898~1944)	953	缪 斌(1899~1946)	982
缪谷稔(1905~1944)	953	李公朴(1902~1946)	982
彭雪枫(1907~1944)	954	秦邦宪(1907~1946)	985
沈 侠(1910~1944)	956	余 慎(1910~1946)	986
王汉勋(1911~1944)	957	梁化农(1911~1946)	987
徐国灿(1914~1944)	957	张国运(1912~1946)	988
陈发鸿(1915~1944)	958	李其祥(1916~1946)	988
朱 前(1916~1944)	959	周 山(1917~1946)	989
江 村(1917~1944)	959	刘桂英(1918~1946)	990
白桐本(1920~1944)	960	杨学富(1918~1946)	991
武同举(1871~1945)	961	叶邦瑾(1925~1946)	991
仇 垛(1873~1945)	962	马 林(1860~1947)	992
范旭东(1883~1945)	962	董 康(1867~1947)	993
蒋自明(1896~1945)	963	汪筱川(1870~1947)	994
龚继成(1900~1945)	964	金松岑(1873~1947)	995
费 巩(1905~1945)	966	柏文蔚(1876~1947)	996
韦一平(1906~1945)	967	高 鲁(1877~1947)	997
潘 琰(1915~1945)	968	贺老太(1885~1947)	998
申德辉(1917~1945)	969	太 虚(1890~1947)	998
张道平(1917~1945)	970	杨芷江(1890~1947)	999
许午阳(1918~1945)	970	俞颂华(1893~1947)	1001
徐佳标(1926~1945)	971	孟心如(1902~1947)	1002
谷振之(？~1945)	972	郝鹏举(1903~1947)	1003
朱 荣(1860~1946)	973	郭培师(1903~1947)	1004
马士杰(1863~1946)	974	赵敬之(1907~1947)	1005
林嘉美(1868~1946)	974	震 华(1909~1947)	1006
魏钰卿(1879~1946)	975	麦 新(1914~1947)	1006
纪振纲(1885~1946)	976	王 倬(1915~1947)	1007
刘伯厚(1886~1946)	977	尚承文(1916~1947)	1008
叶楚伧(1887~1946)	978	田 古(1921~1947)	1009
陶行知(1891~1946)	979	马世和(1922~1947)	1010

王世兰(1924～1947) ………… 1011
钱　毅(1925～1947) ………… 1012
高凤英(1925～1947) ………… 1013
王　华(1929～1947) ………… 1013
杨味云(1868～1948) ………… 1014
闻兰亭(1870～1948) ………… 1015
王季同(1875～1948) ………… 1016
夏慕尧(1885～1948) ………… 1017
萧　禹(1890～1948) ………… 1018
朱自清(1898～1948) ………… 1019
汤景延(1904～1948) ………… 1020
朱　瑞(1905～1948) ………… 1021
周发乾(1905～1948) ………… 1022
薛　斌(1911～1948) ………… 1023
殷绍礼(1913～1948) ………… 1023
植品三(1913～1948) ………… 1024
黄思珍(1915～1948) ………… 1025
毛培春(1917～1948) ………… 1026
萧　璞(1920～1948) ………… 1027
程步凤(1921～1948) ………… 1028
沙培琛(1926～1948) ………… 1029

颜秀五(1892～?) …………… 1030
陈为轩(1869～1949) ………… 1031
张伯英(1871～1949) ………… 1031
谭德钟(1876～1949) ………… 1032
吴待秋(1878～1949) ………… 1033
孙绍陶(1879～1949) ………… 1034
江杏溪(1881～1949) ………… 1034
汪逢春(1884～1949) ………… 1035
汪懋祖(1891～1949) ………… 1035
严　朴(1898～1949) ………… 1036
陈治平(1898～1949) ………… 1037
吴绮缘(1899～1949) ………… 1038
吴伯超(1903～1949) ………… 1039
宋绮云(1904～1949) ………… 1041
　徐林侠(1904～1949) ……… 1041
　宋振中(1941～1949) ……… 1041
朱慕萍(1912～1949) ………… 1044
徐冠苏(1915～1949) ………… 1045
李锡佑(1917～1949) ………… 1046
莫香传(1919～1949) ………… 1047
钱相摩(1920～1949) ………… 1048

（三）

人物简介

陈　婴(生卒年不详) ………… 1049
卢　绾(生卒年不详) ………… 1049
任　敖(?～前179) …………… 1050

丁　兰(生卒年不详) ………… 1050
施　雠(生卒年不详) ………… 1050
褚少孙(生卒年不详) ………… 1051

蔡千秋(生卒年不详)……… 1051	耿 询(约558~约618)…… 1064
毋将隆(生卒年不详)……… 1051	刘行本(生卒年不详)……… 1065
史 崇(生卒年不详)……… 1051	来 济(610~662)………… 1065
度 尚(？~166)…………… 1052	释僧伽(628~710)………… 1065
陈 球(118~179)………… 1052	张怀瓘(生卒年不详)……… 1066
陈 容(？~195)…………… 1053	张怀瑰(生卒年不详)……… 1066
吕 布(？~198)…………… 1053	桓彦范(生卒年不详)……… 1066
皇 象(生卒年不详)……… 1053	灵 一(725~761)………… 1067
康僧会(？~280)…………… 1053	湛 然(711~782)………… 1067
刘 伶(生卒年不详)……… 1054	关盼盼(生卒年不详)……… 1067
刘 颂(？~约301)………… 1055	王 播(759~830)………… 1068
苏 峻(？~328)…………… 1055	徐 温(862~927)………… 1068
尸梨密(？~335)…………… 1055	冯延巳(903~960)………… 1069
朱龄石(生卒年不详)……… 1056	董 源(？~约962)………… 1069
徐 广(352~425)………… 1056	巨 然(生卒年不详)……… 1069
佛驮跋陀罗(359~429)…… 1056	王齐翰(生卒年不详)……… 1070
谢灵运(385~433)………… 1057	张 纶(生卒年不详)……… 1070
范 晔(398~446)………… 1058	石延年(994~1041)……… 1071
裴松之(372~451)………… 1058	赵师旦(1011~1052)……… 1071
求那跋陀罗(394~468)…… 1058	丁 锡(生卒年不详)……… 1072
到 沆(476~506)………… 1059	姜仁惠(984~1056)……… 1072
任 昉(460~508)………… 1059	姜 谔(1025~1059)……… 1072
顾宪之(436~509)………… 1060	王 令(1032~1059)……… 1073
陶季直(约436~511)……… 1060	吴遵路(约1000~1065)…… 1073
沈 约(441~513)………… 1061	罗 适(生卒年不详)……… 1073
钟 嵘(469~518)………… 1061	单 锷(1031~1110)……… 1074
到 溉(477~548)………… 1062	周邦彦(1056~1121)……… 1074
到 洽(478~527)………… 1062	张叔夜(1065~1127)……… 1075
陈庆之(484~539)………… 1062	陈 粤(1076~？)………… 1075
庾 信(513~581)………… 1063	邱 砺(1090~1161)……… 1075
孔 奂(生卒年不详)……… 1063	魏良臣(1094~1162)……… 1076
诸葛颖(539~615)………… 1064	周麟之(约1117~约1163)…… 1076

李　植(生卒年不详)	1077	刘　宁(？~1504)	1090
蔡　洸(生卒年不详)	1077	吴　伟(1459~1508)	1091
陈　造(1133~1203)	1078	吉　棠(生卒年不详)	1092
叶　适(1150~1223)	1078	李绍贤(？~1519)	1092
蒋重珍(1183~1237)	1079	周　振(生卒年不详)	1093
匡　才(1188~1252)	1079	黄　瓒(生卒年不详)	1093
嵇　安(1189~1262)	1080	潘　埙(生卒年不详)	1094
陆子遹(1178~？)	1080	王守仁(1472~1528)	1094
胡应炎(1249~1275)	1081	徐　蕃(1463~1530)	1095
张孝忠(？~1276)	1081	韩叔阳(生卒年不详)	1095
周应合(1213~1280)	1081	韩邦宪(1541~1575)	1095
罗　璧(1240~1306)	1082	韩仲雍(生卒年不详)	1095
郭　畀(1280~1335)	1082	张　羽(1467~1536)	1096
张　铉(生卒年不详)	1083	张　𤩽(1478~1555)	1096
李　二(？~1352)	1083	陈道复(1483~1544)	1097
俞希鲁(生卒年不详)	1083	张守约(生卒年不详)	1097
韩　准(生卒年不详)	1084	丁效恭(？~1557)	1098
李　新(？~1395)	1084	贺邦泰(生卒年不详)	1098
王　规(生卒年不详)	1085	张文卿(生卒年不详)	1099
茅　浦(1349~1402)	1085	王　同(生卒年不详)	1099
齐　泰(？~1402)	1085	供　春(生卒年不详)	1100
麻那惹加那乃(？~1408)	1086	张　荣(生卒年不详)	1100
解　缙(1369~1415)	1087	陈斗南(生卒年不详)	1100
陈　珪(1335~1419)	1087	夏　雷(生卒年不祥)	1101
翟　善(生卒年不详)	1087	应　星(生卒年不详)	1101
王　振(生卒年不详)	1088	汤　用(生卒年不详)	1101
史　常(生卒年不详)	1088	胡应嘉(？~1570)	1102
钱　贵(生卒年不详)	1089	裴天祐(生卒年不详)	1102
丁元吉(生卒年不详)	1089	王　来(生卒年不详)	1102
贺　霖(生卒年不详)	1089	郭师吉(生卒年不详)	1103
贝　琳(？~1499)	1090	傅仁宇(生卒年不详)	1104
倪　岳(1443~1501)	1090	朱　笈(1512~1574)	1104

喻文伟(生卒年不详) ………… 1104
邱　度(生卒年不详) ………… 1105
朱　恕(生卒年不详) ………… 1105
凌　儒(生卒年不详) ………… 1106
赵邦秩(生卒年不详) ………… 1107
包桂芳(约1520~约1580) …… 1107
刘　效(生卒年不详) ………… 1108
杨瑞云(生卒年不详) ………… 1108
盛时泰(1519~1578) ………… 1108
樊兆程(生卒年不详) ………… 1109
王之城(生卒年不详) ………… 1109
李　贽(1527~1602) ………… 1109
刘觐文(1570~1607) ………… 1110
利玛窦(1552~1610) ………… 1111
古　心(1540~1615) ………… 1112
福文明(生卒年不详) ………… 1112
沈　琇(生卒年不详) ………… 1113
汤显祖(1550~1616) ………… 1113
唐鹤徵(1538~1619) ………… 1114
张　斗(生卒年不详) ………… 1114
陆　弼(生卒年不详) ………… 1115
朱一冯(生卒年不详) ………… 1115
李一阳(1552~1624) ………… 1115
严　澂(1547~1625) ………… 1116
曾　樱(生卒年不详) ………… 1116
缪昌期(1562~1626) ………… 1117
李应升(1593~1626) ………… 1117
顾起元(1565~1628) ………… 1118
王其勤(1531~?) …………… 1118
张朝瑞(生卒年不详) ………… 1119
张　玮(生卒年不详) ………… 1119
徐复祚(1560~?) …………… 1120

徐光启(1562~1633) ………… 1120
蒋如奇(?~1643) …………… 1121
陶贞怀(生卒年不详) ………… 1121
丁　凤(生卒年不详) ………… 1121
王元标(生卒年不详) ………… 1122
司石磐(1617~1645) ………… 1122
冷之曦(1621~1645) ………… 1122
　冷士楣(1628~1710) ………… 1122
印司奇(生卒年不详) ………… 1123
孙振先(生卒年不详) ………… 1123
阮大铖(约1587~约1646) …… 1124
陈函辉(1589~1646) ………… 1124
马士英(约1591~1646) ……… 1125
杨文骢(1596~1646) ………… 1126
黄毓琪(1579~1648) ………… 1126
唐志契(1579~1651) ………… 1127
　唐志尹(生卒年不详) ………… 1127
李之椿(1600~1651) ………… 1127
邢　昉(1590~1653) ………… 1128
崔宗泰(生卒年不详) ………… 1128
陆奋飞(约1592~约1657) …… 1129
葛维垣(1592~1657) ………… 1129
杨正经(生卒年不详) ………… 1130
张养重(生卒年不详) ………… 1130
郭允观(生卒年不详) ………… 1130
甘文堂(生卒年不详) ………… 1131
王云冈(生卒年不详) ………… 1131
王岱舆(约1580~约1658) …… 1131
嵇宗孟(约1616~?) ………… 1132
仲云鸾(1574~1661) ………… 1132
吴　甡(生卒年不详) ………… 1133
胡正言(1582~1672) ………… 1133

姜 埰(？~1673) …………… 1134
宫伟镠(1611~1680) ………… 1134
　宫梦仁(1632~1713) ……… 1134
计六奇(1622~约1687) ……… 1135
蒋 伊(？~1687) …………… 1135
汤 鹏(生卒年不详) ………… 1136
汪懋麟(1639~1688) ………… 1137
邱俊孙(1609~1689) ………… 1137
　邱象升(1631~1690) ……… 1137
　邱象随(？~1701) ………… 1137
邓汉仪(1617~1689) ………… 1137
黄虞稷(1629~1691) ………… 1138
魏正心(生卒年不详) ………… 1139
许嗣隆(生卒年不详) ………… 1140
吴 绮(1619~1694) ………… 1140
张 塤(1640~1694) ………… 1140
乔 莱(约1641~1694) ……… 1141
何 絜(1620~1696) ………… 1142
尚胤调(生卒年不详) ………… 1142
任三益(生卒年不详) ………… 1142
　任宗延(生卒年不详) ……… 1142
孙居湜(生卒年不详) ………… 1143
储 欣(1631~1706) ………… 1144
王士禛(1634~1711) ………… 1144
汪懿余(1633~1714) ………… 1144
张 忭(约1634~1715) ……… 1145
蔡 璜(生卒年不详) ………… 1145
黄龙士(1651~？) …………… 1146
赵熊诏(1663~1721) ………… 1146
阮应商(生卒年不详) ………… 1147
季振宜(生卒年不详) ………… 1147
吴世焘(1655~1723) ………… 1148

陈鹏年(1662~1723) ………… 1148
姜任修(生卒年不详) ………… 1149
俞 瀫(生卒年不详) ………… 1149
　俞 梅(生卒年不详) ……… 1149
陆 逵(？~1729) …………… 1150
郑显正(？~1730) …………… 1150
缪 沅(1673~1730) ………… 1151
贾国维(生卒年不详) ………… 1151
周振采(生卒年不详) ………… 1152
刘培元(生卒年不详) ………… 1152
金秉祚(生卒年不详) ………… 1153
阎 圻(生卒年不详) ………… 1153
储大文(1665~1743) ………… 1153
方 苞(1668~1749) ………… 1153
仲鹤庆(生卒年不详) ………… 1154
于 振(生卒年不详) ………… 1154
杨 法(1696~？) …………… 1155
陈 撰(约1678~1758) ……… 1155
徐 铎(1693~1758) ………… 1155
陈朝玉(1688~1761) ………… 1156
丁有煜(1683~1764) ………… 1156
陈 嵩(生卒年不详) ………… 1157
鲍 皋(1708~1765) ………… 1157
程廷祚(1691~1767) ………… 1157
刘 纶(1711~1773) ………… 1158
黄 振(1724~1773) ………… 1158
顾世澄(生卒年不详) ………… 1158
徐文灿(生卒年不详) ………… 1159
程晋芳(生卒年不详) ………… 1159
孙 洙(1711~1778) ………… 1159
张兆潘(生卒年不详) ………… 1160
夏之蓉(1697~1784) ………… 1160

李　惇(1734～1784) …………… 1161	陆　献(生卒年不详) …………… 1175
陆　耀(1723～1785) …………… 1162	吴德旋(1768～1840) …………… 1175
夏敬渠(1705～1787) …………… 1162	伍长华(？～1841) ……………… 1176
闵　贞(1730～约1787) ………… 1162	黄承吉(1771～1842) …………… 1176
阮葵生(1728～1789) …………… 1163	夏　荃(1793～1842) …………… 1177
阮芝生(生卒年不详) …………… 1163	秦恩复(1760～1843) …………… 1178
李湛源(约1730～1790) ………… 1163	仲统纶(1766～1844) …………… 1178
卫哲治(生卒年不详) …………… 1164	李宗昉(1779～1846) …………… 1178
虞奕绶(生卒年不详) …………… 1164	史秉直(？～1846) ……………… 1178
萧美人(1742～？) ……………… 1165	梁学典(生卒年不详) …………… 1179
陈　瑞(生卒年不详) …………… 1165	吴振勃(1770～1847) …………… 1179
蒋宗海(1720～1796) …………… 1166	王钦霖(1800～1847) …………… 1180
屠　绅(1744～1801) …………… 1166	叶峻嵋(约1776～约1853) ……… 1180
殷宝山(生卒年不详) …………… 1167	罗士琳(？～1853) ……………… 1181
徐大榕(1747～1803) …………… 1167	易之瀚(生卒年不详) …………… 1181
吕昌际(1735～1807) …………… 1167	沈拱山(1790～1855) …………… 1181
徐　瑞(？～1810) ……………… 1168	田宝臣(1792～1858) …………… 1182
吴　灯(生卒年不详) …………… 1169	杨殿邦(1773～1859) …………… 1182
仲振奎(1749～1811) …………… 1169	张敬轩(1817～约1860) ………… 1183
王之政(1753～1815) …………… 1169	范以煦(1817～1860) …………… 1183
李梧江(生卒年不详) …………… 1170	王瑞云(生卒年不详) …………… 1183
陈　松(生卒年不详) …………… 1170	杨　棨(1787～1862) …………… 1183
周　礦(生卒年不详) …………… 1171	王旭高(1798～1862) …………… 1184
黎世序(约1771～1824) ………… 1171	黄朝飔(1810～1863) …………… 1184
范士华(？～1827) ……………… 1172	谭绍光(1835～1863) …………… 1185
高秉钧(1755～1829) …………… 1172	王兰谷(生卒年不详) …………… 1185
张　崟(1761～1829) …………… 1173	万叶封(生卒年不详) …………… 1185
凌　曙(1775～1829) …………… 1173	汪明辰(生卒年不详) …………… 1186
仲振履(生卒年不详) …………… 1174	秦维瀚(生卒年不详) …………… 1186
江　藩(1761～1831) …………… 1174	龚午亭(生卒年不详) …………… 1186
顾　皋(1763～1831) …………… 1174	吴凤标(1820～1877) …………… 1187
周　济(1781～1839) …………… 1175	尹耕云(？～1877) ……………… 1187

蒋清翊(生卒年不详) ………… 1188
庄　械(1830~1878) ………… 1188
张集馨(1800~1879) ………… 1188
李国辉(生卒年不详) ………… 1189
杨沂孙(1813~1881) ………… 1189
王广业(约1802~约1884) …… 1189
　王贻哲(1856~1916) ………… 1189
李承霖(1803~1885) ………… 1190
薛宝田(1815~1885) ………… 1190
阮本焱(生卒年不详) ………… 1191
周家楣(1828~1887) ………… 1191
刘金方(1826~1888) ………… 1191
汪士铎(1802~1889) ………… 1192
薛福辰(1832~1889) ………… 1193
何　游(生卒年不详) ………… 1193
陈廷焯(1853~1892) ………… 1194
周伯义(1823~1895) ………… 1194
左锡惠(生卒年不详) ………… 1194
　左锡璇(1829~1895) ………… 1194
　左锡嘉(1830~?) …………… 1194
虚　谷(1824~1896) ………… 1195
殷湉深(约1825~?) …………… 1195
周　镐(生卒年不详) ………… 1196
王兆芳(1861~1898) ………… 1196
顾云臣(1830~1899) ………… 1197
李芸晖(1827~1900) ………… 1197
　李磐硕(1850~1909) ………… 1197
孔宪书(约1835~约1900) …… 1198
　孔庆元(1868~1930) ………… 1198
柳宝诒(1842~1901) ………… 1198
谢钟英(1855~1901) ………… 1199
汤世澍(1831~1902) ………… 1199

陈　烺(1822~1903) ………… 1199
邱心坦(1840~1903) ………… 1200
李　圭(1842~1903) ………… 1200
张　逸(1843~1904) ………… 1201
沈瑜庆(生卒年不详) ………… 1201
余听鸿(1847~1907) ………… 1201
胡寿海(?~1907) …………… 1202
戈颂平(1836~1908) ………… 1202
杨福臻(1836~1908) ………… 1202
李长庆(生卒年不详) ………… 1203
巢崇山(1843~1909) ………… 1203
周家禄(1846~1909) ………… 1203
沈　鹏(1870~1909) ………… 1204
夏　云(1830~1910) ………… 1204
袁润之(生卒年不详) ………… 1205
李恩绶(1835~1911) ………… 1205
　李炳荣(1867~1938) ………… 1205
陈兴芝(1881~1911) ………… 1206
陈德才(1883~1911) ………… 1206
张符元(?~约1911) ………… 1207
周阿生(1832~1912) ………… 1207
吴士恺(1843~1912) ………… 1208
孟佐天(1881~1912) ………… 1208
周振铎(1892~1912) ………… 1209
徐　嘉(1835~1913) ………… 1209
沙　淦(1885~1913) ………… 1210
樊　炎(1887~1914) ………… 1210
吉亮工(1857~1915) ………… 1210
康国华(1853~1916) ………… 1211
庞树柏(1884~1916) ………… 1211
刘少甫(生卒年不详) ………… 1211
倪　德(生卒年不详) ………… 1212

庄赓良(1839~1917)……… 1212	武仲芳(1847~1928)……… 1226
茅　谦(1848~1917)……… 1213	唐　棣(1856~1928)……… 1226
陶　逊(1871~1918)……… 1213	孙大鹏(1859~1928)……… 1227
屠　宽(1880~1918)……… 1214	胡雨人(1867~1928)……… 1227
杨世桢(1857~1919)……… 1214	刘君霞(1899~1928)……… 1228
陆松年(1860~1919)……… 1214	谢远定(1899~1928)……… 1228
赵　芬(1892~1919)……… 1215	章学廉(1900~1928)……… 1229
吴　涑(1867~1920)……… 1215	谷大涛(1904~1928)……… 1230
恽彦彬(1838~1920)……… 1216	张兆山(1908~1928)……… 1230
程蕙英(生卒年不详)……… 1216	张廷仁(1909~1928)……… 1231
汤心存(生卒年不详)……… 1216	薛宝润(1859~1929)……… 1231
虞　硕(生卒年不详)……… 1216	陈叔璇(1900~1929)……… 1232
吴同甲(生卒年不详)……… 1217	张劲枢(1901~1929)……… 1232
杨梅汀(1839~1922)……… 1217	徐名章(1901~1929)……… 1233
史纪常(1875~1922)……… 1218	郭锡康(1904~1929)……… 1233
姚序镛(1843~1923)……… 1218	王胪卿(1850~1930)……… 1234
张丽夫(1847~1923)……… 1218	卢德润(1898~1930)……… 1234
张幼夫(1889~1948)……… 1218	吴　芳(1899~1930)……… 1234
陈韶华(1853~1923)……… 1219	仇建忠(1902~1930)……… 1235
郭国兴(1884~1923)……… 1219	刘少猷(1902~1930)……… 1236
柯剑霞(生卒年不详)……… 1220	夏雨初(1903~1930)……… 1237
郑朝征(1867~1926)……… 1220	陈唯吾(1904~1930)……… 1238
朱良钧(1911~1926)……… 1221	俞海清(1904~1930)……… 1238
沙玉沼(1845~1927)……… 1221	薛衡竟(1904~1930)……… 1239
王慎之(1864~1927)……… 1222	王玉文(1905~1930)……… 1240
方尔咸(1873~1927)……… 1222	秦　超(1905~1930)……… 1240
方尔谦(1872~1936)……… 1222	韩铁心(1905~1930)……… 1241
袁康侯(1878~1927)……… 1223	石　俊(1907~1930)……… 1242
糜文浩(1901~1927)……… 1224	陈国藩(1908~1930)……… 1242
安友石(1905~1927)……… 1224	汤汝贤(生卒年不详)……… 1243
巫钲一(1906~1927)……… 1225	王凤岗(1901~1931)……… 1243
陆铁强(1907~1927)……… 1225	袁世钊(1901~1931)……… 1244

骆继乾(1911～1931) ………… 1244
　唐德芳(1902～1931) ………… 1244
　宋景煜(1912～1931) ………… 1244
穆子奇(1903～1931) ………… 1245
汤仕伦(1906～1931) ………… 1246
　汤仕佺(1904～1931) ………… 1246
徐家瑾(1904～1931) ………… 1246
缪元珍(1907～1931) ………… 1247
冯金妹(1908～1931) ………… 1248
高文华(1908～1931) ………… 1248
曹玉彬(1908～1931) ………… 1249
陆培之(1872～1932) ………… 1249
吕万林(1897～1932) ………… 1250
赵克明(1899～1932) ………… 1250
沈方中(1900～1932) ………… 1251
杨玉英(1901～1932) ………… 1252
穆绍臣(1901～1932) ………… 1252
朱者赤(1902～1932) ………… 1253
符恼武(1903～1932) ………… 1254
王玉如(1906～1932) ………… 1254
冯硕仁(1907～1932) ………… 1255
丁　香(1910～1932) ………… 1255
周趾麟(1911～1932) ………… 1256
韩秀三(1880～1933) ………… 1257
徐鸿英(1902～1933) ………… 1257
顾臣贤(1908～1933) ………… 1258
吴汝连(1909～1933) ………… 1258
周　斌(1909～1933) ………… 1259
钟培贤(约1850～1934) ……… 1259
邵天雷(1868～1934) ………… 1259
顾　衡(1909～1934) ………… 1260
管尚平(1878～?) …………… 1260
青　权(1860～1935) ………… 1261
方寿颐(1888～1935) ………… 1261
张荣生(1900～1935) ………… 1261
吴致民(1900～1935) ………… 1262
徐名正(1912～1935) ………… 1263
杨邦彦(1857～1936) ………… 1263
赛金花(1872～1936) ………… 1264
陈三立(1853～1937) ………… 1264
曹家达(1868～1937) ………… 1265
曹仲容(1872～1937) ………… 1265
陈恒和(1883～1937) ………… 1266
李素伯(1908～1937) ………… 1266
李先春(1862～1938) ………… 1267
吴笠仙(1869～1938) ………… 1267
朱南山(1872～1938) ………… 1268
秦亚宾(1872～1938) ………… 1268
戴善章(1880～1938) ………… 1269
张肇桐(1880～1938) ………… 1269
杨荫榆(1884～1938) ………… 1270
李钟瑞(1896～1938) ………… 1270
王尘无(1911～1938) ………… 1271
曹典初(生卒年不详) ………… 1272
蔡克浑(1857～1939) ………… 1272
程锡庚(1893～1939) ………… 1273
王韩氏(1898～1939) ………… 1273
朱惺公(1900～1939) ………… 1274
宋希庠(1902～1939) ………… 1274
赵万庆(1909～1939) ………… 1275
纪毓秀(1914～1939) ………… 1275
孙兆立(1919～1939) ………… 1276
李汝镰(生卒年不详) ………… 1276
茅乃封(1878～?) …………… 1277

朱子卿(生卒年不详)	……	1277
沈新萍(1868～1940)	……	1278
陈福俊(1880～1940)	……	1278
周人菊(1883～1940)	……	1279
蔡文斗(1887～1940)	……	1279
胡子良(1898～1940)	……	1280
吴乐群(1902～1940)	……	1280
张公任(1905～1940)	……	1280
李　复(1906～1940)	……	1281
周之祯(1910～1940)	……	1281
凌焕曾(？～1940)	……	1282
夏孙桐(1857～1941)	……	1282
许树枌(1861～1941)	……	1283
荣月泉(1868～1941)	……	1283
欣汝明(1873～1941)	……	1283
吴翠轩(1876～1941)	……	1284
吴森仁(1922～1944)	……	1284
施宗淑(1891～1941)	……	1285
顾南洲(1898～1941)	……	1285
郁永言(1907～1941)	……	1286
李培根(1910～1941)	……	1287
夏定才(1912～1941)	……	1288
任　迈(1913～1941)	……	1288
张　醒(1914～1941)	……	1289
周乐生(1914～1941)	……	1289
钱国华(1915～1941)	……	1290
潘　克(1916～1941)	……	1290
黄　炜(1921～1943)	……	1290
朱岐山(1917～1941)	……	1291
戴秉义(1918～1941)	……	1292
方秉文(1921～1941)	……	1292
苏硕人(1879～1942)	……	1293
潘稚亮(1881～1942)	……	1293
向鸿干(1891～1942)	……	1293
朱树屏(1894～1942)	……	1294
陈凤威(1907～1942)	……	1295
李伯敏(1909～1942)	……	1295
杨道生(1910～1942)	……	1296
冯汝南(1913～1942)	……	1297
王洪垒(1914～1942)	……	1297
刘治国(1916～1942)	……	1298
沈　蔚(1916～1942)	……	1298
倪　杰(1917～1942)	……	1298
马义宏(1919～1942)	……	1299
孙　宁(1921～1942)	……	1300
胡曾钰(1924～1942)	……	1300
裘廷梁(1857～1943)	……	1301
孙　钺(1876～1943)	……	1301
阎汉亭(1891～1943)	……	1302
黄　鑫(1898～1943)	……	1302
李　球(1918～1943)	……	1303
刁　全(1920～1943)	……	1303
周玉珍(1921～1943)	……	1304
金玉山(？～1943)	……	1304
徐宗汉(1876～1944)	……	1305
夏诒霆(1878～1944)	……	1305
张靖诚(1903～1944)	……	1306
许德祐(1908～1944)	……	1306
谢　骙(1910～1944)	……	1307
戴曙光(1911～1944)	……	1307
王　澄(1914～1944)	……	1308
今野博(1919～1944)	……	1309
殷　逸(1919～1944)	……	1310
李文广(1920～1944)	……	1310

王朝福(1925~1944)	1311	徐庆烈(1907~1949)	1328
施肇曾(1865~1945)	1312	倪秀英(1908~1947)	1329
赵玉森(1868~1945)	1312	李慎柏(1909~1947)	1329
浦文汀(1874~1945)	1313	张鹏举(1911~1947)	1330
杨荫杭(1878~1945)	1313	王　祥(1912~1947)	1330
袁毓棠(1892~1945)	1314	易乃千(1913~1947)	1331
孙宝墀(1894~1945)	1314	周文科(1913~1947)	1331
余少春(1894~1945)	1315	王　炎(1914~1947)	1332
陈佩三(1901~1945)	1315	叶梯青(1914~1947)	1333
王　龙(1908~1945)	1316	魏其虎(1914~1947)	1333
沈　纯(1911~1945)	1316	吴学连(1916~1947)	1334
史楚琪(1912~1945)	1317	顾　毅(1916~1947)	1334
王　商(1917~1945)	1318	吴　平(1917~1947)	1335
张胜武(1917~1945)	1318	何　正(1919~1947)	1335
陈凤山(1921~1945)	1318	邵伟光(1919~1947)	1336
李耕川(1922~1945)	1319	蔡一新(1919~1947)	1337
郭光裕(1923~1945)	1320	闵镋青(1922~1947)	1337
吕　畴(1923~1945)	1320	马广山(1924~1947)	1338
姚公铭(1924~1945)	1321	王　珏(1926~1947)	1339
陈秉恭(1888~1946)	1321	陈湘浦(1867~1948)	1339
卞乃秋(1895~1946)	1322	徐国安(1872~1948)	1340
沙杨氏(1897~1946)	1323	夏兆麐(1885~1948)	1341
汪元臣(1900~1946)	1323	周至堃(1905~1948)	1341
惠峻山(1906~1946)	1324	王仲安(1911~1948)	1342
徐浩泉(1913~1946)	1324	杨　斌(1912~1948)	1342
吴　翼(1914~1946)	1325	胡特庸(1913~1948)	1343
谢景鸿(1916~1946)	1325	卢锦珠(1917~1948)	1344
林少克(1917~1946)	1326	李　耀(1920~1948)	1344
吴廷燮(1865~1947)	1326	姜　亚(1922~1948)	1345
蒋瑞春(1879~1947)	1327	鲁　锐(1922~1948)	1346
谷寿夫(1882~1947)	1328	赵寿先(1923~1948)	1346
蒋师愈(1897~1947)	1328	周粉英(1927~1948)	1347

吴　晋(1890~1949) ············ 1348
冯立生(1905~1949) ············ 1348
孟士衡(1906~1949) ············ 1349
萧　逸(1915~1949) ············ 1350
成建军(1918~1949) ············ 1350

人物表

一、皇帝表(秦至清) ·· 1353
二、状元表(隋至清) ·· 1375
三、清代江苏历任巡抚表·· 1381
四、民国江苏历任省长(民政长、省主席)表 ························· 1381
五、清末与民国时期江苏省级议会、参议会、咨议局历任负责人表 ········ 1381
六、民国11年至民国38年(1922年7月至1949年9月)境内中共地方
　　组织历任主要负责人表·· 1382

人名索引 ·· 1383

《江苏省志·人物志》编纂始末 ·· 1416

概 述

江苏地处中国东南沿海,自然条件优越,气候温和,雨量适中,长江、淮河横贯东西,京杭大运河纵贯南北,物产富饶,是中国古代文明的发祥地和开发较早的地区之一。数千年来,众多俊彦之士,伴随着沧海风云、桑田雾雨,聚首在江苏这片广袤的沃土上,涌现出无数政治家、军事家、科学家、实业家、文史学家、艺术家和能工巧匠等,为中华民族的发展作出了重大贡献。

(一)

商朝后期,周古公亶父长子太伯、次子仲雍避让弟季历,奔梅里(今无锡市东南),荆蛮人千余家归附之,并奉太伯为君长,国号"吴",都梅里(后迁至姑苏即今苏州)。太伯死后,其弟仲雍继为吴君(春秋初始称王)。后其子孙屈羽、夷吾、禽处、辕、颇高、句卑、去齐、寿梦、诸樊、馀祭、馀眛、僚、阖闾、夫差相继为吴王。

吴本为楚之属国,到寿梦时,吴渐强大。寿梦是春秋中期以后"兴霸成王"的名王。为了"兴霸",从寿梦起,吴国与齐、晋、楚、越等诸侯国,在大江南北演绎了一场又一场争霸之战。在这争雄的时期涌现出伍员、孙武、范蠡等政治家、军事谋略家,也出现被司马迁称为"有仁心,慕义无穷"、"闳览博物"的君子,至今常、武、澄一带人民还流传"延陵世泽,让国家风"春联,颂扬本应继为吴王而坚持让不受位的延陵季子——季札。

春秋战国时代长期的争霸战,虽给人民带来严重的痛苦,但也促进南北科学文化的交流,加速吴越地区的华夏化,促进吴越的社会改革和大江南北经济、文化的发展。在社会改革方面,推行"爱民"、"富民"政策,出现吴王阖闾、越王勾践等"重法爱民"的国君。科学技术方面,出现师徒相传的冶炼"自然钢(镔铁)"的钢铁剑匠干将(吴人)和欧冶子(越人),研究历法的天文学家惠施和良医文挚等。哲学方面,孔子门人子贡、司马耕、言偃(吴人)、澹台灭明等都曾在吴地传播儒学,其中言偃和澹台灭明在大江南北最为著名。同时,宋国蒙(今安徽蒙城,一说今河南商丘县东北)人周庄,继承和发展老聃、杨朱学说,其思想在彭城(今徐州)及江南一带影响颇大;墨学创始人墨翟,曾派弟子公尚过南游于越,游说越王勾践,使越国"处于吴、楚、越之间,以鱼(渔)三邦之利"。

秦始皇统一六国后,尽管采取许多有利于统一之事,但由于过度使用武力,使人民疲惫不堪。秦二世更是昏暴无比,人民怨声载道,爆发了陈胜、吴广为首的农民起义,并得到全国各地的响应。当时大江南北聚众起义的首领众多。其中最著名的有下相(今江苏宿迁西)人项梁、项羽,沛县丰邑(今江苏丰县)人刘邦等。秦朝灭亡后,形成西楚王项羽与汉王刘邦争夺天下的楚汉分争的局面。经过四年的楚汉战争,刘邦终于战胜项羽,建立汉王朝(习惯称汉或西汉),都长安(今陕西省西安市西北)。在楚汉战争中,大江南北又涌现出一大批风云人物,如项羽大将、朐县伊芦(今属江苏灌云县境)人钟离昧,汉军政治家、军事家韩信、萧何、曹参、樊哙、王陵、夏侯婴、周勃等。

汉朝建立后,刘邦为使实力通达全国,在消灭异姓王的同时,大量分封同姓王。如封子刘肥为齐王、刘长为淮南王、刘建为燕王、刘如意为赵王,刘恢为梁王、刘恒为代王、刘友为淮阳王,封弟刘交为楚王,封堂弟刘贾为荆王,封侄刘濞为吴王。西汉前期,黄淮下游各郡县也先后分封众多王国和侯国。这些半割据诸侯国,经过五六十年的休养生息,国力十分富强。到汉文帝刘恒时,吴王刘濞的国度已拥有精兵约50万,所聚钱财"富能敌国",成为西汉前期最强大的诸侯国。随着吴国的日益强盛,吴王刘濞渐生争夺帝位之心,遂于景帝前元三年(前154年)爆发以刘濞为首的"七国之乱"。叛乱达三个月之久,最终刘濞被大将周亚夫战败,在逃至秣陵(今江苏江宁县境)途中,为东越人所杀。西汉后期,吏治腐败,政治黑暗,人民遭难,阶级矛盾日益尖锐。汉初始元年(公元8年),上层豪强代表王莽篡权,建立新朝。王莽篡权后,采取一些"复古改制"的措施。但由于贵族和豪强的反对,更加剧了阶级矛盾,终于爆发席卷黄河流域和长江流域的赤眉军、绿林军、铜马军等农民起义,最终农民起义军推翻王莽政权。后南阳豪强集团首领刘秀（刘邦九世孙），打败农民军，夺取农民起义成果，于复汉三年（公元25年）六月在鄗（今河北柏乡）称帝，不久定都洛阳，恢复汉朝的统治。东汉自此始。刘秀称帝后，相继消灭西汉皇族刘盆子、梁王刘永的"专据东方"的割据势力。东汉初始，刘秀大封功臣和外戚，并逐步与宗室王侯合成一个豪强集团。东汉中期以后，汉王朝豪强大地主对各州郡人民的统治日益残暴，盘剥更加残酷，加上自然灾害严重，迫使农民不断起义。在当时的农民起义中，规模较大、活动时间较长的为张婴、范容、周生等领导的起义队伍。他们聚众数十万，活动于徐、扬等州之间十余年。此外，沛国人戴异、会稽郡人许生还自称"太上皇"、"越王"，举兵反汉。分散的农民反抗斗争，最终发展成以巨鹿（今河北平乡西南）人张角为组织者的黄巾起义。黄巾起义爆发后，分散在黄河以南的有青州、徐州的"青徐黄巾"，在长江下游的有戴凤领导的扬州地区黄巾军。长达20多年的黄巾起义，使东汉王朝土崩瓦解，名存实亡，把历史推至魏、蜀、吴三国时期。

两汉时期，徐、扬地区社会生产比战国时期有更大发展。同时，出现许多有成就的科学家、哲学家、文学艺术家。其中有炼丹方士魏伯阳（吴人，一说会稽上虞人），神医华佗（东汉沛国谯人，在徐州一带游学、治病）及其弟子、名医药家吴普（广陵人）和樊阿（彭城人），道派创始人张道陵（沛国丰即今江苏丰县人，世称张天师），五斗米道教主张鲁（张道陵孙），汉代中国新儒学体系创立者、为江都易王刘非相的董仲舒，文学家刘安（沛即今江苏沛县人），辞赋家枚乘（淮阴人）。桓谭，经学家、目录学家刘向（沛人），经学家、文学家刘歆（刘向之子），严助（吴人），高彪（吴郡无锡人）等。

东汉末年，由于各州郡牧守陈兵混战，逐步形成魏、蜀、吴三国鼎立的局面。吴国由孙坚（吴郡富春即今浙江富阳人，曾任今江苏下邳丞）之子孙策、孙权（生于下邳即今睢宁县古邳镇）建立。在曹魏夺取并统治江北的徐州地区时，孙策仅攻取并统治江南的江东（即当时扬州管辖的地区）一带。孙策死后，由孙权继承父兄事业，执掌江东诸郡。吴黄龙元年（229年），孙权在武昌（今湖北鄂州市）称帝；后又将都城迁至建业（今南京），开创江南建立封建割据政权之始。至吴亡，在建业共有四帝，凡51年。

孙策、孙权创业江东，"任才尚计"，"招延俊秀，聘求名士"，信用陆逊、陆抗、顾雍、张昭等谋臣将才，集思广益，以求破敌之计，为立国江左，立下汗马功劳。

三国鼎立时期，虽战争不断，但吴国和魏国也采取一些恢复和发展生产的措施,为恢复和发展大江南北经济作出积极贡献。同时,在科学文化方面也取得一定成就。当时建业是南中国的文化中心,一些著名的科学家、史学家、文学家、书画家及佛教高僧在此生活过。科学方面有天文学家陆绩(吴郡吴县人)、阚泽(会稽山阴人)、姚信(吴郡吴兴人)、王蕃(吴郡人)、陈卓(吴郡人),著名将领周处(阳羡即今宜兴人)等,名医吕博(吴人)。宗教方面有高僧、译经大师支谦(大月氏人)、康僧会(天竺人),道士葛玄(丹阳郡句容人)。文史学方面有韦昭(吴郡云阳人)、薛莹(沛郡竹邑人)、华覈(吴郡武进人)、张温(吴郡云阳人)、谢承(会稽山阴人)、杨泉(吴人)。书画方面有皇象(广陵江都人)、曹不兴(吴郡吴兴人)。此外,还有在魏国为官的思想家、文学家、音乐家嵇康(谯国铚人),"竹林七贤"之一的文学家陈琳(广陵射阳人),散文家桓范(沛国人)等。

魏咸熙二年(265年)二月,司马炎夺帝位建立晋国(史称西晋)。晋咸宁六年(280年),晋武帝灭吴,统一全国,从此结束长期封建割据的局面。但随着宫廷祸乱,特别是"八王之乱"发生后,中国北方战火又起。在江东晋灭吴后,豪族士大夫在政治上被晋统治者看作"亡国之余",其政治权力丧失。他们凭借原有的经济基础和社会影响,屡次起兵反晋。后当义阳(今河南桐柏东)人张昌发动的流民起义威胁到江东豪族的利益时,以周玘(阳羡人)为首的江南士族和江东豪族、会稽山阴(今浙江绍兴)人贺循、广陵(今扬州)人华谭,丹阳郡句容人葛洪、甘卓等起兵围攻石冰的义师(张昌起义军的一支)。继而周玘、顾荣(吴人)又平定庐江(治今安徽舒城)人陈敏和吴兴人钱玲企图割据江东的活动,稳定了西晋末年复杂的江东政局。

西晋亡后,司马睿在江南建康(今南京)称帝,建立东晋王朝。继司马睿之后,又有10人即帝位,至刘宋代晋,前后达103年。在东晋王朝立国江南的过程中,以王、谢为首的北方世家大族,团结南北方两大士族中众多俊秀之士,共同维护着东晋偏安江左的局面。其中王导和谢安当为东晋世族的主要代表和支柱。东晋后期,尤其是昏庸懦弱的安帝司马德宗继位后,皇族司马道子、司马元显父子当权,贪污奢侈,政治败坏到无以复加的地步,东晋民众受尽苦难,终于爆发孙恩、卢循起义。继而谯国龙亢(今安徽怀远西北)人桓玄作乱,攻破建康后自立为帝,改国号楚。未几,北府将领刘裕(祖籍彭城,徙居京口)等起兵讨伐,桓玄出走江陵,兵败被杀。桓玄之乱平定后,刘裕执掌东晋朝政。东晋元熙二年(420年),刘裕代晋称帝,以建康为都,建立宋朝,史称刘宋。从此开始南朝,出现与北方的北魏南北对峙的局面。继刘宋,在原来东晋统治的地区先后出现齐、梁、陈三朝,大多以建康为都,南朝前后在建康即位24帝,统治169年。

东晋王朝立国江南,社会基本处于安定状态,经济、文化得以发展,经它和以前的东吴,以后的宋、齐、梁、陈历代的经营,江南经济、文化繁荣。故史称这6个朝代为"金粉六朝"。而与此同时,北方地区战乱频仍。为避战乱,大批北人南迁到较为安定的南方地区。众多杰出人物也纷纷南渡,寻找生机,施展才华,与江南人一道,推动以建康为中心的南方科学文化的新发展。科学方面有会稽余姚(今浙江余姚县)人虞喜、化学家丹阳句容人葛洪、数学家建康人祖冲之、药学家丹阳秣陵(今属江苏江宁县)人陶弘景、名医丹阳(今南京)人徐之才等。哲学思想方面有太原中都(今山西平遥县)人孙绰、南阳舞阴(今河南泌阳县西北)人范缜、南兰陵人萧子良等。宗教方面有道士、吴兴东迁(今江苏吴县东)人陆修静,高僧、佛经译者彭城(今徐州)人竺道生以及西域人尸梨密、平阳武阳(今山西襄垣县)人法显、句容东阳(今属南京市栖霞区)人宝志、北天竺迦罗(今尼泊尔境内)人佛驮跋陀罗等。经史学方面有江南人范宁、京口(今镇江)人徐邈、会稽山阴人谢沈、陈郡阳夏(今河南太康)人袁宏、太原中都人孙盛、河南闻喜人裴松之、顺阳(今河南浙川东南)人范晔、吴兴武康(今浙江清德)人沈约等。文学方面有吴郡吴县华亭(今上海松江西)人陆机和陆云、琅玡临沂(今山东临沂北)人颜延之、陈郡夏阳人谢灵运、京口人鲍照和刘勰(又一说晋陵境内侨郡南徐州东莞莒县即今常州人)、洛阳考城(今河南兰考)人江淹、南兰陵人萧统(昭明太子)等。艺术方面有书法家、琅玡临沂人王羲之,被称为"六朝三大家"的画家、晋陵无锡(今无锡)人顾恺之、吴(今苏州)人陆探微、吴兴人张僧繇,雕塑家、谯国铚(今江苏宿迁)人戴逵、戴颙等。

隋灭陈之初,陈朝旧地豪强因不满朝廷抑制江南的政策,多次起兵叛乱。如自称南徐州刺史、据有京口陈兵叛乱的陈问莫,晋陵(今常州)叛将顾世兴,无锡叛帅叶略,南沙(今常熟)叛帅陆孟孙等,不久均被隋军镇压。以后,江南地区的余杭(今浙江杭州)刘元进、吴郡朱燮、晋陵(今常州)管崇、东海(今海州)彭孝才、彭城张大虎、下邳(今江苏宿迁东南)苗海潮又相继举兵反隋。其中有的还并入齐州章丘(今山东章丘西北水寨)人杜伏威、齐州临济(今山东章丘西北临济)人辅公祏领导的江淮农民起义军。江淮儿女在隋末农民起义浪潮中的义举,为动摇、瓦解隋帝国的统治作出不可磨灭的功绩。后隋朝太原留守、陇西成纪(今属甘肃秦安)人李渊灭隋建立唐朝。唐初,辅公祏曾起兵反唐,称帝于丹阳(今江苏南京),建国号为宋。半年后,辅公祏兵败被杀。有唐一代,从武则天掌权开始到唐宪宗时,江淮地区的官僚和王族曾多次发生反中央政府的叛乱。主要有:唐朝将领、曹川离狐(今山东东明东北)人徐敬业,纠集同党盘踞扬州,起兵反对"临朝称制"掌握朝政的武后(武则天);永王、唐玄宗李隆基第十六子李璘,在江陵(今属湖北省)招兵数十万人叛乱,历时4个月,转战吴郡、当涂、扬子(今江苏江都)、丹阳郡城(今镇江市丹徒镇)、鄱阳(今江西鄱阳)、余干(今江西余干县)等江淮诸地;宋州(今河南商丘)刺史兼淮西节度副使刘展拥兵作乱,先后进军润州(今镇江)、宣州(治所今安徽宣城)、吴郡湖州(治所今浙江绍兴)、下蜀(今江苏句容)、广陵(今江苏扬州)、楚(今江苏淮安)等地。

隋唐时期,随着中国经济、文化重心的逐渐南移,江淮地区的经济、文化蓬勃发展,逐渐成为全国的经济、文化中心。同时,伴随着江淮流域的经济繁荣和中央粮食、财赋仰赖于江淮,江左又比北方较为稳定,北方文人学士也就逐步播迁南方。安史之乱期间,北方衣冠士庶也纷纷避居于江淮和江东地区。他们凭借自己的睿智,从事科学和文学艺术的创造。有著名星历学家耿询(丹阳即今南京人),经学主将啖助(赵州人,州治今河北赵县,曾任丹阳主簿),史学家刘知几(彭城人),高僧、牛头宗创始者法融(润州延陵人),著名僧人鉴真(江阳县,即今扬州人),文选学家曹宪、李善、公孙罗(江都人)、许淹(句容人),诗人陆龟蒙(苏州人)、张若虚(扬州人)、刘春虚(江东人),雕塑家杨惠之(苏州人),狂草书法家张旭(吴即今苏州人)、张潮(曲阿即今江苏丹阳县人)、赵嘏(山阴人)等,画家郑法士(吴人)、朱景玄(吴郡人)、张璪(吴县人)。此外,唐代闻名于世的大诗人李白、杜甫、白居易以及韦应物、刘禹锡(徐州人,另一说洛阳人)、张继,书法家颜真卿,画家展子虔、吴道子等,有的到江南做官,有的到江南漫游,从江淮土地上摄取艺术营养,创造出艺术的奇葩。

"安史之乱"以后,唐朝政局日衰,赋税繁苛,江淮人民的负担日益加重。晚唐时,朝廷为解决财政危机,扩大财政收入,鼓励江淮地区的财政专使或节度使增加税收,向朝廷提供名目繁多的"羡余"、"进奉",更加重江淮人民的经济负担,加剧阶级矛盾和社会危机,迫使农民聚众反抗。最终爆发以徐州为中心的庞勋起义,拉开唐末农民起义的序幕。庞勋起义失败后,"散居兖、郓、青、齐之间"的义军汇合到黄巢起义的洪流,加速了唐朝的灭亡。从唐宣武节度使朱温(又名朱全忠)废哀帝李柷自立起,中国历史又进入割据称雄的五代十国时期。在江北,武宁节度使时溥首先割据徐州地区。后朱温战败时溥,割占徐州。朱温与时溥的割据战争,使徐州地区庐舍焚荡,民户丧亡,社会经济遭到严重破坏。在南方,十国中的杨吴、南唐、吴越则先后割据长江中下游一带。吴国由杨行密建立,定都扬州,占据淮河以南和江南的大部分地区。南唐由徐州(又说海州即今连云港西)人李昪取代吴建立,定都金陵(今南京)。吴越由杭州临安(今浙江临安北)人钱镠建立,定都钱塘(今浙江杭州),占据江南的吴(今苏州)地。

五代十国时期的吴与吴越是割据江浙的两大对立势力,虽然双方曾为争夺地盘,反复较量,吴越控制的苏州地区,在相当长的时间内处于混战状态。但是,吴越统治者比较关心民众疾苦,注意发展生产,政治上比较稳定,经济上比较繁荣。吴国统治淮南以后,杨行密为巩固政权,增强实力,安定民心,采取利民节用政策,不数年,就出现"公私富庶,几复承平之旧"的局面。南唐代吴后,李昪继续实行"保境息民"政策,竭力革除政治弊端,厉行新政。到中主李璟即位时,南唐的发展达到顶峰。总之,经过杨吴、南唐和吴越三国半个多世纪的发展,江淮地区最终成为全国最富庶的经济区域。经济的发展,带动文化的繁荣,五代十国时期的江淮地区,词、诗、绘画和雕塑等文学艺术均比唐代有所发展。晚唐五代,词体盛行。在南唐都城金陵的词人有冯延巳(广陵人)、李璟和李煜父子,文史家称"南唐词人"。其中以后主李煜的成就最高,影响最大。南唐的诗和文字学也有名篇佳作。当时的诗人有李建勋、韩熙载、李中和徐铉、徐锴兄弟等。其中徐氏兄弟(广陵人)均能诗善文,以文著名,号"大小二徐"。五代十国时的江南,也是北方和南方文人墨客聚会之所,南北绘画艺术得以相互交流,取长补短。南唐中主李璟、后主李煜都酷爱书画,在金陵设立翰林图画院,其画家阵容颇为壮观,周文矩、顾闳中、顾德谦、王齐翰、赵干、卫贤、董源、徐崇嗣、梅行思、董羽等人皆声闻大江南北。与绘画密切相关的还有雕塑。当时吴越统治的苏州,绘画、雕塑艺术也相当发达,著名者有钱文奉。他是一位多才多艺的人物,不但"精音律、图讳、医药、鞠弈之艺,皆冠绝一时",而且"多聚书法、名画、宝玩、雅器,号称好事",当时"士负才艺者多依之"。

后周显德七年(960年),赵匡胤发动陈桥驿兵变,废恭帝柴宗训,称帝,建立宋朝(史称"北宋")。后相继于宋开宝八年(975年)十一月和太平兴国三年(978年)五月攻灭南唐和吴越,结束五代十国的分裂割据局面。北宋末年,北方女真族建立的金朝不断南侵。靖康二年(1127年)四月,金兵掳走北宋徽、钦二帝后,徽宗之子赵构在南京(今河南商丘南)即位称帝,继续赵氏的宋王朝(史称"南宋")。后在金兵追击下,赵构带领部分宠臣先后南逃扬州、镇江、苏州、杭州。建炎三年(1129年)五月进驻江宁(今南京),并将江宁府改为建康府,作为"行都"(亦称"东都")。绍兴八年(1138年)正月离开建康,至临安府(治所今浙江杭州),"遂定都焉"。南宋从建立到被元朝灭亡,先后与金、蒙元南北对峙150余年。其间,在大江南北涌现出众多抗金、抗元的英雄,为保卫南宋朝廷而浴血奋战。著名者有抗金名将岳飞(相州汤阴即今河南汤阴县人)、韩世忠(绥德即今陕西绥德县人)、梁红玉(韩世忠妻)和梁山泊抗金渔民张荣、徐州禁军武卫军都虞侯赵立(徐州人);抗元英雄张世杰(范阳即今河北涿县人)、文天祥(吉州庐陵即今江西吉安人)、陆秀夫(盐城人)等。

两宋时期,江北的京东、淮南和江南的江东社会经济比前代更有发展。南宋时,随着宋室南迁,全国的经济重心更移向江南,农业经济则大大超过中原,纺织、编织、造纸、印刷、漆器、金属冶炼、军火制造等手工业,都发展到一个新水平。同时,文学繁荣昌盛,活字印刷术、指南针、火药配方这些举世闻名的伟大发明,在大江南北地区广泛应用,科学文化等多个领域都有成就卓著的杰出人才。科学家有曾荫袭为沭阳主簿的沈括(杭州钱塘人,后定居今镇江)。他"博学善文,于天文、方志、律历、音乐、医药、卜算,无所不通,皆有所论著",是一位知识渊博的学者、卓越的自然科学家。此外,还有著名的数学家、天文学家卫朴(楚州即今淮安人),农学家陈旉(南宋初隐居真州即今仪征),医药学家许叔微(真州人)、陈文中(宿州符离人)等。宋代文学家当推苏州人范仲淹。他的文章诗词均有名篇佳作传诵于世。其中《岳阳楼记》最负盛名,篇中定景、抒情、言志,匠心独具;文体亦骈亦散,自成一格。宋代文学家还有欧阳修、苏东坡、王安石、辛弃疾等。他们虽非江苏人,但都在江苏生活并从事过文学创作活动,留下鸿篇巨著,产生过深远影响。著名诗词作家有范成大(吴县即今苏州人)、秦少游(高邮人)、张孝祥(江苏江浦人)。其中范成大与尤袤(无锡人)、杨万里(吉州吉水人)、陆游(越州山阴即今浙江绍兴人)并称"南宋四家"。宋代大江南北的绘画、书法、音乐等艺术蓬勃发展。北宋灭南唐后,金陵图画院画家周文矩、董源等随后主李煜北去汴梁,后成了北宋初期的名画家。北宋中期以后,大江南北涌现出更多画家,其中杰出的有晁补之(济州巨野即今山东巨野人,曾知泗州)和米芾(原籍太原,定居润州)、米友仁父子。南宋时有龚开(淮阴人)

等。在音乐艺术方面,大江南北广泛流行宋词和各种民间歌曲、戏曲,比较著名的有音乐家姜夔、袁绹,戏曲家侯寘等。

元灭南宋后,实现中国历史上规模空前的大统一。元代初期,江淮流域、黄河流域的社会经济逐步恢复并有所发展。大江南北地区各种经济作物丰富,手工业、商业、交通运输业等在两宋的基础上有了进一步发展。社会经济的恢复和发展,促进和带动科学文化的继续发展,涌现出众多有影响的人物。著名者有水利专家任仁发,松江青浦(今上海青浦)人,官至都水工营田副使,曾主持修治吴淞江、大都通惠河、青浦、练湖和海堤工程;医家倪维德(吴县人)、葛乾孙(长洲即今苏州人)、王履(昆山人),以及在江北、江南行医的滑寿、戴思恭;无神论者谢应芳(武进人);诗人萨都剌(曾授任镇江录事司达鲁花赤)、杨维桢(山阴人,元末避兵浙西山水间,筑蓬台于松江);杂剧作家孔学时(溧阳人)、散曲作家睢景臣(扬州人)和昆山幕僚张可久;画家龚开(淮阴人)、曹知白(松江人)、郭畀(镇江人)、马琬(建康人)、黄公望(常熟人)、倪瓒(无锡人)、朱德润、张逊(平江即今苏州人)。

元朝统治者长期推行阶级压迫和民族压迫政策,加上地主富豪广侵农地,社会矛盾日益激化,终于元末爆发以红巾军为主力的农民起义。当时在南方最有权威的农民领袖为彭莹玉。他带领红巾军先后横扫常州、江阴、宜兴、溧阳、溧水、丹阳、金坛、句容等地,所至无不号召贫苦农民,镇压不法地主,有力地打击和摧毁元朝在江南的地主政权。除红巾军外,还有泰州白驹场(今江苏大丰县境)人张士诚等率领的盐丁起义,先后攻占高邮、泰州、兴化、平江、松江、常州、昆山等地,并在高邮称诚王,立国号大周(先都高邮,后定都平江)。后张士诚因屡败于朱元璋而降元,不久又脱离元朝,自称吴王,最终在平江被朱元璋俘获,至应天(今南京)自缢死。

朱元璋,远祖籍沛国相县(今江苏沛县与安徽宿州符离集一带),宋际迁至句容通德乡朱家巷,祖父迁泗州城北孙家岗,又再迁至濠州(今安徽凤阳西)钟离乡。朱元璋出生地盱眙县灵迹乡坊津里(今属安徽嘉山明光区明东乡赵府村)。他自幼贫苦,曾入寺为僧,后投奔红巾军。因他骁勇多谋,深得北方红巾军首领郭子兴器重,曾任左副元帅。他任用朱升、宋濂、刘基、常遇春、徐达等,先后攻克集庆(今南京),击败张士诚、方国珍、陈友谅等农民起义军,并在攻克元大都(今北京)后于元至正二十八年(1368年)正月在应天(今南京)称帝,立国号为大明,以应天为京都,开创在江苏建立的第一个一统封建王朝。

明朝初期,为加强与海外各国的友好关系,太祖朱元璋和成祖朱棣先后在直隶的大江南北发展造船业和航海业。明初大将、濠州人汤和奉命在京师(今南京)建立龙江船厂。至正德年间(1506~1521年),除承造大量巨型海舶外,还参与制造数百艘一千料以上的遮洋船。其间,苏州、镇江、江阴、扬州、仪征、淮安等卫府也设有众多船厂。同时,朝廷还在太仓刘家港建立航海基地。造船业的发展,为郑和下"西洋"准备和提供雄厚的物质基础。郑和,云南昆明(今云南晋宁)人。他从永乐三年(1405年)冬至宣德八年(1433年)七月的29年间,7次出使"西洋",足迹遍及南亚和东非印度洋沿岸30多个国家和地区,出色地完成与海外各国通好的外交使命,开辟通往亚非的海上"丝绸之路",被誉为中国古代史上的伟大创举。随同郑和下西洋的还有昆山人费信、南京人巩珍、太仓人郁震等一批具备丰富航海经验和医术精湛的人员。在郑和下西洋的过程中,继承和发展宋、元以来的天文学,熟练地运用以牵星术为代表的航海天文学知识。这是明代江苏人民对世界文化作出的卓越贡献。在明代,地理学、医药学、农学、园林建筑艺术、印刷术、机械制造等科学领域都有很大的发展。地理学家郑若曾(昆山人)、地理学家和旅行家徐霞客(江阴人)等人都对中国的地理学研究作出重大贡献。南京地区的学者在农业科学领域注意总结农业生产经验,编写农书。如吴县人俞宗本辑录的《种树书》、南京松江府上海县(今上海市)人徐光启编定的农学巨著《农政全书》等。医学方面有薛己(吴县人)、王肯堂(金坛人)、缪希雍(原籍常熟,后迁居金坛)、吴有性(吴江县人)、张璐(吴县人)等名医。杰出的医药学家李时珍也曾到南京地区考察过,并在南京首次刊印药学名著《本草纲目》。园林建筑艺术方面,明代是中国园林建筑史上的鼎盛时期。南京、扬州、无锡、苏州等地兴建不少精美的宫殿园林建筑,出现众多著名的建筑家,最负盛名的有蔡信(武进人)、蒯祥(吴县人)、计成(吴江人)。印刷技术方面,明末有以"钜版"印刷为代表、借居南京的安徽人胡正言。此外,史学、哲学、文学艺术也进入一个新的鼎盛时期。史学方面,南京乃至东南地区,史学家、方志学家和私家著述甚多。著名者有太仓人王世贞、江宁(今南京)人焦竑、长洲人祝允明(祝枝山)、兴化人李清、吴县人王鏊,以及生活在江苏的外籍人宋濂、李善长等。其中尤以王世贞、焦竑取得的成就最大。哲学和宗教方面,有理学家、官至南京刑部尚书的王守仁(王阳明),泰州学派(王学左派)创始人王艮及其门生颜山农、何心隐、李贽,意大利传教士、南京天主教堂创办人利玛窦等。文学艺术方面,有明初著名诗人浦源(无锡人)、高启(长洲人)、杨基(吴人),明中叶有被誉为东南诗坛"吴中四才子"的祝允明、文徵明(长洲人,也擅山水画)、唐寅(唐伯虎,吴县人)、徐祯卿(吴县人)和"金陵四大家"的顾璘(南京人)、陈沂(南京人)、王韦(南京人)、朱应登(宝应人),明后期有东南诗人王稚登(长洲人)、俞允文(昆山人)、王叔承(吴江人)、王志坚(昆山人)、叶绍袁(吴江人)、顾梦麟(太仓人)和杨彝(常熟人)。散文家有宗臣(兴化人,明代文坛"后七子"之一),参与在文坛组织"唐宋派"的归有光(昆山人)、唐顺之(武进人),著名小说家施耐庵(兴化人,一说苏州人,《水浒传》作者)、吴承恩(淮安人,《西游记》作者),以(《三言》(《喻世明言》、《警世通言》、《醒世恒言》三部短篇小说集的简称)为代表的拟话本市民小说家冯梦龙(长洲人),著名琴家严澂(常熟人)、徐上瀛(太仓人)、汤应曾(邳州人),著名散曲家王磐(高邮人)、陈铎(邳州人),著名戏曲理论家、作家沈璟(吴江人),著名戏曲音乐家魏良辅(南昌人,寄居太仓)、张野塘(魏良辅之婿)、剧曲作家张凤翼(长洲人)、阮大铖(南明官吏,陷居南京)和吴炳(宜兴人),书画家王绂(无锡人)、夏㫤(昆山人),吴派山水画家沈周(长洲人)、唐寅、文徵明、仇英(太仓人)和华亭派画家董其昌(松江华亭人)、邹子麟(武进人)、恽向(武进人),人物画家曾鲸(福建莆田人,侨居南京)。

明朝建立后,"与明相始终"的倭寇,在北自辽东、南至广东万里海岸线上出没。当时东南地区成了倭寇侵扰的重点地区之一。到嘉靖时期,倭寇对东南沿海地区的侵扰更加猖獗,大江南北遍遭蹂躏。为保国安民,东南儿女奋起抗击倭寇的侵犯,涌现出许多抗倭英雄。其中既有外省籍人张经、曹邦辅、任环、郑晓、李遂,也有本籍人唐顺之(武进人)、汤克宽(邳县人)、沈坤(淮安人)、曹顶(南通人)和葛天民(东台人)等。他们面对倭寇的嚣张气焰,不顾佞臣严嵩、赵文华等人的排挤、打击和诬陷,激于民族大义,将个人荣辱安危置之度外,英勇抗击倭寇,在中国的反侵略斗争史上写下光辉篇章。明朝中期以后,社会危机日趋严重,以皇帝为代表的封建统治的腐败,以及他们对农民、手工业者和商人的残酷剥削,引起被统治阶级的极大反抗。而东南地区赋税最重,剥削最甚,各阶层人民的起义和反抗斗争连绵不绝。影响较大的有苏州织工葛贤、钱大、徐元、陆满等人领导的反对织造太监兼税使孙隆的斗争,太仓俞伯领导的索契斗争,以及刘宠、刘宸(河北文县人)领导的横扫大江南北的农民起义。明朝末年,由于统治阶级内部斗争激烈,而以东林党为首的、代表中小地主利益集团与阉党为主的腐败集团之间的斗争尤为尖锐。万历年间(1573～1620年),无锡人顾宪成被革职回籍后,在常州知府欧阳东风、无锡知县林宰主持下,修复北宋著名理学家讲学的东林书院,偕同志李攀龙(山东济南人)、钱一本(武进人)、史留麟(宜兴人)及弟顾允成等讲学其中。每于讲学之余,"往往讽议朝政,朝士多遥相应和,退处野之士大夫,闻风响附,东林之名由是大著,而忌者益多"。及佞臣魏忠贤擅权,凡为东林者,皆以东林党名横加迫害,惨遭杀戮禁锢。顾宪成病死后,也命追削其籍。东林党被残酷镇压后,东南的士大夫们又以新的政治团体出现于政治舞台上,继承东林党人的未竟事业。著名的有太仓人张溥、张采领导的复社,常熟人杨彝等人创建的应社,淮安秀才阎修龄、靳应升等人主办的望社等。他们在反对腐败、反对封建专制统治、要求政治改革以及减轻人民沉重负担等方面作出一定贡献。明崇祯年间(1628～1644年),政治腐败,民不聊生,以李自成为首的农民军揭竿而起,推翻了明王朝。明亡后,南京兵部尚书史可法、凤阳总督马士英和总兵高杰等人在南京拥立朱由崧为帝,建立弘光,史称南明弘光政权。抗清英雄史可法以"太子太保、兵部尚书、武英殿大学士"的官衔离开南京,督师扬州为南明"鞠躬致命,克尽臣节"。顺治二年,弘光元年(1645年)正月,扬州被清军包围后,他与总兵刘肇基等组织团结扬州军民死守扬州,与强大的清军展开可歌可泣的血战,史可法被俘时,为了避免清兵乱杀,他高声大呼:"我史督师也!"清军诱其投降,他誓死不屈地说:"城存与存,城亡与亡,我头可断而志不可屈。"慷慨就义,时年44岁。南明弘光朝君主朱由崧昏庸无能,沉湎酒色,倚重奸佞,排斥忠臣,政局动荡,最终为清军所灭。

南明弘光政权覆灭、清军占领南京后,清廷在规劝江南各地南明官吏归顺清朝的同时,又推行民族压迫政策,强迫江南汉人一律改变束发的传统,严重损害了汉民族的感情和尊严,激起江南人民的反抗,涌现出一批抗清英雄和义士。先后爆发句容诸生谢琢和义民杨三贵、王民生领导的句容起义,宜兴卢象观领导的茅山起义,吴江进士吴日生、举人孙光奎等领导的抗清起义,江阴人许用和县主簿陈明遇及前典史阎应元等领导的江阴人民反剃发斗争,江南名士陈子龙、夏允彝及其子夏完淳等领导的松江起义,以及由郑成功、张煌言长期领导东南军民的抗清运动。

清代前期,社会经济的逐渐恢复和发展,科学和技术也在明代的基础上继续向前缓慢发展。尤其是明末清初,西方科学技术知识以传教士为媒体陆续传入,更进一步促进中国某些传统科学的变革,使其在许多方面取得较为明显的进步。作为全国经济最为发达地区之一的江苏也出现众多科学家。著名的有天文学家王锡阐(吴江人)、王贞仪(女,南京人),数学家梅毂成(安徽宣城人,晚年移居南京)、焦循(扬州人)、李锐(吴县人)、阮元(仪征人),医药学家徐大椿(吴江人)、叶桂(吴县人)、林珮琴(丹阳人)等,地理学家孙兰(江都人)、顾祖禹(常熟人)等。明清交替之际,是一个"天崩地陷"的年代。中国社会的剧烈动荡,孕育了一代思想大师。昆山的顾炎武与浙江余姚的黄宗羲、湖南衡阳的王夫之,号称清初三大思想家。顾炎武提出"天下者,匹夫之贱,与有责焉"。清末民初,这一进步思想演变为人们熟知的名言"天下兴亡,匹夫有责",成为中国人民爱国主义的高度概括。他们的共同思想,是反对君主专制主义,主张"人民为主"。后随着清代经济的发展,社会问题的加重,又出现一批具有经济思想的有识之士。常州学者洪亮吉是其主要代表。他不仅是著名的舆地学家,还是杰出的人口学家。他针对中国人口增殖过快所带来的社会问题的严重性,撰写《意言》20篇,其中《治平篇》和《计生篇》比较集中地体现了他的人口理论,这在中国经济思想史上占有重要地位。考古学方面,清初,江南的惠栋(吴县人)、段玉裁(金坛人),江北的王念孙(高邮人)和王引之父子、汪中(江都人)等学者,治学严谨扎实,提倡考据之学的风气。史学方面,还有吴江人吴炎、潘柽章。清中叶起,随着考古学的兴起,对史籍的考证研究也蔚然成风。江苏学者王鸣盛(嘉定人)、钱大昕和赵翼(常州人)为乾嘉时代以考史著称的三大史家。清代江苏,文学艺术繁荣,名家辈出,诗词、小说、戏曲、音乐、绘画等均获得辉煌的成就。有著名诗人钱谦益(常熟人)、吴伟业和彭兆荪(太仓人)、沈德潜(苏州人)、黄景仁(武进人)、陈继松(宜兴人)、袁枚(侨居南京)、张惠言(常州人)等;著名文学家蒲松龄(曾在宝应当过幕宾,小说《聊斋志异》作者)、吴敬梓(33岁迁居南京,讽刺小说《儒林外史》作者)、曹雪芹(南京人,古典小说《红楼梦》作者);著名剧作家李玉(吴县人)、李渔(原籍浙江兰溪,生于江苏如皋)、尤侗(苏州人)、杨潮观(无锡人);苏州著名弹词艺人王周士、陈遇乾、毛菖佩、俞秀山、陆瑞廷,南京琴家庄臻风、扬州琴家徐俊;著名画家有"金陵八家"的龚贤、樊圻、高岑、邹喆、吴宏、叶欣、谢荪、胡慥,"金陵四画僧"的弘仁、髡残、八大山人、古涛,"江左四王"的王时敏、王鉴(太仓人)、王翚和王原祁(王时敏孙),加上吴历(常熟人)、恽格(号南田,武进人),言称为"清六家",也称"四王、吴、恽","扬州八怪"的汪士慎(安徽休宁人,流寓扬州)、金农(浙江钱塘人,久居扬州)、高翔(扬州人)、黄慎(福建宁化人,久寓扬州)、李蝉(兴化人)、郑燮(号板桥,兴化人)、李方膺(南通人)、罗聘(安徽歙县人,寓居扬州)。

(二)

晚清和民国时期,江苏既是殖民主义列强打开中国大门的突破口,也是中国反对外国侵略斗争的前哨阵地,又是资本主义工业产生和发展的重要地区和富有光荣革命传统的地区。民国16年(1927年)6月,现江苏省管辖的南京改为特别市,为中华民国首都,直辖于国民政府,直至1949年4月23日解放为止。上海也于民国16年7月成立特别市,直辖于国民政府。

19世纪30年代,英国殖民主义者为了改变对中国的贸易逆差,开始向中国大量推销鸦片,不仅造成清廷吏治腐败,军队腐化,还严重损害中国人的健康和意志。面对鸦片日益泛滥的状况,不少有识之士,提出禁烟主张。江苏巡抚林则徐与两江总督陶澍会奏,主张严禁鸦片,并在省内开展捉拿烟贩、收缴烟具、查封烟馆等禁烟活动。江宁(今南京)人邓廷桢在任两广总督期间,采取沿海巡逻缉私、重奖破获囤烟私贩等措施,抓捕大烟贩至外国商务馆前绞决。后又与林则徐通力协作,驱逐英国烟贩,严令英美烟贩交出鸦片,并在广州虎门海滩当众销毁。

19世纪40年代初,英国殖民主义者为了保护肮脏的鸦片走私,悍然发动侵略中国的战争。战争期间,地处东部沿海的江苏军民,不畏强敌,奋勇抗击,谱写一曲曲不朽的英雄战歌。他们中既有率军血战吴淞口的江南提督陈化成,以及在镇江保卫战中宁死不屈,以自焚殉国的民族英雄京口副都统海龄,也有靖江乡民"揭竿荷锸"抗击侵略军,使英军"遁去,不敢复窥靖江"等江苏儿女。在鸦片战争中,在英军进攻虎门时,抗英民族英雄、淮安人关天培在靖远炮台率孤军奋战,英勇捐躯。

鸦片战争后,国内大量倾销资本主义国家的商品,破坏通商口岸及其附近地区的手工业,剥夺农民和手工业者的生计,加上赋税加重,黄河流域和长江流域各省遭受严重的水、旱灾害,使广大人民陷入失业、破产、饥饿、死亡的困境,引起各地农民反抗斗争不断。当时,江苏各地就爆发农民群众的抗捐、抗粮、抗租斗争和饥民暴动事件。同时,爆发北方白莲教、两广天地会、四川啯党、江淮捻军以及边境地区少数民族的起义。到清道光三十年(1850年)底,终于爆发以洪秀全(广东花县人)为首的太平天国农民起义。

后在杨秀清(广西桂平人)、秦日纲(广西贵县人)、胡以晃(广西平南人)、赖汉英(广东梅州人)、石达开(广西贵县客家人)、韦昌辉(广西桂平客家人)、罗大纲(广东揭阳人)、林凤祥(广西桂平人)、李开芳(广西桂平人)、吉文元(广西人)等起义军将领的率领下,于咸丰三年二月十一日(1853年3月20日)攻克南京,定为都城,改称天京。天王洪秀全在南京建立天朝政权后,颁布《天朝田亩制度》,制订西征、北伐军事计划和商业、文化、禁止鸦片等一系列法律制度,批准颁布洪仁玕(广东花县人)撰写的《资政新篇》,打算通过学习西方国家的新技艺和"邦法",把太平天国建成能与"番人并雄"的新世界。后因太平天国发生杨(秀清)韦(昌辉)内讧,石达开出走,精锐尽丧,致使有利的军事形势发生逆转。当时,虽有英王陈玉成(广西藤县人)、忠王李秀成(广西藤县人)等一批年轻将领肩负起挽救危局之重任,使太平天国军事形势一度好转。但是,由于太平天国政治日益腐败,纪律废弛,多次发生叛乱,将领各自为政,苦乐不均,败不相救,随着天京的陷落,持续时间近13年的太平天国运动,终于在湘军首领曾国藩、左宗棠和淮军首领李鸿章等领导的清军和外国侵略军的联合镇压下失败。其间,燕王秦日纲、英王陈玉成、慕王谭绍光、护王陈坤书、忠王李秀成等率领太平军在苏州、常州、天京保卫战中,一度坚守城池,与敌"肉搏相遇",使清军"损伤精锐,不可胜数"。

19世纪中叶起,清王朝的一些中央要员和地方大吏,为了巩固摇摇欲坠的封建统治,发动一场向西方学习的"洋务运动"。在这场运动中,江苏不仅走在各省前列,还是洋务工业起步较早的省份之一。早在淮军首领李鸿章击败太平军、攻克上海后,就在淞江县建立上海洋炮局(后改名机器制造局,地址相继迁至苏州和南京),生产炮弹。洋务工业的兴办,吸引一些知识分子对西方科学技术的注意,涌现出一批学贯中西的技术人才。当时最有名的有无锡人徐寿、徐建寅父子和金匮(今无锡县部分)人华蘅芳。同时,随着鸦片战争的失败以及一系列不平等条约的签订,使具有数千年文明的华夏大国为洋人所屈服,国内各种矛盾尖锐激烈。这给中国封建社会中的有识之士以极大的震撼和刺激,促进资产阶级改良派思潮的形成。江苏早期资产阶级改良派代表人物有吴县人冯桂芬、昆山人王韬、无锡人薛福成、丹徒人马建中,被称为"改良派四大家"。他们前承浙江仁和(今浙江杭州)人龚自珍、湖南邵阳(今湖南邵阳市)人魏源、福建侯官(今福建福州)人林则徐等为代表的地主阶级改良派的爱国主义传统,后启资产阶级维新派进行雷厉风行改良活动的睿智,"针砭时弊"、"倡言变法",成为从地主阶级改良派向资产阶级民主派过渡时代的最强音。中日甲午之战后,遭到惨败的清王朝被迫签订空前严重的丧权辱国条约——《中日马关条约》,举国震惊,促进蕴育着一场中国历史上从未出现过的新运动——资产阶级的维新运动(戊戌变法),揭开中国历史新的一页。在这场推进变法维新的活动中,江苏则处于比较活跃的地区。在上海继康有为成立强学会后,还成立由罗振玉、蒋黼、徐树兰、朱祖荣等发起的农学会,梁启超、谭嗣同、汪康年、麦孟华等发起的不缠足会等;在苏州成立由章钰、张一麐、孙昭晋等发起的苏学会;在江宁(今南京)成立由谭嗣同、杨文会、刘聚卿、茅子贞等发起的测量学会。同时,还在上海创办《强学报》、《时务报》(由黄遵宪、汪康年、梁启超等筹办)、《富强报》(程嚻为主编)、(新学报)(由吴县人叶耀元为总撰述),在无锡出版《无锡白话报》(由无锡裘廷梁及其侄女裘毓芬创办并主编)等报刊。资产阶级维新派通过创办学会和报刊,为变法维新呼风唤雨,以开社会风气,广民众见闻,学西方之学。此外,江苏积极参与推动维新变法的重要人物有常熟人翁同龢、宜兴人徐致靖及其长子徐仁铸、元和(今苏州)人江标等。他们跟全国的维新派一起奋斗,对宣传变法改良起了很大作用,其中翁同龢起了十分重要的作用。

19世纪末20世纪初,西方资本主义经济侵略重心由广州转移到上海。经济侵略迫使中国人民的觉醒,在斗争中产生和形成一批经纪人,为资本主义民族工业的出现提供人才条件。这些人主要集中在上海周围地区,直接从事新工业企业的创办活动。如无锡的杨宗瀚、祝大椿,武进的盛宣怀、吴寄儒,南通的张謇,苏州的陆润庠、吴次伯、吴曾适,昆山的徐杏生,常熟的夏云卿、陈云台等。同时,胡恩燮、郭鸿仪、张有琳、沈云沛、李经楚、汪家声、许鼎霖、朱祖荣、庄焘、刘更年等人也先后在徐州、镇江、赣榆、如皋、高邮、宿迁、南京等地创办众多资本主义企业。

20世纪初的中国,民族危机日益严重和清政府的统治日趋残酷,人民群众为祖国的前途担忧,为帝国主义的横行霸道、清廷的腐朽无能而愤慨。首先觉悟的一些青年知识分子起而斗争、批判,鼓吹反清。江苏地区的一些青年则站在斗争的前列。他们运用各种形式,开展宣传鼓动工作。如吴江人陈去病,通过整理出版明末文献,宣传民族主义、爱国主义思想,激起人民反对异族侵略和反抗清政府压迫的斗争精神。爱国志士蔡元培(浙江绍兴人)、章太炎(浙江余杭人)、黄宗仰(常熟人)在上海成立中国教育会,丁初我、徐觉我、殷次伊在常熟成立中国教育支部,柳亚子、金松岑、林石广等在吴江同里创办自治学社等爱国团体,开展各种民主运动,金山县人高旭在松江创刊《觉民》,陈去病、刘师培(仪征人)、柳亚子(吴江人)等人与京剧名演员汪笑侬等在上海发刊《二十世纪大舞台》,大造革命舆论。

  清朝末期,以孙中山为代表的一部分最先进的爱国志士在反清革命风暴的激荡下,走上资产阶级民主革命的道路。孙中山与黄兴、宋教仁等人在日本东京创立中国同盟会(以下简称"同盟会")后不久,清军南洋陆军第九镇十七协三十三标标统赵声(江苏丹徒人)、两江政法学堂学生张曙时在南京加入同盟会,成立同盟会江宁(南京)支部,秘密从事反清活动。随着同盟会的建立,资产阶级革命运动的高涨,各地革命团体纷纷建立。江苏文学界也出现由同盟会会员陈去病、高旭(江苏金山人)、柳亚子等人在上海成立的南社。他们以诗、词、文章宣传革命,宣传爱国主义,反对帝国主义的侵略;主张推翻清王朝,建立资产阶级共和国。为推动长江流域的革命运动,宋教仁、谭人凤、陈其美等在上海成立同盟会中部总会,并开会决定上海、南京、武汉同时发动起义。当时的江苏同全国一样,处在"乱机遍地皆是,如处火药库上,一触即发"的形势下。武昌起义爆发后,陈其美(浙江吴兴县人)等在上海首先响应,领导民军起义。上海起义成功后,成立陈其美为都督的沪军都督府。继而,江苏巡抚衙署所在地的苏州在顾忠琛、章驾时等人的主持下宣布独立。江苏巡抚程德全也在大势所趋的情况下,顺应革命潮流,宣布江苏独立,建立苏军都督府。以后,江苏其他地区也相继独立。其中有无锡、镇江、扬州的武装独立;太仓、清江、吴江的"奉宪独立";昆山、江阴、如皋由革命党人发动的独立;青浦、松江、嘉定、崇明、南汇、宝山、通州、武进、海州、徐州由革命军所至而宣布独立。清宣统三年十月十二日(1911年12月2日),以徐绍桢为总司令的江浙联军,在同盟会中部总会的支持下,攻克南京。南京的攻克,标志着江苏光复告成。这使长江下游连成一片,东南半壁大定,加速和推动了辛亥革命的进程,为辛亥革命史写下光辉的一页。

  清宣统三年十一月十日(1911年12月29日),17省代表在南京推选孙中山为中华民国临时大总统,并于民国元年(1912年)1月1日宣誓就职,宣告中华民国临时政府成立。孙中山就任临时大总统后,全力为新生的革命政权服务。他在就任临时大总统后的短短三个月中签发文件100多个,颁布30多个有利于民主政治、发展资本主义的法令,公布具有资产阶级共和国宪法性质的《中华民国临时约法》，庄严地宣布："中华民国之主权属于国民全体。"后由于帝国主义和封建势力的相互勾结，对新生的革命政权拼命进攻，支持袁世凯窃取革命成果，孙中山在中外反动势力的压迫下，被迫辞去临时大总统职，让位于袁世凯。支撑三个月的资产阶级民主政权终为北洋军阀的反动政府所取代，中国又被拖进长达16年的军阀混战时代。在此期间，江苏军民在与军阀的斗争中，涌现出众多著名人士。黄兴，湖南善化县（今长沙县）人。他曾先后在南京任中华民国临时政府陆军总长兼参谋总长、同盟会协理、南京留守。宋教仁被刺案发生和袁世凯违法向外借款后，他出任江苏讨袁军总司令，在南京起兵讨袁，促使江苏都督程德全宣布独立。不久，讨袁战争失败，再度流亡日本。何海鸣，湖南衡阳人。清末曾任湖北第二十一混成协第十一标副目、汉口《商务报》编辑、《大江白话报》副主笔、汉口军政分府参谋等职。黄兴在南京起兵讨袁失败后，何海鸣与韩恢来到南京，组织讨袁军，任总司令，并先后两次宣布江苏独立。在此期间，他组织讨袁军同冯国璋、张勋部血战南京城，失败后出走日本。韩恢，江苏泗阳人。辛亥革命前，他在南京入清军，并加入同盟会。曾参加同盟会镇南关起义和黄花岗之役。二次革命时，他赴南京，与何海鸣组织讨袁军，任副总司令，同袁军冯国璋、张勋部激战，失败后到日本。后被孙中山重任为江苏讨袁军负责人。回上海组织第三军部，恢复国民工党，组织日商纱厂及漆业工人罢工。护法运动兴起，随孙中山到广州。不久，回江苏组织军队进攻泗阳，未克，赴上海。孙中山在广州组织北伐时，他相继被任命为江苏招讨特使、讨贼军总司令。后在上海被捕，惨遭杀害。

　　第一次世界大战结束后，在法国巴黎召开的"和平会议"上，帝国主义列强拒绝放弃在华特权，引起全国人民的愤慨，爆发震撼国内外的"五四"爱国运动。"五四"运动推动了马克思主义在中国的广泛传播，也促进了马克思主义与中国工人运动的结合，为中国共产党的成立作了思想上和干部上的准备。民国10年7月下旬，毛泽东、何叔衡、董必武、陈潭秋、李达、李汉俊、刘仁静等13人，在上海召开中国共产党第一次全国代表大会，宣告中国共产党正式成立。同年底，在上海成立中共上海地方委员会（不久改名为中共上海地方委员会兼区执行委员会）。徐州工人姚佐唐，南京浦镇车辆厂工人王荷波、王国珍等一批革命青年加入中国共产党，并相继成立中共陇海铁路徐州站支部、中共浦口小组。后在无锡、苏州成立中共支部，在徐州、丹阳、江阴、武进、崇明、常熟、松江、邳县、睢宁、泰兴、如皋、南通、泰州、扬州等地成立支部或特别支部。江苏籍的无产阶级革命家瞿秋白、周恩来、张太雷、恽代英、秦邦宪、张闻天、陈云等,在全国各地开始了他们的革命生涯。中共江苏地方组织建立后,不仅在江苏实现与中国国民党的第一次合作,建立革命统一战线,推动北伐战争的胜利,还领导工农大众响应和支援京汉铁路工人大罢工,积极投入"五卅"运动,领导南京和记洋行工人罢工、无锡丝业工人同盟大罢工等工农革命运动。涌现出上海日商纱厂工人顾正红(滨海县人)、江阴农民周水平等反帝爱国英雄。英勇的江苏人民,为反对帝国主义在中国的侵略势力,挫败奉系军阀张作霖、张宗昌在江苏的扩张和直系军阀孙传芳、齐燮元控制江苏的阴谋作出重大贡献。

民国16年,当北伐战争取得胜利之际,以蒋介石为代表的国民党右派势力,在帝国主义和大资产阶级的支持下,先后在南京和上海发动"四一〇"和"四一二"反革命政变。南京陈葆元、无锡驻军赖世璜部、常熟驻军刘峙部等国民党右翼势力,奉蒋介石的命令,开展"清党"大搜捕,中共南京地委及沪宁两市工会负责人侯绍裘、谢文锦、刘重民、张应春、许金元、文化震、陈君起、钟天樾、梁永,无锡总工会委员长秦起等被捕并遭杀害。"四一二"反革命政变后,中共江苏各级地方组织受到严重破坏。蒋介石以南京为首都,成立国民政府,这标志着北洋军阀势力在江苏统治的结束和国民政府对江苏统治的开始。国民政府成立后,为巩固新政权,一方面在畿辅地区成立以钮永建(松江人)、张寿镛(浙江鄞县人)、叶楚伧(江苏昆山人)、何应钦(贵州兴义人)、张乃燕(浙江湖州人)、陈和铣(江西九江人)、甘乃光(广西岑溪人)、陈世璋(江苏上海人)等11人(后增至13人)为委员的江苏省政府,由钮永建为主席;一方面严厉剪除所谓"邪说辟辞"和"扑灭反动势力",残酷镇压中共领导下的人民革命力量。中共江苏地方组织再次受到严重破坏后,中共中央决定撤销设在上海的江浙区委,分别成立江苏和浙江两个省委,委派陈延年、赵世炎等人为中共江苏省委常委,以陈延年为书记(陈延年牺牲后,相继由邓中夏、项英、罗登贤、李维汉、李立三、王明、章汉夫等任书记)。中共江苏省委成立后,王若飞、李富春、刘少奇、何叔衡、彭湃、邢士贞、陈乔年、许白昊、郑复他等曾任常委委员、秘书长、部长职务。

中共"八七"会议后,中共江苏省委在斗争形势十分严峻的情况下,多次组织和发动工农革命斗争。主要有万益、宗益寿、段炎华、匡梦苏(匡亚明)、史砚芬为行动委员会的宜兴农民暴动,严朴为委员长、杭果人为总司令的无锡农民武装起义,钱正标、茅学勤领导的江阴农民后塍暴动。王若飞指导的通(南通)、皋(如皋)农民暴动中,在如皋成立的中国工农红军第十四军开展了武装斗争,军长何坤和参谋长薛衡竞在战斗中英雄牺牲。同时还有苏州铁机厂工人罢工、南通大生纱厂工人斗争等。后来,中共江苏省委及全省各级党组织领导的工农革命斗争,虽然由于党内"左倾"错误的影响而遭受严重削弱,工农运动逐步转入低潮,但国民党领导的江苏省政府,却受到了沉重的打击,更加紧他们对人民的控制和对工农运动的残酷镇压。民国19~23年(1930~1934年),由于李立三、王明两次"左倾"路线的影响,中共江苏地方组织接连遭受巨大损失。民国24年1月,省委被迫中止活动,同各地的组织关系亦随之中断。

"九一八"事变后,全国人民对日本帝国主义的侵略行为和南京国民政府的不抵抗政策,无不义愤填膺,掀起了轰轰烈烈的抗日救亡运动。具有反抗外国侵略传统的江苏人民,在中国共产党的领导下,运用和平请愿、组织义勇军等形式,抵制日货,开展抗日救亡宣传等活动。日本帝国主义强占东三省后,又得寸进尺,企图侵占上海。民国21年(1932年)1月28日,日本侵略者动用武力进攻上海火车站等地。驻上海的国民革命军第十九路军在军长蔡廷锴(广东罗定人)、总指挥蒋光鼐(广东东莞人)的领导下,不顾国民党中央"不准抵抗"的命令,奋起反击。在十九路军淞沪抗战中,江苏人民冲破重重阻力,不顾一切地给予支援。在南京,中央大学、军官学校成立"中国抗日义勇铁血军",开赴上海参加抗战,妇女吴木兰等人发起成立"中华女子救国军",徐哲等人组织"江南民众抗日自救团",奔赴抗日前线。溧阳组建"勇猛大刀队",赴上海前线杀敌。除直接奔赴前线外,广大群众还纷纷捐钱献物支援十九路军抗日将士。江苏人民的支援行动,不仅鼓舞了十九路军抗日将士的斗志,也激励了全省人民的爱国热情。在东北沦陷、上海危急的关头,苏北淮安新安小学校长汪达之组织"新安旅行团",先后在国民党统治区的19个省进行抗日宣传。他们的抗日宣传活动,感动了不少群众,受到了中共中央领导人毛泽东、周恩来,爱国知名人士陶行知、洪深、张庚、艾思奇、孙冶方、冼星海等人的关心和支持。新安旅行团到达苏北抗日根据地后,在陈毅的关怀下,成为新四军中的一支革命文艺队伍。民国25年下半年,在上海的爱国知名人士沈钧儒(生于苏州)、章乃器、邹韬奋、李公朴(武进人)、王造时、沙千里(吴县人)、史良(武进人)等7位救国会领袖,进行抗日救亡运动,激怒了蒋介石,被国民党当局关押在苏州监狱,即为震惊中外的"七君子事件"。抗日战争开始,江苏处于抗日最前线。江苏军民面对日本侵略军的猖狂进攻,勇敢地站起来,与日军展开浴血奋战,为保家卫国作出了不朽的贡献。他们中有在南京保卫战中为国捐躯的国民革命军七十二军八十八师少将旅长朱赤(江西修水人)、高致嵩(广西岑溪人),八十七师少将旅长易安华(江西宜春人),首都警卫军少将萧山令。萧山令,湖南益阳人。民国26年3月,出任宪兵司令部副司令、首都警卫军副总司令。国民政府迁都武汉后,他奉命兼任首都警察厅厅长和南京市市长,负责固守南京。同年12月12日,日军侵占南京,他怀着"与城共存亡"的决心,带领部队同日军展开激战。后终因弹尽援绝、兵单力穷而壮烈牺牲。抗日战争中江苏籍人为国捐躯的还有国民革命军少将路景荣(常州人)、空军将士陈怀民(镇江人)等。日军侵占南京后,相继在南京成立以梁鸿志为主的伪中华民国维新政府和以汪精卫为首的伪中华民国政府。一批原国民党及其政府高官,如周佛海、陈公博、李士群、陈则民、高冠吾、蔡培、郝鹏举、董修甲等叛变投敌,成为日本傀儡政权的要员。同时在苏州成立伪江苏省政府,先后由陈则民任伪中华民国维新政府江苏省省长、高冠吾任伪中华民国政府江苏省主席。伪政权成立后,与日本侵略者沆瀣一气,破坏抗日,残酷镇压沦陷区人民的反抗斗争,进攻中国共产党领导的抗日根据地和国民党抗日军队,疯狂地掠夺敌占区的经济。在此期间,随着徐州、兴化的失守,韩德勤为主席的江苏省政府撤离至皖北地区。

抗日战争爆发后,中共中央决定在上海重建江苏省委,并由刘晓任书记。省委成立后,在无锡、苏州、常熟、江阴、南通、海门、如皋等地活动,发展党员,建立组织。同时,发动一部分共产党员、进步青年、爱国人士组织武装队伍,在家乡开展自卫抗日斗争。苏南丹北地区管文蔚组织丹阳抗日自卫团,常熟医生任天石组织常熟人民抗日自卫总团,徐州邳县成立青年抗日救国团义勇队,积极开展防奸、防匪、抗日斗争。中共领导的新四军、八路军一部进入江苏,领导人民在复杂的环境下坚持抗战。其中新四军在苏南敌后活动的有司令员陈毅领导的新四军第一支队,司令员张鼎臣、副司令员粟裕领导的新四军第二支队,司令兼政委谭震林、副司令何克希领导的江南抗日救国军(新四军第三支队到达苏南东路地区后建立),叶飞领导的江南人民抗日义勇军;江北苏皖地区有陶勇、卢胜领导的新四军苏皖支队,司令员罗炳辉、政委郭述申、副司令员周骏鸣领导的新四军第五支队,总队长兼政委张爱萍领导的新四军第六支队第四总队。同时,还在江南建立以吴仲超任书记、谭启龙任副书记的中共苏皖区委,以管文蔚任主任、陈同生任副主任的靖泰临时行政委员会,陈毅、陈丕显为正、副书记的中共苏北区委;在长江以北,东台以南,运河以东至黄海边10余个县,近1万平方公里地区,创建苏中敌后抗日根据地,开展游击战争。八路军在江苏敌后参与抗日的有司令员钟辉、副司令员梁海波领导的山东纵队陇海南进游击支队,司令员彭雪枫、政委黄克诚领导的第四纵队,指挥叶挺、代指挥陈毅、政委刘少奇领导的华中新四军、八路军总指挥部所属部队。国民党方面,先后成立以冷欣为主任的江苏省江南行署(代行省政府职权),冷欣以军队为后盾,活动于溧阳等地;陈泰运领导的中央财政部税警总团和韩德勤、李明扬、李长江领导的鲁苏皖边区游击总指挥部,活动于泰州姜堰一带;国民党军事委员会调查统计局副局长戴笠领导的特务武装忠义救国军,活动于奉贤、南汇、江阴、常熟、吴江、青浦、无锡、杭州、嘉兴、南京、六合等地。但是,面对日本侵略军的猖狂进攻,韩德勤、冷欣等人抵抗不力,节节败退,而对消灭中国共产党领导的抗日部队却不遗余力,在江苏敌后制造国共摩擦。民国30年1月6日,国民政府第三战区司令长官顾祝同、第三十二集团军总司令上官云相,按照蒋介石的命令,指挥7个师8万余人,在新四军军部及皖南部队北移至皖南泾县茂林地区时,突然对新四军包围袭击,制造震惊中外的"皖南事变"。在这次事变中,新四军军长叶挺被扣押,副军长项英、副参谋长周子昆、政治部主任袁国平遇难,新四军9000余人,除约2000余人突围外,大部分壮烈牺牲或被俘。同月25日,在江苏盐城重组新四军军部,由陈毅任代理军长,张云逸为副军长,刘少奇为政治委员,赖传珠为参谋长,邓子恢为政治部主任。全军编为7个师、1个独立旅,第一师师长粟裕、政委刘炎,第二师师长张云逸(兼)、政委郑位三、副师长罗炳辉,第三师师长黄克诚、副师长张爱萍,第四师师长彭雪枫、政委邓子恢,第五师师长李先念兼政委,第六师师长谭震林兼政委,第七师师长张鼎臣、政委曾希圣。新四军军部重建后,各师按照地区划分,分别在大江南北坚持抗日活动,加强地方军事和民主政权建设。其间,新四军、八路军在苏南、苏北参与抗战及地方政权建设的党、政、军领导人还有饶漱石、曾山、刘顺元、邓振询、陈丕显、钟期光、刘子久、张劲夫、王必成、江渭清、金明、刘彬、吴法宪、吴芝圃、韩国钧、黄逸峰、陶勇、阮英平、吴仲超、朱克靖、季方、李一氓、罗忠毅、廖海涛、彭雄、宋乃德、田守尧等。其中新四军六师参谋长兼十六旅旅长罗忠毅(湖北襄阳人)、政委廖海涛(福建上杭人)在苏南溧阳塘马地区与日军的战斗中牺牲;新四军三师参谋长彭雄(江西永新人)、八旅旅长田守尧赴延安途中,在江苏连云港以北海面与日军遭遇时牺牲。江苏宿迁人孙明瑾任国民政府军预十师少将副师长兼参谋长,率部于民国30年12月在长沙南门阵地重创日军万余人,战功卓著晋升师长,民国32年在常德保卫战中血战日军,遍体弹穴阵亡,被国民政府追授为上将,新中国成立后中央人民政府批准为抗战烈士。江苏武进人、东北抗日联军著名将领、国际反法西斯著名人士冯仲云,民国21年10月就到松花江下游组织和领导抗日战争,他曾任中共北满临时省委书记,东北抗联第三路军总政治委员,在东北坚持14年直至抗日战争胜利。

民国35年6月,国民党当局悍然挑起全面内战,江苏再次卷入战火之中。由于双方力量的悬殊,国民党军一度占领江苏北部解放区的全部县城、主要集镇和水陆干线,解放区军民进入艰苦的坚持敌后斗争时期。同时,随着内战的爆发,江苏国统区的政治日益腐败,经济急剧恶化,人民反内战斗争此起彼伏,并逐步形成反对国民党独裁统治斗争的第二条战线。国民党当局为镇压人民的反内战运动,在江苏国统区先后制造南通惨案、下关暴行和"五二〇"血案。民主运动积极分子顾迅逸、郑英年、孙日新和新闻记者孙平天等23人在南通惨案中被捕,其中孙平天等8人惨遭杀害;民主人士马叙伦、雷洁琼(女)、阎宝航、盛丕华、叶笃义等12人和高集、浦熙修、徐斌、徐士年4名记者,学生代表陈震中,在下关暴行中遭到国民党中统局局长叶秀峰、保密局局长毛人凤等指派的特务、流氓围殴,有的还被打伤。江苏武进人,著名爱国民主人士李公朴于民国35年在昆明街上行走时,被国民党特务用无声手枪杀害。毛泽东、朱德唁电称:"……先生尽瘁救国事业与进步文化事业,威武不屈,富贵不淫,今为和平民主而遭反动毒手,实为全国人民之损失,亦为先生不朽之光荣。"

内战爆发后,国民党当局在各个战场向解放区发动全面的进攻。苏中解放区则成为国民党军进攻的主要方向之一,在中国共产党的领导下,人民军队先后开展苏中、苏北战役。在苏中战役中,国民党军第一绥靖区司令李默庵指挥王铁汉、李震、李天霞等师的15个旅、约15万人,与粟裕、谭震林率领的华中野战军主力,共4个旅、23个团,在苏中解放区的前部地区江都至如皋一线,共经7次战斗,历时40余天。是役中,解放区部队取得"七战七捷"的伟大胜利,共歼国民党军6个旅又5个交通警察大队5.3万余人。苏北战役中,国民党军苏北绥靖军总司令李延年率10个旅与两淮(淮阴、淮安)解放区张震、皮定钧部和华中野战军、山东野战军谭希林部等,先后在两淮、涟水、盐(城)南、宿(迁)北等地发生较大的战斗。在战斗中,苏北解放区军民团结一致,紧密配合,歼灭进犯的国民党军大量有生力量,有力地配合了其他解放区的自卫作战。此后,苏北解放区军民又相继取得"反清剿"、盐城战役和解放区的局部反攻、淮海战役的重大胜利。其间,国民党军第四十二集团军副参谋长韩伊明、第一师师长李铁民,第十二兵团司令官黄维、副司令吴绍周,徐州"剿总"副司令杜聿明、第二三〇师副师长苏桂卿被俘;国民党军第二兵团司令官邱清泉被击毙。

中国人民解放军渡江战役前夕,南京和苏南的各级中共地下组织,带领人民群众开展护厂护校斗争,迎接解放。中央大学学生为坚决反对迁校,成立以教授梁希、潘菽为首的校务维持委员会,组织师生守卫图书馆、实验室等要害部门。中国民主同盟、中国国民党革命委员会、农工民主党等党派在江苏、南京地区的组织及其成员和无党派民主人士,活跃在各条战线,为迎接解放而斗争,有力地配合了中国人民解放军对南京及苏南城市的解放和完整接收。民革南京分会运用在国民党军、警、宪中有一定群众基础的有利条件,策划在南京暴动。后因特务告密,暴动失败,其主要成员孟士衡、吴仕文、肖俭奎被捕并惨遭杀害。

民国38年4月20日,国民党当局断然拒绝在《国内和平协定》(最后修正案)上签字。次日,中国人民革命军事委员会主席毛泽东和中国人民解放军总司令朱德向各野战军全体指挥员和南方各游击区人民解放军发布向全国进军的命令。随即在以邓小平为书记的总前委统一领导下,由刘伯承、邓小平指挥的第二野战军第三、四、五兵团,谭震林指挥的第三野战军第七、九兵团,粟裕、张震指挥的第三野战军第八、十兵团,约24个军、100万兵力,分中、西、东三路,强渡长江天堑。1949年4月23日,中国人民解放军占领南京。至6月2日,江苏全境解放。

辛亥革命后的30多年间,正是中国从封建帝制转变为民主共和体制大变动时期,也是中国人民经历长期磨难的时期。在此期间,作为富庶之区的江苏,随着资本主义的艰难发展,科学文化事业也在曲折中逐步迈向现代化,不仅涌现出热心家乡建设的中国早期现代化先驱、爱国实业家张謇,毕生精力用于中国基本化学工业建设的爱国实业家范旭东和著名实业家荣德生、刘国钧等,还出现近代教育家蔡元培和积极倡导中国教育改革的人民教育家陶行知。在现代文学的长廊中,江苏作家依然群星灿烂。苏州人叶圣陶的小说,东海人朱自清的散文,泰州人丁西林的喜剧,都在中国现代文学史上占有重要地位。无产阶级革命家、翻译家、文艺理论家瞿秋白,更是在中国文坛上树起一面大旗。他参与领导"左联"文艺运动，介绍苏联进步文学及文艺思想，参加反文化"围剿"的斗争和文艺大众化讨论；正确评价鲁迅的文学创作和战斗精神。他对无产阶级革命文学的发展作出不可磨灭的贡献。长洲（今苏州）人吴梅，毕生致力于戏曲创作、研究和教学，被誉为"近代著、教、演、藏各色俱全之曲学大师"。爱国诗人袁水拍（苏州人），抗日战争后期创作的政治讽刺诗《马凡陀的山歌》，揭露蒋、美勾结发动内战，反映国统区广大人民为争取民主、和平、解放而英勇斗争的精神。此外，在近代科学文化界，江苏还有一批知名的科学家、医学家、史学家、书画艺术家等。其中有著名天文学家张钰哲，著名化学家侯德榜，名医张仲梁，历史学家吕思勉、柳诒徵、吴廷燮等，著名画家徐悲鸿、刘海粟，著名书法家、词人仇埰等，他们为改造旧文化、繁荣民国科学文化事业作出重大贡献。

（三）

"一方水土，养活一方人"。江苏人才优势可以折射出江苏社会、经济和文化对人才成长的影响。

一、重经创业，是造就人才的基础。历史上，江苏人民就以特有的精巧、务实的形象和不畏艰险、勤劳俭朴的精神，在美丽富饶的滨海临江广阔土地上，编织出一幅幅精美务实的画面。自夏、商、周起，中原文化与长江下游的土著文化已开始接触汇聚。南北文明在大江南北的融合，遂使江南逐步形成以"断发文身"的习俗为特征并吸收华夏文化因素的吴越文化。自魏晋南北朝至宋南北对峙时期，由于北方战争频仍，在西晋末年的"永嘉之乱"、唐天宝至宝应年间的"安史之乱"以及北宋末年的"靖康之变"所发生的三次人口大南迁中，素有亲和友善品质的江苏人民，与南迁人民一道，促使江苏逐步发展成为经济繁荣、人文荟萃的地区，精耕细作的田野农庄，隽秀精美的苏绣锡纺，小桥流水的园林风光，展现了苏南人民的务实苦干精神；苏北大运河的开凿，为扬州、淮阴、淮安等地的崛起提供条件。2000多年来，大江南北，随着商品经济的活跃，米市、布市、丝市相继繁兴，星罗棋布的小城镇不断涌现，苏州、无锡、常州、镇江、南京等城市逐步发展成百物汇集、商贾争雄的场所。精细勤勉的务实品质，推动生产的发展和经济的繁荣，为培养生产经营人才提供厚实的基础。元初女纺织家、松江乌泥泾镇（今上海华泾镇）人黄道婆，幼为童养媳，由于不堪忍受封建家庭虐待，到崖州（今海南崖县)。她在海南岛居住30多年,虚心向当地黎族人学习先进的纺织技术。13世纪90年代返回家乡,引进黎族纺织工具并加以改进,制成捍、弹、纺、织等一整套生产工具,传授错纱、配色、综线、擎花等纺织技术,使原本土田贫瘠、民食不给的乌泥泾从事棉纺织业者日众,生产技术迅速发展,"乌泥泾被"名闻全国。江苏武进人盛宣怀,不怕"吃亏",不怕"苦太甚",一生经办船务、邮政、织布、铁路、煤矿、铁厂等实业,成为清末民初的实业巨子。无锡人荣德生,15岁在上海通顺钱庄学徒,19岁任广东三水河口厘金局帮账,返回无锡后初任广生钱庄无锡分庄经理,后在无锡筹划自办实业。他与胞兄宗敬合资,从保兴面粉厂4部石磨起家,相继在上海、无锡、常州、汉口等地创办12家面粉厂、10家纺织厂,并在上海进行出口交易。他一生拼搏于实业界,是近代中国著名的民族资本家。

二、**重教崇文,是造就人才的根本**。历史上,"教育为本"、"讲究真才实学"的育人思想,在江苏就已深入人心。从唐代起,江苏特别是苏南地区,建私塾、办书院的风气已开始形成。宋代,大江南北的文化教育事业已相当发达,地方官学遍及各州、县。北宋时,具有学校性质的书院也逐渐增多;南宋时,书院在大江南北更加兴盛。同时,涌现出众多热心办学的官吏和教师,其中范仲淹、胡瑗当为较有影响力的教育家。范仲淹,苏州吴县人。宋仁宗时期,他曾先后任兴化县令、苏州知府、润州知府。每到一地必举办学校,任兴化县令时,他在南津里沧浪亭旁修学宫。此后,兴化县"学重于天下,而士得师矣"。知苏州时,他在南园买地创立郡学,苏州郡的昆山县也兴办县学。知润州时,他曾上章"请赐闲田,具经史传注诸子书",聘请江南名士、著名思想家李觏主持教学。从此,润州"士翕然兴于学,民相劝趋于善"。胡瑗,海陵(今泰州市人)。他自幼勤奋好学,从青年时期起就从事教育。他十分重视教育在培养人才方面的作用,说"致天下之治者在人才,成天下之才者在教化,教化之根本者在学校"。他在苏州和润州两地讲学20余年,总结出"师生相爱"、"因材施教"、"重视诗、乐、射等教学"、"注意实地考察,增广学生见闻"等为内容的"苏湖教学法"。

元至明代,江苏兴办教育之风经久不衰。明朝定都南京后,把尊经崇儒作为国策。洪武十五年(1382年),明太祖朱元璋将南京国子学改为国子监。建校于鸡鸣山下,规模宏大。到洪武二十六年,学员达8124名。明初,对书院不予重视,成化以后,由于官学腐败僵化,不能适应士子学习需要,书院又逐渐发展起来。嘉靖一代,扬、通、淮、徐、南京等地均有新设书院。明代,江苏私学也有较快发展,知名教师甚多,如常熟的何云、常州的江惟青、苏州的邢参等。而对江苏教育影响最大者当数王守仁、湛若水和王艮。王守仁,余姚(今浙江余姚)人,曾任南京刑部主事、右佥都御史、南京刑部尚书之职。他创立阳明学派,提出"知行合一"的教育思想,并从理论上阐明知行合一是儒家学说的真谛,以此来改革教育。对儿童教育,他主张"必使其趋向鼓舞,中心喜悦",以达到"自然日长日化",反对"鞭挞绳缚,若待拘囚"。他的学说在明代中叶以后影响颇大。其门徒遍及大江南北。湛若水,增城(今广东增城)人,明嘉靖初,曾任南京国子监祭酒,后历任南京礼部、吏部、兵部尚书。他一生热心办学讲学,在南京创办新泉书院,在江浦建新江书院,在扬州建甘泉书院。王艮,泰州安丰人。7岁进乡塾,家贫不能竟学,乃随父从商山东。明正德六年(1511年)赴赣,拜王守仁为师,追随讲学多年。王守仁死,返回故里讲学。他先后建立复初书院、定安书院、新泉书院,竭力宣传救世之道在教育,注重实用之学,并创立泰州学派,门徒甚多。

  清初,朝廷无暇顾及教育。康熙年间,教育得到逐步恢复和发展,江苏地方官学也均已复设。到乾隆间,先后增设震泽、阜宁、铜山、东台等新设县之县学。清代江苏的书院比较兴旺,布局也进一步由南向北、由城及乡,遍及各县,且出现一批有声望的书院。私人办学亦相当盛行,有江阴王家枚、南京陶湘、东台袁嘉裔、常州陆世仪、高邮王念孙父子、昆山顾炎武等著名学者和教师。道光以后,西方列强在武力侵占中国的同时,也把资本主义的教育方式带入中国。作为西方列强侵略、渗透重点地区的江苏,也在中国早期资产阶级改良派"中学为体,西学为用"的思想影响下,开始兴办新学。同治二年(1863年)起至清末,江苏先后创办一批新学堂。同时,外国传教士也纷纷进入中国创办教会学校,江苏则成为教会学校最多,大、中、小学齐全的省份。民国初期,江苏地区不仅初、中等教育有一定发展,还兴办或扩充了一批高等学校。国民政府奠都南京后,将教会办的东吴大学、金陵大学等教会学校收回自办,并任命首任华人校长。后江苏的教育事业虽处在国民党一党专政的严格控制下,但由于有一批爱国进步的教育家、社会活动家的努力,以及广大爱国爱家乡的教师辛勤地教书育人,全省各级各类教育事业还是取得相当的进展,为提高人民的文化科学水平,培养各类人才作出了贡献。

  重教崇文的教育观和"唯才是举"的优良传统,为人才迭出、构建人文荟萃之地提供深厚的文化底蕴和强劲动力。从江苏尤其是苏南地区走出的名家学者，大师巨匠不胜枚举。自隋大业三年（607年）至光绪三十一年（1905年）废止科举的约1300年间，全省共出状元112名（其中武状元19名），约占全国641名状元的17.47%，为全国最多的省份。今江苏的苏州、无锡、常州三市范围内是全国进士最多的区域之一，不完全统计为6168人，约占全国大约10万进士的6.61%。如民国时期的吴县有进士1620人，武进县有进士1495人，是全国进士数量最多的两个县。同时，还出现"五子登科"、"父子及第"的名门望族。《江苏省志·人物志》收录404名进士（含进士中的状元）。江苏是"院士"最多的省（市、自治区）之一。解放前的国立中央研究院中，共有江苏省籍和出生江苏或工作（定居）江苏的院士14名，占全国的17.3%。历代专家、学者和各类专业人才，为发展和繁荣江苏乃至全国的政治、经济、科学、文化事业作出了卓越的贡献。

三、对外开放，是造就人才的催化剂。江苏人民素有强烈的开放意识。早在秦代，就出现中国最早东渡日本的第一人——徐市（福）。始皇二十八年（公元前219年），秦始皇东行郡县至琅琊台停留时，赣榆人徐市等人为迎合秦始皇的迷信长生，上书说海上有仙人居住的蓬莱、方丈、瀛洲三座神山，请得童男童女数千人，乘楼船入海求仙人和不死之药，最后抵达日本佐贺县诸富町。三国时，吴大帝孙权曾派将军卫温、诸葛直率军渡海到夷洲（今中国台湾省）等地，又派人出使高丽（今朝鲜）、扶南（位今柬埔寨）、林邑（今越南中部）和南洋群岛诸国，发展与周边地区和国家的关系。"江南属卫，便于舟楫"。自元世祖至元十九年（1282年）通海运起，江南的太仓就成为元朝的海运基地。明初，三保太监郑和就以太仓刘家港为始发港，率船队七次出使西泽，前后20余年，航程10万余里，足迹遍及30多个国家和地区，使南亚和西亚二三十个国家纷纷与明朝建立友好关系。仅永乐二十一年（1433年）一年，各国使臣和商人来南京的就达1200多人。

19世纪40年代起，随着西方列强的入侵，打破清王朝"天朝上国"的美梦和闭关自守、对域外文化不屑一顾的陋习，一批地主阶级的开明知识分子和"倡言变法"的资产阶级改革家认识到向西方学习的必要性和迫切性。19世纪中后期，由于西方资本主义经济势力的入侵，江苏社会经济随之发生一系列变动。在这场社会经济变动中，涌现出以吴县人冯桂芬、昆山人王韬、无锡人薛福成和丹徒人马建忠为代表的资产阶级改良派四大家；为维新变法运动作出重要贡献的常熟人翁同龢；借鉴西学，从事民族工业创办活动的无锡人祝大椿、江宁（今南京）人胡恩燮等企业家；学贯中西的吴县人柳亚子、苏州人叶圣陶、扬州人朱自清、江阴人刘半农、宜兴人徐悲鸿、武进人刘海粟、在江苏任教的傅抱石等著名文学家、学者、画家和泰兴人吴贻芳、在江苏工作的李瑞清、陈鹤琴、陶行知等著名教育家。同时，还通过官派和民间资助等方式，把大批青年知识分子送往国外留学深造。其中19世纪末，江苏最早派往国外留学的又以苏、锡、常的弟子居多。清末至民国期间，江苏出国留学人员中，学有成就者不乏其人，如武进人陆镜若、孟昭常、陈撷芬、谢荫昌、孟森、董亦湘、吴学蔺、刘伯森、吴楠、李毅士、吴晋、章汉夫，吴县人柳伯英、朱锡梁、贝寿同、江小鹣、朱镶丞、张一鹏、汪懋祖，江阴人周水平、张大烈，无锡人过探先、陶烈、秦毓鎏、顾述之、侯鸿鉴、秦邦宪，吴江人蔡寅，太仓人俞锷、俞顾华、傅焕光，昆山人朱文鑫，南京人郑谦、刘本立，江宁县人周仁，宜兴人冯肇传，泗阳人胡明复、胡刚复、王预，淮安人周恩来，江苏南汇县（今属上海）人张闻天，仪征人李方训，镇江人茅以升，丹徒人王家驹、王化成、戴安邦，泰兴人丁文江，江都人徐芝纶，大丰人喻兆琦，通州人吴志骞，涟水人罗河，沛县人李锡佑，阜宁人梅藉芳，徐州人郑万钧等。

四、开拓创新，是造就人才的巨大动力。早在3000多年前，以吴太伯为代表的江南吴地先祖，斩荆棘，兴农耕，创蚕桑，修水利，变荆蛮之地为东方乐土。这种精细勤勉的品质和勇于开拓创新的精神，在江苏代代相传，造就了一代又一代具有不同特点的杰出人才。

14岁寓居建康（今南京）的南朝宋诗人谢灵运，继其从叔谢混以山水入诗的创作之路，破东晋"玄言"诗一统诗坛的局面，成为第一个大量创作山水诗的人，被尊为"山水诗派"的鼻祖。南朝宋间的建康科学家祖冲之，首次把圆周率准确推算到小数点后六位，比欧州早了1000多年。定居润州（今镇江）的北宋科学家沈括，在天文学上关于日月食原理、黄赤道之论述、改革历法等主张，数学上关于隙积求、会圆术之创立，矿业上关于石油之记载，以及医药学、生物学、物理学上的创新成就，均极其卓越。他的著作《梦溪笔谈》被当代英国科学家李约瑟称为"中国科学史上的里程碑"。清朝前期的著名史学家、经学家洪亮吉（阳湖即今常州人），最早在中国提出"人口增长快于生产增长"而引起的社会问题，主张用开荒移民、轻徭薄赋、临灾赈济等办法解决人口繁殖与粮食产量增加带来矛盾。此外，明清时期还有世界水雷早期发明家唐顺之，国内首创糊式电池的丁熊照、中国最早飞行器发明人徐正明、国内首创"拱花"印刷术的胡正言、中国温疡学主要创始人叶桂等。近代以来,江苏省籍及在江苏工作具有开拓创造者更是不乏其人。众多锐意进取,勇于创新的文化、科技人物,为江苏的经济发展和社会进步作出了不可磨灭的贡献。他们的成就在中华文化史发出熠熠光辉。

五、爱国为民,是造就人才的思想源泉。大量丰富的史料证明,自古以来,在江苏这块富饶的大地上,优良的爱国主义传统,为孕育无数爱国为民的风云人物和俊杰之士提供无穷的思想之源。他们中有敢于反抗封建王朝暴政的农民起义首领;不畏强暴,惨遭杀戮的贤良;驰骋疆场,赴汤蹈火,抗击外国侵略的民族英雄;崇尚共和,积极投身推翻帝制的志士仁人;坚持真理,传播马列主义,在江苏创建中共地方组织的无产阶级先进分子。仅革命烈士,据统计,从辛亥革命至中华人民共和国成立后,由《江苏省志·民政志》记载的江苏为国为民而牺牲的共有97609人(含在外地牺牲、安葬的江苏籍烈士和病逝后被追认的烈士)。其中,红军时代牺牲的1132人;抗日战争时期牺牲的21926人;解放战争时期牺牲的54407人;中华人民共和国成立后牺牲的1493人;牺牲时期不明的18651人。

鉴往知来。江苏数千年来人才济济,群星灿烂。这些人物为经济发展和社会进步所作出的贡献已载入史册。"老去又逢新岁月,春来更有好花枝"。在新的历史发展时期,寄希望有更多、更优秀的人才,在"建设新江苏"的征途上,创造出更加光辉灿烂而又无愧于先人的业绩。

人物传（一）

彭　祖

彭祖（生卒年不详），姓篯名铿，颛顼玄孙。大彭国创始人。生于夏代，传说至殷末时已七百六十七岁（一说八百余岁）。尧、舜时封于大彭（今江苏徐州），故被称为彭祖。传说他善于导引行气，修身养性，善于烹调，帝尧喝了他烹调的野鸡汤后，赞不绝口，赐给他长寿。他经历了夏、商两个王朝，商朝时为大夫，担任过守藏史（管理国家藏书的官员）。商王见他八百岁了，身体不见衰老，就派人向他询问长寿之道。他不肯传授长生不老之术，商王想杀死他。彭祖遂隐姓埋名，逃亡他乡。又过七十多年，有人见他在流沙之国以西一带活动。

在古代，彭祖是人名，也是氏族部落名称，故彭祖也被称为彭祖氏；又是国名，被称为彭祖国。"彭祖八百岁"的传说，实际上是讲彭祖所创立的方国有八百年的历史。

太伯仲雍

太伯（生卒年不详），一作泰伯，姬姓。商代晚期周部落人。吴国、吴姓之始祖。太伯父古公亶父（简称古公，即周太王）。古公有三子：长子太伯，次子仲雍（亦称吴仲或虞仲、孰哉），幼子季历。季历生子姬昌（即周文王）。古公晚年认为昌有兴王业才能，欲传位给季历，由季历传昌。太伯、仲雍知父意图，便遵从父志，让季历继位。

约在公元前12世纪，古公患病，太伯、仲雍假借到衡山（一说在浙江吴兴县境，一说在江苏江宁县境）采药，从陕西岐山周原率部分周人向东南迁徙，定居于无锡东南梅里（今无锡市梅村）一带，接受当地土著居民"断发文身"习俗，穿戴土著服饰，表示不再回故里。古公病故后，太伯、仲雍回去奔丧，让季历主丧祭祖，继承父位，称公季。太伯、仲雍奔丧后返归梅里，得到当地人民拥护，归附者千余家，被奉立为当地君主，称吴太伯，自号"勾吴"。

时值商末，社会矛盾激化，中原诸侯屡相用兵，争斗不断。太伯恐兵祸波及乡民，在梅里平墟修筑城郭，"周三里二百步，外郭三十余里"，名曰"故吴"，标志着勾吴建立。从太伯至寿梦十九世，都以梅里为都城。后迁吴（今苏州），直到吴国灭亡后，太伯城才逐渐废弃，被称为"故吴墟"。

太伯定都梅里后，兴修水利，发展农业生产，曾"穿浍渎以备旱涝"。相传太伯开凿太伯渎，俗称伯渎港，人民世受其利。太伯还提倡饲养家禽、家畜。梅里有鸭城、麋城之称，相传为太伯牧养凫鸭、麋鹿之地。还发展制陶业，烧制小件陶器。因此，太伯立国之后，"数年之间，民众殷富"，社会生产力有较大发展。

太伯无子，死后葬于梅里东之皇山（后名鸿山）南麓，由弟仲雍继位。东汉永兴二年（154年）四月，桓帝命吴郡太守糜豹监修太伯墓，在太伯故城中以宅为祠建太伯庙，供人祭祀瞻仰。历代封建统治者多次整修太伯墓、庙，遣官致祭，赐田封爵，列为褒典。历代人都尊太伯为吴国、吴姓之始祖，是向长江流域传播黄河流域文明的先驱。

仲雍（生卒年不详），太伯弟。周灭商后，仲雍被封为吴国君，列为诸侯。仲雍殁，葬于虞山。今虞山东麓有仲雍墓。周武王灭商后，寻求太伯、仲雍的后代。时仲雍的曾孙周章，已在勾吴继位。武王立吴国，加封，列为诸侯。周章墓亦在虞山东岭。

专　诸

专诸（？～前515），一作鱄设诸。春秋时吴国棠邑（今江苏六合西北）人。以勇义闻名于吴。伍子胥见其体格雄伟，相貌奇特，知是勇士，主动与其结交为友。其父伍奢、兄伍尚被楚平王冤杀后，逃亡至吴国，并将专诸推荐给公子光阖庐（一作阖闾）。光待专诸甚厚，并告知专诸，他欲杀吴王僚（姬僚）而自立，请专诸协助。专诸感其知遇之恩，慨然应允。僚喜吃烤鱼，专诸入太湖从名厨学烤鱼技艺，三月即精此技。周敬王五年（前515年）四月丙子日，公子光宴请吴王僚。吴王僚身穿铁甲赴宴，沿途布兵，卫士拱卫其身边。席间，专诸将利剑藏于烤鱼腹中，趁进菜之机，抽出短剑刺死吴王僚。专诸当场被其卫士格杀。公子光称吴王后，不忘专诸刺僚之功，封其子为上卿。

阖闾

阖闾（？～前496），一作阖庐，姓姬，名光，故又称公子光。春秋时吴国君王。早年即胸怀大志。吴王僚即位后，公子光暗中积蓄力量，蓄意取而代之。吴王僚十二年（前515年），公子光借宴请吴王僚，指使勇士专诸藏剑鱼腹中，趁上菜之机刺杀王僚，即历史上"专诸刺王僚"故事。于是公子光继登王位，史称"吴王阖闾"。

阖闾上台后，广泛搜罗人才，任贤使能，施恩行惠，用伍子胥为相，拜孙武为将，筑阖闾大城（今苏州古城址），发展农业生产，整治训练军队，数年间使吴国成为称霸一方的强国。败东夷，灭徐国，又联合唐、蔡二国，大举伐楚，五战破郢（今湖北江陵），因秦发兵救楚，弟夫概反叛出走，自立为王，阖闾被迫撤兵。阖闾十九年（前496年），阖闾率大军亲征越国。两军交战于檇李（今浙江嘉兴西南），阖闾于阵中受重伤，死于归途。据《吴越春秋》、《越绝书》等古籍记载，吴王阖闾葬在今苏州城西北郊虎丘山。

伍子胥

伍子胥（？～前484），名员，字子胥。春秋时楚国人。政治家、军事家。楚大夫伍奢次子。自幼各方面受到良好教育，政治、军事、文韬武略无所不学。史书称他"少好于文，长习于武，文治邦国，武定天下"。

楚平王七年（前522年），楚平王因听信谗言，将其父、兄杀害，并派人捕捉伍子胥。子胥乃避难逃奔吴国，投入公子光（即阖闾）门下，出谋策划，由专诸刺杀吴王僚，帮助公子光夺取王位。吴王阖闾即任伍子胥"行人"之职，与之谋划国事。他建议吴王阖闾"先立城廓，设守备，实仓廪，治兵库"。阖闾即委伍子胥"相土尝水，象天法地，造筑大城（今苏州古城址）"。伍子胥又推荐孙武给吴王，整军经武，吴国势日盛。不久伍子胥、孙武等率军攻楚，五战而破楚国郢都。数年间，吴国西破强楚，北威齐晋，南服越人。伍子胥以功封于申地，故又称申胥。

吴王夫差时，伍子胥因劝夫差拒绝越国求和、停止伐齐，渐被疏远。吴王夫差十二年（前484年），他被夫差赐剑自杀，投尸江中。临自刎前，伍子胥仰天长叹夫差昏庸，并对左右亲近的人说："我死后，一定要在我的坟墓上种植梓树,使之长大,以后可以做棺材(预示吴国的灭亡)。挖出我的眼珠悬挂在吴国都城的东门之上,用来观看越寇怎样进入都城灭掉吴国。"相传,越人破吴时,东门不得入。

吴地人为纪念伍子胥,命名有胥山、胥口、胥江等地名,并立祠祭祀。太湖之畔的吴县胥口有胥王庙和墓。苏州盘门内有伍员庙。相传伍子胥被谗赐死后,吴王夫差后悔莫及,又隆重哀悼,以革裹尸浮于江上。勾践灭吴后,每年哀悼于江。《吴越春秋》称,此举起于勾践,"悯伍子胥之忠"。这就是吴人端午划龙船的由来。

季　札

季札(前576～前485),吴泰伯之后,生于周简王十年,吴王寿梦十年(前576年)四月十八日,相传为吴王寿梦四子,因称公子札。春秋政治家。自幼聪明干练,深得寿梦喜爱,想立为嗣,他辞让。寿梦二十五年,寿梦死,立长子诸樊为王。丧事毕,诸樊让位季札,他辞而不受,弃室为耕。诸樊卒,遗命授位二弟馀祭,想这样相沿成习,将来自然让位于季札。馀祭元年(前547年),封季札于延陵(今江苏常州武进、江阴、丹阳一带),称延陵季子。他是常州历史上有文字记载第一人。季札以义名闻天下,馀祭卒传于馀眜,馀眜亡,传位季札,他再让而避,效法其祖先泰伯3次退让王位,以美德称于世。吴国乃立馀眜之子僚为王。僚八年(前518年),吴灭州来(今安徽凤台北),封季札于州来,故又称延陵州来季子。

季札晚年住延陵舜过山(今武进焦溪东北江阴西南接壤地区),周敬王三十五年,吴王夫差十一年四月十三日卒,并安葬于此。他与守墓人陈福亲如一家,世代不相联姻,人称此村为吴陈村。墓旁有季子祠(今江阴市申港中学所在地),常州也建有季子祠。司马迁称季札为"有仁心,慕义无穷"、"闳览博物"的君子。墓前有十字碑,上刻"呜呼有吴延陵君子之墓",相传为孔子手书。常、武、澄、丹一带人民至今还流传"延陵世泽,让国家风"的春联,表示对季札的崇敬和怀念。唐大历十四年(779年)追封季札为延陵侯,令有司每年农历四月十三日致祭于祠。是日,江阴申港、丹阳九里两大庙会相沿成俗。

孙 武

孙武(生卒年不详),字长卿,后人尊为孙子、孙武子。春秋(前717～前476)齐国乐安(今山东博兴北,一说惠民)人,齐国田完后裔,赐姓孙。因避内乱奔吴国。著名军事家、春秋吴国名将,《孙子兵法》作者。他著就《兵法》13篇,首次揭示了"知己知彼,百战不殆"这个指导战争的普遍规律,总结出至今仍有科学价值的作战原则,自古以来被誉为"兵学圣典",置于《武经七书》之首,至今仍产生着广泛而深刻的影响。由伍子胥荐于吴王阖闾。吴王令孙武用宫女试演兵法,武以吴王两宠姬为队长,告以军法,列队操练。宫女视为儿戏,喧闹嘻笑,武大怒,喝令将两姬斩首,以正军法。吴王知能用兵,拜为将。此后,吴国"西破强楚,入郢,北威齐晋,显名诸侯,孙子与有力焉"(司马迁语)。吴破楚回师后,孙武便不知所终,或云隐山林。相传其墓葬于苏州平门外(今吴中区陆墓镇境内)。枫桥旧有孙武宅、孙武桥。胥口乡有教场、将坛、二妃墓。虎丘山有孙武祠(清咸丰十年毁)和孙武子亭。

姬夫差

姬夫差(？～前473),吴国国君,吴王阖闾之子。周敬王二十五年(前495年)继位后,誓报父仇,在夫椒(今吴县西南)打败越兵,乘胜攻破越都,迫使越屈服。吴王夫差十年(前486年),开凿邗沟(今扬州至淮安间古运河),多次率兵北上与中原诸国争战。在艾陵(今山东莱芜东北)大败齐兵。吴王夫差十四年,在黄池(今河南封丘西南)会盟,与晋争霸。自战胜越国后,夫差日益骄狂,听信奸臣,杀害忠良,并在苏州灵岩山筑馆娃宫,扩建姑苏台,致使国力空虚,民不聊生。周元王四年(前473年),越兴兵攻灭吴国,夫差逃至姑苏山(今吴县通安阳山),求降,愿纳贡称臣,遭到拒绝。被勾践勒令迁至甬东(今浙江定海)。夫差绝望之下伏剑自杀。勾践葬之于姑苏山。

范 蠡

范蠡(生卒年不详),字少伯,入齐后称鸱夷子皮,晚年自谓陶朱公。楚国宛邑三户(今河南南阳一带)人。春秋末越国大夫。范蠡年轻时,曾拜计然(又名辛文子)为师,研习治国、治军方策,雄才过人,赋有"圣贤之资"。后与文种先后离楚入越,受到越王允常重用,被任命为大夫。周敬王二十四年(前496年),允常死,其子勾践继位,范被尊为上将军。在吴、越争霸中,他勇而善谋,能屈能伸,尤以明以知人、明以知己最为卓绝。越军于夫椒(今太湖洞庭山)战败,他随越王勾践赴吴做人质。越王勾践三年(前494年)回越后,鼎力支持勾践卧薪尝胆,愁心苦志,富国强兵,终于辅助勾践一举灭吴,创造了扶危定倾的奇迹。

周元王四年(前473年),勾践命范蠡筑越城于金陵(今江苏南京)。此城堡位于金陵古长干里(今中华门外)西侧,南倚雨花台高地,北濒秦淮河水域,为一处重要的军事要塞。城池周长2里80步,守可抗北犯之敌,北上可出兵进攻,为勾践攻打楚国、称霸于江淮之东,提供了一处举足轻重的根据地。此城堡史称越城,由于系范蠡出谋、筹划,并亲自主持城堡的工程建设,还率军在此驻守,故又名范蠡城。尔后,他审时度势,辞勾践,离越"浮海出齐",治产获千万,受任为齐相。最后又弃官散财,定居于陶(今山东肥城陶山),再度兴商置产。约73岁时,"卒老死于陶",葬于陶山之麓。范蠡的一生,赢得"治国良臣、兵家奇才、商业圣祖"的称誉。有《计然篇》、《养鱼经》、《兵法两则》、《致富奇书》、《陶朱公商训》等书传世。

老 子

老子(生卒年不详),一说即老聃,姓李,名耳,字伯阳。楚国苦县(今河南鹿邑东)厉乡曲仁里(一说今安徽涡阳人)。一说老子即太史儋,或老莱子。晚年居沛(今江苏沛县)。做过周朝"守藏室之史"(管理藏书的官吏),孔子曾向他问礼,后退隐,著《老子》。《老子》一书是否为老子所作,历来有争论,一般认为书中所述,基本反映了他的思想。该书用"道"来说明宇宙万物的演变,提出"道生一,一生二,二生三,三生万物"和"天下万物生于有,有生于无"的观点。但认为"道"是"夫莫之命(命令)而常自然"的。"道"可以解释为客观自然规律,同时又有"独立不改,周行而不殆"的永恒绝对的本体的意义。提出"反者道之动"的命题,猜测到一切事物都有正反两面的对立,认为一切事物的变化,都是有和无的统一(有无相生),并指出:"祸兮福之所倚,福兮祸之所伏。"意识到对立面的转化,但忽视了对立转化的必要条件,也没有把事物向反面的转化看作是上升的发展,只看成是循环往复。还主张贵柔守雌,反对刚强和进取。在认识论上认为"道"不可道,不可名,不可"视"、"闻"、"搏",主张"塞其说,闭其门",通过虚静冥想直觉万物,甚至提出"绝圣弃智"。在物质生活上强调"知足"与"寡欲",憎恶工艺技巧和知识,提倡"无为而治",甚至幻想人类社会回到"小国寡民"的原始状态中去。在美学上,提出"大音稀声"、"大象无形"等观点。老子学说对中国哲学有重大影响,后世学者都从不同角度吸取了他的思想。

言 偃

言偃(前506~前443),字子游,又称叔氏。吴国人,居今常熟一带。春秋末年学者。性情豁达,成年后赴鲁国就学于孔子,为孔门"七十二贤"之一,也是孔子高足中唯一的南方人。孔子授徒设德行、言语、政事、文学四科,有优秀学生十名,后人称之谓"十哲",其中言偃"特习于礼",以"文学"著名。曾任鲁国武城(今山东贵县西南)宰,阐扬孔子学说,以礼乐为教,使境内遍布弦歌之声,孔子大为赞赏,曾云:"吾门有偃,吾道其南。"故言偃被后世尊为"南方夫子",俗称言子。言子身后备受尊荣;唐开元八年(720年)以"十哲第九人"配享孔庙;开元二十七年追封"吴侯";北宋大中祥符二年(1009年)加封"丹阳公";南宋咸淳二年(1266年)进封"吴公";元大德中封"吴国公";明嘉靖九年(1530年)改称"先贤言子";清袭明封号,康熙五十一年(1712年)设五经博士一员,由言子后裔世袭,以奉祀先贤。清帝南巡,曾先后遣使至常熟言子墓致祭,乾隆皇帝还亲书"道启东南"四字,勒石立坊。言子言行,散见于《论语》、《孟子》、《礼记》、《史记》等典籍。宋人辑有《言子》二卷,后失传。清代,言子后裔言如泗搜讨遗佚,纂刻成《文学录》三卷,今有木刻本流传于世。

干 将 莫 邪

干将、莫邪(生卒年不详),春秋末期吴人。莫邪,干将之妻。干将与当时铸剑名匠欧冶子同拜"铸剑子"为师,后皆以工于铸剑著名。据《吴越春秋》载,越国曾献三把宝剑与吴王阖闾,吴王得而宝之,特命干将铸作名剑两把。于是,干将、莫邪等"采五山之铁精、六合之金英。候天伺地,阴阳同光,百神临观,天气下降",炼了三月,仍不见炉中升起青黄之气,金英不消,铁精不溶。莫邪说:"夫神物之化,须人而成之。今夫子作剑,得无得其人而后成乎?"干将说:"昔吾师作冶,金铁之类不销,夫妻俱入冶炉中,然后成物。"莫邪说:"师知烁身以成物,吾何难哉!"于是莫邪沐浴净身,断发剪爪,站在熔炉旁,命三百个童男童女"鼓橐装炭",待炉火大烈时,舍身投入炉中,金铁乃濡,终于铸成名剑两把:阳为干将,阴为莫邪。以莫邪剑献吴王,吴王甚重之。干将炼钢铸剑,是中国早期冶金技术的珍贵史料。相传苏州的相门,原名将门,变声为匠门,再变声为相门,即是干将冶铁铸剑的地方。后苏州有以干将命名的路名:干将坊、干将路。干将墓在苏州相门外。

黄 歇

黄歇(? ~前238),即春申君,战国时楚国人。出身贵族,曾四出游学,见识广博,擅长舌辩。楚顷襄王(前298~前263年)时任左徒,曾出使秦国,说服秦昭王停止伐楚,并陪侍楚顷襄王太子完入秦为"人质"。后又冒死用计使完潜返楚国,继位为考烈王。考烈王即位(前262年)任黄歇为令尹(宰相),封春申君,赐予淮北十二县。黄歇为人豪爽,有远谋,招致宾客三千,辅国持权,与齐孟尝君、赵平原君、魏信陵君并列齐名,人称"四公子"。黄歇相楚二十五年,使当时已经衰弱的楚国再度振兴,曾出兵御秦救赵,灭鲁,组织诸侯"合纵"抗秦。考烈王十五年(前248年),黄歇因淮北靠齐地,请献封邑建为郡,请封于江东。考烈王允准,遂徙封于吴,"因城为故吴墟,以自为都邑",并使其子留吴为假君。黄歇将故吴旧城为自己的都邑,营建得繁荣昌盛。他注重吴地的水利,相传浙江吴兴的黄浦,江苏江阴的申港河、黄田港均与春申君黄歇有关。吴县黄埭镇相传也因黄歇在此以土掩水,筑成堰埭,后人纪念他的功绩而取名黄埭。黄歇相楚权势虽大,但忧虑楚考烈王无子。当时他下属李园进妹李环给他,不久李环怀孕,黄歇不察李园兄妹的奸诈,听信他们的话,进李环于楚王。李环生子,立为太子,李环为王后,李园亦被重用。考烈王二十五年,楚王卒,李园恐黄歇泄其妹前情,伏死士于棘门(寿州城门)刺杀黄歇并尽灭其家。

项燕 项伯

项燕(？~前223年),下相(今宿迁市郊)人。战国末年楚国大将。楚王负刍四年(前224年),秦将王翦率大军60万攻楚都寿春(今安徽寿县),楚军当即冰消瓦解,楚帅项燕突围东奔。次年,秦军攻蕲(今安徽宿州东南),项燕兵败被杀(一说自杀)。

项伯(？~前192年)秦末下相(今宿迁市郊)人。名缠,字伯。战国时楚国贵族后裔,项羽叔父。秦末与项梁、项羽一起发动反秦起义。起义军入关后,项羽率军40万进驻鸿门(今陕西西安),与范增定计消灭刘邦。项伯与刘邦谋士张良为好友,当夜驰往相告项羽欲杀刘邦之事,又在项羽前尽力为刘邦解说。次日,刘邦亲至鸿门见项羽。宴会上,范增令项庄舞剑,欲乘机杀掉刘邦,项伯以身体掩护,刘邦赖以得免。西汉建立后,项伯被赐刘姓,封射阳侯。

徐 福

徐福(生卒年不详),一名市,字君房。出生于战国时齐国之琅琊郡,故里在今赣榆县徐福村(一说今山东胶南)。秦代方士。秦始皇二十八年(前219年),东巡至琅琊郡,欲求仙丹、长生不老之药。徐福呈书言:海中有三神山,名曰蓬莱、方丈、瀛洲,仙人居之,请得斋戒求之。于是,遣徐福入海求仙人仙方。徐福求赐,遣童男童女各三千人,资之五谷粮食种子、数百名工匠同行。秦始皇悉数允诺。徐福率众备船入海,往渡东瀛,寻得平原广泽,去而不返。现在日本的佐贺县诸富町有徐福率船登陆地志,佐贺市有金立山徐福庙,歌山县新宫市有徐福墓。至今,日本民众尊徐福为农耕、医药、蚕桑之大神。今江苏赣榆、日本佐贺将徐福出海之日,定为"徐福节",以作纪念。

召 平

召平(生卒年不详),秦汉之际广陵(今扬州)人。起义军将领。秦二世元年(前209年)七月,陈胜、吴广在大泽乡揭竿起义,召平前往参加,成为陈胜的一员部将。陈胜建立张楚政权以后,部署军队向西进击,召平奉命率军回乡攻取广陵城,因遇守兵顽固抵抗,亦未得到乡人响应,故久未攻克。

秦二世二年,召平听到陈胜兵败和秦军将临的消息后,立即渡过长江,投奔在吴(今苏州)起义的项梁、项羽。为使项军西向迎击秦军,召平便利用项梁尚不知陈胜兵败一事之机,假传楚王(陈胜)之命:"拜梁为楚王上柱国。"并献上策谋说:"江东已定,急引兵西击秦。"项梁、项羽采纳了召平的建议,遂领兵八千渡过长江,直逼秦军,召平也随军征战。

项　梁

项梁(？~前208),秦下相(今宿迁市郊)人。秦末吴中起义领袖,楚国大将项燕之子,项羽叔父。时项羽、刘邦都为其部将。项梁受家庭环境影响,自幼即研习兵法,苦练武艺,准备报效楚国。然而还未来得及施展抱负,楚国就被秦国吞灭,他的父亲项燕也在与秦将王翦的交战中战败身亡。

秦统一后,项梁因杀人,与其侄项羽一起避仇于吴中(今苏州)。每当吴中有大规模的徭役或丧事,项梁常出来当主办人,暗中用治军之法,部署和约束门客和年青人,因而逐渐在吴中树立起自己的威望。秦二世元年(前209年),陈胜、吴广在大泽乡(今安徽宿县东南刘村集)起义,消息传到吴中,会稽太守殷通与项梁相商,意图以项梁和桓楚为将,起兵响应起义。项梁与项羽密谋,杀掉殷通,自己当了会稽太守,以项羽为副将。然后,收服属下各县,招精兵8000人,渡江西指。此后又得广陵人召平以及陈婴、黥布、蒲将军等推重与归附,任张楚上柱国,得兵六七万人。叔侄分兵出击,项梁攻灭秦嘉,项羽拔取襄城。

陈胜兵败身死,项梁采用谋士范增的计谋,在民间访求到原楚怀王的孙子熊心,立为楚怀王,以孚民望。项梁自号武信君,数月后率兵攻亢父(今山东济宁市南),再于东阿大破秦军。时刘邦也归顺项梁。项羽、刘邦受项梁所遣,分别攻城阳、濮阳等地,在雍丘大破秦军,斩杀李由。项梁率部自东阿西北至定陶,击败秦将章邯,遂生骄傲轻敌之心,不听宋义之谏,在定陶被章邯以重兵击败身死。

周 苛

周苛(生卒年不详),秦丰邑(今丰县)人。刘邦起兵初,周苛跟随刘邦。刘邦进入关中,周苛被提升为御史大夫。楚军围困荥阳,形势危急。汉王刘邦撤退,委派周苛守荥阳。西楚霸王破荥阳,活捉周苛。项羽让人在屋前支起大锅,放满了水,在锅下烧起大火,烧开锅里的水。项羽对周苛说:"假如你周苛愿意跟随我征战,我提升你为上将军,封三万户的食邑。假如你不愿意跟随我征战,那么,我这就煮了你!"周苛听后大骂不止,说:"你这个混小子,假如你不降汉,早晚会做汉王的俘虏!"项羽听后大怒,喝令左右揪住周苛。周苛奋身跳入沸腾的开水中,因而身亡。汉朝建立后论功行封,封周苛为高阳侯。

项 羽

项羽(前232~前202),名籍。秦下相(今宿迁市)人。秦末农民起义领袖。项羽青少年时期,曾在叔父项梁辅导下读过书,略通文墨;学过兵法,懂得用兵打仗的知识。他身材奇伟,力能扛鼎,胆魄超群,人多畏惮。秦始皇巡游会稽,在吴地避难的项梁和项羽一起去观看,项羽对项梁说:"彼可取而代之也!"秦二世元年(前209年)九月,项梁和项羽杀死会稽太守,招聚8000名精兵,响应陈胜起义,渡江过淮,北上攻秦。项羽以项梁副将的身份,经常单独率部作战,打了许多胜仗,成为起义军的著名勇将。

项梁败亡后,章邯北渡黄河,大败赵地反秦力量,进围巨鹿,形势十分危急。楚怀王忙命宋义为上将,项羽为次将,北上救赵。宋义却逗留46日不进,项羽在多次劝说不听后,毅然杀死宋义,率军兼程北上。渡过漳水后,他命令部队破釜沉舟,每人只带3天干粮,直赴巨鹿,表示要与秦军决一死战。经过多次激战,终于打败秦军,秦将苏角被杀,王离被俘,涉闲自杀。救赵的10多支反秦将领遂一致拥戴项羽为诸侯上将军,指挥各路人马。巨鹿大战后,项羽挥师西向,迫使连连败北的章邯率部投降,彻底摧毁了秦军主力,但项羽坑杀降卒的行为引起关中百姓对他的仇恨。接着,项羽与刘邦宴鸿门,又入咸阳,焚秦宫,杀秦王子婴和一批臣民,掠珍财美女,大封诸侯王,并自封西楚霸王,建都彭城,逐杀义帝。在这一系列失策之举后,项羽开始与刘邦进行了长达四年多的逐鹿战争。

汉高祖五年(前202年)冬,项羽被汉军围困而突围。由于迷路被汉军追及,最后在逃到乌江时,怀着羞见江东父老的心情拔剑自杀。

虞 姬

虞姬(前约232—前202),沭阳县颜集乡虞溪村人。西楚霸王项羽王妃。秦末,项羽成为农民起义军领袖,推翻秦王朝,虞姬随军出征。秦王朝被推翻后,项羽同刘邦争夺天下。汉高祖五年(前202年)冬,项羽率领的楚军,被韩信率领的汉军围困在皖北灵璧县东南的垓下。虞姬趁月色出营帐,夜闻四面楚歌,惊恐不已,预感到楚霸王大势已去。回帐设宴,项羽饮酒时赋《垓下歌》,歌词是:"力拔山兮气盖世,时不利兮骓不逝,骓不逝兮可奈何?虞兮虞兮奈若何!"虞姬作歌和之,歌词曰:"汉军已略地,四面楚歌声。大王意气尽,贱妾何聊生?"歌罢,项王、虞姬泪下,左右皆泣,莫能仰视。虞姬拔剑自刎。项羽上马,率八百壮士骑从,南驰突围。虞姬故墓,在今安徽省灵璧县虞姬乡虞姬村。沭阳建有虞姬庙。袁枚在《重到沭阳虞姬庙》的诗中写道:"为欠虞姬一首诗,白头重到古灵祠。三军已散佳人在,六国空亡烈女谁?死竟成神重桑梓,魂犹舞草湿胭脂。庙旁合塑乌骓像,好访君王月下骑。"

钟离昧

钟离昧(?~前200),朐县伊芦(今灌云县境内)人,项羽大将。汉高祖四年(前203年),被汉军围困于荥阳东,项羽往救,乘胜追击,切断汉军粮道,汉军求和,项羽不许。陈平向汉王献计,以万金买通说客,反间于楚军中,离间项羽与大臣范增、钟离昧、龙苴、周殷的关系,声扬钟离昧等将要与汉联合灭项羽,分其地。项羽果疑之。致使范增告退,周殷投汉王刘邦,但钟离昧仍追随项羽,直至项羽败死而后投奔韩信。汉王命韩信将钟离昧逮捕,韩信未从。汉王复用陈平计策,假称到云梦狩猎,召集诸侯于陈地,韩信有顾虑,听信别人进言,向汉王献钟离昧的头颅,可保无虞。钟离昧得知后对韩信说:"你把我杀了去见汉王,你也回不来。"韩信不从,钟离昧遂自刎。韩信带着钟离昧的头颅去见刘邦,不久被解除兵权,徙封楚王,又贬为淮阴侯,终被诛杀。

韩　信

韩信(？～前196),淮阴(今淮安市淮阴区)人。军事家。年轻时博览群书,崇尚武术,精通兵法,立下经世济国大志。但因双亲去世早,自己又不善经营生计,家里很穷,常向人家求食,并曾受过"胯下之辱",所以被人瞧不起。项梁和项羽率义军渡淮时,韩信参加起义队伍。他在多次向项羽献策不被采纳的情况下,投奔刘邦,并在夏侯婴、萧何等人的反复推荐下,被刘邦拜为大将。拜将那天,韩信向刘邦全面精辟地分析战略形势,刘邦听后喜出望外,只恨重用韩信太晚,当即按韩信提出的战略主张,一面命萧何收取巴蜀租赋,保证军饷;一面集结军队,准备袭取三秦。汉高祖元年(前206年),韩信趁项羽北上攻齐时,建议刘邦以声东击西的战术,"明修栈道,暗渡陈仓",很快袭取三秦。汉军遂以三秦为大后方,奠定胜局。为了解除汉军侧翼威胁,高祖二年八月,韩信率一部北上攻魏。他采取避实击虚的战术,在临晋关摆出渡河架式,暗中却调动部队于夏阳,神不知鬼不觉地渡过黄河,奔袭魏军的后方安邑。魏军仓皇回军,被汉军杀得大败,魏王豹被俘。平定魏地后,又以数万兵力进军赵地。赵军以20万优势兵力,占据有利地形井陉口,准备与汉军决战。韩信以1万军队背水立阵,而以2000名轻骑绕到赵军背后,待赵军倾巢而出与背水列阵的汉军激战时,他们乘虚驰入赵营,拔掉赵军旗帜,换上汉军旗帜,赵军一见,顿时大乱。汉军前后夹击,赵军遂全面崩溃,赵军主将陈余被杀,赵王歇被俘虏。接着,韩信又派人活动,不战而使燕国归顺。

韩信又乘齐地无备,破历下,占临淄,实现对楚军的战略包围。楚将龙苴率兵20万北上,会合齐军,同汉军隔潍水对阵,准备决战。韩信密派人夜堵潍水上游,天明后部分军队渡过潍水攻击齐楚联军,继而佯败后撤。龙苴遂即渡水追击。韩信令部队掘开上游堤坝,湍急的河水把龙苴军冲成两段,韩信遂指挥部队反击,全歼渡河的敌军,杀死龙苴,对岸的敌军不战而溃。汉军乘胜追击,俘齐王田广,完全占领齐地。刘邦遂封韩信为齐王,令其率军与刘邦会合。项羽闻龙苴大败,非常恐慌,派人游说,劝韩信反汉和楚,三分天下,遭韩信拒绝。汉军以韩信为主将,与楚军决战垓下,韩信设下十面埋伏,将10万楚军层层包围,并组织人在四面高唱楚歌,促使楚军纷纷逃亡,项羽兵败自杀,从而开创了刘汉王朝的一统天下。

西汉建立后,韩信即被解除兵权,徙封楚王。后又被刘邦诱捕至长安,贬封为淮阴侯。汉高祖十一年,刘邦北讨陈豨,吕后与萧何定计,将韩信诱杀。韩信著有《韩信兵法》三章,久已亡佚。

刘 邦

刘邦(前256或前247~前195),字季。秦末沛郡丰邑(今江苏丰县)中阳里人。西汉王朝的建立者,史称汉高祖。出身农家,好交游,乐助人,意气豁达,胸怀大度。刚到成年,便做了泗水亭长。奉命押送役夫去郦山,行到丰西泽中亭时,役夫逃亡过半,依秦律,即使将剩余役夫押至郦山,也要被杀头,于是他释放了役夫同愿跟随他的十余人一起逃亡,隐匿于芒山、砀山泽间。

秦二世元年(前209年)七月,陈胜在蕲县大泽乡起义,刘邦遂起兵响应。沛城中的父老率子弟一同杀死沛令,拥立其为沛公。此时,沛中豪吏萧何、曹参、樊哙等各自征召沛中子弟,达二三千人。与此同时,项梁与其侄项羽也于吴中起义。秦二世三年四月,项梁义军北进,尽召各部将领,刘邦到薛地与项梁共同拥立楚怀王之孙熊心为楚怀王。此时,刘邦与项羽在濮阳东与秦将章邯交战,大败秦军。怀王派刘邦西进攻秦。秦军各路守将,见刘邦不杀降将,所到之处无不望风归顺。汉高祖元年(前206年),刘邦以萧何为丞相,留守巴蜀,自己和韩信暗渡陈仓,克三秦,率军入关,攻占咸阳,推翻了秦朝的统治。当即召集各路豪杰约法三章:杀人者处死;伤人者抵罪;盗抢他人财物者如数抵偿,并将秦的一切严刑苛法全部废除。秦地百姓热烈拥护。项羽自立为西楚霸王,建都彭城,改立刘邦为汉王,都南郑。刘邦拜韩信为大将军。韩信为刘邦提出战胜项羽、夺取三秦的计策。

汉高祖三年(前204年)二月,刘邦废除秦的社稷,建立汉的祭祀土地神、谷神的社稷,并施恩惠与人民。还推选民间年龄在50岁以上,品德高,能带领大家做好事的,安排做"三老",协助管理民政。有一位"三老"董公拦道劝说刘邦,要他抓住项羽杀死义帝这件事声讨其罪过以号召天下。刘邦采纳,为义帝发丧,公告天下,声讨项羽,并东进讨伐楚。十二月,汉军在垓下包围了项羽,在东城追杀项羽,楚地从此全部被刘邦平定。刘邦当日封项羽鲁公的封号,葬他于谷城,并亲为发丧,临吊痛哭而去。刘邦回到定陶,驰入韩信军营,夺了他的军权。次年正月,下令改奉韩信为楚王,彭越为梁王。二月,刘邦在汜水之北即皇帝位,都洛阳。刘邦接受戍卒娄敬建议,定都长安。汉高祖十二年夏四月甲辰这一天,刘邦在长乐宫病逝。刘邦即帝位7年,政治上继承秦制,实行中央集权制,先后消灭韩信、彭越等异姓王;迁六国旧贵族和地方豪强到关中,以加强控制;经济上重本抑末,注重恢复农业生产,打击商贾,与民休养生息;法制上以秦律为基础,制定《汉律》,废除秦时严刑苛法。这些措施,有利于社会经济的恢复和发展,更有利于中央集权的巩固,从而奠定了传位13帝、统治214年的西汉业绩。

萧 何

萧何(？~前193),沛郡丰邑(今丰县)人。汉初大臣。因有学问,为人公道,秦末做了沛县的功曹。汉高祖刘邦当初做平民时,他多次以自己的地位保护过刘邦。后来,刘邦做泗水亭长,他也曾多次帮助过刘邦。

刘邦起义为沛公,他便当了刘邦的佐官,全心全意佐刘邦起义,楚汉战争中守镇关中,源源不断地为刘邦输送将士和给养,使刘邦无后顾之忧。刘邦攻进咸阳,将领们都争着跑到藏有金银财帛的府库去分财物,只有萧何率先入城,把秦朝的律令、图书等全都收藏起来。后来沛公就是通过这些档案材料,才详细地了解全国各地地理形势、人口情况,以及力量的强弱虚实。项羽违背约定封刘邦为汉王,刘邦对此很恼怒,攻打项羽。他便劝诫刘邦安心做汉中王,恩养住这里的百姓,同时招纳贤能之士,收取巴蜀两地,然后平定三秦,天下就可以得到了。汉王于是任用萧何为丞相。淮阴人韩信是当时奇才,先跟项羽不为所用,汉王入蜀时,韩信离楚归汉,但也没有得到重用。当汉王的军队行进到南郑时,许多将士在半路上逃掉。韩信因不见重用,也逃走了。萧何听说韩信逃掉,来不及报告汉王,就亲自去追回。并告诉刘邦如果想争天下,必须重用韩信。在萧何的力荐下,刘邦拜韩信为大将。

汉高祖五年(前202年),刘邦消灭了项羽,取得楚汉战争的胜利,登上皇帝位。论功行赏时,刘邦认为萧何功列第一,汉高祖刘邦宣布赐准带剑上朝,拜为丞相,并且对萧何的父子兄弟10余人,全都有封赏,有食邑。在萧何力劝下,刘邦推行休养生息的政策,制定《汉律》,协助刘邦、吕后消灭异姓王,对汉初经济的发展和中央集权的巩固,起到至关重要的作用。以后,又接受召平的主意,辞封不受,并把家产全部献出助军。惠帝二年(前193年)萧何去世,谥为文终侯。

曹 参

曹参(? ~前190),字敬伯。沛县人。汉初大臣,后继萧何为汉惠帝丞相。秦时曾做过沛县狱吏。刘邦起义后,曹参便跟随刘邦。因为作战有功,赐爵为七大夫,后升五大夫。楚怀王熊心封刘邦做砀郡郡守,统率砀郡部队,封曹参为执帛,号为建成君,后又升为执珪。刘邦攻入秦都咸阳,灭秦。项羽封刘邦为汉中王,曹参以建成侯跟随到汉中,升任将军。后又随刘邦回师平定三秦。曹参自汉中就以将军中尉身份跟随刘邦平定诸侯。汉高祖三年(前204年),曹参被任为代理左丞相,带兵进驻关中。一个多月后,魏王豹反,曹参以代理左丞相同韩信东攻魏,活捉魏王豹,攻下平阳,俘获了魏王的母亲、妻子,平定魏地,攻下52座城。刘邦把平阳赏给曹参做封地。韩信在破赵之后做了相国,往东攻打齐,曹参以右丞相属韩信统辖,打败齐的历下军,平定齐地。韩信做齐王之后,领兵到陈地,与汉王刘邦共同击败项羽,曹参则留在齐地继续讨伐未征服的叛军。

项羽死后,天下平定,刘邦做了皇帝,韩信为楚王,齐地设郡,曹参退还相印。刘邦让他的长子刘肥做齐王,便让曹参做了齐国相。汉高祖六年,赐曹参爵位为列侯,封平阳侯。汉惠帝元年(前194年),再次任命曹参为齐丞相,曹参用黄老清静安民之术,齐国大治。惠帝二年,萧何去世,他受命代为相,一切重大政事全都遵照萧何生前的规定,史称"萧规曹随",选择郡国中稳重笃厚、不为巧言的官吏,任命他们做封国的丞相,凡是官吏中说话行事机能多谋,一切求取虚名的,就坚决撤掉他们。曹参对于属下小的缺点和过失,总是宽容遮饰,不加苛责,深得属下拥戴,政事料理得当,对保持汉初安定局面起到关键作用。他为汉相三年,于惠帝五年去世。谥为懿侯。

樊 哙

樊哙(? ~前189),沛县人。汉初名将。早年以屠狗为业,他跟随刘邦从丰邑(今丰县)起义攻打下沛县,杀掉县令。在整个反秦战争和楚汉战争中,他作为刘邦贴身近臣随军作战,常常率先登城败敌,以军功赐爵,被封为贤成君。刘邦攻入关中,贪恋秦宫室美女珍宝,樊哙力谏,刘邦听从劝告,封闭府库宫室,还军霸上。"鸿门宴"上,项羽的谋臣范增令项庄舞剑,想借机杀害刘邦,樊哙在帐外听到情况紧急,便手持铁盾侧身撞倒卫兵闯入帐内,当面批评项羽不该对有大功的刘邦问罪。当时项羽为樊哙的英武形象所吸引,也为樊哙义正词严的批评所动。终于,刘邦借机逃出宴会,由他护送从小道还至军营。后来,樊哙跟刘邦进汉中,又从汉中出兵平定三秦。楚汉战争中,项羽在彭城大败刘邦,樊哙以将军身份为刘邦镇守广武。刘邦即帝位后,因樊哙有功,封为舞阳侯。樊哙娶吕后之妹吕姿为妻,为刘邦连襟,所以关系比其他将领更为亲近。后来黥布反叛时,汉高祖刘邦正在宫中卧病,诏令群臣不得入内,周勃、灌婴等几十天都不敢入宫。这时,樊哙就直接闯进宫去,对刘邦流泪说:"您不接见臣等议定国事,难道单独同一个太监一起与世隔绝吗?陛下难道没听见赵高的事吗?"刘邦听完笑着站起来,与大臣图议政事。惠帝六年(前189年),樊哙去世,谥号为"武"。

王　陵

王陵(？～前181),沛县安国人。汉初大臣。初为县中豪士,颇有声望。刘邦为平民时,以兄长待陵。刘邦破秦攻入咸阳时,王陵也聚集数千人在南阳与秦军对抗。刘邦还击项羽时,王陵率兵归属刘邦。为此,项羽极为不满,设法将王陵的母亲带到军营作人质,想以此招王陵归顺。王陵闻讯,派使者到项羽军中探问。使者在项羽军营看到陵母面向东坐着,项羽逼其让王陵归顺,陵母不肯。使者回汉时,陵母偷偷哭着对使者说:"请替我告诉陵儿,好好侍奉汉王,汉王是长者,不可为我持二心,我以死送你。"说罢,伏剑自刎。项羽大怒,用油锅炸了陵母的尸体。从此,王陵对项羽仇恨在心,忠心耿耿追随刘邦打天下,直至取得胜利。

王陵同雍齿交情深厚,而雍齿是刘邦的仇敌,故此,刘邦认为王陵无从汉之意,遂封王陵为安国侯。

惠帝刘盈在位时,王陵做过两年右丞相。惠帝死后,太后吕雉把持朝政。吕后为加强吕氏势力,要封诸吕为王,征求王陵意见。王陵说:"高帝在位时,曾盟誓:'非皇族刘姓人为王的,天下人都要讨伐他。'现在如封吕氏为王,是违背盟誓的!"吕后听后很不高兴,表面上提拔王陵为皇帝的太傅,实际上是撤了王陵宰相的官职。王陵称病不就太傅职,闭门不上朝。

吕　雉

　　吕雉（前241～前180），女，字娥姁。原籍山东省砀郡单父县（今山东单县）人。汉高祖皇后，亦称吕后。父吕公因避仇人到江苏沛县，投靠好友沛县县令。县令盛宴款待，贺客甚多，县功曹萧何接待，泗水亭长刘邦也前来致贺。席间，吕公见刘邦仪表不凡，席终对其曰："吾有女，愿为相公箕帚妾，何如？"刘邦已过而立之年，尚未娶妻，欣然允诺，结为夫妻。

　　吕雉与刘邦结婚后，居丰邑（今丰县），事农种地，精于生计，办事干练。汉高祖二年（前205年）四月，刘邦从都城败退，吕雉和刘邦父被俘，项羽将其扣留在楚军中做人质。直至楚汉签订以鸿沟为界、中分天下的停战协定，吕雉与太公才回到刘邦身边。她与萧何坐镇后方，安抚百姓，筹措军资，支持对楚军作战。汉高祖五年，刘邦建立西汉王朝，吕雉被封为皇后。

　　吕雉佐高祖定天下后，又支持刘邦同异姓诸侯王作斗争。在刘邦率军至邯郸平息陈豨叛乱时，她与萧何用计擒斩淮阴侯韩信。又将梁王彭越诱至洛阳，以谋反罪处死，灭其家族。汉高祖十年，刘邦欲废太子刘盈，吕后求计于张良。张良出谋，要吕后兄吕泽以太子刘盈名义，带大量金玉璧帛，"卑辞安车"，去请刘邦征召而不出的"商山四皓"东园公、绮里奇、夏黄公、周里四贤投太子门下。时淮南王英布反叛，刘邦让太子刘盈统兵平叛。四人出谋，谓英布乃天下猛将，善用兵，欲胜唯刘邦亲征。吕后哭诉，刘邦只好带着病，"强载辎车，卧而护之"；太子坐镇后方，监护关中诸军。汉高祖十二年，刘邦为英布流矢所中，预感不久于人世，欲实施废立计划。经张良、叔孙通等人力劝，方打消废太子刘盈的念头。

　　同年四月，刘邦死后，刘盈继位，为汉惠帝。吕后与其亲信审食其密谋诛杀一批重臣。郦商将军得悉，即找审食其告诫杀重臣会造成"内叛、外反"的结果。审食其认为郦商的话很有道理，与吕后商量，终止诛杀元勋大臣的计划。五月，刘邦葬礼后，吕后利用皇太后权威，对劝刘邦废太子的戚夫人及子刘如意进行惨绝人寰的报复，将刘如意鸩杀，将戚夫人先囚水仓，"赭衣、舂臼"，后"断手足，去眼，煇耳，饮瘖药，居厕中"，命曰"人彘"，让人观赏。惠帝见戚夫人惨景，悲痛欲绝。让人告诉吕后："此非人所为，臣为太后子，终不能治天下。"从此"不听政"，"自戕自己"。惠帝七年（前188年）八月，刘盈病逝。吕后临朝称制，并分封诸吕为王侯，控制南北军；又以审食其为左丞相,掌握实权,公卿皆听其决事。吕后死,诸吕谋叛,为太尉周勃等平定。

吕后以太后身份当国十六年(前195~前180年)。她基本上按照刘邦生前制定的治国方略,对外戍边国防,对内发展社会经济,任用萧何、曹参、陈平、周勃等人扶政,保持了汉王朝的巩固、稳定和发展。但吕后在当政期间,培植了一个吕氏外戚集团,诛杀汉刘宗亲,加剧了统治集团的内部矛盾。

夏侯婴

夏侯婴(?~前172),西汉沛(今沛县)人。刘邦少时好友。刘邦为泗水亭长时,夏侯婴任司御。刘邦起义为沛公后,夏侯婴被封为太仆,专门管理刘邦的御车。后随刘邦征战南北,屡获嘉奖,先后被刘邦封为七大夫、五大夫、执珪、滕令。刘邦做汉王时,封夏侯婴为昭平侯。刘邦称帝后,夏侯婴随刘邦平定燕王臧荼的叛乱,夺取韩信兵权。后以太仆从刘邦攻代,被匈奴围困七昼夜,以和亲之策使匈奴网开一面,刘邦趁机疾驰。夏侯婴为迷惑敌军,故意勒马慢行,弓弩持满对外,终于和刘邦一起脱险。后随刘邦攻打陈豨、黥布叛军,陷阵克敌,定食汝阴6900户。刘邦死后,夏侯婴做惠帝的太仆。惠帝和太后赐其为北方第一侯,以示尊宠。惠帝死后,夏侯婴继续做太仆。太后死,乱起宫中,夏侯婴废除少帝,以迎天子的车仪迎接代王刘恒,同周勃等大臣共立其为文帝。汉文帝登基后,夏侯婴仍为太仆。

陆 贾

陆贾(约前240~前170),汉初楚人。思想家,政治家。早年从刘邦定天下。向以口才闻名,常伴刘邦左右,并经常受命出使各诸侯国。汉初,故秦南海尉赵佗自立为南越王(今岭南两广一带)。刘邦派陆贾出使南越,赐赵佗金印,封其为南越王。陆贾到南越后,受到赵佗的轻慢,蹲在地上接见陆贾。陆贾对其晓之以理,促使赵佗欣然对汉称臣。陆贾回汉后,被封为太中大夫。

陆贾善辞赋,常在刘邦面前说《诗》、《书》之事。刘邦说:"老子是骑在马上得天下的,学什么《诗》、《书》!"陆贾说:"马上得天下,难道可以马上治天下吗?"刘邦听了虽大不悦,却说:"那你就试着给我写写秦之所以失天下和我之所以得天下的原因,以及古代成败的国事吧。"陆贾遂先后著作12篇,每上奏一篇刘邦都大加称赞,称他写的书为《新语》。《新语》开启了晁错、贾谊的思想,成为汉代确立儒家统治思想的先声。其"无为乃无不为"之说,对汉初政治产生重大影响。

惠帝时,吕太后要封诸吕为王。陆贾自感无法劝阻,于是称病家居。后来,诸吕专权,要倾覆刘氏政权。此时,右丞相陈平虽对诸吕不满,却无能为力,且怕自己遭来灾祸,所以常深居不出。陆贾便不经通报径直找到陈平家里,劝说陈平与周勃联合大臣与宗室王侯除吕。后来,陈平依陆贾之计,与周勃一起,消灭了诸吕,拥立汉文帝。文帝即位后,又派陆贾为中大夫出使南越,他圆满完成使命,回汉后不久便去世了。

周　勃

周勃(？~前169),沛县周田村人。汉初大臣。自幼家贫,平时以织薄曲(养蚕器具)为业,也常在别人办丧事时吹箫管,还担任过县内拉强弓的武官。秦二世元年(前209年),刘邦起兵反秦,周勃以中涓近臣随军征战,攻城掠地,战绩显赫,先封五大夫,后封虎贲令。汉高祖元年(前206年),刘邦做汉王,封周勃为威武侯。刘邦入汉中,拜周勃为将军。后从刘邦平定三秦,屡立战功,刘邦赐怀德县为其食邑。在楚汉角逐中,周勃带兵进击项羽,功勋最高。项羽死后,周勃统军东进,平定楚地泗水、东海二郡,攻占22县。汉高祖五年,周勃率军随刘邦平定燕王臧荼反叛,被封为绛侯,赐食邑8180户,并剖竹符为信,代代承袭。汉高祖十一年,周勃统兵打败陈豨叛军,斩陈豨,虏陈豨的将军、丞相、都尉等,平定雁门郡、云中郡、代郡38县。翌年,燕王卢绾反叛,周勃以丞相之职代樊哙率大军讨伐,大败卢绾军,平定上谷郡、右北平郡、辽西郡、辽东郡、渔阳郡5郡79县。

周勃质朴刚毅,忠厚老实,不善文辞,刘邦认为他可托以大事。惠帝六年(前189年),周勃被任命为太尉。高后吕雉死后,吕禄、吕产等把持朝政,并伺机篡汉自立。周勃、陈平共同策划,捕杀诸吕,拥立代王刘恒为帝。文帝登基,封周勃为右丞相,赐金5000斤,食邑万户。年余,文帝命周勃为丞相。不足一年,周勃被罢免丞相职,回绛县封地。文帝十一年(前169年),周勃去世,谥号武侯。

刘濞

刘濞（前215～前154），沛（今属沛县）人。西汉诸侯王。汉高祖刘邦侄。初封沛侯。高祖十一年（前196年），异姓王英布反叛，杀死荆王刘贾。时刘濞刚满20岁，跟随刘邦平定了英布的反叛活动。刘邦"患吴会稽轻悍，无壮王以镇之，诸子少，乃立濞于沛为吴王"，并且告诫他"天下同姓为一家也，慎无反"。吴国辖有3郡53城，都广陵（今扬州）。吴国不仅地盘广阔，而且物产丰富，有盐、铁、铜之利。刘濞召天下流亡者就山铸钱，就海煮盐。盐铁之利甚大，其所聚钱财竟可敌国，与汉皇同样富有。汉景帝继位后，深感诸王势力膨胀已威胁到中央政权的安全，于景帝前元二年（前155年）采纳御史大夫晁错的建议，实行削藩政策。刘濞对汉皇室早已怨恨不已。汉文帝时，其子奉诏入宫侍皇太子"饮博"，不恭被杀。刘濞自此称病，不再赴长安朝见皇帝。削藩为刘濞提供了为子报仇并夺取帝位的最好借口和时机，于景帝前元三年，以"诛晁错、清君侧"的名义，纠集楚、赵、胶西、胶东、淄川、济南六王，举兵叛乱，史称"吴楚七国之乱"。刘濞下令，凡62岁以下，12岁以上男子，一律加以征发，集中20余万人马，渡过淮河与楚军联合，向长安进发。汉景帝刘启在刘濞所派奸细袁盎的挑唆和怂恿下，对诸王姑息退让，并腰斩晁错以谢七国，还赦免七国的叛国罪，恢复他们被削的封地。刘濞撕下伪装，拒绝接受朝廷诏书，宣布自立为"东帝"。景帝已无退路，决心武力平叛，任命大将周勃之子周亚夫为太尉，领兵东征，与吴王刘濞的主力部队相遇于下邑（今安徽砀山西）。吴军人数众多，攻势锐猛，周亚夫坚守不战，并派出轻骑兵猛插敌后，断绝吴军粮道。吴军乏粮，士卒多饥死叛散。吴王刘濞见大势已去，带数千人连夜逃遁。周亚夫乘机追击，消灭其残部。刘濞逃过长江，企图退保丹徒，在秣陵（今江宁县境）为东越人袭杀。

枚乘 枚皋

枚乘（？～前140），字叔。汉淮阴（今淮安市淮阴区）人。汉赋家。初为吴王刘濞郎中。当时刘濞积粮练兵，准备反叛朝廷，觊觎皇位。枚乘上书劝阻，不被采纳，遂离开吴王，做了梁孝王的宾客。汉景帝即位后，采用晁错的削藩之策,以加强皇权。吴王正好找到借口,即以"请诛晁错,以清君侧"为名,联络王国诸侯,举兵西向。景帝慌忙斩晁错,企图以此阻止诸侯继续进军。枚乘遂又上书吴王,劝他就此休兵。吴王仍然不听,终以兵败身亡而告终。枚乘由此闻名海内,被景帝拜为弘农都尉。不久因"不乐郡吏,以病去官",重新做了梁孝王的宾客。梁孝王死后,他回到故乡淮阴。武帝做太子的时候就仰慕枚乘的才学,即位后,闻枚乘年老,即以安车蒲轮征聘他。还未到长安,枚乘就病死途中。《汉书·艺文志》载,枚乘有赋9篇,今存赋3篇,文2篇,而以《七发》最为有名。《七发》借楚太子和吴客的问答构成8段文字,其中状物写景,淋漓尽致,讽谕深刻,说理中肯,读后令人"发蒙解惑",有霍然醒悟之感。《七发》继承《楚辞》的传统,立意较高,并以独创的赋体——"七"体来表现,收到很高的艺术效果。故后人竞相摹仿,仅唐代以前,仿作者就有40家。枚乘被后人与司马相如并称为"枚马"。

枚皋(前156~?),字少孺。枚乘之子,西汉辞赋家。17岁时上书梁共王,被召命为郎。武帝听说枚皋是枚乘之子,非常高兴,经过当面试赋,被拜为郎,曾出使匈奴。后长期作为武帝的文学侍从而与司马相如、东方朔一道,跟随武帝左右。后因获罪,亡命长安。枚皋以文思敏捷而著称,武帝每有所感,就令文学侍从们作赋为文,枚皋总是最先写好。班固说他"为文疾,受诏则成,故所赋者多。司马相如善为文而迟,故所作少而善于皋"。枚皋是一位多产作家,所作之赋,比较可读的有120篇。他的作品今多不传。

刘 安

刘安(前179~前122),沛郡丰邑(今丰县)人。西汉思想家、文学家。高祖孙,淮南厉王长子。文帝八年(前172年)封阜陵侯,文帝十六年袭封为淮南王。景帝时,吴楚七国之乱中,本想加入叛乱,因大臣力劝而止。当时未加深究。武帝元狩元年(前122年),又被人告发谋反下狱,自杀,受株连者达数千人。平生好读书鼓琴,善为文辞,才思敏捷。曾奉武帝命作《离骚传》,招致宾客方术之士数千人,集体编写《鸿烈》,后称《淮南》、《淮南子》。该书内篇二十一,外篇三十三。内篇论道,外篇为杂说。内容为道家自然天道观,亦糅合先秦道、法、阴阳等各家思想,认为宇宙万物均由"道"派生,"道""覆天盖地","高不可际,深不可测",归结为"达于道者,反于清静;究于物者,终于无为"。政治上主张"无为而治",又提出"苟利于民,不必法古;苟周于事,不必循旧"的观点。汉代马融、延笃、高诱、许慎先后为《淮南子》作注。今存高诱注。

严　助

严助(？～前122),西汉会稽吴(今苏州市)人。辞赋家。严忌之子,一说为侄。汉武帝建元元年(前140年),诏举贤良方正、直言极谏之士,严助被推举入长安参加对策。武帝赏识其才能,擢拔为中大夫。当时,朝廷征伐四方边远地区,开拓疆土,增置边郡,屡次用兵,对内改革制度,武帝不断选拔贤良文学之士,令他们经常与朝中大臣就诸项政策开展辩论,严助持论尤得武帝赏识。建元三年,闽越发兵围攻东瓯,东瓯告急。严助力主往救,武帝即派严助持节至会稽发兵渡海解救。闽越闻讯,立即撤兵。建元六年,闽越王郢又兴兵进攻南越,武帝派将军王恢、韩安国率军征伐。兵未至,闽越王弟余善杀郢降汉。武帝又派严助赴南越宣扬朝廷关怀之意,严助自南越返长安途中,奉武帝谕顺道赴淮南王处,通报南越之事,严助与淮南王刘安相处甚好,巩固了朝廷与地方的关系。武帝为之十分高兴。

此后,严助回乡当会稽太守。数年之中,未向朝廷汇报情况,武帝赐书:"君厌承明之庐,劳侍从之事。怀故土,出为郡吏。会稽东接于海,南近诸越,北枕大江,间者阔焉,久不闻问,具以《春秋》对,毋以苏秦从横。"严助发觉武帝对他有怀疑,十分害怕,急忙上书表示愿回到皇帝身边,以作侍奉。武帝允准,重返长安,侍于内庭,每逢有异事,武帝常命他为文,及作赋颂数十篇,为汉赋的臻熟作出了贡献。后淮南王刘安来长安朝见武帝时,厚赠礼物给严助,交私论议,感情甚深。元狩元年(前122年),淮南王谋反案发,严助牵连入狱。武帝本想轻其罪而勿诛杀。廷尉张汤力争,以为严助出入禁门,为心腹之臣,私结诸侯,不可轻易发落。最后,被杀弃市长安街头。

朱买臣

朱买臣(？～前115),字翁子,西汉会稽吴(今苏州吴中区藏书)人。西汉辞赋家。家贫而好学,不治生产,以卖薪为生,妻弃之更嫁他人。汉武帝时,由邑人严助推荐,拜为中大夫。后任会稽太守,造楼船,备粮食、水战器具,与横海将军韩说等击败东越首领的叛乱。后官主爵都尉、丞相长史,因与御史大夫张汤互相倾轧,互相诬告,于汉元鼎二年(前115年)被杀。他精通《春秋》、《楚辞》,擅长辞赋,曾为汉武帝文学侍从。有赋3篇,已佚。买臣为会稽太守时曾归故里,道遇前妻及后夫,迎至官署,入住园中,其前妻羞愧自尽。后人取其夫妻离异事,作《烂柯山》剧,衍变为《朱买臣休妻》、《马前泼水》故事和剧目。吴县藏书乡(今属吴中区木渎镇)穹窿山有"读书台",相传为朱买臣当年读书处。旧有藏书庙,乡因此而得名。

严 忌

严忌(约前188~前105),西汉会稽吴(今苏州市)人。约生于汉惠帝七年(前188年),辞赋家。本姓庄,东汉时因避明帝刘庄讳,始改称严忌。以文才、善辩闻名于时。先是吴王濞广招四方人才以为己用,严忌与当时名士邹阳、枚乘等共事刘濞。后刘濞为太子事对朝廷怨望甚深,将有异图。枚乘等上书谏阻,刘濞不听。严忌深感处境危殆,因而与枚乘等离开吴国,投梁国孝王,颇得厚遇。汉景帝三年(前154年),刘濞起兵谋反,后兵败伏诛,严忌幸脱离较早,未罹灾祸。其人才识过人如此,人称"严夫子"。有辞赋24篇,今仅存《哀时命》一篇,为哀伤屈原之作。卒于汉元封六年(前105年)。

董仲舒

董仲舒(前179~前104),广川(今河北省景县西南)人。西汉哲学家,今文经学创始人。学通五经,文兼百家,尤善《春秋公羊传》。曾任博士、江都相和胶西王相。汉武帝举贤良文学之士,他建议"诸不在六艺之科,孔子之术者,皆绝其道,勿使并进"。这就是著名的"罢黜百家,独尊儒术"的建议。其学以儒家宗法思想为中心,杂以阴阳五行之说,把神权、君权、夫权贯串在一起,形成封建神学体系,其核心是"天神感应说",认为"天"对地上的统治者经常用符瑞、灾异分别表示希望和谴责,用以指导他们的行动,为君权神授制造理论。将天道和人事牵强比附,试图论证"道之大原出于天,天不变,道亦不变",借假天意把封建统治秩序神圣化、绝对化。认为人的认识就在于同天意相符,天意"唯圣人能见之"。还提出"三纲五常"的封建理论和把人性分为上、中、下三品的论点。宣扬"黑、白、赤三统"循环的历史观。儒学经董仲舒的精心加工,从而摆脱了原始阶段,成为阴阳五行化的、完全适合地主阶级统治的今文经学,建立起以"三纲五常"为核心,以"天人感应"和"阴阳五行"为基础的系统化、理论化的新儒学体系,从而成为中国二千年封建统治的正统思想。但他对"富者田连阡陌,贫者亡立锥之地"的阶级矛盾有所揭露,提出"限民名田,以澹不足"、"塞并兼之路"的抑制土地兼并的主张。教育上主张以教化为"堤防",立太学,设庠序。任江都相时,提倡因地制宜,改一熟为二熟,使江都粮食产量大增。著作有《春秋繁露》和《董子文集》。江都城内北柳巷董子祠今仍在。

刘细君　刘解忧

刘细君(约前123~?),女,沛县丰邑(今丰县)人。江都王刘建的女儿,元狩二年(前121年),刘建畏罪自杀,国废。刘细君还是一个婴儿,就被遣送到京城长安居住。元封六年(前105年),刘细君18岁左右,被加封公主而远嫁乌孙国王。乌孙是中国历史上一个古老的民族,在西汉文帝后元三年(前161年),这个民族由河西走廊迁至伊犁河和伊塞克湖一带,与西汉王朝关系密切。匈奴忌恨这种关系,准备攻伐乌孙。在此情况下,乌孙决定依附汉朝,派人向汉朝献马千匹,提出娶汉朝公主的请求。汉朝为了联合西域大国乌孙共同抗击北方匈奴,决定封刘细君为公主,远嫁乌孙国昆莫(国王)猎骄靡为妻。昆莫封她为右夫人。昆莫年老,语言又不通,刘细君作歌自遣,歌词曰:"吾家嫁我兮天一方,远托异国兮乌孙王。穹庐为室兮旃为墙,以肉为食兮酪为浆。居常土思兮心内伤,愿为黄鹄兮归故乡。"这支歌传到长安,武帝听了非常怜悯她,于是每隔一年就派使者问好,送上帷帐锦绣。后来昆莫对她说:"我年老了,你嫁给我孙儿军须靡吧!"公主不肯,回秉武帝,武帝回复:"从俗。"刘细君只好嫁给军须靡。她和军须靡生有一女,名少夫。刘细君20多岁就客死在乌孙国。

刘解忧(前119~前49),女。汉武帝元狩四年(前119年)生,西汉沛县丰邑(今丰县)人。楚王刘戊的孙女。继刘细君后远嫁乌孙。刘细君病逝后,汉朝便又以刘解忧为公主,嫁给乌孙王军须靡为妻。军须靡不久病逝,刘解忧又遵乌孙习俗,改嫁新继位的肥王翁归靡为妻,并生有3男3女。此时汉乌关系达到鼎盛,匈奴对乌孙的强盛再也不能容忍,遂大举进攻乌孙,陷城掠地,并要求乌孙交出解忧公主,妄图割裂汉乌关系。刘解忧与肥王反复投书汉朝求援。宣帝本始三年(前71年),汉朝发骑兵15万,分五路进攻;同时乌孙调兵5万余骑从西边夹攻匈奴。匈奴大败,且从此元气大伤,内部纷争迭起。宣帝神爵二年(前60年),肥王去世,刘解忧又改嫁狂王泥靡为妻。狂王淫虐暴戾,国内怨声载道。刘解忧积极策划除去狂王,准备重立开明新王。但由于行刺者疏忽大意,未能击中要害,狂王带伤逃走,后被翁归靡的匈奴妻所生之子乌就屠借匈奴势力袭杀。乌就屠野心勃勃,又有匈奴撑腰,他若僭立乌孙王位,必将彻底破坏汉乌关系。因此,刘解忧一面请求汉朝派兵坐镇,一面派其侍女冯嫽(其夫与乌就屠情深意笃)从中斡旋,说服乌就屠,使其改变初衷。结果刘解忧之子元贵靡被立为大国王,乌就屠被立为小国王,双方和好,巩固了汉乌关系。刘解忧受过良好教育,为人富有同情心、正义感。她虽远嫁塞外,经历两次改嫁之苦,但终能以民族大义为重,在乌孙生活50年,为维护汉乌民族的团结作出了贡献。

甘露三年(前51年),她上书朝廷,提出"年老思土,愿得归骸骨,葬汉地"的请求,得到批准。汉宣帝举行盛大仪式,亲率文武百官迎接她归汉,并赐以田宅奴婢,"奉养甚厚,朝见仪比公主",给以特殊礼遇。刘解忧于黄龙元年(前49年)去世,终年70岁。3个孙子、孙女守其灵而留汉。

刘 彻

刘彻(前156~前87),沛郡丰邑(今丰县)人。汉景帝之子。西汉皇帝,即汉武帝,前140~前87年在位。4岁为胶东王,7岁立为皇太子,16岁即位。在位期间,政治上继景帝政策,为加强和巩固统一的中央集权的国家政权,大力削弱诸侯王割据势力,打击地方豪强。他以"推恩令"分割各诸侯王的封地,使各封国名存实亡。又设置十三部刺史,加强了中央对地方的控制。还采纳董仲舒的建议,"罢黜百家,独尊儒术",以统一思想,巩固中央集权。经济上采纳桑弘羊等人的主张,实行盐、铁官营,并在各地设均输官,由政府直接经营运输和贸易,以平稳物价,充实国家经济实力。又采取兴修水利、治理黄河、实行"代田法"、移民至边境屯田等一系列措施,促进社会经济的发展。外交上,从建元三年(前138年)起,两次派张骞等前往月氏(今中亚阿姆河流域)、乌孙(今伊犁河和伊塞克湖一带)、安息(今伊朗高原与两河流域)等地联系,发展汉民族与西域各民族的经济、文化交流。

军事上,在做好充分的准备之后,于元光二年至元狩四年(前133~前119年)任用卫青、霍去病、李广等大将,连续发动反击匈奴奴隶主贵族的侵扰战争,解除匈奴对诸郡的威胁,保障黄河流域广大地区经济、文化的发展。元鼎六年(前111年),消灭南越割据政权,统一今两广地区,还在今云南、贵州等省设置郡县。采取兴办官学、广开仕途、因才授职、注重奖惩的政策,使人才辈出,汉朝达到空前鼎盛的时期。刘彻作为历代帝王中的佼佼者,除在政治、经济、外交上取得重大成功外,他本人也能诗善赋,曾招揽四方文士,建立乐府。原有集2卷,已佚。后元二年(前87年)逝世。死后葬于茂陵(今陕西兴平东),今建有茂陵博物馆。

严延年　严彭祖

严延年(?~前58),字次卿。汉下邳(今睢宁县古邳镇)人。汉宣帝时,任涿郡太守,镇压豪强东高氏、西高氏。后迁为河南太守,又摧折豪强、诛杀甚多,被称为"屠伯"。他在朝廷因弹劾霍光擅自废立,朝中大臣对他多有敬畏。后任地方官,勤于政事,重奖守职官吏,但过于严厉处置狱囚。后来,因诽谤朝廷罪,于宣帝神爵四年(前58年)被杀。《汉书》将其列为酷吏。

严彭祖(生卒年不详),字公子。汉下邳(今睢宁县古邳镇)人。严延年次子。官至太子太傅,今文春秋学"严氏学"的开创者。少时与颜安乐从师眭孟,受授《春秋公羊传》。当时,眭孟弟子百余人,只有严、颜出类拔萃,质疑释义,有独到见解。因此,两人被老师视为高足。眭孟去世后,两人专事讲学,于是《公羊春秋》有严、颜之学。汉宣帝时,严彭祖被征为博士,曾任河南东郡(河南濮阳)太守、太子太傅等职。严彭祖为人耿直,廉洁奉公,不事权贵。著作已佚。清马国翰《玉函山房辑佚书》辑有《公羊严氏春秋》和《春秋公羊严氏记》。

刘　向

刘向(约前77~前6),本名更生,字子政。沛郡丰邑(今丰县)中阳里人。西汉经学家、目录学家、文学家。汉皇族楚元王刘交的四世孙。

宣帝时,他曾与王褒等人同时献赋颂,颇有文名。曾任谏大夫、宗正等职。他利用地震等自然现象的发生,以阴阳灾异推论当时的时政得失,并数次上书弹劾宦官和外戚等权贵。因此,刘向在政治上屡受迫害,曾两次下狱。成帝时,任光禄大夫,终中垒校尉。后世称其为"刘中垒"。汉武帝以后,朝廷多次令民间献书,汉成帝时又派人到各郡国去搜集,"百年之间,书集如山"。刘向等人被汉成帝任命整理这些图书。刘向本人负责整理五经秘书诸子诗赋,终余生20多年,尚未全部完成。虽然校书工作是由其子刘歆最后总成的,但作为经学大师,他曾治《春秋谷梁传》;在校阅群书的同时,还撰成《别录》一书,从而开创并奠定中国的目录学。他曾作《九叹》等辞赋33篇,惜大部分已亡佚。原有集已佚。明人辑有《刘中垒集》。刘向的文章在当时别具一格,保存下来的多是一些奏疏和校雠古书作的"叙录"等,其中的《谏营昌陵疏》和《(战国策)叙录》最有名气。前者反对成帝大营昌陵,说理透彻,文词沉赘恳切;后者则分析六国的倾覆和秦灭亡的原因,虽没有贾谊《过秦论》的昌盛气势,却写得娓娓动听,读来另有一种佳境。其文章的特点是舒缓平易,从容不迫,而说理畅达,对后世古文家影响较大。

他的作品还有《洪范五行传》、《新序》、《说苑》、《列女传》等,其中《列女传》写了一些有通才卓识、奇节异行的女子事迹,如《孟母教子三迁》、《丑女无盐说齐宣王》等,寓意深刻,感人至深,常被后人称引。文笔朴素,叙事简约,开魏晋小说之先导。西汉建平元年(前6年),刘向去世。另有《五经通义》,已佚,清马国翰《玉函山房辑佚书》辑存一卷。

龚 胜

龚胜(约前69～约10),字君宾。汉彭城(今徐州市)人。西汉经学家。哀帝时朝廷重臣。好学明经。与龚舍相交甚密,并重名节,世称"两龚"。初为郡吏,三举孝廉,又举茂才,为重泉县令。后因病去官。哀帝原为定陶王时,对龚胜已有所闻。龚去官后,在大司空何武、执金吾阎崇推荐下,被哀帝征调为谏大夫。龚胜屡次上书求见,陈诉百姓疾苦及官风不良。2年后,升任丞相司直,调光禄大夫,守右扶风。始建国元年(9年)王莽篡汉后,他与龚舍归隐乡里。次年,王莽遣使征拜龚胜为讲学祭酒,兼太子师友祭酒,秩上卿。龚胜托病不应征。王莽又派人奉印绶,安车驷马以迎龚胜。捧着诏书的使者想令龚胜起床迎接,久立门外。龚胜言已病重不能起床,使者只得到床前将印绶放到龚胜身上,而龚却坚辞不受。自此,使者与太守每5天便去慰问一次。后来连龚胜的两个儿子及门人也开始劝龚胜接受,他却说:"吾受汉家厚恩,岂以一身事二姓哉?"于是绝食14天而死。

刘 歆

刘歆(前53~23),字子骏,后改名秀,字颖叔。沛县人。西汉末古文经学派开创者、目录学家、天文学家、数学家。少以通《诗》、《书》,能写文章而召见,成帝署为黄门郎。河平中,受诏与父同校皇家藏书。父死,升中垒校尉,整理六艺群书,以《别录》为基础,分类纂成《七略》,包括辑略(总论)、六艺略、诸子略、诗赋略、兵书略、术数略、方技略,为中国第一部有学术价值的图书目录,对中国目录学的建立作出重要贡献。班固据《七略》而成《汉书·艺文志》,可从中窥见《七略》之梗概。哀帝即位,从大司马王莽荐举,进侍中、太中大夫等。平帝时为右曹太中大夫,迁中垒校尉。自称发现《周礼》、《左传》、《毛诗》、《古文尚书》等古文经,并了解它们在民间的传播情况,建议立学官,设置博士,遭到今文经学派的反对。王莽篡汉,立古文经博士,歆任"国师",封嘉新公,为"四辅"之一。著《移书太常博士》,为经学史上重要文献。后因谋诛王莽,事泄自杀。刘歆通晓天文律历,著有《三统历》。推崇《周易》,所著《七略》,即以《周易》为群经之首。讲《易》重"卦气"说,讲天文历法以孟、京卦气说为据。造有圆柱形标准量器,根据量器铭文计算,其所用圆周率为3.1547,世称"刘歆率"。

周 纡

周纡(?~97),字文通。东汉下邳徐县(今泗洪县境)人。汉代著名廉能大吏。他好韩非之术。东汉明帝永平(58~75年)中为南行唐县长,到任即晓喻属吏:我最恨猾吏、豪贼,你们不要以身试法。并捕杀县中尤其奸恶的数十人,吏民大为震恐。迁博平令,"收考奸臧",有威名,升齐相,也颇严酷。建初(76~84年)间为勃海太守。每当赦令到郡,就隐闭不出,先派人到属县"尽决刑罪"后,才出来接赦令,因此被削职归乡。因廉洁无有余资,常替人挖墼筑墙以维持生计。汉章帝听说后很同情,又任他为郎,迁召陵侯相。廷掾惧怕周纡严明,想教训教训他,于一天凌晨找一个死人,断其手足,立于周纡办公处的门前。周纡见死人口、眼中有稻芒,便秘密地诈问守门人等,判明是廷掾所为,遂收考廷掾,廷掾被迫一一从实招供。后拜洛阳令,一下车,先问大姓主名,属吏几次以闾里豪强的姓名回答。周纡厉声怒斥:"我问的是贵戚,如马氏、窦氏等,哪能知道这些卖菜做伙计的?"于是属吏知道他的意思,对贵戚的越轨行为不加宽贷,致"贵戚跼蹐,京师肃清"。皇帝知道周纡奉法度,嫉奸恶,不媚贵戚。然"苛惨失中,数为有司所奏"。建初八年(83年)免官。后又被重用,任御史中丞。和帝即位后,又被奏劾免官归田。后窦氏贵盛,窦笃兄弟操大权,点滴宿怨都要置人于死地。周纡自知大祸将临,整日闭门不出。但窦笃等知道周纡公正有威,终不敢加害。永元五年(93年),再征为御史中丞。不久,迁司隶校尉,又贬骑都尉,再迁将作大匠,负责重大工程建设。永元九年卒于任上。

徐　淑　徐　璆

徐淑(约98~?),字伯进。东汉广陵海西(今灌南县)人。幼年随父在京城洛阳读书,熟读《易经》、《春秋》、《公羊传》、《礼经》、《六韬》等典籍。少年时广交朋友,胸怀大志。阳嘉二年(133年)被举为孝廉,因年龄不到40岁而被却回(朝廷规定:年不满40不得举孝廉)。阳嘉五年又被举为茂才,任勃海蓨县令,不久迁升为琅琊都尉。后至度辽将军,是一位出色的边防守将。

徐璆(生卒年不详),字孟玉,徐淑之子。博学多才,初任广陵太守,后升荆州刺史。时董太后为政,其姨侄张忠任荆州南阳太守,贪赃枉法,民愤很大。徐璆上任时,董太后派亲信传语徐璆,要他对张忠多加关顾,遭到徐璆婉言拒绝。董太后很生气,就将张忠升任司隶校尉,以此来威胁他。徐璆到任后,对张忠的不法行为仍如实检举上报,同时对所属郡县的贪官污吏严加惩处。于是,威名大震。灵帝中平元年(184年),在宛城击败黄巾起义军,但因受到张忠及宦官的无端陷害,被免官回家。中平三年,又被任命为汝南太守,不久转任东海相。献帝建安元年(196年),升任廷尉。在赴任途中,被军阀袁术劫持。袁以上公之位相许,要他留在身边供职。徐璆坚死不从。建安四年,袁术病死军中,徐璆夺取袁术生前窃得的传国玉玺,到许昌奉给献帝,被封为太常,并令其持节拜曹操为丞相,曹操以相位相让,徐璆坚持不受。后卒于太常任上。

张 婴

张婴(？~145),东汉后期广陵(今扬州市)起义军领袖。汉永建七年(132年),章河聚众在扬州起义。未几,以张婴为首的起义军,以广陵为中心,纵横于徐、扬二州间,攻城池,杀污吏,朝廷难以讨伐。汉安元年(142年),张纲出征广陵,张婴为其招降,不久将起义军遣散。永嘉元年(145年),张婴再次聚集不堪重负的广陵百姓起义,杀死棠邑(今六合县)、江都两县县令。以九江都尉滕抚为首的数万官兵前来镇压,张婴率军奋力抗击,终因寡不敌众,被官兵攻破营垒,惨遭杀害,起义终至失败。

张道陵

张道陵(34~156),原名张陵,字辅汉。东汉光武帝建武十年(34年)生,沛国丰(今丰县)人。道教师祖,"天师道"创始人。7岁通《道德经》,又通达五经。举贤良方正,不就。曾入太学,汉明帝时任巴郡江州(今重庆)令。顺帝时与弟子前往四川鹤鸣山(一作鹄鸣山)修道。永和六年(141年),作道书24篇,自称"太清玄元",创立道派,为道教定型化之始。教人悔过奉道,并用符水咒法为人治病。入道都须出五斗米,故亦称五斗米道。建24治,立祭酒以领道民。后被道教徒尊为"天师"。其后裔袭承道法,居龙虎山(今江西贵溪市境内),世称"张天师"。

张道陵于桓帝永寿二年(156年)去世,享年122岁。

臧旻 臧洪

臧旻(生卒年不详),东汉广陵郡射阳(今淮安)人。三国时将领。历史上称赞他:"达于从政,为汉良吏。"辟司徒府,除卢奴令。东汉熹平元年(172年),会稽许昭在句章起兵,有众数万人,攻破许多城池,自立为大将军,推其父许生为越王。朝廷忙命臧旻为扬州刺史,用三年时间镇压了这次起义。桓、灵时期,南匈奴叛汉。迁臧旻为匈奴中郎将,率兵戍边。臧旻到了边境后,上书申述同南匈奴保持和睦关系的意义,并请求出使匈奴。受命之后,率领使团,带着节符和许多物品,跋山涉水,历尽艰辛,到匈奴参见了单于,陈述了东汉王朝"复盟"的愿望,使边境重新安定。臧旻回京后,讲述匈奴及西域人数、山川走向、草木鸟兽,口陈手划,非常详备。太尉袁逢奇其才,称赞说:"虽班固作《西域传》,何以加此?"于是,迁臧旻为议郎,转拜长水校尉。官终太原太守。

子臧洪(160~196),字子源。三国时将领。臧旻子。由于父亲的功绩,15岁就被授为童子郎。后为知名太学,旋举为孝廉补即丘长。东汉中平末年(189年)弃官还乡,广陵太守张超请为功曹。汉灵帝死后,董卓进京擅权乱政,臧洪劝说张超起兵发难,并同张超一起去陈留,劝说其兄张邈响应,还与兖州刺史孔伷、东郡太守乔瑁等大会酸枣,共商讨董之策。隔日,众推臧洪为盟主,设坛场,歃血为盟。"洪辞气慷慨,涕泪横下,闻其言者,虽卒伍厮养,莫不激扬"。不久,臧洪被张超派往大司马刘虞处商量机要。至河间,适逢幽、冀二州交战,使命不达,只得寓居袁绍处。袁绍非常仰慕臧洪的德才,与他结为好友,并委任他为青州刺史。二年后,袁绍惮其能,徙为东郡太守,治东武阳。

献帝建安元年(196年),曹操围张超于雍丘。张超对人说,臧洪"当来救吾"。众人认为袁、曹新和,臧洪为袁绍所用,不会来救。张超说:"子源天下义士,终不背本,但恐见禁制,不相逮耳。"果然,臧洪闻讯,徒跣号泣,向袁绍求救,袁绍不予救兵。张超在城破时自刎。臧洪义愤填膺,由此不与袁绍通和。袁绍怒而进攻臧洪,可是"历年不下"。袁绍令臧洪的同乡陈琳写信陈述利害,臧洪回书中据理论辩,并表示坚决不屈服于袁绍。袁绍见状,遂增兵攻城。由于臧洪平素礼贤爱士恤民,故战到最后,也无一人叛逃,"男女七八千相枕而死"。

袁绍抓到臧洪,大会诸将,亲自给臧洪松绑,想重新收服他,却遭到他厉声斥责。袁绍见臧洪始终不服,遂把他斩杀。当时在场的臧洪同乡、东郡丞陈容站起来,抗声说:"将军举大事,而专诛忠义,岂合天意?今与臧洪同日死,不与将军同日生。"也被推出斩首。

陈 登

陈登(生卒年不详),字元龙。东汉末年下邳淮浦人。汉灵帝名臣陈球侄孙,沛相陈珪之子。三国初名将、政治家。陈登受祖、父辈薰陶,"少有扶世济民之志。博览载籍,雅有文艺,旧典文章,莫不贯通。年二十五,举孝廉,除东阳(今盱眙县东境)长,养耆育孤,视民如伤。是时世荒民饥,州牧陶谦表登为典农校尉,乃巡土田之宜,尽凿溉之利,秔稻丰积"。兴平元年(194年),陶谦死,陈登力劝刘备代徐州牧。建安二年(197年),曹操以陈登为广陵郡(郡治射阳,今淮安境)太守。在广陵太守任上,"明审赏罚,威信宣布"。广陵郡"海贼薛州之群万有余户",经陈登招抚,"束手归命,未及期年,功化以就,百姓畏而爱之"。其间,开邗沟西道(今苏北里运河前身),缩短江淮之间水路,筑破釜塘、捍淮堰、爱敬陂等多处水利设施,灌溉邗沟两岸数百里农田;两次打败孙策北上的军队。建安五年迁东城太守,"广陵吏民,佩其恩德,共拔郡随登,老弱襁褓负而追之"。他助曹杀反复无常的吕布,加封伏波将军。陈登调离广陵之后,广陵很快为孙权所有。后来曹操征吴,"每临大江而叹,恨不早用陈元龙计,而令封豕养其爪牙"!

陈登39岁病逝。后许汜、刘备等共论天下人,许汜说:"陈元龙湖海之士,豪气不除。"刘备说:"像陈元龙这样,文武胆志,当求之于古耳,造次难得比也。"

华 佗

华佗(?~208),又名旉,字元化。沛国谯郡(今安徽亳州市)人。东汉末医学家,外科鼻祖。青年时期,曾在徐州一带游学。他刻苦学习当时的医书,仔细研究各种病例,并广泛收集民间处方,加以对比,选择医疗效果好的为人治病疗伤。他不仅重视医学理论学习,更重视医学实践。只要听说有病人,不论道路远近,不怕翻山涉水,也不管黑夜白天,总是要亲自前往给予治疗。经过长期实践和积累,在医学上获得了丰富的知识,总结了许多极其宝贵的经验。华佗对内科、外科、儿科、妇科和针灸都十分精通,而且对麻醉学有独到的创见和实践。华佗诊断病情准确,仅靠诊脉,就能准确判断妇人所怀婴儿的性别、单双及生长情况。此外,能根据病情预测出疾病的发展趋势,以及在某种情况下的复发时间。

华佗治病,强调因人因病不同,采取不同的方法对症下药。在针灸术上,华佗总结前人的经验,精心研究,反复实践,又有新的突破和发现。"华佗夹背穴",就是他研究的成果,以此法可治疗难症。他最擅长的是外科手术,他发明了麻醉剂——麻沸散。在手术前,他先让病人用酒送服麻沸散。不多时,病人就会全身麻醉,失去知觉。在这种情况下动手术,病人就不会感到痛苦了。据《后汉书》记载，华佗可以用麻沸散麻醉病人，然后剖开病人的胸腹，取出积在病体内的病块，有时还可以把溃烂的肠子剪掉，把好的肠子接在一起，然后进行手术缝合；并在刀口处敷上他配制的"神膏"，经过四五天，伤口就会愈合；一个月后，伤口就会痊愈。华佗用此法进行过腹腔肿物摘除术、脾脏切除术、死胎摘除术，也曾为头眩症患者施过放血疗法。华佗是世界上第一个用麻醉剂进行外科手术的医学家，比欧洲要早1600多年。他还把自己进一步改造、发展的"五禽戏"传给徒弟和其他人。"五禽戏"为健身体育活动，即模拟虎、鹿、熊、猿、鸟等五种动物的动作，编了一套体操。其中有虎的扑跃、鹿的转颈、熊的倒卧、猿的纵跳和鸟的飞腾等动作。坚持做这套体操，可以健身、延寿。他的徒弟吴普坚持练"五禽戏"，90多岁时，还耳聪目明，牙齿完好。这种科学的健身法，是华佗留给中华民族的一份宝贵遗产。所以，他又是中国健身体操的创始人。曹操患偏头风病，身边的侍医看不好，就派人把华佗请来。华佗诊断后，给曹操头部扎针就不疼了。曹操怕头痛复发，便执意要把华佗留在自己身边，因华佗不从，建安十三年（208年），曹操将华佗杀害。

华佗一生著述甚丰，有《华佗内事》5卷、《华佗观形察色并三部脉经》1卷、《华佗枕中灸刺经》1卷、《华佗方》10卷、《五禽六气诀》等，可惜均未流传下来。据传华佗被杀害前，曾在狱中总结一生的经验，写出一本《青囊经》，由于狱吏怕受刑法牵连而不敢接受，华佗愤而付之一炬。现在，华佗的一些医药处方，仍在民间流传着，也有不少药方散见于一些医书中。如《中藏经》、《华佗方》，就是后人依据流传的方子，假借华佗的名字写成的。华佗的一生，主要活动在以徐州为中心的苏、皖、豫交界处，因而徐州市区内有华佗墓和华祖庙等遗迹。

张　纮

张纮（152～211），字子纲。广陵（今扬州市）人。三国吴大臣，学者。少年时游学于长安，入太学，事博士韩宗治京氏《易》、欧阳《尚书》，又至外黄从濮阳闿受韩《诗》及《礼记》、《左氏春秋》。回广陵后举为茂才，大将军何进、太尉朱俊、司空荀爽均辟其为掾，皆以疾谢不就，避难江东。孙策创业，表为正议校尉，与张昭一同参与谋划，从讨丹杨。建安四年（199年），孙策派其奉章至许都，被留为侍御史。曹操闻孙策因伤而死，欲乘机伐吴。张纮以为乘人之丧非古义,若不克,成仇弃好,不如因而厚之。操从其言,表权为讨虏将军,领会稽太守。又欲令纮辅孙权内附,出为会稽东部都尉。孙权称张纮为"东部",每有异事密计及章表书记,与四方交结,常令纮与张昭草创撰作。后以纮为长史,从征合肥。张纮建议应当将侯国都城从京口(今镇江)迁往秣陵(今南京),孙权依其言,令其到京口迁取家眷,病死于途中。张纮迁都秣陵的建议,为东吴的发展和三国鼎立局面的出现,起了至关重要的作用。纮好文学,楷、篆均佳,平时与孔融、陈琳相友善。著有诗、赋、铭、谏10余篇。有文集2卷。

张 鲁

张鲁(生卒年不详),字公祺。沛国丰县(今丰县)人。东汉末年天师道首领,五斗米道(亦称天师道)创始人张道陵之孙,世为五斗米道教主。献帝初平二年(191年)任益州(治所在今四川成都)牧刘焉的督义司马,率徒众攻取汉中(今陕西汉中东),建立政教合一的地方性政权,自称"师君"。他以教中"祭酒"管理地方政治,并在所辖地区广设"义舍",置"义米"、"义肉",行路者可量腹取食。又禁止酿酒及春夏季节杀牲,对犯法者原有3次然后施刑,有小过错则罚以修路百步。统治汉中近30年,使这一地区成为当时人民生活比较安宁的地方,受到汉族及賨人(巴人)等少数民族的拥护。关西(潼关以西地区)迁往汉中者达数万户。群下欲尊为汉宁王,割据一方,未从。建安二十年(215年),曹操统一北方后,向汉中用兵,他避入巴中(今四川巴中地区)。不久降曹,任镇南将军,封阆中侯。后为道教徒尊为"系师"。

陈 琳

陈琳(156~217),字孔璋。东汉广陵射阳(今淮安县)人。文学家,"建安七子"之一。汉灵帝时为权臣何进的主簿。何进想诛除一批弄权的宦官,何太后不同意。于是何进诏令各路诸侯一同进兵,用来劫持吓唬太后。陈琳劝阻说,如果这样做,无异于鼓洪炉燎毛发,只宜当机立断,以迅雷不及掩耳之势诛除他们。这是违经合道的好事,做了大家一定顺从。如果放弃手中的利器不用,另借他人之手,到那时大兵合聚,强者为雄,所谓倒持干戈,授人以柄,势必不会成功,只会成为导致祸乱的阶梯。何进不听陈琳的话,自食恶果。陈琳遂避难冀州,归袁绍。"袁绍使典文章"。袁氏败亡后归魏,曹操见了陈琳就说,你过去为袁绍起草讨伐我的檄文,只要历数我的罪状就行了,为什么要上及我的祖父呢?陈琳连忙谢罪并解释道:"当时是箭在弦上,不得不发!"曹操爱其才而不咎其往,任命他为司空军谋祭酒,主记室,军国书檄,多出自他与阮瑀之手。陈琳曾草成檄文呈送曹操过目,曹操患有"头风"病,这天正好发病卧床,待读了陈琳草拟的檄文,"翕然而起曰:'此愈我病!'数加厚赐"。

陈琳与曹丕、曹植的关系很好。他和王粲、徐幹、阮瑀、孔融、应玚、刘桢都以诗文名噪当时,被称为"建安七子"。曹丕评论说:"琳、瑀之章、表、书、记,今之隽也。"实为确评。陈琳也善为诗赋,代表作有《武军赋》、《神武赋》等。所作《饮马长城窟行》,反映了人民疾苦,真实生动,读之催人泪下。陈琳于建安二十二年(217年)与应玚、刘桢、徐幹等同患时疫而亡。明人辑有《陈记室集》。

鲁　肃

鲁肃(172~217),字子敬。东汉熹平元年(172年)生,临淮东城(今安徽定远东南)人。三国时吴政治家、军事家。他体貌魁伟,年轻时就有志气节操,喜欢韬略奇谋。东汉末年,天下将乱,他便开始学习武艺,并"招聚少年,给其衣食,往来南山中射猎,阴相部勒,讲武习兵"。乡间父老都以为鲁肃太轻狂。

鲁肃虽然富裕,但他乐善好施。时天下已乱,他不问家事,却大散家产,拍卖田地,以赈济穷困,结交侠士,乡里人都拥护他。周瑜为居巢县长,去拜会鲁肃,并向他求助粮饷。他家有两囷米,各三千斛,遂给周瑜一囷,二人遂深相结交。袁术闻鲁肃名,任为东城长。他见袁术不能成大事,"乃携老弱将轻侠少年百余人,南到居巢就瑜。瑜之东渡,因与同行"。周瑜介绍给孙权,孙权"与语,甚悦之",遂与鲁肃"合榻对饮",密议深谈。鲁肃说:"窃料之,汉室不可复兴,曹操不可卒除,为将军计,唯有鼎足江东,以观天下之衅,规模如此,亦自无嫌,何者?北方诚多务也。因其多务,剿除黄祖,进伐刘表,竟长江所极,据而有之,然后建号帝王,以图天下。此高帝之业也。"从此,孙权非常倚重鲁肃。刘表死后,鲁肃又建议孙权速取荆州,联合刘备,

"共治曹操",并奉孙权命前往荆州。待行至南郡,刘表之子刘琮已投降曹操。鲁肃在当阳长阪与刘备、诸葛亮相会,陈述孙权的意图,刘备遂派诸葛亮与鲁肃同行,出使东吴。时孙权得到曹操沿江东下,准备一举吞吴的消息,鲁肃坚决要求联刘拒曹,并建议召回出使鄱阳的周瑜,令周瑜、程普等与刘备并力拒曹。时鲁肃为赞军校尉,力主预先答应将荆州借给刘备,以取得刘备的倾力合作,从而取得赤壁之战的巨大胜利。

周瑜死后,鲁肃任奋武校尉,代替周瑜统率军队,"威恩大行",军队迅速由4000多人扩大到1万多人,先后拜汉昌太守、偏将军、横江将军。刘备取益州后,孙权求长沙、零、桂,不得。鲁肃住益阳,与关羽对峙。为免动刀兵,鲁肃约关羽谈判索地,"(刘)备遂割湘水为界,于是罢军"。建安二十二年(217年),鲁肃去世。孙权为他发哀并亲临葬礼,诸葛亮也为他发哀。

陆 绩

陆绩(187~219),字公纪。吴郡吴(今苏州市)人。三国学者,天文学家。为汉末庐江太守陆康少子。"敦《诗》、《书》,长玩《礼》、《易》",一生博学多识,星历算数无不赅览。6岁时见袁术于九江,取橘3枚藏于怀,及拜辞,橘堕地,术问其故,绩说是带回给母吃。后人称怀以遗母之物为"陆郎橘"或"陆氏橘",作为孝亲之典故。青年时与名士虞翻、庞统等友善。孙权时辟奏曹掾,因刚直见恶于权,出为郁林(今广西桂平西)太守,加偏将军。绩有足疾,又志在儒雅,虽有军务,却著述不废。为官清廉,任满还乡,身无重物,船轻不能越海,以巨石压舱。回家后将巨石置于家门口,人称"郁林石"、"廉石"(现藏苏州文庙)。一生著述甚丰,《隋书·经籍志》录有其所著《易经注》15卷、《周易日月变例》6卷、《太平经注》10卷。其被人收录还有《周易述》13卷、陆氏《易注》13卷、《京氏易传》3卷、《京房易传》3卷、《积算杂占条例》1卷等。陆氏易学由汉代象数易学发展而来,西汉时易学已形成六大家:官有施、孟、梁丘、京氏之学,民有费、高之学。陆绩长期受象数易学熏陶,因睹象数易学由盛转衰,以重整象数易学为己任。其重要的研究方向是京氏易学,他注易不拘众家之说,从孟喜、荀爽、虞翻、郑玄等易论中择善而从,并将易学运用于星历算数之学。明清时对陆氏易注多有辑录。在宇宙结构问题上,陆绩于宣夜、盖天、浑天三种学说中,极力推崇浑天说,曾造浑象,著有《浑天图》,试图推算浑天之意。

张 昭

　　张昭(156~236),字子布。三国彭城(今徐州市)人。三国吴大臣,学者。辅吴将军。少时好学,曾从白侯子安学习《左氏春秋》,进而博览群书。工书法,擅长隶书。20岁时被举为孝廉,推辞不受。刺史陶谦举他为秀才,仍不受。陶谦认为张昭轻视自己,便将其逮捕入狱。后经友人赵昱全力营救,方得脱免。

　　东汉末年,张昭避乱至江南。当时孙策正割据江东,创立基业,广罗天下人才。孙策对张昭极为赏识,比其为管仲,遂任为长史、抚军中郎将;文武大事,悉委张昭;并同去登堂拜见母亲,视同密友。建安五年(200年),孙策遇刺病危时,将其弟孙权托付给张昭。张昭恪尽职守,以事孙权。孙策新亡,张昭便劝孙权节哀理政。孙权喜猎,张昭则劝其收敛。每每谏争,常使孙权不快。魏黄初二年(221年),文帝派使者邢贞授孙权为吴王。邢贞进入宫门时不肯下车,张昭对邢贞说:"行大礼是不可不恭敬的,法也是决不可不施行的。而您竟敢妄自尊大,难道是认为我们江南弱小,没有刺进你心脏的刀剑吗?"邢贞听后立即下车,并拜张昭为绥远将军、由拳侯。翌年,孙权称帝。张昭因年老多病,辞去官位。后被拜辅吴将军,封娄侯,食邑万户。闲居无事,遂著《春秋左氏传解》及《论语注》。张昭每逢朝拜,神情严肃,义形于色,曾多次因直言违逆孙权旨意,宫廷不让进见。

　　后来,魏国公孙渊忽然向吴上表称臣。孙权打算派张弥、许宴到辽东,封公孙渊为"燕王"。张昭闻讯后进谏说:"公孙渊背叛魏国,害怕曹丕讨伐他,才采取这种策略远来求援,称臣并不是他的本意。如果公孙渊改变主意,想向魏表明忠诚,我们派出的两位使者却不能返回吴国,岂不取笑于天下吗?"孙权与他反复辩解,张昭却执意劝阻,言辞更加激烈,孙权忍受不住,便握刀大怒道:"吴国人入宫拜我,出宫就拜你,我对你的尊敬也算到极点了。然而你却屡次在众人面前顶撞我,这是很不聪明的!"张昭听了,注视孙权好久才说:"臣虽知所说不会被采纳,但还要竭尽愚忠,只是因为太后临崩时,把老臣唤到床下嘱咐,她的遗言至今还在耳边回响啊!"说罢,涕泪横流。孙权亦深受感动,把刀扔到地上,与张昭相对而泣。不过,孙权到底还是派张弥、许宴往辽东去了。张昭气忿孙权不听劝阻,从此称病不朝。孙权非常恼火,就派人用土堵塞张昭的大门;张昭自己也在门内用土封上。

不久,公孙渊果然把张、许杀了。孙权深感惭悔,多次向张昭道歉,张昭坚持不起身。于是孙权亲自出宫到张昭家,张昭以病重坚持不见。孙权放火烧张昭的大门,意欲拿火吓他出来,而张昭更紧闭门户。孙权令人扑灭了火,久久伫立门口。张昭的几个儿子方扶张昭起身。孙权用车把张昭接进宫中,深刻地作了检讨。张昭不得已,这才重又上朝。

吴嘉禾五年(236年),张昭病逝,享年80岁。临终时留下遗言:只用一幅布巾、一具白木棺材下葬,装殓时只穿普通服装。孙权身着孝服亲往吊唁,并谥封其为"文侯"。

徐 宣

徐宣(168～236),字宝坚。三国时广陵海西(今灌南县)人。魏军事家。他于东汉末年避乱江东,因拒绝孙策的征聘,被迫返回本郡,与陈矫俱有纲纪之才,二人齐名,都受到太守陈登的器重,然二人"私好不协"。他们与陈登一样,都倾心于曹操。海西、淮浦二县民众起义,都尉卫弥派人连夜奔告徐宣家,因而幸免。曹操令扈质率兵讨伐义军,因兵少不敢进,徐宣秘密去见扈质,向他阐析形势,使扈质毅然进兵并获胜。此后,徐宣即被曹操辟为司空掾属,又任东缗、发干县令,迁齐郡太守,入为门下督。建安十七年(212年),曹操南下击孙权,徐宣随从到寿春。次年,回军西征马超,曹操以徐宣为左护军,留下统领伐吴诸军。回军后,为丞相东曹掾,出为魏郡太守。曹操病逝于洛阳,群臣入殿中发哀,有的人主张把诸城守将都换成曹操家乡谯沛一带的人,徐宣厉声反对说:"今者远近一统,人怀效节,何必谯沛,而沮宿卫者心!"魏文帝闻此,称赞他是"社稷之臣"。遂为御史中丞,赐爵关内侯,徙城门校尉,旋迁司隶校尉,转散骑常侍。魏黄初五年(224年),从文帝征吴途中,迁尚书。明帝即位后,封津阳亭侯,领中军。又迁左仆射。后加侍中、光禄大夫。

魏青龙四年(236年),徐宣去世,终年68岁。他遗嘱葬礼从简,"以布衣疏巾,敛以时服"。明帝诏书中称徐宣为"柱石臣",追赠车骑将军,谥贞侯。

严畯

严畯(生卒年不详),字曼才。彭城(今徐州)人。三国时吴国尚书令,以清廉著称。年少时,专心致学,擅长《诗》、《书》、《礼》等。东汉末年,避乱江东,与诸葛瑾、步骘齐名,且关系甚密。他为人纯朴厚道,与人为善。张昭把他推荐给孙权,任骑都尉、从事中郎。建安二十二年(217年),吴横江将军鲁肃病故,孙权令他代替鲁肃,统兵万人,镇守陆口,众人都为他高兴,但他却再三坚辞不受。他说:"我只不过是一名平常的书生,对军事不熟悉。没有才干而去占据重要职位,到头来只能因犯错误而后悔莫及。"他说得慷慨恳切,以至于流泪。孙权见他如此,才不再勉强,而让吕蒙接替鲁肃的职位。曾作为吴国使臣出使蜀国,受到蜀相诸葛亮的赞许。他不爱钱财,所得俸禄与赏赐,均拿出散发给亲戚故旧,因此家中常不宽裕。他的老友刘颖很有学问,孙权听说后起用刘颖做官。此时,刘颖的弟弟刘略刚死于零陵太守任上,刘颖急于奔丧,故托病辞官。孙权知刘颖装病,立即命人逮捕刘颖。严畯闻讯火速派人骑马通知刘颖,让其赶来向孙权谢罪。孙权知道后大怒,遂革去严畯的官职。后来,孙权自思处置不当,复用他为尚书令。严畯78岁病逝,著有《孝经传》、《潮水论》等。

陈矫 陈骞

陈矫(? ~237),字季弼。广陵东阳(今盱眙县东乡)人。三国魏重臣。初避难江东,因拒绝孙策的征聘,被迫离开江东至东城(今安徽定远境)。袁术想请他入幕,也被他拒绝,只好返回老家。后接受广陵太守陈登之请,出任郡功曹。广陵郡被孙权围攻之际,陈登令陈矫直到许昌向曹操求援。他对曹操说:"鄙郡虽小,形便之国也,若蒙救援,使为外藩,则吴人挫谋,徐方永安,武声远震,仁爱旁流,未从之国,望风景附,崇德养威,此王业也。"曹操由此很赏识他,想把他留下做官。陈矫推辞说:"本国倒悬,本奔走告急,纵无申胥之效,敢忘弘演之义乎?"曹操遂派兵驰援。吴军慌忙撤退,陈登中途设伏,又派兵追赶,遂大破吴军。后曹操委托陈矫为司空掾属,授相令,征南长史,彭城、乐陵太守,魏郡西部都尉,又迁魏郡太守。时魏郡狱中关着上千名囚犯,有的逾年未审理。陈矫自览罪状,很快作出判决,深受民众称赞。大军东征,入为丞相长史。军还,又为魏郡太守。曹操转向西征,陈矫又从征汉中,还为尚书。在征途中,曹操突然病逝于洛阳。群臣拘于常规,以为太子即位,应等待诏命,陈矫说:"王薨于外,天下惶惧,太子宜割哀即位,以系远近之望。且又爱子在侧,彼此生变,则社稷危矣。"经过一番策划商讨,第二天早晨,即以王后命令的名义,拥戴曹丕即位,并大赦天下。事后,魏文帝曹丕盛赞"陈季弼临大节,明略过人,诚一时之俊杰也"。曹丕称帝后,陈矫转署吏部,封高陵亭侯,迁尚书令。魏明帝曹叡即位后,陈矫进爵东乡侯,食邑600户。一天,明帝车驾在尚书门前,陈矫跪问何故,明帝说:"欲案行文书耳。"陈矫说:"此自臣职分,非陛下所宜临也。若臣不称其职,则请就黜退。陛下宜还。"明帝只得回车。后又晋封光禄大夫,迁司徒。魏明帝景初元年(237年),陈矫去世。谥贞侯。

长子陈本,西晋时历任郡守、九卿,迁镇北将军,假节,都督河北诸军事。

次子陈骞(212~292),字休渊。魏元帝咸熙(264~265年)中,为车骑将军,高平郡公,迁侍中,大将军,出为都督扬州诸军事,假黄钺,攻拔吴枳里城,破涂中屯戍。晋武帝咸宁(275~280年)初,迁太尉,转大司马。咸宁三年,以元勋老臣听留京城,许乘舆出入殿中,加鼓吹等,其待遇与汉代丞相萧何等同。陈骞于西晋惠帝元康二年(292年)去世,享年80岁。

朱 桓

朱桓(177~238),字休穆。东汉灵帝熹平六年(177年)生。吴郡吴县(今苏州市)人。三国东吴名将。朱桓初入东吴幕僚。不久为余姚(今浙江省余姚县)长。时逢当地闹瘟疫饥荒,朱桓体察民情,挑选部下,放粮赈济,亲送医药上门,深得当地群众爱戴。孙权升其为荡寇校尉后,交给他2000人马,令其在吴郡、会稽郡扩充新军。由于朱桓在这一带有很高声望,不到一年时间,就将队伍扩充到1万多人。时值丹杨(郡名,今安徽省宣城市)、鄱阳(今江西省波阳县)二郡山民闹事,陷城郭,杀官吏。朱桓奉命进剿,由于指挥有方,很快平息事端。朱桓也因此升为裨将军,受封为新城亭侯。后接替周泰担任濡须(古水名,今安徽省巢县西南)驻军统帅。

吴黄武元年(222年),魏主曹丕命分三路大军向东吴进攻,孙权令裨将军朱桓屯守濡须,督拒曹仁。曹仁采取声东击西策略,诱使朱桓分兵。朱桓发觉上当为时已晚,曹仁主力已将濡须包围。当时朱桓身边部队只有5000

人,诸将士见魏军数量众多,恐慌惧战。朱桓临危不乱,镇定自若,以逸待劳。他命令部队偃旗息鼓,做出怯弱惧怕的样子,诱使曹仁就范。曹仁见吴军势弱,果然中计,乃分军大进,朱桓抓住曹仁用兵弱点,将计就计,命令主力从上流攻取曹军油船,另遣一部兵力牵制常雕部队。自率少数部队坚守濡须,抗拒曹泰,击败曹泰的正面进攻,烧毁曹营,阵斩常雕,活捉王双,杀溺敌军千余人,迫使曹泰不得不烧营退走。是役,朱桓大获全胜。孙权嘉其功,进封嘉兴侯,迁升奋武将军,兼领彭城相。

吴嘉禾六年(237年),魏庐江(今安徽省庐江西南)主薄吕习准备投降东吴,请吴派兵接应。朱桓和卫将军全琮同时率所部往迎。快到庐江城下时,事机败露,吴军被迫回撤。但城外有一条宽三十余丈、深八九尺的护城河,军士只好涉水过河,为防魏军突袭,朱桓亲自率军断后。魏庐江太守李膺欲乘吴军半渡时出城追击,但见朱桓断后,不敢轻率出动,才使吴军安然撤回,足见朱桓之威。是时,全琮为主帅,又有偏将军胡综受诏命参与军事。全琮以这次出兵毫无收获,与胡综商议准备派将士分几路偷袭魏军。朱桓本来就对全琮任帅有意见,现见这样的大事也不找其商量,便认为此议不妥,于是去见全琮,与其计较,情辞激越,狂病发作,被送回建业(今南京市,是时吴已迁都至此)治病。孙权得知实情,因爱朱桓功绩和才能,没有治罪。数月后,孙权命其复归军中,并劝说:"现在寇虏没有消灭,王业没有统一,我们应当齐心协力共定天下,所以我让你再督军5万,专当一面,以图进取,望你再不要发病了。"朱桓说:"陛下这样圣明伟大,又这样信任我,委以重任。我的病就是不治也早就自愈了。"遂愉快受命。

吴赤乌元年(238年),朱桓病逝。

顾　雍

顾雍(168~243),字元叹,吴郡吴县(今苏州市)人。生于东汉建宁元年(168年)。东吴大臣。顾氏为吴地望族,顾雍少时曾从蔡邕学琴、书,颇有声誉,得到州郡表荐。弱冠之年,即为合肥长,后在娄、上虞、曲阿等地均有其治迹。东汉建安五年(200年),孙权领会稽太守,但不至郡位,故以顾雍为丞,行太守事,因治理郡政有方,入为左司马。孙权改元黄武,顾雍迁大理奉常,领尚书令,封阳遂乡侯。吴黄武四年(225年)改为太常,进封醴陵侯,任命为丞相,平尚书事。

顾雍出身江南豪门，官至丞相，但洁身自好，在社交活动中"不饮酒,寡言语,举动时当"。顾雍为相,新选文武将吏,量力而用,随能所任；并时常"访逮民间及政职所宜",将民情及时禀报孙权,深得孙权器重。为相19年,尽心尽职,鞠躬尽瘁。赤乌六年(243)病逝,享年75岁,谥"肃侯"。孙权亲自身穿素服临吊。顾雍宅在苏州通贤桥,墓葬在苏州城西小王山(今属吴中区木渎镇)。

葛 玄

葛玄(164~约244),一作葛元,字孝先,世称"葛仙翁",又称"太极仙翁"。丹阳句容(今江苏句容县)人。三国时吴国道士。好道术,多异迹。初从左慈学道术,受太清、九鼎、金液等丹经。精通医药之术,常制丹药治病救人。三国时,吴大帝孙权常邀玄同游,登山临水。玄性好酒,常醉卧门前陂水中,竟日乃醒。孙权视其为神仙。赤乌二年(239),吴大帝立洞玄观于方山(今江宁县境),以处葛玄。玄后赴阁皂山(今江西省清江境内)修道。有弟子郑隐传其炼丹之术。侄孙葛洪,传其道术和医理。葛玄著有《济急方》3卷、《杂方》10卷、《杏仁煎方》1卷,惜已佚。

陆 逊

陆逊(183~245),本名议,字伯言。吴郡吴县华亭(今上海松江区)人。东吴名将。出身江东大族。陆逊少孤,由从祖父庐江太守陆康抚养。后因袁术将攻陆康,陆逊遂回吴。21岁仕孙权幕府,历任东西曹令史、海昌屯田都尉,并领县事。该县连年大旱,发生饥荒,陆逊开仓赈济,劝督农桑以救灾。时会稽、丹杨等地多地方割据武装,陆逊请准招兵讨剿,迅速平息。孙权赏识其军事才能,遂拜为定威校尉,并将其兄孙策之女许配给他。不久又升帐下右都督,讨平丹杨主帅费栈之兵。后蜀将关羽在襄阳斩庞德,水淹七军。吕蒙献计,趁关羽无暇东顾之机,袭取军事重镇荆州,并力荐陆逊为前锋,于是孙权拜陆逊为偏将军、右都督。陆逊率军克公安、南郡等地,计取荆州,关羽败走麦城,遂被生擒。陆逊从此威名远扬。后任宜都太守,拜抚边将军,封华亭侯,负责吴国西部军事防御。随后,又被拜为右护军、镇西将军,进封娄侯。

吴黄武元年（222年），刘备率大军攻打东吴，从巫峡至夷陵设数十屯。孙权命陆逊为大都督，率军5万迎战，妙用火攻，破刘备营40余座，"舟船、器械、水步军资，一时略尽"。刘备连夜逃遁，退守白帝城。此即历史上有名的"夷陵之战"。战后，陆逊加封为辅国将军、江陵侯，领荆州牧。黄武七年，在石亭（今属安徽）伏歼魏大司马曹休万余兵马，缴获牛马、骡驴车乘万辆及各种军资。黄龙元年（229年），陆逊被授予上大将军，右都护。是年，孙权外巡，命陆逊留建业辅太子，并掌荆州、豫章、建业三郡，董督军国大事。赤乌七年（244年），拜为丞相。翌年，孙权因陆逊上疏阻谏更立太子事，并听信种种谗言，对陆逊加以斥责，陆逊因之愤懑成疾而逝，终年62岁。孙休时，追谥"昭侯"。

步 骘

步骘（？~248），字子山。东汉末年淮阴（今淮安市淮阴区）人。东吴政治家、军事家。出生于破落的封建贵族家庭。东汉末年大乱，只身避难江东，"以种瓜自给，昼勤四体，夜诵经传，靡不贯览"，"性宽雅深沉"，受到当地豪族的侮辱怠慢。他隐忍不发，坦然自若。

孙权为讨虏将军时，听说步骘有才能，便召他为主记室，之后便一直追随孙权。建安十五年（210年），步骘为鄱阳太守，不久迁升为交州刺史、立武中郎将。次年追拜使持节、征南中郎将，因诱杀了依附刘表的苍梧太守吴巨，声威大震，益州各地大姓遂相率依附，而被加拜为平戎将军，封广信侯。延康元年（220年），刘备挥师东下，"武陵蛮夷蠢动"，"零、桂诸郡犹相惊扰"，步骘"周旋征讨，皆平之"，遂升为右将军、左护军，改封临湘侯。后又拜骠骑将军，领冀州牧。汉黄武六年（227年），都督西陵，代替陆逊抚荆州、冀州。

他先后数十次向孙权上疏，荐贤良，刺奸邪，力辟佞臣对丞相顾雍、上大将军陆逊、太常潘浚等社稷重臣的诋毁，并针对"吏多民烦"的状况提出批评，建议裁罢冗官，审明法令，明确职守，减少掣肘。他的建议，多被孙权采纳。他在西陵二十年，"邻敌敬其威信"。赤乌九年（246年），代陆逊为吴丞相，"犹诲育门生，手不释书，被服居处，有如儒生"。赤乌十一年，步骘去世。

孙 权

孙权(182~252),字仲谋。吴郡富春(今浙江富阳县)人,生于下邳(今睢宁县古邳镇)。三国吴国的创建者,南京历史上第一帝。父孙坚,汉熹平年间(172年之后)任下邳丞。中平元年(184年),孙坚受中郎将朱从事儁向朝廷荐举,从下邳领兵镇压黄巾起义。起兵时,孙坚将妻子和长子孙策、次子孙权等亲属送回家乡。初平三年(192年),孙坚被杀。袁术将孙坚所率兵马交其长子孙策指挥,孙策逐渐控制吴地诸郡。建安五年(200年),孙策在吴郡遇刺身亡,孙权继承父兄开创的事业,在吴地巩固自己的势力,先与北方曹操抗衡,后与西部刘备相争。

东汉末年,孙权据有江东六郡。建安十三年(208年)联合刘备,采用火攻,在著名的赤壁之战中,大败曹操军队,奠定东吴立国的基础。他审时度势,于建安十六年果断地将政治中心从京口(今镇江)迁到秣陵(今南京),第二年改秣陵为建业。后因与刘备争夺荆州,从便于指挥对蜀作战考虑,于魏黄初二年(221年),又以荆州的鄂城为政治中心,改称武昌。吴黄龙元年(229年)四月,孙权在武昌(今湖北鄂城)称帝。同年九月,又将都城自武昌迁回建业,开创南京建都历史。他规划并建造建业都城,城周二十里十九步。城中建有壮丽的宫城和衙署、民居、寺院等,为日后南京城垣的发展奠定基础。孙权对开发建业和整个江南地区,采取不少措施:设置农官,实行屯田,并在山越地区设置郡县等。他还"亲自受田",将驾车用的八头牛改作耕牛,以表示提倡农业生产,并下令禁止官吏在农忙时征调农民服徭役,以保证生产时间。又兴修水利,疏浚和扩大秦淮河水域,开凿破岗渎、运渎、东渠、潮沟等。当时建业城有数千名技术熟练的手工业工人,从事纺织、冶铸生产。孙权还发展航海事业,派东吴将军卫温领兵万人航行到夷洲(今台湾省),又派人出使高丽、扶南(今柬埔寨)、林邑(今越南中部)和南洋群岛各国。于赤乌十年(247年)为西域僧人康僧会建造了江南第一座佛寺——建初寺。

太元二年(252年)四月,孙权病逝,终年70岁。葬于钟山南麓,后追尊为吴大帝。其墓地先后名吴大帝陵、孙陵岗、吴王坟(今梅花山)。

吕 岱

吕岱(161~256),字定公。广陵郡海陵(今泰州市)人。东吴名将。原为郡县吏,汉末避乱渡江。东汉建安五年(200年),孙权拜为录事,不久补余姚长。建安八年,吕合、秦狼在会稽东冶等五县率众起事,吕岱为督军校尉,会同蒋钦率部镇压,以功拜昭信中郎将。

建安二十年(215年)春,督率十将随吕蒙收取长沙三郡,孙权留他镇守长沙。不久袁龙等叛乱,吕岱擒斩袁龙,迁升庐陵太守。延康元年(220年),代步骘为交州刺史,平定高凉、郁林、桂阳等处,斩获1万余人,升迁安南将军,假节,封都乡侯。孙吴黄武五年(226年),交州境域分为交州、广州两部,吕岱为广州刺史。恰逢交趾太守士燮病故,其子士徽扼守海口,拒绝新任交州刺史戴良入境。吕岱闻讯自请讨伐士徽,督兵3000人日夜渡海,斩士徽,击破所属,并乘胜进讨九真。又派遣属员南下宣示国威,域外扶南、林邑、堂明诸王纷纷向孙吴朝贡。孙权嘉奖吕岱,封为镇南将军。

黄龙三年(231年),孙吴南方清定,吕岱被召还,驻扎长沙沤口。武陵少数民族起事,出兵平定。嘉禾三年(234年)屯驻陆口,后又移驻蒲圻。次年,庐陵、会稽、南海等地发生叛乱,吕岱督率刘纂、唐咨等分部讨击,先后荡平。赤乌二年(239年),领荆州,与陆逊共镇武昌,督管蒲圻。不久廖式叛乱,零陵、苍梧、郁林等郡骚动。吕岱上表请求平叛,不等批准即已行动,星夜兼程前往。孙权派遣使者追拜他为交州牧,并命令唐咨等为后援。一年后,斩廖式,郡县平定,凯奏回武昌。此时吕岱已八十高龄,依然精力过人,公事虽忙却不知疲倦,骑马总是一跃而上,不需跨蹑,时人以为超过廉颇。赤乌八年,武昌分为两部,吕岱督领右部,次年升上大将军。孙权去世,孙亮即位,拜吕岱为大司马。太平元年(256年),病逝武昌任所,享年95岁。

吕岱胸襟宽广。友人徐原(德渊)常公开批评他的过失,吕岱从不见怪。徐原死后吕岱大哭,说:"德渊,吕岱之益友,今不幸,岱复于何闻过?"吕岱勤于国事。在交州时,几年顾不上给家中钱物,以至妻孥饥乏。一生廉洁奉公,去世时遗命"殡以素棺,疏巾布褠,葬送之制,务从约俭",被传为美谈。

支 谦

支谦(生卒年不详),一名越,字恭明。月氏后裔。三国吴翻译家,居士。其祖于东汉灵帝时率数百人来华,入中国籍。支谦自幼学习中外典籍,"备通六国语",后受业于支亮,而支亮又受业于大乘学者支讖,世称"天下博知,不出三支"。汉献帝时避乱迁吴,自黄武二年(223年)至建兴二年(253年)30余年间,潜心翻译佛典,深得吴主孙权的信任,拜博士,使侍太子登。太子死,去隐穹隆山,相传60岁卒于山中。支谦翻译经典的数量,历代说法不一。道安著录为30部,僧祐认为是36部,慧皎《高僧传》说有49部,费长房说有129部,智昇考订为88部。主要有《维摩经》2卷、《大般泥洹经》2卷等。修订的前人译经有《本生死经》1卷、《法句经》2卷等。他反对前人译经过于质朴而使义理隐晦难明,主张文质调和,畅达经义,使人易于理解,并努力将此观点运用于实践,开创一代新译风。又首创会译之法,对后世产生一定影响。其自注自译的《本生死经》,通过缘起论以论证诸法性空本无的道理,并企图从理论上把因果报应和无我性空的学说结合起来。他深通音律,曾据《无量寿经》、《中本起经》创作《替菩萨连句梵呗》三契,惜已失传。

韦 昭

韦昭(204~273),字弘嗣。吴郡云阳(今丹阳市)人。三国吴史学家,散文家。自幼聪明好学,精通史籍,善文字。吴大帝孙权时,任丞相掾,除西安令,入拜尚书郎,迁太子中庶子、黄山侍郎。会稽王孙亮时,迁太史令,编纂《吴书》。景帝孙休执政,任为中书郎、博士祭酒,命其校定众书。末帝孙皓继位,封高陵亭侯,迁中书仆射,拜侍中,兼领左国史。历仕吴四代帝王,为中国古代从事史书编纂时间最长的史学家。一生以司马迁为榜样,不愿趋炎附势。孙皓为光宗耀祖,命韦昭为其父作记,韦昭说你的父亲是南阳王孙和,没有做皇帝,只能立传。孙皓对他破口大骂,但他仍坚持不作记。孙皓为此耿耿于怀,动辄借故斥责,决意将他整死。韦昭请辞侍中、左国史职,以便集中精力著书立说,孙皓不允。不久以忤旨罪将其下狱。这时,韦昭正与华覈、薛莹等同纂《吴书》,请求孙皓准许他将撰著上交朝廷,希望以此免死,将《吴书》编完。孙皓见其撰著,又借故怒斥,于凤凰二年(273年)将其杀害。韦昭著有《国语注》22卷、《吴书》55卷、《洞记》4卷、《孝经解赞》、《辨释名》、《百官训》等。

陆 抗

陆抗(226~274),字幼节。吴郡吴县人。三国时东吴名将。孙策外孙,陆逊次子。陆逊死后,陆抗20岁任建武校尉,旋迁立节中郎将。陆抗办事认真。在去柴桑与诸葛恪换防时,临走时把驻地围墙、房屋都加以修缮,住宅附近的桑树和果树,也都保护得很好。诸葛恪一到驻地,见围墙和房屋焕然如新,而在他原来的驻地柴桑,却有不少毁坏,为此很感惭愧。建兴元年(252年)拜奋威将军。太平二年(257年),为柴桑督后迁征北将军。永安二年(259年)拜镇军将军,都督西陵。元兴元年(264年),孙皓为东吴国君,陆抗担任镇军大将军领益州牧。建衡二年(270年)都督信陵、西陵、乐乡、公安等地军事,治乐乡(今湖北省松兹东)。此时东吴朝政腐败,孙皓荒淫暴虐。陆抗对孙皓的所作所为很是不满,多次上疏。孙皓置之不理,使其忧伤不安。凤凰元年(272年),镇守西陵的吴将步阐投降西晋。陆抗听到消息,立即率军西上,征讨步阐。他知道晋军一定会前来接应,便命令军民在西陵外围修筑一道坚固围墙,围困步阐,抵御晋军。吴军日夜赶筑,非常劳苦。众将劝阻说:"现在趁三军锐气正盛,赶快攻打步阐,何必修筑围墙消耗军民力量呢?"陆抗说:"西陵形势险要,城墙牢固,粮草充足。现在攻打步阐不克,晋军到来,内外受敌,怎能抵御!"陆抗的工事完成后,晋荆州刺史杨肇已带领军队赶到西陵,接应步阐。同时,晋车骑将军羊祜带领步兵,进攻江陵;晋巴东监军徐胤也督率水军,进攻建平。陆抗在江陵筑有大堤拦水,蓄水侵漫平原,用以隔绝晋军的侵袭。羊祜想利用蓄水,用船运粮,又担心吴军掘堤放水,故意扬言要破坏大堤,让步兵通行。陆抗知羊祜用心,命令江陵督军张咸毁堤放水。众将不解,劝阻不纳。羊祜到了当阳,只得用车运粮,既耗费人力,又耽误时间。陆抗命张咸坚守江陵,公安督孙遵巡视长江南岸,防备羊祜;命水军督留虑、镇西将军朱琬抵御徐胤;他亲率三军,凭借新筑围墙,抵御杨肇,并用精兵换弱兵战术,多次打得晋军丢盔弃甲,争相败逃。

羊祜镇守襄阳,见陆抗能守善攻,一时难以打败东吴,便决计树立恩德,争取人心,把被抓的小孩子遣送回家,行军收割东吴庄稼送给绢帛作为抵偿,打猎时如获得被吴人打伤的禽兽就送还东吴,深得吴人敬重,称他为羊公。陆抗明白羊祜用意,也用同样的态度对待对方。两人还经常派使者往来,互相表示友好。陆抗送酒给羊祜,羊祜饮酒不疑。陆抗生了病,羊祜送药给陆抗,陆抗也放心服药。陆抗还常对部下说:"他们专用恩德,我们如用残暴,这是不战而自败。"一时,在荆州地区,吴、晋边境出现和好局面。孙皓听说边境和好,派人责问陆抗。陆抗说:"一乡一邑,尚且不可以没有信义,何况大国呢?我如果不这样做,反而会显出羊祜的恩德,对他并没有什么损害。"由于孙皓连年用兵,不修朝政,百姓精疲力竭,陆抗便上疏孙皓说:"现在不从事富国强兵,加紧农业生产,储备粮食,让有文武才能的人发挥他们作用,使各级官署不荒怠职守,严明制度以激励百官,审慎实施刑罚以示警戒,用道德教导官吏,以仁义安抚百姓,反而听任众将追求名声,大动干戈,耗费资财动以万计,兵士疲劳不堪。这样,敌人没有削弱,我们却等于生了一场大病,元气大伤了……停止用兵,积蓄力量,以待时机。"但孙皓对于这些忠告,根本听不进去。

吴凤凰二年,陆抗升任大司马,荆州牧。第二年夏病重时上疏孙皓,认为西陵、建平是东吴的藩篱,如果敌人乘船顺流而下,转瞬即可到达,事关国家安危,应该增加兵力,以西部地区为重。秋,陆抗病逝,时年48岁。

吴 普

吴普(生卒年不详),广陵(今扬州市)人。约三世纪中叶在世。三国魏医学家。名医华佗的得意弟子。一生在本草学上下工夫,取得较大成就。所撰《吴本草》6卷,又名《吴氏本草》,为《神农本草经》古辑本之一。流行于世达数百年,后人有不少重要著作引述其内容,如南北朝贾思勰的《齐民要术》、唐代官修的《艺文类聚》,《唐书·艺文志》还载有该书的6卷书目。宋初所修《太平御览》,仍收载其不少条文。自此该书散佚不存,清焦循有辑书。《吴普本草》对本草的药性叙述比较详明,对某一类药常列述前代诸家对该药药性的不同记述,总汇魏晋以前药性研究之成果,又详载药物产地及其生态环境,略述药物形态及采造时间、加工方法等。对本草的采集、加工、培植和研究,具有很大的指导意义。吴普还以华陀创造的五禽戏进行养生锻炼,因获长寿,"年九十余,耳目聪明,齿牙完坚"。

周 处

周处(240~297),字子隐。阳羡县(今宜兴县)芳桥人。晋大将。自幼膂力过人,好滋生事端,四邻叫苦不迭,将他与山中虎、水中蛟并称"三害"。稍长,翻然悔悟,立志除害补过,并拜陆机、陆云为师。不几年,学识长进,乡里称道,经州、府推荐,任东吴东观左丞。晋平吴后,调新平(今陕西彬县)太守,继任广汉(今甘肃文县)太守。任内"断三十年不决之狱,人心感佩"。后升任散骑常侍、御史中丞。周处不畏权势,不避嫌怨,直言敢谏,梁王司马肜违法,朝臣无一敢言,他据理上奏弹劾,使梁王受到惩罚。

晋元康六年(296年)八月,氐族元帅齐万年领羌族7万人起兵反晋。梁王等权贵"恶处刚直",欲置诸死地,便乘机推荐周处出征。冬十一月,朝廷便以周处为建威将军,梁王为征西大将军,都督关中诸军。僚属孙秀深知周处去处境险恶,便私下叫周处以家母年迈多病为托辞而不去。周处答以忠孝哪能两全。翌年正月,梁王命他率5000兵马为前锋。周处深察梁王险恶用心,当即严正指出:"军无后继必败,不徒身亡,为国取耻。"说罢愤然离去,率领人马行至离敌不过里许之六陌,等待援军,岂知援兵未到,一夜间催战令却接连而来。翌日拂晓,军队尚未早餐,梁王又传令速进。周处明知此战必败,无奈军令如山,仍跃马上阵,自晨激战至暮,弦尽矢绝,援兵不到。部下劝其暂退,再作计议。他勃然大怒道:"是吾效节致命之日也!"继续挥刀策马,奋力杀敌,终因寡不敌众,力战身亡。晋建武元年(304年)冬,追认平西将军,清流亭侯,谥孝,后人称周孝侯。著有《默语》30篇,《吴书》若干卷,均已散失。所撰《阳羡风土记》,是中国最早记述地方习俗和风土民情的著作之一,原著佚,明朝周鸿轩辑录风土记拾遗136条,收于《忠义集》内。

陆 机

陆机(261~303),字士衡。吴郡吴县华亭(今上海松江区)人。西晋文学家、书法家、军事家。出身东吴望族。祖逊,三国吴丞相,封嘉定侯;父抗,吴大司马。机年仅十四,父卒,即与兄弟分领父兵,为牙门将。年二十,吴亡于晋,兄晏、景皆战死。机与弟云退居归里,闭门读书十年。太康十年(289

年)与弟云入洛,太常张华爱重之,谓"伐吴之役,利获二俊"。时贾谧专权,开阁延宾,一时文士辐辏其门,陆氏兄弟为其"二十四友"中人。历国子祭酒、太子洗马、著作郎,迁吴王晏郎中令、尚书中兵郎,转殿中郎。寻为赵王伦相国参军,预诛贾谧功,赐爵关中侯,进中书郎。赵王伦被诛,机被收付廷尉,徙边,遇赦还。后入成都王颖幕,参大将军军事,任平原内史,世称其为"陆平原"。太安二年(303年),颖举兵伐长沙王,任为假后将军、河北大都督,督兵20余万。河桥兵败被谮,与弟云、从弟耽受诛,灭三族。陆机天才秀逸,张华尝谓"人之为文常恨才少,而子更患其多"。葛洪称其文"犹玄圃之积玉,弘丽妍赡,英锐飘逸,亦一代之绝"。陆机是太康、元康间声誉最著的文学家,代表了太康文学的主要倾向,开六朝文风之先河。其诗名重当时,他的拟古诗达到"思无越畔,语无溢幅"的程度。寄兴之作颇为深刻,《君子行》反映诗人对政治环境复杂和人生祸福无常的感叹,《长安有狭邪行》、《长歌行》反映诗人强烈的政治追求和仕途蹭蹬、大志不遂的苦闷心情。其纪行诗和亲朋赠答诗,情真言质,不乏情景交融的佳句,艺术成就很高。在艺术风格上,陆诗讲究华美整饬,以其深厚的学力、繁缛的词藻、纯熟的技巧,表现出一种雍容华贵之美。钟荣评之为"才高词赡,举体华美"。这种艺术追求,极大影响着西晋诗坛的艺术倾向,形成"采缛于正始,力柔于建安"的局面。陆机善骈文,文章思想内容充实,时有峭健博大之笔。其中《辩亡论》,论东吴兴亡之由,议论滔滔,笔势流畅,为西晋论文中最为博大之作。陆机是骈文的奠基人,所著《文赋》是中国文学史上最早用"赋"的形式写成的文学理论专著,也是第一篇创作理论专著,对后世文学创作和理论发展产生巨大影响。陆机对史学、艺术方面也颇有建树,著有《晋纪》4卷、《洛阳纪》4卷,还有文集47卷等,后人对其作品多有辑集,今中华书局《陆机集》收录最详。

陆 云

陆云(262~303),字士龙。吴郡吴县华亭(今上海松江区)人。陆机弟,西晋文学家。少与兄齐名,号曰"二陆"。年十六被吴尚书举为贤良。吴亡,闭门读书十年。武帝太康十年(289年)与兄机一同入洛,刺史周浚召为从事,谓之"当今颜子"。入为尚书郎,出补浚仪令,为官清正,离职后百姓思之,图画形像,配食县社。后又任吴王晏郎中令、尚书郎、侍御史、太子中舍人、中书侍郎。成都王颖表为清河内史,世称"陆清河"。颖讨齐王冏,任为前锋都督,转大将军右司马,又表为使持节大都督、前锋将军以讨张昌。河桥兵败,与兄机并为成都王所诛。其诗大多文辞清新明净而立意典正,结构严谨,与兄巧思繁富有所不同,故《文心雕龙·才略》称:"士龙朗练,以识检乱,故能布采鲜净,敏于短篇。"属文雅好清省,《与兄平原书》35篇,多读论其为文见解,对陆机的繁富矫饰提出委婉的批评。《晋书·陆云传》称他"虽文不及机,而持论过之"。陆云的致友人书札,皆语言清新,行文流畅,感情真挚。陆云著述颇丰,《晋书》称有349篇。《隋书·经籍志》录有《陆云集》12卷。另著有《笑林》。

顾 荣

顾荣(?~312),字彦先,吴郡吴县(今苏州)人。西晋名将、名臣。三国吴丞相顾雍之孙,父顾穆官宜都太守。顾荣弱冠后仕吴,官黄门侍郎、太子辅义都尉。吴亡,与陆机、陆云同到洛阳,时称"三俊"。历任郎中、尚书郎、太子中舍人、廷尉正。赵王伦、齐王冏、长沙王乂先后用为僚属,晋惠帝征为散骑常侍。因见晋皇族纷争,常醉酒不肯问事。"八王之乱"的后期还吴,广陵相陈敏起兵割据,任他为右将军,领丹杨内史。他对陈敏表面恭逊,暗地里与甘卓等密谋起兵,推翻陈敏。晋永嘉元年(307年),琅邪王司马睿(即晋元帝)镇建康,顾荣出任军司,加散骑常侍。司马睿凡所谋划都咨询他,他积极向司马睿推荐江南士族中有用的人才,成为支持司马睿的江南士族领袖。永嘉六年卒于官,司马睿亲临吊丧,赠侍中骠骑将军、开府仪同三司,谥"元"。及即位,追封为公。

张 翰

张翰(?~319),字子鹰。吴郡吴县(今苏州市)人。三国吴大鸿胪张俨子。西晋文学家。出身世家,有清才,善诗文。纵任不拘,时人比之为阮籍,谓之"江东步兵"。与会稽贺循同船到洛阳,齐王冏辟为大司马东曹掾。当时王室内争权夺利,天下混乱,祸难连连。张翰任心自适,不求升官发财,对同乡顾荣说:"夫有四海之名者,求退良难。子善以明防前,以智虑后。"乃作《秋风歌》,托辞因见秋风起,思吴中菰菜、莼羹、鲈鱼脍,说:"人生贵得适志,何能羁宦千里从要名爵。"遂回到吴中。后世诗文因以鲈脍、蓴羹作为退休的典故。张翰侍母甚孝,母亡,伤心过度而卒。原有集,已佚。清严可均《全上古三代秦汉三国六朝文》收其文《首丘赋》等3篇。梁代钟荣《诗品》誉其诗"文采高丽"。诗作中《赠张弋阳》四言7首,为送别友人之作,情词婉洽;《无题》2首,为忧时伤己之作。《文选》录其《杂诗》1首,写归隐的感叹,其中题咏暮春景色的"黄华如散金"一句,尤为后人所称赏。钟荣将"黄华之唱"与"绿蘩之章"并列,誉为"虬龙片甲,凤凰一毛"。唐李白赞为"张翰黄花句,风流五百年"。唐代曾以"黄花如散金",作为科举的试题。其存世之诗已辑入《先秦汉魏晋南北朝诗》。

司马睿

司马睿(276～322),字景文。河内温县(今河南温县西)人。东晋皇帝,司马懿曾孙。初袭父封为琅琊王。永嘉元年(307年)任安东将军,都督扬州江南诸军事。后在王导主谋下,由下邳移镇建邺(公元313年改名建康,今南京),依靠中原南迁大族,联合江南大族顾荣、贺循等,统治长江中下游和珠江流域。西晋灭亡后,部下于建武元年(317年)三月拥奉他在建康(今南京市)即晋王位。翌年三月称帝,定都建康。史称东晋。

司马睿称帝后,因他在皇族中声望不高,势力单薄,本人又缺乏较高的才能,皇位不稳。但是,他重用政治家王导。王导运用谋略,竭力争取南方士族和北方南迁士族对司马睿的支持、拥戴,稳定东晋政权,维持偏安局面。司马睿对此十分感激,不仅任王导为宰相,执掌朝政,还让王导的堂兄王敦都督江、扬、荆、湘、交、广六州军事,握有重兵,控制军权。其他重要官职,大多数也由王氏家族担任。司马睿在登基大典上,几次请王导和他一起坐上宝座,接受群臣拜贺,王导谢绝。时人曾流传说:"王与马,共天下。"随着皇位的稳定,司马睿日益不满"王马共天下"的局面。建武二年六月,他起用刘隗、刁协为心腹,以削弱王氏势力,并暗中进行军事部署,试图最后排除王氏势力。王敦先发制人,以讨伐刘隗、刁协为名,于晋永昌元年(322年)从武昌(今湖北鄂城市)起兵击败刘隗,进入建康,杀死刁协。后在王导的劝说下,王敦才退兵武昌,政权仍为王导控制。司马睿见动摇王导势力不成,渐渐忧愤成病。当他想到大臣中只有司徒荀组对自己忠心耿耿,就任命其为太尉兼领太子太保,参与朝政,钳制王导。不料司徒荀组受任不久就病死,司马睿更加忧伤,不久病死在建康宫内殿,时年46岁。司马睿死后的庙号为中宗,谥号为元帝。

纪 瞻

纪瞻(生卒年不详),字思远,丹阳秣陵(今南京)人,三国吴尚书令纪亮之孙,光禄大夫纪鹭之子。东晋文学家、尚书。少以方直知名。元康中举秀才,尚书郎陆机亲自考核他,纪瞻居然对答如流。永康初,大司马辟为东阁祭酒,除鄢陵公国相。左迁松滋侯相。太安中弃官归里,与顾荣等平定陈敏之乱,拜为尚书郎,与顾荣一道赴洛阳。在途中讨论《易·太极》,半途折返回家。元帝在做安东将军时,招他为军谘祭酒。以讨周馥、华轶功,封为都乡侯,加扬威将军,封临湘县侯。元帝即位后,拜纪瞻为侍中,转尚书,以疾免,寻除尚书右仆射。明帝时转领军将军,加散骑常侍,进骠骑将军。卒赠开府仪同三司,谥"穆"。纪瞻很会享受,立宅于乌衣巷,馆宇崇丽。他慎进爱士,老而弥笃。尚书闵鸿、太常薛兼、广川太守褚沈等,平时与他少有交往,都认为他很讲义气,临终时将身后事托付于他。纪瞻都尽心尽力保护他们的后人,为他们造住宅,像对待自己的亲骨肉一样。年轻时他与陆机兄弟很亲善,陆机被杀后,纪瞻全力照顾其家属,陆机女儿出嫁时,为她准备的嫁妆就像自己的女儿一样。纪瞻喜欢安静,很少交游,整天埋头读书,对音律也很精通。著有诗、赋、笺、表数十篇。

郭 璞

郭璞(276~324),字景纯。河东闻喜(今山西省闻喜县)人。东晋训诂学家、术数家、道家。父瑗,官至建平太守。他博学多才,擅长词赋,好经术,妙于阴阳算历,洞悉五行、天文、卜筮之术,故人称其为"郭仙"。永嘉之乱时,避乱到江南。东晋元帝时任参军、著作佐郎、尚书郎,后以母忧去职。晋明帝时,王敦征他为记室参军。他为人纵情率性,不畏权贵,因此常受斥责。

王敦起兵前请他占卜吉凶,璞直言必败无疑,由此触怒王敦,于东晋太宁二年(324年)将其杀害,时年48岁。王敦之乱平定后,东晋王朝追赠他为弘农太守。今玄武湖环洲有"郭仙墩",相传为其衣冠冢。他一生著述颇丰,有《洞林》、《新林》、《卜韵》、《尔雅注》、《三苍注》、《方言注》、《山海经注》、《穆天子传注》、《楚辞注》、《子虚赋注》、《上林赋注》及《江赋》、《游仙诗》、《流寓赋》等数十万言。多数散佚,现存《山海经注》、《穆天子传注》被收入《道藏》中,《尔雅注》收入清代钦定的《十三经注疏》中。另存辞赋10篇、诗18篇。其代表作《游仙诗》,今存14首,内涵丰富,风格峻拔,辞采瑰美,超越流俗,体现当时诗歌创作的最高水平。萧统《昭明文选》将《游仙诗》独立设类,选录二位诗人共8首"游仙诗",其中璞诗作7首。由于当时盛行卜巫之术,而他成就最高,故其文学成就为卜巫之术所掩。明人辑有《郭弘农集》传世。

卞 壶

卞壶(281～328),字望之。济阴冤句(今山东曹县)人。东晋大臣。壶少年就冠有名誉。司马睿(即晋元帝)镇守建邺时,被召为从事中郎,委以选举之事,深受器重。东晋明帝司马绍时,官拜右将军,加给事中、尚书令。成帝继位,因年幼,太后临朝,卞壶官拜光禄大夫,加散骑常侍,不久又出任御史中丞,与庾亮共同辅政。他为官清廉,为人刚直不阿。以褒贬为己任,不肯投其所好。庾亮将召苏峻入朝,卞壶反对,说:"峻拥强兵,多藏无赖,且逼近京邑,路不终朝,一旦有变,易为蹉跌,宜深思远虑,恐未可仓卒。"庾亮不听。

晋咸和二年(327年),苏峻果然起兵谋反。翌年,叛军从历阳(今安徽和县)至横江(今和县东南)渡江,兵围建康城,成帝命卞壶为都督大桁东诸军事。咸和三年二月,卞壶与苏峻战于西陵(今鼓楼岗),兵败。后苏峻又进攻青溪栅(今竺桥),放火焚烧宫寺,其时卞壶尚在病中,闻讯后带疾力战而死,时年47岁。其子卞眕、卞盱和周导、陶瞻等同时阵亡。苏峻之乱平息后,赠卞壶为侍中、骠骑将军、开府仪同三司等衔,谥"忠贞",祠以太牢,葬冶城(今南京朝天宫)。赠子卞眕为散骑侍郎,卞盱为奉车都尉。卞壶墓尚存。原墓前曾建有"忠贞亭"(后改名"忠孝亭")、全节坊和卞公祠。今坊、亭已毁,卞公祠亦沦为民居。

刘 隗

刘隗(273～333),字大连。东晋彭城(今徐州市)人。大臣,文学家。

初任冠军将军、彭城内史。晋元帝司马睿立国之初,王氏当政。王导作为首辅,掌握中央行政大权,坐镇建康(今南京)。其从兄王敦,官至大将军,掌握兵权,统辖六州,时有"王与马,共天下"之说。司马睿不甘军政大权旁落,援引刘隗为心腹,企图借助刘隗和刁协二人,与手握重兵的王敦对抗。先后提拔刘隗为从事中郎、丞相司直、御史中丞。大兴初兼侍中,赐爵关内侯,出为丹阳尹。大兴四年(321年),晋元帝以刘隗为镇北将军,都督青、徐、幽、平四州诸军事青州刺史,镇泗口(今淮阴市西南);以戴渊为征西将军,都督司、兖、豫、并、冀、雍六州诸军事司州刺史,镇合肥。"皆假节领兵,名为讨胡,实备王敦"叛乱。永昌元年(322年)正月,王敦以清君侧为名,起兵武昌(今湖北鄂城市),反叛朝廷。元帝急召刘隗、戴渊还卫京师。刘隗、刁协为元帝亲信,侍从皇帝左右,排挤高门士族,引起同僚普遍不满。王敦打出诛刘隗的旗号,不同程度地得到大臣们的支持。三月,王敦兵临石头城,守将周札开城门迎奉。东晋朝廷大为惊恐。刘隗、戴渊、周顗三路反攻石头城,均告失败。刘隗、刁协北奔。刘隗逃奔石勒,刁协中途被杀。石勒任命刘隗为从事中郎、太子太傅。著有文集2卷。

王　导

王导(276~339),字茂弘。晋咸宁二年(276年)生,琅琊临沂(今山东临沂)人。东晋大臣。与琅琊王司马睿交往甚密。西晋末,为琅琊王司马睿献策移镇建业(今南京市)。南渡建业后,他依赖南渡的北方士族,团结江东士族,协助司马睿建立东晋政权。

王导历任丞相、右将军、扬州刺史、监江南诸军事等。其从兄王敦为大将军,掌管兵权,统辖六州,时有"王与马,共天下"之说。王导历晋元、成、明三朝为宰辅,用"镇之以静,群情自安"的方针,保持东晋的安定局面。由于战乱扩大,北方士族和中原百姓大批南渡,他们占土地,要特权,土著与侨民矛盾尖锐起来。为缓和矛盾,王导一方面拉拢土著豪门,许以高官厚禄,保证他们的财产身家安全;另一方面又在南方豪族势力较弱的地区设立侨州、侨郡、侨县安置北方士族和移民,使土著与侨民各得其所,使晋室转危为安。但北方来的移民士气依然不振。一日,南迁士族在长江边的新亭聚会,面对中原的沦丧,尚书周顗等发出"风景不殊,举目有河山之异"的叹息,许多人跟着唏嘘。王导厉声说:"当共戮力王室,克复神州,何至作楚囚相对泣耶!"人心始定。此即为有名的"新亭对泣"。王导提倡勤俭建国,曾指牛首山双峰为天阙,婉转地使晋元帝放弃在都城正南门立双阙、摆威风的主张。因他扶持晋室功勋卓著,所以朝野倾心,号为仲父。晋元帝把他比作管夷吾,亲自对他说:"卿,吾之萧何也。"王导在紫金山前曾拥有良田8000余亩,他与谢安都住在青溪与秦淮间的乌衣巷。

晋咸康五年(339年)病逝于建康(今南京),终年63岁。葬于幕府山西南麓的象山(俗称人台山)。

葛 洪

葛洪(约283～363),字稚川,自号抱朴子。丹阳郡句容人,久居秣陵(今南京)。东晋思想家、医药学家。出身没落官僚家庭。葛洪少时喜好学习,家中贫困,自己上山砍柴换取纸笔,晚上就在地上烧起一堆篝火,借光抄书背诵温习。他生性不追求欲望的满足,为人质朴不善辞令,深居家门,不贪图玩乐。有时为寻觅书籍,探讨学问,却不辞辛劳跋涉千里,期望达到目的,遂阅遍各种经典书籍,尤其爱好神仙和除病养身的学术和方法。

建兴元年(313年),他隐居江宁方山洞元观修道、采药、炼丹。后就学于堂祖父葛玄弟子郑隐,学得郑隐秘密的炼丹方法,继而从师南海郡太守上党鲍玄,并继承鲍玄的事业,同时又综合修炼医术。他的才华也得到充分显示。晋太安年间,吴兴郡太守顾秘任葛洪为将兵都尉,参与镇压石冰起义。石冰被镇压后,葛洪升为伏波将军,可他不愿以功受赏,自去洛阳,搜寻书籍以充实自己的学问。此时,他看到天下动乱,无心做官,就到南方避居多年,而对征讨、镇守的檄文诏命从不应允。后来回到故里,被以礼征召作官,他也没有赴任。琅琊王司马睿征召为属官。因他平乱有功,被赐予关内侯的爵位。咸和初年,司徒王导推举他补缺任一州的主簿,转为王导的属官,迁升为谘议参军。后友人干宝举荐他为散骑常侍,领衔修订国史,他坚辞不受,隐居茅山炼丹著书。晚年时,因年迈衰老,想炼制丹药祈求长寿。他听说交趾出产丹砂,就请求出任勾漏县令,皇帝以他资历高深为由,没有同意。葛洪说:"我不是想要荣华,只是想以此得到丹药罢了。"皇帝从之。葛洪便带着儿子、侄子再次南下。到广州后,被刺史邓岳挽留,葛洪就在罗浮山炼丹,邓岳上表要他补缺任东莞太守,他又推辞不上任。从此,葛洪就隐居在罗浮山炼丹著书。

葛洪一生探求学问,终于成为东晋著名的道学理论家、炼丹家、医药学家。其著作甚丰。据《晋书》记载,葛洪除以自号为书名的《抱朴子》116篇外,还撰碑、诔、诗、赋上百卷,移檄章表30卷,神仙、良吏、隐逸、集异等传各10卷,又抄写诗、书、礼、易、春秋五经、《史记》、《汉书》、百家的言论、方技杂事310卷,《金匮药方》100卷,《肘后要急方》4卷。《抱朴子》一书,是葛洪晚年著成的一部巨著。该书分内外篇两部分。内篇说"神仙方药、鬼怪变化、养生延年、禳邪却祸之事",还具体记载炼丹的方法,为现存较早的炼丹术著作;外篇言"人间得失,世事臧否"。他的思想,基本上是以神仙养生为内,儒术应世为外,一面把道家术语附会到金丹、神仙的教理;一面坚持儒家的名教纲常思想,并对魏晋以来玄学清谈风气表示不满。论文主张立言必须有助于教化,同时又提倡文章与德行并重,反对贵古贱今。他根据《金匮药方》节略而成的《肘后要急方》,内容包括各科医学,记述多种传染病、脏器病及部分外科病、皮肤病和精神病等的症状及救治,其中有天花、恙虫病等世界最早的记载。葛洪在天文学上的成就是进一步解释浑天说,批判盖天说"天平平,地也平平"的观点。他说:"天如鸡子,地如中黄,孤居于天内,天大而地小;天表里有水,天地各乘气而立,载水而行,周天三百六十五度四分度之一。又中分之,则半覆地上,半绕地下,故二十八宿半见半隐,天地如车毂之运也。"晋哀帝兴宁元年(363年),葛洪在罗浮山去世。享年约80岁。

王羲之

王羲之(303~379),字逸少。祖籍琅琊临沂(今山东临沂市)人。出生于建康(今南京)乌衣巷显赫的王家,是王导之侄。东晋书法家。初任秘书郎,后历任宁远将军、江州刺史、右军将军、会稽内史。世称王右军。后因与扬州刺史王述不和,辞官定居会稽山阴(今绍兴市)。工书法。在建康时,他曾与谢安共登冶城,"悠然遐想,有高世之志"。早年从卫(铄)夫人学书法,后来改变初学,草书学张芝,正书学钟繇。博采众长,备精诸体,尤擅正行,一变汉魏以来质朴的书风,独创妍美流利的新体。他的正书、行书为古今之冠,人赞其笔势"飘若浮云,矫若惊龙"。为历代学书法者所崇尚,被奉为"书圣"。其作品真迹无存,传世者均为后人摹本。行书以《兰亭序》为代表作,草书以《初目帖》、《十七帖》,正书以《黄庭经》、《乐毅论》最著名。羲之在文学上也深有造诣。《兰亭集序》等风神蕴秀,情韵绵邈,为优美的散文。原有集10卷,已佚,明人辑有《王右军集》。其子王献之,书法成就亦大,父子合称"二王"。

谢 安

谢安(320～385),字安石。陈郡阳夏(河南太康)人。东晋大臣、政治家、军事家。他年轻时曾隐居会稽东山,以山水文籍自娱,无出仕之意。然而他胸怀韬略,留心时政,人喻之为诸葛孔明,都希望他出来主持政局。"安石不出,如苍生何"!简文帝时,谢安已40多岁,因国运每况愈下,他才"东山高卧时起来,欲济苍生未为晚",由会稽赴建康(今南京)接任丞相。自此,谢安在建康度过他一生中最辉煌的岁月。他性格沉静,临危不乱,温雅有儒将风度,人称"东晋风流宰相"。他常与大书法家王羲之登冶城,"悠然遐想,有高世之志"。谢安历任侍中、尚书仆射、中护军、骠骑将军、司徒等职。在建康20多年的宰相生涯里,他不仅巧妙地阻止桓温的篡位活动,避免内战爆发,还指挥著名的淝水之战。他用诱敌移动之计,以8万精兵,一举击溃苻坚90万大军,使前秦苻坚之兵一蹶不振,留下"风声鹤唳,草木皆兵"的成语,保住了东晋政权。谢安执政期间,对建康宫城做过大规模整修,以大行宫为中心,建成大小殿堂3500间的"建康宫",成为1600年前金陵地区最大的建筑群。在建康南郊东山(今江宁东山镇)建有可与会稽东山比美的豪华别墅。由于其功高盖世,会稽王司马道正执政时,排挤谢氏,让他出镇广陵。太元十年(385年),谢安在建康病逝,终年65岁。葬于建康石子岗东首梅岗。

戴 逵

戴逵(?～396),字安道。谯国铚(今安徽宿州)人。后移居吴地。东晋文学家、雕塑家、画家、音乐家。少博学,好谈论,擅文工书画。少时,以鸡卵汁溲白瓦屑作《郑玄碑》,为文自镌之,词丽器妙,时人莫不惊叹。性高洁,不乐仕进,常以琴书自娱。孝武帝时,累征散骑常侍、国子博士,辞以父疾不就。郡县敦逼不已,遂逃吴地。吴国内史王珣有别馆在武丘山,逵潜诣之,二人游处旬月。及珣为尚书仆射,上疏请征为散骑常侍、国子博士,亦不就。太宰、武陵王司马晞曾召他鼓琴,逵当着使者摔破其琴,说:"戴安道不为王门伶人!"曾师从术士豫章范宣,受宣器重,并以其侄女嫁之。好绘画,所画人物和山水走兽大都"情韵连绵,风趣巧拔"。南朝齐谢赫《古画品录》谓:"善图贤圣,百工所范。荀、卫以后,实为领袖。"其作品被唐张彦远收入《历代名画记》。又善铸佛像及雕刻。受绘画技艺之影响,首创"干漆夹纻雕塑法",将漆艺技术运用于雕塑之中,为今天仍流行的脱胎漆器的发明者。他在京城(今南京)瓦官寺所塑五世佛,与当时画家顾恺之壁画维摩诘像、狮子国(今斯里兰卡)送来的玉佛,合称为"瓦官寺三绝"。他信奉佛教,但反对因果报应说,著有《释疑论》等多种,又有《竹林七贤论》2卷、集10卷。

徐 邈

徐邈(344~397),字仙民。祖籍东莞姑幕(今山东诸城县),家于京口(今镇江市),世代好学。东晋经学家,音韵学家。姿性端雅,勤行励学,博涉多闻,以缜密自居。少时下帷读书,不游城邑。年四十四岁,太傅谢安举补中书舍人,在西省侍帝,开释文义,标明指趣,撰正《五经音训》,学者宗之。迁散骑常侍、转祠部郎,迁中专侍郎,专掌纶诏。选为太子前卫率,领本郡大中正,授太子经。安帝即位,拜侍中、骁骑将军。隆安元年(397年)父逝,哀伤过度而卒。邈莅官简惠,达于从政,论议精密,当时多咨禀之,触类辩解,问则有对。所注《谷梁传》见重于时。著有《春秋谷梁传注》12卷、《春秋谷梁传义》10卷、《周易音》1卷、《五经音》10卷、《尚书音》5卷、《毛诗音》16卷等,有集20卷。

刘牢之

刘牢之(?~402),字道坚。彭城(今徐州)人,汉楚元王刘交之后。晋时辅国将军。他面色赤紫,须目惊人,遇事沉毅,多谋善战。

东晋孝武帝时,谢玄镇守广陵,大量招募劲勇,刘牢之被选为"北府兵"参军,常"领精锐为前锋,百战百胜"。后来,前秦将领句难南侵,刘牢之随谢玄迎敌,在盱眙大破敌军辎重,缴获许多船只,遂被提升为鹰扬将军、广陵相。太元八年(383年)十月,前秦皇帝苻坚率90万大军南下,企图一举灭晋。秦军将领梁成率5万军队屯驻洛涧。十一月,谢玄派刘牢之带北府兵精锐5000人攻打洛涧。他率众奋勇渡过涧水,杀死梁成等,并派一部分兵力截断秦军退路。前秦军大乱,抢着渡河,死亡1.5万人。刘牢之首战告捷,东晋军乘胜进军,淝水之战大获全胜。他因屡建战功,被任为龙骧将军、彭城内史,封五冈县男,食邑500户。后来,刘牢之又相继荡平叛将刘黎于皇丘,击败并招降张遇,击败叛将司马徽于马头山。但因未能及时救援高平太守而获罪,免官数年。尔后又做了兖青都督王恭的司马,同时兼领南彭城内史,加辅国将军。破王廞之后,领晋陵太守。王恭日益骄横,刘牢之派精兵袭击王恭,王恭战死,兵权为刘牢之夺取,都督兖、青、冀、幽、并、宋、扬、晋陵军事。隆安三年(399年),孙恩率农民起义军攻破会稽郡。刘牢之率部镇压,孙恩退回海岛。后来,他又多次与孙恩交战。孙恩攻临海时,被晋军击败,投海而死。

元兴元年(402年),刘牢之拜征西将军,东晋王朝派他讨伐桓玄。他顾虑重重,既害怕桓玄力量强大难以取胜,又怕平定桓玄之后,功业盖世将不为司马元显所容,因而踌躇不前。桓玄则趁机拉拢,他遂又投靠桓玄。桓玄攻下建康执政后,立即削除刘牢之的兵权,让他去做徒有虚名的征东将军、会稽太守。这时,刘牢之才感祸将临头。其子刘敬宣劝他袭击桓玄,他却犹豫不决。部下看到大势已去,纷纷离散。此时,刘牢之走投无路,自缢身亡。葬于丹徒。

顾恺之

顾恺之(约345~409),字长康,小字虎头。晋陵无锡人。东晋书画家,词赋家,诗人。其父顾悦之,做过无锡县令、扬州别驾,官至尚书中丞。有文才,善辞令。顾恺之受父熏陶,年青时显露艺术天赋,工于书法,擅长绘画。兴宁二年(364年),高僧慧力在建康(今南京)建瓦官寺,向朝中大夫募捐,无人捐款超过十万钱,惟顾恺之捐百万,寺僧以为他开玩笑,请他勾去。他正色回答是真的。要寺僧为他备一房间,一堵白壁,说一月后保证付款。他用近一个月时间,在长白壁上画一幅维摩诘居士像,没画眼睛。对寺僧说,凡来观画者,第一天要施十万钱,第二天为五万,第三天则可随意施舍。说罢,为画像点上眼睛,顿时神采焕发,宛如真人。消息传出,观画者络绎不绝,未几天施舍钱超过一百万。

顾恺之在瓦官寺作画,名声大噪。太和元年(366年),应聘大司马桓温幕府参军。太元十七年(392年),应聘任江陵荆州刺史仲堪幕府参军,与南郡公桓玄有交往。隆安二年(398年),桓玄起兵与朝廷对抗。元兴二年(403年)攻入建康,次年代晋自立。顾恺之不满,又惧权势,假作痴呆。元兴三年桓玄被杀,顾未受牵连。义熙元年(405年)授以散骑常侍。世人称顾为"三绝":才绝、画绝、痴绝。

顾恺之绘画以人物为主,作品有司马懿、谢琨、桓温、谢安、竹林七贤等将相名士肖像。有《三天女图》、《净名居士像》、《大禹治水图》、《女史箴图》、《烈女传图》等神佛妇女画。他画人物,善用写实手法,密布线条,艳饰色彩,细腻描绘,表达心界,独具特色。后人陆探微学顾恺之的人物画法,合称"顾陆"。

顾恺之两任幕府参军,游历安徽、山东、浙江、河南、湖北、江苏、江西等省的名山大川,积累创作素材、作画《秋江晴嶂图》、《庐山图》、《雪霁望五老峰图》、《凫雁水鸟图》、《虎啸图》、《狮子图》、《水鸟屏风》等。

顾恺之积数十年绘画之经验,写出《论画》、《魏晋胜流画赞》、《画云台山记》等绘画理论著作,提出"以形写神"、"迁想妙得"的论点,对中国绘画艺术发展产生深远影响。顾恺之诗文著作流传于世的尚有《凤赋》、《观涛赋》、《筝赋》、《四时诗》、《虎丘山序》等。现存作品有《女史箴图》、《洛神赋图》、《列女仁智图》,都是唐宋人摹本。《女史箴图》于清光绪二十六年(1900年)被八国联军掠走,收藏于英国伦敦大不列颠博物馆。

刘 毅

刘毅(约362~412),字希乐,小字盘龙。彭城沛(今沛县)人。其曾祖刘距,做过广陵相。其叔刘镇,曾任左光禄大夫。刘毅自幼胸怀大志,并不看重祖传家业,早年参加北府兵,曾当过中兵参军。晋元兴元年(402年),荆州刺史桓玄反晋,后攻入建康,自立为帝,改国号为楚。元兴三年刘毅与刘裕、何无忌、魏咏之等起义兵声讨。平叛后,晋帝下诏以刘毅为豫州刺史,都督淮南五郡诸军事,封南平郡开国公。

义熙六年(410年),广州刺史卢循起兵北进,建康震惊。刘毅率水军讨伐,因病情严重,于桑落州(今江西九江东北)被卢循击败。刘毅因兵败而降为后将军,后上表自咎,得到晋帝宽恕,任为卫将军、荆州刺史,都督荆、宁、秦、雍四州诸军事。义熙八年,刘裕因同刘毅有私隙,便假传圣旨,诬称刘毅与刘藩、谢混共谋不轨,包藏祸心。刘裕亲率诸军加以讨伐,刘毅兵败,自缢而死。

法 显

法显(约337~约420),本姓龚。平阳武阳(今山西襄垣县)人。东晋名僧、翻译家。20岁受比丘戒,后以经律多误阙,立志赴天竺(今印度)求经。从隆安三年(399年)起,他与慧景、道整等从长安(今西安)西行求法,经西域,越葱岭,历尽艰险,遍历北、西、中、东天竺等地,后又赴狮子国(今斯里兰卡)及印度尼西亚的爪哇岛,于义熙八年(412年)经海道达青州长广郡劳山(今山东青岛市崂山)。前后凡14年,游历30余国,带回大量梵本佛经。义熙九年,显抵建康(今江苏南京)道场寺与佛驮跋陀罗译出经律论6部、24卷计百余万字。又将亲历30余国见闻撰成《佛国记》(又名《法显传》、《佛游天竺记》等),为研究古代中外交通和中亚、南亚诸国及南海地区历史、地理提供重要资料。后到荆州,约南朝宋武帝永初元年(420年)圆寂于江陵辛寺。

刘 裕

刘裕(363~422),字德舆,小字寄奴。祖籍彭城(今徐州),迁居京口(今镇江)。南朝宋皇帝。幼年家境贫寒,曾贩履、种地、伐薪、捕鱼为生。后从军,初为东晋北府兵下级军官,从刘牢之镇压孙恩、卢循起义。隆安五年(401年)八月升建武将军、下邳太守。义熙元年(405年)都督荆、司等州军事,领青、徐、兖三州刺史。同年击败东晋叛臣桓玄,掌握朝政大权。后又率军攻灭南燕,击败卢循,西攻谯纵(今四川省境内),收巴蜀。义熙十三年攻克长安,灭后秦,被封为宋王,官居相国。元熙二年(420年)六月,刘裕禅晋称帝,改国号宋,定都建康,建年号为"永初",史称刘宋。从此开始了南朝,与北方的北魏南北对峙。

刘裕称帝前后,针对世家大族隐匿户口和田地的状况,实行"土断",裁减侨州、郡、县,并把侨寓户口编入所在郡县,抑制豪强兼并,增强中央集权的力量。同时,还采取减轻赋税、放免奴客兵士、废诸淫祠等兴政措施。生活上他崇尚节俭,不受珍宝,不喜豪华,宫中嫔妃也少。他知人善任。宋永初三年(422年)五月,刘裕得病,召太子刘义符叮嘱道:"檀道济虽颇有武艺、韬略,但是没有大志。徐羡之、傅亮跟随我多年了,是不会有野心的。只是谢晦屡次随我征战,颇能随机应变,日后如果有变乱,一定出在此人身上。你继位后,可以将他遣出京城,派到会稽、江州等郡,以防不测。"他又亲笔书写遗诏:朝廷不准再设置别的中枢机构,以宰相兼领扬州,配备给兵士千人。大臣中凡任要职者,可以从台见军队(禁卫军)中拨给兵士充当护卫。凡有战事,军队中必须配备台见军队,战事结束后归还原建制。后世如果有幼主登基,朝政大事一概委托宰相,母后不要称制。仪仗队不许进入台殿门,重要官员可以多给护卫。刘裕在帝位3年,颇得人心,也被后人誉为一位比较明智的帝王。永初三年癸亥日(422年6月26日)病死于建康宫西殿。葬于初宁陵(今南京麒麟门外)。后庙号为高祖,谥号为武帝。

檀道济

檀道济(?~436),祖籍高平金乡(今山东金乡县),世居京口(今镇江)。南朝宋将领。以随刘裕讨桓玄起家,任太尉参军,封唐县男。

东晋安帝义熙十二年(416年),刘裕出兵伐后秦。檀道济为前锋,攻入洛阳,俘获4000多人。有人主张杀掉,他说:"伐罪吊民,正在今日",将俘虏一起释放。于是北方人心感服,纷纷投降,一路攻下长安。檀道济受任琅琊内史。刘裕建立南朝宋后,改封永修县公,位丹阳尹、护军将军。

南朝宋文帝刘义隆时,谢晦在江陵造反,道济受命征讨获胜。文帝任命他为征南大将军、开府仪同三司、江州刺史。元嘉八年(431年),领兵北上攻魏,直抵历城,因粮草不继而退兵。他命兵士于夜间量沙成堆,唱筹计数,把所存少量米覆盖其上,佯为粮堆。魏军因之不敢追击,宋师全师而返。檀因功进位司空,镇浔阳(今江西九江),渐为文帝所忌。

元嘉十三年,彭城王刘义康,矫诏杀死檀道济父子。被杀时,他愤而投帻于地,说:"乃坏汝万里长城!"元嘉二十七年,魏军攻到瓜洲,文帝叹曰:"若道济存,岂至此!"

戴颙

戴颙(378~441),字仲若。谯郡铚县(今安徽宿县)人。南朝雕塑家、文学家、音乐家。大雕塑家、大画家戴逵次子。世居会稽郯下,与父兄皆隐遁有高名。因兄弟患病难以求医,从桐庐山移居吴下(今苏州),仍然建屋隐居,其宅第是与辟疆园齐名的私人园林。朝廷历次征召其为官,均以疾谢绝。颙有父风,道德文章高尚,画艺琴技精湛。崇尚佛教,精于塑佛,对其父的"干漆夹纻雕塑法"又有发展,首创佛像雕塑藻绘法,一改汉时形制古朴为"范金赋采、动有楷模"的佛像雕塑艺术。其作品一直受到人们的重视,雕塑技艺一直影响至今。宋世子铸丈六铜像于金陵瓦官寺,看上去铜像的面孔太瘦,铸工没办法纠正,请戴颙想办法。戴颙说:"非面瘦,乃臂胛肥耳。"锉减臂胛后,瘦患即除,时人叹为巧思通神。其父善鼓琴,兄弟二人均把本事学到了手。父殁,兄弟二人不再忍心鼓琴,各造新声变曲,勃造五部,颙造十五部,又制作长弄一部,并传于世。衡阳王刘义季镇京口(今镇江),筑竹林新舍,迎颙居此。每至春天,颙常独坐林中,"斗酒双柑听鹂声",抚琴整弦,作传世之作《游弦》、《广陵》、《止息》,并将传统琴曲《何尝》、《白鹄》加工修改成《清旷》一曲。相传《戴氏琴谱》四卷,是记载中最早的谱集。另外,还著有《逍遥论》、《月令章句》、《丧礼杂议》、《札记中庸篇注》等。

刘义庆

刘义庆(403~444),东晋元兴二年(403年)生,原籍彭城(今徐州)绥舆里,后迁居晋陵郡丹徒县京口里(今镇江市)。南朝宋文学家,《世说新语》的作者,中国古代笔记小说的先驱。父刘道怜是宋武帝刘裕的二弟。宋朝建立后,刘裕幼弟道规封临川王,道规早死,没有儿子,以刘义庆为嗣子袭封。

刘义庆从小为刘裕赏识。成人后,先任侍中,后转为散骑常侍、秘书监,又任度支尚书,迁丹阳尹,主管京城事务。南朝宋文帝元嘉六年(429年),兼尚书左仆射,参与朝政。刘义庆因为位高权重,怕被皇帝猜疑,元嘉八年便辞去仆射职位,并请求外调。次年,他出任使持节都督荆、雍、益、宁、梁、南北秦等7州诸军事,平西将军、荆州刺史。他在荆州刺史任上8年,颇有政绩。元嘉十六年,改任都督江州豫州之西阳、晋熙、新蔡3郡诸军事,江州刺史。一年后,改任都督南兖、徐、兖、青、冀、幽6州诸军事,南兖州刺史。刘义庆"性简素,寡嗜欲,爱好文义",重视招纳和推荐贤才。当时的文学家袁淑、鲍照等人,他都"引为佐史国臣"。在荆州时,撰有《徐州先贤传》10卷,又拟班固《典引》为《典叙》。还著有小说《幽明录》30卷和《世说》10卷。《幽明录》是一部志怪小说,记述大多荒诞离奇,对后世文学却有较深影响。《世说新语》,主要记述汉末至宋初的士族阶层人物的言谈轶事,全书按内容分为德行、言语、政事、文学等36篇。该书是魏晋轶事小说的代表作,也是中国古代笔记小说的先驱,它对后世文学有深远的影响。这部书中的许多故事,后来或成为诗文中的典故,或成为戏剧家、小说家创作的素材。它在中国古小说中自成一体,在文学史上占有重要地位。

何承天

何承天(370~447),东海郯(今山东郯城)人。天文学家、文学家、史学家。聪明好学,儒史百家,莫不览熟。仕晋为南蛮校尉桓伟参军,历长沙公陶延寿辅国府参军、浏阳令,抚军将军刘毅的行参军,出补宛陵令。后为太尉刘裕的行参军,除太学博士。义熙十一年(415年)为世子征虏参军,转西中郎中军参军、钱塘令。南朝宋初为尚书祠部郎,与傅亮共撰朝仪。补南台治书侍御史。谢晦镇江陵,请为南蛮长史,转咨议参军,领记室,行南蛮府事。元嘉七年(430年),到彦之北伐,为右军录事。后补尚书殿中郎、兼左丞,出为衡阳内史,后世称其为"何衡阳"。元嘉十六年任著作佐郎,撰国史,转太子率更令。元嘉十九年立国子学,领国子博士,迁御史中丞。承天性格刚愎,常以所长侮同僚,与尚书左丞谢元交恶,经常互相告御状。元嘉二十四年因宣漏密旨,免官。承天博通经史,精律历。曾上表指出沿用已久的景初乾象历法疏漏不当,撰历二卷,奏请改历,这就是《元嘉历》,对后世历法影响很大。亦精音律,发明一种接近十二平均律的新律。对弹筝、弈棋亦很内行。曾撰《报应问》、《达性论》,就当时争论不休的形神关系问题,提出个人见解,宣扬无神论思想。有文集32卷,又删并《礼论》800卷为300卷,著《分明士制》3卷、《孝经注》1卷、《历术》1卷、《验日食法》3卷、《漏刻经》1卷、《陆机连珠注》1卷,惜今皆已不传。

臧　质　沈　璞

　　臧质(生卒年不详),字含文。东莞莒(今山东日照)人。南朝宋文帝时辅国将军。沈璞(生卒年不详),字道真。武康(今浙江境)人。盱眙太守。

　　元嘉二十七年(450年)十一月,北魏太武帝拓跋焘率30万大军攻彭城不克,南下转攻盱眙城。魏兵攻彭城时,宋廷派臧质率兵1万往救。援兵才到盱眙龟山附近,魏兵已过淮河。臧质令胡崇之、臧澄之二军驻守盱眙城东山上,自己扎营于城南。战斗开始不久,崇之、澄之就先后战死,二军溃散。宋将毛熙祚也伤重身亡,所部失散。臧质自己率领的宋军也被击溃,弃辎重器甲,仅带700人退投盱眙太守沈璞。臧质见城内虽仅有兵3000,但粮草充足,兵士斗志强,就同沈璞共守盱眙城。

　　魏兵粮饷缺乏,又抢掠不到东西,人饥马困,听说盱眙储粮很多,遂决计攻城夺粮。攻城不克,便又挥师南下。沈璞趁魏兵南犯,积极修补城墙,增添武器。次年初,拓跋焘自广陵北返,为了夺粮而再围盱眙。因长期奔战,拓跋焘数月没有喝酒,便向臧质讨酒。臧质从城上缒下一罐便尿。焘受辱发怒,令将士猛攻。魏兵在东山连夜筑一道长围,又用土填平沟渠,开筑攻道,力攻盱眙城东北面;怕宋军从水路逃走,又在军山链船成桥。被宋军攻破后,又把船联排成方形木寨。至此,宋军唯有据城坚守。

　　北魏的军队中,有相当一部分是被魏征服的异族武装。拓跋焘写信给臧质说:"我派的攻城兵,都不是我鲜卑人,攻城东北的丁零人、匈奴人,攻南城的氐人、羌人。你杀死他们,省得他们在我国作乱,对我只有好处,你尽力杀吧!"臧质答书说:"你仗着四只脚,屡次侵犯我国疆土。你的军中童谣说,虏马饮江水,佛狸死卯年! 你来送死,那能叫你活着回去统治桑干河的领土呢! 即使我不能杀你,也与你势不两立! 你若有幸,被乱军所杀;你如不幸,被我活捉。我若失败,把我压成粉末五牛分尸也在所不辞。你的知识与智慧及兵力,岂能超过苻坚? 侵彭城,阴雨连绵,一匹马都没有回去,你难道不知?"

　　拓跋焘大怒,令兵将加紧攻城,并作铁床铲城,被臧质击退。魏兵又以钩车钩城楼,宋兵勉强守住。魏兵又用冲车攻城,城土坚密,收效甚微。又以人堆砌爬城,前一排死完,后一排接着跟上,激战30天,魏兵死者近万,尸堆与城相平,仍不能攻克。魏军大将高梁王被宋军射死,又听说宋军截断徐州归路,宋京城又派出水师从海入淮增援。魏兵伤亡和感染疾病过半,被迫于农历二月初二撤围北去,从此形成南北对立局面。沈璞因兵少,便用计列舟船假作渡淮追击的样子,让其速退。臧质认为沈璞是盱眙城主,叫他向朝廷报功。但沈璞却推功于臧质,给他报了大功。

鲍　照　鲍令晖

鲍照(414~466),字明远。祖籍山西上党,北东海(今涟水县境)人。南朝刘宋时文学家、诗人。出身庶族地主家庭。他身处乱世长期羁旅他乡,青少年时代在京口(今镇江)度过,历尽坎坷曲折。年轻时即受知于刘义庆。孝武帝即位,授太学博士兼中书舍人。

鲍照工于诗,尤长于乐府,为"元嘉三大家"之一。但是,在门阀士族主宰社会生活的时代,孝武帝以文章自高,对鲍照颇忌之,照赋述不敢尽其才,时人谓之"才尽"、"才秀人微,故取湮当代"。鲍照的诗歌,辞藻瑰丽清新,风骨遒俊而飘逸,且能较多地反映当时的社会现实。所以,在"元嘉三大家"中,他的诗文影响最大最深远。其七言乐府,对唐代诗人李白、岑参等影响尤深。杜甫《春日忆李白》中有"俊逸鲍参军"的诗句。沈德潜《古诗源》则称鲍照的诗"开世人之未有,后太白往往效之",可见鲍照诗风对李的借鉴作用之大。所作文、赋,如《芜城赋》、《登大雷岸与妹书》等皆为名篇。有《鲍参军集》10卷传世。孝武帝死,明帝刘彧杀前废帝子业自立,子顼起兵征讨失败,后子项起兵失败,鲍照被乱军所杀。

鲍令晖(生卒年不详),鲍照之妹。诗文俱佳,是中国古代著名的才女。鲍照的《登大雷岸与妹书》就是写给她的。钟嵘《诗品》评令晖诗:"崭绝清新,拟古尤胜。"有《香茗赋集》,作品留存不多,《玉台新咏》录其诗7首。清钱振伦注《鲍参军集》,附注其诗。

鲍照妻文姬,也会作诗,才色双美。鲍照兄妹、夫妇皆富才学,传为文坛佳话。

萧道成

萧道成(427~482),字绍伯,小名斗将。汉相萧何二十四世孙。祖先为东海兰陵(今山东枣庄东南,一说为江苏东海)人,高祖淮阳令萧整避乱过江,迁居晋陵武进东城里,时为南兰陵(今常州西北)。南朝齐建立者。父承之,历仕刘宋汉中太守、龙骧将军、右将军,封晋兴县五等男。他13岁受业于儒生雷次宗。16岁领兵讨沔北少数民族。初任左军中兵参军,后袭爵晋兴县五等男,历任建康令、辅国将军、散骑常侍、右卫将军、平南将军、中领军、镇平将军。刘宋诸王内讧,道成受命一一讨平之,威名益重,后废帝刘昱暴虐无道,内外怨恨,萧道成联合禁军将领王敬则弑后废帝,迎立顺帝刘准,自领骠骑大将军,后为太尉、太傅,进授相国,封齐王。昇明三年(479年)四月,顺帝逊位,刘宋亡。道成即皇帝位,建立南齐皇朝。年号建元。

　　萧道成深沉大度,喜怒不形于色,博学能文,工草隶书,弈棋二品。萧道成稳固基业,广开言路,废除南朝宋的苛政细制,停止讨伐交州,限制贵族富民封略山湖、侵渔百姓等。他生活节俭,即位后,不着精细衣服,发现衣中有玉佩之类的饰品,认为会滋长奢侈之风,即命打碎,凡有珍奇异物都令随例毁弃。后宫器物栏槛,凡是用铜为装饰的,都改为铁。内殿用黄纱帐,宫人穿紫皮鞋。华盖废除金华爪,用铁回钉。他常对人说:"让我治理天下十年,当使黄金与土同价。"他在位四年。于齐建元四年(482年)三月去世。谥号高帝,庙号始祖,葬于丹阳陵口泰安陵。

陆探微

　　陆探微(? ~约485),南朝吴县人。南朝宋明帝时任侍从,画家。工绘人物,学东晋顾恺之法。尤擅肖像,骨秀神清,严正生动,多为帝王、宠姬、宫臣贵族写照。后人谓其画笔迹周密劲利,如锥刀刻划。画史上常与顾恺之并称"顾陆",号为"密体"。又因笔势连绵不断,人称"一笔画"。亦工绘蝉、雀、马、猴,及绘捣衣、荡舟、斗鸭等;写山水草木,则未臻成熟。被誉为中国古代"画中四祖"之一。据《历代名画记》载,其绘画作品有五六十种,其中帝王、功臣、圣贤、名士画像居多,其余则为佛教、风俗、兽类、诗歌本事画等内容。其《文殊降灵》绘有人物80个,4个飞仙,个个栩栩如生,神采动人,为稀世之宝。《萧史图》更是"妙冠一时,名居上品"。著有《毛诗新台图》、《四时设色》等。画迹还有《黄帝战涿鹿图》、《孙氏水战图》、《燕太子丹图》。约于南齐永明三年(485年)去世。

臧荣绪

臧荣绪(415～488),自号披褐先生。祖籍山东莞莒(今山东莒县),后侨居京口。史学家。幼年丧父,家境贫寒,教授生徒以养母。为人情操高尚,笃爱《五经》,治学严谨,潜心著述,与当时另一隐者关康之相友善,时称"二隐"。臧荣绪综合王隐、何法盛等人所著晋史,编成《晋书》110卷,还著有《嫡寝论》、《拜五经序论》,均遗佚。臧质任江州刺史,曾慕名征招他为幕僚,他却托病谢绝。萧道成(齐高帝)任扬州刺史时,征招他为主簿,他不予理睬。萧道成称帝后,司徒褚渊曾向他推荐臧所著《晋书》。南朝齐永明六年(488年)去世。

唐太宗贞观十八年(644年),房玄龄等即以臧氏《晋书》110卷为依据修《晋书》。在唐初流传的18家晋史中,臧著《晋书》是比较完整的。

萧子良

萧子良(460～494),字云英,南兰陵(今常州西北)人。南朝齐梁时文学家,思想家。齐武帝次子。仕南朝宋,官至征虏将军、丹阳尹。子良敦义爱古,于西邸起古斋,多聚古人器服以充之。建元三年(481年),上表奏开堪垦之田,修治塘遏。武帝即位,封竟陵王,官至护军将军,兼司徒,镇西州。永明四年(486年)进车骑将军。子良崇儒尚佛,礼才好士,天下才学皆游集其门,其中以范云、萧琛、任昉、王融、萧衍、谢朓、沈约、陆倕等最为知名,时称"八友"。士子文章及朝贵辞翰,均发教撰录。永明五年正位司徒。移居建康(今南京)鸡笼山邸,召集学士抄写五经与百家著述,并依《皇览》体例,编成《旧部要略》千卷。招致名僧,讲悟佛法,造经呗新声,又作劝人向善之文数十卷。主"神不灭"说,组织朝臣名僧与范缜辩论。永明十年,领尚书令,徙使持节都督扬州诸军事、扬州刺史。武帝病危,遗诏使子良辅政、萧鸾知尚书事。子良素仁厚,不乐世务,遇事推萧鸾处理。郁林王即位,进太傅、尚书令。隆昌元年(494年)进督南徐州,寻卒。追崇假黄钺、侍中、都督中外诸军事、太宰,领大将军、扬州牧。著有内外文笔40卷,多为劝戒崇佛之文。

王敬则

王敬则(435～498),南朝宋、齐间临淮郡射阳县(今淮安)人。齐时权臣。他年长时,两腋下生乳,各长数寸。性倜傥不羁,好刀剑。杀狗行商,足迹遍三吴,最远达到高丽,并与高丽女子私通,不肯回归,后被录用才回来。善于摔打技击,被补为皇帝侍卫,又被宋前废帝提拔为"侠毂队主,领细铠左右"。后与寿寂之杀前废帝,拥立明帝,因而升直阁将军,封重安县子。补既阳县令,捕斩劫逃入山的起义武装。

元徽二年(474年)以后,因追随萧道成,昇明元年(477年)升辅国将军,领临淮太守,知殿内宿卫兵事。王敬则虽不识什么字,但却善于决断。萧道成将受禅,宋顺帝不肯出宫逊位,怕被杀,王敬则说:"出居别宫,尔官先取司马家,亦复如此!"在萧道成发动宫廷政变、夺取皇位中起了关键性作用。因此,"政事无大小,帝(萧道成)并以委之"。建元元年(479年),出为都督、南兖州刺史,封寻阳郡公,封其妻怀氏为寻阳国夫人。次年,魏军攻淮泗,王敬则惧敌还都,百姓皆惊散。皇上因为他是大功臣而没有怪罪他。迁吴兴太守,使吴兴社会治安状况迅速好转。后迁会稽太守,加都督。永明三年(485年),进号征东将军。因执法杀权要妾路氏,被免官降秩,他"了无恨色"。永明十一年,授司空,也"不以富贵自遇"。萧鸾辅政时,密谋废立,于郁林王隆昌元年(494年)出他为会稽太守,加都督。海陵王立,他进位太尉。当年,萧鸾废海陵王自立,又进位为大司马。

明帝萧鸾以多杀臣僚立威,王敬则"心怀惧怖"。"帝虽外厚其礼,而内相疑备,数访问敬则饮食体干,闻其衰老,且以居内地,故得少安"。永泰元年(489年),明帝生病,好几次都非常危险,遂以张瑰为平东将军、吴郡太守,部署军队暗防王敬则。王敬则得到消息,窃曰:"东今有谁?只是欲平我耳。东亦何易可平?吾终不受金罂(鸩酒)!"族侄王公林等谏阻,不听,遂率甲士万人过浙江。朝廷派左兴盛、胡松、沈文秀等在曲阿、京口一线筑垒布防。"敬则以旧将举事,百姓担篙荷锸,随逐之十余万众"。在陵口与官军交战,王敬则军先胜,后遭官军夹击,他被斩于阵上,终年63岁。"朝廷漆其首,藏在武库。至梁天监元年(502年),其故吏夏侯亶表请收葬,许之"。

谢朓

谢朓(464~499),字玄晖。陈郡阳夏(今河南省太康县附近)人。南朝齐诗人。齐永明二年(484年)入仕途。初任豫章王东阁祭酒、骠骑咨议、中书郎、新安王中军记室等。建武二年(495年)出任宣城太守,世称谢宣城。建武四年夏,回京师,后任尚书吏部郎。

谢朓,"少好学,有美名,文章清丽"。他在短短的15年仕官生涯中,虽辗转迁徙,但多以文学之士出入官府。他在随王萧子隆、竟陵王萧子良幕下任功曹、文学等职时,其文才就深得赏识,为"竟陵八友"之一。出任宣城太守期间,又在郡内陵阳山建高斋(唐时又名北楼),自己还常到此赋诗啸咏。他善于草隶,长于五言诗,后人把他与谢灵运对举,并称"小谢"。他的山水诗,既吸收了谢灵运细腻逼真的长处,又摆脱了玄言诗的影响,形成一种清新流丽的风格。其诗作,不但"盛极江左",而且对永明体诗歌的产生作出了积极贡献,被誉为齐"永明体"的代表诗人。名作《晚登三山还望京邑》描写的是南京的景色,其中"余霞散成绮,澄江静如练",堪称千古写景之名句。原有集13卷,已佚,明人辑有《谢宣城集》。

东昏侯永元元年(499年),因萧遥光、江祐、徐孝嗣等诬陷他参与王敬则谋反,被捕入狱而死,时年35岁。

祖冲之

祖冲之(429~500),字文远。生于建康(今南京),祖籍范阳遒(今河北涞水)。南朝宋齐间科学家。历任南徐州从事史、公府参军及娄县县令、长水校尉(守卫京城建康的禁卫军军官)等职。

他精通音乐,涉猎儒学典籍。尤其在科学上有多方面成就,创制了较为精密的历法《大明历》,代替何承天的《元嘉历》,在改进闰月设置、应用岁差和求出"交点月"(月亮连续两次经黄道和白道交叉点之间所需时间)的天数等方面作出了贡献。他使用简单的筹码工具,在世界上第一次运算出圆周率数值在 3.1415926 和 3.1415927 之间,并提出了 π 的约率 22/7 和密率 355/113,密率值要比欧洲早 1000 多年。其数学著作《缀术》,直到唐代仍被列为教科书。他还制造了不少极为灵巧的机械。齐永明六年(488年),

他在覆舟山（今南京九华山）下的"乐游苑"中，装置精巧的水碓磨；创制用机械开动的千里船，在新亭江试航，日行100余里。还改造过古代的指南车。另著《释论语》、《释孝经》、《易义》、《老子义》、《庄子义》及小说《述异记》等。均早佚。子暅之，少传家业，亦精于历算。

祖冲之于南齐永元二年（500年）去世，终年71岁。他在数学上的成就，早已为世界公认，许多数学家把"密率"称作"祖率"。莫斯科大学还为他立了塑像。

陈伯之

陈伯之（生卒年不详），约生活在南朝齐、梁年间。齐、梁阴郡（当时侨治在睢陵县）睢陵（今睢宁县）人。南朝名将。少有武力，稍长为盗。后随乡人车骑将军王广之入伍，以战功累迁冠军将军。齐末，守江州，降梁。由于他不识字，又偏用亲信，吏治昏乱，被人告发到朝廷。他心惧，于是，于梁武帝天监元年（502年）举兵叛梁投魏，魏封他为平南将军。天监五年，梁临川王萧宏率军北伐魏国，陈伯之屯兵寿阳抵抗。时萧宏利用著名文人丘迟与陈伯之的友好关系，让丘迟写信给陈伯之，劝其归梁。于是丘迟写了中国历史上著名的《与陈伯之书》一文，此文晓以大义，动以真情，特别是文中指出梁武帝对他非常宽大，即使他叛变后，对他的祖坟、亲人和财产一律加以保护。信中又说他的家乡风光美丽，令人怀念……陈伯之接信后，深为感动，于是率八千兵众复归梁，梁复任他为通直散骑常侍。

江 淹

江淹（444~505），字文通，祖籍济阳考城（今河南省兰考东），先世随晋室南渡，居江南。祖、父皆任刘宋朝县令。好学，沉静少交游。20岁左右教宋始安王刘子真读《五经》，后入建平王刘景素幕，并历仕宋、齐、梁三代。梁时为散骑常侍、左卫将军，封临沮县开国伯，官至金紫光禄大夫，改封醴陵侯。卒谥"宪"。江淹存世作品多为南朝宋末齐初，其时地位不高，反映中下层社会状况的作品为多，喜怒哀乐皆出自肺腑，为人们所喜爱。后官越当越大，整天围着帝王将相转，脱离生活，故很难写出好文章，时有"江郎才尽"之说。江淹擅赋，向与鲍照齐名。内容广泛，情致缠绵。《恨赋》、《别赋》写人物心理活动,为其代表作。清何焯评江淹之赋云:"赋家至齐梁变态已尽,至文通已几几乎唐人之律赋矣,特其秀色非后人所及也。"其诗在南朝诗人中最为古奥遒劲,今存诗百余首。又善模拟,且能做到面貌酷肖,几可乱真。文以诏、表为多,均为代撰,基本上是骈体文,俱能即事立言,意当辞雅。江淹在南齐初曾奉命修史,作《齐史》十志。唐刘知几说,江淹认为"史之所难,无出于志,故先著十志,以见其才"。曾自撰所著为前后集,共计10卷。《隋书·经籍志》著录其集9卷,另有后集10卷。今中华书局出版有明胡之骥的《江文通集汇注》。

范　缜

范缜(约450~约510),字子真。南阳舞阴(今河南泌阳县西北)人。南朝齐梁间哲学家和无神论者。父早逝,"少孤贫,事母孝谨"。18岁时,离家到沛郡相县(今安徽宿县境)从学于名学者刘瓛。刘宋泰始三年(467年),北魏兴兵南侵,他从沛郡逃难,转徙流离数年。二十五六岁时,曾自称"布衣穷贱之人"。因怀才不遇,倍受打击,致使他未老先衰,在不到30岁时,就写下感伤迟暮的诗篇《白发咏》等。而经逆境的磨炼,使他终于成为一位"性质直,好危言高论",不畏权贵之人。大约在35岁时,他始入仕途,先后在齐、梁为官,历任宜都太守、晋安太守、尚书殿中郎、尚书左丞等职,长期居于建康。

他博通经术,综合并发展魏晋以来的无神论和神灭论思想,对佛教进行尖锐的批评。在建康期间,他虽与萧衍、沈约、谢朓同为萧子良"西邸"文士,却又不随波逐流,坚守自己的哲学思想。齐永明七年(489年),在鸡笼山旁竟陵王萧子良的西邸,他与子良、萧衍及僧侣们公开辩论,驳斥因果报应说,萧子良等无言以对。后于天监六年(507年)发表著名的《神灭论》。同年,梁武帝萧衍为消除《神灭论》的影响,亲下敕书,调动62名朝贵和僧侣,写出75篇文章批判范缜。他仍不屈服,写了《答曹舍人》等论文,以无神论思想否定"因果报应"、"生死轮回"等迷信说教。萧衍最后给他加上"违经背亲"的罪名,坐徙广州。不久,被追还回建康,起用为中书郎、国子博士。约于天监九年去世,终年约60岁。其著作多佚,现传《神灭论》、《答曹舍人》等篇,保存在《弘明集》中。

宝 志

宝志(418～514),俗姓朱,祖籍金城(今甘肃兰州),句容县东阳镇(今属南京市栖霞区)人。南朝梁名僧。

宝志7岁随法俭和尚出家,到南京钟山道林寺虔诚禅业,苦守古佛青灯50多年,饱学佛经。宋泰始中,俗呼为"诔公",披发徒跣,语默不论。时值齐武帝施行暴政,众生苦痛。他为匡正时弊,巧施智谋,运用世间因果哲理,说使齐武帝尤敬典礼,"永废锥刀"酷刑。梁武帝时,宝志以佛教宗旨,诱导梁武帝净心修习,皈依佛门,向善归仁,普度众生,百姓平安。被尊为"帝师"。《宝华山志》记述宝志有胆有略,"所谓格君之非者,虽古之大臣莫之过也。"大诗人李白在《宝公赞》诗中写道:"锦蒙鸟爪,独行绝侣。刀齐尺梁,扇迷陈语",对其推崇备至。

梁天监元年(502年),宝志已年近花甲,来到句容北郊的花山(又名华山)结茅为庵,起名志公庵,开设戒坛,集僧讲经传教,致使山名大振。清时在南京大报恩寺塔中发现一只铁匣子,匣中藏有《宝志说戒图》,坛高三阶,宝志踞上座,这比唐高宗麟德二年(665年)终南山道宣大和尚开设戒坛早130多年。天监十三年,宝志圆寂,享年96岁。葬钟山独龙阜,明时迁灵谷寺。其后的数代律宗大师,严守戒律,依律传戒,故而花山虽历经兴衰,终被佛教界誉为"律宗第一山"。为纪念宝志这位开山祖师,后人将花山改名为宝华山。宋太宗谥宝志为"宝公",赐号"道林真觉"。

僧 祐

僧祐(445～518),本姓俞。先世为彭城下邳(今江苏睢宁西北)人,生于建康(今南京)。南朝齐梁佛教学者。14岁投钟山定林寺,拜在素称"法门栋梁"的法达和"律行精纯"的法献门下学习。受具足戒后,师事律宗名僧法颖,随侍尽心钻研佛学20余年。

由于他得到名师指引,自己又勤奋刻苦,终于以精通律学著称。在后半生中,他在弘传律学之外,还在建初、定林两寺建立经楼,搜聚卷帙,开中国佛教图书馆之先河。又在定林寺广开律席,讲律学70余遍,披释精详,听众踊跃。他还精研佛教音乐、舞蹈、造像等艺术,奉派规划监造浙江嵊县和南京栖霞山殿阁佛像雕刻。他攻击范缜的神灭之说,认为范缜的《神灭论》"非直诬佛,亦侮圣也"。晚年有僧俗门徒一万一千余人。于梁天监十七年(518年)圆寂于建康,终年73岁。他编著《出三藏记集》15卷,为中国现存最古的佛教经录。另撰《萨婆多部相承传》5卷、《十诵义记》10卷、《释迦谱》5卷、《世界论》5卷、《法苑集》10卷、《弘明集》14卷、《法集杂记传铭》10卷。连同《出三藏记集》8种,题名为《释僧祐法集》。现仅存《释迦谱》、《弘明集》和《出三藏记集》3种。

萧　宏

萧宏(473～526),字宜达。南兰陵(今常州西北)人。梁武帝萧衍弟,封为临川王。

萧宏体格魁梧,美发秀眉,相貌堂堂,仪容可观。齐永明十年(492年)为卫军房陵王法曹参军。当时,长沙王萧懿镇守梁州(今陕西南郑、汉水上游一带),被北魏派兵包围。齐朝派萧宏领兵千人前去救援,魏军闻信主动退去。萧宏升迁为晋安王主簿,不久又任北中郎桂阳王功曹史。始安王萧遥光作乱,逼迫衡阳王萧畅参与。萧畅害怕祸及自己,事先躲进台城。这时,萧衍在雍州(湖北襄樊一带)任刺史,常怕诸弟作乱夺权,对平南王萧伟说:六弟(指萧宏)明于事理,必须先还台城。等信传到,萧宏已经控制局势。梁高祖率师东下,萧宏至新林(今江苏南京南郊)奉迎。高祖拜萧宏为辅国将军。建康平定以后,又升为西中郎将、中护军,负责石头城的卫戍。梁天监元年(502年),封为临川郡王,不久又为使持节,散骑常侍、扬州刺史,都督扬州、南徐州诸军事。天监四年,梁高祖下诏北伐,命萧宏为都督,统辖南北兖州、北徐州、青州、冀州、豫州、司州、霍州等8个州的诸军事。萧宏因是梁帝的弟弟,他所率领的军队装备精良,军容严整,北方人都认为"百数年未有"。萧宏军队进抵洛口(今安徽洛涧入淮处),前军攻克梁城(今河北宁河县涧),斩魏将晁清。而萧宏惧不敢进,夜遇暴风雨,惊而弃军逃遁,数十万大军溃散,梁帝下诏班师。萧宏被任为骠骑大将军、扬州刺史,都督扬、徐二州诸军事。天监十五年春,因生母陈太妃病重,萧宏与其弟侍奉床前,衣不解带,每当两宫派人问候,就对来人涕泣。太妃病逝以后,五日水米不进。梁高祖每次来探视时都要慰勉一番。萧宏幼时就很孝谨。齐朝末年,因避难萧宏同陈太妃不住在一起,但他还经常派人问候起居。太妃对萧宏说："避难要注意保守秘密,不宜往来太多。"萧宏含泪答道:"宁可没有我,但问候不能废止。"可见萧宏对其母孝道如此。天监十七年以后,萧宏历任侍中、中书监、司徒、太尉等职,并继续兼任扬州刺史,都督扬州、南徐州诸军事。普通七年(526年),因多病上表辞职。梁帝准许解除其扬州刺史职务,其余均仍保留。性贪鄙,聚敛无度,有库房百间,聚钱三亿余,珍宝财物不计其数。

萧　统

萧统(501～531),字德施,小字维摩。南兰陵(今常州西北)人。南朝梁文学家。梁武帝萧衍长子。梁天监元年(502年)十一月立为皇太子。他天资聪颖,3岁读《孝经》、《论语》,5岁遍读五经。相传其读书一目数行,过目成诵。赋诗略思便成,不用修改。姿容秀美,性情宽和,早年受命助理政事,批阅百官奏章,对错误和不实之处,加以辨析,然后让本人自行改正,从不批评或斥责人。执法尚宽,对许多犯法者从轻判处,"天下皆称为仁"。萧统生活节俭,体恤民情,不近声乐,爱好山水。在东宫北面水池泛舟,有人竭力丛恿:"此中宜奏女乐。"他却咏左思招隐诗作答:"何必丝与竹,山水有清音。"梁军征战北伐,京师粮价昂贵,他节衣缩食,常派人暗访流离者给以赈济。听到百姓赋役劳苦之事,感到不安。萧统善于引纳才学之士,商榷古今,议诲篇籍,从事文章著述。当时东宫藏书3万卷,集中大批才子,是晋宋以后文学最盛时期。他著有文集20卷,撰古今典诰文言为《正序》10卷,《文章英华》20卷,《古今诗苑英华》19卷,《陶潜传》1卷,可惜大都散失。他主编的《文选》30卷(今为60卷),被世人称之为《昭明文选》。明人辑《昭明太子集》20卷,现存6卷。

《昭明文选》,于普通三年(522年)编成,在历史上享负盛名,是中国辑录最早、规模最大、内容最丰富的一部诗文总集,在当时中国文学史上有独特的地位。《昭明文选》选辑从西周至梁初,共138位知名和佚名作者、700多篇著作,分为38类。凡梁代以前各种文学体裁的主要代表作品,均已收录进去。

萧统一生笃信佛教,躬奉孝行。所以,在他的诗文作品中,多有宣扬佛教及宫廷生活。他认为诗是作者思想感情的体现,写诗必含前所未明,立意应当不落人后。他的名作《饮马长城窟行》,全诗无一丽语艳辞,却感情真挚动人，在文学上可谓独树一帜。萧统于中大通三年（531年）去世。谥昭明，葬安宁陵，世称昭明太子。因其生前仁德著称，受到百姓爱戴，死后朝野惋愕，京师百姓奔走宫门，号泣路旁，悲恸哀伤。

刘 勰

刘勰（约465～约532），字彦和。原籍东莞莒（今山东莒县），世居京口（今江苏镇江，又一说晋陵境内侨郡南徐州东莞莒县即今常州）。南朝文学批评家。其父早死，家贫无靠，23岁起寓居建康钟山定林寺10多年，从沙门僧祐探讨佛教理论，遂精通经论，但未皈依佛教，传统的儒家思想仍是他的主要精神支柱。在定林寺时，他写成全书共50篇的《文心雕龙》，该书主张文学作品应具有"风骨"（充实的内容），也要有"文采"（华美的形式），并提出文学批评的六个标准（"六观"）及必备的修养，系统阐述先秦以来的文学批评理论，是中国古代文学理论批评的巨著。梁天监初年（502年），刘勰38岁时进入仕途，曾任临川王萧宏记室、仓曹参军、南康王萧绩记室，并兼昭明太子萧统的东宫舍人。晚年皈依佛教，变服燔发出家，改名慧地。约于中大通四年（532年）去世于定林寺，终年约67岁。

陶弘景

陶弘景（456～536），字通明，号华阳隐士。丹阳秣陵（今南京）人。南朝齐梁间道学家、医学家。他工草隶，行书尤妙，善琴棋。齐高帝萧道成时拜左卫殿中将军。齐永明十年（492年）隐居句曲山（今茅山）。武帝萧衍屡降玺书称其"先生"，多次礼聘不出，但朝廷大事总向他咨询，时称"山中宰相"。他对历算、地理、医药等皆有一定研究。主张儒、佛、道合流，其《真诰》被视为道教经典。经长期实践，他掌握了大量矿物和药物特性，发现水银有镀金和镀银的作用，知道钾盐和钠盐的区别方法。其《古今刀剑录》，是记载金属冶炼成就的重要著作。在医药上，曾整理《神农本草经》，并增收魏晋间名医所用新药，辑成《本草经集注》7卷，共载药物730种，首创以玉、石、草木、虫兽、果菜、米实分类，对本草学的发展有一定影响（原书已佚，现敦煌发现残本）。还著有《真诰》、《真灵位业图》、《陶氏效验方》、《补阙肘后百一方》、《药总诀》等。他描写山水的散文，清新流畅，不落时人骈文窆曰。陶弘景于梁武帝大同二年(536年)去世,谥贞白先生,墓葬茅山雷平西一公里处。

萧子显　萧子云

萧子显(489~537),字景阳。幼聪慧,好学,擅文。齐时封宁都县侯。梁代齐后,降爵为子。以文才秀隽为梁武帝爱重,并得文坛领袖沈约赏识。历官建康令、中书郎、临川太守、吏部尚书、侍中等。梁大同三年(537年)卒于吴兴太守任上,时年48岁。他一生致力于史籍撰著,有《后汉书》100卷、《晋史草》30卷、《齐书》(今称《南齐书》)60卷、《普通北伐记》5卷、《贵俭传》30卷及文集20卷。唯《齐书》今尚存,收入二十四史。

萧子云(487~549),字景乔。萧子显兄。南兰陵(今常州西北)人。齐高帝萧道成之孙。南朝梁史学家、文学家。齐建武四年(497年)封新浦县侯。梁天监初,降爵为子。勤学有文藻,年三十为秘书郎,后迁太子舍人,官至丹阳郡丞、临川内史、东阳太守、侍中、国子祭酒,领南徐州大中正。子云善草书,为时人所效法。他自称书法仿效钟繇、王羲之而微变字体。其书法为梁武帝所重,称为"笔力劲骏,心手相应,巧逾壮度,美过崔寔,当与元常并驰争先";名播海外,百济国使至建康,以重金求之。他还兼通文史。著有《晋书》110卷、《东宫新记》20卷、文集19卷,均佚。今有《晋书》辑本1卷。另存少量诗文,散见于《文苑英华》和《广弘明集》中。梁太清三年(549年),侯景陷宫城,子云东逃晋陵(治今常州),饿死于显云寺僧房。

刘孝绰　刘令娴

刘孝绰(481~539),原名阿冉,小字阿士。彭城(今徐州)人。南朝梁文学家。梁天监初,历官著作郎、尚书水部郎、秘书丞、太子仆等。诗文深为梁武帝嗟赏和昭明太子器重。刘孝绰恃才傲物,前后五次免官,晚年郁郁不得志。其诗文传于一时,史载:"孝绰辞藻为后世所宗,时重其文,每作一篇,朝成暮遍,好事者咸诵传焉。"有文集数十万言。

刘令娴(生卒年不详),女,世称刘三娘。生活在南朝齐梁间。彭城(今徐州)人。南朝梁文学家。她是徐悱之妻,刘孝绰的第三妹。她和两位姐姐都有才学,而她的文章《梁书》谓其"清拔"。其兄刘孝绰罢官不出,曾在门上题诗两句:"闭门罢庆吊,高卧谢公卿。"刘令娴续诗:"落花扫仍合,聚兰摘复生。"一时为人称道。徐悱死后,她作《祭夫文》,辞甚凄怆,文中"一见无期,百身何赎","百年几何,泉穴相同"等句,不假雕饰,纯生肺腑。徐悱的父亲徐勉是个"博通经史"、"下笔不休"的才士,原打算写祭文哀悼儿子,但看到刘令娴祭文后而不得不作罢。她原有文集3卷,已散佚,今仅《玉台新咏》存诗13首。

张僧繇

张僧繇(生卒年不详),南朝吴县(今苏州)人。梁大画家。梁天监(502~519年)中为武陵王国侍郎,直秘阁知画事,历官右军将军、吴兴太守,擅长人物及佛教画。梁武帝崇奉佛教,凡装饰佛寺,多命他画壁。所绘佛像,自成样式,有"张家样"之称,被雕塑者取作模范。亦精绘肖像,作风俗画,尤善画龙,曾有"画龙点睛、破壁飞去"的故事;并描绘格虎、射蛟、射雉、田舍儿舞等。僧繇作画,用笔多依书法,点曳斫拂,如钩戟利剑,一变顾恺之、陆探微连绵循环之势。又因着笔不多,点划时见缺落,而形象具备,有意到笔不到之妙。唐李嗣真《后画品》云:其绘画"骨气奇伟,师模宏远,岂惟六法精备,实亦万类皆妙"。《吴门画史》载称,张僧繇又创没骨法,"其所绘山水,则素缣之上,竟以青绿重色,先图峰峦泉石,而后染出丘壑峣岩,不以墨笔钩勒者,谓之没骨皴,自其创始云"。与顾恺之、陆探微、吴道子并称为中国古代画家"四祖"。唐人著录中记载他有《维摩诘像》、《行道天王图》、《吴主格虎图》、《横泉斗龙图》、《汉武射蛟图》、《梁武帝像》、《梁宫人射雉图》、《醉僧图》、《咏梅图》、《田舍舞图》等传世。其子善果、儒童,均善绘事。

任孝恭

任孝恭(?~548),南朝梁临淮郡(治安徽灵璧,今泗洪县)人。南朝梁文学家。曾祖任农夫,曾为宋南豫州刺史。孝恭幼年丧父,家道中落,对寡母很孝顺。他精力过人,好学不倦,家贫无书,常翻山越岭,向人借阅,"每读一遍,讽诵略无所遗"。任孝恭的外祖父丘它,与梁高祖萧衍是老朋友。萧衍听说他有才学,召入西省编写史书。初为奉朝请,进直寿光省,为司文侍郎,不久兼中书通事舍人,奉敕撰《建陵寺刹下铭》,又撰《高祖(萧衍)集》序文,从此专掌"公家笔翰"。他文思敏捷,"受诏立成,若不留意。每奏,高祖辄称善,累赐金帛"。他年青时,曾向萧寺云法师学习佛教经典,通晓佛理。因此,晚年"蔬食持戒,信受甚笃"。但是,他太自信自矜,与当时文人学士往来,礼仪上多有忽略,因此,时人多轻视、贬毁他。

梁武帝太清二年(548年),侯景作乱,任孝恭以自己招募的队伍隶属于萧正德。萧正德与侯景相勾结,他发觉后引兵奔入东府,后城为乱军攻破,他遂被杀害。有文集10卷行世。

萧　衍

萧衍(464～549),字叔达,小字练儿。生于秣陵(今南京),原籍南兰陵(今常州西北),齐高帝萧道成的族弟。南朝梁建立者。文学家、书法家、玄学派《易》学代表人物。博学多通,有文武才干,为时流名辈推许。齐明帝时,以多次挫败来犯北魏军,任都督、辅国将军、雍州刺史。齐永元三年(501年)二月,在襄阳起兵。南康王萧宝融在江陵称帝,遥废萧宝卷为陵王,以衍为尚书左仆射,加征东大将军,都督征讨诸军事。其军围建康(今南京),宝卷在兵变中被杀。齐中兴二年(502年)和帝萧宝融退位,齐亡。萧衍即皇帝位,建立南梁皇朝,是为梁武帝。前期尊儒兴学,薄赋简刑,勤政恤民。设"谤木函"、"肺石函"、"登闻鼓",以纳谏明冤。下令"断庆礼"、"止贡献",禁绝臣民献纳财宝。他冬天四更即起床,处理朝政或从事著作,手常皲裂;衣布食蔬,后宫不事雕饰;不饮酒作乐,生活非常俭朴,经常食宿一餐,自述"昔腰十围,今裁(才)二尺"。国事很有起色。征赋行文之地,"南超万里,西拓五千"。梁天监十年(511年)时,已统辖23州、350郡、1022县。全国安定三四十年。府库充盈,文化繁昌,极魏晋以来一时之盛。

时北魏尊崇佛教,共有佛寺1.2万余座。萧衍受其影响。先在建康根据佛经设"孤独园",收养贫民。后始建寺院。从梁普通八年(527年)造同泰寺起,便在全国各地建造寺塔佛像,公私挥霍,奢靡成风。他常开斋坛,宣扬佛教经义,还命人抄写佛书,广为传播。萧衍多次到佛寺着僧服,讲经法,自号"三宝奴",并4次舍身为僧,每次均由公卿以下捐钱1亿万纳寺赎身。尊俗僧慧约为师受戒,并下令太子、王公以下5万余人受戒。他改变原来僧人可吃三净肉(不见、不闻、不疑为杀生的3种肉)的习惯,规定一律戒杀忌荤，从此僧人只可素食。他晚年耽于迷信，放纵朝政；佞臣骄贪，蔽主弄权；他溺于慈爱，赏罚无章。于是王侯悖逆，盗贼掠杀，不能禁止。权奸内外勾结，酿成侯景之乱，致使有28万户的繁荣建康，一旦化为废墟。梁太清三年（549年），萧衍被侯景围于台城，饥愤而死。他在位48年，葬于陵口修陵。

萧衍对儒道诸家学说，有独到的见解。长于文学，兼通乐律，曾创制准许音器四具，名"通"；又制长短不同的笛十二支以应十二律。棋登逸品，并擅草、隶书法。对天文地理及骑射，也有相当造诣。一生著述颇多，主要有：儒、老经义200余卷，佛教经义数百卷，《通史》（600卷），亲制赞序，《金策》（30卷），各种文集120卷。又审定"五礼"（吉、凶、军、宾、嘉）千余卷。文集已佚，明人辑有《梁武帝御制集》。现存《古今书人优劣评》（1卷）、《论书》（1卷）、《梁武帝集》（32卷存8卷）。《梁书》赞道："历观古昔帝王人君，恭俭庄敬，艺能博学，罕或有焉。"

刘孝仪

刘孝仪（484～550），名潜，字孝仪，以字行。彭城（今徐州）人。南朝梁文学家。天监五年（506年）举秀才。任镇右始兴王萧憺法曹参军兼记室。始兴王为中抚军时，转任主簿，迁尚书殿中郎。后随晋安王萧纲出镇襄阳，母忧去职。王为皇太子，服阕仍补太子洗马，迁中舍人。出为戎昭将军、阳羡（今宜兴）令，擢建康（今南京）令。大同中为中书郎，左迁安西咨议参军，兼散骑常侍。使魏还，复为中书郎，兼司徒右长史，又兼宁远长史，行彭城、琅琊二郡事，迁尚书左丞，兼御史中丞。在职时多所弹纠，无所顾望，时人称赞之。出为伏波将军、临海太守。中大同初，入守都官尚书。太清初，出为明威将军，豫章内史。侯景叛，孝仪遣子励帅郡兵入援。及宫城不守，为人所逼失郡职，大宝元年（550年）卒。孝仪曾奉敕制《雍州平等寺金像碑》（一说《雍州金像寺无量寿佛碑》），文甚弘丽。《平等寺刹下铭》文章典重富丽，为人称道。《隋书·经籍志》载《刘孝仪集》20卷。《先秦汉晋南北朝诗》录存其诗12首。明张溥《汉魏六朝百三名家集》辑有《刘孝仪孝威集》。

侯 景

侯景（503～552），字万景。朔方（今内蒙古杭锦旗）人。鲜卑化之羯人。北朝东魏将领。初为北魏六镇戍兵,从尔朱荣镇压葛荣起义。继转附东魏大臣高欢,高欢使其领兵10万总揽河南13州军政。高欢死,侯景投靠西魏,不见重用,旋向萧梁献降。梁武帝欣然接纳,先派司州史羊鸦仁等率精兵3万北上接应,继命贞阳侯萧渊明统兵10万大举北伐东魏。萧渊明兵败被俘,侯景丧师失地。梁武帝欲与东魏议和,以侯景换回被俘的萧渊明。

侯景闻讯后,于梁太清二年(548年)八月起兵叛梁,暗中联络萧正德为内应,亲率8000将士及数百匹战马,进逼建康(今江苏南京)。翌年三月十二日陷落台城,囚禁梁武帝,立萧纲为帝。不久,梁武帝在幽禁中忧闷饥饿而死。后又分兵破广陵(治今江苏扬州)、吴郡(治今江苏苏州)、吴兴(治今浙江吴兴)、会稽(治今浙绍兴),到处烧杀掠夺,都城建康几成废墟,长江下游地区受到极大破坏。简文帝大宝二年(551年),景废简文帝萧纲,立萧栋为梁帝。后自立为帝,改国号汉。不久即被王僧辩、陈霸先击败。梁承圣元年(552年),侯在入海北逃途中为部属羊鲲诱杀,时年49岁。

萧 绎

萧绎(508~554)字世诚,小名七符,自号金楼子。南兰陵(今常州西北)人。南朝梁画家。梁武帝萧衍第七子。初封湘东王,后调戍石头城,守护京师。承圣元年(552年)在江陵自立为帝,称梁元帝。自幼聪慧,饱览梁内府所藏书画,博涉技艺。善书画,尤擅肖像画,画外国人形象、佛画,冠绝于时。南朝陈姚最评之曰:"学穷性表,心师造化,足使荀(勖)、卫(协)搁笔,袁(倩)、陆(探微)韬翰。"曾画《至僧像》,萧衍为之题识。又画《宣尼像》,并自书赞,时人谓之"三绝"。出任荆州刺史时绘《蕃客入朝图》卷,描绘35国使者的不同相貌与服饰,形象栩栩如生,衣纹用铁线描绘,遒劲流畅,设色高古,充分体现南朝绘画艺术的水平。今收藏在中国历史博物馆和南京博物院的均为宋摹本。画迹有《文殊像》、《游春苑图》等6卷。著有《山水松石格》一篇,阐述体现物体远近、四时寒暑、天气阴晴的画理画法,颇多创见。今存《金楼子》辑本。明人辑有《梁元帝集》。

陈霸先

陈霸先(503~559),字兴国,小字法生。吴兴长城(今浙江长兴)人。

南朝陈建立者。小吏出身。梁大同初任广州刺史萧映参军,参与镇压交州农民起义,后因功升任西江督护、高要太守,执掌七郡军事。大宝二年(551年)七月,他率军北上与大将王僧辩会师,翌年攻灭侯景,任征虏将军。梁承圣三年(554年)十二月,梁元帝萧绎被西魏俘杀后,他与王僧辩在建康扶立梁晋安王萧方智为太宰。次年九月袭杀王僧辩,废贞阳侯萧渊明(即梁闵帝);十月立萧方智为帝(即梁敬帝),以陈霸先为尚书令,都督诸军事;十二月击败北齐的进攻。太平二年(557年)九月,陈霸先受封为陈公,十月又封为陈王,4日后废萧方智,称帝,建陈朝,定都建康,改年号为"永定"。

称帝后的第二年,他效法梁武帝,至大庄严寺舍身。在位3年,于陈永定三年(559年)六月病逝。死后葬于万安陵(今江宁县石马冲),庙号为高祖,谥号为武帝。

刘 璠

刘璠(510~568),字宝义。沛县人。南北朝时期的文学家、史学家。刘璠9岁时,已为孤儿,其少时喜欢读书,兼善文笔。17岁时被上黄侯萧晔器重,任北徐州主簿,兼记室参军,代管刑狱。不久,升任中记室,补华阳太守。时南北战争频繁,梁室大乱,刘璠赋诗言志曰:"随令平王室,夷吾匡霸功。虚薄无时用,徒然慕昔风。"武陵王萧纪称帝后,刘璠为蜀郡太守。

北周武帝时,以刘璠为中外府记室,又为黄门侍郎,仪同三司。当初萧循在汉中写给萧纪的信及《答国家书》、《移襄阳文》等,皆出刘璠之手。世宗初,刘璠被授予内史中大夫衔,掌发布政令的工作,封平阳县子爵位,食邑900户。

刘璠一生清白简朴,高风亮节,为人所嫉,降为同和郡守。刘璠到任,善于治理,爱护百姓,得到群众拥戴。不到一年,附近的羌族有500多家来降附。

北周天和三年(568年)卒。著有《梁典》30卷、文集20卷。

顾野王

顾野王(519~581),字希冯。南朝吴县光福人。出身吴地名门望族。学者、画家。幼好学,7岁能读《五经》,9岁能作文。12岁随父至建安(今福建建瓯),撰就《建安地记》。及长,遍读经史,对天文地理、虫篆奇字无所不通。梁大同四年(538年),任太学博士,不久升为中领军临贺王府记室参军。陈武帝时,曾任金威将军、安东临川王府记室参军、府谘议参军。陈天嘉元年(560年),敕补撰史学士、复加招远将军衔。太建二年(570年)迁为国子博士。太建六年,拜太子率更令。不久领大著作,掌国史,为知梁史事兼东宫通事舍人,后又以才学显著,官至黄门侍郎、光禄卿。能画善文,擅长人物,尤工草虫。宣城王陈顼(即陈宣帝)为扬州刺史,建官舍,请他画"古贤像"于壁,又请琅琊王褒题赞,时人称之为"二绝"。宋徽宗赵佶得其《草虫图》,称为精工,著录于《宣和画谱》。任梁太学博士时,曾搜罗和考证古今文字的形体和训诂,著《玉篇》30卷,为中国现存最早的楷书字典,文字训诂学的重要著作。另有《舆地志》、《符瑞图》、《顾氏谱传》、《分野枢要》、《续洞冥记》等,有文集20卷。太建十三年去世,终年62岁。《南史》、《陈书》均有传。墓在苏州石湖西岸。

徐 陵

徐陵(507~583),字孝穆。东海郯(今山东郯城)人。侨居丹徒。文学家。其父为南朝梁文学家徐摛。徐陵8岁能文,13岁明习老、庄。长大后博涉史籍,善于雄辩。梁时为晋安王宁蛮府参军,历官至给事黄门使郎、秘书监,曾两次出使北朝。陈武帝时为散骑常侍。宣帝太建年间(569~582年),官至尚书左仆射、侍中、丹阳尹、中书监。

徐陵与庾信同为一代诗文宗匠,时称"徐庾"。作诗简练净秀,声调和谐,喜用典故,多为唱和之作。骈文也很讲究声调、对仗。有诗文集30卷,已散佚。今本《徐孝穆集笺注》是明人所辑,编选《玉台新咏》10卷,为现存较早的诗歌总集,其中有《孔雀东南飞》等古乐府名篇。南朝陈后主至德元年(583年)去世,享年76岁。

陈叔宝

陈叔宝(553~604),字元秀。吴兴长城(今浙江长兴)人,生于江陵。史称陈后主。陈宣帝太建元年(569年)被封为太子。陈后主至德元年(583年),陈叔宝剿灭其弟陈叔陵和堂弟陈伯固的叛乱,登上皇位。陈叔宝即位初,朝中大权被柳太后和陈叔坚掌握。陈叔坚虽然保驾有功,但仍受到陈叔宝的猜忌,罢免了他的职务,接着又将毛喜等大臣或贬或杀。陈朝谏官形同虚设,没一个人敢再进谏。陈叔宝从此任意妄为,赋役繁重,刑罚苛暴,大造宫室,雕饰侈糜,终日与宠妃狎客酣歌游宴,制作艳词,不问政事。陈朝朝中,小人当道,将朝政搞得一塌糊涂。南陈境内烽烟四起,到处都在反叛和起义。此时,隋朝正厉兵秣马,准备进攻陈朝。隋开皇八年(588年),隋大将杨素率军夜袭陈军,将其全歼,随后顺江而下,攻取陈地。沿江守军紧急报告朝廷,请求火速增援,但这些十万火急的战报,被陈叔宝身边的佞臣扣压,使得陈军贻误战机,处处被动挨打。陈叔宝不知军情如此紧急,不增兵防御,也不作抗敌备战,纵酒赋诗玩女人如故。开皇九年,隋将贺若弼和韩擒虎向陈都城建康(今南京)进攻。隋军已兵临城下,陈叔宝这时才知道丢了大片国土,立即派大将萧摩诃、樊毅、鲁广达等出征防御,但对他们又不放心,屡屡更换主将,使得陈军士气低落,被隋军一击即溃,隋军很快到达建康郊外。在形势十分危急的情况下,陈叔宝还不忘风流快活,竟与阵前主将萧摩诃的妻子通奸。萧摩诃大怒,不再为陈叔宝卖命。隋军攻破建康,陈叔宝周围的佞臣们丢下后主,如鸟兽散。有的则不战而降,引隋军来捉陈叔宝,结果在后宫胭脂井内,将陈叔宝、张丽华抓获。陈朝就此灭亡。陈叔宝被俘后,被拘于洛阳,直至隋仁寿四年(604)病死。杨广根据陈叔宝生前行为,追谥为"炀"。后来,因"炀"字被杨广本人占用,故史称陈叔宝为陈后主或长城公。

张　奫

张奫(约560~605),字文懿。淮阴人。隋文帝时军事家。他好读兵书,尤精于刀盾技击。北周时,乡人郭子翼秘密地引陈朝军队侵扰,张奫的父亲张双准备率子弟出击而犹豫不决,张奫果断赞成,并一举打败敌人。遂以"勇决知名"。先为本州主簿,隋文帝为相时,授张奫大都督,领乡兵。贺若弼镇守寿春时,常充任间谍,在平陈之役中颇有功绩,进位开府仪同三司,封文安县子,食邑800户,赏赐财物丰厚。过了一年多,率水军进破反叛的笮子游于京口、薛子建于和州。应征入朝,拜大将军。文帝"命升御坐而宴之,谓奫曰:'卿可为朕儿,朕为卿父。今日聚集,示无外也。'又予重赏。"不久,从杨素征江南,破高智惠于会稽、吴世华于临海,进位上大将军。历任抚、显、齐三州刺史,"俱有能名"。开皇十八年(598年),为行军总管,从汉王杨谅征辽东,诸军伤亡惨重,唯有张全师而还。文帝更加倚重。仁寿二年(602年)春,迁潭州总管。隋炀帝大业元年(605年),张奫病逝。

巢元方

巢元方(生卒年不详),隋医学家。隋炀帝时任太医博士,后迁太医令。隋大业六年(610年),奉诏在江都(今扬州市)主持编撰《诸病源候论》,又名《诸病源候总论》、《巢氏病源》,是中国现存最早的病因证候学专著。全书50卷,分病源67门,列证候1720论,全面论述内、外、妇、儿、五官、皮肤等科各种疾病的诊断和预后。该书认为,传染病"皆因岁时不和,温凉失节,人感乖戾之气而生病,则病气转相染易,乃致灭门,延及外人"。可用"预服药"加以控制。此书对中华医学发展影响极大,唐以后的许多医学著作多有引用,宋时还将此书列为专业医生的必修课本和医科学生的主要考试科目。新中国建立后,该书曾影印发行。

管 崇

管崇(?~613),晋陵郡(治今常州)人,隐居常熟。隋末江南农民起义首领。隋大业九年(613年)八月起兵反隋,派遣部将陆颛渡江,夜袭隋虎牙郎将赵六儿部,攻破隋军两营,夺得大批器械军备。义军初战告捷,士气大振,队伍迅速发展到10万,占领江左(今苏南、浙江)一带。又与在吴郡(今苏州)起兵的朱燮联合,接着又和余杭(今杭州)起兵的刘元进会师,进驻吴郡,建立反隋农民政权,推刘元进为主,称王子,设置百官,管崇、朱燮都任尚书仆射。毗陵(今江苏常州)、东阳(今浙江金华)、会稽(今绍兴)、建安(今福建建瓯县)等地群众纷纷响应。隋炀帝惶惶不安,派大将军吐万绪和柱国(都督)鱼俱罗率兵渡江南下,与义军相遇于茅浦,义军退守曲阿(今丹阳县),待栅为垒。管崇、朱燮屯兵常州,连营百里,坚持百余日,败退横山(今武进县境,另一说今苏州境内),朱燮与500多名义军战死,2万多义军及家属被俘。刘元进、管崇退守建安以待再战。隋吐、鱼两将认为"贼势浸盛,败而复聚,非岁月可平",加之"士卒疲敝",需"息甲待至来春",炀帝以"怯懦违诏"败衄罪,将俱罗处死,征吐万绪至行在,万绪于途中忧愤而死。另派江都郡丞王世充率淮南兵前来镇压，一过江就受到义军狙击，损失千余人，世充被迫退保延陵栅，义军手持茅草，顺风纵火焚烧隋营，不料风向突变，烟火扑向义军。隋军乘机反攻。管崇与元进在战斗中牺牲。义军3万为世充诱降，均被活埋于黄亭涧（在苏州西郊黄山，今又称横山）。余部继续在江南一带活动，对抗隋军，直至隋亡。

沈法兴

沈法兴（？~620），湖州武康（今浙江德清西）人。反隋起义军首领之一。世为豪强，宗族数千家。隋炀帝大业末年任吴兴太守，奉令与太仆丞元佑一起镇压东阳（今浙江金华）楼世干起义。隋义宁二年（618年）三月，隋炀帝被宇文化及缢死。沈法兴以讨伐宇文化及为名，挟持元佑号令远近，起精兵6万，攻占余杭、乌程、毗陵（今常州）、丹阳（今南京）等10余郡，自称江南道总管。五月，东都越王侗称帝；八月，他上表自称大司马、录尚书事、天门公，承制置百官。不久，越王侗被废，他称梁王，年号延康，建都毗陵。他自以为江南世族，从皆响服，南方各地不难抚平。由此骄横残虐，多疑嗜杀，将士离心。唐武德二年（619年）九月，李子通攻占江都（今扬州）称吴帝。武德三年，子通乘胜渡江占京口（今镇江），直逼毗陵。沈法兴连夜弃城逃走，所属郡县多归附子通。子通追击法兴，进占余杭，沈法兴及左右数百人败奔吴郡（今苏州）。吴郡义军派部将叶孝辩往迎。沈法兴中途反悔，想杀孝辩而投会稽（绍兴），被发觉后为叶孝辩所围。投江而死。墓葬于青墩（今武进雪堰镇青墩村）。

李子通

李子通（？~622），东海丞（今山东枣庄东南）人。农民起义将领。少时从事渔猎，以友爱互助见称于乡里。隋大业七年（611年），参加长白山（今山东邹平南）农民起义军左才相部。后因左嫉之，于大业十一年，自引余众渡淮南下，与起义军杜伏威部会合，抗击隋军，旋又与杜伏威决裂。后为隋军所败，转据海陵（今泰州市），扩充队伍，得众2万，自称将军。旋以海陵为都，建楚国，称楚王，建元明政，威胁着隋政权，支持全国各地的农民起义军。

唐武德二年（619年）八月，李子通自海陵出兵江都（今扬州城区），讨伐"扬州总管"陈稜。他采纳门下省长官毛文深之策，击破江都，于同年九月"即皇帝位，国号吴，改元明政"，是为建都于扬州城区的农民政权。武德三年，为占领江南富庶之地，渡江南征。李亲率大军渡江攻打沈法兴，一举占领京口（今镇江）、丹阳等郡县。是年六月，他第二次提兵到江南抗击杜伏威（武德二年降唐，任东南道行台尚书令、江淮安抚大使，封吴王）。由于丹阳失守，溧水战败，他弃江都，走太湖，迁都余杭（今浙江杭州）。武德四年十一月，杜伏威攻破余杭，吴国战败，李被俘，执送长安。次年七月，李逃出长安，拟再行举义，至蓝田（今陕西蓝田县东南）为关吏捕杀。

陆德明

陆德明（约550～630），名元朗，以字行。隋、唐间吴郡吴县（今苏州）人。经学家。早年受学于周弘正，善名理言，以经学著称于世。陈后主为太子时，征召各地名儒讲学于承光殿，年仅弱冠的陆德明应召前往。国子祭酒徐克（《新唐书》作孝克）开讲，敷经纵辩，以他的地位和辩才，众人没有敢同他争辩的，只有陆德明提出质疑，屡次驳倒徐克，"举坐咨赏"，于是被任命为始兴国的左常侍。陈朝灭亡后，他回到故乡。隋炀帝即位后，陆德明被征为秘书学士。大业（605～618）中，炀帝广召明经之士，使陆德明与鲁达、孔褒等聚会门下省，共讨质难，都没有超过陆德明。不久，升为国子助教，并入殿授经。

隋亡，秦王李世民辟文学馆，陆德明为文学馆学士，并以经教授中山王承乾。后补太学博士。唐高祖李渊举行释奠典礼，由博士徐文远、沙门惠乘、道士刘进喜分别讲《孝经》、《波若经》、《老子》，陆德明对三人提出诘难，"各因宗旨，随端立义，众皆为之屈"。唐高祖十分赏识陆德明的才识，认为"三人者诚辩，然德明一举辄蔽，可谓贤矣"，因而赐帛50匹。唐贞观元年（627年）拜国子博士，封为吴县男。贞观四年去世。唐太宗阅陆德明著作，甚表嘉许，特赐其家布帛200匹。其论著甚多，有《老子疏》15卷、《庄子文句义》20卷、《周易文句义疏》24卷、《文外大义》2卷、《经典释文》30卷等。其中《经典释文》最著名，是书博采汉魏、六朝音切230余家以及诸家训诂，考证各版本异同，斟酌而成，为汉魏、六朝以来研究经典音义之总汇。其治学方法，对后世吴派经学影响甚大。《旧唐书》、《新唐书》均有传。

陆柬之

陆柬之(585~638),吴郡吴县(今苏州)人。唐代书法家。官至太子司议郎、崇文侍书学士。陆柬之书法早年宗法其舅、唐初四大书法家之一的虞世南(另三人为欧阳询、褚遂良、薛稷),后又习智永,并追学王右军之法。晚年更是上溯"二王",又自成一体,作风飘逸和畅。正、隶、行、草,各体兼长,张怀瓘称其书"隶、行入妙品,草入能品",其书有"一览未察,沉研始精"之妙。与欧阳询、褚遂良齐名,传世墨迹甚少,仅有《陆机文赋》、《兰亭诗》及刻本《头陀寺碑》等。其中《陆机文赋》笔致圆浑温润,而又骨力遒劲,字形大小长短和谐,真草自然相生,开合紧疏变化不拘,章法古雅而又豪迈,有蕴藏含蓄之美,为历代书法的稀世精品,世称"二陆"文赋。其真迹现藏中国台湾故宫博物院。柬之传子陆彦远,彦远又传其甥张旭,均以书法著名于世。

孙过庭

孙过庭(生卒年不详),字虔礼。自署吴郡吴县(今苏州)人(一说陈留(今河南开封)人,或说富阳(今浙江富阳)人)。唐书法家、书法理论家。官率府录事参军,识通古今,独秀文华。书工真、行、草,尤以草书著名。师法王羲之,笔势纵横,墨法精妙。张怀瓘《书断》评其书谓:"草书宪章二王(羲之、献之),工于用笔,隽拔刚断,尚异好奇,凌越险阻,然所谓少功用,有天材。"曾作《运笔论》得书之旨趣。今存手书墨迹《书谱》,唐垂拱二年(686年)所撰,阐述真草书法,见解精辟。藏于中国台湾故宫博物院。

曹 宪

曹宪(约541~645),江都(今扬州)人。训诂学家、文选学家。隋时,为秘书学士。每聚众教授,受业者常数百人,当时公卿以下亦多从之学。宪精于诸家文字之书,自汉代杜林、卫宏之后,古文泯绝,至宪此学复兴。曾于大业中,受炀帝命与诸学者搜集淮南地区文学精作,编为《桂苑珠丛》100卷,时人称其赅博,惜此书今已不传。宪又训注张揖所撰《博雅》(即《广雅》，为避炀帝杨广讳，改"广"为"博"，分为10卷，藏于秘阁）。另著《扬州记》1卷、《古今字图杂录》1卷、《文字指归》4卷、《小学总录》2卷，均已不传。

曹宪始以梁昭明太子与诸学士所编《文选》授诸学生，并撰《文选音义》，于是文选之学大兴。江淮间为《文选》学者，皆源于宪。

唐贞观年间，扬州长史李袭誉上表荐曹宪，太宗以弘文馆学士诏征，宪以年老不仕。太宗乃遣使到他家拜其为朝散大夫，并赐帛300匹。太宗读书遇有难字，常录下遣使问宪，宪皆为之音训，并引证明白，太宗甚奇之。贞观十九年（645年）去世，享年约104岁。

刘德威

刘德威（？～652），隋至唐代人。其人仪表堂堂，做事干练，崇尚气节。隋炀帝末年，刘德威跟从裴仁基讨伐淮地农民起义军，受到隋炀帝嘉奖。

唐时，刘德威被提升为左武侯将军，并封为滕县令。唐高祖下令叫他攻打刘武周，结果被刘武周俘虏。刘武周令他率队巡行，使土匪降服。他趁机逃了出来，并将敌营虚实一一报告唐高祖。

唐太宗初年，刘德威先后担任大理卿和绵州刺史。因他廉洁奉公，百姓为他立碑颂德。不久，他任检校益州大都督府长史，入为大理卿。唐太宗问他说："我们的刑法很严，还有人犯法，这是什么缘故？"他回答说："问题在上级，不在下级，下级或宽或严，完全看上级的眼色行事。现在坐享其成的没有什么过失，有建树和有成就的人反而有罪，这样怎能叫各级官吏信服呢？"唐太宗认为他说的话很对。后叫刘德威做刑部尚书，检校雍州别驾，又拜授为同州刺史。唐永徽三年（652年）去世，赠礼部尚书、幽州都督，按他生平事迹，谥曰"襄"。

法　融

法融（594～657），本姓韦。润州延陵（今丹阳延陵镇）人。唐朝高僧，牛头宗创始人。19岁入句容茅山三论宗炅法师剃度，后从大明法师钻研三论及《华严》、《大品》等经。唐贞观十年（636年）入牛首山幽栖寺，于北岩主禅室，潜心修观。曾开讲《法华经》、《大集经》。唐显庆二年（657年）圆寂,终年63岁。著有《心铭》、《绝观论》等。他主张:"心性不生,何须知见;本无一法,谁论熏炼?"认为:"菩提本有,不须用守;烦恼本无,不须用除。"他继承江东的般若"本来无"的传统,创"牛头宗",为初祖,尊称"东夏达摩",后传六世,为牛首六祖,故该寺之山得名"祖堂山"。又法融在该寺之北岩讲经,百鸟献花(一说得凝冰中现芙蓉花),此岩后得名"献花岩"。

上官仪

上官仪(约608~664),字游韶。陕州陕县(今河南陕县)人。父上官弘为隋江都宫副监,因家于扬州。初唐诗人。隋大业末年,其父为叛军所杀,仪时幼,藏匿获免。私度为沙门,涉猎经史。唐贞观初,举为进士。高宗继位,官至西台侍郎,同东西台三品。曾参与撰写《晋书》。擅长五言诗,多为应制、奉和之作,诗风绮丽婉媚,士大夫多效之,称"上官体"。又归纳六朝以来诗歌中对仗方法,创"六对"、"八对"之说,于律诗形成颇有影响。《全唐诗》收录其诗1卷20首,《全唐文》辑其文20篇。另有文集30卷。

道 宣

道宣(596~667),俗姓钱。隋文帝开皇十六年(596年)出生。丹徒人。唐代高僧。因常居终南山研究佛学,弘传戒律,世称南山律宗,为中国佛教律宗之南山宗创始者。15岁依长安日严寺智频律师受业,20岁从弘福寺智首律师受具足戒,听其传授《四分律》。从此参学四方名师益友,博览诸家学说,潜心研究律学理论,完成五部重要论著。唐贞观六年(632年)入终南山丰德寺,后即长居此山,与同居山中的孙思邈结为林下之交。

唐太宗时,高僧玄奘远游印度,回国时带回经论650余部。贞观十九年,参与唐玄奘设在西明寺的译经场工作,在译经的过程中,思想受玄奘影响,成为西明寺上座,倡立心性为戒体之本说。高宗麟德二年(665年),他在终南山开设戒坛,为当时佛界盛事。

道宣学识渊博,编著甚多,著作计35部,188卷。除律宗五大论著外,以《广弘明集》30卷和《续高僧传》影响最大。《广弘明集》是一部佛教文献汇编,《续高僧传》则是研究梁至唐初佛教史的书籍,都是研究中国古代佛教史的重要文献资料。余尚有《律部疏抄》、《释迦方志》等较为著名。

其弟子达千人，主要分为两大支：一支由周秀继承，传至宋元明清不绝；一支由文纲、道岸到鉴真，传至日本。怀熹亦是其有名弟子之一。

唐乾封二年（667年），道宣坐化，享年71岁。

王义方

王义方（615～669），唐泗州涟水县（今涟水县）人。唐初谏臣、高士。自幼家境贫寒，但他勤学苦读，能熟读"五经"。为人正直高尚，很受乡人推崇。20岁时，被荐为明经。在赴长安考试途中，遇前去探问父亲病情的人，慨然赠马，自己则徒步前行。考试后，任晋王李治府的参军。魏徵十分器重他的品德与才学，请人作媒，想将内侄女许配给他，他婉言辞谢。不两年魏徵病故，他甚为悲痛，且请人说媒，娶了魏徵的内侄女。时人多不解其故，他说："过去不娶，是我不愿依附宰相的权势，现在娶了，是为了报答宰相生前对我的看重。"不久因受刑部尚书张亮案件的牵连，被贬至海南吉安。他在那里讲解儒家经书、中原礼仪，很受地方首领尊敬。

唐显庆元年（656年）升任侍御史。时李义府倚仗皇帝宠信，专权枉法，擅自令大理寺长官毕正义释放美丽妇人淳于氏占为己有。王义方在得到母亲的支持之后，上书弹劾。唐高宗大怒，将他贬为山东莱州司户参军。任满后，奉母亲在昌乐县安了家，以教授生徒为生。著有《笔海》10卷、《文集》10卷。

李 善 李 邕

李善（约630～689），扬州江都（今扬州）人。唐代《文选》学家。邕为李善子，字泰和。因其曾官北海郡太守，又称"李北海"，唐代著名文学家和书法家。

《旧唐书》称李善"方雅清劲，有士君子之风"。《新唐书·文艺传》则云："有雅行，淹通古今。"善之文章闳括瑰丽。唐高宗显庆年间（656～661年），补太子（李弘）内率府录事参军、崇贤馆直学士，兼潞王（李贤）侍读。其间，开始著《文选注》。龙朔元年（661年），李贤徙封沛王，善擢为沛王府记室参军转秘书郎，后为泾城（今河北省威县北）令。咸亨二年（671年）因受武后侄贺兰敏之案牵累，流配姚州（今云南姚安北），上元元年（674年）

方遇赦得还。晚年居汴（今开封）、郑（今郑州）间，以授《文选》为业。善为《文选》学大师曹宪之得意门生，他以毕生精力完成《文选注》，凡60卷，使唐代的《文选》学发展到极致。善所注《文选》，征引繁富，疏征详明。引书达1689种，其中许多古籍后来已亡佚，赖以李善注书存其片段，成为辑佚、校勘、训诂的重要资料，为后世学者所推崇，对《文选》的传播产生极大的影响。

李邕(678~747)，字泰和。唐代书法家，文学家。字泰和。李善之子。幼承家学，早有文名。他自小养成豪侠性格，禀性刚毅，慷慨助人。他因词高行直而为内史李峤和监察史张廷珪举荐拜为左拾遗，开始走上数经波折的宦途。上任不久，御史中丞宋璟弹劾武则天宠臣张宗昌兄弟有不顺之言，请求予以处置，武则天有意庇护，欲不应，邕却在殿前大呼"事关社稷，望陛下可其奏！"武则天只得表示同意。神龙元年(705年)，中宗即位，因张柬之复唐事，坐贬为富州（今贵州昭平）司户。先天元年(712年)，玄宗登基，擢邕为户部员外郎，旋因宰相姚崇忌才而迁括州（今浙江丽水东南）司马，后起为陈州（州治今河南淮阳）刺史。开元十二年(724年)，因向玄宗所献词赋很受赏识，遭中书令张说妒恨，被诬告贪赃枉法，下狱当死。许昌孔璋上表代死营救，得免死罪，再贬为遵化（今河北遵化县）尉，累转为括州、淄州、滑州刺史；天宝初年，又迁为汲郡、北海郡太守，在北海太守任时，郡有妇人为报夫仇刺杀仇人后投案自首，按律当处死罪，邕却嘉其勇，特上奏请赦妇人罪，妇得幸免。李白特为作《东海有勇妇》诗。天宝六年(747年)，奸相李林甫为泄私愤，竟妄加罪名，派人赴北海棒杀李邕。

邕长于文，尤擅碑颂，所为诗赋，大诗人李白、杜甫等都很欣赏。邕生平为文甚多，《旧唐书》本传谓有文集70卷，可惜宋时大多已散佚，仅《全唐文》、《全唐诗》等存其诗文少量。邕在书法史上的地位很高。刘熙载《艺概》卷5《书概》说："李北海书气体高异……使人不敢以虚恬之意拟之。"他取法"二王"，更加以创造，笔势刚劲，气韵沉雄，在唐初书法界别开生面，当时就很受器重。其传世碑帖有《麓山寺碑》、《云麾将军李思训碑》等。邕尽管仕途淹蹇，但因其书法文辞俱佳，士大夫仍望风寻访，重金求其文其字，竟至润笔之资积逾巨万。他与李白、杜甫有诗唱和，甚为交好。

张若虚

张若虚(约660~约720),江都(今扬州)人。唐代诗人。从小致力于诗文学习。青年时代,就以擅长写诗闻名。他做过兖州兵曹,与越州贺知章、湖州包融、苏州张旭齐名,被誉为"吴中四士"。他的诗先是在南方有很大的影响,以后,他进京求官,又以"文辞俊秀"而"名驰京师"。但是,他"虽有文章盛名",却"流落不偶",在仕途上并不得意。他的生平也因之不见于史书。然而,经过千百年历史长河的大浪淘沙,他以著名的诗篇《春江花月夜》而垂名后世。前人曾评之为"孤篇横绝,竟为大家"。闻一多也对这首诗极为赞赏,说"这是诗中之诗,顶峰上的顶峰"。

在诗歌体裁上,他继承骆宾王等"初唐四杰"的改革精神,进一步发展七言歌行。《春江花月夜》一诗,以四句为一组,婉如一首首极富声韵之美的七绝,使这种诗歌的体裁,不仅形式上超越四杰之外,在风格意境上也直接与南方民歌联系起来。闻一多认为他从形式上为盛唐诗歌的繁荣开拓了道路,从李白、杜甫的作品中,都能看出受他影响的印迹。他另外尚有一首《代答闺梦还》传世。

刘知几

刘知几(661~721),字子玄,晚年以字行。彭城(今徐州)人。唐史学家,中国史论学的鼻祖。12岁时,父刘藏器为他讲授《左传》。此后一年多,他便读许多史书。永隆元年(680年)中进士,任获嘉县主簿。

武后证圣初,刘知几上书讥笑朝廷每年一赦或一年两赦的政策,提出"君不虚授,臣不虚受;妄受不为忠,妄施不为惠"的观点,且提出"课功殿,明赏罚"的办法。武后很欣赏他的直率,但却不肯重用他。后又作《思慎赋》以讽刺时政。圣历二年(699年),刘知几任定王府仓曹,并奉命与李峤、徐彦伯、徐坚、张说等共同编写《三教珠英》。长安二年(702年),任著作郎,兼修国史。此后6年间,职务虽屡有变动,但终未脱离修史工作。景龙二年(708年),专掌修史,迁秘书少监。当时韦巨源、纪处讷、杨再思、宗楚客、萧至忠都领监修职衔。他认为长官太多意见不易统一,再加上他修史不甚得意,便上书给中书郎萧至忠,具言官修史书之弊,并提出辞职请求。

他认为官修史书有"五不可":一是修史部门机构臃肿,各自为政,效率极低;二是平时不注重积累资料,各部门也不报送材料,只是靠史官自己采访;三是作者人多语杂,如对人物有所褒贬,往往这边还没有搁笔,那边却已传遍朝野,从而引起某些人对史官的嫉恨;四是监修太多,意见分歧,使人无所适从;五是监修人不能统筹安排,修史的人又无所遵循,得过且过,相互推诿,拖延时间。萧至忠觉得他有才干,未批准他的辞职请求。

后他改任太子中舍人,兼任修文馆学士。他在史馆修史,深感不能秉笔直书,遂私撰《史通》,景龙四年成书。全书共49篇,内篇36,多论史书源流、体例和编撰方法;外篇13,多论史官建置沿革及史书得失。这部书论及修史,强调直笔,史官必须不畏强暴,这对后世史学产生深远影响。时人徐坚读后大加赞赏,认为修史者应把它作为榜样。当时,礼部尚书郑惟忠曾问他:"自古来文士多而史才少,是何缘故呢?"刘知几答道:"修史的人必须具备三个长处——才、学、识,而世人很少能兼而有之,故史才少。有学无才,就像愚笨的商人,虽有大量资金,却不会营运生利;有才无学,则像一个巧工匠没有木材和斧子,同样不能建成宫室。秉心正直,善恶必书,使骄主贼臣知所畏惧,这对史官来说尤为重要。"

开元九年(721年),刘知几去世。数年后,玄宗读到他的《史通》,倍加推许,追赠他为汲郡太守,不久追赠工部尚书,赐谥"文"。

周 广

周广(生卒年不详),唐开元时吴县人。医学家。受业于吴郡名医纪朋,精望诊,观人颜色,谈笑间便知疾病之深浅,决断精确,屡获奇效,名声大振。唐玄宗李隆基闻其名,召至京师长安,专为文武官员及宫中人治病。其医术高明,唐玄宗亦惊叹其断病如神,重礼奖赏,并欲授以官爵。周广坚辞不就,固请回吴中,皇上不违其意,遂许其还乡隐居,故人称隐士。

张 旭

张旭(658~747),字伯高,一字季明。唐代吴(今苏州)人。书法家。与包融及贺知章、张若虚号称"吴中四友"。官至金吾长史,后世称"张长史"。工书法,精爱楷书,尤以草书名世。嗜酒,常于大醉后呼叫狂走而后落笔;甚至以发濡墨而书,醒来以为神笔,不可复得,故称"张颠"。所书"狂草"逸势奇状,潇洒豪放,连绵回绕,别具一格。自言"始见公主、担夫争道,又闻鼓吹,而得其意,观公孙大娘舞剑器而得其神",人们尊为"草圣"。颜真卿曾向他请教书法。文宗时诏以李白诗歌、斐旻剑舞与张旭草书为"三绝"。能诗,长于七绝。正书有碑刻《郎官石柱记》,草书散见历代集帖中,墨迹草书有《古诗四帖》,藏辽宁省博物馆。真书石刻《郎官石记序》,被董其昌刻入《戏鸿堂帖》,藏上海市博物馆。

杨惠之

杨惠之(生卒年不详),唐代吴县吴山张古村人,一说香山(今胥口乡)人。唐开元天宝年间(713~756年)雕塑家。先学画,与吴道子同师张僧繇笔法;后专攻雕塑,成为天下第一雕塑手,与"画圣"吴道子齐名,时有"道子画,惠之塑,夺得僧繇神笔路"之说。其塑像能抓住人物的外形与神情特征,生动传神,曾在京兆府塑名优留杯亭像,像成之日,并加装染,放之大街上,面向墙壁,过路人看其背影即能辨认出是留杯亭,其神巧可知。还曾创造千手观音像。他继承"影塑"和"浮塑"技巧,创制出"塑壁"新形式,塑出云水、岩岛、树石以及佛像等,散置其间,对后世塑像艺术影响甚大,被尊为"塑圣"。其作品主要有京兆府长乐乡北太华观玉皇大帝尊像;汴州安业寺(即大相国寺)净土院大殿内佛像和枝条千佛,东经藏院殿后三门两神像、维摩居士像;河南洛阳广爱寺三门五百罗汉像;陕西临潼郿山福岩寺塑壁;昆山慧聚寺大殿佛像;吴县甪直保圣寺罗汉像相传出自其手。著有《塑诀》,已佚。

王昌龄

王昌龄(约698~约756),字少伯,别称"王江宁"。江宁(今南京)人,一说京兆(今陕西西安)人,又一说山西太原人。唐朝诗人。开元十五年(727年)进士,授秘书省校书郎,开元二十二年登博学鸿词科,迁汜水尉。开元二十七年被贬岭南,经襄阳,孟浩然有《送王昌龄之岭南》诗,开元二十八年冬任江宁丞。岑参有《送王大昌龄赴江宁》诗。天宝七年(748年),再贬为龙标尉(治所在今湖南黔阳县城),后因安史之乱回乡,约于至德元年

(756年)行至亳州,触忤濠州刺史间丘晓,为其所杀,终年约58岁。

王昌龄是盛唐最负盛名的诗人之一,写作七言绝句的圣手,和李白同为唐诗七绝之冠,被誉为"诗家天子王江宁"。诗作主要描写边塞生活和妇女生活两种题材。如《出塞》:"秦时明月汉时关,万里长征人未还。但使龙城飞将在,不教胡马度阴山。"集中表达了将士和人民的共同愿望,气势雄浑,格调高昂,韵味无穷,被明时名人高攀龙誉为"唐人七绝的压卷之作"。前者代表作为《从军行》和《出塞》;后者代表作为《闺怨》、《长信秋词》。他任江宁令达七八年之久,曾写有不少描绘江南绮丽风光的诗歌,其中《芙蓉楼送辛渐》、《采莲曲》等,为诗史上难得的佳作。他的诗作,风格或雄浑,或含蓄,或明快,语言富音乐性。原有集5卷,已佚,今存诗180余首。集有《王昌龄集》。

萧颖士

萧颖士(709~760),字茂挺。晋陵(今武进)人。梁武帝八世孙。唐代散文家、诗人。开元二十三年(735年)中状元。天宝初,任秘书正字,奉旨搜集遗书,因未及时完成任务而被撤职。留濮阳收弟子授业,人称"萧夫子"。后被召回,任集贤院校理官职。宰相李林甫邀见,他因父丧身穿孝服前往,林甫忌恨,调任广陵参军。由史官韦述推荐,召入史馆待制,不久又被李林甫免官。李林甫死后,起任河南府参军。永王乱平,淮南节度使表为扬州功曹参军,到任住了两夜就离去。乾元三年(760年),因归葬先人,客死汝南。门人谥为文元先生。

他高才博学,通百家谱系及书籍学。乐闻人善,以奖掖后进为己任,由他举荐而成名者数十人。又与颜真卿、李华等8人友善至交,为人所称誉。文章与李华齐名,合称"萧李"。他自谓"平生属文,极不近俗,凡所拟仪,必希古文";"魏晋以达,未尝留意"。他甘于淡泊,作诗常借题发挥其愤世嫉俗之情,风格峻逸峭拔。著录有《梁萧史谱》20卷,《游梁新集》20卷,文集10卷。《全唐文》存其文27篇。后人辑有《萧茂挺文集》1卷(四库全书本),曾刻入盛氏《常州先哲遗书》。

鉴 真

鉴真(688～763),俗姓淳于。唐江阳县(今扬州市)人。唐高僧。少时禀赋聪颖。唐长安元年(701年),他出家大云寺,从智满禅师为沙弥。18岁时,由应邀到扬州的南山律宗开创人道岸(小雁塔的监造者之一)授菩萨戒。20岁,为扩展视野,参学各方大师,他随道岸去当时的佛教中心长安(今西安)及洛阳。期间,他历访丛林,遍参高僧,又常进入国子监听讲,潜心佛典,苦读玄奘翻译的佛教小乘经典以及佛教律宗南山宗的《南山律钞》等书,著述《佛性论》、《顺义说》。他还学习五明医学药典,出入皇宫的太医署求教;另外他认真观摩学习两京建筑、雕刻、书画、音乐方面的宝藏。当他登坛讲律时,"究本探源,宣扬弘法,僧俗愧之不如"。由于他过人的才学,21岁时即由高僧弘景禅师为之登坛授具足戒,27岁时已成为精通律义、学有所长、知识渊博的名僧。他在长安期间,接触到不少不远万里来到中国的外国僧侣,被他们为宗教理想不辞劳苦的精神深深感动。开元二年(714年),回扬州大明寺,同年夏主持大明寺法会,开始从事弘法传道活动,并在江淮间兴戒坛、缮道场、建寺舍、造佛像、修塔宇、讲法阐律、写经刻石、广施医药、普济众生,先后为4万余人受戒,有35位弟子成为著名僧寺的律师。可谓泽及遐迩,道俗归心,被仰为"江淮化主"。46岁时,已成为佛教律宗的集大成者、全国众望所归的授戒宗主和名满天下的律学权威,在佛教界享有极大的声誉。

公元7世纪,佛教在日本已相当流行,但仍有弊端,亟盼有高僧去讲习,帮助建立完善的授戒制度,而同时唐玄宗则不时实行崇道抑佛政策。在这样的形势下,天宝元年(742年),日本学问僧荣睿、普照慕名来大明寺叩求鉴真前往日本做导师。他们态度真诚,使鉴真相信"日本确是兴隆佛法的有缘之国",遂应允其事。有僧人认为,"日本路途遥远,惊涛骇浪,百无一至";且"大千世界,降生中土,尤为难得",一时无人愿与其同行。他慨然道:"是为法事也,何惜身命?诸人不去,我即去耳。"祥彦、道航、如海等21名门徒见大师语气悲壮、去意已定,便自愿追随他前往日本。但五经波折,未能到达日本。

天宝十二年,日本第十次遣唐使团来扬州延请鉴真东渡法律。适婺州(今浙江金华)仁幹禅师来扬,遂以其船供鉴真东渡。当年七月十九日(753

年8月22日)夜,从龙兴寺出发至江边,乘船至苏州黄泗浦,转登日本使船。于十一月十五日扬帆东去。同行者有普照、思托、法成、昙静、法载等僧人14名,以及居士潘仙童、瞻波国人善听、胡国人安如宝等10人。随带有佛经多部、王羲之父子行书等名家法书帖,还有佛像、舍利、金塔模型等大批很有价值的物品。历时一个多月,于十二月二十日(754年1月17日)抵达日本九州的萨摩国阿多郡秋妻屋浦(今鹿儿岛),结束十余年的艰苦行程。此时,鉴真已是66岁高龄的失明老人。

天宝十三年二月,鉴真一行安置东大寺,日本朝廷的公卿武士及大僧人一一前来礼拜。日本太上皇圣武天皇和孝谦女帝下诏"大德和上远涉沧波,来投此国,诚副朕意,喜慰无喻……自今以后,传授戒律,一经大德"。并敕授"传灯大法师"经,后又诏授"大和上"称号,给其以前所未有的尊崇和隆重礼遇。四月,他于东大寺卢舍那殿前立戒坛,为太上皇、皇太后、皇子登坛授菩萨戒,又为沙弥澄修等440余人授戒,是为日本佛教徒登坛授戒之始。从此,"日本律仪,渐之严整,师师相传,遍于环宇"。唐肃宗乾元二年(759年),鉴真率弟子普照、思托等在奈良建成由淳仁赐敕额的唐招提寺,并由东大寺移居于此,传布律宗,弘扬佛法,招提寺遂成日本律宗之祖庭,鉴真亦有扶桑律宗太祖之称,对日本佛教事业的发展作出了贡献。鉴真还对日本的建筑、雕刻艺术有很大影响,唐招提寺成为日本"国宝";他带去的一些技艺,逐渐融进日本的民间艺术之中。鉴真精"医方明",他济人无数,深受日本人民喜爱。淳仁天皇曾使其辨药之真伪,他以鼻辨之,一无错失。著有医书《鉴上人秘方》,其中尚有少数药方传世。

广德元年(763年)春,弟子思托、忍基为鉴真模影立像,其像形仪端穆。同年五月六日(763年6月21日),他结跏趺坐,面西而卒,终年75岁。广德五年,日本国使遣唐,扬州各寺僧众闻其寂化消息,同着丧服,向东举哀3日,又在龙兴寺设大斋会,以示悼念。

储光羲

储光羲(707～约766),祖籍山东兖州,金坛县白塔乡庄城人。盛唐山水田园诗派的重要作家之一。唐开元十年(722年)前后,随父宦游至兖州。不久贡入长安,应进士不第,入太学为诸生。开元十四年中进士,又奉诏书入中书试文章,制科及第,为一时之秀。继而授冯翊(今陕西大荔县)县尉。

又转汜水（今河南荥阳汜水镇）、安宜（今江苏宝应县西南）、下邽（今陕西渭南县东北）任县尉。约于开元二十一年辞官返乡，作诗《游茅山五首》等。后入秦，隐于终南山，与王维递相唱和，遂有"储王"并称之誉。约天宝六年（747年）任太祝，世称储太祝。约天宝九年，任监察御史。未几奉使至范阳（今北京城西南）。时安禄山正蓄谋叛乱。他途经邯郸，作《效古》二首和《观范阳递俘》等诗，忧时怨君，语意真切。安史乱起，叛军攻陷长安，他被俘逼受伪职，后脱身归朝。至德二年（757年），因在安禄山攻陷长安后任职，遂下狱，遭贬谪，宝应元年（762年）遇赦。约于大历元年（766年）病逝，葬于白塔乡庄城。《四库全书总目》评其诗"源出陶潜，质朴之中，有古雅之味，位置于王维、孟浩然间，殆无愧色"。著有《正论》15卷，《九经外义疏》20卷。《新唐书·艺文志》著录其文集70卷，皆亡佚。《真斋书录解题》著录有《储光羲诗集》5卷，今存。《全唐诗》录其诗4卷200余首。

皇甫冉

皇甫冉（约717～约770），字茂政。润州丹阳人，郡望安定（今甘肃泾川）。唐诗人。冉10岁能属文，15岁时深得张九龄叹赏，称其文清颖秀拔，有江淹、徐陵之风。后又获萧颖士、李华奖掖。玄宗天宝十五年（756年）登进士，因对策第二而授无锡尉。"安史之乱"后为左金卫兵曹参军。广德二年（764年），宰相王缙出任河南元帅，召其入幕府，为掌书记。大历二年（767年），入朝为左拾遗，转左补阙。与刘长卿、严维、刘方平相善，相互唱酬。后奉使江南，至丹阳省亲，卒于家。冉工诗，时人比之为张载、张协。其诗除少数几篇对安史之乱有所反映外，大多为应酬、写景之作。五七律风格清迥，为时所重。其《归渡洛水》、《巫山高》等是历来传诵名篇。刘禹锡过巫山时，见前人题诗甚多，乃去千余首，只留沈佺期、王无竞、李端、皇甫冉所题四首。胡应麟认为，这四篇中以皇甫冉之作最好。其弟皇甫曾编定《皇甫冉诗集》3卷，计350篇。高仲武称其诗"巧于文字，发调新奇，远出情外"。《全唐诗》录存其诗230首，编为2卷。《全唐诗外篇》及《全唐诗续拾》补其诗6首。《全唐文》存其文4篇。

独孤及

独孤及(725~777),字至之。河南洛阳人,唐代文学家。天宝末年举进士。其文章与李华、萧颖士并称"词宗","翰林风动,名振天下"。历任华阴县尉、江淮节度使府掌书记、左拾遗、礼部员外郎、濠州刺义、舒州刺史,大历九年(774年)任常州刺史。大历十二年四月二十九日卒于任,《新唐书》有本传。世人称"独孤常州"。

唐代,常州为"江左大郡,兵食之所资,财赋之所出,公家之所给,岁以万计。(独孤)公削其烦苛,均其众寡,物有制事有伦,刑罚罕用";"比及三年,吏不忍欺,路不举遗,年谷屡熟,灾害不作"。因病暴卒,"行路恸哭,罢市者相吊逾月,送葬者数千人",十月归葬河南寿安县。

独孤及有遗文300篇,安定梁肃编为《毗陵集》20卷,有虔州刺史李舟序、梁肃后序;明刻本有吴郡祝允明跋。清乾隆五十六年(1791年),中书舍人武进赵怀玉校纂重刻"亦有生斋校本"4册,经赵悉心校勘,并收附录、补遗若干篇,堪称善本。

独孤及以古文名世,长于议论,反对骈偶藻丽的文风。清皇甫提《谕业》评独孤之文称:"如危峰绝壁,寄倚霄汉,长松怪石,颠倒溪壑。"唐权德舆称其文"立言遣辞,有古风格,浚波澜而去流荡,得菁华而无枝叶"。对后来古文运动的倡导者韩愈有较大影响。赵《序》云:"退之(按:退之、昌黎皆指韩愈)起襄,卓越八代,泰山北斗,学者仰之。不知昌黎固出安定(按:梁肃)之门,安定实受洛阳(按:独孤及)之业。"文风一脉,源渊于此可见。

武进东南35公里有独孤山,山有独孤泉、独孤洞,相传系独孤遗迹。

颜真卿

颜真卿(709~785),字清臣。京兆万年(今陕西西安)人。唐大臣、书法家。出身官宦之家。少时家贫,3岁时父已亡,随母勤奋读书,刻苦习字,文采出众。26岁举进士,任泉尉、长安县令,擢殿中侍御史,后因遭宰相杨国忠排斥,出为平原(今山东平原)太守,世称颜平原。天宝十四年(755年),安禄山作乱。他联络从兄颜杲卿起兵反抗,响应者17郡,被推为盟主,合兵30万,迫使叛军不敢急攻潼关。

唐至德元年（756年），颜真卿受封为丹阳县子。肃宗时，他辗转入京，历官太子太师，封鲁郡公，史称"颜鲁公"。乾元元年（758年），迁昇州（今南京）刺史兼浙江西道节度使。他为官"清严正直，风采凛然，人莫敢干之以私"。在任期间，他以"帝王之德莫大于生"为题，向皇帝进献《乞御书题天下放生池碑额表》，建议自洋州（今陕西地区）至昇州江宁秦淮太平桥，临江沿城上下五里各置放生池一处（共81处），放生内容扩大到鸟兽、鱼鳖、昆虫、植物，欲使天下百姓皆知皇帝的"仁慈好生之德"及于万物，使"仁爱好生之风"垂于永世。皇帝亲批："予嘉乃意，所请者依。"旨意下达后，他亲自撰写《有唐天下放生池碑铭并序》，又镌刻擘窠大字"环海为池，周天布泽，动植依仁，飞沈（即沉）受获"及"鱼极乐园"的碑石。上元元年（760年）三月，他将江宁城西清凉山侧的乌龙潭辟为江宁放生池。后又在今笪桥、夫子庙等地建放生池多处，并刻有鲁公书写的碑文。同年离任。后又于大历六年至七年（771～772年），再度来江宁。其间，曾在溧水偶遇诗人刘太冲（刘太冲曾随颜真卿抗击安禄山），挥毫写下《送刘太冲叙》赠给友人。后人为祀颜真卿及所有有功德于放生者，在乌龙潭西建了放生庵，池前建颜鲁公祠，祠内还置有颜真卿亲笔书写的《天下放生池碑铭》。宋宁宗庆元五年（1199年），溧水县丞戴援将《送刘太冲叙》据帖请石工模刻上石，这是颜真卿在南京留下的一篇重要行书作品，后石刻已毁，现有拓片存世。

唐德宗时，淮宁节度使李希烈叛乱。贞元元年（785年），因宰相卢杞衔恨于颜真卿，遣其前往李希烈处劝谕，遂被叛军缢杀，享年76岁。

颜真卿善书法。其书法初学褚遂良，后学张旭笔法。正楷端庄雄伟，气势开张；行书遒劲郁勃，古法为之一变，人称"颜体"。他的传世碑刻以《多宝塔碑》、《麻姑仙坛记》、《颜勤礼碑》、《颜家庙碑》等为著。行书有《争坐位帖》。书迹有《自书告身》等。后人辑有《颜鲁公文集》。南京所存颜真卿的书法作品，除文中提及者外，在今灵谷寺还存有三绝碑，相传上刻吴道子画的志公像、李白写的赞和颜真卿写的字。

戴叔伦

戴叔伦（732～789），字幼公，一作次公，又作名融。郡望谯国（今安徽亳州），籍贯金坛县城西乡南窑村。唐诗人。他出身于学者兼隐士之家，幼年诗文苦读。稍长拜著名文学家萧颖士为师。人传诸子百家过目不忘，曾以"文学政事见称萧门","为门人冠"。唐肃宗至德元年(756年),与亲族避乱于鄱阳(今江西鄱阳)。战乱稍平,赴京游学应试。大历元年(766年)前后,为户部尚书充诸道盐铁使刘晏赏识,在其幕下任职。大历三年,由刘晏表荐,任湖南转运留后。次年春,至涪州(今四川涪陵)督赋。大历十二年左右,改任河南转运留后。建中元年(780年),出任浙江东阳令,他抑权豪,劝农桑,民赖富庶,政通讼简,奏课为浙东之最。贞元元年(785年),改任抚州(州治在今江西临川县)刺史。时州民争灌溉,便作均水法(按各户田亩的大小、远近和农田的实际需水量分配水量的方法),便利民众,耕饷日增,诏书褒美。贞元二年,辞官还乡。离任后不久,抚州权贵豪强不满"均水法"而对其肆意攻讦诬陷,他因之受不白之冤。他据理辩对,士民竭诚拥戴,终于昭雪。贞元四年,归隐故里不久被德宗诏为广西容州刺史。贞元五年正月抵容州,加御史中丞,官至容管经略使。四月,以疾上表请度为道士。六月十三日(7月10日),在返回途中客死清远峡(今四川成都北)。次年正月归葬金坛县城南郊(今煤建公司内)。唐翰林学士梁肃撰神道碑,权德舆撰墓志铭,明代金坛知县张翰冲题其墓曰:"诗伯夜台"(大诗人之墓)。戴叔伦工诗。尤擅五律,书法亦笔画疏瘦,婉丽劲疾,不在唐诸子下。其诗以反映当时农村生活见长。如《女耕田行》、《边城曲》、《屯田词》等,大多即事名篇,采用七言歌行的形式,是白居易新乐府运动的先导。他写的"蓝田日暖,良玉生烟,可望而不可置于眉睫之前也"等论述诗境的名言,对宋明以后神韵派和性灵派诗人产生过较大影响。《新唐书·艺文志》录其《述藁》10卷,已佚。《全唐诗》录其诗2卷300余首,《全唐文》收其文2篇。

韦应物

韦应物(约737~约791),京兆长安(今陕西西安)人,一说洛阳人。唐诗人。少年时以三卫郎事唐玄宗。后为滁州、江州刺史。贞元四年(788年)秋,由左司马郎中任苏州刺史,在任3年。在苏时,清正勤政,人赖以安;又能宾礼儒士,顾况、刘长卿、邱丹、秦系、皎然等均类见旌引,与之酬唱。其性高洁,鲜食寡欲,以清德为唐人所重,天下号称"韦苏州"。其诗以写田园风物著名,语言简淡,得建安风韵;涉及时政和民生疾苦之作,亦颇有佳篇。著有《韦苏州集》。约卒于唐贞元七年,苏州旧有其祠堂。

吉中孚

吉中孚(约740~798),唐楚州山阳县(今淮安市)人。"大历十才子"之一,与当时的诗人卢纶、钱起、司空曙等齐名。他少年出游,爱鄱阳湖风光,于是客居鄱阳。初为道士,35岁后,过够了隐逸出世的生活。还俗后,到长安拜见宰相,由朝臣推荐给皇上,备受奖掖,遂步入仕途。曾任校书和户部侍郎。后因双亲老迈,弃官归乡,孝养父母。他的诗文,同时代人评价很高。卢纶赞他:"侍郎文章宗,杰出淮楚灵。"《新唐书·艺文志》著录其诗1卷,其余大部散失。其妻张夫人也会写诗,然流传下来的很少,《全唐诗》仅收录了她的一首《拜新月》。

沈既济

沈既济(约750~约800),唐代吴(今苏州)人,一说吴兴武康(今浙江德清)人。约生活于唐天宝至贞元年间。文学家。唐德宗时,宰相杨炎以有良史之才荐举,召拜左拾遗、史馆修撰。及杨炎获罪,既济被贬处州司户参军。后复入朝,官至礼部员外郎。为官清廉,刚正不阿,直谏不讳。通经史,又善作小说,撰有《建中实录》10卷、《选举志》10卷及传奇小说《枕中记》、《任氏传》等。其传奇小说上承六朝志怪余风,下开宋元话本先河,在中国小说史上具有继往开来的重要作用。《枕中记》对当时官场中的世态人情作了暴露和讽刺,但也存在消极虚无思想。它对后世影响极为广泛,宋、元、明、清各代都有人模仿它的构思写出小说和戏剧,以明代大戏剧家汤显祖的《邯郸记》剧本最为著名。"一枕黄粱"、"黄粱梦"等典故,都源出于《枕中记》。

权德舆

权德舆(761~818),字载之。原籍天水略阳(今甘肃秦安),祖起徙居润州丹徒(今镇江)。唐大臣,文学家。7岁随父寓居阳羡(今宜兴)。15岁为文数百篇,编为《童蒙集》10卷,名声日盛。始为河南黜陟使韩洄从事,累迁监察御使。贞元八年(792年)召为太常博士,转左补阙,迁起居舍人,兼知制诰。贞元十八年任礼部侍郎,曾三掌吏部贡举。宪宗时历任兵部侍郎、吏部侍郎、太子宾客、大常卿等。元和五年(810年)升中书门下平章(即宰相)。元和八年罢相,出为东部留守、刑部尚书、检校吏部尚书,终为山南西道节度使。后因病乞归义兴,卒于途。追赠尚书左仆射,谥"文"。在朝时,直言敢谏,反对横征暴敛,以宽和待人著称。好读书,手不释卷,精通经术,工诗善文,时人尊为一代宗匠。王侯将相及当时名人碑铭墓志,多出其手。名士文集多邀其作序。《新唐书·艺文志》著录其文集50卷、制集50卷、《童蒙集》10卷。今传《权载之文集》50卷。《全唐文》编其文为27卷,多为奏议、制敕、碑、志、书、序;《全唐诗》编其诗为10卷,多为应制奉和、送别赠酬、写景咏物之作。亦长于五古、五绝,绝似盛唐。

张 籍

张籍(约766~约830),字文昌。祖籍吴郡(今苏州),后迁居和州乌江(今安徽和县乌江镇)。唐诗人。张籍出身贫寒,禀性狷直,交友至诚宽广,既有名士、显贵,亦有僧徒、道士。德宗贞元十五年(799年)进士,任太常寺祝,元和十一年(816年)任国子助教,迁秘书郎。长庆元年(821年),由韩愈荐为国子博士。翌年迁水部员外郎,世称张水部。后又升任主客郎中。大和二年(828年)为国子司业,世称张司业。张籍一生勤心苦学,日夜吟咏,中年失明,仍读书不减。思想宏放,儒、释、道兼收。与孟郊、贾岛、刘禹锡、裴度、姚合、元稹相友善,与韩愈、白居易、王建唱和甚多。张籍博学多能,独深于诗,兼之众体,尤擅乐府,与王建同为中唐新乐府运动主要骨干,世称"张王"。白居易称誉曰:"张君何为者,业文三十春。尤工古乐府,举代少其伦","风雅比兴外,未尝著空文。"姚合誉之曰:"绝妙《江南曲》,凄凉《怨女诗》,古风无敌手,新语是人知。"今存乐府诗70余首,比较广泛而深刻地反映了当时的社会矛盾,揭露官府横征暴敛,农民纷纷破产,战乱中的人民处于水深火热之中,唱出人们切盼雪国耻、收复失地的爱国热情。其乐府诗或袭旧题以反映现实,或即事命题自论新词,皆通俗易晓又凝炼警策,正如王安石《题张司业诗》云:"苏州司业诗名老,乐府皆言妙入神。看似寻常最奇崛,成如容易皆艰辛。"张籍精工近体诗,风神秀明,清新自然,其《没蕃故人》、《秋思》等均为名篇。惜作品多散失,南宋汤中重编为《张司业集》8卷,现有影印明刻本。《全唐诗》录存其诗6卷。

蒋 防

蒋防(792~835),字子征,一作子微,又字如城。义兴(今宜兴)人。唐文学家。幼时才思敏捷,聪慧过人,能诗善文。宪宗元和年间,历官右拾遗、右补阙、知制诰。穆宗长庆元年(821年)进翰林学士。长庆四年受李牛党争牵连,贬为汀州刺史。入朝为中书舍人。蒋防写有不少律诗、试帖诗和诏制等。《全唐诗》录其12首。《全唐文》录赋12篇、杂文6篇。著有传奇小说《霍小玉传》,笔触细腻,刻画入微,情致委婉,凄恻动人,是唐代传奇小说的代表作。被胡应麟誉为"唐人最精彩动人之传奇,故传诵弗裹"。汤显祖据此写下了传奇剧本《紫箫记》、《紫钗记》。

刘禹锡

刘禹锡(772~842),字梦得。《旧唐书》本传记载,为彭城人。古籍洛阳(今河南洛阳),生于江南,童年寓居苏州。唐中叶的思想家、哲学家、优秀散文家和杰出的诗人。他22岁中进士,与柳宗元同榜及第,又登博学鸿词科。24岁中吏部取士科,授太子校书,始涉足官场。永贞元年(805年),顺宗即位,重用王叔文、王伾集团。王叔文很器重刘禹锡,推荐他为屯田员外郎、判度支盐铁案,兼崇陵使判官,"引禹锡及柳宗元入禁中,与之图议",组成以"二王、刘、柳"为核心的政治集团。他们反对宦官和藩镇割据势力,采取抑制方镇,惩办贪污;任用贤能,裁减冗员;整顿税收,削减盐价;放还宫女,禁止宫市等一系列措施,史称"永贞革新"。革新失败后,刘禹锡被贬为连州刺史,后再贬为朗州司马。此后,在朗、连、夔和诸州辗转22年,56岁才调回洛阳任主客郎中。后屡有升迁,任太子宾客加检校礼部尚书衔,但一直在洛阳闲废。

刘禹锡作为进步的思想家,不但亲身参加"永贞革新",他一生对中唐时期的重大政治事件十分关注。"淮西之捷"后,他以《平蔡三首》,热情歌颂平叛的胜利,表达他反对藩镇割据,维护祖国统一的主张。其他如"牛李党争"、"甘露事变",都在刘禹锡的诗文中有所反映和揭露。作为唯物主义的哲学家,他很善于在诗文之中把意境和哲理熔于一炉,使之更具辨证的光彩。他的"东隅有失谁能免,北叟之言岂便诬",讲对立事物可以相互转化的道理;"莫道桑榆晚,为霞尚满天",从不利因素中看到有利因素;"芳林新叶催陈叶,流水前波让后波",包含着事物发展变化新陈代谢的规律。在中国哲学史上,占有一定的地位。

刘禹锡最重要的贡献,表现在文学创作上。他的文章,可与散文大家柳宗元媲美。他的诗歌创作,则与白居易齐名。白居易称赞他说:"刘梦得诗豪者也,其锋森然,少敢当者。"白居易的《哭刘尚书梦得二首》,其一中说:"四海齐名白与刘,百年交分两绸缪。同贫同病退闲日,一生一死临老头。煮酒英雄君与操,文章微婉我知丘。贤毫虽殁精灵在,应共微之地下游。"可见同时代人对刘禹锡诗文评价之高。刘禹锡早期的诗歌,较多描写下层民众的生活和劳动。如《采菱行》、《捣衣曲》、《阳山庙观赛神》、《插田歌》、《连州腊日观莫征徭猎西山》等,都是反映社会下层民众的劳动、生活和描写各地风土人情的好诗。刘禹锡的山水诗保持着盛唐的余响,他更效法屈原,独辟蹊径,努力向民歌学习,从中吸收丰富的营养来提高自己的创作水平。他的乐府诗《竹枝词》、《浪淘沙词》、《踏歌词》等,含思婉转、形象生动、优美自然,既有别于普通的民歌,又不同于一般文人的创作,在中唐诗坛上独树一帜,自成一派,对后世影响很大。大量地写作寓言诗也是刘禹锡的一大创造。他的政治寓言诗《聚蚊谣》、《昏镜词》、《百舌吟》等,揭露了宦官、方镇、权臣的狰狞面目和丑恶灵魂,而且塑造光明磊落、洁白无瑕的正面形象。刘禹锡的寓言诗,丰富了诗歌的题裁。刘禹锡于唐武宗会昌二年(842年)辞世,终年70岁。他的诗歌流传至今的有800多首。足见人民对他的诗歌的喜爱。今有《刘梦得文集》40卷。

白居易

白居易(772~846),字乐天,晚号香山居士。他的祖先是太原(今属山西)人,后迁居下邽(今陕西渭南北)。唐代诗人。贞元进士拔萃,授秘书省校书郎。元和初任翰林学士,迁左拾遗。因上表谏事,得罪权贵,被贬为江州司马。后曾任杭州刺史,宝历元年(825年)五月任苏州刺史,翌年九月因病离任。官至刑部尚书。白居易早岁家境贫困,对社会生活及人民疾苦,有较多的接触和了解。他在朝敢于直言疏谏,对地方注重利民,为文主张"文章合为时而著,歌诗合为事而作",多讽喻之作。任杭州刺史时始筑堤捍钱塘湖(西湖),以利泄水和灌溉;任苏州刺史时勤政除弊,主持修筑苏州虎丘山塘河堤,使人"免于病涉,亦可以障流潦",后人纪念他,与西湖之堤同称之为"白堤"。他离任苏州时,百姓啼哭相送,刘禹锡赠诗云:"姑苏十万户,皆作婴儿啼。"白居易文章精切,最长于诗,多至数千篇,在苏州时也有歌颂姑苏山水和友人酬唱的诗歌。卒于唐会昌六年(846年)。

张　璪

张璪(生卒年不详),璪一作"藻",字文通。唐代吴县人。画家。唐玄宗时,任职检校祠部员外郎、盐铁判官。后贬衡州司马,移忠州司马。文学、绘画为其所长。唐建中三年(782年)曾在都城长安作画,擅写树石山水,兼善佛像、人物,工于破墨,"高低秀丽,咫尺重深"。所画松树清润可爱,独出古今。在笔法上,继承吴道子豪放奇诡的画法而更为奇变;在墨法上,追求浓、淡、干、湿的效果,"近溪幽湿处,全借墨烟浓",比王维更进一步。张璪能手握双笔,同时落笔,一为生枝,一为枯枝,生枝则润含春晖,枯枝则惨同秋色,槎枒鳞皴,应手而出。成语"双管齐下",即出于张璪笔法。毕宏亦以画松得名,见张璪用秃笔或以手指作绢画,问他是向谁学的。张璪回答道:"外师造化,中得心源。"这个绘画创作理论,强调创作既要遵重自然规律,又要加强主体意识,被后人视为中国绘画的基本理论框架之一,尤其对中国山水画的创作影响颇大,直至今日,仍有借鉴意义。画迹有《松石图》、《寒林图》、《松竹高僧图》等6件,著录于《宣和画谱》。另外《流水涧松图》,著录于《清河书画舫》。著作有《绘境言画要诀》,已佚。

李　绅

李绅(772~846),字公垂,排行二十,人称李二十。又因短小精悍,朋辈昵称"短李"。祖籍亳州谯县(今安徽亳州)。父李晤,历任金坛、乌程(今浙江吴兴)、晋陵(今武进)等县令,迁居无锡,定居梅里祇陀里(今无锡县东亭长大厦村)。唐代诗人。李绅5岁丧父,由母卢氏教以经义。15岁于惠山求学。年轻时目睹农民终日劳作而不得温饱,以同情和愤慨的心情,写出千古传诵的《悯农》诗2首,内有"四海无闲田,农夫犹饿死"、"谁知盘中餐,粒粒皆辛苦"的名句,被誉为"悯农诗人"。贞元二十年(804年),赴京应试,未中,寓居元稹处。曾为元稹"莺莺传"命题,作《莺莺歌》,相得益彰,流传后世。元和元年（806年）中进士，补国子监助教。后离京至金陵，入节度使李锜幕府。因不满李锜谋反而下狱。李锜被杀后获释，回无锡惠山寺读书。穆宗时，召为右拾遗、迁翰林学士，与元稹、白居易共创"新乐府"诗体（史称新乐府运动），作有《乐府新题》20首。诗与白居易、元稹齐名，并称"三杰"。元和十四年升为右拾遗。翌年任翰林学士，卷入"朋党之争"，为李（德裕）党重要人物，任御史中丞、户部侍郎等要职。与李德裕、元稹被誉为"三俊"。长庆四年（824年），牛（僧儒）党得势，李党失势，李绅被贬为端州（今广东肇庆）司马，放逐期间，他写了不少描绘路途艰险、发泄心中怨气的诗文。自宝历元年（825年）至太和四年（830年），他历任江州刺史、滁州刺史、寿州刺史，处境有好转。太和七年，李德裕为相，起用李绅任浙东观察使。开成元年（836年）拜河南尹（管理东都洛阳的长官），后又任汴州刺史、宣武军节度使。开成三年八月，编《追昔游诗》3卷，并作历述从少年起至入汴止经历的诗序。开成五年任淮南节度使。武宗会昌二年（842年），任中书侍郎、同中书门下平章事，继又晋升为尚书右仆射门下侍郎，封赵郡公。居相位4年。会昌四年因中风辞位。后又出任淮南节度使。会昌六年七月病逝扬州，终年74岁，归葬于故里无锡。赠太尉，谥文肃。作品流传至今的有《追昔游诗》3卷、《杂诗》1卷，收录于《全唐诗》。另有《莺莺歌》，保存在《西厢记诸宫调》中。

王 起

王起（760～847），字举之。祖籍山西太原，迁居瓜洲（今扬州市邗江区瓜洲镇）。唐代名臣。贞元十四年（798年）举进士，贞元十九年登博学鸿词科，授集贤殿教书郎。宪宗元和三年（808年）中贤良方正能直言极谏科。元和十四年为比部郎中知制诰。穆宗即位，任中书舍人，迁礼部侍郎，连掌举贡两年，后出为河南尹，又入朝为吏部侍郎。文宗即位，加集贤院学士，累迁兵部尚书兼太子侍读，武宗时任尚书左仆射、封魏郡公，会昌四年（844年）、五年，复知贡举。官终山南西道节度使。

王起四掌贡举，所选皆当时才学之士，如白敏中、裴休、李训、袁不约、李敬方等。任河中晋绛节度使时，蝗虫为灾，粮价飞涨，豪门大族屯积不售。王起下令富户限储30斛，余粮全部售出，违者处以死刑，民众赖以生存；任官尚书右仆射、充山南东道节度使时，江汉水田塘堰缺坏，王起下令修复，灾荒大减。

王起虽官居高位,但孜孜好学,博览群书,长于博洽,俱引翰林,讲论经史,曾兼太子侍读,武宗亦常就教于他。有文集120卷、《五纬图》10卷、《写宣》10卷等。《全唐文》收其文3卷,其中律赋60多篇。《全唐诗》收其诗6首。《唐摭言》收其诗1首。

王起道德、文章为唐代一流,受人称颂。唐文宗曾亲自为诗赞其人品,又画其像于殿,以师友目之,称为"当代仲尼"。宣宗大中元年(847年)去世,享年87岁。卒时,宣宗废朝三日,赠太尉,谥号"文懿"。

李德裕

李德裕(787~850),字文饶。唐德宗贞元三年(787年)出生,赵郡(今河北赵县)人。唐宪宗宰相李吉甫子,武宗时居相位,很有政绩。

李德裕先后三次在润州为官:第一次是长庆二年(822年),任润州刺史、浙江西道都团练观察处置使等;第二次是大和八年(834年),任镇海军节度使、浙江西道观察使;第三次是开成元年(836年),任浙西观察使。第一次时间最长,任职8年。在润州期间,大力提倡节约,摒绝奢华,以积累财富,多次奏请免除国家常赋以外的临时摊派,以减轻人民的额外负担。下令禁止用金银锦绣随葬。禁止和尚"贩佛眩人",以迷信敛钱。唐敬宗李湛下旨要润州贡献巨额贡品,他上表谏争,后免贡。他还在北固山兴建甘露寺和甘露石塔。唐武宗时,任门下侍郎,同平章事。在相位期间,排斥牛僧孺党人。在"牛李党争"中,他是李派首领,主张削藩,任用公卿弟子为大臣。宣宗即位遭牛僧孺党打击,被贬为崖州(今海南琼山东南)司户,于唐宣宗大中四年(850年),死于任所,终年63岁。文学思想为反对雕琢与拘于声律。善为诗文,作品流传很广。著有《会昌一品集》、《次柳氏旧闻》等。

李 珏

李珏(784~853),字待价。其先辈自赵郡出,后寓居楚州(今淮安市)。元和七年(812年)举进士,并登书判拔萃科,开成时身居相位。穆宗登基后,荒于酒色,景陵始复土,即召勋臣饮宴,李珏与同列上疏阻止,皇帝虽不用其言,但加以慰劳。盐铁使王播增茶税十之五,以佐用度。李珏上疏举其三不可：一、厚敛于人，殊伤国体；二、流弊于民，先及贫弱；三、未见阜财，徒闻敛怨。时国计不充，而禁中却大造百尺楼。王播奉承皇帝嗜欲，李珏数上奏章不被采纳，遂不得留内。牛僧孺为武昌军节度使，召李珏署掌书记。文宗大和三年（829年），李宗闵辅政，大和四年牛僧孺还相，大和五年改李珏为度支郎中，知制诰，入翰林院充学士。大和七年拜中书舍人。大和九年转任户部侍郎。及李宗闵获罪，李珏为申辩，被贬为江州刺史。

开成元年（836年），以太子宾客分司东都，迁河南尹。开成二年五月，复为户部侍郎，判本司事。开成三年，杨嗣复辅政，荐李珏以本官同平章事。李珏与李固言、杨嗣复相善，三人皆居中秉权，与郑覃、陈夷行、李德裕三人抗衡。凡朝廷奏议，必以朋党为谋。入对之际，与郑覃等相矛盾，是非蜂起。李珏自朝议郎进阶正议大夫。同年十二月，上疏求罢，不许。旋封赞皇县男。武宗即位，李珏数称道《无逸篇》以劝。时潞州献犬马，沧州献白鹰，李珏请却之以示四方。后迁任门下侍郎，为文宗山陵使，值秋天大雨，梓宫至安上门，陷于泥淖，被罢为太常卿，继而以支持陈王即皇位被贬任江西观察使，再贬为昭州刺史。宣宗继位，李珏以太子宾客分司东都，迁河阳节度使，罢横赋陈债百余万贯。大中二年（848年），入为户部尚书。不久任检校尚书右仆射、淮南节度使。江淮旱，发仓廪赈济灾民，以军粮余储降半价售予老百姓。大中七年，李珏去世，终年69岁。朝廷赠司空，谥"贞穆"。淮南人士叩请朝廷，为其立碑。

赵　嘏

赵嘏（806~854），字承祐，楚州山阳县（今淮安市）人。晚唐诗人。大和七年（833年），他参加进士考试落第，遂流寓长安达8年之久。武宗会昌四年（844年）举乡贡进士。但直到宣宗大中六年（852年）才入仕，为渭南（今陕西省渭南县）县尉。唐宣宗素闻赵能诗，曾问宰相："赵嘏诗人，曾为好官否？可取其诗来。"读赵诗，见其咏秦诗中"徒知六国随斤斧，莫有群儒定是非"句，很不高兴。所以赵嘏一直屈居下僚，颇不得意，后卒于任上，时年48岁。

赵嘏的诗长于七律，清圆熟练，时有警句，圆熟而不失于油滑，幽远而不失于晦涩。不假雕饰，落去铅华，有"自然英旨"之美。绝句则清丽婉约，神韵超然。其《长安秋望》中"残星几点雁横塞，长笛一声人倚楼"句，颇为杜牧所赞赏。因此赵嘏被人艳称为"赵倚楼",其诗"一日名动京师,三日传满天下"。《全唐诗》录其存2卷,《全唐诗续拾》补收其诗5首。今有《渭南诗集》传世。

庞勋 许佶

庞勋(? ~869),徐州人,唐末桂林戍卒起义军首领。许佶(? ~869),徐州人,唐末桂林戍卒起义的发起者与领导人之一。咸通三年(862年),唐王朝令徐、泗募兵2000人,分800人戍守桂林,庞勋任粮料判官,许佶任桂林戍军都虞侯。原说3年代还,但6年过去,徐、泗观察使崔彦曾仍借口要他们再守1年。戍兵们对官府的一再拖延及对带兵将官的贪猥欺凌极为愤怒,于咸通九年七月哗变,许佶与军校赵可立等发动兵变,杀都将王仲甫,公推庞勋为首,引兵北归。

庞勋的队伍在北归途中,一路攻打城池,召集逃亡士兵和贫苦农民,队伍逐渐扩大。抵徐州城时,庞勋向大家愤怒揭发唐王朝打算在戍兵到达徐州后予以屠杀的阴谋,号召他们与其自投罗网,不如同心合力,揭竿起义。大家一致欢呼同意。当时,江淮遭旱蝗之灾,广大贫苦农民纷纷参加庞勋的队伍。兵变遂转化为士兵与农民相结合的起义。义军在庞勋的率领下,先攻下宿州,继乘雾攻入徐州城内。此时,农民"父遣其子,妻勉其夫",纷纷参战,近处小规模的起义军亦来会合。攻克徐州后,许佶任起义军都虞侯,为庞勋重要助手。次年,庞勋率军出击,许佶留守徐州,因唐降将叛变,偷开城门,官军遂攻入。他率义军英勇抵抗,苦战3昼夜,最后战死。

庞勋挥师扩大战果,相继攻下下邳、涟水、宿迁、临淮、蕲、虹等县,并与唐朝军在泗州进行多次激战,大败官军。起义军声势越来越大,唐王朝慌忙征调诸路兵马、地方武装及沙陀、吐谷浑、达靼等部兵马,从南北两面夹击义军。庞勋则集中优势兵力,南攻舒、庐,北击沂、海,大破沭阳、下蔡、乌江、巢县,杀滁州刺史高锡望,和州刺史崔雍望风而降。因此,唐王朝不得不撤换将领,增派官军。在官军步步紧逼时,庞勋亲率人马解丰县之围,官兵闻讯,望风溃逃,"出师数日,摧七万之众"。庞勋大败敌军,声威更振。但因中埋伏,损失惨重。后又因叛徒出卖,宿州、徐州相继失陷。庞勋率部退出蕲县后被官军围困,与数倍于己的官军进行最后决战,庞勋与近万名将士壮烈牺牲。

庞勋领导的起义军虽最终被唐王朝镇压下去,但对腐朽的唐王朝的打击是极为沉重的。因此,后人有"唐亡于黄巢,而祸基于桂林"的说法。

许 浑

许浑(生卒年不详),字用晦,一字仲晦。祖籍安陆(今湖北安陆县),迁居润州丹阳。唐代诗人。少时苦学劳心,家贫多病。唐文宗大和六年(832年)进士及第,为当涂、太平二县令,以病免。后曾做过南海尉、润州司马。宣宗大中三年(849年)为监察御史。大中八年始,先后为睦州刺史、郢州刺史。数年后退寓镇江丁卯桥别墅。

许浑一生淡于荣利,弃官归隐后编选自己的五百诗篇为《丁卯集》,《全唐诗》编其诗为11卷。他的诗上承盛唐的高华,下启晚唐的绮丽,在唐代诗坛上是一个颇有影响的人物。他擅长近体律绝,格调清丽,句法圆融,特别善于抒发怀古、羁旅之情。由于他归隐后,寄情山水,托诸吟咏,故所作诗,于闲适淡远中有俊逸之气。"垂钓有深意,望山多远情"和"山雨欲来风满楼"都是脍炙人口的名句。同时,在他的许多诗作中,还对战祸频仍、灾荒连年给人民带来的痛苦表现了深刻的同情。在当时的社会环境里,他既不能兼善天下,也只好退隐的方式独善其身。许浑的诗,格调清丽,句法圆熟,对偶整密,标志着唐代律诗发展到纯熟的阶段。不仅见重于当时之杜牧、韦庄,宋代大诗人陆游亦推之为"晚唐之杰作"。韦庄称其诗"字字清新句句奇"。明胡应麟称其诗"俊爽若牧之,藻奇若庭筠,精深若义山,整密若丁卯,皆晚唐铮铮音"。元、清两代亦颇受推崇。曾自编诗500篇为《丁卯集》。

陆龟蒙

陆龟蒙(？~约881),字鲁望,唐代长洲县人(今苏州市)。文学家。少高放,通六经大义,尤明《春秋》。善作文,名振全吴。举进士不第,从张搏游。张搏先后为湖州、苏州刺史,任其为"从事"。后龟蒙隐居甫里(今苏州市吴县甪直镇),自号江湖散人、甫里先生,又号天随子,不喜与流俗交。后以"高士"见召,他不去。原与李蔚、卢携交善,及至他们当政,召拜他为左拾遗,诏书方下达,而龟蒙已卒。光化中,韦庄表龟蒙及孟郊等10人,都赠以左补阙。陆龟蒙居甫里生活清贫,他一面亲自下田耕作,一面读书论撰不辍,史书称他"乐闻人学,讲论不倦"。他擅长诗文,与皮日休友善,互相唱和,同负盛名,人称"皮陆"。所作诗多写闲适隐居生活,写景咏物为多。所作散文《野庙碑》等,对当时社会的黑暗和统治者的腐朽,多讽刺和揭露。所著《耒耜经》,是研究农业生产工具的重要文献。善为赋,如《田舍赋》、《后虱赋》、《登高文》等,文词绝妙。著有《甫里先生集》、《小名录》、《笠泽丛书》等。其墓在今甪直保圣寺旁。

赵 幹

赵幹(生卒年不详),江宁(今南京)人。五代南唐画家。后主李煜时为画院学生。善画山水、林木,长于构图布景,画面内容常取材于江南风景,风致典雅。多以楼观舟船、水乡鱼市、花竹为景趣,技法别有风致,使观赏者尤如亲临其境,有烟波浩渺之感。画迹有《春林归牧图》、《夏山风雨图》、《江行初秋图》、《烟霭秋涉图》,皆著录于《宣和画谱》。传世作品有藏中国台北故宫博物院的《江行初雪图》卷。该图绢本水墨设色,描绘江岸初冬时节江南渔村劳动人民在雪天捕鱼的生动景象,明显流露出作者对渔家艰难困苦生活的同情,卷前有后主李煜题"江行初雪,画院学生赵幹状"11字。卷面天空用粉弹作小雪,坡石及树木画法大多用笔简劲,皴法与墨染浑融,具有江南特色;水边蒲草或黄芦及水纹用笔尖细流利,画法近似董源。明代评论家张丑在《清河书画舫》一书中,评论此画"通卷洒粉作雪,轻盈飞舞,足称前无古人"。元代四大家之一的王蒙,作《岱宗密雪图》时,继承了这种画雪方法,故此图录于《故宫名画三百种》之中。

李 昇

李昇(888～943),字正伦,小字彭奴。彭城(今徐州)人。五代南唐烈祖,南唐建立者。他出身微贱,6岁丧父。后在唐末方镇战争中,随伯父流落到淮西濠州一带避难,为淮南节度使杨行密部将徐温收养,取名徐知诰。徐温是杨吴政权内最有见识的大将,李昇自幼生活在他的身边,不免耳濡目染。后随徐温参加政治活动。少有诗才,喜书,善射,识度英雄。吴高祖天祐九年(912年)因功迁为昇州(今南京)刺史时,时年24岁。当时,地方吏政腐败，武夫逞强，蔚为风尚。李昪反其道而行之，"褒廉吏，课农桑，求遗书，招延四方士大夫，倾身下之"。徐温来巡察时，见其城池巩固，府署内外干净利落，非常有条理，竟自己"居而治之"，把李昪调往润州（今镇江）任团练使。他在润州的成绩显著，初步显示出其锐意进取的锋芒。当时，徐温坐镇金陵，遥控广陵（今扬州）。命其子徐知训驻广陵处理事务。吴高祖天祐十五年，广陵发生变化，徐知训被朱瑾杀死，李昪抓住这一时机，以平乱名义领兵入广陵，辅掌吴国朝政。李昪去酷政，改浮靡，对士大夫尤加礼敬。结果上下顺从，架空了徐温。吴睿帝乾贞元年（927年）徐温病死，他即完全操纵吴国内外军政大权。吴杨溥天祚元年（935年）七月，任吴国大元帅，加封齐王。昇元元年（937年），废吴国睿帝杨溥而称帝，改国号大齐，建年号昇元，建都金陵（今南京）。昇元三年，伪称永王璘后裔，复姓李，改国号为唐，史称南唐。

由于他自幼尝战乱之苦，热切向往和平安定的生活。从吴高祖天祐十五年（918年）掌吴政开始，直到建立南唐，终其一生，所做一切均为维护和稳定江淮区域的和平安定。他一生的作为大致为：一是招揽儒俊，倡导文治。杨吴时期，地方官吏多为武夫，许多位居侯伯的人，缺乏起码的文化知识，均以攻战为能，"不恤民事"。李昪执政后即大力推行文人政治，把招揽贤俊作为政治改革的重大措施来抓，并专门设置"延宾亭"，招引四方贤达。他自己以身作则，"资访缺失，问民疾苦，夜央而罢"。他不准外戚、宦官干预政事，而是举用儒雅之人，罢去苛政，社会风气为之大振。二是整顿法制，惩治贪残。他曾大力完善律法。昇元六年下诏颁布《昇元定条》，从而使长期动乱的社会有了较完备的律令制度。他要求官吏依法行事，违者必纠，罢免了恃功强横不法的节度使张宣。正由于此，社会秩序与风习都有好转，出现了"民始知有邦宪，物情归之"的情形。一时强豪屏迹，吏治清明。李昪立国后大力提倡节俭，减轻人民负担。吴睿帝乾贞元年，吴国水灾，士兵和百姓都十分困苦，他便全部遣散侍奉周围的歌妓和焚毁乐器，平时穿蒲草鞋，盥洗用的脸盆也是铁制的。他在位期间，没有大兴土木工程。为使人民致力生产，昇元四年下令"罢营力役，毋妨农事"。对此陆游曾大加赞誉，"仁厚恭俭，务在养民，有古贤王之风焉"。

于政治改革的同时，他也着力调整经济政策，促进社会生产的恢复和发展，使江淮区域得到进一步的开发。他采取一系列的措施，招抚流民，劝课农桑，奖励耕织，刺激人民生产热情和垦荒热情。他曾下令改革税制，减免租税,改变钱重物轻的现象,又废除"丁口钱",以至"不十年间,野无闲田,桑无隙地"。他主持的这些社会改革,废除了诸多时弊,保证了其统治区域的社会安定和经济发展,使南唐在动乱的年代里成为社会安定的地区。唯其如此,在他病死时,出现四方百姓皆涕泣、辍食的情景。他还是一位顺应统一大势、气略恢宏的军事战略家。南唐国力强大以后,许多人主张用兵南方诸小国。他却认为,如此则可能招致南方诸国的联合抵抗,陷入持久的消耗战之中。他明确提出统一的战略设想:"中原忽有变故,朕将投袂而起,为天下倡。"统一北方,顺应民心,取得有利地位后,再"拱揖以招诸国",完成统一。他的设想是非常符合当时的形势的。遗憾的是他在世时时机尚不成熟,所以临终前一再嘱咐太子李璟,不要急于用兵南方,他日北方当有事,即可图之。然而,李璟终于没有遵守他的遗愿。当契丹侵入中原,北方人民纷纷请求南唐北上时,李璟却正深陷在南方消耗战中,眼睁睁地丧失统一北方的良机。

南唐建立时,李昪已49岁。后经六七年的治理,南唐呈现出一派较为兴旺的景象,与其他陷于战乱、贫困中的诸国形成极为鲜明的对照。故而,他渴望能长生不死,亲自完成统一大业。于是大吃方士们奉献的丹药。结果毒气攻心,聚为恶疮,终于伤重而死,终年55岁。今南京祖堂山尚存其墓。

沈 斌

沈斌(?~945),字安时。五代时徐州下邳(今睢宁县古邳镇)人。后唐检校太保。少有胆气。初事梁太祖为小校。唐天祐三年(906年),补为同州左崇勇马军指挥使,后入典卫兵,历龙骧、拱宸都指挥使,累有战功。后唐庄宗灭梁后,沈斌降后唐,原职不变。后唐同光三年(925年),他参加收复蜀地战争。天成元年(926年)授检校司空、虢州刺史,后又历壁、随、石、卫、威、衍、忻、赵等八州刺史。累官至检校太保、赐输忠宣力功臣。后晋开运元年(944年),沈斌归顺后晋为刺史。次年冬,契丹入侵,沈斌出兵抗击,州陷不降自杀。

刘仁赡

刘仁赡（900~957），字守惠。洪泽（今洪泽县境湖中）人。南唐名将。他以通晓兵法，精于谋略，能征惯战为中主李璟所赏识。父刘金，带兵以骁勇知名，为广陵三十六英雄之一。保大十三年（955年），李璟任命刘仁赡为清淮军节度使，镇守寿州。后周军南侵，寿州百姓人心惶惶，刘仁赡所部却坚守城垣，誓保寿州。次年，周世宗御驾亲征，将寿州紧紧围困。又征发丁夫数千，备云梯、挖地洞、填沟堑、推墙垣，进攻的鼓角声日夜不停。其时，南唐援兵屡遭阻击而败退。刘仁赡的部队士气依然旺盛，寿州城仍坚如磐石。后周部队千方百计，从正月一直攻到四月，也未攻克。周世宗大怒，亲自到城下督战，运用各种计谋，加紧攻城。俱被他率兵击溃。周世宗又亲临城下招降，也遭刘仁赡拒绝。刘仁赡见寿州被困日久，粮尽援绝，因而忧虑成疾。其子刘崇谏见形势危急，趁他生病之机，和部分将领密谋出降。在乘船夜渡淮河，企图奔后周时，被巡逻士兵抓获。刘仁赡下令斩崇谏。监军周廷构向刘仁赡哭救不允，又求救于崇谏之母薛氏。薛氏说，崇谏是我的儿子，老牛尚且舔犊，做娘的谁不怜惜孩儿？但如果免去崇谏死刑，刘氏家族就不忠了。薛氏坚决支持刘仁赡严明军纪，含泪督促士兵将崇谏腰斩示众。士兵们无不感泣，决心舍身死守城池。

保大十五年元月十九日（957年2月21日），刘仁赡病逝于军中，终年57岁。寿州遂沦陷，薛氏绝食五天后去世。南唐中主李璟闻刘仁赡病故，痛哭不已，赠他为太史、中书令，谥"忠肃"，加封卫王。李后主又进封为越王。周世宗也为刘仁赡尽忠南唐的精神所感动，派使者吊唁祭奠，并追封他为彭城郡王。

李 璟

李璟（916~961），初名景通，字伯玉。彭城人。李昇长子，五代南唐皇帝，词人。由于父亲的缘故，李璟自10岁便官运亨通。他"工笔札，善骑射"，可说是文武双全，但不志在修身治国平天下。相反，从小喜欢诗文，10岁时就吟出"栖风枝梢犹软弱，从龙形状已依稀"的诗句。他为人疏懒，不热衷名利。被立为宗子时，并不感兴趣，曾再三上疏推辞，烈祖对儿子的谦让十分欣赏,认为这一点表明儿子有"守廉退之风,师忠贞之节",反而更坚定了立其为太子的决心,正式颁发诏令,立其为太子。烈祖死后,李璟即位,年号"保大",意思要保持南唐在当时大国强国的地位。尽管他即位之初,"宾礼大臣,敦睦九族",表现了某种仁爱为怀的风度,而就他的性格来说,为人疏懒,性格庸懦,进取心不强,遇事无主见,易信奸佞之言,为他们所摆布。正因如此,他重用野心家宋齐丘及其党徒"五鬼",自己对坐朝批阅奏章却懒于应付。诏令三弟齐王景遂"总庶政"。有十分紧急之事,也只有枢密副使魏岑、查文徽二人入宫面奏。其余"非召对不得见"。虽经群臣切谏而收回成命,但他对国政大事仍虚以应事,常躲在深宫中。这使其父开创不久本是生气勃勃的南唐,很快变得暮气沉沉而趋向衰颓。首先冲击南唐的是农民起义,先有诸恭领导的黄梅农民起义,继则张遇贤领导的农民起义,尤其是后者虽起于南汉,但却发展到南唐,人数亦陡增至数十万人,并一度占领几座县城。这两支起义队伍先后被血腥镇压下去,李璟亦从慌乱中镇静下来,但却不思理政,把更多的精力用来吟诗填词。

保大二年(944年),闽国内乱,李璟在"五鬼"的唆使下,违反父亲"兵不妄动"的遗言,点将出兵伐闽,并攻灭闽国。保大八年,楚国发生"众驹争槽"的局面,于是又派兵攻灭楚国。这两次战争无端地消耗许多钱财,加重了南唐自身的负担,引起国内百姓的不满,导致又一次的农民起义。在南唐正忙于剿灭农民起义之时,中原地区由郭威建立的后周政权取代后汉之后,局势很快稳定。周太祖郭威鉴于南唐正忙于灭闽灭楚,采取主动进攻策略,步步向南唐进逼。而吴越军队亦乘其之危,从背后偷袭南唐。终于在中兴元年(交泰元年,958年),去帝号,称国主,奉北周为主。虽仍统治江淮,但不可能避免最终覆灭的厄运。在文学创作上,李璟却是一个有开拓精神的杰出诗人。他认为绝句和律诗限制太大,格律死板,妨碍自己挥发奔放的感情,逐渐把兴趣移到长短句——词作上来。但其一生吟咏虽多,传世仅四首:《应天长》、《望远行》各一,《浣溪沙》二首。其最著名的为《摊破浣溪沙》两阕。词中模仿一个少女的口吻,道出其寂寞深闺、思念恋人的心情,具有很高的艺术成就,故有"神品"之誉。

李璟在位19年,以诗人的气质管理朝政,灭闽、楚之时,尚有"经营四方之志",但"邪臣阿谀,职为历阶",致使国衰民伤,虽然晚年悔悟,已为时过晚。宋建隆二年(961年)六月殂于南都(南昌),时年45岁。今南京祖堂山尚存其墓。

韩熙载

韩熙载(902~970),字叔言。祖籍南阳,家于潍州北海(今山东潍坊),客居金陵(今南京)。后唐同光四年(926年)进士。天成元年(926年),其父被后唐明宗杀害,熙载奔归杨吴,为校书郎,出为滁、和、常三州从事。南唐烈祖时,召为秘书郎。元宗即位,任虞部员外郎、史馆修撰、中书舍人、户部侍郎。后主重其才,改吏部侍郎、兵部尚书、勤政殿学士承旨。目睹国势日蹙,且北人南来,后主对其有所猜忌,处境危难,遂广蓄女乐,彻夜宴饮,以示身无大志而自保。南唐著名画家顾宏中画的《韩熙载夜宴图》,就是后主派人监视韩熙载的历史佐证。坐托疾不朝罪,贬为太子右庶子,分司东都。熙载以年事已高,上表请罪,苦苦哀求从轻发落。复召为秘书监、兵部尚书,官终中书侍郎,充光政殿学士承旨。卒谥"文靖"。熙载高才博学,工于文辞,又精音律,擅书画,名重江南。时人载金帛以求铭志碑记者络绎不绝。史称其"制诰典雅,有元和之风"。所著诗文甚多,著有《韩熙载集》5卷、《格言》5卷、《拟议集》15卷、《定居集》2卷。

徐 锴 徐 铉

徐锴(920~975),字楚金。原籍会稽(今绍兴),父官江都少尹,移居扬州广陵(今扬州市区)。文学家。4岁而孤,与兄铉相睦,共用一砚。仕南唐时,官至内史舍人。曾因同兄评汤悦所作檄文援引不当,被汤悦等所诬,贬为乌江尉(铉贬为泰州司户椽)。兄奉使入宋后,他忧惧而卒于北宋开宝八年(975年)。锴善小学,曾著《说文解字系传》40卷,世称"小徐本"。该书已注意到形声相生、音义相转之理。又曾以许慎《说文解字》依四声谱次为5卷,名为《说文解字韵谱》,克服了原著因"偏旁奥密,不可意向,寻求一宗,往往终卷"的弊端,以声韵区分,便于检索。另有《文集》、《家传》、《方舆记》、《古今国典》、《赋苑》、《岁时广记》等。

徐铉(916~992),字鼎臣。五代初文字学家。初仕杨吴,为校书郎;又仕南唐,任知制诰、礼部侍郎、尚书左丞、兵部侍郎、翰林学士、御史大夫、吏部尚书等。南唐亡,随后主李煜归宋,官至散骑常侍。淳化二年(991年)贬为静难引军司马,死于邠州。精究小学,与其弟锴齐名,号"大小二徐"。曾受诏同葛湍、王惟恭等校订许慎《说文解字》，对许慎注义、序列中所载而正文漏落的十九字予以补录，又对经典相承或时俗通同的《说文》所未收载的四百零二字附于正文后，对原著中因时俗变化的正体字具于注中，对与义理及六书不合的字列序于后，对词简义奥的注释择可取的儒家笺述附后。采孙愐音切为《说文解字》附反切，求"援古以正今，不徇今而违古"，使学者"无或致疑"。在小学史上留下了重大的功绩。世称其所校《说文解字》为"大徐本"。

他酷爱博弈，在围棋上有极深的造诣。古棋图之法，以平上去入分四隅，交杂难辨。铉改之为十九字：一天、二地、三寸、四时、五行、六宫、七斗、八方、九州、十日、十一冬、十二月、十三闰、十四雄、十五望、十六相、十七星、十八松、十九容。大多以常用名词为概念，甚为简便。他弈棋极为超脱，正合乎他"简淡寡欲，质直无矫饰"的性格。所撰《围棋义例诠释》，对围棋名词术语辨析精确。

他曾参与编纂《文苑英华》、《太平广记》。撰有《全谷园九局谱》一卷。另有《徐公文集》行世。

周文矩

周文矩（约917～？），句容人。南唐画家。南唐李昇时已奉命作画。李后主时任翰林待诏。其画工于冕服、东器、人物、仕女，多以宫廷和文士生活为题材，以用意深远见称，风格近唐代周昉，但作风更纤丽，衣纹疏密有致，笔法瘦硬，略带顿挫颤动。所画仕女，造型优美、生动，不施朱傅粉，镂金佩玉，自得闺阁之态。兼画楼观，山林泉石，亦见精妙，还善画佛道宗教。曾作《慈氏像》，将印度原本中的男像，画成"丰肌秀骨，明眸善睐"的中国女性。传世作品有《重屏会棋图》卷，描写南唐中主李璟与兄弟们在屏风前弈棋的情景，所绘人物，即具有肖像画意境，又情态各异。《琉璃堂人物图》卷，藏北京故宫博物院，描绘盛唐诗人王昌龄与其诗友李白、高适诸人在江宁琉璃堂唱和的情景。美国弗利尔画廊、克里夫兰博物馆、佛格博物馆、大都会博物馆、哈佛大学和意大利文艺复兴研究中心都收藏有周文矩的作品。

鱼崇谅

鱼崇谅(903~977),原名崇远,字仲益,因避后汉高祖刘知远(947~948年在位)讳改名崇谅。宋楚州山阳县(今淮安市)人,后迁徙于陕州。幼时就会写文章,稍长被相州刺史辟为从事。后唐明宗时,曾为秦王李从荣记室,秦王被杀,他受株连被流放,后唐末帝清泰(934~936年)初被放还。清泰三年,起用为陕州司马。后晋时,历任殿中侍御史、观察支使、屯田员外郎、知制诰。开运末年,契丹攻入汴梁,契丹相张砺推荐鱼崇谅任翰林学士。契丹王北归,鱼崇谅被留在汴梁。后汉刘知远入汴梁后,将契丹主委任鱼崇谅的诏敕都搜去,在朝堂上焚毁,也任命鱼崇谅为知制诰。接着又拜为翰林学士,加中书舍人。后汉隐帝即位后,鱼崇谅以母亲年老须尽孝,请求就近赡养照料,改任保义军节度副使,领台州刺史,后召为学士。后周时,"书诏繁委,皆崇谅为之"。后周太祖广顺(951~953年)初年,加工部侍郎,又拜为礼部侍郎,复为学士。多次以母老告归养,均未获准。周世宗柴荣征高平,再次以母老为词告归,终获准允。后直至宋太祖一朝,均未起用他。宋太宗即位后,诏授金紫光禄大夫、尚书、兵部侍郎。宋太宗太平兴国二年(977年),鱼崇谅病逝。

李 煜

李煜(937~978),初名从嘉,后更名煜,字重光,号钟隐,别号莲峰居士。彭城(今徐州)人。五代时南唐国主,著名词人,李昪之孙。早年致力于诗词、书法、绘画、音乐,无意参与政事。18岁,娶大周后。大周后名宪,小字娥皇,精于音律,善弹琵琶。李煜爱好词曲,当与大周后精于音律、爱好词曲的影响有关。

李煜即位,世谓"南唐后主",其国势越发奄奄不振,处在北方宋朝的强大压力之下。他只能用金银贡物去讨宋太祖的欢心,"尊事中原,不惮卑屈",以图幸存。仅即位这年,李煜就向宋朝贡献金器2000两,银器2万两,纱罗绢丝3万匹。然而他有时又想保持半独立的地位。如宋开宝七年(974年),宋派阁门使梁迥来,说今年冬天天子行祭天礼,劝李煜去助祭,他不予理睬。宋又派知制诰李穆拿了诏书来,文中说:"朕将于仲冬在圜丘祭天,想跟您一同检视祭品。"李煜推托有病,并且说:"臣侍奉天朝,是希望能够保全宗庙祭祀,没有想到会是这样,那我只有一死好了!"

开宝六年,南都留守林仁肇劝李煜趁宋朝连年征战、师旅疲惫之机,出兵寿春,渡过淮河,收复失地。他怕触犯宋朝,没有听从。沿江巡检卢绛又劝李煜出其不意,消灭吴越,以振国威,李煜也没有采纳。内史舍人潘佑指斥李煜受奸邪蒙蔽,要破家亡国。李煜认为潘佑是受了户部侍郎李平的挑拨,便先逮捕李平,接着又要逮捕潘佑。潘佑被逼自杀,李平也吊死在狱中。在这种情况下,李煜还是尽情享乐,征歌逐舞,沉湎声色,迷信佛教。开宝七年,宋大军来攻。开宝八年,宋军围金陵,城陷时,李煜还在静居寺中听经,仓皇中肉袒出降。

李煜被俘后,在宋太祖开宝九年正月到汴梁。宋太祖在明德楼上,令李煜白衣纱帽到楼下请罪,并下诏赦罪,封他为违命侯。自此以后,他受到百般侮辱,过着"日夕以泪洗面"的生活。宋太宗太平兴国三年(978年),太宗命李煜旧臣徐铉去看李煜。徐见到李煜就要下拜,李煜立即下阶握住他的手。徐要行礼,李煜说:"今天哪有这礼。"李握着徐手大哭。坐定,李煜忽然长叹一声,说:"当时错杀潘佑、李平,懊悔不及!"徐告辞回去。太宗召问,徐照实说了,太宗很不高兴。又听说李煜曾命故妓在七月七日生日晚上奏乐,声闻于外。太宗大怒,便在这年七月七日晚逼他服了牵机药(服后全身蜷曲、头足相就像牵机状),在八日晨毒死,时年41岁。后人评价他"酷好浮屠,崇塔庙,度僧尼不可胜算。罢朝,辄造佛屋,易服膜拜,颇废政事。故虽仁爱足感遗民而卒不能保社稷"。在政治生涯中,较他的父亲李璟有着更深切的悲剧色彩。但是,在诗词创作上,李煜却不失为中国文学史上的著名词人。其前期作品大都描写宫廷享乐生活,风格柔靡。后期则抒写对昔日生活的怀念,咏叹身世,表现浓厚的伤感情绪,形象鲜明,语言生动,在题材与意境上也突破"花间派"的窠臼,是北宋婉约派词的开山巨擘。

李煜一生填词甚丰,至今流传的也有30余阕。他的《虞美人》"春花秋月何时了,往事知多少……问君能有几多愁,恰似一江春水向东流";他的《破阵子》"四十年来家国,三千里地山河……";他的《浪淘沙》"……无限关山,别时容易见时难。流水落花春去也,天上人间"!这些千百年来,被无数人吟唱的名词佳句,的确是"一字一珠,非他家及也"。后人评价说:"后主之词,足当太白诗篇,所能离奇无匹。""词至李后主而眼界始大,感慨遂深。"

刘 福

刘福(生卒年不详),宋徐州下邳(今睢宁县古邳镇)人。宋太傅。少时身材魁伟有臂力。后周显德元年(954年),周世宗征淮南,刘福由下邳到寿春谒见世宗,世宗留他在麾下。每出战,即令刘福率士卒为先锋。淮南平后,被授为淮德指挥使。北宋初,迁为横海指挥使,并率部下由峡路出征蜀地。到达孟昶时,蜀地已降。大将王全斌部押送降卒,到达绵州时,降卒盗库藏兵器,劫持蜀地。降将已叛并攻战甚急,时刘福部到达,与田绍斌夹击降卒,大胜。刘福以功被授虎捷都虞侯。后收复江南,被授为指挥使、领蔚州刺史。又随宋太宗克并汾地,迁为马步都军头武州团练使。端拱元年(988年)出任洺州防御使,次年改任雄州兼本州兵马。雄州是重要的边寨地带,常驻重兵把守。刘福到任,加强防守,坚固城垒,出私钱晏犒防守官兵,虽大敌逼近,亦无恐。刘福学识不多,但处事有方略,为政简易,待人亲近,受人尊重,治理雄州五年,境内清和太平。淳化元年(990年),迁为凉州观察使,判雄州事。

刘福64岁去世,赠为太傅。他虽身在高位,但不为子女建造大宅第。《宋史》称"受录虽厚,不为晏安之谋,可谓国尔忘家"。

徐 熙

徐熙(生卒年不详),金陵(今南京)人,一说钟陵(今江西南昌附近)人。南唐画家。江南布衣,为人宁静淡泊,生性高迈,专心绘事。擅画江湖间汀花、野竹、水鸟、蔬果、禽虫等。重写生,常游山林园圃,观察动植物形态。画花木用粗笔浓墨,草写枝叶,花蕊略施色彩,互不相掩,骨气过人,独创"落墨法",使花鸟画一开始就将色彩与用笔联系起来,为后世的"没骨法"开创了先河。时人将其与黄筌并称"黄徐",为五代两大流派的代表人物,有"黄筌富贵,徐熙野逸"之评。当时黄筌在图画院占优势,斥徐熙画"粗恶不入格",排挤徐熙,使其不能入画院。直至徐崇嗣、赵昌等出世,徐熙画派才名振四方。米芾说:"徐熙、徐崇嗣花皆如生",又说"黄筌画不足收,可摹,徐熙画不可摹"。苏轼题其《杏花图》云:"江左风流主谢家,尽携当画到天涯。却因梅雨丹青暗,洗出徐熙落墨花。"徐熙为李后主所画《铺殿花》、《装堂花》，都被作为宫廷的装饰画。画迹有《宣和画谱》著录其作品249件。传世作品甚少，有《雪作图》藏上海博物馆。

刘承规

刘承规（949~1012），字大方。北宋楚州山阳县（今淮安市）人。北宋内监。父刘延韬，官内班都知。刘承规于宋太祖建隆（960~963年）年间补为内官高班。太宗即位后，超迁北作坊副使。正值泉州"土民啸聚为寇"，他奉命与知州乔维岳率兵将其镇压。

太平兴国四年（979年），奉命与内衣库使张绍勋等率师屯定州以防御契丹。雍熙（948~987）中，负责内藏库兼皇城司，出为鄜延路排阵都监，改崇仪使，迁洛苑使。至道（995~997）中，签提点枢密宣徽诸房公使，加六宅使。刘承规任事三朝，掌内藏三十年，"检校精密，动著条式"，又制定权衡法，凡事管理严格，"人多畏之"。有时也很宽恕，铸钱工曾揭发本监先后将铜盗出数千斤掩埋，刘承规佯作不知，秘密派人将铜挖出取回，而不问其罪。咸平（998~1003）中，朱昂、杜镐编辑馆阁书籍，钱若水修《太祖、太宗实录》，后又修《册府元龟》、《国史》及编著校勘等事，皆由刘主持。他很爱好儒学，喜欢收藏图书，接纳文人，咨访掌故文物。"其有名于朝者，多见礼待，或密为延荐"，在宦官中是不可多得的。

真宗即位后，改胜州刺史，加庄宅使，迁北作坊使，主修天雄军城垒等，再迁宫苑使，兼负责群牧司。真宗景德二年（1005年），任提举京师诸司库务，局署规章制度多由他创订。改皇城使，与李溥等一起改订《茶法》，旋加领昭州团练使，迁昭宣使、长州防御使，主持修玉清昭应宫，又督理漕运。后一直留掌大内。"二圣殿塑配飨功臣，特诏塑其像太宗之侧"。朝陵完成后，准备为他进秩，他上表请求退休，皇上作诗敦勉，拜为宣政使、应州观察使。大中祥符五年（1012年），因病请求退休，诏特置景福殿使，改新州观察使，后任检校、太傅、左骁卫上将军、安远军节度观察，留后。

同年，刘承规去世。皇帝为他罢朝，亲作祭文，遣内臣致祭，并进赠为左卫上将军、镇江军节度使，赐谥"忠肃"。

丁 谓

丁谓(966~1037),字谓之,一字公言。北宋长洲县(今苏州市)人,生于北宋乾德四年(966年)。北宋大臣。少时与孙何同学,极为友善。二人以文章见颇有才望的长洲知县王禹偁,王阅后大惊,以为自唐韩愈、柳宗元以后200年才有此好文章,极为推重。世人以"孙、丁"并称。淳化三年(992年)登进士甲科,历任大理评事、饶州通判、福建路采访、峡路转运使、夔州路转运使,累迁工部、刑部员外郎,治理夔州五年,后为三司盐铁副使。景德四年(1007年),契丹犯宋时,任郓州知州,兼齐、濮等州安抚使,提举转运兵马巡检事,主持防务,使契丹退去。翌年,召为右谏议大夫、权三司使,历任枢密直学士、礼部侍郎,进户部、参知政事,工、刑、兵三部尚书、平江军节度使、昇州知州、保信军节度使等职。天禧三年(1019年),以吏部尚书复参知政事,后又以检校太尉兼枢密使。他构陷诬害宰相寇准,排挤寇准去位,既而自己被升为同中书门下平章事,成为宰相兼昭文馆大学士、监修国史。后又进尚书左仆射、门下侍郎、平章事兼太子少师,拜司空,封为晋国公。大中祥符年间,与王钦若迎合宋真宗皇帝意,大营道观,屡上祥异。为相后,勾结宦官雷允恭,独揽朝政。乾兴元年(1022年),仁宗即位后,知谓前后欺罔,勾结宦官事败露,累贬为崖州司户参军,后徙雷州、道州。明道二年(1033年)授秘书监致仕,居光州(治今河南潢川),景祐四年(1037年)卒。

丁谓机敏有智谋,险狡过人。长篇大文一览即诵。案牍繁迭,一言判明。善谈笑,喜作诗,绘画博弈、音律无所不通。被贬后,专事研习佛教因果之理,写下诗、文达数万言。为集4卷。

苏舜钦

苏舜钦(1008~1049),字子美。原籍梓州铜山(今四川绵阳东),其曾祖移居开封。诗人、文学批评家。景祐元年(1034年)进士。曾任大理评事。庆历中,范仲淹荐为集贤校理、监进奏院。时其岳父同平章事、兼枢密使杜衍对政事有所整饬,忌者欲通过倾陷苏舜卿而打击杜衍等,因以细故被除名,退居苏州。工散文,其论政之作,曾谓范仲淹的政治举措"皆非当今至切之务",批评其"因循姑息",要求做进一步改良。诗与梅尧臣齐名,风格豪健,甚为欧阳修所重。又工书法,有《苏学士文集》。庆历五年(1045年),以4万钱购地筑亭,名"沧浪亭",为苏州名园。卒于皇祐元年(1049年)。

范仲淹

范仲淹(989~1052),字希文。宋代苏州吴县(今苏州)人。北宋端拱二年(989年)生于徐州。北宋著名政治家、军事家、教育家、文学家。少年孤贫,常划粥断齑度日,刻苦勤学。大中祥符八年(1015年)进士。慨然有志于天下,常自诵"士当先天下之忧而忧,后天下之乐而乐"。出仕后,有敢言之名。天圣中,任西溪盐税官,泰州知州张纶从其议,修建捍海堰180里,御海潮,卫耕地,后人称"范公堤"。景祐元年(1034年),任苏州知州,举办学校,兴修太湖水利,惠泽乡民。康定元年(1040年),任陕西经略安抚副使,兼知延州,改革军制,巩固边防,西夏畏之如神,称"小范老子腹中有数万甲兵"。庆历三年(1043年),任参知政事,提出"明黜陟、抑侥幸、精贡举、择官长、均公田、厚农桑、修武备、减徭役、覃恩信、重命令"10项主张,以谋革新,史称"庆历新政"。因保守派反对,未能实施。罢相后,出任陕西、河东路宣抚使。皇祐四年(1052年)病逝于赴颍州途中,追赠兵部尚书,谥"文正"。他是北宋诗文革新运动的先行者和领袖。工诗词散文,善书法。文章阐述其政治主张,词多写塞上风光,风格较为明健。《岳阳楼记》中"先天下之忧而忧,后天下之乐而乐"的名句,传诵千古。著有《范文正公全集》、《丹阳编》、《易义》等。其墓在今河南洛阳伊川万安山。苏州有范文正公祠、天平山高义园等古迹。

胡 瑗

胡瑗(993~1059),字翼之。因祖籍陕西安定堡,人称安定先生。泰州海陵人。北宋教育学家。他幼年家贫,聪明好学,7岁能作文章,15岁即通五经。稍后与孙复、石介等北上山东泰山,苦读十年。胡瑗学习十分专心,每次家书寄到,只要见到"平安"二字即丢弃不顾。学成后,不仅熟谙经史,而且精通音律。景祐元年(1034年),在苏州一带教授经术。次年,范仲淹在苏州设立郡学,邀请胡瑗担任教授。景祐三年,朝廷诏求懂音律的学者校定钟律,范仲淹推荐胡瑗。胡瑗为宋仁宗召见,造钟磬各一尊,授试秘书省校书郎。范仲淹经略陕西,征辟胡瑗为丹州推官,后以保宁节度使推官教授湖州。

胡瑗认为"致天下之治者在人才,成天下之才者在教化,教化之所本者在学校"。在湖州执教期间,制订一系列规章制度,以仁义礼乐为教,树立敦尚行实的学风。与孙复、石介并称"宋初三先生"。讲学分经义、治事两斋,严立学规,以身示范,使得东南风气为之一变。庆历四年(1044年),在胡瑗办学影响下,朝廷诏示各地设立学校,并在京师建太学,将胡瑗在湖州的教学方法著为太学令。胡瑗也被征召为诸王教授,推辞不就后又被任为太子中舍。皇祐二年(1050年)至五年,参预制定雅乐,制乐期间被授为光禄寺丞、国子监直讲,主持太学讲坛。后又升任大理寺丞、太子中允、天章阁侍讲。胡瑗在太学讲学,四方来学的学子日益增多,以至太学容纳不下,只得安置于附近官舍之中。礼部考取的士子,十有四五是跟从他学习的人。嘉祐四年(1059年),以太常博士致仕,归老杭州。太学生与朝士在东门外设饯,人多得使车辆无法前进。不久病逝,赐谥"文昭"。

胡瑗提倡体达用之学,创立分斋、分科的教学方法,前后执教20多年,培养学生数千人。他沉潜笃实的治学态度,开宋代理学之先声。胡瑗著作丰富,可惜大部分散佚,现存的仅有门人编录的《周易口义》12卷、《易系辞说卦》3卷、《洪范口义》2卷、《论语说》若干条以及与陵逸合作的《皇祐新乐图说》3卷等。胡瑗有关教育的言论,通行的有清人汇辑的《安定先生言行录》。

沈 起

沈起(生卒年不详),字兴宗。鄞州(今浙江省宁波市)人。北宋海门知县、进士。任滁州判官时,因父病归侍,父丧期满后又被荐用。北宋至和元年(1054年),任海门知县。到任后,他见海门滨江负海,地势低洼,海潮、江水常常为患,农田房屋被淹,百姓流离失所,即兴修水利。率民筑海堤以挡海潮,自吕四至余东,绵延70里,西接范公堤(今通州市境内);并疏浚河道,引江水灌溉;同时又放宽禁令,缓征税捐,招集流亡,使得土地不断增加,百姓纷纷回归复业。为此,王安石专门写《海门县沈兴宗兴水利记》,称赞沈起是一个"有志"的人,褒扬他治理海门的政绩。沈起在海门当政不到两年,御史中丞包拯即荐举他为监察御史。沈起离任后,百姓为之立生祠,并把他主持修筑的大堤称为"沈公堤"。

胡　宿

胡宿(996~1067),字武平。北宋至道二年(996年)生于晋陵(今武进)。北宋天圣二年(1024年)进士。任扬子县尉时,适遇大水,他亲率船只救活数千百姓。在任宣州通判时,为一奸杀案,纠错惩凶。调任湖州太守时,前任滕宗惊大力兴学,用钱数十万,僚属疑有问题。他说:"前任太守如有过错,何不及早指出?等人离去才在背后非议,这哪有其同负责、分担后果的意思呢?"僚属十分惭愧。其后湖州学风之盛为东南之最,多出于其力。他又筑石塘百里,以防水患,称胡公塘,士人为立生祠纪念。后任两浙转运使。入京修起居注、知制诰。当时有人主张为官七十而不告退者,由主管部门查纠。他认为应由其本人自报,以全其晚节。又建议礼部将贡举由两年一次改为三年一次。此议于北宋治平三年(1066年)起施行。后又任翰林学士兼端明殿学士,知审官院。泾州兵因久不发饷,将激起骚乱,诏旨惩办三司吏。三司使包拯拖延未予处理。胡宿说:"军饷超期85天不发,包拯不知自责,公然抗拒皇命,国家还有法纪吗?"包拯恐惧,立即派人处理。荐详议官时,中选者曾因水灾减征赋税。同事都认为是小过,不必上报朝廷,他却如实上报,同时又尽力推荐其才能可用,仁宗表示同意。同事怪他多事,说如因为该员有错而不用,岂不糟糕?"他说:"我平生诚实待人,今已白首,怎可有一点欺瞒呢?之所以上奏,不过听上面选择而已。"嘉祐六年(1061年),升枢密副使。英宗亲政后,多次告老请退。治平三年罢为观文殿学士,杭州知府。他为人清谨忠诚,内刚外柔,不以进退为意;处事谨慎,顾全大局,不轻易作决断,既决断不轻易变更;虽位居显贵,生活俭朴仍如平民。常对晚辈说:"富贵贫贱,各有天命。应修身待命,报效国家,不要被天地所耻笑。"著有《胡文恭集》70卷(已佚),《名贤碑铭》等,存《文恭集》50卷,补遗1卷。诗的风格豪健奔放,悠远深沉,有如寒夜号角,发人深思。

治平四年,以太子少师退休,不久去世,终年71岁。赠太子少傅,谥"文恭"。墓在晋陵(今武进原阳湖安定乡隆亭)。

胡宿生前曾请人在常州东南3里处建造报恩感慈禅院,即清凉寺前身。

南宋淳祐八年(1248年),常州郡守李迪在寺内立胡文恭公祠。

刁　约

刁约(生卒年不详),字景纯,镇江人。年青时刻苦好学,应举京师,与欧阳修、富彦国声誉不相高下。北宋天圣八年(1030年)进士,为诸王宫教授,后为馆阁校勘。庆历初与欧阳修同知太常礼院,又并为集贤校理。庆历四年(1044年)出为海州通判。曾出使契丹,回朝后改判度支院。嘉祐四年(1059年),出为两浙转运使,后任判三司盐铁院、提点梓州路刑狱等职。又出知扬州、宣州。熙宁(1068年)初判太常寺,告老回镇江。

刁约为人忠厚,在京师任官时,宾客无少长,均热情接待。他从不登权要之门,在40年间均周旋馆学,时人皆称他为刁学士。范仲淹、欧阳修、司马光、王安石、王存、苏轼等对他都很敬爱。

刁约回镇江后,修葺自家的园林住宅,取名藏春坞。据传遗迹在范公桥东,即今镇江市区丁家巷一带。坞西临水,建有逸老堂,在小山阜上种了许多松树,称做万松冈。刁约曾作诗纪念,诗云:"城南已葺藏春坞,溪侧方营逸老堂。岭上万松山径合,江中千滔一丘黄。"刁约在此度过晚年,享年84岁。

欧阳修

欧阳修(1007～1072),字永叔,号醉翁、六一居士。吉水(今属江西)人。北宋文学家、史学家,散文"唐宋八大家"之一。天圣年间中进士,官至参知政事。曾与宋祁合修《新唐书》,并独撰《新五代史》。有《欧阳文忠集》。

欧阳修于庆历八年(1048年)知扬州。他为政尚简,纲目不乱,关心民瘼,抨击暴敛,深受百姓爱戴。但由于推行"庆历新政"失败,政治上很不得意。公事之余,便寄情山水,游目骋怀。曾筑堂于蜀冈中峰大明寺之西南角作游宴之所。因伫立此间,唯见江南诸山,拱揖槛前,若可攀跻,故取名"平山堂"。据南宋叶梦得《避暑录话》载:"公每暑时即凌晨携客往游,遣人至邵伯湖取荷花千余朵,以画盆分插百许盆,与客相间。遇酒令,即遣妓取一花传客,依次摘其叶,尽处则饮酒。往往侵夜,载月而归。"诗人梅尧臣等曾为平山堂之座上宾。欧阳修于皇祐元年(1049年)离开扬州,但对平山堂一直很怀念。嘉祐元年(1056年),刘敞知扬州时,欧阳修曾特地填《朝中措·平山堂》一词相送,词曰:"平山栏槛倚晴空,山色有无中。手种堂前垂柳,别来几度春风?文章太守,挥毫万字,一饮千钟。行乐直须年少,尊前看取衰翁。"后人于平山堂北首建有欧阳祠,以纪念这位"文章太守"。堂、祠、像今犹在大明寺内。熙宁五年(1072年)病逝,终年65岁。谥"文忠"。

卫 朴

卫朴(？~1077),宋楚州山阳县(今淮安市)人。北宋天文历算家,《奉元历》的主修者。出生于贫民家庭,但自幼刻苦好学,尤钻研天文数学,立志于历算。年青时,生病无钱医治,以至双目失明。后居北辰镇神祠中,精心推算历法。《春秋》日食36次,历算较精密者不过得二十六七次,惟唐一行和尚算得29次,而卫朴却得35次。庄公十八年一食,今古算者皆不入食法,疑前史误载。自夏仲康五年癸巳岁至宋熙宁六年癸丑,凡3201年,书传所载日食,凡475次,众术考验,虽各有得失,而卫朴所得为多。他能够不用算推古今月、日食,但口诵乘除,所得时辰俱不差。凡术书算数,令人就耳一读,即能谙诵。曾请他人根据自己口授代写推算历法书,再令附耳朗读,有差一算者,读至其处,则说:"此误某字。"乘除虽极繁,卫朴不用审核定位,即运算如飞,令人眼花缭乱;有人故意移动一算(即筹码),他自上至下,手抚一遍,至移算处,即予拨正。卫朴的天文数学才能,深受司天监沈括的赞赏。沈括向神宗推荐卫朴主持修订《奉元历》。他被召至司天监,经过三年努力,于熙宁八年(1075年)修订成功。

当时司天官都由世族承袭,隶名食禄,没有什么知术的人。他们忌妒卫朴超过自己,群起阻挠,使"奉元术"五星步算,仅增损旧术,纠正其太荒谬之处,施行18年,其效用十得六七而已。《奉元历》有利于当时农业生产,并对后来沈括改进计时仪、运筹算学及研究天文等工作,都有启发和帮助。神宗熙宁十年末,卫朴去世。据《宋史·艺文志》载:其著作有《七曜细行》1卷、《新历正经》3卷、《义略》2卷、《立成》15卷、《随经备草》5卷。

程 颢

程颢(1032~1085),字伯淳,世称明道先生。洛阳(今河南洛阳)人。北宋哲学家。嘉祐进士。曾任鄠(今陕西户县北)、上元(今江苏南京)主簿,晋城(今山西晋城)令等地方官。熙宁初,吕公著荐他为太子中允,监察御史里行。王安石变法,他退居洛阳十余年,参与司马光、文彦博、吕公著等的反新法活动。后被召为宗正丞,未赴。

程颢为官时,勤政爱民,断案英明,治理有方,极受乡民敬重。他在任上元县主簿期间,上元田税不均,比他邑尤甚,盖近府美田为贵家富室以厚价薄其税而买之,久则不胜其弊。颢为之制定有关法令,一邑田税大均,民不知扰。"上元大邑,诉讼日不下二百,为政者疲于省览,颢处之有方,不数日民讼遂简"。江圩稻田,赖陂塘以溉,有一年盛夏塘堤大决,他即调拨民力堵塞,当年大获丰收。江宁当水运要冲,舟卒病者则留之为营以处,曰小营子,每年不下数百人,然而,留下的人总不免死去。颢察其由,"盖计留然后请于府,给券乃得食,如此饿已数日"。为此,颢告于漕司,请给米贮于营中,至者即给与食,于是生存者大半。邑中,颢见人持竿道旁,以粘飞鸟,取其竿折之并教之使勿为,乡民子弟自不敢擒飞鸟。

程颢是北宋著名的理学家。他早年就学于周敦颐,与其弟程颐世称"二程",同为北宋理学的奠基人。他提出"天者理也"和"只心便是天,尽之便知性"的唯心主义命题。他还提出为学以"识仁"为主,认为"仁者浑然与物同体,义礼知信皆仁也",识得此理,便须"以诚敬存之"。他的社会观,则从"大小有定"观点出发,竭力维护"三纲五常"的封建统治秩序。他和弟颐的学说后为朱熹所继承和发展,世称"程朱理学"。其著作有《定性论》、《识仁篇》,后人编为《遗书》、《文集》、《说经》等,收入《二程全书》。他还是一位教育家。他曾上书仁宗,请修学校,尊师儒,为国家输送人才。他退居洛阳的十年间,亲自讲学授徒,弟子众多。

程颢于元丰八年(1085年)去世。死后赐谥"纯公",封河南伯、豫国公。南京最早的书院之一的明道书院,即为纪念他在上元政绩而建。

王安石

王安石(1021~1086)字介甫、号半山。抚州临川(今江西省抚州)人。北宋政治家、思想家、文学家。17岁随父王益迁居江宁。22岁时中仁宗庆历二年(1042年)进士。历任鄞县知县、常州知府、江东提点刑狱。任内试行政治改举,颇有治绩。嘉祐三年(1058年)向宋神宗上《言事书》,提出改革政治、富国强兵的主张,被任命为江宁知府。神宗熙宁二年(1069年),擢参知政事,次年晋升为同中书门下平章事,大力开展变法运动,积极推行农田法、青苗法、水利法等新法,取得一定成绩。由于保守派的强烈反对,新法未能彻底实行。熙宁七年,王安石被迫辞去宰相职务,到江宁当知府。熙宁八年再次为相,次年又罢相,第三次任江宁知府。晚年退居金陵,封舒国公,旋改荆国公,世称其为王荆公。后来他舍半山园宅为报宁禅寺(半山寺)。元祐元年(1086年)去世,终年65岁。葬于钟山脚下。他反对因循守旧,提出"天变不足畏,祖宗不足法,人言不足恤"的论点。其文多政治性学术论文,逻辑严密,说理透辟,语句简洁,风格拗折峭劲,独树一帜,时人称其为"拗相公"。其诗内容丰富,风格雄健峭拔,涉及许多社会问题,关心民间疾苦;咏诗之作则借古喻今,抒发豪情壮志。晚年退隐,诗风大变,多写湖光山色,重推敲锤炼。其文学创作成就极高,影响巨大。王安石著作颇丰,所著《字说》和《钟山日录》等已散失。现存《王临川集》、《三经新义》中的《周仓新义》残卷及《王临川拾遗》等。

孙 觉

孙觉(1028~1090),字莘老。北宋天圣六年(1028年)生。高邮人,家住甓社湖南岸。清官。20岁时,从胡瑗为师。因少年老成,从数以千计的学生中被选入胡的经社。皇祐元年(1049年)中进士。调合肥主簿时曾建议"以米易蝗",既灭了蝗灾又赈了旱荒,大有效益。其法被推行于他县。

嘉祐四年(1059年),选入昭文馆。神宗即位时,进了集贤院,为昌王记室,后被提升为右正言。

熙宁(1068年)初,王安石变法,孙觉建议神宗"革而当",并提出"知人之要,在于知言","人主用臣之道,任贤使能而已",劝告神宗勿提升"多有口才,而无实行"之人。行青苗法时,他条奏批驳,认为青苗法有收取重息等弊,加以反对。熙宁二年入知谏院,编修《起居注》,又调掌审宫院。次年因反对新法被贬广德知军。熙宁四年,调湖州为知州。次年在吴兴建墨妙亭,时同乡秦观曾为其幕僚。松江洪水将没河堤时,他将土堤改为石工,高丈余,长百里,使堤下土地皆化为良田。祖母去世之际,调为润州知州。熙宁九年,回邮守孝,与秦观交游甚洽。服丧期满,任苏州知州,后调福州。闽地婚丧,耗费无度,他制定规则,规定婚嫁费不得超过百千,丧葬费亦减到半数,改掉了陋习。他还劝导要用巨款修建佛殿的一人,拿出500万钱为在押的人偿还所欠的公家赋税,使数万人得出牢狱之门。后连续调亳、扬、徐州任职。徐地多盗,一次抓到五个杀人犯,其中一人瘦弱不堪,他疑而问之,是匪徒裹胁来的,就免除了此人的死刑。元丰四年(1081年),任应天府知府。

哲宗即位,孙觉兼任侍讲,又调为右谏议大夫。他鉴于时弊,请申《唐六典》及《天禧诏书》,借以伸张正气,履行谏官之权。他还严厉批评宰相蔡确、韩缜"进不以德",不为他们的言辞利诱所动,最后这两个人只有退职。元祐初(1086年),晋升为吏部侍郎,兼右选。因病告老时,加封龙图阁学士兼侍讲。为醴泉观提举时,要求调舒州灵仙观,以为归宿,哲宗派专人前往慰问,赐银500两。元祐五年二月卒。

孙觉一生著作甚丰,有《周易传》1卷、《书解》10卷、《书义口述》1卷、《春秋经社》6卷、《春秋经解》15卷、《春秋尊王》4卷、《春秋学纂》12卷、《文集》40卷、《记室杂稿》3卷、《奏议》1卷。

沈 括

沈括(1031~1095),字存中,杭州钱塘(今杭州)人。生于北宋天圣九年(1031年)。北宋著名科学家、政治家。母亲为吴县许仲荣之女,故沈括入籍于吴县,从小在吴县读书,并以吴县籍举子中嘉祐八年(1063年)进士。任扬州司理参军,宋神宗熙宁间迁太子中允。熙宁中,参与王安石变法。熙宁五年(1072年)提举司天监,始置浑仪、景表、五壶浮漏三仪,并招卫朴修《奉元历》。未几,淮南灾荒,奉遣察访,发放赈灾钱粮,疏浚沟渎,治理荒田,解救水灾。迁集贤校理。翌年,又奉遣察访两浙农田水利,曾参与组织民工治理太湖水利。迁太常丞,同修起居注。宋神宗听取他的建议,制止边吏征籍民车和市易司的禁蜀盐。未几以右正言知制诰,察访河北西路。熙宁八年使辽,斥其争地要求,并沿途将其山川形势,人情风俗画成《使契丹图抄》奏上。次年,任翰林学士,权三司使。后知宣州,再知延州(今延安),加强对西夏的防御。元丰五年(1082年),以徐禧失陷永乐城(今陕西米脂西),连累坐贬,为均州团练副使,徙秀州,继以光禄少卿分司居润州。筑梦溪园(在今镇江市),举平生见闻撰《梦溪笔谈》。全书分17目,共609条。沈括博学多闻,于天文、地理、律历、音乐、医药等都有研究。对当时科学发展和生产技术情况,如水工高超、木工喻皓、发明活字印刷术的毕升及炼钢、炼铜的方法等,凡有见及,无不详为记录。又精究药用植物与医学,著《良方》十卷。著述传世的尚有《长兴集》。卒于绍圣二年(1095年)。

朱长文

朱长文(1041~1098),字伯原,自号潜溪隐夫。因筑室隐居"乐圃",故人称"乐圃先生"。宋代吴县人。北宋学者。10岁能作文,好读书,从泰山孙复授经于太学,尤邃于《春秋》,博闻强识,笃学力行。19岁登进士,后授秘书省校书郎,守许州司户参军。因坠马伤足,不愿再当属员。家居20年,筑室故吴越钱氏金谷园,称"乐圃",潜研学术。时苏州地方官员莫不造访,向他请教"谋政所急",因之名动京师。元祐间,荐为苏州教授。曾积极协助范仲淹之子范纯仁重修苏州州学。时苏州水灾,长文曾陈浚五浦之利,未获采纳;又作救荒议4篇,上苏州知州黄履,灾民获益不小。后征召为太学博士,绍圣年间改为宣教郎,除秘书省正字兼枢密院编修。

朱长文禀性忠厚纯朴,慨然有为世所用之志。任官后,将田地全交给诸弟,自己唯留藏书2万卷。早岁作《东都赋》,论者以为不逊色班固、张衡之赋。其书法学颜真卿,并收集自周代穆王以来金石遗文、名人笔迹,作《墨池阅古》二编。曾编著书法专著《墨池编》20卷。元丰七年(1084年),应太守晏公之邀,撰《吴郡图经续记》3卷,为中国现存宋代古方志之一。又精通古琴,著有《琴史》。著述尚有《乐圃余稿》等。元符元年(1098年)二月病逝,葬于吴县支硎山,张景修撰墓志铭,米芾题写墓碑。

王　观　王　觌　王俊乂

王观（1035～1100），字通叟。生于如皋。北宋词人。皇祐三年（1051年）与堂弟王觌跋涉千里到开封，学于胡瑗先生门下。嘉祐二年（1057年）中进士，起初担任山东单州团练推官，不久改为秘书省校书郎。熙宁六年（1073年）升为大理寺丞。王观落笔成章，词赋极有文彩，与高邮秦观齐名。曾因进献《扬州赋》，获赐绯衣银章，后因著《清平乐》词被宣仁太后排斥，贬为江都知县，自号"逐客"，卒于任所。著作有《维扬芍药谱》1卷、《诗文集》50卷、《天鹫子》1卷、《冠柳集》1卷。《卜算子·送鲍浩然之浙东》一词尤为脍炙人口。

王觌（1036～1103），王观堂弟，字明叟。嘉祐四年进士。熙宁初担任润州（镇江）推官。颇有政绩，累次晋迁至刑、户二部侍郎、御史中丞、龙图阁学士。王觌论事憨直，为蔡京等所不容，屡次遭到贬谪。知成都时，曾经主持浚治城渠，百姓感恩戴德，将该渠命名为"王公渠"。著作有《内制》、《奏议》各30卷、《王龙图文集》50卷。

王俊乂（1036～1103），字尧明。王观、王觌堂侄。宋徽宗赵佶钦点状元，并对他的人品大加赞赏，说："真所谓俊异（人）矣"、"宜即超用。"俊乂持才居节，拒不往谒权相蔡京。历任吏部员外郎、右司员外郎，后以直秘阁知岳州。67岁时卒于任所，归葬如皋城内薛家池。著有《易说》10卷、《王俊乂文集》10卷。

秦　观

秦观（1049～1100），字太虚，后改字少游，号淮海居士。扬州高邮人。宋词人。少有文名，宋神宗元丰八年（1085年）进士。任定海主簿、蔡州教授。哲宗元祐初，由苏轼荐于朝，任太常博士，秘书省正字，兼国史院编修官。哲宗视政，新党掌权，被贬为杭州通判，后又徙处、郴、横、雷等州。徽宗即位始放归，中途卒于滕州。绍兴二年（1132年），其子秦湛将其遗柩改葬无锡惠山。秦观与黄庭坚、晁补之、张耒齐名，号称"苏门四学士"。工诗善文，尤长于词，为婉约派正宗词人。远学温庭筠，近学柳永，精妙俊逸。其词多写男女恋情和被放逐的愁苦，爱情深挚纯洁，女性形象富有个性，且颇具理想色彩。秦观虽属苏东坡门下,但词风与柳永、苏轼不同。柳词大气磅礴,善以白描手法铺叙,不甚研究色泽。苏轼更是洗净脂粉,自尚清雄。秦观的词,气度缓慢平和,从容不迫,语言工整凝炼,力求自然、深刻。况蕙风评他的词如"初日芙蓉,晓风杨柳",可见其词情韵兼胜,意趣之含蓄,音律之谐和,语言之清新为人所称道。其《鹊桥仙》、《踏莎行》、《满庭芳》等,均为脍炙人口的名篇。其诗一如其词,清新可诵。著有《淮海集》40卷,《后集》6卷,《长短句》3卷。

苏 颂

苏颂(1020~1101),字子容。原籍泉州南安(今属福建)。北宋名宦。其父苏绅死后葬于镇江京岘山,苏颂遂定居于丹徒。他在北宋仁宗庆历二年(1042年)中进士,在宿州等地做过两任推官,调到朝廷为馆阁官,又外放颍州、婺州、南京(今商丘)、杭州等地做地方官。到元丰初年重返朝廷,历任刑部、吏部尚书等职。元祐七年(1092年)拜右仆射兼中书门下侍郎(宰相),只做了一年就辞职。徽宗建中靖国元年(1101年)去世,享年81岁。死后赠司空、魏国公,谥"正简"。

苏颂博学多才,深通天文、历算、生物、医药等学科。家中藏书数万卷,著作有《苏魏公文集》72卷、《新仪象法要》3卷、《华夷鲁卫信录》250卷。参加和主持编写《嘉祐补注神农本草》和《图经本草》。前者载药1082种,后者附有绘图,对医药学和生物学都有很大贡献。在哲宗元祐年间,苏颂还曾领导韩公廉等制造天文仪器"水运仪象台",利用水力来转动浑仪,观测天象。

王 存

王存(1023~1101),字正仲。丹阳人。北宋名宦。幼善读书,12岁辞亲赴江西从师,五年后始归,精古文辞。庆历六年(1046年)登进士第,任浙江上虞县令。后历任国子监馆阁校勘、集贤校理等职。元丰元年(1078年)神宗擢其为国史编修起居注。后历官龙图阁直学士、兵部太仆寺直至户部尚书、吏部尚书。建中靖国元年(1101年)卒,享年78岁。赠左银青光禄大夫,谥"庄定"。

王存为官修洁自重,待人宽厚,平居恂恂不为诡谲之行。原与王安石交好,王执政后,因政见分歧,日疏。王存任开封知府时,兴利于民。有居民凿汴河堤岸扩大住宅范围,王存在下令禁止的同时,对堤岸加倍筑固,防止汴河决堤泛滥,群众称颂。哲宗时为吏部尚书。时朋党之争激烈,他为了避免牵连而出任杭州知府,并上书批评这种风气。司马光曾说:"并驰万马中能驻足者,其王存乎。"形象地描绘了他的高尚人格。

　　王存一生历居馆阁,除参与国史编纂之外,又编有《枢密院诸房例册》142卷等书,其中尤以所主编的《元丰九域志》影响最大。这部志书始于四京,终于省废州军及化外羁縻州。凡州县皆依路分隶,且深得古人辨方经野之意,资料详实,体例严谨,叙述简洁有法。元丰三年(1080年)闰九月问世后,一直为历朝政府重视,《四库全书总目》亦称:"其书最为当世所重。"另著有《王正仲集》20卷。

范纯仁

　　范纯仁(1027~1101),字尧夫。北宋吴县(今苏州)人。北宋大臣、范仲淹次子。天性警悟,初以荫补入仕,皇祐年间进士,时仅23岁。尝从胡瑗、孙复等学。父亡始仕。其后多任地方官,所至皆有治迹。以著作佐郎知襄城县时,为引进丝织劝民植桑而成林,被后称为"著作林"。知庆州时,为赈救灾民,敢于担擅自开仓放赈之责任。因反对变法,一度遭王安石排斥。宋哲宗即位后得到重用,历任同知枢密院事、观文殿大学士、右仆射,位至宰相。其为政清廉,主张外抚西夏、内务宽厚,反对以朋党论罪、以重刑除恶,尤不可兴文字狱。为人正直,虽亲者不取媚,曾批评司马光不该尽废新法,只应去其扰民甚者;虽疏者不加害,对苏辙、吕大防等皆能以德报怨。自以为平生所学唯"忠恕"二字。卒于建中靖国元年(1101年)。宋高宗时追封许国公。学问渊博,尤明于典章制度,于天文、历算、山经本草,无所不通。其文多清丽雄赡,卓然可为典则。著有《苏魏公集》、《新仪象法要》等70余卷。

苏　轼

　　苏轼(1037~1101)字子瞻,一字和仲,号东坡居士。四川眉山人。宋代大文豪。苏洵之子。宋仁宗嘉祐二年(1057年),与其弟苏辙中同榜进士。嘉祐五年授河南福昌县主簿,次年召试,授大理评事签书凤翔府判官。仁宗熙宁二年(1069年),因反对王安石新法而求外调,先后任杭州、密州、徐州通判、湖州知州。后因"乌台诗案",贬为黄州团练副使。元丰七年(1084年)改任汝州团练副使。哲宗元祐初任中书舍人,翰林院学士兼侍读。又因反对司马光尽废新法请求外调,出任杭州知府、颖州知府等。元祐七年(1092年),复授翰林侍读学士,礼部尚书。次年哲宗亲政,新党重新掌权,又被斥为"以文字斥刺先朝",贬惠州、儋州。元符三年(1100年)遇赦北还,在常州逗留期间病倒。这是苏轼第七次到常州,并托人买房,打算在此定居,不幸病逝于常州孙庆藤花旧馆。在常州期间,留恋阳羡(今宜兴)山水,往返途中留有多处遗迹,如武进东安乡的香泉井,因苏轼饮过此井水,历代在此竖碑建亭,并悬"坡仙遗迹"匾额。其为文汪洋恣肆,明白畅述,为"唐宋八大家"之一,与父洵、弟辙合称"三苏"。其诗清新豪健,独具风格。词开豪放一派,影响深远。书法用笔丰腴跌宕,自创新意,有天真烂漫之趣。善画,喜作枯木怪石,画迹有《枯木怪石图》、《竹石图》。书法有《黄州寒食诗帖》等多种遗世,诗文有《东坡七集》等。

刘 庠

刘庠(生卒年不详),字希道。彭城(今徐州市)人。北宋名宦。8岁便能作诗。中进士后,任高密广平院教授。后因上书议论时事,受到英宗器重。

他经常向英宗提出规谏。英宗为仁宗修神御殿,非常宏丽。刘庠说:天子之孝,在于继承先王之志,而不在宗庙的侈靡。因此,"宜损其制,以昭先帝俭德"。皇家的奉宸库被盗后,只将看守库房的小官治罪,刘庠主张应连同主管此事的"近侍"一并惩罚。仁宗的外家李珣犯销金法,刘庠启奏说,执法当从贵戚和皇帝亲近的人开始。英宗未立太子,刘庠上疏认为,应早日确定太子的人选,并使太子经常留在皇帝身边,经受锻炼。这些建议英宗一一采纳,付诸实行。神宗即位后,刘庠任殿中御史,为右司谏。在宋与契丹的关系问题上,他认为守信义最重要。他在河东转运使任上,考察了河东路的物产情况,发现铁的蕴藏丰富,就请求恢复废弃的冶炼场所,发展冶铁铸造。他还招募民众往长城边上的荒僻地区转运粟谷,以防饥荒。此后,先后任天章阁待制、河北都转运使、真定府知府、河东都转运使、开封府尹。刘庠对王安石推行新法不以为然，不愿在王安石手下做事。王安石想会见他，并嘱咐传达人员说："今天来客一律不见，只有刘尹来要立即告诉我。"但刘庠始终不肯见王。后屡易职降职。时人评说："帅臣极难得，刘庠可惜也！"他一生"有吏能"，并通晓各代历史，王安石亦"称其博"。

陈师道

陈师道(1053~1102)，字履常，一字无己，号后山居士。彭城(今徐州)人。北宋诗人。少年时刻苦学习，16岁时，带着自己的文章拜访曾巩，颇受曾巩赞赏，便留下拜曾巩为师，学习写文章。

熙宁年间，王安石经学盛行。陈师道不赞成王安石的学说，也就不愿出来做官。元祐初年，由于苏轼等人推荐，被任命为徐州教授，又由于梁涛的推荐，升任太学博士。他对一代文学大师苏轼十分仰慕，常以诗文唱和，成了"苏门六君子"之一。有人弹劾他任职期间曾擅自越境会见苏轼，于是改任颍州教授。又因不是科举出身，被罢官回乡。后来，虽接到调任彭泽县令的任命，却不肯赴任。陈师道以诗著称当时。他爱苦吟，有"闭门觅句陈无己"之称。他每有所感，急闭门苦吟，家里人知道他要写诗，便连猫狗也赶走。他的诗初学黄庭坚，有些得意之作，还超过黄庭坚。后又专心学习杜甫，却忽略杜甫深入现实生活、密切联系人民的一面。他的创作态度严肃，为文精深雅奥。他常常烧掉自己不满意的作品，所以现存的作品仅是他全部作品的十分之一。他曾为黄楼作铭，写有歌咏快哉亭、燕子楼等徐州风物的诗篇。陈师道一生政治上失意潦倒，生活上清贫自守，有时竟至断炊。但他高风亮节，为人耿直，不趋奉权贵。傅尧俞知他家境穷困，便准备一些礼金想赠给他，但见后听了他的议论，对他更加敬畏，竟未敢把礼金拿出来。权臣章惇一再表示要荐举他，并嘱咐秦观约请来见，但均被他婉言谢绝。晚年，奉召任秘书省正字。徽宗崇宁元年(1102年)，因无御寒棉衣受冻病死，时年49岁，由朋友买棺将其安葬。北宋吕本中作《江西诗社宗派图》，把黄庭坚推为宗派之祖，次为陈师道等25人。后方回著《瀛奎律髓》，因江西诗派都以学杜甫相号召，又以杜甫为一祖，故把黄庭坚、陈师道、陈与义同尊为"三宗"。陈师道一生著有《后山集》14卷，《后山诗话》1卷，《后山谈丛》6卷，《长短句》2卷等。

郏 亶

郏亶(1038~1103),字正夫。太仓人。北宋水利专家。他自幼酷爱读书,识度不凡。嘉祐二年(1057年)考中进士,授睦州(今浙江省淳安西南)团练。他未去上任,终日跋涉于野外,考察地形、河道,深究古人治水之迹。熙宁三年(1070年),朝廷诏书天下,征集理财省费、兴利除弊的良策。此时,他已任广东机宜文字。当即上书建议治理苏州水田。他认为:"天下之利莫大于水田,水田之美无过于苏州,但自唐末以来,经营至今,始终未见其利者,其失有六。今当去六失,行六得。"他总结前人治水的经验,指出以往治水中存在的六处失误,并提出治水必须"辨地形高下之殊,求古人蓄池之迹"等"六得"。后来他又提出"治田利害大概"7条,为宰相王安石采纳。他还实地详细考察太湖地区治水的历史,考察250多条河流,结合自己治水的亲身体会和设想,撰写水利专著《吴门水利书》4卷。另还绘制许多水利图,为后人治理吴中水利提供重要依据。熙宁五年,他任司农寺丞,负责兴修两浙水利。由于遭地方豪吏的阻扰和反对而失败,被免职回籍。他回到家乡后,继续研究自己治水治田方案,并在居所西边名叫大泗瀼的地方进行试验。他按照自己以往上书的办法修建圩岸,沟浍场圃,仿照井田制,到来年大获农利。于是,他以事实再次向朝廷申诉,终得认可,官职得以恢复,另授江东转运判官。元祐初,郏亶授太府寺丞,并出任温州知州,后授比部郎中职务。未至,于崇宁二年(1103年)病逝于温州任所。

米 芾

米芾(1051~1107),初名黻,字元章,号海岳外史、襄阳漫士、鹿门居士。他家世居太原,迁湖北襄阳,因爱京口山水,最后定居镇江,直至终年。死后葬于镇江。北宋书画家。以恩补涂光尉,历任雍丘县、涟水军,以太常博士出知无为军。召为尚书画学博士、擢礼部员外郎、出知淮阴军。举止怪异,世称"米颠"。

米芾能诗善文,擅长书法、绘画,尤其精于对艺术品的鉴别。人们对他的行、草书有"风樯阵马,沉着痛快"的评语。他与蔡襄、苏轼、黄庭坚合称"宋四家"。他曾在镇江北固山建宝晋斋,聚书法、名画其中。不久又以一方石砚与苏仲恭换取甘露寺下一块园地,建海岳庵。米芾画山水从董源的画法演变而来,不求工细,多用水墨点染。其子米友仁,继承乃父风格。米家父子的山水画自成一家,开创了独特的风格,被称为"米氏云山"。米芾在山水画上的创造,在于对真山真水有深切的感受。又擅诗文,其诗意境开阔,颇似其画。主要著作有《书史》、《画史》、《宝章待访录》,后人辑本有《宝晋英光集》、《宝晋山集拾遗》等。

邹 浩

邹浩(1060~1111),字志完,自号道乡居士。宋代忠直谏臣。晋陵(今常州)人。宋神宗元丰五年(1082年)进士,任扬州、颍昌府教授,深为太守吕公著、范纯仁器重。哲宗元祐年间(1086~1094年),他上书论人才不振,难当国家大任,切中时弊。哲宗亲政后,起用邹浩为右正言。他自知性情耿直,朝中有党争纷扰,恐受挫折,累母担忧,欲坚辞不就。其母张氏则劝导:"你若忠心报国,便无愧于公论,我还有什么可忧虑的呢!"他方消除顾虑,开始艰难曲折的谏官生涯。邹浩以直言著称。当时朝中有人主张以王安石《三经新义》为主题,考试举人。他认为弊多不妥,而未实施。宋军在陕西前线打了胜仗,朝廷内外,大举庆贺。他及时上谏提醒道:"获胜以后,维护战果不易。应告诫将士不可忘乎所以,不然则会尽弃前功而生后患。"宰相章惇弄权,他多次上书,"责其不忠,有慢上之罪",因而与章结下仇怨。元符二年(1099年)九月,哲宗立刘妃为后。邹浩三次上书皇上,建议收回成命,以免影响皇上名声。提出:"不以一时改命为难,而以万世公认为可畏。"章惇早已勾结刘妃,便趁机诋毁邹浩狂妄,促使皇上将其削职,发配岭南新州(今广东新兴县)羁管。元符三年初,哲宗死,徽宗立。韩忠彦为相,恕还流放之人。邹浩被召回用为忠直之士,复职为右正言,调左司谏。半年后,党争复起,国事渐非。他上书谏道:"左右臣僚,各有私交恩仇,决策者要体察公论,谨慎独断。"他被改任为起居舍人、中书舍人,升兵、吏二部侍郎,又以宝文阁侍制,出任江宁知府,杭、越(今浙江绍兴)知州。

邹浩从岭南回朝后,徽宗念其敢谏哲宗立刘后之失,颇加赞赏。蔡京指使其党羽伪造其疏,内有"刘后杀卓氏而夺其子,欺人可也!讵可以欺天下乎"。徽宗信以为真,便收谪为衡州(今湖南衡阳)别驾。邹浩身为谏官,四次弹劾蔡京等佞臣权奸,被蔡京列入"元祐党人碑"名单中。崇宁二年

(1103年),邹浩再次被戍岭南昭州(今广西平东县)。崇宁五年后,赦归,值龙图阁之职。赴任不久,瘴疾复发,病危时杨时(龟山)前往探视。他仍以国事为重,语不及私。

邹浩学识渊博,德行清正。建有"道乡园",以诗文会友,闻名于世。他著作有《道乡集》40卷、《系辞纂义》2卷、《论语解》10卷、《孟子解》14卷、《思贤录》5卷、《道乡外记》1卷、《奏议》(10卷,现存1卷)。

政和元年(1111年),邹浩病卒。宋高宗接位后,追封他为宝文阁直学士,赐谥"忠"。安葬于常州北郊青山门外林庄。市内杨柳巷有"邹忠公祠"旧址。

徐 积

徐积(1038~1114),字仲车。北宋楚州山阳县(今淮安市)人。北宋学者。徐积曾投著名学者胡瑗门下学习,穿戴饮食极俭朴,"寒一衲裘,啜菽饮水"。胡瑗送给他食物,他拒不接受。英宗治平四年(1067年)登进士第,许安国等率同榜进士多人到徐积处相互祝贺,"且致百金",为他的母亲祝寿,也遭到他的辞谢。

中年时因患耳疾致聋,"屏处穷里,而四方事无不知"。有一位客人从岭南来,徐积与其谈论岭南的"山川险易,镇戍疏密,口诵手画,若数一二"。来客赞叹道:"不出门而知天下事,徐公是名副其实的。"从年轻到年老,每天作一首诗,写诗作文大体都先打好腹稿,然后口授给他的儿子笔录下来。苏东坡称徐积的诗"怪诞而奔放"。他德行高尚,曾借人家书箱,过了一夜归还时,借书人欺骗他说:"书箱中有金叶。"徐积表示道歉而不加分辨,致变卖衣服偿还。乡邻有争执纠纷,多请徐积出来调停决断。故徐积当时即以"道义文学显于东南"。元祐初年,年过五十的徐积,经众多朝臣联合推荐,被举为楚州教授,几年后又转任和州防御推官,改宣德郎,监中岳庙。

他是孝子,有些做法甚至颇为迂腐。因父亲叫徐石,"终身不用石器,行遇石,则避而不践"。母亲死后,"水浆不入口者七日,悲恸呕血,庐墓三年,卧苫枕,衰经不去体,雪夜伏墓侧,哭不绝音"。徽宗政和四年(1114年),徐积去世,享年76岁。后其谥号为"节孝处士"。

张耒

张耒(1054～1114),字文潜,号柯山。宋楚州淮阴县(今淮安市淮阴区)人。北宋诗人。神宗熙宁年间进士,"苏门四学士"之一。少有文名,受知于苏轼、苏辙兄弟。13岁能文,17岁作《函关赋》,为人称道。20岁登进士第。历任临淮主簿、寿安尉、咸平县丞等地方小官。后经范纯仁推荐,迁为秘书省正字,历任著作佐郎、秘书丞、史馆检讨。哲宗绍圣(1094～1098年)初,以直龙图阁任润州知州。"新党"执政,被徙宣州,又谪监黄州酒税,徙复州。徽宗即位,起黄州通判,兖州知州,召为太常卿,又出知颖州、汝州。崇宁(1102～1106年)初,"新党"再度执政,因张耒在苏轼死后,曾为苏轼"饭僧缟素而哭",遂被贬为房州别驾,黄州安置。徽宗政和四年(1114年)病逝,终年60岁。

在"苏门"里,张耒作品最富于关心人民的内容,风格则受白居易、张籍的影响,不假雕饰,平易自然。晁补之称赞说:"君诗容易不著意,忽似春风开白花。"苏轼也称赞他的文章甚似苏辙,"汪洋澹泊,有一唱三叹之声"。有《张右史文集》、《诗集》、《宛丘集》等。张耒兼有医名。其子张秬、张秸、张和皆成进士,以一门四进士而盛传至今。

霍端友

霍端友(1056～1115),字仁仲,武进人。20岁入太学,贯通六经。北宋崇宁二年(1103年)一甲一名进士(状元)。历任宣义郎、秘书省校书郎、著作佐郎、起居郎、中舍人、给事中、礼部侍郎等职。他仕途顺志,却上疏奏道:"为今天下平安,不能只重视中央政事而忽视外地工作。可令京中官员和外省官员交流调动,使其内可供奉朝廷,外可镇大邦。以便全国的权力结构保持平衡,避免头重脚轻的弊短。"上疏后,即率先请调外地工作。朝廷给他以显谟阁侍制的头衔,外调出任平江、陈州等地知府。陈州地势低洼,久雨则成涝,所开新河800里,离淮河尚远,积水不能及时排泄。他于政和元年(1111年)请准续开新河200里,起自西华,循宛邱,入项城,以达于淮。自此水患平息。太监石燾传旨向他索取瑞竿数十株。他认为不可自开恶例,任人摆布,遂予拒绝。不久罢官。后来又被起用为吏部侍郎。蔡京派亲信笼络他,意图勾结,他却不愿附和。后任通议大夫,以太子少师衔退休。政和五年去世后封赠宣奉大夫。平生拘谨,为政宽和,不立声威。著作有《内制》30卷。

杨 介

杨介(生卒年不详),字吉老。宋泗州盱眙(今盱眙县)人。北宋医学家。张耒外甥,少时跟着张耒学医。在楚州行医时,广州通判杨立之归楚州,患喉痈,肿溃,脓血流注,寝食皆废,众医棘手。杨介诊后,令患者吃生姜片一斤。杨立之初食时,觉味很甘香,食至半斤,痛渐止,满一斤,觉味辣,脓血顿尽,能饮食。病者问其缘故,杨介回答:"杨通判在南方做官,多吃鹧鸪,鹧鸪好食半夏,半夏有毒,所以久而毒发致喉生痈。因生姜能解半夏毒,故以生姜治疗有效。"宋徽宗赵佶因饮水太多,引起脾疾,太医以大理中丸调中气,久治无效,乃遍寻名医。后诏杨介前往,杨介仍用理中丸调气,但用冰化水煎服,果然见效。杨介遂名扬海内。王定国患有头风痛,去盱眙求医,杨介给他服了三颗药丸,症状顿时消失。王定国服的验方,实际只是用香白芷草洗净晒干,搓成粉末,然后炼成蜜丸。李时珍在《本草纲目》中把它命名为"都梁丸"。

杨介虽是名医,但虚心好学。曾有一个病人称有病,但说不出什么地方疼。杨介诊视后说,你的内热已达极点,无药可救了,三年后必生疮而死。"病人不乐。后来,杨介在扬州遇到此人,见他红光满面,精神抖擞,没有一点病态。问他何故,那人告诉他,是茅山一道士所治。原来道士只让病人每天吃一好梨,或干梨汤,便治好此病。杨介深感惭愧,乃弃家径投茅山求学。数年后回盱眙,不幸遭贼,被杀。著有《四时伤寒总病论》、《伤寒论脉诀》、《环中存真图》等,其中《环中存真图》为中国最早的中医解剖学著作,惜失传。

俞 栗

俞栗(生卒年不详),溧水人。北宋大臣。北宋崇宁五年(1106年)赐进士第一(即状元)。俞栗榜取后,任辟雍博士,秘书省正字,后授给事中、殿中侍御史。后因与朝臣意见不和,被调到襄阳府。其时鹿门寺的僧人有伤风败俗行为,俞栗查证后,奏明朝廷,将该寺的田地一半没收归公,岁收租万斛以助军饷。在任期间,他还请求朝廷"戒谕三省",并上书论学,提出在外为官应"监司守令",深得皇帝赞赏,特赐袭衣金带,复调任给事中,继擢升兵部尚书。不久蔡京担任宰相,任用亲信。俞栗因揭发户部尚书刘炳丑行被贬,先后调任河阳知县、开德府知府、常州团练副使。徽宗政和七年(1117年),复除显谟阁侍制,任潭州知州。后因母病要求就近侍候,改任江宁知府。

陈 东

陈东(1086~1127),字少阳。丹阳珥陵越塘人。宋臣。自幼聪慧好学,秉性刚直。徽宗时,以贡生进入汴京太学。宣和七年(1125年)率太学生伏阙上书钦宗赵桓,揭露蔡京、童贯、王黼、李彦、梁师成、朱勔6人的罪行,请求诛此6贼向国人谢罪。

靖康元年(1126年)二月,金兵围攻京都,钦宗惊慌失措,免去主战的国相李纲官职,任用主和的李邦彦准备割地求和。陈东愤而率太学生数百人,直奔宣德门,伏阙请愿,坚决反对割地投降,请求复用李纲抗金到底。并有十余万居民随其一同要求抗金,反对屈服求和。在群众的压力下,钦宗被迫复任李纲为右丞主持军务。嗣后又授受谏官建议,授予陈东迪功郎同进士出身和太学录的官职。不久辞归故乡。

康王赵构即位为高宗,慑于金兵的威势,移驻南京(今河南商丘),免去李纲相位,下诏召陈东赴南京言事。陈东又三次上书,在自知"必欲见害"的情况下,慷慨陈词,斥责主和派黄潜善、汪伯彦的罪恶;提出挽留并重用李纲,罢去黄、汪官职的主张;并要求高宗御驾亲征,追还被掳的徽、钦二帝,不再偏安南京。他冒死直谏,言辞激烈尖锐,刺中高宗及其主和大臣的要害。高宗惧怕其再引出事端,于陈最后一次上书的当晚批捕了他。建炎元年八月廿五日(1127年10月1日)下诏杀之。陈时年41岁。事后,友人李猷冒死赎尸收殓,丹阳同乡胡中行护棺归葬于胡桥大贡村附近。两年后,迫于民众的压力,高宗为其平反,并追赠陈东为承事郎。后又加朝奉郎、秘阁修撰,赐钱500缗,祭墓田40顷。丹阳陵口镇修了陈东祠堂和少阳读书堂,在丹阳城内则有少阳读书楼,以志纪念。

著有《少阳集》、《靖炎两朝见闻录》行世。

宗 泽

宗泽(1059~1128),字汝霖。婺州义乌(今浙江省义乌县)人。北宋抗金名将。北宋元祐六年(1091年)中进士,任地方官时,颇有政绩。宣和年间,宋徽宗赵佶与金人联盟攻辽,宗泽出言反对,得罪朝廷而罢官,置镇江定居。

靖康元年(1126年),宗泽被派任磁州(今河北磁县)知府,兼河北义军都总管,屡次打败金兵。宋朝派康王赵构到金国去做人质,途经磁州,宗泽力谏阻止,后赵构任河北兵马大元帅,宗为副元帅,率兵抗金。赵构即皇帝位后,令宗泽为开封府尹,进东京留守。他虽已年衰,但尽忠报国,整纪律,振兴朝纲,招募民间武装,重用名将岳飞,河南、河北、陕东、京西诸路义军悉听节制,军威大振。金人惮于他的威望,呼他为"宗爷爷"。

宗泽曾向赵构连上24道表章,建议还都,得不到皇上同意,因而积愤成疾,于南宋高宗建炎二年(1128年),患背疽而死。临终前还连呼三次"渡河"。死后谥"忠简"。遗体由其子宗颖和部将岳飞护送回镇江,与其妻合葬于京岘山北麓。

蒋 猷

蒋猷(1063~1129),字仲远,一字冠权。生于金坛。宋代名臣。北宋元丰八年(1085年)登进士,授官武进簿,移任巴陵(治所在今湖南岳阳)令,政声流传。旋升监察御史。后任宗正少卿,再改太常官。政和四年(1114年)授官御史中丞兼侍读。为官公正廉明,刚直不阿。针对当时"士风浮薄,迁臣伺机窥察人主;辅臣奏事,殿上雷同倡和,少有人非"等弊端,奏明整治之主张。并上疏弹劾多名官吏,都由宋徽宗嘉纳。后请求重置宪典,因而激怒徽宗,被罢免官职。他乞求辞官归故里,未获批准,遂迁兵部尚书。政和七年,蒋猷任会试主考官,后改任工部、吏部尚书,并以徽猷阁学士出知婺州,次年召归。宣和末年(1125年)召为刑部尚书兼资善堂翊缮。靖康元年(1126年)奉命随太上皇南巡淮阴,他疏请废黜童贯。还京后迁任兵部尚书,累官至正议大夫。后引疾而退。授徽猷阁直学士、嵩山崇福宫。南宋建炎三年(1129年),蒋猷避乱于明州病逝。汪藻为其撰墓志。

杨邦乂

杨邦乂（1085～1129），字晞稷。江西吉水人。南宋官吏。政和五年（1115年）进士。建炎元年（1127年），为溧阳知县，建炎三年九月为建康通判。不久金兵入侵建康，留守杜充等人弃城而逃，杨邦乂寡不敌众，兵败被俘。金人劝其投降，杨邦乂严词拒绝，并咬破手指，在衣服上书写"宁作赵氏鬼，不为他邦臣"。兀术许他仍做溧阳知县，他以头碰柱，说："岂有不畏死而可以利动者？幸速杀我。"兀术派降金的宋臣李棁等多次劝降，杨邦乂见李棁等人在兀术的宴会上，就当面痛斥："天子以若捍城，敌至不能抗，更与其宴乐，尚有面目见我乎？"兀术大怒，于当年十一月把他处死，剖取其心，时年44岁。南宋朝廷谥号"忠襄"，赐田三顷，在其受难处聚宝山（雨花台）下土门冈，建杨忠襄公墓和祠。祠后毁于战争，民国年间曾重修墓道和立"杨忠襄公剖心处"碑。

赵 立

赵立（1094～1130），徐州张益村人。南宋抗金名将。宋高宗建炎三年（1129年），金左将军完颜昌围楚州（今淮安）甚急，守将贾敦诗欲以城降敌，江淮宣抚使杜充命右武大夫、忠州刺史赵立驰援。赵立遂昼夜兼程，边战斗边前进，连续打了七次胜仗，而后逼近楚州。在血战中，赵立"口中箭，贯其两颊"，"口不能言，以手指挥"，终以数千人入楚州城。"即入城，休士，而后拔簇"。

建炎四年（1130年），赵立被朝廷任命为楚州刺史，统率城中守军。当时金兵有数万之众，而楚州守军仅一万多。赵立不顾辗转作战的疲劳与伤痛，一面抚驭徐、楚官兵，使之团结一心；一面指挥部队周密布防，在城墙险要处设鹿寨，又加筑月城，在城中填上干草、废木料，在城下挖洞穴埋伏精兵。建炎四年正月，金兵攻城，久攻不下，乃"用鹅车、对楼、飞炮架数百件，攻城南门，半月间登城者数十"。金兵登上城墙时，无法越过鹿寨，便纷纷跃进月城中，赵立命士卒将干草木料燃起，伏兵即以长矛钩取敌人投入火海。敌士气不振，军心动摇，赵立便率军民由四门杀出，敌大败解围而去。赵立挥师渡淮追杀残敌，从而使完颜昌南下策应兀术渡江的计划破产。同年五月,赵立被任命为徐州观察使,泗州、涟水军镇抚使兼知楚州。时兀术欲转攻陕西,引兵经运河北归,想借道楚州。赵立怒斩来使。兀术乃设南北两屯,断赵立军饷道。当时,承州(今高邮)、楚州(今淮安)之间,有张荣领导的梁山泊水军万余。但赵立始终不与合作,故饷道始终不能打通。楚州军民始食豆麦,次采凫茨,最后只能靠树皮充饥。刘豫两次派到楚州的劝降者,均被赵立斩杀。八月中旬,金兵攻下承州和扬州,楚州孤立无援,赵立誓与楚州城共存亡,三下战表给完颜昌,还多次主动出击,擒敌酋李药师和士卒数百名。九月,赵立派人突围告急,朝廷一面令两浙转运使李承造运粮救急,一面令刘光世督淮南诸镇救援,然淮南诸将多畏缩不前,独岳飞部赴援而众寡不敌,滞于三墪。楚州被围已久,守城军民疲惫。金兵知楚州外援已绝,围困更急。九月十五日(1130年10月18日),敌由城东大举攻城,赵立指挥守城部队破敌刚得手,不幸被飞炮击中头部而死,时年36岁。

完颜昌得知赵立已死,便加紧攻城。赵立部将程括率军民殊死奋战,至二十九日城破,全体军民"扶伤巷战,虽妇人女子,亦挽贼俱溺于水"。除数千人由西门突围外,余皆战死。宋高宗闻赵立战死,辍朝祭悼,并追赠为奉国节度使。建炎五年,又为他立显忠祠,予以纪念、表彰。

王资深 王　洋

王资深(生卒年不详),字取道。宋楚州山阳(今淮安市)人。哲宗元祐二年(1087年)进士,授尚书郎,权御史。断狱宽缓求实,升御史。蔡京操纵朝政时,派人与他联络勾通,他不予理睬。后出知扬州,又改任明州。旋因张怀素授道术书一案,被追夺其秩,安置新州。徽宗宣和(1119～1125)中,其子王洋中进士,宋徽宗审阅中榜者的卷章时,发现王洋是王资深的儿子,说:"王资深有这样的儿子,实可嘉勉。"遂下令恢复王资深原官。王资深仪表不凡,须髯美丽,皇帝常称呼他为"美髯翁"。徽猷阁建成后,令选名士十人上奏,皇上阅奏章,见没有王资深的名字,遂问执政者:"为什么不将'美髯翁'列入?"执政者因而把王资深补在最后一名,皇上却第一个将王资深任命为徽猷阁待制。钦宗靖康(1126～1127)中,金兵南犯,时王资深因病回乡休养已好久,皇上将召他上任的诏书裹在蜡丸中,派驿使投递,因道路梗阻,最终未能送到。王资深著有《周书》,从西周写到战国周亡。又著有《方言》数十卷。

王洋(生卒年不详),字元渤。以省试第二名中宣和六年(1124年)进士。高宗绍兴(1131~1162)初年,以右赞善大夫直徽宣阁,历典三郡,皆很有政绩,官至太学博士。晚年任鄱阳太守,时鄱阳人洪皓出使金国归来,因忤逆秦桧遭遣。官吏士子几乎没有人敢到洪皓家里去,独王洋与他相来往,因此被免官。王洋著有《东牟集》30卷行于世。

李 纲

李纲(1083~1140),字伯纪,号梁溪先生、梁溪居士、梁溪病叟。祖籍福建邵武,其祖迁居无锡。宋大臣。父李夔官至中大夫、右文殿修撰。大观二年(1108年),考取贡生,任真州(今仪征)司法参军。政和二年(1112年)中进士,任镇江教授,后升为监察御史兼权殿中侍御史,因得罪权贵被降为员外郎。政和八年四月为太常少卿、国史编修。宣和元年(1119年),开封一带大水成灾,哀鸿遍野,李纲上书徽宗要求拯救饥民;整修军备,抵抗女真族入侵。徽宗视为狂妄,不纳忠言,将其贬谪到南剑州(今福建)沙县当监税小官。李痛感皇上昏庸,国是日非,在无锡梁溪河畔,造一庭院住宅,以作归隐。宣和三年,其父病故,将父母合葬于惠山北湛岘山麓,种植松柏,后人称湛岘山为大松坡。宣和六年任秀州知府。次年任太常少卿。冬,金兵大举南侵,他冒死上血书,请徽宗赵佶禅让帝位给太子赵桓,以号令军队抗金。得到同意。赵桓接位为钦宗,任命李纲为尚书右丞兼亲征行营使,保卫京都。李纲发动军民严密布防。靖康元年(1126年)正月,打退金兵对京都的围攻。二月,因反对议和,被钦宗罢免,陈东等数百名太学生上书,京都军民集会,要求李纲复职。钦宗复用李纲,封为开国伯,将无锡惠山寺赐李纲作奉祀父母的功德院,但对其备边御敌建议不予采纳。后调出京师,任河北宣抚使,又以"专主战议,丧师费财"罪,贬为亳州明道宫提举。是年秋,金兵大举南侵,钦宗急忙下诏起用李纲,李即率军北上勤王,但京城已经沦陷。徽、钦二帝被俘。

宋康王赵构在应天府(今商丘)即位,为宋高宗建炎元年(1127年),用李纲为尚书右仆射兼中书侍郎。李为相后,改革弊政,充实国库,整军备战。由于其力主北伐,反对迁都江南,触犯一心偏安的宋高宗,在相位77天被免职,先后被放逐到鄂州(今武昌)、澧州(今湖南澧县)、万安军(今广东万宁)等地。绍兴元年(1131年),高宗复用李纲先后任荆湖广南路宣抚使兼潭州（今长沙）知州、江西南路安抚使兼隆兴（今南昌）知府等职。李在任内招抚流亡，安定社会，发展生产，整饬军政，募匠造战船数十艘，以固江防。并一再上书高宗反省得失，待机北伐，不为采纳。绍兴九年，上书辞职。李纲于绍兴十年正月十五日（1140年2月5日）抑郁而逝。葬于福州怀安桐口大家山。赠少师，谥"忠定"。无锡惠山、胶山以及福建邵武、福州均建有李忠定公祠。李纲能诗文，创作了不少爱国篇章，情真意切，直率感人。他存世著作有《梁溪先生文集》。《四库全书》著录180卷。

胡世将

胡世将（1085～1142），字承公，晋陵（今江苏武进）人。胡宿曾孙。抗金将领。北宋崇宁五年（1106年）进士，先后任监察御史、镇江知府、给事中、兵部侍郎等职。南宋绍兴八年（1138年）正月，以枢密直学士出为四川安抚制置使兼成都知府。翌年七月，以宝文阁学士为四川宣抚司。当时陕西刚收复，宋军分屯熙、秦、虢诸道。朝廷恃和忘战，打算撤去仙人关边防。绍兴十年三月，胡世将任川陕宣抚副使，屡言金人背信，应当有所防备，并上疏反对废除仙人关的防务。五月，金人果然破坏和议，由都元帅宗弼（兀术）渡河入汴（开封），占领河南。岳飞、刘锜等大败金兵于顺昌、京西、朱仙镇，收复河南各州郡。金副元帅完颜昌向永兴进犯，陷陕西，入长安，趋凤翔。陕右诸军隔在敌后，无法增援，局势非常危急。他遣吴磷出扶凤，田晟出泾州，郭浩出醴州，杨政归河池，迎击金兵。不数日，各路纷纷报捷，金兵不得不退守凤翔，不敢渡陇，分屯诸军得全师而返，授端明殿学士。七月，岳飞奉诏班师，颖昌、蔡、郑各州再次陷落。而川陕诸军仍多次击败来犯之敌。绍兴十一年秋，他任川陕宣抚使，率部将吴磷等收复秦、陇、华、虢诸州，大破金兵于郯家湾和岐下诸屯。九月，朝廷下诏班师，无奈叹息而已。十月，部将杨政败金兵于宝鸡，擒万户通检；部将邵隆收复陕州。十一月，宋金缔结和约，朝廷令川陕宣抚使只许保守疆界，不得出兵生事。翌年三月，胡世将在仙人关去世，终年57岁。《宋史》论曰："威震巴蜀，中道以殁，是以知宋不克兴复也。"著有《忠献集》60卷、《资古绍志集》15卷。

岳 飞

岳飞(1103～1142),字鹏举。相州汤阴(今属河南)人。南宋抗金名将。从小喜读左氏春秋、孙吴兵法,以后又拜同乡周侗为师习武。宋钦宗靖康元年(1126年),参加兵马大元帅赵构的军队,先后任秉义郎和武经郎(下级军官)。南宋王朝建立后,因上书反对高宗赵构南迁被革职。不久随宗泽守开封府,任统制官。宗泽死后,又从杜充南下。建炎三年(1129年),金兀术攻打建康时,杜充任建康留守。不久,杜充逃往江北,建康失陷,岳飞等少数将领率部仍在建康的钟山和附近的茅山及宜兴一带坚持战斗。建炎四年二月,金兵大掠杭州、苏州等地后北上,到了镇江,被韩世忠围困在黄天荡,几遭全军覆灭。后乘夜色凿开老鹳河故道,才得以突围到建康,并在建康城内大肆烧杀抢掠。岳飞等闻讯率兵赶来,追杀金兵于今下关靖安镇,迫使金兵退至建康城内。此时恼羞成怒的金兀术并不甘心,想与岳飞决一死战。而岳家军也已在牛头山(今南京牛首山)设下埋伏。在两军对垒中,岳飞运筹帷幄,一面派骁将杀入金营,一面在金营外设下伏兵,以堵杀逃出金营的将士。金兀术连忙拔寨逃窜。岳家军趁胜追击,一举收复建康。这就是历史上著名的"牛头山大战"。

绍兴三年(1133年),他因镇压江西地区的农民起义,得高宗所奖"精忠岳飞"的锦旗。次年,率兵大破金傀儡伪齐军,收复襄阳、信阳等六郡,并任清远军节度使,湖北路荆襄、潭州制置使。不久,又出兵河南,收复郑州、洛阳等地。正待他率军渡河之际,赵构、秦桧以十二道金牌急令班师。岳飞上表反对议和无果,绍兴十一年四月回临安,被解除兵权,改任枢密副使。不久,遭诬谋反,下狱。同年除夕(1142年1月28日),以"莫须有"罪名与养子岳云及部将张宪一同被杀害,时年39岁。后程宏图等人曾上书为岳飞伸冤。绍兴三十二年七月,宋廷方"追复岳飞原官,发还财产"。淳熙六年(1179年),谥号"武穆",嘉定四年(1211年)追封为鄂王。宋理宗宝庆元年(1225年),改谥"忠武"。留有《岳武穆遗文》(一作《岳忠武王文集》)。岳飞曾任通泰镇抚使兼泰州知府,在高邮之战等战斗中屡败金兵,屡立战功。泰州人民为了缅怀他的抗金功绩,曾建有岳墩和岳武穆祠。

张 守

张守(1084～1145),字子固,又字全真。常州人。南宋抗金名相。幼时家贫,惜书勤读,聪明过人。北宋崇宁二年(1103年)进士,先后任详定"九域图志"编修、宣德郎、监察御史,因母丧去职。南宋建炎元年(1127年)冬,召还,赐五品服。建炎二年,金兵自东平南下,他3次上疏,陈述关于防淮、渡江利害等6个问题的意见,主张兵分四路,抵抗侵犯淮水一带的四路金兵;并要求以选将治兵为当务之急。时相黄潜善、汪伯彦不听,反而借故将他调出京城。建炎三年正月,他回到京城,上书说"金人必来,要求早作准备"。高宗改变态度,任他为起居郎兼直学士。二月,金人果然渡淮南犯,高宗从建康(今南京)去临安(今浙江杭州),罢去黄、汪二相,任他为御史中丞。三月,他上书道,苗、刘之乱是由宰相朱胜非未能预防所致,应罢官。四月,胜非罢官。五月,高宗赴建康,途经常州时,任命张浚为宣抚处置使。出镇陕蜀。宰相吕颐浩与张浚合议,拟请高宗先去武昌再去蜀陕。他与滕康坚决反对,阐明弊端,高宗遂于闰八月赴临安,以为行宫。九月,他以翰林学士、制诰任端明殿学士、同签书枢密院事。建炎四年五月,升为大夫、参知政事。南宋绍兴元年(1131年)八月,因前荐汪伯彦事被罢免,以资政殿学士提举洞霄宫。后外任绍兴、福州等地知府。绍兴六年十二月,高宗召见,任为参知政事兼权枢密院事。绍兴八年正月,高宗将回临安,他提议建康可为别都,此见与宰相赵鼎欲建都临安的意见不合。以资政殿大学士知婺州、洪州等府,兼浙江西路安抚使,后为绍兴知府。在江西时,上疏要求停止摊派害民的和买、和籴,高宗想采纳。秦桧却正愁四方财用不至,见疏怒道:"张帅何损国如是?"他听后叹曰:"被谓损国,乃益国也。"在绍兴时,三使者搜括各路财赋,到处以鞭挞威逼,韩俅在会稽敛财50余万。他求见高宗,下诏追还三使者。秦桧甚为恼怒,未几,罢他为宫观闲职。

绍兴十五年,建康选镇帅。高宗认为建康重地,只有德高望重的张守最合适。可惜他到建康任职数月就去世。谥"文靖"。著有《毗陵集》50卷,文多经世致用,为时所称,今已佚。现有16卷本行世,系从《永乐大典》中辑出,又有《嘉禾志》5卷,敕令、奏议40卷。

胡松年

胡松年(1086~1146),字茂老。海州怀仁(今赣榆县)人。宋抗金名相。幼年,家境贫困,靠母亲织布得以求学。读书能"过目不忘",尤精于《易》学。

北宋政和二年(1112年),胡松年被任为潍州教授。政和八年,宋徽宗"赐对便殿"时伟其"状貌",改任他为校书郎兼资善堂赞读。宣和六年(1124年)四月任殿试参详官。后迁任中书舍人。金兵侵扰燕、云的战事一起,胡松年多次上书,要求朝廷迅速抵抗,制止金兵南下。建炎年间,胡松年向朝廷陈述中原边防的利害,并被召赴到皇帝出行的地方商议军情。此间,胡松年还曾受命出使金国。他不畏强暴,维护国家和民族的尊严,返回后,被朝廷拜为吏部尚书。他在出任平江府(今苏州)时,贪官污吏闻风则"解印敛迹",尚未入境,胡松年以兴利除害17事张贴于街市,受到百姓拥戴。朝廷加封"徽猷阁待制"后,胡松年更上书陈述江防的重要,认为当时的长江防线不具备"立国藩篱"的坚固,也不便于首尾接应的兵力调遣,更无法攻击敌人的弱点。被召为中书舍人后,胡松年又提出在武昌、九江、建昌、京口、吴江、钱塘、明越等处屯驻水军3000人备战,并主张追究"靖康"之祸的罪魁,评考抗金义士的功迹而给予奖掖,甚至劝说皇帝"亲出劳军",以便在实战的队伍中选拔可以录用的人才。

在金人要求派重臣前往计议谈判时,许多人考虑到宋、金间长期不通使,疑惧而不敢前去。胡松年作为奉表通问使,毅然赴伪齐皇帝刘豫的兵营,声称"必复故疆而后已"。岳飞收复襄阳等地后,胡松年受命"筹度守御事"。在任端明殿学士金书枢密院事时,提出8项抗金复国的主张,即:"立规模以定中兴之基;振纲纪以尊朝廷之势;驭奖帅使知畏;抚士卒使知劝;收予夺之柄,察毁誉之方;无以小疵弃人才,无以虚文废实效。"并向朝廷推荐抗金将领张敌万,金兵闻其名丧胆落魄。他认为"海道阔远",苏、秀、明、越四州"最为要冲",便主动请战,向朝廷提出选精兵万人,亲自往驻建康,以便督促韩世忠、刘光世守秉石、马家渡两地。宋帝诏遣胡松年"往江上与诸将会议进讨",并亲自北征,任命胡松年"权参知政事",督造战舰。胡松年还就抗金后方的"和籴、科敛、防秋"等安抚军民的国策上书朝廷,皆受"嘉纳"。秦桧当政时,胡松年不"曲意阿附",从不与秦桧通书信,以示鄙薄。

绍兴五年(1135年)二月,胡松年上书,引疾辞职。闰二月初三,诏其知宣州,免辞谢。旋改提举临安洞霄宫,移居阳羡(今宜兴)。

绍兴十六年,胡松年病逝。因为平生不聚钱财,认为"贤而多财则损其志",所得俸禄及受赏的金帛多用于军费,无以"为子孙计"。

秦 梓

秦梓(？~1146),字楚材,原籍江宁,后迁溧阳。宋名臣。宋宣和六年(1124年)中进士,授太学学录,升枢密院编修,任崇政殿说书,居官清正。后任台州知府,被劾罢去。秦梓是南宋权奸秦桧的兄长,但他不与秦桧同流合污,故迁家溧阳隐居。初居距离县城较远的上店(今上黄乡上典村),后住县城东南郊的下桥里(今马垫乡夏桥)。他的行为,得到人们的赞扬。南宋绍兴十六年(1146年),以端明殿学士去世,特进资政殿大学士,恤典与参政相同。墓旁建造崇德禅寺,作为秦梓的功德寺(久废)。他的儿子秦焴、秦燧,秦燧的儿子秦城,都仕至大夫。十世孙又分迁宜兴。

叶梦得

叶梦得(1077~1148),字少蕴,号石林居士。宋代吴县东山人。南宋政治家、文学家。绍圣四年(1097年)中进士。调丹徒尉,累迁翰林学士、龙图阁直学士。帅颍昌府,发粟赈民,摧抑官吏而遭废黜。宋徽宗时任翰林学士,曾多次上书评论时事。高宗时驻驿扬州,后任户部尚书。他认为对敌人的计谋有三要素,即形、势、气。南宋绍兴年间,任江东安抚制置大使,兼知建康府行宫留守等,致力于防务及军饷供应。官终知福州兼福建安抚使。晚年居卞城弁山,奇石林立,读书吟咏其间,故以此为号。学问博洽,精熟掌故,尤精通诗词。词作风格接近苏轼。著有《建康集》、《石林词》、《石林诗话》、《避暑录话》、《石林燕语》等。

韩世忠　梁红玉

韩世忠(1089~1151),字良臣。绥德(今属陕西)人。南宋抗金名将。出身行伍,御西夏有功,升进勇副尉、进义副尉。宣和二年(1120年),以偏将参加镇压方腊起义，以功转承节郎。后在河北、山东力抗金兵，平李复等乱军，以功转武节大夫、左武大夫，任果州团练使、单州团练使、嘉州防御使等职。康王即位称帝，授光州观察使，建御营，任左军统制、平单州、黎驿等叛军。建炎二年（1128年），升定国军承宣使，以所部从高宗至扬州，收合散亡部队，于河南等地抗御金兵。建炎三年，宋高宗至钱塘，苗傅、刘正彦反叛，韩世忠于平江（今苏州）出兵讨伐，授武胜军节度使，御营左军都统制、江浙制置使，擒刘、傅，以功授检校少保，武胜昭庆军节度使。是年冬，金兀术将入侵，宋高宗以韩世忠为浙西制置使，守镇江。金兵分道渡江，南宋诸军败退，韩世忠自镇江退保江阴。翌年正月，世忠率八千人乘海船至镇江，扼长江，绝金兵归路。与兀术战，梁夫人亲执桴鼓，在黄天荡相持四十八日，敌金兵十万。兀术计穷，凿渠逃遁。宋高宗拜韩世忠为检校少师，武成感德军节度使、神武左军都统制。绍兴初，被调往福建、江西、湖南等地镇压范汝为等起义。绍兴三年（1133年）三月，进开府仪同三司，充淮南东路宣抚司，置司泗州。绍兴四年，以建康、镇江、淮东宣抚使驻镇江。在大仪（今仪征东北）大破金和伪齐联军，时论以此役为中兴武功第一。绍兴五年，进少保。绍兴六年，授武宁安化军节度使、京东淮东路宣抚处置使，置司楚州。韩世忠在楚州与士兵同甘共苦，抚集流散，通商惠工，努力经营，使山阳成为重镇。三月，除京东、淮东宣抚处置使兼节制镇江府。韩世忠在楚州十余年，连结山东义军以仅三万之军转战淮河一线，而使金人不敢进犯。绍兴九年，授少师。绍兴十年，进太保，封英国公，兼河南、北诸路招讨使。他多次上疏，反对秦桧主和。绍兴十一年，秦桧收三大将权，韩世忠被召至临安，拜枢密使，解除兵权。同年十月，罢为醴泉观使、奉朝请，进封福国公。绍兴十二年改封潭国公。绍兴十三年封咸安郡王。绍兴十七年改镇南、武安、宁国节度使。韩世忠勇敢忠义，事关国家社稷，必极言力诤。岳飞冤狱，举朝无人敢出一语，世忠独面诘秦桧，触其怒。其持军严重，与士卒同甘苦，又知人善用，提拔不少忠勇将士。韩世忠提兵过平江，曾以沧浪亭为府第。卒于南宋绍兴二十一年，后追封通义郡王，赐葬吴县木渎灵岩山。孝宗朝，追封蕲王，谥"忠武"。宋孝宗御书"中兴佐命定国元勋之碑"。端明殿学士签书枢密院事赵雄奉敕撰写碑文，全文1.3万余字，其碑作之高，碑文之长为世所少有。墓南建祠，灵岩山亦被赐为韩氏家山。其墓现为省级文物保护单位。今吴县市穹窿山仍保留有韩世忠手迹摩崖石刻等古迹。

梁红玉（？～1153），楚州（今淮安）北辰坊人。南宋巾帼英雄。北宋末年随母亲避乱京口(镇江),沦落为军中艺人。不久即与韩世忠结为夫妻。建炎三年(1129年),金兵南侵,宋将苗傅、刘正彦乘机谋反作乱。他们担心韩世忠率师弹压,将梁红玉和她的儿子押作人质。梁红玉从中斡旋,并以去劝说韩世忠为借口,得以离开虎口,和韩世忠商量对策,很快平定叛乱。建炎四年三月,金兀术企图渡江南下,梁红玉随同韩世忠镇守京口,在著名的金焦之战中,她身先士卒,登上十几尺高的楼橹,冒着流矢,亲自击鼓指挥作战,宋军大获全胜。不久金兀术部又被韩世忠部围困在黄天荡达48天之久,梁红玉曾提醒韩世忠,防敌开河逃脱,韩没有重视。后进退维谷的金兵果然挖开淤塞的河道,得以逃脱。黄天荡大捷后,朝廷要对韩世忠重加封赏,梁红玉却上书弹劾丈夫"失机纵敌",要求皇上"加罪"。此举使全国震惊,人人感佩。于是朝廷封她为安国夫人。绍兴六年(1136年),韩世忠以武宁安化军节度使、京东淮东路宣抚处置使进驻楚州。时军民无居无食,梁红玉亲自用芦苇"织薄为屋",并发现蒲根(蒲儿菜)可食,便发动军民挖掘充饥。韩世忠又与军将吏卒"披草莱,抚集流散,通商惠工,山阳遂为重镇"。韩世忠、梁红玉与士卒同劳役、共甘苦,镇守楚州,"兵仅三万,而金人不敢犯"。但宋高宗和宰相秦桧为首的投降派却一心求和,解除岳飞、韩世忠的兵权。绍兴十一年又以"莫须有"罪名杀害岳飞。韩世忠夫妇力争不成,便愤然归隐苏州。

绍兴二十一年,韩世忠含恨离世;两年后,梁红玉亦含恨而逝。夫妻合葬于苏州灵岩山西麓。故乡人民为了纪念梁红玉,便在淮安新城北辰坊为她建祠塑像。

许叔微

许叔微(1080~1154),字知可,号近泉。祖籍真州(今仪征)白沙人。南宋名医。元祐五年(1090年)父母双亡后,南迁太湖晋陵县马迹山。绍兴二年(1132年)中进士,任徽州、杭州教官、翰林学士。因不满高宗苟安江南和秦桧陷害岳飞,退隐乡里,行医济人,成为一代名医。他与抗金名将韩世忠交往甚密。岳飞被害后,韩自请解职,移居苏州,常渡太湖访许,共抒忧国情怀。许叔微是宋代研究《伤寒论》的一大名家。对辨证施治理论多有阐述。他认为"伤寒治法,先要明表里虚实,能明此四字,则仲景三百九十七法,可坐而定也"。在其学术思想中,较突出的是对脾肾关系的理解,认为肾是一身之根蒂,脾胃乃生死之所系,二者之中又当以肾为主,补脾常须暖补肾气。这一见解,对后世研究脾肾关系和临床应用,很受启发。许叔微有诸多著述,《本事方》(又名《类证普济本事方》)10 卷;《续本事方》10 卷,收入《四库全书》;《伤寒百症歌》5 卷;《伤寒发微论》2 卷;《伤寒九十论》(以上三部合称《许氏伤寒论著三种》)。另有《治法》、《辩证》、《翼伤寒论》、《仲景脉法三十六图》等。《本事方》是许叔微汇集已试之方及所得心意,录以传远之作,按病分为 23 门,收录 300 余方,每方立主治、方名、药味、分量、治法、服法,附病例评述;《伤寒百证歌》,以歌诀体裁将仲景方论写成 100 证,便于学记。遇"有证无方"者,以《千金》记载方补上;议论不足者,以《巢氏病源》论加以发挥,对掌握《伤寒论辨证施治原则》,起良好作用。《伤寒九十论》,结合治疗实践,可收理论联系实际之效。许叔微于绍兴二十四年(1154 年)去世。葬马迹山(今属无锡市)檀溪村东麓,建有许叔微故居纪念馆,有"隐居泉"、"梅梁小隐"等。

秦　桧

秦桧(1090~1155),字会之。江宁(今江苏南京)人。南宋名奸。政和年间状元。北宋末任御史中丞。靖康二年(1127 年)被金人俘虏后,叛宋投金,并成为金太宗弟挞懒的亲信。建炎四年(1130 年),挞懒纵其夫妇南归。同年十月,离金营,至涟水军界(今江苏涟水),诈称是杀死防守金兵后夺船逃归的,从而骗取高宗赵构的信任。绍兴元年(1131 年),宋任他为参知政事,不久排挤宰相范宗尹出朝,任右相兼知枢密院事。绍兴二年,因专主和议被劾去相。绍兴八年,复相。曾相继被封为太师、魏国公和建康郡王。

在前后执政的 19 年间,他竭力推行投降路线,谋害主张抗金将领岳飞,贬逐良臣张浚、赵鼎、王庶、胡铨等,使南宋的抗金力量受到毁灭性的打击。南宋绍兴九年(1139 年)正月,他主持宋金议和,签订"绍兴和议","宋对金称臣,年贡岁币银、绢各二十五万两、匹"。次年二月,"宋进誓表于金,称臣割地"。嗣后,一直为相。绍兴二十五年病死于临安(今浙江杭州),年 65 岁。死后被追赠为申王,谥号"忠献"。宋宁宗时,秦桧叛变投敌案得以认真处理。开禧二年(1206 年)四月,追夺秦桧的王爵,改谥号为"谬丑"。嘉定元年(1208 年),又复王爵,赠谥。

魏 胜

魏胜(1120～1164),字彦威。宿迁人,后迁居山阳(今淮安)。抗金名将。通兵法,多智勇,善骑射。初为弓箭手,曾化装渡淮河,打探金军虚实。绍兴三十一年(1161年),完颜亮攻宋。魏胜召集义兵300多人,北渡淮河,取涟水,继而攻下海州,活捉金郡守高文富,海州百姓安然归附。于是魏胜代理海州知州,派人收复附近各县。免租税,释囚犯,开仓犒劳;更招募忠义之士,分为五军,自任都统制,演练御敌。金人派同知海州事蒙恬为镇国将军,率兵一万多来攻,魏胜迎击于海州北20里新桥。杀蒙恬,斩首千余人,俘300人,军声大震。

沂州百姓几十万聚苍山坚壁而守,遭金兵围困。山寨首领滕狄向魏胜求援,魏胜率兵破围入寨,指挥固守。又料金兵会乘虚再攻海州,便暗离山寨,返回海州。金兵果然撤苍山之围来攻海州,魏胜身先士卒,奋勇迎战,敌箭射来,穿鼻贯齿,仍奋击不止。鏖战七日,杀伤大量金兵,保住城池。金主完颜亮率兵渡淮,惧魏胜袭击其后,于是分兵几万来攻海州。适逢南宋大将李宝率水军往胶西破金人舟舰,魏胜便派人邀李宝合作,在新桥大败金兵,李宝水军于海上乘胜截击,获大捷。此后,海州城外砂巷一战,斩首亦不可胜计,堰水为之断流。魏胜初起兵时,无州郡粮饷之给,无府库仓廪之储,一切军需粮饷都靠自己筹措。他管理市场贸易,厘定税收,劝地方富豪出粮。又在海州周围险要处筑城挖壕,军旅生活从不懈怠。此外,每当他捉到金方间谍,都发钱放回。凡从金营中来降者,魏胜跟他们一起食宿,以示不疑。他善用大刀,射箭能左右开弓。金人每见"山东魏胜"旗号,即退避三舍。魏胜曾制写有他姓名的旗帜十几面,密付部下诸将,遇有紧急战事,可将旗号打出,金兵果然望风即退。后都督张浚在建康(今南京)召见魏胜,在军事上征求他的意见,升魏胜为阁门宣赞舍人,任山东路忠义军都统制,兼任镇江府驻扎御前军统制,仍知海州事。后遭贾和仲谗诬,被罢官,不久雪冤复职。

魏胜曾创制如意战车数百量,车上置兽面木牌、大枪数十支,挂上毡幕软牌。"每车用二人推毂,可蔽五十人。行则载辎重器甲,止则为营,挂搭如城垒"。遇敌可御箭镞,无论攻防,都极具威力。为保守秘密,都在夜间演习,后来这一发明被推广到南宋全军。孝宗隆兴二年(1164年),金军趁和议未决之时突然进攻。魏胜率军于清河口(今淮阴县境)奋勇迎击,从早晨战至晚上,胜负未决。魏胜派人向大将刘宝求援,刘宝以正在议和为由,不发一兵。魏胜孤军苦战,撤至淮阴东十八里处(约今淮阴县码头镇以东),中箭落马而死,时年44岁。后南宋朝廷赠他为保宁军节度使,谥"忠壮",并在镇江府江口镇立庙,赐号"褒忠"。

汤鹏举

汤鹏举(约1087~1165),字致远,金坛城东乡小坵人。南宋名宦。他由郡学赴京应试。宋宣和元年(1119年)中进士(上舍第一),历任分宁簿、晋陵丞、当涂令。他治当涂时,奸商卖布料和丝织物品,竟六折克扣,乡民愤恨。他微服私访,当场捕获奸商,从严治罪。自此,奸商不敢再为非作歹。后历知广德、饶州、江州、常州,所到之处,皆有政绩。后升任转运副使时,负责镇江至杭州沿线诸县的秋粮征收。他不辞劳苦,来往奔波,不负使命,遂被提为司农卿。因忤秦桧,贬知泽州。后又调知潭州,并奉令赴湖南负责安抚。秦桧死,他被召为殿中侍御史。他奏请铲除秦桧的死党余孽,释放受冤遭屈官员,并按原职起用,获准。汤鹏举因此誉满朝野。此后被授为参知政事,主持枢密院,又封丹阳郡开国侯。他任绍兴知府,执掌科考,所拔多为怀才不遇之士。卒于南宋乾道元年(1165年)。

张 纲

张纲(1083~1166),字彦正,号华阳老人。金坛薛埠镇人。宋名宦。以举首贡升入太学,试内舍、上舍,均得第一;御赐状元及第。政和四年(1114年),张纲三中首选,可特授学官,因蔡京作梗竟拖而不办。数月后方授为太学正。次年改授国子监。政和六年迁太学博士,后任秘书省校书郎。他入朝即论"君子小人混杂,风俗侈靡,宜以祖宗为法"。与蔡京不合,后出任主管玉局观,返故宫兼修会典,校正御前文字。南宋建炎元年(1127年)进起居舍人,改迁中书舍人。谏言要求依照祖宗法,命大臣兼领史事。后授给事中,迁徽猷阁待制。时值高宗频谕宽恤民力。张纲奏利民80事,求请颁布施行。因忤秦桧受黜,隐居茅山华阳洞20年。绍兴二十五年(1155年),秦桧死,他被召为吏部侍郎兼侍读,曾规谏皇上从郡县中选拔清廉望官担任监司之职。当年,他升为吏部尚书,次年为参知政事。绍兴二十七年以资政殿学士知婺州,绍兴二十八年辞官。孝宗登基(1163年)后,屡召张纲出任,他因年事已高,坚辞不出。他为官谨慎,曾书座名铭:"以直行己,以正立朝,以静退高。"张纲长于文,每一文成,都人则传播之。张纲著有《华阳文集》40卷(收入《四库全书》)、《确论》10卷、《告猷集》3卷、《闻见录》5卷、《瀛州唱和》8卷、《书解》30卷、《六经辩疑》5卷。

张孝祥

张孝祥(约1132~1169),字安国,号于湖居士。历阳乌江(今江浦林山乡)人。南宋词人。出生仕门,父亲张祁官至直秘阁学士。张孝祥幼年天生敏颖,绍兴二十四年(1154年)考取进士,主考官原定秦桧的孙子秦埙为第一,孝祥第二,曹冠第三;后高宗阅卷,发现孝祥文章俊逸,词翰俱美,遂擢孝祥第一(状元),授承事郎、签书镇东军节度判官,而降秦埙为第三,由此招致秦桧等权奸忌恨。秦桧指其父张祁谋反,治罪入狱。不久秦桧病死,张祁获释,孝祥升任秘书省正事。后历任尚书礼部员外郎、起居舍人、抚州知事。孝宗接位(1163年)后,任集英殿撰修、平江知府、中书舍人、显谟阁直学士兼领建康留守,因赞北伐而被免职。乾道元年(1165年),知静江府、广南西路安抚使,因受攻讦而罢职。乾道三年起知潭州,后知荆南、湖北路安抚使。乾道五年三月,张孝祥请侍亲获准后,归休芜湖。他一生勤政为民,知平江府期间,打击地方豪强,开仓赈济饥民。在荆州任上,发展生产、奖励农耕,曾筑寸金堤,消除水患,置万盈仓,储粮备荒,民众交口称赞。在政治革新方面,主张扫除积弊,赏罚分明;广开才路,破格录用;废弃冗官,裁减冗吏。

张孝祥工词,词风接近苏轼,为豪放派词人。在宋、金对峙的民族斗争中,他始终站在主战派一边,反对屈辱,坚持抗金。及第后便上疏高宗,为岳飞辩冤,赵构爱其才,特优容之。绍兴三十一年,宋军在采石矶大败金军,他满怀激情当即赋诗填词,作《水调歌头·闻采石战胜》,以表达乘胜收复失地的决心。隆兴元年(1163年),因宋前线主将不和,招致符离之败,孝祥在建康留守宴席上,义愤填膺,悲歌《六州歌头》,音调苍凉悲壮,倾吐恢复国家统一的强烈愿望。主要传世著作有《于湖居士文集》和《于湖词》。

曾怀

曾怀(约1106~约1174),字钦道。祖籍福建晋江,由京师迁居常熟。南宋理财名臣。南宋隆兴(1163~1164年)中任浙西提举,后又任度支员外郎,有综合考核财政的才能。因主持拘催钱物所,治理有方,财政丰裕,晋户部尚书。在任时,对各州郡钱粮的库存与收支情况都了如指掌,并清楚记载,为当朝倚重,宋孝宗把他比作萧何、刘晏。累迁至右丞相兼枢密使,封鲁国公。约淳熙元年(1174年)去世。归葬虞山,现有曾丞相墓在五丈石洞。遗著有《少保文集》30卷。

范成大

范成大(1126~1193),字至能(一作致能),号北山居士,晚号石湖居士。吴县人。南宋大臣,诗人。绍兴二十四年(1154年)进士,先后任和剂局监、著作佐郎、吏部郎官、处州知州。在处州任职期间,创义役,建良法,兴水利,使灌溉有序,民食其利。为百姓做了不少好事。后升为礼部员外郎兼崇政殿说书。乾道六年(1170年),以起居郎假资政殿学士名义出使金。他不畏强暴,敢与金主力争国权,几被杀。但他屹然不屈,终于不辱使命,全节而归,受到当时南宋朝野的称颂。拜为中书舍人。以后,范成大又历任静江知府兼广南西路经略安抚使、四川制置使、参知政事等职。后被讦受贬,任明州知州,除端明殿学士,寻帅金陵。以病致仕,进资政殿学士,加大学士衔。

范成大晚年退居故里,在石湖筑"石湖草堂",内有园林式"北山堂"、"天镜阁"、"寿栎堂"、"梦渔轩"、"绮川亭"等厅堂亭榭。宋孝宗亲自题赠"石湖"二字。范成大工诗,与杨万里、陆游、尤袤齐名,合称"南宋四大家"。诗题材广泛,使金途中所作绝句72首,写渡淮后的见闻,表现其渴望恢复国家统一的心情。其组诗《田园四时杂兴》诗60首,描写农村风光和民生疾苦,尤为突出。又工词。有《石湖集》、《揽辔录》、《桂海虞衡志》行于世,还有《石湖诗集》、《石湖词》、《吴船录》等。他撰写的《吴郡志》,是一部极有价值的苏州志乘。

尤袤

尤袤(1127~1202),字延之,小字季长,号遂初居士,晚年号乐溪,木石老逸民。祖籍福建。南宋建炎元年二月十四日(1127年3月28日)生于无锡县许舍(今属雪浪乡)。南宋名宦、诗人、藏书家。尤袤自小聪颖过人,5岁能咏诗作对,10岁有神童之称,15岁以词赋闻名于毗陵郡(今常州,时无锡属毗陵)。绍兴十八年(1148年)中进士,后历任泰兴县令、台州(今浙江临海)、知州等职。因革除苛捐弊政、整修城郭、抗金防洪、赈济灾民等政绩,被提升为淮东、江东提举常平,江西转运使兼隆兴府(今南昌)知府等职。淳熙九年(1182年)被召入京,历任枢密检正兼左谕德、太常少卿、礼部侍郎等职。在朝时,他直言敢谏,一再谏劝光宗帝"谨初戒始","孜孜兴念","澄神寡欲"、"虚己任贤",因而触怒皇帝,一度被贬出京,充任婺州(今浙江金华)、太平州(今安徽当涂)知府。后又被召入朝任给事中兼侍讲。官至礼部尚书。他诗学江西派,与杨万里、范成大、陆游并称"南宋四大家"。他早年目睹战乱灾荒惨状,创作《淮民谣》、《范梅》等诗篇。70岁辞职归无锡,在家乡梁溪河畔建别墅"乐溪居",在惠山造"锡麓书堂"。流连于山水之间,诗作也趋向婉约淡泊。诗作多数收入50卷的《乐溪集》。后该集散失。仅流传至今67首。嗜书,有"尤书橱"之称,见未读之书,必借阅,遇难得之书,必抄录。家园内建有"万卷楼",藏书3万余卷。陆游描述其书室"异书名刻堆满屋,欠身欲起遭书围"。藏书分经、史、子、集4部44类,编成《遂初堂书目》。藏书后毁于火,而该书目却流传至今,成为中国最早的版本目录之一。嘉泰二年(1202)病逝,终年75岁,葬于无锡城郊西孔山。卒赠金紫光禄大夫,谥"文简"。著有《遂初小稿》(60卷)、《内外制》(30卷)、《周礼辩义》、《老子音训》、《乐溪集》、《全唐诗话》均已佚,仅《乐溪遗稿》存世。

丘崇

丘崇(1135~1209),字崇卿。江阴人。忠义大臣。南宋隆兴元年(1163年)进士,取一甲第三名(探花),任建康推官。丞相虞允文奇其才,奏请为国子博士,出任秀州华亭知县。因海潮倒灌,危害农田,遂筑海堰,变盐碱地为良田。后任平江府知府、吉州知州。召回任户部郎中,升枢密院检详文字。曾奉命接待金国贺生辰使,金使以两国历法正朔不合难之,被丘崇折服,得到孝宗赞赏。授鄂州知州,移江西转运判官,提点浙东刑狱、知平江府,升龙图阁,移帅绍兴府,改两浙转运副使。光宗即位,召任太常少卿权工部侍郎,进户部侍郎,升焕章阁直学士、四川安抚制置使兼成都府知府。曾奏请革世将之患。庆元元年(1195年)宁宗即位,被任为庆元府知府。时韩侂胄掌权,自负有定功策,议兴兵北伐。丘崇以"中原沦陷且百年,在我固不可一日忘,然兵凶战危,未可侥幸以误国"为辞,力加规劝。主张作充分准备,切不可轻敌。升敷文阁学士,改建康府知府,后升宝文阁学士、刑部尚书、江淮宣抚使。时宋师草草北伐,遭到惨败。金兵自涡口进犯淮南,有人劝丘崇放弃庐州、和州,退守长江。他说:"弃淮则与敌共长江之险,吾当与淮南俱存亡!"遂增兵加强防守。旋升端明殿学士侍读,再授枢密院签书,仍统率江淮军马。有韩元靖自北面来,告之两国交兵,皆因韩侂胄挑起。他经派人核实,奏请暂免韩侂胄太师之职,韩大怒,削去丘崇职务。后韩侂胄被诛,宁宗起用丘崇为江淮制置使兼建康府知府、淮南运使,遂招集边民2万,号"雄淮军",淮西之地得以保持。他说:"生无以报国,死愿为猛将以灭敌"。官至枢密院同知。因病乞归故里,死后谥"忠定"。丘崇工词章,与辛弃疾政见相同。辛赠以《永遇乐·京口北固亭怀古》词。他遗著有《忠定集》10卷、《拾遗》10卷。

吴柔胜 吴 渊 吴 潜

吴柔胜(生卒年不详),字胜之,号壹是先生。溧水县茅城(今高淳县砖墙乡)人。宋孝宗淳熙八年(1181年)进士,初任县主簿,因丞相赵汝愚推崇,不久调任浙江嘉兴府教授,与理学家朱熹过往甚密。浙西发生饥荒时,柔胜又调任主持救灾工作。宁宗庆元元年(1195年),韩侂胄兴"庆元党案",赵汝愚、朱熹等被罢官;柔胜以"为汝愚收人心又尝党朱熹之学不可为士子率"的罪名,被罢官。十余年后,被派往江西赣县任县尉。是时,常有被贬官发配之人死于岭南,他倡设"广惠馆",用垦荒所得接济死者的家属。宋嘉定初年,调任国子监正,主讲朱熹理学,名声颇大。后又调任司农丞、随州(今湖南随县)知州等职。当时随州因连年兵燹,民力凋敝。他到任后,取消苛捐杂税,缓交积欠赋税,褒奖抗金烈士,释放因与金兵争斗而被捕入狱之人。并组织修筑枣阳、随州二城,设置"忠勇军"。不久金兵入侵随州,他率军据守城池,坚守三月,金兵不克而退。嗣后改任湖北通判兼鄂州(今武昌)知府、安徽太平知府。晚年调任秘阁修撰。死后赠封魏国公。吴柔胜生四子,三子渊、四子潜皆科举出身,史称父子三为"吴门三贤"。

吴渊(1190~1257),字道父,号退庵。吴柔胜第三子。南宋大臣。嘉定进士。初任建德主薄,继任浙西提点刑狱。因镇压衢州、严州人民反抗"有功",进右文殿修撰、枢密副都承旨兼检正。嗣后任龙图阁学士、江西安抚使兼江州知州。在任江、淮、荆、浙、福建、广东都大提点坑冶期间,因抄没民资以百万计,被罢官。后任沿江制置副使兼提举南康军兵甲公事、安庆府屯田使、兵部尚书、端明殿学士、太中大夫、沿江制置使、江东安抚使兼节制和州无为军安庆府兼三郡屯田使、资政殿大学士、马步军都总管。淳祐十年(1250年)进封金陵郡开国侯。理宗帝曾为表彰吴渊在从政期间的忠勤,在其府治造忠勤楼、锦绣堂,并亲书"锦秀堂"、"忠勤楼"于其上。后进爵为公,拜观文殿学士、参知政事。

吴渊重视赈济平民,重视军事。在知隆兴府、平江府、镇江府期间,正遇大灾荒,他先后赈济灾民200余万人。他在任建康府知府3年期间,造战船80只,修旧战船400余只。他还十分注重兴学养士。淳祐十一年(1251年)四月,创义庄于学府之内,用钱50万贯,购湖田7278亩,岁入米麦田租4300余石,收入归义庄,用以补助府学生员。但吴渊施政过于严酷,好兴罗织之狱,非常豪横。死后赠少保。吴渊喜诗词,著有《易解》及《退庵文集》等。

吴潜(1196~1262),字毅父,号履斋。吴柔胜第四子。南宋大臣。嘉定十年(1217年)中进士第一(即状元),授承事郎金镇东军节度判官。绍定四年(1231年)任尚书右郎;五月初任朝散大夫、太府少卿、淮西总领;九月代理江东转运司。绍定六年十二月任沿江制置使兼浙西制置使,进封金陵郡侯。淳祐十一年(1251年)为参知政事,拜右丞相兼枢密使,进封崇国公。同年奏请辞官回家。开庆元年(1259年)又召入朝,拜右丞相,封许国公。当时贾贵妃之弟贾似道,权势甚大,屡进谗言加害吴潜。理宗晚年,吴潜因反对立赵禥为太子被沈炎弹劾,贬为化州团练使。景定三年(1262年),被贾似道使人毒死于循州(今广东惠阳县境),终年66岁。德祐元年(1275年),追复吴潜原官;次年,赠少师。

在他从政期间,敢于进谏朝廷。提出"与北(指元)为邻,法当以和为形,以守为实,以战为应,不宜轻启兵端";对内要"以静专察群情,以刚明消众慝,毋以术数相高,而事功相勉,毋以阴谋相讦,而以识相见"。惜未为朝廷采纳。

卫 泾

卫泾(1159～1226),字叔清,初号拙斋居士,改号西园居士,又称后乐居士。先世为山东籍,唐末避乱南迁。昆山石浦人。南宋名臣。南宋淳熙十一年(1184年)中状元,授承事郎、添差镇东军佥判。其时,状元初任期将满,一定要向执政的宰相致谢,方颁布召见的命令。而"泾不通谢,虽被召三月不得引见"。淳熙十四年才被任为秘书省正字兼吴王、益王府教授,旋进校书郎、著作佐郎。绍熙元年(1190年)任贡举参详官,后调任著作郎兼司封郎。当时,宋廷中佞倖之风渐盛,他为此上奏,遭贬。他出为淮东、浙东二路提举。庆元元年(1195年)召为尚右郎官。庆元三年任起居舍人,并暂署工部尚书职充任贺金生辰使。其时,韩侂胄独揽朝廷大权,群小阿附,势焰熏灼,而"泾不为势怵,斥去十年不调",回昆山石浦隐居。开禧元年(1205年)得旨回朝,历任中书舍人、吏部尚书、代礼部尚书等职。自翌年韩侂胄北伐(攻金)兵败后,民不聊生。他"以理乱安危之机,间不容瞬,直疏利害,请除之",罢右丞相陈自强。旋任御史中丞、端明殿学士、参知政事等职,封昆山县开国伯爵位。嘉定元年(1208年)兼任太子宾客。自诛韩侂胄后,太师右丞相史弥远勾结杨皇后,权势日盛,朝中苟且成风,谄谀充位,卫泾准备上疏除掉他。史弥远得知后,先寻隙劾罢卫泾。嘉定五年贬潭州知州。嘉定九年改扬州知州。嘉定十七年返朝重用,任资政殿大学士、金紫光禄大夫,封吴郡开国公爵位。当年七月染病,宝庆二年(1226年)病逝。宋理宗闻其丧,停止临朝听政一天以示哀悼,特赠太师,追封秦国公爵位。卫泾历宋孝宗、光宗、宁宗、理宗四朝,为官40余年。万历《昆山县志》称他:"忧国忘家,始终一节。谋深远虑,不邀近功。"著有《后乐集》20卷传于世。

周 虎

周虎(？～1229),字子叔。泗州临淮(今泗洪县)人。宋王室南渡后,迁居常熟。南宋名臣。为人倜傥不羁,轻财仗义。宁宗庆元二年(1196

年),中武举,又经会试,名居进士第一,授职武学阁门舍人,任光、楚二州知州,后又任和州知州。开禧二年(1206年),金兵入侵,和州城内兵微将寡,形势危急。他率部分将士拒守城池。其母何氏,愿与子共存亡。他含泪勉励部下:"吾身为国家守臣,一死,为报效国家而死,虽死犹存。"遂决计与金兵决一死战。将士无不奋勇相随。共经大小34战,斩杀金国骁将10余名,并亲手射死金右将军石圪,使和州转危为安,江淮局势得以稳定。胜利后,他执意辞去战功,不取半点赏赐。唯何氏晋封永国太夫人。和州人敬重其母子德行,立祠以祀。理宗绍定二年(1229年),他转任和州防御使,卒于任上。谥号"忠惠",庙号"忠烈"。

杨妙真　李　全

杨妙真(生卒年不详),女。益都(今山东省境)人。红袄军首领杨安儿妹。安儿死,妙真继为统帅。善骑射,自称黎花枪天下无敌。后李全在磨旗山(今山东莒县东南)率众归附。不久杨妙真与李全结为夫妇。

李全(?~1231)。潍州北海(今山东省境)人。初以贩牛马为业,善使铁枪。宋开禧北伐时,他曾与兄李福聚众数千起义,配合宋军进攻涟水,继在潍州、临朐一带抗金。

宋嘉定十一年(1218年),李全夫妇投宋。李全累以战功升至招信军节度使、京东路总管。淮西都统许国、淮东参幕徐晞稷、淮东制置使贾涉之间相互倾轧,许国想倾陷贾涉并企图取而代之,常说"李全必反",借以影射贾涉。适贾涉病故,许国遂入朝上疏,说李全"奸谋益深,反状已著,非有豪杰不能消弭"。朝廷遂以许国为淮东安抚制置使兼知楚州。许国上任后,尽力压制忠义军。李全在青州,认为许国大不如贾涉。时许国集中两淮马步军13万在楚州城外检阅,杨妙真及留下的军校怕他们谋害,暗中防备。李全即派刘庆福回楚州谋杀许国。许国负伤而逃,在途中自缢而死。李全知许国已死,到了楚州,上表待罪,朝廷不问。

李全回到青州,被蒙古兵围困,朝廷也想趁机翦除李全。一年后,李全投降蒙古,忠义军以钱粮不继,屡有怨言。李全部将国安用等遂谋杀李福和杨妙真,结果杀李福、李全的次子和李全妾刘氏。宋廷遂诏彭忾往楚州尽杀李全余党。李全在青州断指而还。宋统帅杨绍云闻讯,吓得不敢北上,滞留于扬州。国安用又杀其余部将,向李全赎罪。

李全到楚州,用重金募集兵员,大造舟船,"自淮及海口相望,时时试舟射阳湖及海岸"。遣军士潜入京师皇城,"纵火焚御前军器库,先朝兵仗尽丧"。又分兵攻通州、泰州,袭击盐城。宋廷授给他更高的官,他不接受,继续加紧造船,甚至于掘冢收棺木,化炼铁钱为钉,熬囚徒的油脂拌油灰,招集沿海的亡命之徒为水手,又要挟朝廷增拨5000人的钱粮,并求"誓书铁券"。朝廷只好听从,"遣饷不绝"。

理宗绍定四年(1231年)正月,李全在扬州被宋将赵范、赵葵击败杀死。五月,赵范、赵葵攻下楚州,"杀贼万计,焚二千余家,城中哭声震天"。不久,楚州四周五城皆破,红袄军大败退向淮北。临撤退时,杨妙真叹息道:"二十余年黎花枪天下无敌手,今事势已去。"撑拄着枪不愿走,要决一死战,被部下拖挽而去。

刘 宰

刘宰(1165~1233),字平国,自号漫塘病叟。祖籍涿州(今河北省涿县)景城,父蒙庆始迁金坛,遂为金坛人。南宋慈善家。刘宰家贫,靠父执教家塾维持生活。16岁入乡校。绍熙元年(1190年)中进士,授官江宁尉。时值江宁巫风盛行,他严加禁止,教育百姓不要信鬼神、巫医,令保伍相互纠察,迫使巫医改业从善。是年,江宁旱灾严重,他抚摩赈荒,多所救活。后调真州司法。当时朝廷规定州负有委用人事权,但不得使读周敦颐、程颢、程颐等著作者参试。刘宰认为周程等人之书不属伪学,不能以此限制考生,埋没人才。授泰兴令后,屡决疑案,人皆称神。父卒返里治丧,事毕至京。南宋大臣韩侂胄见金王朝已衰,力主乘机收复中原。他认为民力不足,时机尚不成熟,便据理力争。他常与主战派辛弃疾往来,辛知镇江,他撰诗贺之。开禧二年(1206年)入浙东幕,次年任仓司干官,职事为修举。此时钱象祖任右丞相,他与钱交往甚密,又曾为钱代写奏文,便向钱进言,主张改革科举考试制度,坚持任人唯贤,但钱未采纳。刘宰见仕途无望,不久即告归。嘉定元年(1208年)广招贤士,大臣力荐刘宰,他坚持不赴。嘉定二年,他首办金坛私人粥局,救济被遗弃的儿童。嘉定四年,朝廷又下诏起用他,他仍不肯赴任。嘉定十七年四月,金坛灾民成群,饿殍遍野。他再次私立粥局,雇役士数十,历时56天,每日有1.5万饥民受粥。宝庆元年(1225年),刘宰起为籍田令,后改建康府添差通判,不久辞官。绍定元年(1228年),他三设粥局,接济乡民,并得同乡王遂的资助。端平元年(1234年),刘宰调任直宝谟阁,旋迁太常丞,不久又辞官。此后朝廷封官,他都推辞不就,隐居乡间30年。他回乡后,置义仓,创义役。理宗端平年间(1234～1236年),又别创书院于三角山(不久废)。对于无田可耕、无屋可居者,以及乡邻婚嫁喜庆等事,皆热心帮助;他还带头捐款修建桥梁,县城文清桥(今北新桥)即系他捐款建成。刘宰平素好义气,见义必为。他出面定断麦前额,改变县斗斛量器制。毁淫祠84所。对他所做的许多好事,乡里百姓甚为感激,曾向他赠送草粟、絮衣、新丝棉、药物、被子等物,跪而请纳,他一概辞谢。他平生好读书,善文章,亦工诗,其《漫塘》一赋,尤为世所传颂。著有《京口耆旧传》(入《四库全书》目录)、《语录》10卷,《漫塘文集》30卷(《四库全书》作36卷)。绍定六年卒于家,谥"文清",乡人相约罢市送葬数十里,无不悲恸欲绝。墓葬方山沙墅,吏部袁甫为其作墓志铭,曰:"去今三百年,虽市童野叟皆知姓号,诚百代伟人。"

刘必成

刘必成(生卒年不详)。其先祖福安(今福建省福安市)人,迁居淴浦(今昆山市千灯镇汶浦)。南宋大臣。他早年入国学,已有才名。宋嘉熙元年(1237年),他发起七士子同至宫廷,极言时事。是年,中武举解元,翌年遂魁天下,为右科状元(即武状元)。淳祐九年(1249年)复中锁厅(宋代、凡在职官应试文科进士,称锁厅试),因此刘必成"以文武全才自负"。曾先后两次入阁轮对,慷慨陈述边事,援古证今,侃侃不挠,得到皇帝褒美。翌日,宋理宗对宰臣们说,刘必成所言极好。后都依谏付诸于行。他历守清、浔,后官至湖南按抚副使,自号爱闲翁,著有《三分诗集》。卒后墓葬菉葭浜丝字圩(今属昆山市陆家镇),其墓于清咸丰年间被毁,墓地渐为后人所不识。

赵 葵

赵葵(1185～1266),字南仲,号信庵。衡山人,后迁居溧阳。南宋京湖制置使赵方之子。宋抗金将军。嘉定年间(1208～1224),他屡建战功,大败金兵,授承务郎,知枣阳军。绍定三年(1230年)节制镇江、滁州军马。翌年,消灭叛将李全,累升至兵部侍郎、淮东制置使。端平元年(1234年),在宋军和蒙古(1271年改国号为元)军合击下,金亡。赵葵主张进兵收复三京(今开封、洛阳、商丘),以粮运不继撤退。淳祐四年(1244年),任枢密院同知院事,旋任枢密院事,兼参知政事。又特授枢密使,督视江、淮、京西、湖北军马,封长沙郡公。未几,任建康知府、行宫留守、江东安抚使。淳祐九年,拜右丞相,封信国公。翌年,辞职回溧阳城南府邸(俗称南府)。宝祐二年(1254年),宣抚广西。景定元年(1260年),授两淮宣抚,判扬州,进封鲁国公,奉祠。咸淳元年(1265年)加少傅。咸淳二年辞职,特授少师、武安军节度使,进封冀国公,当年病逝。有祠,名"三世三忠"(祀赵方、赵葵、赵淮)。后裔世居溧阳水西、苏笪村(今分属清安乡、茶亭乡)。

马光祖

马光祖(生卒年不详),字华父,号裕斋。婺州金华(今浙江金华)人。南宋能吏。宋宝庆二年(1226年)进士。历任新喻县主薄、户部尚书兼临安知府、浙江安抚使、知枢密院事兼参知政事等职。马光祖自宝祐三年(1255年)至咸淳四年(1268年)间,曾3次以沿江制置使、江东安抚使知建康府。

宝祐三年六月十一日,马光祖首任建康知府。他用常例公用器皿钱20万缗犒赏军民;减所辖各县租税,并可折收丝棉绢帛;对百姓经营缺少资金者,发放无息贷款;对鳏寡孤独无靠者,办"居养院"予以收养;对道途疾患无归者,办"安乐庐"予以拯救治疗;对诸军婚嫁有困难者,给钱资助;为方便行人,搜集旧名或起新名,并亲书坊巷名牌。宝祐五年冬,建康大雪,他自己捐钱30万缗赈济军民。开庆元年(1259年)三月,光祖以资政殿学士和前职再知建康府,"建康士女相庆"。他决心更好地宽养民力、兴废起坏,知无不为。他免除前政拖欠款100多万缗,鱼利课税尽罢,藏富于民。为备灾年度荒,他重建平籴仓40多间,存粮15万石。景定元年(1260年)正月,他兴工浚建康城壕4765丈,并创栅寨壅城,增筑滁河隘,并修了"羊马墙"。景定五年,他以前职第三次知建康府。百姓闻之,民情大悦,争迎拜于大道上。马光祖决心"公帑所储分毫不敢妄费",更好地为民办事。为办好"平籴仓",他亲自选址、筹款、选用仓吏、制订规章等,时人写《门牌诗》云:"人人饱吃昇州饭,世世常存老守心。"咸淳元年(1265年),光祖创办"及幼局",收养贫民遗弃的婴儿。翌年夏,建康大水,他及时组织救灾,使建康百姓的生活并未感到困难。

在三任建康知府的12年中,马光祖还组织民众开垦荒地,围湖造田,兴修水利,改良品种,发展圩田,使水稻成为江东地区的主要农作物。当时上元、江宁两县就有圩田近40万亩。扩建位于城南的官办手工业工场——都作院,在制造火弓箭、突火筒、火蒺藜、霹雳火枪等兵器和火药运用等方面,达到较高技术水平和相当的生产规模。在建康古龙湾建都船厂和"沿江大使司船寨"。在他任期内,造载重10～15吨的富阳船约300只,哨马船近千只,修旧船近千只。他在浚城壕、疏青溪的同时,还整修或重建镇淮桥、饮虹桥、长干桥、武定桥、斗门桥、内桥、竺桥和新桥等20多座。为尽游观之胜,他又先后在银行街(今长乐路西段)旧赏心楼废基上,创建闻名的"东南佳丽楼";在乌衣巷东侧新建"乌衣园",复建"来燕堂",以及"绿玉香中"、"挹华"等亭馆;在青溪上,增添楼堂馆榭30余座;重建被火毁的赏心亭,在赏心亭附近新建"通江馆"、"横江馆"等;重修雨花台;鼎创"四郭门接官亭"。此外,他还相继创建上元县学、府学,南轩、明道书院;重建贡院。景定二年,在郡圃之钟山阁下设志局,主修《景定建康志》50卷,其后修志多以此为本。咸淳五年,马光祖因拜枢密院事兼参知政事,离开建康。《宋史》在评价他三知建康府的政声时称赞道:"马光祖治建康,迄今遗爱犹在民心,可谓能臣矣。"

李庭芝

李庭芝(1219～1276),字祥甫。湖北随州(今随县)人。宋开庆元年(1259年),权知扬州(代理扬州知州),是年调知峡州。景定元年(1260年)第二次来扬州,主管两淮制置司事。时扬州新遭大火,庐舍为墟,业盐亭户大多逃亡在外,市业萧条。李借贷于民偿还拖欠债款,借资给百姓造屋,屋成免其借。同时,凿河40里入金沙、余庆场,以免车运之劳。复疏浚运河,以利交通。又免去亭户所欠盐税200余万缗,使外逃者返扬,盐业大兴。鉴于平山堂俯瞰全城,居高屋建瓴之势,李召集军民在宝祐城西筑一大城,把平山堂包入,并募汴南流民2万人居大城中,编为武锐军,以加强防守。还大兴学校,攻习礼射。遇水旱灾害,即开仓放粮,不足则以己私财救济,百姓感恩,尊之如父母。咸淳五年(1269年),因襄阳战事吃紧,李庭芝调湖北任京湖制置使。次年三月,因襄阳失守事,李罢官居京口(今镇江)。

是年十一月，李复任两淮制置使，兼知扬州，专事淮东，筑清河口，诏为清河军，以加强淮河防务。德祐元年（1275年），沿江州郡尽失，前锋统领姜才率部突围投李，与李一道固守扬州。元兵久攻扬州不下，遂以扬子桥为中心，构筑长围，对扬州进行环形封锁。城中粮尽，饿殍载道，军民以树皮草根充饥，坚持奋力苦战。其间，元军先后5次招降，均遭李拒绝，李3次斩来使、焚诏书。宋亡后，谢太后两次下诏，要李降元。李说："奉诏守城，未闻有诏谕降也。"并命人射杀来使，焚其诏。是年七月，端宗在福州成立流亡朝廷，遣使以少保、左丞相召李至闽共商国是。李以制置副使朱焕留守扬州，自与姜才率7000人突围东走。至泰州，拟从此入海，南下福州。不料朱焕叛宋降元，元兵驱李将士及妻子于泰州城下，泰州守将开城迎降。时姜才发背疽卧床，不能出战，遂被获。李闻城破，跳莲花池自杀，水浅未死，同被执送扬州。元军再三劝降，李、姜两人大骂不屈，遂在扬州茱萸湾英勇就义，"扬之民皆泣下"，葬之于广储门外梅花岭侧。后建"双忠祠"，以为纪念。

陆秀夫

陆秀夫（1238～1279），字君实。宋嘉熙二年十月八日生（1238年11月15日）。盐城县长建乡（今建湖县建阳镇）人。3岁随父迁居京口（今镇江）。南宋抗元名臣。幼从老师孟先生读书，聪明颖悟，先生称其为"此非凡儿也"。15岁通过州府试，18岁通过省试，寄读镇江南郊鹤林寺，准备参加京试。

南宋宝祐四年（1256年），陆秀夫与文天祥同榜登进士。两淮制置安抚使李庭芝慕陆秀夫才名，请他入府，主管机要文字。他才思敏捷，办事干练，深得李器重。咸淳十年（1274年），擢升参议官兼淮南东路提刑。南宋德祐元年（1275年），元军水陆南进，攻占苏州、常州，深入江浙腹地，淮南官吏纷纷逃亡，惟陆和几位幕友坚守岗位。李庭芝见陆忠于职守，才能出众，举荐他到南宋朝廷任司农寺丞，负责京城粮食仓库管理和百官俸禄供应。不久升迁宗正少卿兼权起居舍人，直至礼部侍郎。德祐二年正月，他奉命和兵部侍郎吕师孟等去元军大营议和。在谈判中他拒绝接受屈辱条件，议和"不就而返"。三月，元军入临安（今杭州），掳宋恭帝北去。陆与将领苏刘义等追随由海路南走的两位幼主赵昰、赵昺到温州，并派人召集大臣陈宜中、大将张世杰等聚会计议，拥立赵昰在福州称帝，史称宋端宗。陆秀夫担任端明殿学士、签书枢密院事。

南宋景炎二年(1277年),元军攻占广东全省。九月,陆秀夫奉赵昰迁居潮州浅湾,后又"播越海滨",坚持抗元斗争。当时宋军在沿海尚有兵力17万人(内江淮精兵1万)、民兵30万。南宋景炎三年四月,11岁的赵昰在砜州(今广州湾)病死,"群臣皆欲散去"。陆坚持抗元,说:"古人以一旅(500人)一成(方10里)中兴者,今百官有司(官吏)皆具(备),士卒数万,此岂不可为国耶?"态度坚定,稳住军心,拥立8岁赵昺为帝。他受命于危难之中,出任左丞相,与太傅张世杰、少保文天祥共同秉政,苦撑危局。六月,朝廷迁至广东新会南80里崖山海面。崖山为扼宋南海之门户,形势十分险要。陆秀夫和张世杰商定,设立"海上行朝",作为抗元据点。他筹集粮饷,支援前线,张世杰、文天祥等在华南滨海地区多次挫败元军进攻。

南宋祥兴二年(1279年)二月,宋、元进行最后一场决战,即历史上著名的崖山战役。宋军把20余万军队布置在1000多条大船上,依山靠岩,停泊海疆,用绳索连接,四周搭起楼棚,犹如城堞,整个船队排成一字长阵,准备死守。元军统帅张弘范率几百艘战船对宋军发动数次攻击,宋军船阵坚不可摧。元军继用茅草膏油乘风纵火,宋船早已涂抹胶泥,安然无恙。张弘范只得封锁海口,切断宋军的樵汲要道。宋军吃干粮,饮海水数日,纷纷呕泻,人人困乏。二月六日早晨,元军张弘范、副统帅李恒分率船队乘潮南北夹击,发动总攻。杀声震天,短兵相击,宋军背水一战,英勇搏斗。在紧要关头,不料宋将翟国秀、凌震等解甲降敌,船阵被元军突破。但张世杰仍率领江淮精兵拼死激战,坚持到日落时分。突然狂风大作,暴雨倾盆,波涛翻滚,船只颠簸,军士疲乏不能再战。张世杰见大势已去,派小船迎接幼主,准备突围。陆秀夫见元军四集,无法走脱,便收舟中之物抛入大海,拔剑驱妻儿入海。妻挽舟不肯,陆说:"尔去,怕我不来?"妻子和三个儿子遂入海中。陆秀夫对小皇帝赵昺说:"国事至此,陛下当为国死。德祐皇帝(赵㬎)受辱已甚,陛下不可再辱"。说完,整理好衣冠,藏玉玺于幼主之怀,将其背起,命人用白棉帛将君臣二人捆紧,从容投海。陆时年41岁。后宫皇室亲属、百官吏士,投海从死者一万多人。张世杰、苏刘义见幼主入海,斩断绳索,乘乱突围,后覆舟而死。

后人为纪念陆秀夫,将其遗著汇编成《陆忠烈集》。在其故乡今建湖县建阳镇立"宋左丞相陆秀夫墓"石碑,今又兴建陆秀夫纪念馆,并修复了陆秀夫读书处。在盐城西门大街,曾建"陆忠烈公坊",儒学街立有"宋丞相陆公故里碑",上镌"海国孤忠"四个大字,惜毁于战火。明嘉靖十年(1531年)建于盐城儒学街的"陆忠烈公祠"尚存,今为"陆公祠"。

文天祥

文天祥(1236～1283),字宋瑞,又字履善,号文山。南宁端平三年(1236年)生,吉安(今江西吉安)人。南宋抗元英雄、文学家。自幼受父亲文仪严格教育,酷嗜书籍,尤爱读忠臣烈士传记。理宗宝祐四年(1256年)中进士第一名,被补授承事郎,后任宁海军判官等职。开庆元年(1259年)初,元兵南下,宦官董宋臣请迁都,他上书乞斩宋臣,并建议御敌之计,未被采纳。后历官邢部官、赣州知府。德祐元年(1275年)闻元兵东下,他在赣州组织勤王兵万人,入卫临安(今浙江杭州),元军攻占镇江、江阴、金坛、常州、无锡、平江(今苏州)等州县后,他和张世杰奉命率兵在平江至镇江等地领导南宋军民展开长达半年的可歌可泣的抗元斗争。时文天祥为浙西制置使兼平江知府,率领赣军抵抗元军的进攻。是年,元军围攻常州,他派尹玉、朱华、麻士龙等以三千军兵援常。宋丞相陈宜中为了节制文天祥援常的赣军,也派出张全率淮军驰赴江南,名为"援常",实际是破坏常州守御,以期实现陈宜中的早日促成和议的意图。元至元十二年、宋德祐元年十月二十六日(1275年11月15日),张全、麻士龙设伏于常州、无锡交界的武进县虞桥。麻士龙与元军交战,张全坐视不援;麻士龙战死,张全即退至无锡县五木朱华部驻地,并阻挠朱华备战。翌日,元军前来攻击,朱华率部英勇抵抗,激战四个时辰,张全却龟缩于运河左岸不动。朱华军渡河撤退,军士有渡水攀登张全兵船的,张全令砍其指,致使撤退的朱华军士全部溺死。元军又攻尹玉所率赣军,尹玉身先士卒,殊死搏斗,壮烈牺牲,500名义军仅余4人。张全奔还,文天祥请诛张全,陈宜中不问。文天祥在《吊五木序》中十分感慨:"呜呼!使此战张全稍施援手,可以大胜捷。一夫无意,而事遂关宗社。"在《吊五木》诗中,文天祥悲愤地写道:"首赴勤王役,成功事在天。富平名委地,好水泪成川。我作招魂想,谁为掩骼缘。中兴须再举,寄语慰黄泉。"常州军兵虽誓死奋勇抗元,但因孤军无援而失守。后陈宜中出逃,文天祥临危受命为右丞相兼枢密使出使元营被扣。翌年三月元军进入临安,俘宋恭帝等多人,并强迫临朝听政的谢太后,号令所有南宋未陷州郡停止抵抗,向元军投降。此时,身在元营的文天祥仍在坚持斗争。元军伯颜押解宋恭帝、文天祥等沿运河经平江、无锡、常州、镇江等地北上途中，文天祥曾多次想逃脱虎口。行至镇江时，他在真州（今仪征）人余元庆等的帮助下潜逃真州，后又潜至扬州、高邮、泰州、通州，最终乘船到达温州。这年五月，张世杰、陆秀夫等在福州拥立赵昰为帝。文天祥应召到福州，任右丞相，继续在福建、广东、江西等地进行抗元斗争。

宋赵昺祥兴元年、元至正十五年（1279年）十二月，文天祥在广东海丰北面的五坡岭兵败，被元军俘获，北解大都。祥兴二年，在解往大都途中经过建康，他作《念奴娇·驿中言别友人》词，说："水天空阔，恨东风，不惜世间英物。"感叹南宋抗元的英雄斗争得不到天助。又写《金陵驿》诗，感叹"从今别却江南路，化作啼鹃带血归"，以寄托悲愤之情。从建康解到大都，被囚禁三年多，在狱中写《正气歌》，表示宁死不屈的凛然正气。元至元十九年十二月九日（1283年1月9日），在大都从容就义。他在江南抗元斗争的英雄业绩和他在苏州、无锡、镇江、扬州、南京等地所写的富有民族气节的诗篇，一直鼓舞江南人民反对民族压迫的斗争。苏州、无锡、南京等地人民十分崇敬他的忠烈，曾分别建有"文文山祠"、"正气楼"和"二忠祠"（"二忠"即为文天祥和被金兵剖心而死的建康府通判杨邦乂）。

蒋　捷

蒋捷（生卒年不详），字胜欲，号竹山。阳羡（今宜兴）人。宋词人。咸淳十年（1274年）（一说德祐二年）进士。宋亡，隐居太湖竹山，学者称其为竹山先生。元成宗大德年间，多人举荐召其出山，终不肯就。平生以词名震一时，与周密、王沂孙、张炎并称"宋末四大家"，有《竹山词》一卷传世。其词内容广泛，其中追昔伤今之作，反映宋遗民生活，具有典型意义。创作中敢于探索，不拘一格，或题材新颖，或样式奇特，或手法新异。想象丰富，语言精炼，风格多种多样，以工巧为主，注重音律谐畅，词风接近辛派。刘熙载《艺概》称其为"长短句之长城"。他的词对后代影响颇深，清初阳羡词派受其影响尤大。

朱　清

朱清（1237～1303），元崇明（今属上海市）人。后迁居太仓。元初海运官吏。原系杨氏家奴,因杀主夺妻而避迹海上,与嘉定人张瑄结伙贩私盐,后沦为海盗。因此熟悉南北海道及诸岛门户。后受宋朝廷招安。宋亡后,朱清降元。元至元十二年(1275年),任管军千户。翌年,受元丞相伯颜之命,将南宋库藏图籍海运至大都(今北京)。至元十六年,他随都元帅张弘范攻克厓山,被升为武略将军。至元十九年,朝廷议论运粮路线,他与张瑄议奏海运漕粮,被采纳后授为金符千户,负责海运。朱清掌海漕后,合家移居太仓,与总管罗璧、张瑄造平底海船60艘,自刘家港运粮4万余石至京师,为元代海运漕粮之始。他因运粮有功而升为海道中万户。至元二十二年,运粮10万石,次年增至43万余石,朱清亦被提升为万户。以后,每年自江淮运粮北上至大都,数量逐年增加。另外,还多次开辟海道。至元二十四年,太仓西部水涝成灾,他兴役疏浚娄江(浏河)至海口,使上游水患得到缓解。由于疏浚后的娄江江面开阔,巨艘能够进出自如。琉球、日本、高丽等外国商船亦源源不断开进刘家港,进行贸易活动和文化交流,太仓也随之逐渐繁荣和发展。至元二十八年,朱清与张瑄请立都运府,以千户、百户属之。朱清被授予昭勇将军、海道都漕运万户。以后,累官至行省左丞。朱清的权势很大,财产极多,田地、房屋、粮仓遍布东南。他生性残忍,稍不如意,就将人捆绑并投入海中,人们敢怒而不敢言。后因巨富而为权贵所嫉,被捕入狱,在元大德七年(1303年)以头撞石,自杀而亡。

龚 开

龚开(1222~约1304),字圣予,号翠岩,晚号龟城叟、岩叟。宋末元初淮阴(今淮阴县)人。画家。"少与陆秀夫同居广陵幕府",为李庭芝两淮制置司监职。南宋亡,入元不仕,隐居苏州,以卖画为生,直至去世。

龚开是在生前身后都负有盛名的画家。宋亡后,他生活一度很穷困,以至"立则沮洳,坐无几席",只好作画卖,然起初连画桌也没有。他有一子名浚,"每令俯伏,就其背按纸画马,风鬃雾鬣,豪骭兰筋,备尽诸态。一持出,人辄以数十金易之"。由此得以温饱。他活着的时候,人们已称"得片纸如得连城璧"。他作画题材广泛,技法全面。其山水师"二米",人马宗曹、韩,梅菊花卉杂师古法,皆不落窠臼,多有创新。他的描法粗放洒脱,开明清写意画的先河。他临写过吴道子的《送子天王图》,画过《唐太宗天闲十骥》、《江村宿雨》、《孟浩然诗意图》等,还"尝作《云山图稿》五册传于家"。并善画墨鬼,尤以画钟馗见长。他作的《钟馗移居》、《钟馗嫁妹》、《中山出游》等图,"怪怪奇奇,自出一家"。

龚开也擅长诗文。《宋遗民录》说他"甚邃于经术,间为诗文,皆清劲古雅"。每作一画,必题诗或赞跋。龚开是个有着高尚节操的爱国主义艺术家。他在一首题画诗中写道:"雪气惊人卧欲僵,苦劳明府到藜床。主宾问答皆情语,何用闲名入荐章。"一个处于饥寒贫病中的隐士逸民,拒绝官府宣召出仕的情景,跃然纸上。这正是他自己不忘故国,不事二朝的高尚节操写照。入元后,他经常往来于苏、杭之间,与遗民文士相交游,多方搜集民族英雄文天祥、陆秀夫等人事迹,写成文、陆二丞相传。他曾为韩世忠的孙子画过一幅《韩蕲王湖上骑驴图》,并题赞跋:"王有补天浴日之功,而自逃于佛乘;有驱貔貅洗河洛之志,而自晦于骡鞍之上,悲夫!"他对南宋朝廷的苟且误国政策是何等愤懑!入元后,他还为宋江等36人画像题赞,其政治煽动的目的和联合义军的抗元主张,隐约可见。至于《中山出游图》、《高马小儿图》等一类作品,尽管他自言是"翰墨清玩","聊出新意",其实多含有对元统治者和南宋降臣的讽刺挖苦,故后人评他的画"不可以清玩目之"。传世作品有《中山出游图》,藏美国弗利尔美术馆;《骏骨图》藏日本大阪市立美术馆。除有不少画作传世外,尚有诗文辑本《龟城叟集》。

彻里燕只吉台氏

彻里燕只吉台氏(1258~1305),蒙古族,徐州人。其曾祖父太赤曾任马步军都元帅,跟随成吉思汗占领中原有功而领有徐、邳二州,因此全家定居徐州。彻里氏幼年丧父,由母亲蒲察氏教他读书。元至元十八年(1281年),彻里氏应元世祖忽必烈召见,担任宫内诸执事,为皇帝近侍。至元二十三年,彻里氏奉命去江南各地,考察民情,访问遗逸。当时江南行省经费紧张,打算卖掉学田来补充经费。彻里氏及时出面制止。回朝后,他向忽必烈禀报,得到忽必烈的赞许。当时的右丞相桑哥受命理财,又掌管用人大权。桑哥利用职权大肆搜刮,恣横无状。百姓不胜其苦,廷臣又惧其陷害,不敢揭发。彻里氏毫无畏惧,在忽必烈面前奏劾桑哥奸贪误国害民状,措词激烈。忽必烈大怒,认为他是诋毁大臣,有失礼体,命令左右"批其颊"。彻里氏挨了耳光,口鼻出血,但毫不怯懦,与皇帝据理争辩。忽必烈顿时醒悟,又征询其他大臣意见。反对桑哥的官员纷纷进言,终将桑哥下狱究问,并指派彻里氏率300多名羽林军查抄桑哥的家产。查抄出桑哥所藏的珍宝,竟有宫廷内珍宝的一半。终于将桑哥及其一批死党处死。彻里氏四下江南押送大量珍宝入京。途经徐州,为防瓜田李下之嫌,他过家门而不入。此后,彻里氏升任御史中丞,又先后担任福建、江浙行省行政长官,有勤政爱民之誉。当时,江浙行省所缴纳的税粮居全国之首,而平江(今苏州)、嘉兴、湖州三地所缴粮税占江浙的十分之六七。这些地方地势低洼,吴淞江入海口又一度淤塞,洪涝成灾,粮食欠收。彻里氏察勘灾情,救济灾民,又以工代赈,疏通河道,广施医药。水患平息,彻里氏积劳成疾。大德九年(1305年)十月,病死任所。彻里氏死后,人们清理他的遗产,发现留有债务累万,而铜钱不足200串,都很敬佩他的廉洁。

汤垕

汤垕(生卒年不详),一作汤厘,初名厚,字君载,号采真子。山阳县(今淮安市)人。元代书画鉴赏家和理论家。父汤炳龙,字子文,寄居镇江,被征辟为庆元市舶司提举。汤炳龙学识渊博,工诗,又很善于谈论。曾为《四书》及《五经》作传注,对《周易》研究尤为深邃,著有《北村集》。

汤垕曾任绍兴路兰亭书院山长,官终都护府令史。他在京城与鉴书博士柯九思论画,遂著《画鉴》(一名《古今画鉴》)一卷,系统地阐述他的绘画理论。其论述分为吴画、晋画、六朝画、唐画、五代画、宋画、金画、元画等,元画仅列龚开、陈琳二家。评论各家画迹,列举笔墨特点,辨别真伪,大体类米芾《画史》。后附杂论,略述鉴赏、收藏等问题。他论画尚古意,重气韵,代表了当时士大夫文人普遍追求的高雅古朴的审美情趣。

睢景臣

睢景臣(约1264~约1330),一作瞬臣,字景贤,又字嘉贤。扬州人。元代戏曲家。元钟嗣成的《录鬼簿》将其列入"名公才人"。说"他自幼读书,以水沃面,双眸红赤,不能远视。心性聪明,酷嗜音律"。可见其出身寒微和勤奋好学的情景。当时扬州戏曲家以"高祖还乡"为题,竞作散曲,惟有他的《般涉调·哨遍》套制作新奇,被推为首作。今存〔大石调·六国朝〕《收心》、〔商角调·黄莺儿〕《寓僧舍》、残曲〔南吕·一枝花〕《题情》俱见今人隋树森编《全元散曲》。所作杂剧有《千里投人》、《莺莺牡丹记》(《牡丹记》)、《楚大夫屈原投江》,今已不传。《高祖还乡》为其代表作,运用反正统的历史观,借农民之口,粉碎封建皇帝的神圣尊严,进行辛辣的嘲讽,深刻揭露其装腔作势的可笑嘴脸。结构严谨,叙事生动,语言诙谐,具有浓郁的喜戏色彩。亦善词。明朱权《太和正音谱》称:"睢景臣之词,如风管秋声。"现存散曲套数三套,断句四句。

芝麻李

芝麻李(? ~1352),原名李二。邳州(今睢宁古邳镇)人。元末红巾军首领。遇灾荒,因家中有芝麻一仓,尽以赈济灾民,人称芝麻李。

元至正十一年(1351年)秋,他与赵均用、彭大等8人,烧香聚众,在萧县起义,响应刘福通。他们佯称"河工",赚开徐州城。当时4人在内,4人在外,夜四更他们举火为号,内外鼓噪,官兵惧怕,皆束手听命,一夜间夺取军仗,攻占徐州。在徐州城霸王楼上竖起鲜红的大旗,旗帜上写着"虎贲三千,直抵幽燕之地;龙飞九五,重开大宋之天"。发檄文抨击元蒙的罪恶,"贫极江南,富夸塞北"。十几万饥寒交迫的农民纷纷踊跃参加他们的队伍。他们个个头裹红巾,分兵四出,攻城池,杀官吏,开粮仓,释囚犯。不仅徐州各县,北起滕县,南至安徽寿县、临淮等地区,都在芝麻李控制之下。他们与其他红巾军相呼应。

至正十二年秋,元右丞相脱脱率重兵来攻,徐州失守,全城惨遭屠杀。一个月后,芝麻李被俘,在雄州(今河北雄县)就义。

黄公望

黄公望(1269~1354),字子久,号一峰、净墅、大痴,又号大痴道人,晚号井西道人。山水画家。本姓陆,名坚,幼年父母双亡,永嘉黄氏寓常熟小山,收为义子,遂改姓名。黄公九十始得是子,有"黄公望子久矣"之意。元惠帝至元年间(1335~1340),浙西廉访使徐琰辟为掾吏。被诬入狱,后入"全真教",往来杭州、松江等地卖卜。黄公望自幼有神童之称,工书法,通音乐,善散曲,精于画山水。画法继承董源、巨然,晚年自成一家,常在虞山、三泖、富春等处领略自然景物,随笔模记。在水墨画中,运用书法草籀的笔意,景色苍茫简远,气势雄秀,设色则以水墨浅绛居多,对明、清山水画的影响很大,后人把他与王蒙、倪瓒、吴镇合称"元四家"。现存画迹有《富春山居》、《天池石壁》、《九峰雪霁》等图。并著有《写山水诀》、《大痴道人集》等。元至正十四年(1354年)去世,墓在虞山小石洞东侧山麓。

萨都剌

萨都剌(1272～约1355),又称萨都拉,字天锡,号直斋。回族人。雁门(今山西代县)人。元臣、诗人。其祖及父辈以武功起家,建有功勋,镇守云、代郡。萨都剌幼年家境较贫寒,青年时代为了生计,曾出游吴、楚一带经商。泰定四年(1327年)考中进士。天历元年(1328年),任京口(今镇江)录事司达鲁花赤,属"正三品"官。天历三年职满回到大都(今北京),初授翰林国史院应奉文字。至正三年(1343年),赴杭州升任江浙行中书省郎中。后历任东南诸道行台掾史。又因弹劾权贵被降职,任淮西江北道廉访司。不久,在山阴(今浙江绍兴)萧山营造草堂隐居。至正十五年,又从浙东避乱到安庆,在司空山下结庐造屋隐居。以后便不知所终。

萨都剌为官清正。曾有发廪赈灾、禁止巫蛊等政绩。天历二年,扬州一带发生饥荒,长官命用平价售粮,他却令太守开仓赈济,救活数十万百姓。当时因灾荒严重,百姓卖儿卖女,他作《鬻女谣》一诗,记录灾年惨景,表现深刻的同情心。镇江有张姓等4户被迫拆迁房屋,他为之代请不许,便典质自己的银壶以帮助他们另租房屋。长官知道后,只得收回成命。他重视整治市场,检验度量衡器,使买卖双方都得其平。又焚烧一些偶像,拘捕搞迷信活动的人。

萨都剌博学多才,尤以诗名最盛。由于自幼生长于燕地,生性豪迈、倜傥不拘。他的诗作亦浸染着北方的豪气,形成不以声律、文字自束,别有一种峭拔清健的风格。有些诗融及元代社会的黑暗现实。在《早发黄河即事》中,他描绘百姓在横征暴敛和灾盗并发之下难以度日的苦难情景,并与贵族纨绔子弟酒色无度的荒淫生活作对比,体现出他对阶级压迫不满的正义感。到南方为官日久后,因受江南山水熏陶,诗的风格渐由放旷不羁走向清丽奇峻,写下大量歌咏镇、扬等地风景、习俗的诗句。其中《过广陵驿》写扬州的秋景,意蕴深远、自然飘逸,为其诗作中的代表作。萨都剌亦工词。《念奴娇·登石头城》、《满江红·金陵怀古》等皆有名。有《雁门集》存世。

朱德润

朱德润(1294~1365),字泽民,号睢阳散人。河南商丘人,寓居吴郡(今苏州)。元代画家。善诗文书画,尤工山水,远师郭熙,近受赵孟頫影响。年轻时就以画闻名,并得到高克恭、赵孟頫赏识指点。经赵孟頫举荐,25岁就入仕途。元仁宗、英宗对他颇为赏识,官至镇东行中书省儒学提举。曾奉旨总管过全国书法家用金泥写佛教梵书之事。英宗卒,政治上逐渐失意,遂弃官返吴郡致力于书画艺术创作。艺术上注重师法自然,画山的皱纹似卷云,树的秃枝似鹰爪,多作平林疏树,远山映带,小屋临溪。笔法疏秀,设色清雅,景物幽静清远。亦善画人物。还能书,书法赵孟頫,清劲古雅。与朝鲜名士李齐贤友善。画迹有《良常草堂图》卷,图录于《中国名画集》。传世作品有《秀野轩图》卷、《松溪放艇图》卷,均藏北京故宫博物院;《松下鸣琴图》轴,藏于中国台湾故宫博物院。著有《存复斋集》10卷和《存复斋续集》。

张士诚

张士诚(1321~1367),乳名九四。泰州白驹场(今大丰市白驹镇)人。元末农民起义领袖。幼年随父母烧盐,生性稳重,膂力过人,酷爱武艺,仗义助邻。19岁时,与弟士义、士德、士信以运盐为生,迫于生活,也贩卖私盐,常受关卡勒索和盐商地主欺压,遂产生反抗思想。至正十三年(1353年)正月一天,张士诚与三个弟弟及盐丁张天骐、李伯升、吕珍、潘元明等18人出谋起义,反抗元廷。次日,在草堰场界牌头北15里庙举行起义,杀死白驹闸驻防守兵,烧毁白驹盐课司署。接着,聚集数百人手持扁担、铁叉,进发草埝,攻打丁溪,遭大地主刘子仁武装阻击,士义中箭身亡。张士诚率领队伍击溃刘子仁后,进军兴化戴窑,得窑丁参战,队伍扩大到一千多人。三月,张士诚率部攻下泰州。元朝政府震惊,令高邮知府李齐招安。张士诚因而请降,由行省授以民职,且需随以征讨,以自效时。其时,淮南江北行省参知政事赵琏由扬州驻泰州,令张士诚率部到濠州攻打郭子兴。张士诚识破朝廷借刀杀人阴谋,派人将赵琏杀死,趁势攻下兴化。元政府又进行招安,张士诚拒不接受。元政府派淮南江北行营左丞契哲笃镇守高邮,李齐镇守甓社湖，对张进行夹击。五月，张士诚率领水陆两路军，攻克高邮、宝应，杀知府李齐，占领淮南地区。

元至正十四年正月，张士诚以高邮为根据地，自号诚王，改元"天祐"，建立大周国。在运河线设置要冲，操练军队，储备粮草，准备对付元军袭击。二月，元朝淮南行省平章政事苟儿带兵攻打高邮，被击败。张士诚大军向元丞相达帖睦迩镇守的扬州进攻，元军溃逃，攻破扬州。十一月元顺帝派丞相脱脱率军百万攻打高邮，张士诚大败，率队几次突围，均未成功。正在危急之时，元顺帝听信谗言，削去脱脱官职。张士诚抓住战机，大败元军。

张士诚取得高邮大捷后，至正十五年四月，元朝又派人招安张士诚，士诚不从。五月，江阴州判朱英过江向士诚投诚，士诚遂派士德率军由通州（今南通）渡江，攻克福山港，占领常熟，并攻克平江（即苏州）。不久，昆山、嘉定、崇明、太仓官员相继来降，并攻占湖州、松江及常州诸路。张士诚将平江改为隆平府，以承天寺作为府第，改元为天祐三年。同年六月，占据南京的朱元璋，亲笔写信，派杨宪到苏州，商谈通好。张士诚自恃强大，拒绝通好，并将杨宪扣押。朱元璋派徐达攻常州，守将汤和、张彪抵挡不住。张士德率万人救援，不幸遇坎落马，与汤和、张彪一起被俘。至正十七年二月，朱元璋占长兴，三月取常州，五月占泰兴，六月占江阴。至此，张士诚"陆路不敢出广德，水师不敢溯大江、上金焦"，只能固守苏州、湖州之间的地域内。

张士德被俘后，押至金陵。暗中写信给张士诚，劝其降元，企图借元朝兵力消灭朱元璋。士德随即不食而死。至正十七年八月，张士诚派周仁向元政府江浙行省左丞达释帖木儿请降。元政府任张士诚为太尉，士信为同知行枢密院事，后升淮南行省平章政事。士诚遂由承天寺迁至苏州子城内府治，立枢密院，建百司，其势力范围逐渐扩大，南自绍兴，北渝江淮、徐州至山东济宁之金沟，二千余里均为士诚所据。士诚降元后，自至正十九年至二十三年，每年给元政府运粮11万石。张要求元政府封他为吴王，被拒绝。便于至正二十三年九月自立为王，不向元朝供粮。张士诚迷恋吴王称号，生活奢糜，纪律松弛，士无斗志，人心涣散。至正二十六年，朱元璋派徐达、常遇春率20万大军进攻张士诚。先取江淮、湖州等地，十一月包围平江。张士诚死守平江，内无粮食，外无援军，突围失败。张士信守城，又中弹身亡。枢密唐杰、太守周仁、左丞徐义、驸马潘元绍等纷纷投降。张士诚率残兵2万于万寿寺同朱军决战失败。逼姬妾上齐云楼，由养子辰保纵火烧楼。刘氏自缢身死。至正二十七年九月平江城破，张士诚被俘后送往金陵，在途中船上,闭目不语,坚卧不起。到金陵后,朱元璋对张士诚说:"你睁开眼睛看看我嘛!"张说:"太阳照你不照我,我何必看你。"张不食自缢而死,时年46岁。

陈祖仁

陈祖仁(1314~1368),字子山。原籍河南,父陈安国为晋陵尹,他从父就读于常州。元大臣。至正二年(1342年),中状元,授修撰。历任侍讲学士、甘肃行省参政、国子祭酒、枢密副使、翰林学士、中书参知政事等职。当时天下大乱,他性刚直,对挽救危亡屡进忠言,不为决策者所纳,仍回翰林院为学士。后又改任太常礼仪院使。至正二十七年八月,明徐达率大军进攻山东。元廷怀疑扩廓帖木儿有叛逆之心,遂削其兵权;同时为皇太子设立大扶军院,总制天下兵马。陈祖仁上书谓:扩廓势力已衰,而明军迅速迫近,危及元朝统治,应分清轻重,改变政策。又上书皇太子,谓:皇上诏削扩廓兵权,然其兵马恰为明军所忌。扩廓也屡次上疏表白,当此危急之际,应竭力勉励他们为朝廷出力,岂可使数万军队弃于一旁不用呢?但朝廷无视这些意见。直到翌年闰七月,才复扩廓之职。但为时已晚,徐达已兵临城下了。危急之际,顺帝召后妃太子等商议,打算逃往上都,命太常礼仪院官员奉载太庙里的神主,随太子北行。陈祖仁等奏道:天子有大事出巡,应奉神主同行,现神主从太子出行,不合礼仪。顺帝准将神主还守太庙待命。不料顺帝于夜半开建德门北奔。他守护神主,不能随行。八月初二,明军进入大都(今北京市),他将出建德门,为乱兵所杀。后晋陵郡为他筑衣冠冢于怀南乡(今常州郊区及武进牛塘镇一带)。他面貌丑陋,身材短小,一目失明,但学识渊博,谏诤宏伟,气节磊落。学识广博精深,对经文、地理、兵律、百家之说均贯通。著有《恒斋遗文》2卷。

顾 瑛

顾瑛(1310~1369),一名德辉,小名阿瑛,字仲瑛,自号金粟道人。昆山正仪人。元文学家。家世豪富,轻财结客,豪宕自喜。筑园于正仪,名"玉山草堂"。有草堂、池馆、声伎、图书、器玩等,成为江南名园。顾瑛工山水、花卉、翎毛,精于音律,善弹古乐器,才情妙丽,倾动一时。柯九思、倪元镇、高则诚、杨维祯、顾坚、陈惟元、吴国良、熊梦祥等经常出入其家,与之觞咏唱和。曾授会稽(今浙江绍兴)教谕,受行省属官征召,皆不就。其诗对农民起义军表现出对立的情绪,对元统治者搜刮及于江南富室也有不满。至正年间(1341～1368年),张士诚占据苏州地区,欲强其为官,遂隐居嘉兴的合溪(今属浙江长兴)。母丧,归正仪。张士诚再度征召,于是削发庐墓。元亡,被迫迁居凤阳。晚年曾自题小像云:"儒衣僧帽道人鞋,到处青山骨可埋。还忆少年豪侠兴,五陵裘马洛阳街。"著作有《玉山名胜集》、《草堂雅集》(又名《玉山璞稿》)等。

施耐庵

施耐庵(1296～1370),名子安,字彦端,又号肇端,别号耐庵。元末明初文学家,《水浒传》作者。祖籍苏州,流寓兴化,后落户白驹(今大丰市白驹镇)。自幼聪明好学,元延祐元年(1314年)中秀才。泰定元年(1324年)中举人。30岁赴元大都(今北京)会试落第,任山东郓城训导,劝人种桑养蚕,结交庶民,搜集宋江一伙在梁山泊一带反对官府、劫富济贫事绩。因得罪阳谷县豪绅吴林,被诬罢职。至顺二年(1331年)中进士,与同榜进士刘基(刘伯温)结为生死之交。授钱塘县尹,因替穷苦人辩冤纠枉,遭达鲁花赤训斥,遂辞官归苏州,开馆收徒。张士诚占领苏州后,敬重施耐庵的文韬武略,再三邀请他入幕。施抱着建造"王道乐所"的宏愿应邀,提供许多攻城略地的良策。后发现张士诚独断专横,亲佞臣远忠良,政治上反复无常,生活上纵情淫乐,知其日后必败,遂离职隐居于常熟与江阴间,以行医和教徒为生。由于其医德医术颇佳,江阴祝塘财主徐琪邀他到自家坐馆,宾主甚为相投。除教书外,与弟子罗贯中一起研究《三国演义》、《三遂平妖传》,搜集、整理梁山泊宋江等108名英雄好汉的故事,为撰写《江湖豪客传》准备素材。至正二十七年朱元璋平张士诚后,到处侦查张士诚旧部。施耐庵在好友兴化人顾逖的帮助下,在白驹盖房,从此隐居不出,专心于创作。朱元璋为治天下,广召人才,刘基推荐施耐庵,但施不就。《江湖豪客传》写成后,感到书名太露,遂以《诗经》中"古公亶父,来朝走马,率西水浒,至于歧下"诗句,改名为《水浒传》。书稿一出,社会上争相传抄。朱元璋看到抄本,认为此书旨在煽动造反,联想到他拒不应召,怒而将其打入天牢。在好友刘伯温的帮助下,以托病就医而获释。罗贯中将其接到淮安隐居。洪武三年(1370年),施耐庵因受尽折磨,心力交瘁而病逝。施耐庵亦善曲、诗,平仄调谐,韵律精严,无元曲媪戏污贱的颓废之词、文人骚雅典丽的形式之风,继承白居易所倡导的"歌诗合为事而作"的风格和汉魏传统。其遗曲中尽管充满理想破灭、知友星散的伤感,但不是意志消沉的哀鸣,而是激昂慷慨的顽强拼博情怀。

倪 瓒

倪瓒(1301～1374,又说1306～1374),初名珽,字元镇,又字玄瑛,号云林,别号幻霞子、荆蛮民、净名居士、如幻居士、朱阳馆主、萧闲仙卿、海岳居士、无住庵主、沧浪漫士、曲全叟等。变姓名曰奚元朗,题名诗画时常用云林。无锡县梅里祗陀里(今东亭长大厦村)人。元末明初画家、书法家、诗人。他的祖父为本地富豪,父早丧,弟兄三人。从小由长兄倪昭奎抚养。宅内藏书楼称"清闷阁",藏典籍千余卷及古彝鼎和历代书画珍品。他在此受教于道教真人王仁辅,信奉"全真教"。少时聪颖,喜读书,工诗文,善绘画。泰定五年(1328年),长兄、母亲及王仁辅相继去世,他情绪忧伤,转而信道教和佛教,潜心作画。初宗南唐董源,后参五代荆浩、关仝技法。擅山水,多以水墨为之。以天历三年(1330年)到至正十一年(1351年)的20多年中,先后创作《水竹居图》、《六君子图》、《梧竹秀石图》、《松林亭子图》、《狮子林图》等佳品,独创山石"折带皴"画法。用笔圆润浑厚,格调苍凉古朴,意境静穆萧疏。至正十三年起,倪瓒无力应付官府捐税之繁重和逃避张士诚征召,于是散资亲故,逃渔舟以逸,带领妻儿环游太湖,以诗画自乐,浪迹江湖达20年之久。先后画出《渔庄秋霁》、《汀树遥岑》、《江上秋色》、《虞山林壑》、《怪石丛篁》等许多力作。画风一变古法,以幽淡萧瑟为宗。构图新颖,不著人物,墨分五彩,奇峭简拔。自谓:"逸笔草草,不求形似","聊写胸中逸气。"所形成的简中寓繁,似嫩实苍的独特风格,给以后的水墨山水画的发展以深远影响,至明末,与画家黄公望、吴镇、王蒙合称"元四家"。倪瓒工书善诗。书学钟繇,从隶入,而稍变其法,具有"苦涩寒酸"、"冷逸荒率"的风格。传世书作多属小楷,书札和题跋一类。有《三印帖》、《月初发舟贴》、《客居诗帖》等10多种。其诗神思散朗,意境高远。后人辑有《倪云林先生诗集》、《清闷阁集》传世。

倪瓒一生不愿为官,以诗画自娱,时人称他为"倪迂"。50岁后,信奉佛教,讲求禅学。元亡后,他以"故元逸民"自居,拒绝明太祖的征召,画面题款只用干支,不用明朝洪武纪年。明洪武七年(1374年),寓居江阴姻亲邹维高家。后因患脾疾,便住契友、名医夏颧家就医。是年十一月十一日(1374年12月14日)病逝。葬江阴习礼,后归葬无锡芙蓉山麓祖坟。存世画作有《六君子图》、《渔庄秋霁图》、《梧竹秀石图》、《苔痕树影图》。

高 启

高启(1336~1374),字季迪,号槎轩,又号青丘子。明长洲(今苏州)人。学者、诗人。元末,张士诚据吴,名士多被征,他独不应,隐居吴淞青丘浦大树村(今属苏州工业园区胜浦镇)。高启博学多才,书无不读,尤邃于群史,工诗善文,与杨基、张羽、徐贲同以诗名,称"吴中四杰",以比配唐初王、杨、卢、骆"四杰"。明洪武初,召修《元史》,为翰林院国史编修,授户部左侍郎。自陈年少不敢当重任,固辞不受,回归青丘,以教书自给。苏州知府魏观是高启修《元史》时的上司,且夕延见甚欢。魏观因疏浚春秋时吴王乘锦帆游览的锦帆泾,并在原苏州府署、后张士诚王府的废墟上重建苏州府衙,被告发"基兴灭国,泾开锦帆"、"心有异图"。朱元璋以"废时病民"和"兴既灭之基"罪,将魏观处死。高启因与魏观交好,为新建苏州府署写上梁诗文,内有"龙蟠虎踞"之语,被视为同案犯,于洪武七年(1374年)在南京被腰斩。高启诗文,为"吴中四杰"之冠。在艺术上取法前人,浑然自成,竟达"拟魏汉似魏汉,拟六朝似六朝,拟唐似唐,拟宋似宋,凡古人之所长,无不兼之"的地步。一生著述甚丰,主要有《高太史大全集》、《凫藻集》、《槎轩集》、《缶鸣集》、《高青丘集》、《高季迪诗集》、《姑苏杂咏》等。

刘 基

刘基(1311~1375),字伯温。浙江青田人。明初大臣、文学家。父亲是遂昌县教谕。他从小受到良好的教育。14岁时入郡学读书。除了读程朱理学外,还钻研诸子百家、天文兵法诸书。元元统年间进士,曾任江西高安县丞,迁江浙儒学副提举。因与当权者不合,被劾归。34岁游览金陵(今江苏南京),留下许多诗篇。后又起任行省考官、行省都事等职。48岁辞官归田。元至正二十年(1360年)三月,朱元璋征刘基、宋濂、章溢、叶琛到建康。他向朱元璋呈上著作《时务十八策》。朱元璋读后大喜,遂把他留在身边,参赞军务。三个月后,陈友谅率大军进攻金陵。刘基制定巧设疑兵、多路埋伏的战术,一举击败来犯之敌。朱元璋以"克敌赏"赏基,基辞不受。他还为朱元璋制定征讨大计,朱元璋采纳他的战略。至正二十三年,佐朱元璋在鄱阳湖与陈友谅决战。次年朱元璋称吴王。军国大事均与其密谋,朱元璋恭敬地称他"老先生"。至正二十五年,刘基任太史令。至正二十六年奉朱元璋之命,建造宏伟的皇宫。至正二十七年,刘基任御史中丞兼太史令,为狱中许多人平反。太祖即位称帝,他奏立军卫法,并参与制定《大明律》。明初诸大典制如乐、礼、刑法、科举等,他均参与裁定。明太祖洪武三年(1370年),任弘文馆学士,恢复科举制度,并任京师乡试第一任主考官。后朱元璋请他当丞相,他以"疾恶太甚"为由,辞谢。朱元璋在大封功臣时,封他为诚意伯。

明洪武四年,刘基激流勇退,告老还乡。洪武六年又回京城。后因性刚嫉恶,与淮西诸功臣不合,终为胡惟庸辈所陷,忧愤成疾,洪武八年去世于故里(一说被胡惟庸令御医毒死),终年64岁。死后谥"文成"。他一生著述宏富,有《清类天文分野之书》24卷、《观象玩占》10卷、《天文秘略》1卷、《洪武戊申大统历》4卷、《堪舆漫兴》3卷,以及《国初礼贤集》、《春秋明经》等。他的兵书《百战奇略》被现代军事家誉为"一部缩小了的古代军事小百科全书"。他的散文《卖柑者言》,是千古传颂的名篇。后人辑有《诚意伯文集》。

韩　政

韩政(？~1378),睢宁县人。明初东平侯、郓国公。先为义兵元帅,明太祖平定长江下游时,授江淮行省平章政事。当时,李济据濠地称"吴",太祖命韩政率部下攻濠。李济出降,濠地平定。太祖又命他攻安丰,安丰又被平定。后来北伐中原,且分兵守黄河,切断山东援兵,收取益都、济宁、济南、东平。后韩政任山东行省平章政事。明大将军徐达取元都,令韩政会于东昌镇抚临清。元都平定后,又令他分兵守广平。元右丞相庸等占据蚁夹寨,他攻打庸,使庸出降。后来调他征讨陕西,又还兵守河北。洪武三年(1370年)被封为东平侯,食禄1500石。后移镇山东,旋复征河北,出居庸关直捣应昌取河林,深入土剌进至阿鲁浑河,大获而归。后又出巡河南、陕西和临清练平。韩政于洪武十一年二月去世,赠郐国公。

汪广洋

汪广洋(?~1379),字朝宗。高邮人,故居在城内熙和巷。明洪武年间丞相。少年时,以余阙为师,寄居太平(今安徽当涂)。汪为人宽和简重,通经史,善篆隶,工诗歌,元末中进士。至正十五年(1355年),朱元璋渡江,攻下采石矶,进入太平,召汪进见。与汪谈话后,朱元璋留下他任元帅府令史、江南行省提控。后又任都谏官,并相继调升为行省都事、中书省右司郎中。不久任骁骑卫事,参与常遇春的军务。至正二十六年,常遇春攻下赣州,汪为留守,任江西行省参政。

明洪武元年(1368年),大将军徐达平定山东。因汪廉明持重,朱元璋任命他料理行省。汪能安抚收容来归之众,民甚安定。同年,被召入京任中书省参政。洪武二年,出任陕西参政。

洪武三年,左丞相李善长生病,中书省无人管领,朱元璋召广洋为左丞相。当时右丞相杨宪专权,广洋与之若即若离。杨宪非常妒忌,嗾使侍御史刘炳弹劾广洋,说他侍奉母亲无礼。朱元璋严词责备广洋,放逐他还乡。杨宪再次向朱元璋奏本,广洋被迁徙到海南。后李善长弹劾杨宪虚构事实,诬告大臣,杨宪因而伏法,广洋也被召回。是年冬十一月,汪被封为护军忠勤伯,食禄360石,诰词中曾称赞他"处理机要,屡献忠谋",将他比作张良、诸葛亮。洪武四年正月,李善长因病告老回家,便以汪为右丞相,参政胡惟庸为左丞相。广洋在任职中,无意朝政,没有建树。

洪武六年正月,广洋被贬为广东省参政,胡惟庸任右丞相。但朱元璋始终认为广洋较好。时过一年,复召用汪为御史大夫。洪武十年,再命汪为右丞相。广洋慑于当时政治气候,寄情于诗酒自保。与胡惟庸共同任宰相时,随波逐流,空守其位。朱元璋曾多次予以诫喻。

洪武十二年二月,中丞涂节对朱元璋说:"刘基为胡惟庸毒死,汪广洋应该知情。"朱元璋问及此事,广洋回说不知。朱元璋大怒,斥责广洋朋党欺君,将广洋贬谪海南。当船行到太平时,朱元璋追究其在江西包庇朱文正,在中书省又不揭发杨宪阴谋等罪过,下诏赐死。汪广洋著作有《凤池吟稿》8卷、《汪右丞集》。《明诗综》收其诗31首。

宋濂

宋濂(1310~1381),字景濂,号潜溪。浦江(今浙江浦江)人。明初大臣、文学家。曾受业于吴莱、柳贯、黄溍。至正中,以荐授翰林编修,濂辞不赴,入龙门山隐居著书。元至正十八年(1358年),朱元璋克婺州(今浙江金华),聘濂为五经师。翌年,应聘至应天(今江苏南京),授江南儒学提举,为太子师,寻改起居注、备顾问。明洪武二年(1369年),宋濂奉命撰修《元史》,任总裁,书成,迁翰林学士。次年,又主持续修《元史》元统一以后事迹。洪武六年,迁侍讲学士、知制诰,同修国史,并参与制订礼乐诸书,深得太祖宠信。洪武十三年,丞相胡惟庸因通倭、通元谋反罪被杀,宋濂以胡惟庸案受牵连,谪居茂州(今四川茂汶)。翌年在途中病死,终年71岁。生平著作甚多,散文简洁,在当时颇为有名。有《宋学士全集》、《浦阳人物论》、《孝经新说》、《龙门子》等。亦精楷书,善草书,著有《画原》1篇。

王履

王履(1332~?),字安道,号畸叟,又号抱独老人。昆山人。明代医学家、书画家。精工诗文书画,擅画山水,师法南宋马远、夏圭,平时多作实景山水,用笔秀劲、凝重,用墨苍茫厚实,意境丰富而深邃。尤长于写生,不拘前人之成法,主张深入自然,师法造化,画出大自然的奇秀美景,以抒胸中之意。又精通医学,对医道有精深的研究,师从义乌朱丹溪。对《内经》、《伤寒论》等医书的论说,颇有独到见解。著有《医经溯回集》、《医韵通》。传世作品有《华山图》册,计40幅,分别收藏于北京故宫博物院和上海博物馆,是其于洪武十六年(1383年)游历华山时创作的一组写生山水画。幅幅描写华山胜景,构图新奇独特。每幅画上均有自题诗,共赋诗百余首,前后有序记和跋语。明嘉靖时画家陆治曾对临一册《华山图》,藏于上海博物馆。

李文忠

李文忠(1339~1384),字思本,小字保儿。盱眙人。明太祖朱元璋外甥。明初名将。12岁母逝,父李贞带着他辗转于敌军之中。14岁在滁阳见到朱元璋,朱元璋非常高兴,认为义子,改姓朱。"读书颖敏如素习",兼习武艺。

  他19岁以舍人率亲军援池州,破天完军,骁勇冠诸将。又攻下青阳、石埭、太平、旌德。在万年街击败元将阿鲁灰,在于潜、昌化击败苗军。攻袭淳安,降众千余,授帐前左副都指挥兼领元帅府事。再与邓愈、胡大海等取建德,克严州,降抚敌3万余人。再克诸暨,与张士诚军在浙东相攻杀,被拜浙东行省左丞,总制严、衢、信、处、诸、全军事,以少胜多,大破吴10万之众。后又于诸、全破敌20万。大军伐吴时,李文忠受命攻杭州一路,招降甚众。同时下令:"擅入民居者死。"加荣禄大夫、浙东行省平章事,复姓李。大军征闽,定建、延、汀三州。洪武二年(1369年)春,他以偏将军跟随常遇春出塞。遇春卒,命他代领其军,奉命配合徐达攻庆阳,闻大同战事吃紧,急出援,大败元军,擒斩兵将万余人。拜征虏左副将军,与徐达分道北征。以10万人出野狐岭至北庆州而还。一路降、俘甚众,包括元嗣君嫡子、后妃及诸王将相等。他以功被授为开国辅运推诚宣力武臣,特进荣禄大夫,右柱国,大都督府左都督,封曹国公,同知军国事,食禄3000石,予世券。洪武五年,再次奉命出塞,历时三年。此后屡出备边防。洪武十二年,洮州十八番族叛,奉命讨平。还都后,受命掌大都督府兼领国子监事。史称李文忠"器量沉宏,人莫测其际,临阵踔厉风发,遇大敌益壮"。又很爱学习,恂恂如儒生,以金华范祖干、胡翰国师。通晓经义,他作诗雄俊可读。太祖定都金陵之初,以军饷不足,增民田租,因他奏请,得减额征收。又劝太祖少诛戮,不要亲近宦官,不称太祖意,遭谴责。洪武十六年冬病卧,太祖亲临问候,并命淮安侯华中护医药。

  洪武十七年,李文忠病逝。太祖亲作祭文,追封为岐阳王,谥"武靖",配享太庙,肖像于功臣庙,居第三位。

徐 达

  徐达(1332~1385),字天德。濠州(今安徽凤阳)人。明初名将。农家出身,少有大志,才勇双全。初为郭子兴部将,后助朱元璋起兵,随朱元璋破滁州(今安徽滁县),下和州(今安徽和县),授以镇抚。后又渡江,克太平,取集庆,遂命为大将军。又率诸将攻拔镇江,授淮兴翼元帅。继而率军东进,下常州、江阴、宜兴以扼张士诚。旋又率兵攻取安庆,迁奉国上将军,同知枢密院事。当陈友谅倾力突袭应天时,徐达与诸军合力将友谅战败,并取江州,控制江西门户。后奉命援安丰,会师鄱阳湖,与陈友谅决战,均有大功。元至正二十四年(1364年),朱元璋称吴王,以徐达为左相国,并命之为大将军率师围平江,及平江破,封达为信国公。未几,以征虏大将军率师北伐中原。明洪武元年(1368年),朱元璋即位称帝,以他为右丞相,率军定河南,克大都(今北京)。洪武二年,太祖在鸡笼山下立功臣庙,钦定功臣位次,徐达为首位。洪武三年,又授徐达开国辅运推诚宣力武臣,特进光禄大夫、左柱国、太傅、中书右丞相参军国事,改封魏国公。后又率师北上,深入漠北讨伐元将扩廓、乃儿不花等,为灭元兴明立下赫赫战功。

徐达善于治军,与部伍同甘共苦,士卒无不感奋,故所向克捷。征战中,他又善用谋略,常出奇兵,使敌进不能战,退无所守。他洁身自好。明洪武十四年,在讨伐元将乃儿不花得胜归朝时,他单身就舍,非常俭朴,延礼儒生,讨论终日,十分和谐。太祖曾称赞他说:"受命而出,成功而旋,不矜不伐,妇女无所爱,财宝无所取,中正无疵,昭明乎日月,大将军一人而已。"太祖私下与他常以布衣兄弟相称,但他深知太祖的性格,所以谨守君臣之道;太祖曾想把旧邸(太祖为吴王时所居之处)赐予他,他坚辞不受。后太祖下令在旧邸前(今瞻园路太平天国博物馆处)建豪贵宅第赐他,并在府两侧竖"大功"牌坊,以表彰徐达的功勋。洪武十八年去世,追封为中山王,谥号"武宁",赐三世王爵,赐葬钟山之阴(今南京板仓)。太祖亲作神道碑文,长达2000余字。墓前立巨碑,下承龟跌。神道尽处是墓穴,规制崇宏,成为人们对一代功臣徐达的永久纪念。

滑 寿

滑寿(1304~1386),字伯仁,晚号撄宁生。先世为许州襄城(今河南襄城)人,后随祖父迁居仪真(今仪征市),又迁浙江余姚。少时曾应举,后从京口(今镇江)名医王居中学医,继而学针法于东平高洞阳,尽得其术,医术闻名大江南北及浙江一带。诊病不计报酬,病者无论贫富贵贱均前往诊治。滑寿对《素问》、《难经》等经典医籍,悉心研讨,深有领悟。曾据《素问》及《灵枢》所述经脉,编著《十四经发挥》3卷,通考647穴,详论14经脉循行规律,补述各经脉所属腧穴,并将其固定下来,这对中国乃至国际针灸学的发展,具有一定的积极意义。此外,撰有《诊家枢要》、《素问钞》、《难经本义》、《麻疹全书》、《读伤寒论钞》、《医韵》、《撄宁生补泻心要》等书。在麻疹的诊断方面,他首先发现麻疹在尚未透发之际,口腔内可先见斑点,后世医家称之为"滑氏斑点"。这一鉴别方法的发明,至今已有600余年,颇受中医界及广大学者的重视。

沈万三

沈万三(生卒年不详),名富,字仲荣,排行第三,"因其富,被呼为万三、万山"。祖籍吴兴南浔镇(今属浙江),迁长洲县周庄(今属昆山)。元末明初"江南第一豪富"。明初,助筑京师城(今南京)三分之一,相传通济、聚宝、三山诸城门城垣均系他助建。明初,朱元璋为巩固新生政权,采取抑制地方豪强的政策,将他们迁至京师或凤阳,严加控制,或充军、或杀戮。沈万三"民富敌国",更是其心腹之患,遂以"匹夫犒天子军,乱民也"之罪,欲杀之。幸得皇后马娘娘劝阻:"吴兴富民沈秀"助建京城有大功,不可杀。于是改名沈秀,发配云南。死于途。归葬周庄银子浜。

宋 克

宋克(1327~1387),字仲温,一字克温,号南宫生。明代长洲县(今苏州市)人。明初书法家。官至凤翔同知,少俊爽不群,笃志好学,杜门染翰,日费十纸,遂以善书名天下。楷书深得钟、王之法,略带几分隶意;草书得皇象、索靖章草精髓,形似而神近,笔意古雅,墨笔精妙,独具风貌。明初,书法大都不出赵孟頫范畴,宋克却奋力打破此"单一而沉闷"局面,熔章草、今草、狂草于一炉,形成独特的草书流派。尤工小楷,善章草,气韵隽秀,居明初"三宋"(宋璲、宋广)之首,对明代书坛影响颇大。博涉史书,与高启、徐贲、王行、张羽等齐名,为"北郭十才子"之一。又善画竹石小景,为"明代墨竹四大家"之一。传世作品《急就章》为章草之精品,藏故宫博物院,草书《唐人诗歌》藏上海博物馆。

李善长

李善长(1314~1390),字百室。定远(今属安徽)人。明初大臣,文学家。少习典籍,谙法家学说,谋划均能切中要善。朱元璋克滁州时招致麾下,劝朱元璋效法刘邦,要知人善任,不妄杀无辜,以建帝业。遂为掌幕府书记,参预机谋。朱元璋率部征战,让他留守大本营,转运调度军粮从未缺失。朱元璋过长江,攻集庆(今南京)时,多采其奇谋。元至正二十七年(1367年)九月,评削平张士诚功劳,被封为宣国公、左相国。明建国,以李善长为太子少师,授银青荣禄大夫、上柱国,录军国重事。洪武三年(1370年)大封功臣,封为开国转运推诚守正文臣、特进光禄大夫、左柱国、太师、中书左丞相、韩国公。明初制度,多由他参与制定。由于长期位高权重,渐生骄横之心,加上胸怀狭隘妒忌,对持有不同意见的大臣,多行排挤打击,专树私党,形成淮西派官僚群体,连老臣刘基也深感不安,只好请求致仕归田。洪武九年,与李文忠同掌中书省、大都督府、御史台,共同议定军国大事,监督圜丘工程。胡惟庸案发,牵连致死者达3万余人,其中就有李善长家70多口。李善长曾督修《元史》、《祖训录》、《大明集礼》等书。

谢应芳

谢应芳(1296~1392),字子兰,号龟巢。元末明初学者、诗人、教育家、方志学家。武进县人。自幼胸怀大志,渴求上进,钻研理学,以道义名节自勉。元至正初年,谢应芳在金坛县白鹤溪上建小室"龟巢"隐居,教授乡学子弟,以循循善诱,先求质朴,后讲文采,倡德智同进的教育方法,闻名乡里。浙江派人请他去主持"三衢书院",他婉言谢绝。他痛恨吏治腐败,世风不正,邪恶惑世,着意选编"至贤格言,古今明鉴",名为《辩惑编》4卷、附1卷,供世人读鉴。元末世乱动荡,谢应芳避居苏州、松江等地,携妻带子,荡漾一舟,清寒贫困,不以为愁。吴中人士争相邀聘他去教育子弟。他见"三高祠"祭祀范蠡、张翰、陆龟蒙,很不以为然。认为吴自"三高",即泰伯、仲雍、季札。他辑《怀古录》3卷,以表达其除暴安良之志。明朝建立后,江南平定,谢应芳徙居晋陵(今武进)芳茂山,一室萧然,清贫自乐。年七十余,受命主纂郡、府志,编成《常州府志》19卷、《毗陵续志》10卷。

谢应芳诗文典雅清丽,内涵深刻。诗作大都抒发流离之感,忧国情怀。名句有"满城风雨近重阳,篱菊花开酒未尝。四海兵戈无了日,十年书剑客他乡","故国春来晚,孤城草木寒"等至今仍脍炙人口。在他的诗作中,反映人民疾苦和农村悲惨情景的居多。晚年时局安定,心情欢畅,作品也反映太平年景和农家之乐。谢应芳的著作,还有《思贤录》8卷、《邹道乡年谱》、《龟巢摘稿》4卷、《龟巢稿》9卷及《补遗》1卷、《龟巢录》、《龟巢集》20卷。后人辑有《谢子兰公诗文遗稿》3卷。谢应芳年过八旬以后,学行愈高,德望重于东南,官绅名士过常州时,必往芳庐造访。他布衣束带,纵论世愤民疾,导善志而不衰。谢应芳于洪武二十五年(1392年)病逝,享年96岁。后人建谢子兰祠于横山镇西。

杨　靖

杨靖(1360~1397),字仲宁。明淮安府山阳县(今淮安)人。明大臣。洪武十八年(1385年)中进士,被选为吏部庶吉士。次年,擢吏部侍郎,常受到明太祖的夸奖。洪武二十二年升吏部尚书,次年转任刑部尚书。因研究案情认真,为很多狱囚平反,受到太祖的嘉许。他曾经审讯一名武弁,门卒从他的身上搜检出一颗大宝珠,属官非常惊异,他却慢腾腾地说:"这是假的,哪有这么大的宝珠?"说完便把它打碎了。太祖闻奏后,感叹说:"这样做有四个好处:不献给我而取悦,一好;不追查投献者,二好;不奖励门卒以杜绝小人侥幸心理,三好;价值千金的宝珠突然而至,却一点不动心,有过人的智慧和应变的才能,四好。"洪武二十六年,他兼任太子宾客,并发给双份俸禄。不久,因事受牵连被免官。时值征讨龙州赵宗寿,诏令杨靖带着圣旨令安南运粮饷供给出征军队。因为已免官,他"以白衣往"。安南相黎一元因陆运艰险,想不执行命令,杨反复开导,软硬兼施,而且及时变通,准许用水运代替陆运,终于使黎一元同意执行命令,将二万石粮运至池海江。随后另造浮桥,经陆路运达龙州。事后,太祖非常高兴,当时就任命他为左都御史。史称杨靖"忠有智略,善理繁剧,治狱明察而不事深文,宠遇最厚,同列无与比"。

洪武三十年七月,他为同乡人代改诉冤状,遭到御史的弹劾。太祖大怒,赐杨靖死,时年37岁。直到明嘉靖年间,乡人潘埙才为他建"昭恤院"作为纪念。

朱元璋

朱元璋(1328~1398),幼名重八,改名兴宗,入起义军后改名元璋,字国瑞。句容人,为元淘金户,元末其父徙濠州钟离(今安徽凤阳东),生重八于途中。明朝建立者。少年时为地主牧牛。元至正四年(1344年)遭旱灾、瘟疫,走投无路,入皇觉寺当和尚,曾云游淮西,结识明教人士。至正十二年投奔濠州郭子兴红巾军。因骁勇多智,被郭器重而收为亲兵,并将养女马氏(即马皇后)匹配于他。至正十五年被韩林儿的宋政权授为左副元帅。翌年攻克集庆路(今南京)后,他接受老儒朱升"高筑墙,广积粮,缓称王"的建议,以集庆路为根据地,改集庆路为应天府,废除元代苛政,命诸将屯田,被宋授为江南行省平章,又自称吴国公。嗣后,他击败陈友谅,自称吴王。还先后消灭张士诚,沉杀韩林儿,以主力北伐中原。元至正二十七年十月,他派徐达、常遇春率大军攻克元大都(今北京)。翌年正月初四,在应天府称帝,立国号为大明,建年号为"洪武",以应天为京都。

朱元璋称帝前,于至正二十六年下令建造皇宫和扩建应天府城。宫城建在钟山之南,南北长达2.5公里,东西宽2公里,宫城外筑有皇城。应天府城周长33.676公里,有13座城门,为世界现存第一大城(巴黎城周长30公里)。在城外又筑有一道外郭城,长60公里。城东宫城为政治区,城北为军事区,手工业和商业所集中的市区仍在南唐的旧金陵城范围内。

他称帝后,立改元朝弊政,严刑律,肃吏治,下令普查户口,清丈土地,建鱼鳞图册,兴修水利,推行屯田,奖励农耕和手工业。据史料记载,在京都就有100多个手工行业,城内外设有大小市场几十处。他还命令驻在京城内外的20万禁卫军屯田,开垦出48万亩土地,建有37处大粮仓。为便于灌溉和通往京都的运输,又开通溧水胭脂河。他也十分重视人才的培养。洪武十四年(1381年),在鸡笼山下建国子监,造供学生读书和住宿用的"号房"1000多间,供外国留学生用的"王子书房"和"光哲堂"100多间。还将元末建于鸡笼山上的观象台,扩建成国家天文台(此台因属钦天监管理,又称钦天台)。为巩固明王朝的统治,他除分封诸子为藩王镇守重镇和制定各项制度外,还屡兴大狱,滥杀文武功臣。他派出大批检校监视百官言行;设立锦衣卫,刑讯犯人。朱元璋在位期间,明朝的开国功臣差不多已被他斩尽杀绝。他还大兴文字狱,借以镇压不满他统治的文人。他对违法官吏的惩治也十分严厉,被杀者多达数万人。他认为用如此严厉的手段镇压臣下,整肃吏治,是治国之初所必要,但这仅为权宜之计,不能一直使用,所以到晚年,他下令严禁后人效法。后因整日忙于国事,心力交瘁,于洪武三十一年病逝于京都西宫,终年70岁。与皇后马氏合葬于应天孝陵(在今南京市紫金山南麓)。死后被谥为高皇帝,庙号太祖。

方孝孺

方孝孺(1359~1402)字希直、一字希古,号逊志,人称正学先生。明诗文家,大臣。宁海(今属浙江)人。初为汉中教授,被蜀献王礼聘为世子之师,并为其读书处题额"正学"二字,时人尊称其为"方正学"。惠帝即位,召为翰林侍讲,迁侍讲学士,改文学博士,政事多咨询之。命为《太祖实录》总裁。燕王朱棣反,方孝孺起草一系列征讨诏书和檄文,为削藩大计出谋划策。建文四年(1402年),朱棣攻入南京,将登帝位,命孝孺起草即位诏书。孝孺披麻戴孝,嚎哭于殿陛,执笔书一"篡"字。成祖犹好言慰之,曰:"此吾家事。"正学仍骂不绝口,拒不草诏。朱棣大怒曰:"诏不草,灭汝九族!"孝孺答曰:"莫说九族,十族何妨!"燕王命逮其亲族至,缚而戮之,正学面不动色,唯骂詈而已。至缚其弟(孝友),正学乃泪下。孝友作诗曰:"吾兄何必潸潸,取义成仁在此间。华表柱头千载鹤,旅魂依旧到家山。"遂夷其九族,而夷师友一族,以足十族之数,谓之"瓜蔓抄"。妻儿见燕王诏,知其必死,故已先于孝孺自尽而死:方妻郑氏,子中宪、中愈上吊死;二女投河死。此案诛十族,死870余人。孝孺治学求醇正,以道统自任,文章纵横豪放,词锋锐利,长于议论、叙事。其文学观点集中表现在《苏太史文集序》中。著有《杂诫》,诗文集有《逊志斋集》、《方正学文集》。

朱允炆

朱允炆(1377~1402),即建文帝,明太祖朱元璋孙,太子朱标第二子。太子朱标和其长子死后,朱元璋想立四子朱棣为太子,遭到众臣一致反对,遂立朱允炆为皇太孙,从此遭到朱棣怨恨。洪武三十一年(1398年)夏,朱元璋病逝,22岁的皇太孙朱允炆即位。朱棣得到父亲死讯后,立即回京奔丧。但朱元璋有遗诏,令诸王镇守封国,不得进京奔丧。朱允炆根据遗诏,派人阻止朱棣进京,促令他速返燕京(今北京)。朱棣本来对未能成为太子而愤愤不平,现在连看父皇最后一眼都不成,更是怀恨在心。朱元璋把儿子分封各地,本意是想加强皇权,但手握重兵的诸王对皇帝侄儿都不满,对帝位虎视眈眈。建文帝为此深感不安。他接受亲信大臣的意见,决定削藩,并与心腹大臣密议策划削藩事宜。此事很快泄漏,流言传遍京师内外。朱棣闻讯后,一面上书称病,一面私制兵器,招兵买马,企图武力夺取皇位。朱允炆遂下定削藩决心。决定先削周、齐等弱藩,先孤立朱棣,最后对他下手。为防止朱棣起兵南下,命令谢贵、张信、宋忠、耿王献等屯兵燕都四周形成包围之势。在连削周王、岷王、湘王、齐王、代王五王之后,便向朱棣下手。以朱棣儿子朱高煦撞杀吏民为借口,将燕王府官吏于谅、周锋在京城捕杀。朱棣见势不妙,便假装自己已疯,以减轻建文帝的戒心。建文帝下诏密令亲信谢贵和北平都指挥张信里应外合,逮捕朱棣。结果张信向朱棣告密,朱棣遂计杀谢贵等人,于建文元年(1399)秋起兵造反。为师出有名,他指责与建文帝一起谋划削藩事宜的齐泰、王子澄为奸臣,以清君侧为借口,自称举兵为"靖难",史称"靖难之役"。建文帝削去朱棣属籍,废为庶人。派耿炳文率军讨伐,13万人有去无回。又派李景隆率50万人马出征,李景隆也是一败再败。朱棣过关斩将,渡淮水,攻下扬州、高邮和通州、泰州等江北重镇,屯兵镇江,准备总攻南京。这时朱允炆已无兵可用,只得向朱棣求和,遭到拒绝。朱棣大兵包围京城,朱棣的弟弟和李景隆开城门迎降,京城失陷。朱允炆见大势已去,和皇后嫔妃举火自尽。也有人说朱允炆逃出京城,隐姓埋名,削发为僧。还有人说明英宗时,朱允炆恢复本来面目,被接入宫中,寿年而终,死后葬北京西山。建文帝生死,遂成为明史一大疑案。朱棣即位后,曾派人在全国搜捕建文帝,久寻无着,恐怕他逃往海外,于是派郑和七下西洋,寻找建文帝的踪迹。

朱守仁

朱守仁(? ~约1403),字元夫。徐州人。明大臣,马政开创者。元朝末年,他以保障功官至枢密同知,守舒城。明朝军队攻克庐州后,朱守仁率部归附,被委任中书断事、袁州知府。在袁州安抚受到战争创伤的百姓,较得民心。洪武三年(1370年),征调为工部侍郎。次年,升工部尚书。后奉命考察山东官吏,回朝启奏,皇帝很满意。不久,改任北平行省参政。但因运送粮饷不及时,被降职为苍梧县知县,后又升任容州、高唐州知州。洪武十年,升任四川布政使,治理地方崇尚简约严厉。后曾因病回乡。再被起用为楚雄知府。在任9年间,他注意招集流民,调整徭役,建立学校,培养人才,"境内大治"。皇帝调他入朝,郡人垂泪相送。入朝后被拜为太仆卿。他首先向朝廷请求在江北滁州等处建立草场,放牧马匹。当时共设置14监,容马98群,使马匹大量繁殖起来。后来朱守仁辞官,约于永乐初年(1403年)病逝。

王 绂

王绂(1362～1416),一作芾,字孟端,号友石生,别号鳌叟、九龙山人,后以字行。元至正二十二年五月初三日(1362年5月26日)生于无锡。明画家、诗人。10岁能作诗。15岁游学邑庠为弟子员,与名诗人钱仲益、浦长源等常唱和。他尤喜绘画。明洪武十一年(1378年),以博士弟子员身份应召至京师。但他素性高傲,进京不久回乡隐居。洪武十三年,朱元璋诛戮左相胡惟庸。10年后,又以胡的逆党的罪名兴起大狱。王绂虽不过问政治,但也因事坐累,被发放到山西大同充当戍卒10余年。建文二年(1400年)回乡,隐居九龙山(即惠山),赋诗作画,教授弟子。曾为惠山寺僧性海作《竹垆煮茶图》和《晴雨竹图》,并题五言、七言诗各一首。竹垆茶咏,成为明清两代诗坛佳话。所作古诗类韦(应物)、柳(宗元),律诗类晚唐,词语婉媚,随意渲染,自然合度。永乐元年(1403年),应召入文渊阁,参与编纂《永乐大典》。永乐十年51岁时授中书舍人,派往北京,从事迁都等筹备工作。永乐十一年、十二年,两次随明成祖朱棣北巡,作著名的《燕京八景图》。他擅长山水竹石,取吴仲圭之水墨淋漓、王叔明之层峦叠嶂、倪云林之枯木茅草,风格苍郁,笔势纵横洒落。尤擅墨竹,疏密有致,飘逸雄秀,有"明朝第一竹"之誉。他性格孤高自恃,画非为知己者不作,故后人有"舍人风度冠时流,笔底江山不易求"的诗句,因而传世之作不多。诗画流传于世的有《王舍人诗集》、《友石山房集》、《潇湘秋意图》、《江山渔乐图》、《秋林隐居图》、《竹鹤双清图》、《墨竹图》、《芦沟晓月图》、《燕京八景图》、《枯木竹石图》、《古木幽篁图》等。永乐十四年二月六日(1416年3月5日)病逝于北京馆舍。

姚广孝

姚广孝(1335～1418),幼名天禧,名道衍,字斯道。明代高僧,成祖朱棣谋士。长洲相城(今属苏州)人。14岁于家乡妙智庵出家从佛,后至境西穹窿禅寺为僧。他钻研佛教典籍,又习儒、道之学,并研习兵法,拜道士席应真为师,又"得其阴阳术数之学",工诗画。洪武中,从燕王朱棣到北京,为心腹谋士。惠帝削藩,他劝燕王起兵,并筹划军事。及永乐帝朱棣即位,论功为第一,还复其姓氏,赐名广孝,拜资善大夫,授太子少师。永乐帝命他蓄发,赐宅第与宫人,均辞谢不受,仍居庆寿寺,著缁衣。曾为钦差出赈苏州、湖州。永乐帝往来两都,或出塞北征,则命广孝留都辅助太子。重修《太祖实录》时,广孝为监修,又参与纂修《永乐大典》。著有《道余录》、《逃虚子诗集》、《独庵外集续稿》等。永乐十六年(1418年)三月,病逝于北京,享年83岁。永乐皇帝停朝两天,命有司治丧,以僧礼葬。追赠荣禄大夫、上柱国、荣国公,谥"恭靖"。赐葬房山县东北,永乐帝亲制神道碑志其功。

卞元亨

卞元亨(1328～1419),盐城县东溟(今为盐城市便仓镇)人。元末张士诚部将领。幼读史书,成年时好文学,善吟诗,尝试剑,膂力过人,能举千斤。元时,伍佑场草地有虎,卞元亨徒手独往,以脚蹴虎颔,使虎立毙。据《两淮运司志》载:至正十三年(1353年),张士诚据高邮,聘卞为主帅。"及士诚跋扈,屡谏不听,辞去"。士诚败,明太祖征之不应,尝作诗云"恐使田横客笑人"。因诗句触怒明太祖朱元璋,便下令发配卞元亨到辽东(今山海关北)充军。卞慨然就道,临行时仍饮酒吟诗,泰然自若。永乐元年(1403年),被赦返回,见庭园中牡丹犹在,便触景伤情,挥笔赋诗,以抒感怀。诗曰:"草堂松菊晚凋残,犹有西园旧牡丹。自是枯枝存劲节,依依惟恋故人还。"卞元亨后在东溟隐居耕读,依柏为门,号"柏门老人",又号"东溟叟"。晚年仍以吟诗和植牡丹自娱。永乐十七年去世,享年91岁。遗著有《柏门诗集》、《牡丹诗》等。

刘 荣

刘荣(？~1420)，宿迁人。明将。早年冒用其父刘江之名从军，随徐达征战有功，任总旗。后在燕王朱棣处供职，智勇双全，深得燕王器重，授予密云卫百户之职。朱棣以"清君侧"为名，在北平(今北京)起兵"靖难"，刘荣常任前锋，屡立战功。在山东，他与朱荣率精锐骑兵3000人，在滑口夜袭南军，斩杀数千人，得战马3000匹，同时生擒都指挥唐礼等。累功升任都指挥佥事。滹沱河之战，刘荣率部飞夺浮桥。又攻取馆陶、曹州等地，回军救援北平，在平村击败平安军。杨文以辽东之兵围困永平，他以声东击西之计大胜杨文，生擒指挥王雄等71人，升任都指挥使。

建文四年(1402年)，朱棣攻破南京，夺取帝位。刘荣因以前在断绝宿州南军粮饷通道时有犹豫不进之罪，没有获得封赏。成祖永乐八年(1410年)，朝廷出兵击蒙古，刘荣随军北征，任游击将军。他率领前哨部队，夜袭清水源，败敌于斡难河，此后又在靖虏镇击败阿鲁台(蒙古首领)，被提升为左都督，镇守辽东。永乐十二年，刘荣再次作为全军前锋出征蒙古。他率领骑兵在饮马河侦察敌情时，发现敌人骑兵向东奔走，便尾随追击至康哈里孩，杀敌数十，再回头与大军会合，在忽失温大战马哈木。刘荣下马，手持短兵器，徒步冲杀，斩杀与俘虏敌人甚多，受到上等赏赐。

后任辽东总兵。此时，倭寇屡次骚扰沿海，北到辽，南至浙、闽，频遭侵害。刘荣认真地研究辽东的地理形势，便在金线岛西北望海埚修筑城堡，设立烽火台，部署军队，以待来犯之敌。永乐十七年夏历六月，倭寇分乘船30余艘，登岸奔望海埚而来。刘荣依山设伏，另遣一军截断敌人归路，先以步兵迎战，继而佯装败退，诱敌进入埋伏圈。炮响处伏兵四起，从早晨战至傍晚，大破倭寇。倭寇逃至樱桃园空堡内，刘荣将其包围，而故意网开西面，然后趁其西逃之时以两路大军左右夹击，最后大获全胜，杀敌1000多人，生擒130人。此役为明初对倭作战的最大一役，大震国威。倭寇自遭此重创，闻刘荣之名而丧胆，再也不敢侵犯辽东。战后永乐皇帝下诏，封刘荣为广宁伯，食禄1200石，并赐予传世铁券，仍旧镇守辽东。任上对于外族前来通好，他也能安抚备至，以求和睦，人称能威能恩。永乐十八年，刘荣病逝军中。追赐侯爵，谥号"忠武"。

陈 济

陈济（1363～1424），号思斋。武进人。明学者。与其弟浚、洽同为谢应芳门生，读书过目成诵。青年时受父命去钱塘经商，竟将所带大宗货款半数作买书用。后又口诵手抄10余年，精通经史百家之说，时称"两脚书橱"。明永乐三年（1385年），他以布衣召修《永乐大典》，为都总裁，修撰曾棨等为其副。3000名儒臣翻阅秘库藏书数百万卷，感到漫无头绪。经过他与监修姚广孝等数人发凡起例，区分钩考，方才井然有序。执笔者有所疑问，他应口辨析，不稍滞疑。书成，共22937卷，11095册，3.7亿字。永乐六年他以主纂劳绩，官右赞善；工作谨慎，从无过失。皇太子甚为礼重，5位皇孙都从他学经籍。在职15年，永乐二十二年中风而卒。

陈济少时嗜酒，母曾劝戒，此后即终身不醉。深忌富足自满，始终保持谦逊态度；也很俭朴，所住草屋，只能挡风蔽雨，但他却成天端坐，手不释卷。写作总以经史为依据，下笔成文，不事修饰。他曾说：文章如衣帛粮食，要有益于世人。否则，写得再好，又有何用？著作有《书传通证》、《诗传通证》、《元史举要》、《思斋集》、《通鉴纲目集览正误》等。弟陈洽任兵部尚书，待其如父，殁于交趾战事中。弟陈浚因兄弟都在朝为官，中举后不愿出仕，恳请家居养母，帝赐宴遣归，自号"真趣居士"。

鱼 侃 钱 昕

鱼侃（生卒年不详），常熟人。明永乐（1403～1424）年间进士。曾任武部郎中，开封府知府。他在开封任内，爱民如子。断决明允，不为请托所行。当时开封地方的百姓，因为鱼侃像包公一样清正，所以都称他为包老。其间鱼侃曾改工部，跟随都御史王竑监督漕运。因见河道时常淤浅，行船不便，于是奏请朝廷设置浅铺夫，专事负责河道的疏浚工作，以确保南北运河的畅通。鱼侃出身贫困，做官以后，由于廉洁奉公，所以仍旧富不起来。鱼侃在母亲死后弃官回乡，竟然家无隔宿之炊。家中房屋破旧，每逢雨天，床席常被漏湿，加上簟寒衣单，常致卧病。鱼侃死后200余年，江苏巡按路振飞还为他写墓志，称他为"第一清官"。

钱昕（生卒年不详），常熟人，明正统十年（1445年）进士，后升御史，曾巡按浙江,任过荆州知府,钱昕20岁从政,为官清正精勤。在巡按浙江期间,当地有一勋臣的家奴,依仗权势,横暴乡里,钱昕得知后将其杖杀,并为百姓平反冤狱。当地百姓称钱昕为钱青天。他在任荆州知府时,政绩卓著,人民安居乐业。当时荆州有这样一首民谣:"荆州太守苏州士,千里家家知姓氏。太守衣,苏州绮,太守食,苏州米,荆民食饱荆州米,荆州衣被荆民体,安我父母育我妻,女织男耕乐生理,不愿太守一品贵,只愿太守千百岁。"

钱昕本家富,他到荆州当知府,衣食都是从家中带去的,连薪俸都用于地方公益事业,所以老百姓不愿钱昕升官而调离,但愿他常在荆州当太守。由于鱼侃、钱昕同是明代人,都当过太守,又都是常熟人,鱼侃家贫,钱昕家富,却都为官清正廉洁,所以人们称他们为"富不爱钱的钱昕,贫不爱钱的鱼侃",死后都祀乡贤祠。

虞　谦

虞谦(?~1427),字伯益。金坛人。明廉臣。明洪武年间(1368~1398年)以岁贡入国子监,深得朱元璋赏识,封为刑部郎中,后以国子监太学生资格出任杭州知府。一次主持杭州府试,考生一一唱名,唯有年仅14岁的于谦不报姓名。虞谦问其缘由,于谦答曰:"同大人讳,故不敢承。"虞谦当即口占上联:"何无忌,魏无忌,长孙无忌,此无忌,彼亦无忌。"于谦应声对答:"张相如、蔺相如,司马相如,名相如,实不相如。"虞谦大加赞赏,于谦府试得中,后果为国家栋梁之才。

明永乐初年,虞谦调京任大理少卿。当时,天津卫粮仓遭火灾,焚粮数十万石。奏称:系监守自盗后纵火毁迹。因此逮捕近800人,其中处死刑100人。虞谦认为此案牵连过多,逮人过滥,处刑过重,竭力奏疏。不久,虞谦升任都察院右副都御史和监察御史左巡。他视察徐淮地区,发现旱情严重,即奏请发粟30余万石赈济灾民,赎还灾民所卖儿女。督运苏州、浙东、淞江、浙西诸郡,虞谦按漕运役夫多寡,定人员,定地点,定运输,方便于民;又奏准增设纤夫200名,牛100头,以利水上运输。巡视浙江又倡导便民十数事,多见施行。仁宗即位(1424年),虞谦被召为大理卿,应诏上言七事,皆切中时务。他执法严明,量刑得当,四方讼事皆请断决。而奸佞暗中向仁宗告发其理案不密,遂被降为少卿,不久又官复原职。他历事五朝(洪武、建文、永乐、洪熙、宣德),为政清廉,受民赞誉,与杨士奇、杨溥、杨荣齐名。

他工诗画,著有《玉雪斋集》3卷。宣德二年(1427年)卒于官。

陈 瑄

陈瑄(1365~1433),字彦纯。安徽合肥人。明总漕,清江浦的始兴者。从陈瑄开始,世居淮安。父陈闻以义军千户归顺朱元璋,后官至都指挥同知。陈瑄年轻时入大将军幕,以射雁见称。从大将军四方征讨,屡建功勋,历任四川行都司都指挥同知、右军都督签事。燕王朱棣发动"靖难之役",建文帝命陈瑄总领舟师,沿江设防。燕兵至浦口,陈瑄以舟师迎降。成祖渡江即位后,封他为平江伯,食禄1000石,赐诰券,世袭指挥使。成祖永乐元年(1403年),命陈瑄充任总兵官,总督海运,输粟49万余石到北京及辽东。此前,漕船行海中,海岛居民畏惧骄横的漕卒,多望风远避。陈瑄整肃军纪,坚持公平贸易,做到军民两便。督漕期间,还先后在沙门岛、白山岛击败倭寇,几乎焚毁全部倭船。又筑海门至盐城捍潮堤130里。为便海运,又于青浦海边筑土山,后皇上赐名"宝山"。

宋礼治理好会通河后,廷议停海运,仍以陈瑄总理漕运,议造浅底船2000余艘。其时,江南漕船抵淮安,由陆运过坝入淮,西溯至清河口入黄河,人劳费巨。永乐十三年,陈瑄通过实地走访查勘,自淮安城西凿渠20里,导引管家湖水至鸭陈口入淮,此河命名为清江浦,河上递建移风、清江、福兴、新庄四闸,以便调节水位。此后,漕船可直入黄河,节省了大量费用。运河其他各河段的闸坝、修防等工作的基础,也大都由陈瑄奠定。又在清江浦建常盈仓40区,作为中转仓。徐州、临清、通州亦皆置仓。史称他:"凡所规画,精密宏远;身理漕河者三十年,举无遗策。"仁宗即位后,他奏陈七件事,均被采纳,令有关官府着速办理,并因此被嘉奖,赐券世袭平江伯。其奏陈七事中有:江南漕粮由民直运北京,改为至淮、徐由军运入京;免漕运官兵在卫所内的杂役;用考试办法贬黜不合格的教官,选择合格的教官。宣德四年(1429年),又奏改漕粮实行兑运,即漕运官军直接到江南去收兑漕粮,转运北上,既不误农时,又免民运之苦,军民称便。兑运之法就是从这时候开始的。宣德八年,陈瑄去世。朝廷追封他为平江侯,赠太保,谥"恭襄"。

郑 亨

郑亨(？～1434)，金坛人。明将。凭父荫封大兴左卫指挥，后迁密云卫指挥佥事。燕兵起事，他先发制人，大败燕师，遂为指挥使。奇袭大宁，他率劲骑数百潜入关，断敌归路后，诸将奋力破关。郑亨调北平都指挥佥事后，又攻取蓟州，进抵大同，激战白沟河、济南，连连获胜，进升都指挥同知。小河一战之败，诸将皆欲北还，唯独他与朱能坚守不动。回京后，调升中府左都督，封武安侯。明永乐元年(1403年)，他挂总兵印，谋划宣府地区的防务，兵备布防一一精妥。永乐七年调防边关开平。次年随从皇帝北征，战功为诸将之冠。又复还宣府镇守，后又从帝北征。明成祖五次出塞，他都随行护驾。仁宗即位，他率军移镇大同。洪熙元年(1425年)，佩征西前将军印。在防务期间，他领兵垦田积谷，边防完备坚固，大同患事渐少。宣德九年(1434年)卒于官。

夏 升

夏升(1365～1435)，字景高。建湖县人。明廉臣。初以人才入选，充任县阴阳官。明建文二年(1400年)，任浙江衢州府开化县知县。任职期间，均徭薄赋，锄强扶弱，始终如一。永乐七年(1409年)，调任黄岩知县，开化县民纷纷挡道乞求夏升留任。浙江省大吏将此事奏报明廷。时值永乐帝太子朱高炽监国，为嘉奖夏的政绩，顺应民情，特提升他为衢州知府。在衢州任内，夏升严格管束官吏，注意取信于民，平均力役负担，查核丁银，厘定土地等级和税则，革除旧弊，百姓称颂。

永乐十九年，夏升因刚直不屈得罪考察州县官的大员，遭到诬陷贬谪。夏的前任姓曾，后任姓苘，治绩政声均不如他。民间流传："增(曾)也增不上，减(苘)也减不下；若要知民情，除非是老夏。"深切表达了衢州百姓对他的怀念之情。洪熙元年(1425年)，朱高炽继位后，得知夏升遭贬谪，当即将其召回京师重新起用，任山东莱州知府。夏再起后，当政更加振作，雷厉风行，百废俱兴。不久，又遭他人诬陷而被逮治。莱州民众千余人徒步赶赴京城，为他申诉冤情。宣宗皇帝久闻夏的清名，遂命其再度复职。不久，夏升病故于任所，终年70岁。明万历年间，盐城知县杨瑞云称赞他为政严明、清廉自重,为"凛凛若天山雪"。

郑 和

郑和(1371~1435),本姓马,小字三保(保一作宝)。回族。昆阳(今并入云南晋宁)人。明朝航海家。14岁入宫,侍奉燕王朱棣。"靖难之役"中,为燕王立下汗马功劳而受重用,擢为内宫监太监,赐姓郑,名和,俗称三保太监。明永乐三年(1405年)起,受明成祖朱棣派遣首次出使海外,至宣德八年(1433年)先后7次出使"西洋",足迹遍及30多个国家和地区,航程10万余里,最远曾到达非洲的索马里和红海岸的麦加。船队所乘之船,大者长四十四丈,阔十八丈,可容千人。郑和航海比西方哥伦布、达伽马等早半个世纪,船队规模和船只之大,均超过他们几倍。郑和每到一地,均以瓷器、丝绸、铜铁器和金银器等物,换取当地土特产,与亚非各国加强了联系。7次下西洋均以南京为基地,乘坐的大小船只,大都由南京宝船厂制造。永乐九年,明成祖为纪念郑和等人第二次下西洋平安返回,在今下关狮子山下建立静海寺,寺内供奉从海外带回的佛牙和奇珍异宝,奇花异木也移栽在寺院内。永乐十四年,郑和第四次航海回来,在静海寺旁的天妃宫内,还建有"天妃宫碑"一块。宣德五年,郑和第六次航海回来,三山街清真寺被烧毁,乃重建净觉寺。后被任命为南京守备,担任建造大报恩寺塔的监工官。宣德十年病逝。葬于江宁牛首山。今南京马府街为他当年府邸所在地。

费 信 巩 珍

费信(1388~?),字公晓,一作公晚。昆山(一作太仓)人。明航海家、文学家。明成祖夺其侄朱允炆皇位后,建文帝不知踪迹,活不见人,死不见尸。朱棣在全国搜捕未果,疑建文帝已逃亡海外,欲寻其踪迹,又谋诏告四邻,明朝已换了皇帝,愿与四邻和睦相处,以广交流,遂于永乐三年(1405年)决定遣使西洋。永乐七年下西洋前选文士随行纪事,以备御览,费信为首选文士。至宣德八年(1433年),前后七次下西洋,先后到达东南亚、印度半岛、阿拉伯、东非的三十余个国家。费信每到一国,辄伏笔濡毫,叙缀篇章,标其山川、物候、风习、诸光怪奇诡之事,以备采纳,题曰《星槎胜览》、《天心纪行录》等。

巩珍(生卒年不详),号养素生,应天(今南京)人。宣德五年(1430年)太监郑和通使西洋时,征巩珍为幕僚,随之往返三年,历二十余国,询悉各国事迹。回国后,于宣德末年撰成《西洋番国志》,记述所到各国之风土人物。

金 纯

金纯(？～1440),字惟一,号德修。泗州应山集(今泗洪县龙集乡应山村)人。明臣,治黄专家。明洪武二十五年(1392年)贡入太学。后授吏部文选司郎中。次年,出任江西布政司右参政。成祖永乐元年(1403年),又经少师蹇义引荐,迁刑部右侍郎。永乐四年,受命参与营建北京故宫,赴湖广采集材料,具体主管太和殿的建筑工程。永乐八年,永乐帝领兵北征,他为其身边高级幕僚。因参议战事有功,擢任刑部左侍郎。翌年,与工部尚书宋礼及徐亨、蒋廷瓒等人,共同负责治理会通河与黄河运道。经多次实地勘察,露宿餐风,并采纳山东汶上县白英老人建议,筑坝遏水,分流济运,建闸节水。历时半年余,两河工程告竣,遂使洪灾减轻,漕运畅通。

永乐十四年,金纯升礼部左侍郎,两月后再升礼部尚书。时山东、河南百姓为感其德,在开封府大禹庙中设置金纯配亭。山东汶上县百姓集资建宋礼、金纯祠,以示怀念。永乐十九年,他与给事中葛绍祖奉命巡抚四川,考核、审查、严惩贪官污吏,为民除害澄冤。永乐帝在位期间,曾提出封赠金纯子孙官爵,他均坚辞不受。洪熙元年(1425年),调任工部尚书,旋改任刑部尚书,次年兼太子宾客。任间,秉公执法,务以教化为本,严禁贪赃枉法,拷打罪犯。时狱中无一人因饥寒或受刑而卒。

宣宗宣德三年(1428年),他积劳成疾。宣宗帝亲命御医登门医治,并免其上朝参拜。金纯因不满朝政腐败,愈后常与同僚借酒浇愁。宣宗帝听信谗言,以为"纯以疾不朝而咽于私",即命锦衣卫捕其入狱。后念老臣份上获释,仅保留太子宾客一职。同年八月,金纯告病辞官归里。英宗正统五年(1440年)病逝,葬于应山集,被追封为山阳伯。墓犹存。

况 钟

况钟(1383～1443),字伯律,号龙岗,别号如愚。江西靖安县人。明廉臣。出身书吏。永乐时授礼部主事、郎中。宣德五年(1430年)七月出任苏州知府。在巡抚周忱的支持和协助下,锐意改革,严惩贪官污吏,革除冗官冗吏,整顿吏治;削减高额田赋,均平徭役杂差,减轻人民负担;招抚流民回乡,兴修太湖水利,恢复、发展生产;设置"济农仓",积谷防饥备荒,赈济灾区饥民;设置"纲运簿",改进运粮方法,严防胥吏侵吞;清理历年积案,平反冤假错案,维护封建法纪;严禁军卫扰民,缉捕抢劫军犯,维护社会治安;扩建府、县儒学,发展封建教育,培养选拔人才等。苏州府因此"岁复丰稔,家给人足,讼简风醇,几致刑措",出现一片封建经济复苏、人民安居乐业的"太平"景象。

苏州人民把况钟比作"青天",咸称"包龙图(包拯)再生",而"讴歌满于道路矣"。况钟因丁忧、考满,三次离任时,苏州府先后有十三万五千余名群众联名上书,请求夺情起复和留任。明正统七年(1442年)夏,积劳成疾,两疏乞求解任,未允。十二月(注:公历1443年)卒于任上,终年60岁。"郡民罢市,如哭私亲,七邑绅耆人等俱奔赴哭奠。邻郡苏、松、常、嘉、湖之民,赴吊者络绎弗绝"。翌年春,况钟灵柩运回靖安时,苏州"倾城出送,白衣冠两岸夹舟,奠别出苏之境,略不断绝"。苏州七县各市镇均建祠,岁岁奉祀。现苏州市西美巷"况公祠",为清康熙年间重建。《明史》有传。

张 洪

张洪(约1361~约1444),字宗海,号止庵。本姓侯,为沙溪张炯收养而改姓。元末举家迁常熟。明学者。11岁补诸生。16岁习商。21岁因受邻人连累戍边云南。时麓川内部叛乱,张洪献计于云南都司,得以平定。因通晓经义,被推荐为靖王府教授。明永乐初出使日本、吐番、朝鲜等国。永乐四年(1406年),缅甸宣慰那罗塔杀孟养宣慰刁木旦,吞并孟养地方,张洪奉命说服那罗塔归还侵地。后被荐入文渊阁,修《永乐大典》,任副总裁官。洪熙元年(1425年),任翰林院修撰。生平著作甚丰,对《诗》、《书》、《礼》、《易》、《春秋》均有诠释。出使所至,有实录《南夷书》、《日本补遗志》、《使规》等。又有《归田稿》4卷。宣德年间(1426~1435年),与常熟知县郭南等纂修《琴川新志》8卷。

周忱

周忱(1381~1453),字恂如。江西吉安人。明永乐二年(1404年)进士,任刑部郎官多年。明宣德五年(1430年),以右侍郎出任江南巡抚达20年,理财赋,创平籴法,平冤狱,兴水利。芙蓉湖地跨武进、无锡、江阴三县,南北40公里,面积15300顷,湖面辽阔,烟波浩淼,常有水患,甚至出现"地无芳草树无皮"的悲惨景象。为了治好芙蓉湖,周忱按照北宋单锷《吴中水利书》主张,立足三吴全局,实行通盘治理。首先"修鲁阳五堰,筑上下两坝",以障上游之水;同时"穿百渎于震泽,以导下流",再"筑围成圩"。经过综合治理,终于"使浩淼之区,变而为膏沃之壤,岁辄大稔"。

周忱兴利除弊,体恤民艰,侵犯了土豪、权要利益,遭谗言,被罢官。景泰四年(1453年)去世。江南人民怀念他,建庙纪念。

高谷

高谷(1391~1460),字世用,又名育斋。兴化人。明臣。永乐十三年(1415年)进士,选庶吉士,授中书舍人。仁宗即位,改春坊司直郎,不久迁翰林侍讲。英宗正统十年(1445年),进工部右侍郎,入内阁典机务。景泰初,进尚书,兼翰林学士,掌阁务如故,次年进少保,东阁大学士,太子太傅。景泰七年(1456年),进谨身殿大学士,仍兼东阁。谷为官清正,持议公正。是年乡试,内阁大学士陈循因子不得举,攻击教官刘俨等。景泰帝命高谷复阅试卷。谷力言考官无私,并谓:"贵胄与寒士争地已不可,况不安义命,欲因此构考官乎?"英宗复位,称病辞职,闭门谢客。人问景泰、天顺间事,均闭口不作答。英宗谓谷长者,赐敕奖谕。谷美丰仪,乐俭素,位居台司,敝庐瘠田而已。有《高文义公集》10卷、《拾遗集》1卷、《归田集》3卷、《育斋先生诗集》17卷留世。

金濂

金濂(?~1461),字宗瀚。淮安府山阳县(今淮安市)人。明大臣。永乐十六年(1418年)进士,授御史。宣德时,巡按广东,后改任江西、浙江,

"捕巨盗不获,坐免。盗就执,乃复官"。迁陕西副使。正统元年(1436年),上书请求增补卫所缺额官吏,增加宁夏守兵,设汉中镇守都指挥使,多被采纳。正统三年,擢升佥都御史,参赞宁夏军务。

金濂善于谋略筹划,安抚有方,因此"西陲晏然"。过去宁夏有五条大型灌溉渠,而鸣沙洲、七星汉、伯石灰三渠日久淤塞。金濂奏请疏浚,灌溉已经荒芜的田地1300余顷。当时诏令富户运米助边防,"千石以上褒以玺书"。因边防粮价昂贵,金濂建议,"并旌不及额者,储由此充"。不久加副都御史。正统八年秋,拜刑部尚书,侍经筵。福建邓茂七起义,都督刘聚、都御史张楷率兵讨伐,不能战胜。正统十三年十一月,大力发兵征讨,以金濂参赞军务。刚赶到,邓茂七已败死。"余贼拥其兄子伯孙据九龙山拒官军"。金濂出谋诱擒伯孙,并奉命征剿起义军余部。后被加封太子宾客,不久改任户部尚书,进太子太保。"时四方用兵,需饷急,濂综核无遗。议上撙节便宜十六事,国用得无乏"。不久,明英宗再次当上皇帝。北方也先想继续往来和好,英宗坚决与其绝交。金濂再三上疏劝谏,不被采纳。英宗初即位时,下令免景泰二年(1451年)全国租税的十分之三。而金濂令下属部门"但减米麦,其折收银布丝帛者,征如故"。因此,天顺三年被弹劾下狱,三天获释,削去太子太保,改工部尚书。吏部尚书何文渊说:"理财非金濂不可。"遂又任户部尚书。后又加太子太保。

金濂于天顺五年(1461年)卒于任上。被追封为沭阳伯,谥"荣襄"。旧志称他"刚果有才,所至以严办称,然接下多暴怒,在刑部,持法稍深,及为户部,值兵兴财绌,颇厚敛以足用云"。

李信圭

李信圭(生卒年不详),字君信。江西泰和县人。明州县官吏。明仁宗洪熙元年(1425年)举贤良,授清河知县。清河县(今淮安市)土地贫瘠,而地当漕、驿要冲,"役夫动以千计"。沭阳县有500人到县内助役,然而役夫离家远,衣食供应困难。他请求免沭阳助役,而代输清河县浮征三分之二,两县称便。宣宗宣德三年(1428年),上疏言本邑差役繁剧,"役及老稚",农事荒废。朝廷重申前令:"公事亟者舟子五人,缓者则否。"宣德八年春,又上疏陈述沿河州县徭役苛烦无度,使朝廷尽免沿河州县民杂徭。

英宗正统元年(1436年),擢信圭为蕲州知州。"清河民诣阙乞留,命以知州理县事"。清河县民有湖田数百顷,被淮安军卒夺占,而民却代交了60年的田赋。李信圭上奏朝廷,诏令淮安卫将湖田还归原主。饥民抢夺一头牛杀食,有8人被御史判处死刑。李信圭上奏力争,使6人免死。在赈灾借贷、怜贫恤丧方面,也做了很多值得称道的事。正统十一年,经尚书金濂推荐,擢处州知府。信圭在清河任知县22年,民感其惠,为他立祠祭祀。

胡 濙

　　胡濙(1375~1463),字源洁,号洁庵。明洪武八年(1375年)生。武进人。明大臣。建文二年(1400年)中进士,授兵科给事中。永乐元年(1403年)任户科都给事中。永乐五年,主南京国子监事。明成祖疑建文帝未死潜逃,命他遍行天下,暗访建文踪迹。永乐十四年回京,他因母丧请求归家,未获批准,授礼部左侍郎。永乐十七年至二十一年,复出巡江、浙、湖、湘诸府,回报皇上勿以建文为患。郑和又屡下西洋,也无建文帝消息,成祖疑虑始消。永乐二十二年,成祖病逝,仁宗接位。奉召为礼部侍郎,转太子宾客,兼南京国子祭酒。宣德元年(1426年),任礼部尚书,参加平定汉王叛乱立功。次年赐府第于京师长安右门外,还兼任户部尚书五年之久。宣宗曾赐宴胡濙、杨士奇、夏原吉、蹇义等有功之臣。称赞道:"海内无虞,卿等四人之力也。"正统元年(1436年),英宗接位后,诏行节约。胡濙上疏,建议:减少皇家贡物,减少法王以下喇嘛僧徒四五百人的浮费,收回去山西灾区采买物料的成命,制止军需劳役方面扰民差遣等。这些建议,都被皇上采纳。正统三年,他因两次丢失礼部大印被下狱,后又重新找到,得以复职。正统十四年,英宗在土木堡被也先俘虏,群臣聚哭于朝,派人建议迁都南方避乱。胡濙和兵部侍郎于谦,力排众议,坚守京师。他说:成祖定陵寝(长陵)于京师,就是要他的子孙们坚守不移。景泰元年(1450年),景帝接位,他升为太子太傅。景泰三年,加濙少傅,兼太子太师。天顺元年(1457年),英宗复位。他以病请退。他亦精医,推仲景为医学正宗。天顺七年胡濙病逝,享年88岁。赠太保,谥"忠安"。墓葬常州东门张巷弄底。故居在西瀛里,人称"尚书第",后改为"崇贤祠"、"胡忠安祠"。旧居所在地名尚书弄。

　　胡濙为官五十余年,历经六朝。著书《澹庵集》5卷、《卫生简易方》4卷。

杜堇

杜堇(生卒年不详),原姓陆,字惧男,号柽居、古狂、青霞亭长。镇江人。明画家。杜堇长期居住北京,明宪宗成化(1465~1487)初年,试进士不第。诗文书画名重一时。画学南宋院本,擅长工笔人物,笔法细劲畅利,当时推为白描圣手;界画楼台,格局严整;亦善山水、花卉、翎毛等。与吴伟、沈周、郭诩齐名。曾为李东阳、王鏊等画像,又画过《水浒人物像》和《绝代名姝册》。有《竹林七贤图》(藏辽宁博物馆)、《梅下横琴图》(藏上海博物馆)、《散牧图》、《七峰图》等名作传世。他与沈周为诗画友,有《青霞亭集》。

夏昶

夏昶(1388~1470),初姓朱,名昶,字仲昭,号玉峰、自在居士。昆山玉山人。明臣,书画家。7岁以楷书闻名乡里,13岁从司训卢从龙攻习《春秋》。明建文四年(1402年),燕王朱棣攻占南京,即皇帝位,大杀建文帝官吏。卢从龙受牵连,将被捕,夏昶誓死相从,用计隐匿,使卢幸免于难。卢从龙赞誉他为"今之孔融也"。永乐十三年(1415年),登进士第,选为翰林院庶吉士,参与《五经四书性理大书》的撰写。时值朝廷修撰《永乐大典》,广集天下善书法者比试书法,夏昶被评为第一。奉旨为新建皇宫殿书榜写匾。因其书法精妙,擢中书舍人,赐予宅第,免朝参之礼,眷顾甚厚。其兄夏昺亦为中书舍人,时称"大小中书"。洪熙元年(1425年),由大学士杨荣举荐,供职文渊阁。宣德年间,升为吏部考功主事。正统元年(1436年),参与仁宣二庙《实录》的编撰。正统十三年,出任瑞州知府。任内为官平易,刑轻讼简,"劝课农桑,安良禁暴",受民拥戴。景泰六年(1455年),任满离职,任为太常寺少卿。不久任正卿。天顺元年(1457年),致仕告老还乡。夏昶为明代著名画竹大师。构画墨竹,驰名中外。明人张大复《梅花草堂集》中称:夏昶"绢素一出。能令朝鲜、日本、暹罗海外诸国悬金购之"。徐沁《明画录》也说:"夏卿一个竹,西凉十锭金。"著述有《居易稿》。

徐有贞

徐有贞(1407～1472),初名珵,字元玉,号天全,晚称天全翁。吴县人。祝允明(即祝枝山)舅父。明大臣。宣德八年(1433年)进士,选庶吉士,授编修。正统十二年(1447年)升侍讲。正统十四年"土木堡之变",他主张朝廷南迁,被兵部侍郎于谦等所叱。景帝即位,因有南迁之议,久不得升迁,于是改名有贞。景泰三年(1452年),迁右谕德。景泰四年,以左佥都御史治理黄河于张秋,曾提出设置水闸、开凿支河分流、疏浚运河等策略;大集民工,亲自督率,在山东寿张县西开广济渠、通源渠分流黄河,惠利百姓。回京后,受到景帝厚待。不久,又奉命巡视漕河及济宁十三州县,免除河工杂务负担,修复临清至济宁堤闸,平息水患。因治黄河有功,擢升为左副都御史。景泰八年正月,石亨、曹吉祥、徐有贞等人,乘景帝有病迎上皇英宗复位,史称"夺门之变"。徐有贞遂官进兵部尚书,拜华盖殿大学士,掌文渊阁事,封武功伯,赐号奉天翊卫推诚宣力守正文臣,食禄1100石,世袭锦衣指挥,权倾一时。为报因迁都事,被于谦所叱之辱,诬少保于谦、大学士王文而杀之。有贞为人,中外为之侧目。不久,在与石、曹争权中,被逮下狱,几被杀。后流放金齿(今云南保山),至石亨败,始获释回乡,遂放浪山水间,十余年乃卒。

徐有贞其人矮小精悍,多智谋,喜功名。于天文、地理、兵法、水利、阴阳、方术之书,无不谙究。文才俊逸,诗文通达,不屑为雕章饰句。晚年放情弦管、泉石之间,好作长短句,以抒写其抑塞激昂感慨,有辛弃疾之风。擅书法,草书奇逸,骨力嶙峋,风神潇洒;登山临水,酾酒悲歌,笔墨淋漓,风流雅儒,士林推为领袖。吴宽、祝枝山(有贞甥)等受其熏陶奖掖,对"吴门书派"的发展有一定影响。

颜 彪

颜彪(?～1475),字纹甫。盐城县野鱼荡(今属建湖县)人。出生将门,膂力过人。曾给《孙子兵法》作注。以军功任真定卫指挥同知。明正统十四年(1449年)冬,颜彪升任该卫代理都指挥佥事,守备倒马关。不久,实授该卫右参将,防守十八盘,统领该地军政事宜,其边防成绩卓著。天顺四年(1460年)秋,保喇与玛拉噶等部分别由大同、威远南犯,直抵雁门关,扰掠代川、朔州等地,京师震动。明廷为了加强内长城的防卫,调遣颜彪率师至紫荆关,冯宗率师至倒马关御敌,敌骑退却。次年,颜调守广东。时值大藤峡瑶民起义,出入两广。明廷委命颜彪以都督金事佩征蛮将军印,统辖两广军事,调南京、江西、九江等处卫所官兵万余人前往协剿。天顺六年,颜彪合同两广官兵进驻大藤峡,击破瑶民山寨700多处,残杀起义瑶民3000余人,掳掠男女500余口。但官兵的屠刀并未使瑶民屈服,起义此起彼伏。颜彪师劳无功,竟不择手段妄杀无辜以冒功邀赏。两广人民深恨其残杀民众,而明廷却晋升颜的官爵。明成化(1465~1487)初年,颜彪佩镇国大将军印,移镇"九边"之一宣化府,以边功叙劳,升授后军都督府左都督同知。成化十一年病故于任所。

蒯 祥

蒯祥(1398~1481),字廷瑞。明建筑大师,北京明故宫设计者。吴县香山(今属胥口)人。出身木匠世家。父蒯福"能大营缮,永乐中为木工首"。永乐十五年(1417年),蒯祥参加北京宫殿的设计和建筑,被任命为"营缮所丞"。"凡殿阁楼榭,以至回廊曲宇,随手图之,无不中上意"。有《明宫城图》画其像,记其功。正统年间(1436~1449),负责重建皇宫三大殿及文武诸司。天顺末年(1464年),又主持规划建造裕陵。累官至工部左侍郎,食从一品俸。能两手各自握笔画双龙,合之为一;精尺度,擅长榫卯技术,被誉为"蒯鲁班"。80岁后,仍执技供奉。成化十七年(1481年)三月病逝于北京。北京旧有蒯侍郎胡同。吴县胥口香山有其祠堂。其墓葬在今香山渔帆村,为省级文物保护单位,已扩建成"蒯侍郎陵园"。后裔蒯钢、蒯义并至侍郎,蒯巚官至少卿。

王 竑

王竑(1414~1489),字公度。明河州人。明臣。代宗景泰二年(1451年),以右佥都御史督漕,兼抚淮、扬、庐三府,徐、和二州,驻节淮安。时凤阳、淮安、徐州大水,道殣相望,竑上疏请开仓赈济。不待批准,就命令发粟开赈。一时山东、河南饥民蜂拥到淮上就食。淮上仓廪告罄,只有徐州广运仓尚存积谷,守仓中官不允。王竑严词令其屈从,然后躬自巡行散赈,并令沿淮上下商船,量大小出米,全活鲁、豫、苏、皖饥民180余万人。又劝富民出米25万余石,给饥民55.7万家;贷给耕牛籽种7.4万多石,使5500多家复业。又安置境外流民10600家,病者给药,死者具棺,并为赎还所卖子女,欲回乡的发给路费。致"人忘其饥,颂声大作"。开始,景泰帝听到凤、淮、徐大饥荒,非常忧虑,待收到王竑的《发广运仓自劾疏》,非常高兴地说:"贤哉!都御史活我民矣!"明孝宗弘治二年(1489年),王竑去世,终年75岁。

叶 淇

叶淇(? ~1496),字本清。淮安府山阳县(今淮安市)人。明臣。景泰五年(1454年)中进士,授御史。后因得罪石亨,出为武陟知县。成化(1465~1487年)中,官至大同巡抚。孝宗即位后,召为户部侍郎。弘治四年(1491年)为尚书,加太子少保。哈密被土鲁番部攻陷,守臣奏请给哈密遗民廪食,迁居内地。叶淇反对,说这是自种祸胎。奸民献大名府地作为皇庄,因叶淇反对而归还有关官府。内官龙绥奏请开银矿,叶淇认为不可,被皇帝采纳。不久,龙绥又奏请把长芦盐二万引在两淮出售,用来供给织造费用,叶淇力争,终不被采纳。在户部任职六年,坚持原则,能为国家节省财政费用。每廷议用兵,都坚持反对态度。又"变开中之制,令淮商以银代粟,盐课骤增至百万,悉输之运司,边储由此萧然矣"。弘治九年请求退休,归后即病逝。赠太子太保。

徐 溥

徐溥(1428~1499),字时用,号谦斋。宜兴城郊溪隐村人。明臣。8岁入塾,读书勤奋,"少有远志"。一日塾师见其袖中藏物,令他出示,原是一册先贤修身克己格言录,塾师惊呼此子日后必为奇才。景泰五年(1454年)中进士,廷试一甲第二名(榜眼),授翰林编修,才华出众,令朝臣瞩目,后任国史总裁,主持编修《大明会典》。成化二十三年(1487年),授礼部尚书,兼文渊阁大学士。弘治五年(1492年)作宰相,适逢安南(今越南)侵扰占城(古国名,今越南中南部)。占城国王遣使请朝廷派员干预。徐溥劝阻道:外国互侵,我们写封信去好言相劝就够了,不劝遣使责问,因万一对方抗令,若置而不闻,则有损皇威;如兴师问罪、势必兵戎相见,这将贻患无穷。帝权衡再三,采纳徐溥的意见。他入阁12年,勤于职守,殚精竭虑,办事不主观臆断,从实际出发;用人不凭个人好恶,随材器使。信守"行政不必出于己,惟其是;用人不必由于己,惟其贤"的治国之道,从容辅政,爱护人才。遇有大狱及逮捕言官,常委曲周济,大多豁免。全国出现"百姓乐业,四陲无惊,天下号治平"的局面,他被百姓尊为"徐国老"。他为政清廉,不谋私利,在京未建一间私邸,仅在告老还乡之前,才由家人在故里洑溪河畔建住宅一所。他因目疾严重,便命两童扶他,用手抚摸墙壁和楹柱,家人问他何以如此?他说:"我是深恐儿辈们把宅第造得太华丽,只要能住就可以了。"他著有《谦斋集》4卷行世。

庄 昶

庄昶(1437～1499),字孔旸,号木斋,又号卧林居士,晚号活水翁,学者称其为定山先生。明正统二年(1437年)生,江浦孝义(今南京市浦口区东门镇)人。明大臣、学者。"自幼豪迈不群,嗜古博学"。景泰七年(1456年)中举。成化二年(1466年)进士。学士刘定一、柯潜阅卷时,赞赏庄昶文采过人,落笔不凡,惊问南方幕僚:"江浦何如山川而生斯人耶?"房考官王一夔亦认为,庄昶文章"不拘于绳墨,落笔成文","卷可置魁选"。但主考官刘保斋见有"学圣忧民"之语,抑置二三十名。庄昶因此名震京师。初为庶吉士,后授翰林检讨。成化三年十一月,宪宗帝不顾国库空缺,边境离乱,准备于次年元宵节张灯结彩,命词臣献诗进赋,粉饰太平。庄昶遂与翰林编修章懋、黄章贻给宪宗呈奉《培养圣德疏》,直言进谏,由此冒犯皇上,将三人廷杖谪落。此事连同修撰罗伦因言事被黜,时称"翰林四谏"。庄昶被贬谪为桂阳州判官。经群臣力谏求情,遂改调南京行人司副。庄昶在南京居官三年,他的父母相继去世,于成化七年回籍"丁忧"。6年后丧除,他已无心仕途,卜居定山20余年,以诗书自娱,授徒为业,过着清贫的生活。他洁身自好,从不接受官僚们的赠与。江苏巡抚王恕见其房屋破漏,欲赠白银十五镒,被他拒绝。礼部曾多次下文让他回京供职,他弃之不理,以至遭到权贵大学士邱浚的诽谤。直至弘治七年(1494年),巡抚何鉴亲自入山劝行,才勉强从之。由于邱浚等人的阻挠,乃复为行人司副,后升南京吏部验封司郎中。复出不到二年,因患风疾,再次回到定山。

庄昶的一生,不仅不畏权势,更能怜贫惜苦,热爱人民。一次,他途经直沽,见有人站在几个外国人旁边哭泣,上前询问何故?对方回答:"岁凶人贱鬻于虏,可多取直。"他气愤地说:"中国人可外市乎?"他当即出资为这些人赎身,并吩咐有司禁止。凡逢灾年,他总把自己省下的部分钱粮,分给家乡百姓,还劝有能力者在寺中施粥,赈救饥民。深得时人钦敬。在他去世后,许多地方官民为他请祀"乡贤祠"。嘉靖间,江浦县建"定山祠"。天启初,被熹宗帝追谥为"文节"。他博学嗜古,有所得则见于诗;草书绝妙,自成一家。他也是一位著名学者,在继承程朱理学方面有许多见解颇得时人和后人赞同,所以有"理学家"之称。《明史》有其传。著有《定山集》10卷,《江浦艺稿》等。

白 昂

白昂(1435～1503),字廷仪。武进马杭乡人。明大臣。明天顺元年(1457年)进士,授礼部给事中。任应天府丞时,讨平海贼刘通。后任兵部侍郎、户部侍郎。主持修筑从阳武至封邱、祥符、兰阳几县的长堤以防水,并引导黄河水从中牟决口处至尉氏,下颖川,经涂山,汇合淮水入海。整修汴堤,疏浚古睢河,筑萧县、徐集等口。又从鱼台经德川至吴桥古河堤,从东牟至兴济开凿12条小河,引水入大清河至古黄河而入海。在每条海口筑石堰以调节水位。在高邮氾社湖堤东开复河50里以保障船只安全航行。复河西岸垒石为复堤,人称白公堤。又筑高邮堤,自杭家闸至张家镇共30里。此后漕河上下数十年无大患。弘治四年(1491)任都御史;弘治六年任刑部尚书,其后加太子少保、太子太保衔。弘治十三年,赐太子太傅衔退休。弘治十六年去世,赠太保,谥"康敏"。墓在武进马杭乡白家坟村。

白昂平恕老成,以利济助民为事。曾说过:"秋霜之肃,何如春阳之和?"所办公案公正宽和,颇得人心。

吴 宽

吴宽(1435～1504),字原博,号匏庵。明大臣、书法家。长洲县(今苏州)人。少时勤奋好学,"好古力学,至老不倦"。诸生时遍读《左传》、《汉书》及唐宋大家之文,欲弃举业,从事古学,都使迫促乃就锁院。明成化八年(1472年)中状元。授修撰,侍孝宗东宫。孝宗即位,迁左庶子,参与修《宪宗实录》,进少詹事兼侍读学士。弘治八年(1495年)擢史部右侍郎,改掌詹事府东阁,主典诰敕。弘治十六年进礼部尚书,七十岁时数次引疾欲归,帝慰留之。弘治十七年卒于任。为官廉洁自守,居高位而不骄伕。经明行修,粹然笃实,为当时馆阁巨手;善诗文,为当时文章领袖;擅绘画,尤长书法。平生学宗苏轼,书法亦酷似东坡。好藏书,且多亲手钞录。故居在苏州城区乐桥西尚书里。其待人宽厚,讲人情,重友谊,常慷慨解囊救人之困。赠太子太保,谥"文定"。著有《匏庵家藏集》、《书经正蒙》、《平吴录》、《唐宗名贤历代确论》、《吴氏丛书堂外集》等。墓在木渎西花园山,已毁。《明史》有传。

沈 周

沈周(1427~1509),字启南,号石田,煮石生,晚号白石翁。长洲相城(今属苏州)人。明书画家、诗人,"吴门画派"创始人。擅画山水,初得法于父沈恒吉、伯父沈贞吉,兼师杜琼、赵同鲁;后学宋元,于董源、巨然、黄公望、吴镇、王蒙尤有心得,并能融会变化,自成风格。40岁后开始拓为大幅,景物蓊郁深邃,笔墨坚实豪放,颇得沉着雄浑之致。亦作细笔,于谨密中仍具浑沦之势,人称"细沈"。兼工花鸟,浅色淡墨,老笔纷披,而有神采。偶写人物,亦洗练。画名甚大,为"吴门派"领袖。与其学生文徵明及唐寅、仇英,合称"明四家",居其首。书法学黄庭坚,诗学白居易、苏轼、陆游,缘情随事,沉郁顿挫,为时人推重。其诗、书、画,被时人视作"神品",称之为"三绝"。著有《石田集》、《耕石斋石田诗钞》、《石田文钞》、《客座新闻》等。其传世墨迹有成化三年(1467年)作《庐山高图》,原藏故宫,现存台湾;《秋林话旧图》,藏上海博物馆;《沧洲趣图》,藏北京故宫博物院;《慈乌图》,藏南京博物院。卒于正德四年(1509年),其墓在今相城沈周村头,1956年公布为省级文物保护单位。

徐祯卿

徐祯卿(1479~1511),字昌毂,一字昌国。常熟人,后迁吴县。明文学家。弘治十八年(1505年)中进士,授大理寺左寺副,因所囚犯人越狱,贬为官国子监博士。少与唐寅、祝允明、文徵明齐名,称"吴中四才子"。诗学唐白居易、刘禹锡,后与李梦阳等交友,有汉、魏、盛唐诗的风格,为"前七子"之一。论诗主情致,与清初王士祯"神韵说"有相通之处。诗熔炼精警,风格清朗,少数作品指陈时事,隐寓讽刺之意。后习道教养生术。著有《迪功集》、《谈艺录》、《翦胜野闻》等。墓在苏州虎丘西麓,王守仁撰墓志铭。

于 湛

于湛(生卒年不详),字莹中。金坛人。明臣,治水专家。明正德六年(1511年)进士。他应朝廷召对,规切时政,有独到见地,被封为兵部主事。后任职方郎中。任满,改陕西参议,又调江西参议,后升贵州参政。在贵州期间,他妥善解决少数民族纠纷,西南边防得以稳定。其父去世,于湛返里治丧,服孝期满后,任河南参政。当年河南灾荒,他开粮仓,救饥民。后擢升副都御史,巡抚陕西,适遇泾河水溢,他倡导修筑广惠故渠,泄洪蓄水。为加强陕西交界地区的防务,他疏陈"边计八策"。他在任总督河道期间,因黄河南移,运道艰阻,又奏请治河七事:设白马湖决口,开地邱店、野鸡冈等诸口,上游四十余里流水由桃源集丁家道口进入黄河,截涡河水引入黄河,南济故道开通漕运。奏请均被采纳,并付诸实施,洪患得以抑止。后升任户部侍郎。花甲之年,即辞官回乡,撰《素斋政书》16卷。

储 巏

储巏(1457~1513),字静夫,号柴墟。泰州人。明代大臣,文学家。他幼年聪颖,4岁即过目成诵,9岁能文,号称神童。成化十九年(1483年)和成化二十年先后参加乡试和会试皆名列第一,殿试二甲第一(传胪)。因恳求就便养亲,被授为南京吏部考功清吏司主事。弘治七年(1494年),受吏部尚书耿裕赏识,调任北京吏部考功清吏司郎中。

他为人耿介,评品人才完全出以公心,从不迁就。一次考核一官,作出结论后,吏部尚书耿裕忽又修改评语。他不管有僚属在场,对耿裕正色道:"公所执,何异王介甫!"耿裕十分羞愧,但仍接受了意见。又一次考核如皋令某人不称职,此人托宦官说情,他不仅不准,还将此事公开,在署厅当众宣布:"某某杂职尚能自检,有以进士宰邑反不自立,且托内侍干请乱法!"一时为官的人非常紧张,互相警戒道:"储公阳秋可畏!"十多年间,屡次推荐贤能,疏救以言事下狱的人,公正严明,为人称道。

弘治十年以后,先后任太仆少卿、太仆寺卿。任职期间,南下实地调查马政得失,疏陈马政病民四事,又疏陈御边五事,都得到朝廷赞许。后升任都察院左佥都御史、户部右侍郎、户部左侍郎等职,总督南京、北京粮储。正德年间,宦官刘瑾用事,多次凌侮大臣,唯独敬重储罐,称其为"先生"。他愤慨刘瑾专权,厌恶公卿趋炎附势,引疾乞休。刘瑾伏诛后,以旧秩起用。因见刘瑾余党继续用事,再次乞休。正德七年(1512年),任南京户部左侍郎,带病到任,发现钱谷支耗很多,日夜筹划。次年改任南京吏部左侍郎。不久病重,翌年在任所病故,终年56岁。嘉靖二年(1523年)赐谥"文懿"。

他十分虚心好学,王守仁(阳明)是他后辈,他向其问学却有如弟子,令当时人叹为不可及。虽有目翳,仍专心经史,访辑旧事,披阅不倦。又喜好吟咏,诗有陶韦风致。著有《柴墟文集》15卷、《坰野集》及《皇明政要》20卷等。

他一生清正廉洁,为人忠孝。临终时口不能言,友人往来问及后事,他举笔留下"国恩未报,亲养未终"八字。归葬于泰州,由吏部尚书乔宇为其作墓志铭。

徐 恪

徐恪(？~1516),字公肃,排行第八。常熟县凤凰乡(今属张家港市)八房巷人,原有"都宪坊"旧居,今废。明大臣。明成化二年(1466年)进士,授工科给事中,后任湖广左参议,河南右参政,左、右布政使。弘治四年(1491年),任右副都御史,巡抚河南。他为官刚正不阿,去除奸弊。在巡抚河南期间,执法严明,遭平乐、义宁二王的诬告,受到朝廷的降敕切责,与湖广巡抚韩文易任。离任时,吏民罢市,泣送数十里不绝。去官之日,属吏赠银3000两,他正色拒绝,并自咎说:"我竟然如此不被人见信。"他官终南京工部右侍郎。弘治年间创建西徐市镇。正德十一年(1516年),进都城考核官吏政绩,因病辞去官职。当年去世,葬于今张家港市河阳山下。

胡琏

胡琏(生卒年不详),字重器,别号南津。沭阳县新河乡人,世居淮安城。抗击葡萄牙侵略军的名将,历任巡抚、户部侍郎等职。弘治十八年(1505年)乙丑科进士,出任南京刑部郎中,改任闽广二省兵备道,擢巡抚,以户部右侍郎致仕。胡琏虽以文折桂,但对兵备尤其精通,而且胆略过人。

时葡萄牙侵略者仗其坚船利炮,公然入侵闽广,骚扰边民,烧杀掳掠,无恶不作。边防守将慑于威势,敢怒不敢打,坐观其为非作歹,只知报告朝廷,请求援兵。胡琏受命充任闽广兵备道。他到了闽南,沿察敌情,激励士气,挑选精兵,以迅雷不及掩耳之势,直捣侵略者老巢,俘其权要人物,迫使侵略者真白匐詹师、富费苗狸等狼狈逃窜,汀、漳遂安。胡琏乘胜南下广东。敌酋佛郎机牙里、海牙哪达曷昆率舰盘踞海岛,炮击边民,登岸抢掠。胡琏仅以帆船、火器、大刀、长矛,出奇兵,破其3舰,夺其利器,擒其官兵,一举荡平南海敌人。所获枪炮,后加以仿造,因缴自佛郎机(葡萄牙),而被命名为"佛郎机"。又在闽广昭雪冤狱,整饬吏治,加强海防,政绩卓著,声誉日高。闽人为其造像勒石。胡琏因功晋升巡抚,后改任户部侍郎,晚年兼修国史。

他精通四书五经,告老还乡后,教授生徒甚众,邹守益、程文德等学者都经胡琏指点而成名。其子效才、孙应嘉,皆进士及第。一门三进士、两举人,实为罕见。吴承恩称胡家为"长海名门第一"。明征安南时,朝廷不顾胡琏年事已高,再次起用,委任督运粮饷。他欣然领命,为国效力。73岁病故。有《南津诗集》行世。

其子效才、效谟,效才于正德十二年(1517年)中进士,效谟荫仕至澄江府知府。效谟勤于政事,精通水利,著《复闸旧制》一书,时人极为推崇。顾炎武、胡渭、阎若璩等大家,在其著作中引用效谟书中材料甚多。

靳贵

靳贵(1464~1520),字充道,或作道充,号戒庵。镇江人。大学士。少年时先后从镇江著名学者丁元吉、杨一清受学。孝宗弘治三年(1490年)探花及第,授翰林院编修,为皇帝讲书,主持科举考试等。历任右春坊右中允、左谕德、翰林院侍讲、《通鉴纂要》编修官。正德九年(1514年)任文渊阁大学士,参预国家大政。加太子太保,户部尚书,武英殿大学士。对武宗的嬉游无度,靳贵多次上书力谏。

武宗正德六年会试,靳贵担任主考,取中著名文人杨慎为会试第一,被人诬告"家僮通贿"。正德十二年乞休回家,住镇江南门靳家巷。著作有《戒庵文集》20卷。

陶 成

陶成(生卒年不详),字孟学、懋学、敬学,号云湖仙人。宝应人。明画家。明成化七年(1471年)举人。陶成胸怀大志,当时国内因长期歌舞升平,边防松弛,他意识到这是国家一大隐忧。为了帮助朝野消除承平麻痹思想,确立居安思危的观念,他怀着强烈的爱国心不避艰辛,长途跋涉,经居庸,过上谷,入云中,考察边地的山川形势,研究过去的攻防得失,访问退役老兵,搜集在御敌战斗中可歌可泣的事迹,以总结历史经验,激励军民,鼓舞士气,为此他长期不肯做官。可是陶成的用心,并没有被士大夫所理解,反而把他视为怪异,引来非议。陶成在灰心之余,开始放浪形骸,寄情画笔。他博学多才,擅长篆隶,尤工于画。

他无论作山水花鸟,抑或人物,均气韵飘逸,意境悠远,被尊为画坛巨匠。明文学家李开先说:"云湖画如富春先生,云白山青,悠然野趣。"《中国历史画册》收有他一幅人物画;《中国绘画史图录》下册,收其《云中送别图卷》一幅,原画现藏故宫博物院。北京故宫博物院还收藏其《花石月兔图》、《岁朝图》。所著《北观》已失,仅存序。

陶成秉性耿介,豪放磊落。他曾至宝应县城一富家观赏芙蓉,即兴作芙蓉画20幅,富人赠以银物。他却以为主人视他为爱财之辈,一怒之下,将画索回,付之一炬,主人抢夺,仅得1幅。弘治十二年(1499年),他同朱应登赴京会试。抵京后,不顾考期将近,独自前往张家湾观赏丁香花,与花主畅饮,流连忘返,误了考期,不以为然。朱考中后,他作丁香画1幅相赠。他"性高古,虽相好者得其画不十一,亦不轻传授",流传下来的作品甚少。

陈 铎

陈铎(约1488~约1521),字大声,号秋碧、七一居士、坐隐先生。邳州沂东小河村（今睢宁古邳镇）人。明文学家、散曲家。祖父陈文，以军功封都指挥，进袭睢宁伯。父陈明以军功授大宁卫都指挥。陈铎袭父职，为济州卫指挥使。为人倜傥，淡泊名利，且不拘礼法。为官期间，"身厌挂紫袍"，以致"不与朝廷做事"，受魏国公徐鹏举斥责："金带指挥……牙板随身，何其卑也！"遂辞官归隐，后徙居南京。他博学多智，才思敏捷，能诗词，善画，散曲尤有名，被"教坊"中人誉为"乐王"。著有：散曲集《秋碧乐府》、《梨云寄傲》、《滑稽余韵》、《太平乐事》、《公余漫兴》、《可雪斋稿》；诗文集《秋碧轩集》、《香月亭稿》、《雪秀亭集》；杂剧《花月妓双偷纳锦郎》、《郑耆老义配好姻缘》；诗集《草堂余意》等，在中国文学史上占有一定地位。早期置身于上层社会，作品多闲情逸致，供歌伎演唱。辞官后接触下层社会，多以城市平民为题材，反映明代中叶下层社会风貌。他的《滑稽余韵》，风格接近民歌，收小令136首，描绘了各行各业的人物，对贫苦市民寄予同情。如他的《滑稽余韵·挑担》中写道："麻绳是知己，扁担是相识；一年三百六十日，不曾闲一日。担头上讨了些利，酒房中买了一场醉；肩头上去了几层皮，常少柴没米。"同时，陈铎以幽默的笔触，揭露里长、巫师、媒婆之流的骗人伎俩。另有杂剧三种，盛行于世，现仅存《纳锦郎》一种。

毛　澄

　　毛澄（1460～1523），字宪清，号白斋，晚号三江。昆山夏驾桥毛竹巷（今属昆山市陆家镇）人。明臣。其先辈由河南迁来。祖父毛弼，父毛升，均赠礼部尚书衔，墓均葬于太仓城北赵泾。毛澄自幼聪颖，7岁能作诗。后遍读经史，学识渊博。明弘治六年（1493年），中癸丑科状元，授翰林院修撰，并即参与《会典》编纂工作。进迁右谕德，直讲东宫。正德元年（1506年），被擢为左庶子。正德四年，宦官司礼监刘瑾指摘《会典》小疵，被降为翰林院侍读。服阕还朝，进侍讲学士，再进学士，掌管翰林院。后又迁礼部侍郎。正德十二年五月，拜礼部尚书，官至一品。

　　明朝中叶起，朝廷开始腐败。正德皇帝武宗荒淫无度，不理朝政。先是重用宦官刘瑾等"八虎"，让他们分据要职，擅权跋扈；后又宠信佞臣钱宁、江彬等人，胡作非为，搞乱朝纲。为制止武宗帝的荒唐行为，毛澄刚正不阿，勇于直谏，先后上疏数十次，但大多未能奏效。正德十六年三月，武宗终因荒淫过度而死。武宗无子，由孝宗之侄即位登基，帝号世宗。小皇帝即位才

6天,便下诏议生父主祀与尊号。毛澄为这"大礼仪之争",又接连上疏五六次,仍未见效。终于引疾乞归,但均被挽留。毛澄讲礼节,重行止,心底平坦,为人谦虚,深受同僚敬重。世宗对他既雅敬又害怕,因而"虽抗疏直谏",但"恩礼不衰",曾加封他太子太傅衔,赐其子孙为锦衣卫世袭指挥同知,他均"力辞不受"。他生病后,世宗曾派御医诊视,还不时赐给药物。嘉靖二年(1523年)二月,毛澄病情加重,才获准致仕还乡,结果病故于归途中。世宗"深悼惜之",赠少傅,谥"文简"。其墓葬在太仓北门外盐铁塘东岸,沿称"状元墓"。毛澄学识淳正,著有《毛文简集》二卷,《大礼奏议》、《临雍录》、《类稿》各一卷。《明史》有传。

王 鏊

王鏊(1450～1524),字济之,号守溪,晚年又号拙叟。吴县(今属苏州)东山陆巷人。明臣,文学家。王鏊16岁随父读书国子监,诸生争传诵其文,侍郎叶盛、提学御史陈选奇之,称为"天下士"。明成化十年(1474年)乡试,翌年会试均第一,廷试中进士一甲第三名(探花),授翰林院编修。弘治初任侍讲学士。充讲官时,中贵李广导帝游西苑,鏊讲文王不敢盘于游畋,反复规劝,帝为之动容。值东宫出阁,鏊以本官兼谕德。寻转少詹事,擢吏部右侍郎。正德元年(1506年)四月,任左侍郎。王鏊秉性耿介,时宦官刘瑾专权,他与韩文等诸大臣奏请武宗皇帝诛刘瑾等八奸党,未果。大学士刘健、谢迁相继离去,内阁乏人,刘瑾本欲引焦芳入阁,廷议独推王鏊。刘瑾迫于公论,命鏊以本官兼学士,与焦芳同入内阁。逾月,进户部尚书、文渊阁大学士。翌年加少傅兼太子太傅。王鏊坚持与宦官势力斗争,与大学士李东阳力救被刘瑾加害几死的崔璿、姚祥、张玮、韩文、刘健、谢迁、杨一清、刘大夏等官员,得以免死。但终因刘瑾专横,祸流缙绅,自己力薄不能救,遂力求告归。四年间上疏三次,才获允准。

王鏊辞官返里后,蛰居东山14年,间或入苏州城内宅第小住。其间廷臣交相荐举,终不再出。鏊博学有识鉴,文章尔雅,议论明畅,使弘治、正德间文体为之一变。著有《姑苏志》、《震泽集》、《震泽长语纪闻》、《震泽编》、《守溪文集》等。嘉靖三年三月十一日(1524年4月14日)卒于里第,追封太傅,谥"文恪"。墓在东山梁家山,墓表坊上镌有唐寅书"海内文章第一,山中宰相无双"对联。

唐 寅

唐寅(1470~1524),字伯虎,一字子畏,号六如居士、桃花庵主、逃禅仙史等。吴县人。明代书画家。少与张灵相善,学画于周臣;后结交沈周、文徵明、祝允明、徐祯卿等,切磋文艺。弘治十年(1497年)中乡试第一(解元),次年因牵涉科场舞弊案而被革黜入狱。三月,谪为吏役,耻之不就。遂游历名山大川,致力绘画,卖画为生。生性不羁,常用"江南第一风流才子"印。正德九年(1514年),应宁王宸濠延聘赴南昌,寅见其所为多不法,以佯狂而得归。其后皈心佛教,自号"六如"。擅画山水,多取法南宋李唐、刘松年,兼学元人,技法上斧劈皴常与细劲的长线条相结合。工画人物、花鸟,笔墨秀润峭利,景物清隽生动,工笔、写意俱佳。与沈周、文徵明、仇英齐名画苑,被称作"明四家",其绘画风格相似,号为"吴门画派"。又善书法,和沈周、文徵明、祝允明、王宠同为明代中期的中兴书法家。能诗文,文以六朝为宗;诗初多秾丽,中年学刘禹锡、白居易,晚年不拘成格,与文徵明、祝允明、徐祯卿誉为"吴中四才子"。其传世墨迹有《骑驴归思图》、《秋风纨扇图》、《李端端图》、《一宿姻缘图》、《簪花仕女图》、《野望悯言》、《古槎栖鸟图》、《山路松声图》等,世人以为稀世珍宝。著有《六如居士全集》。卒于嘉靖二年十二月初二(1524年1月7日)。墓在苏州横塘王家村,为省级文保单位。

祝允明

祝允明(1460~1526),字希哲,自号枝山、枝指生。长洲县(今苏州)人。明书法家。5岁能书径尺字,9岁能诗。稍长,博览群书,诗文有奇气,当众疾书,思若涌泉。青年时与文徵明、唐寅、徐祯卿等交游,世称"吴中四才子"。弘治五年(1492年)中举人。正德九年(1514年)授广东兴宁知县,严肃吏治,兴利除弊,颇有政绩。后迁任应天府通判,故称"祝京兆"。性格豪爽,狂放盖世,恶礼法,好酒色、六博,喜新声,轻财重义。《明史》称其:"有所入,辄召客豪饮,费尽乃已,或分与持去,不留一钱。"工书法,擅真、行、草、章,尤长草书,名动海内。王世贞《艺苑卮言》云:"天下书法归吾吴,而京兆允明为最。"有"明代草书第一人"之誉。其风格纵逸豪放,有"奔蛇走虺,骤雨旋风"之势。传世名作较多,如《六体书诗赋卷》(藏北京故宫)、《草书诗翰卷》(藏南京博物院)、《草书唐人诗卷》(藏苏州博物馆)及楷书《黄庭经》、草书《杜甫诗卷》、《古诗十九首》等。长于作画,又能诗善文,著有《九朝野记》、《苏材小纂》、《集略》、《怀星堂集》、《兴宁县志》、《广省通志》、《语怪四编》、《祝子通》等诗文集60卷,杂著百余卷。卒于嘉靖五年(1526年),墓在境西横山丹霞坞,已毁。

邵 宝

邵宝(1460~1527),字国贤,号泉斋,别号二泉居士。明天顺四年九月初三日(1460年9月17日)生,无锡城内冉泾桥人。明代廉臣,著名作家。9岁能诗文。21岁中举。成化二十年(1484年)中进士,任许州(今河南许昌)知州。弘治十三年(1500年)四月,调任江西提学副使。修建白鹿书院,新建一峰书院,并亲撰招生文谕。弘治十八年起,历任浙江按察使、浙江右布政使、湖广布政使。正德四年(1509年)一月,擢任都察院右副都御史,总督漕运。因抵制太监刘瑾擅权,被解职还乡。在惠山创建尚德书院,并修建尊贤堂和李纲祠。翌年十月复出,任贵州巡抚,户部右侍郎,后迁户部左侍郎兼都察院左佥都御史,处置漕运。正德七年辞病回家。正德十四年,武宗降旨擢升为礼部尚书。邵宝托病恳辞未允,只同意他在家养病,直到嘉靖元年(1522年)才获准在家终养。邵宝为官期间,曾倡导兴修水利,建立社会储粮救灾制度;制订条例,规定亲王贵族养赡米数目;修复书院,强调必须对生员进行道德教育;提出整顿漕运建议等。他清正廉洁,多次拒贿,人称"千金不受先生"。他回乡终养时,创办二泉书院,教授生徒。同时工诗文,宗李东阳,典雅淡泊,为茶陵派诗人之一。在惠山留有石门、松竹园、点易台、超然堂等遗迹。晚年,朝廷要为他建立牌坊,他多次推辞。家宅火灾后又谢绝官府的资助和亲友的馈赠。他德高望重,深得民众爱戴,无锡民间曾有许多关于邵宝的传说。嘉靖六年二月二十四日(1527年3月25日)病逝。赠太子太保,谥"文庄"。著有《定性书说》、《学史简端录》、《漕政举要》、《容春堂集》、《慧山记》、《杜诗分类集注》等。

杨 果

杨果(1473~1529),字实夫,号鸥溪。居泰州丁溪场(今大丰市境内)。明臣、学者。少年时代,天资聪颖,可日记数千言。明弘治十一年(1498年),经乡试入国子监读书,后又受教于蔡虚斋,深得其启发,与同里胡献、陆弥望并称为"三杰"。弘治十五年会试第二,廷试二甲(中榜眼),授户部主事,凡重大章奏,多出其手。继而迁升刑部员外郎,执法不避权贵。后因母老请求归养。嘉靖改元,又被荐起用,任南太仆寺少卿、太常寺卿、南工部右侍郎。后再次乞终养,又再次被起用,任南户部右侍郎,兼负尚书职责。未几,因病归里而卒。杨果提倡"主静持志,思索义理",为主观唯心主义学派代表。

左 唐

左唐(生卒年不详),字尧卿,犹太人。明成化年间生于扬州,其祖先约于北宋时定居中国。明臣。他汉学造诣颇深,于明弘治九年(1496年)在南京试举,次年中进士,是中国第一位犹太进士。曾留任朝列大夫,后任四川、广东参政等职。

左唐在广东任内,革除积弊,拒绝贿赂,堵塞财政漏洞,深受百姓爱戴,亦遭贪官污吏嫉恨。一次朝廷特使赴广东盘查库银,守吏诬左唐侵吞羡余百金。特使未听左唐申诉,以不实之词入奏。左唐因愤成疾,对朋友说:"我平生砥砺名节,顾乃蒙垢若此。"后绝食而卒。左唐死后,人们发现他陋室空空,清寒之至;粤人护其遗骸归扬,见其家环堵萧然,深受感动,遂将左唐蒙冤经过刻入墓志。其后,抚按复查此案,发现羡余百金仍在库中,然而抚按未敢如实上奏,以致未得昭雪。

左唐为使犹太人不被他族同化,主张摈弃"清真"称号,反对偶像崇拜,维护犹太教独立,并寻求犹太教与中国儒家学说的共性,努力使其在中国容身。呼吁犹太人团结互助,信守教义、教规。他的这一教观,集中反映在明正德七年(1512年)他为开封犹太礼拜堂所撰《尊崇道经寺记》碑文中,碑石现存开封市博物馆。

杨一清

杨一清(1454~1530),字应宁、号邃庵。明代名臣。原籍云南安宁,后入丹徒籍。幼年随父居岳阳,被称为"奇童"。明成化八年(1472年)中进士。父死后葬在镇江,他定居于此。故址在今镇江中山东路钱家山。弘治末年,杨一清奉命巡抚陕西,坚决执行朱元璋的通市政策,严禁走私,选卒练兵,修巩边防,劾罢贪庸无能军官。正德元年(1506年),武宗即位,命他总制延绥、宁夏、甘肃三镇军务。他力主充实边军,巩固边防,得到武宗同意,拨付库币。但遭到刘瑾反对和忌恨,杨一清称病离职。刘瑾又诬他"冒破边费",被捕下狱,幸得李东阳等人援救得免。不久,武宗又再次令他总制三镇。正德五年,安化王寘鐇反,武宗又起用杨一清率兵平乱,命太监张永监军。寘鐇之乱平定后,杨一清利用张永与刘瑾之间的矛盾,劝张永向皇上告发刘瑾罪恶,终于除掉刘瑾。杨一清屡立大功,官居吏部尚书兼武英殿大学士。宦官江彬和武宗义子钱宁唆使人攻讦杨一清,他便辞官回镇江闲住。

嘉靖元年(1522年),世宗即位后,杨一清重新回朝任兵部尚书,左都御史总制陕甘边区,官至华盖殿大学士、太子师。后又被张璁等人攻贬,革去一切官爵。在愤恨中背上发疽而死,享年76岁。死后四年,追复原官。又过十二年,追赠太保,谥"文襄"。杨一清是明代著名诗人。早年从事整理古代文学遗产,校核刻印不少古书。著作有《杨一清奏议》、《东征日录》、《西征日录》、《关中奏议》、《石淙类稿》、《明伦大典》、《制府杂录》、《辅臣赞和诗集》等。

王磐

王磐(1470~1530),字鸿渐,号西楼。高邮人。明代散曲家、画家。他生于富有之家,才智出众,爱好古典文章词采,厌弃功名,终身不应试、不做官,常常"登高临水,幅巾藜杖,飘然若神仙"。自称是不登科逃名进士、不耕田识字农夫、上天漏籍神仙户,"赤手江湖真钓隐,白头天地老诗狂",是一个自始至终的隐士。他效法历史上的隐士,向往神仙生活,热爱大自然,身上充满艺术家的气质。整日"逍遥乎宇宙,徜徉乎山水,出其金石之声,寄兴于烟云水月之外"。他精通琴棋诗画,成就最大的是散曲,曾被誉为"南曲之冠"、"摩诘之流"。现传世的散曲有《王西楼乐府》一册,共收散曲74首,继承发扬元曲的特有风格,既有清新活泼、爽朗洒脱之情趣,又有犀利尖锐、嬉笑怒骂之锋芒。题材十分广泛,既有揭露统治阶级的罪恶,抨击黑暗势力的讽刺之作,也有对大自然的热情歌吟。他还善于从平凡的生活琐事中发现诗意,生动地描绘高邮一带的风俗民情。文采出色,富有韵味和较高的艺术技巧。其中[朝天子]《咏喇叭》一曲是历代散曲中的名作。明正德年间,宦官当权,官船往来河下无虚日,船到高邮,往往吹着喇叭,以征集丁役,骚扰民间,他因而作此曲以讽之。该曲广为流传。

他的画艺亦名闻遐迩,长于写意。评论家说他的画天机独到,别有一种风趣,不是只有学力工夫就可到达的。尤善画菊,山水画亦被誉为神品。

他喜住楼上,曾在高邮城西建楼房一所,因而自号"西楼"。终日与名流文人谈咏其间,每遇绝佳景色,则举杯歌吹吟咏,通宵不倦。他的洒脱不凡,一时名重海内,文人学士四方来会。因不愿做官,坐吃山空,家境日贫,他仍不以为意。晚年还著《野菜谱》,指导百姓识别可食与有毒植物,以度灾岁荒年。嘉靖九年(1530年)病逝于高邮。著述有《淮海集》、《长短句》、《西昆酬唱集》、《诗余图集》、《南湖诗余》等。

王 宠

王宠(1494~1533),原名履仁,字履吉,别号雅宜山人。吴县(今属苏州)人。明书法家。少时学书于蔡羽,居洞庭山三年,后读书石湖之上20年之久。以诸生贡太学。工书,精小楷,尤善行草。师法《阁贴》中王献之、虞世南书,以拙取巧,婉丽遒逸,疏秀有致,独居一格,与当时祝允明、文徵明齐名,并称为明代中期"三书家"。《佩文斋书画谱》云:"(文)衡山之后,书法当以王雅宜为第一。"能诗兼画,善山水。兴致所到,随笔点染,深得大痴、云林墨外之趣。著有《雅宜山人集》、《东泉志》等。卒于嘉靖十二年(1533年),墓在横泾尧峰山,已毁。

安 国

安国(1481~1534),字民泰,别号桂坡。明成化十七年十月二十六日

(1481年11月17日)生于无锡县西嶰村(今无锡市安镇)。其富可敌侯王,为"江南三豪富"之首。他原出身低微,因经商及兼并土地而成巨富。后参与地方事务,曾资助抗倭及兴办水利事业,疏浚白茅塘,开掘山庄河。涉猎经史,好古书画彝鼎,善辨真伪,广购书籍,藏典丰异,是当时有名的鉴赏家。因酷爱桂花,植丛桂于后山岗,自题住所为"桂坡馆",人称安国为"桂坡公"。性好游,足迹踏遍半个中国。每到一地,除绘图外,还吟诗记载,集诗题为《游吟小稿》、《安桂坡游记》。他在无锡胶山南麓所建庭院"西林",是当时闻名全国的江南园林。全园有32个景点。明代著名文学家王世贞曾撰《西林记》记其胜。吴门画家张元春为之绘画。现残存的《西林图》存无锡市博物馆。明嘉靖二年(1523年)起,他先后用铜活字刊印《颜鲁公集》(总16卷)、《吴中水利通志》、《雍录》(10卷)、《初学集》(30卷)等多种,均以"桂坡馆"名刊印。因校勘精细、印刷精良,为世所珍,是当时有名的出版家。安国虽未应科举,亦未做官,但作为东南巨富,嘉靖帝仍赠户部员外郎衔。嘉靖十三年卒。王廷相、严嵩、秦金等达官名流为其撰写墓志铭。

仲　本

仲本(？~1536),字与立。明臣。太医院使加右通政仲兰的长子。祖籍扬州,洪武时迁居宝应。仲兰教子极严。仲本刚正不阿的品格,正是在家庭长期熏陶中形成的。弘治三年(1490年)仲本中进士,授刑部主事。其父仲兰却愀然不乐,心情沉重地说:"我家世代从医,以救死扶伤为天职,如今做了刑官,能保证不误杀好人吗?"当仲本以不畏强权,秉公执法,受诬降为汝宁(今河南汝宁县)通判时,仲兰才如释重负,喜形于色。仲本先后任严州(今浙江建德县东北)同知、广西佥事、河南佥事、陕西副使。晋升按察使时,刘瑾专权,仲本拒绝和他往来,因而复遭坐诬,降为两浙运同,不久被革职。嘉靖间,获准以按察使退休。仲本在刑部时,河南知县某,攀附权贵,骄横贪婪,仲本不顾开罪枢密要员,揭发他的罪行。他还审清许多久悬而不决的疑案,使系狱多年的人重见天日。仲本一次路过丹徒,看到老师丁玑死后,家境萧条,就把身边的盘缠全部送给丁玑的儿子。弘治十六年大旱,哀鸿遍野,仲本拿出千石粮食,救济灾民。仲本退休后,住宝应县城西门内。虽不预外事,但当他目睹家乡因湖水宣泄不畅,常发生洪涝灾害,毅然上疏,请求批准在宝应湖东侧开挖越河(即宏济河)。他剖析利弊,据实论证,尽力促成。著有《选胜堂集》。

嘉靖十五年(1536年)仲本去世,葬于县内泾河乡张庄村仲家墩。1984年春,墓被发掘,出土仲本夫妇干尸两具及一些随葬品(现藏上海博物馆),其中有弘治十八年南阳府唐县平民张宝诉状一纸,控告周光柔高利盘剥、诬告、重复逼债,系仲本任河南佥事时受理的案件。由于未能审清结案,帮助受害者摆脱困境,仲本对于这件事一直引咎自责,并长期把诉状带在身边,用以鞭策自己。临终前,叮嘱家人将诉状随葬。大学士杨一清曾赠仲本诗云:"积毁不须惊众口,素心端正可质神!"

陆 采

陆采(1497~1537),原名灼,字子玄,号天池、清痴叟。吴县(今属苏州)人。明代戏曲作家。性格豪放,从不参加科举应试,一生未做官。喜欢旅游,酷爱戏曲,作有传奇五种。今存《明珠记》、《南西厢记》(亦称《陆天池西厢记》)、《怀香记》三种全本,《椒觞记》残缺不全,《分鞋记》已佚。《明珠记》是昆曲崛起前夕苏州地区最早出现的传奇之一。据王世贞《曲藻》说:"《明珠记》即《无双记》,陆天池采所成者,乃兄浚明(粲)给事助之,亦未尽善。"钱谦益《列朝诗集小传》也说:"(采)年十九,作《王仙客无双传奇》,子作产(粲)助成之。"但吕天成《曲品》却认为,"此系天池之兄给谏陆粲具草,而天池踵成之者"。关于《南西厢记》,陆采《南西厢记》自序说:"余自退休时缀此篇"。陆采一生未仕而言"退休",故有人以此认为,该剧作者或系兄弟二人合作。该剧系不满李日华《南调西厢记》而另作,道白尤为鄙野。《怀香记》多处采用王实甫《西厢记》的关目,许多情节与其相似,有抄袭之嫌。另著有《揽胜记谈》10卷,《天池山人小稿》5卷。

顾鼎臣

顾鼎臣(1473~1540),初名仝,以梦改名;字九和,号未斋。昆山玉山镇雍里村人。生于明成化九年二月二十五日(1473年3月23日)。明臣。弘治十八年(1505)中进士第一名(状元),授翰林院修撰。正德初任左谕德。正德十二年(1517年),北地淫雨,四方水灾。他作《悯雨》诗,反映北地水患,又请求赈饥弭盗,得旨许可。嘉靖初任经筵日讲官。嘉靖六年

(1527年),迁翰林院掌印学士,仍充讲官。翌年,拜詹事府詹事兼翰林院学士。明世宗好神仙术,内殿设斋醮,顾鼎臣进步虚词七章,帝优诏褒答。东南赋役不均,他屡陈其弊端,因得有所改正。嘉靖十七年八月以礼部尚书兼文渊阁大学士,入参机务。次年三月,帝出巡,特命留守京师,赞辅太子监国,即民间传说的"代朝三月"。他官至少保兼太子太傅,武英殿大学士。昆山本无坚固的城墙,他奏准筑砖城。后倭乱起,军民凭借坚固的城墙抗倭,百姓得以幸免于难,乡人立崇功祠纪念他。嘉靖十九年十月六日(1540年11月4日)病逝。赠高宝司丞。他著作甚丰,主要有《洪范讲章》、《文康奏议》、《医眼方论》、《顾文康公全集》、《未斋集》22卷,辑有《明状元图考》5卷,散曲作品在《南北宫词记》中。

王 艮

王艮(1483~1541),原名银,后改为艮,字汝止,号心斋。东台安丰人。明思想家和教育家,为泰州学派的创立者。7岁开始就读乡塾,11岁时辍学,跟随父兄烧盐。15岁到山东曲阜,进孔庙瞻仰,徘徊良久,受到很大启发,认为是圣人者可学而至也。回家后,日诵《孝经》、《论语》、《大学》,不懂的就请问塾师。在十多年的自学过程中,他没有固定的师承关系,所谓"途之人,皆明师也,得深省"。他自学儒学经典时,"不泥传注",而能独立思考,强调个人心得,"以经证悟,以悟释经",且能联系百姓日常思想与生活,提出个人见解。他认为能解决百姓的穿衣吃饭等实际问题才算真学问。王艮38岁时,因仰慕王阳明的"良知"学说前往江西,经过几天辩论后才"下拜执弟子礼",拜王阳明为师。王艮辞归后,王阳明说:"这人是真正学做圣人的,疑而疑,信而信,一丝不苟。"王阳明主张"夫万事万物之理不外于吾心"。王艮一方面受王阳明主观唯心主义的影响,另一方面由于他了解劳动人民的思想要求,又始终坚持独立思考的治学态度,因而又"时时不满其师说",甚至"往往驾师说之上,持论益效之"。他认为"知之为知之,不知为不知,是天德良知也",实际上是对王阳明的"良知"作了否定。嘉靖二年(1523年),王艮40岁时北上进京,沿途向群众宣传自己的观点,"聚而观者千百",受到各层人士的重视,因而受到其师王阳明的"痛加裁抑",但其学术思想已流播四方。嘉靖五年,应泰州知州王瑶湖之聘回泰州,主讲于安定书院。这时,他已脱离王阳明思想体系,走自己的学术道路,宣传"百姓日用即道"和"身本"观点。由于他的名气,求学者甚多,影响甚大,四方学者,远近咸至,樵夫、窑匠、农民等劳动者亦从受教,生徒遍及十数省,为泰州学派的形成准备了条件。次年,他在家乡传道授徒,使泰州学派的主张远近皆知。嘉靖九年,他又与邹守益和欧阳德等会讲于南京鸡鸣寺。嘉靖十三年,林大钦、沈谧等来访,王艮又一同会讲于泰州,进一步提高了泰州学派的声誉。因此,御史洪垣登门拜访王艮,为他造讲舍数十间,称"东淘精舍",以居其徒。

王艮的学术活动,注重平民教育。他认为"人之天分有不同,论学则不必论天分",不信"生而知之"的唯心主义;以能者为师,不重师教;强调个人的地位和功能;主张"百姓日用即道",并用是否合乎"百姓日用"作为检验"圣人之道"的标准,如果不合,那就是异端。

嘉靖十八年,王艮已57岁,经常生病,而四方求学者仍络绎不绝。他坚持"据榻讲论,不可厌倦"。次年病重,弥留之际,他对儿子王襞说:"汝知学,吾复何忧?"他希望泰州学派能持续下去。嘉靖二十年,王艮去世,四方会葬者达数千人。王艮去世后,次子王襞继续主持讲席,李贽即出其门下。颜均、罗汝芳、汤灏祖等,是王艮的再传、三传、四传弟子。王艮的著作,后人辑为《王心斋先生遗集》。

林　春

林春(1498～1541),字子仁,初号方城,后改东城。先世福建福清,从戎隶属泰州守御所,遂为泰州人。明臣。自幼家贫,父亲为漕卒,母亲织履,有时中午尚不能举炊。林春少年时以羡卒的身份供职于千户所。千户王某器重林春,让他与儿子一同读书。林春十分用功,常将灯油贮于竹筒中,系在衣带间,环境合适即燃灯夜读。为文不事奇博,务须发挥自己的见解。嘉靖十一年(1532年)会试,大学士张玉阳在林春卷端批道:"布帛菽粟之文,必定笃行君子。"得第一名(会元),授户部广西司主事,以后历任吏部文选司主事、验封司员外郎等职。一年后因母亲中风病瘫,乞归奉养。在家三年,从不要求州郡办理私事。巡盐御史洪垣见林春居处湫溢,准备替他修葺,林春力辞,说:"学宫,春发迹地也,修之愈于春室矣。"洪垣深受感动,以白银2000两修理泰州学宫。母病稍愈,林春回京任稽勋司郎中、文选司郎中。因公务繁忙,日夜操劳,于嘉靖二十年病逝,病逝当天仍在官府办公。

林春曾从学于王艮,对致良知之说十分喜爱,开始每天自我考核,力求合于做人准则。他为官温和自敛,律己极严,当时京师讲学者数十人,公推其志行敦实第一。回泰州侍亲期间,小心谨慎一如既往。母病稍好,即住到早先读书的地方万寿宫中,与旧友、后生讲学,遇到疑难则去安丰请教王艮。林春为人不远嫌、不怙势。为吏部主事时,得知泰州州守某污黩虐民,力请吏部尚书免去该守官职。尚书为难说:"未有劾者,奈何?"林春回答:"不实,则罢主事。"尚书将该州守调往边地。不久南御史弹劾奏章到,州守被罢黜。回京任稽勋司郎中途中,船泊于淮河,淮守某依次谒客,供应也很微薄。后淮守入觐,考绩为下等,将远调他处。林春以自己过淮的经历为例,向尚书推荐该守廉静,为他恳求留任。林春病逝时,积蓄仅白银4两,僚友为买棺送归泰州,泰州州守、扬州郡守赠银才得以安葬。去世后,受业学生搜集林春的诗文书简编成《林东城文集》上下两卷,于嘉靖二十五年刊刻行世。

蔡 羽

蔡羽(? ~1541),字九逵,号林屋山人,又称左虚子。吴县(今属苏州)洞庭西山人。明书法家。少失怙,由母吴氏亲自教授读书。12岁操笔能文,有奇气。为人高朗疏俊,聪警过人。明嘉靖十三年(1534年),以贡生赴部选,授南京翰林院孔目。工诗、古文辞,自负甚高。善书法,长楷、行书,以秃笔取劲,姿尽骨全,行狎书遒美有逸韵,规范晋、唐,从"二王"中脱胎而出。所书草书《书说》(现藏南京博物院),主要论述"用笔"之道,人称能"与欧阳(询)八法、(孙)过庭《书谱》并为不朽"。著有《林屋集》、《太薮外史》、《南馆集》。卒于嘉靖二十年,葬在西山缥缈峰下。

杨循吉

杨循吉(1456~1544),字君谦,一作君卿,号南峰,又号雁村居士。吴县(今属苏州)人。明方志学家。成化二十年(1484年)甲辰科进士,授礼部主事。体弱多病,又好读书。弘治初,奏乞改行教育,不许,遂致仕归。筑宅支硎山下,读书不辍。武宗南巡,令日侍御前。因其善为乐府小令,帝以戏剧演员待之,不授以官。循吉引以为耻,阅九月辞归。性狷隘,好持人长短。晚年落寞,更坚癖自好。诗傲兀自放,主张"直吐胸怀,实叙景象"。著有《松筹堂集》、《辽小史》、《金小史》等。纂修地方志甚多,计有《宁海州志》、《章邱县志》、《吴邑志》、《长洲县志》、《苏州府志纂修识略》等。他修纂的志书质量较高,如《吴邑志》所附宋元治水事迹和理论,有助于水利史的研究。

盛　仪

盛仪(约1487~?),字德璋。江都(今扬州)人。明臣。弘治十八年(1505年),赐进士出身。历任礼部主事、监察御史、山东按察副使、湖广按察使、太仆寺卿等。观政吏部时,宦官刘瑾因事有求于吏部尚书,托盛仪写信致意。盛仪不畏权势,严词拒绝。迁官山东,一上任就减免苛税徭役,深得百姓爱戴。在湖广按察使任上,曾奉诏督修显陵,多所节省,以工代赈,救活饥民上万。后入京任太仆寺卿,掌管全国车、船、马重要交通工具,仍能廉洁自守。及致仕还乡时,竟"橐无余赀"。对家人亦要求甚严,从不许"以一事干公门"。嘉靖二十一年(1542年),盛仪在官府和乡人支持下主编《嘉靖惟扬志》。三月编纂,九月乃成。该志沿用南宋宝祐《惟扬志》旧名,但层次清楚,叙述明晰,颇有特色,是明代志书中修得较好的一部。全志凡38卷,今仅见18卷,为扬州现存最早的一部地方志。

曾　铣

曾铣(?~1548),字子重,号石塘。江都(今扬州)人。明军事家。嘉靖八年(1529年)进士,以御史巡抚山东、山西,进兵部侍郎。嘉靖二十五年,以原官总督陕西三边军务,屡败鞑靼贵族的攻掠。他深谙兵法韬略。因鞑靼人多为骑兵,为克敌制胜,曾铣购置了大批战车。对方骑兵来时,将战车环立如堵,车上弓箭手矢发如雨。车外复设军队见机斩马足、挑骑兵,战无不胜,曾师因而被称为"尖兵"。他不但长于用兵,而且还是地雷的发明者。"作地雷,穴地丈余,柜药于中,以石复面,更复以砂,令于地平,伏火于下,系发机于地面。过者蹴机,则火坠药发,石飞坠杀,敌惊为神"。

他建议整顿军备,发兵收复河套,得辅臣夏言支持。时严嵩与夏争权,说河套无法收复,并明攻暗诋夏,致使建议不能获准,曾铣反遭捕责。嘉靖二十七年,严见世宗帝无杀曾意,唆使为曾弹劾的罪将仇鸾上疏,诬奏曾掩败不报,克扣军饷,遂被杀害,夏亦被斩,仇竟出狱。其冤至隆庆二年(1568年)得以昭雪,追赠兵部尚书,谥"襄愍"。万历中,应御史周磐所请,于陕西建曾铣祠。同时,扬州亦于旧城三巷曾家垣和广储门外立其祠,按御葬立其墓于扬州西郊金匮山。

仇　英

仇英(约1501~约1551),字实甫(一作实父),号十洲。太仓人,后迁居苏州。明画家。出身贫困,初为漆工,兼为人彩绘栋宇。在长期漆匠画工生活的描摹中,显示出他异常高超的绘画才能。当时,苏州画家周臣见他的漆画与众不同,就收其为学生。在老画师的指导下,他进行扎实的基本功训练。他悉心临摹古代绘画,从名家真迹中汲取营养,并参与己意,熔于一炉,逐渐形成自己的风格,因而得到文徵明的赞赏,从此知名于世。明正德十五年(1520年),他与文徵明合画《莲舍图》。以后,他俩多次合作,如合画《寒林钟馗图》等。有些是仇英作画,文徵明题书,如《苏州图》长3.2丈。文为其书《吴都赋》;仇英摹《清明上河图》,文又作题记。嘉靖十五年(1536年),他寓居昆山,始作《子虚上林图》巨卷,长5丈余,历时6年。所画人物鸟兽,山川台榭、旗辇军容等状,煞费斟酌,见者无不叹服。嘉靖二十二年,画着色人物仕女,有《梅花驿使》、《汉宫春雪》等共10帧。嘉靖三十一年,他取白居易《琵琶行》诗意,作《浔阳琵琶图》。在晚年客居于收藏家项元汴家中,为之摹仿历代名迹,落笔乱真。尤其是他的工笔重彩人物仕女画,神采生动,出类拔萃,形成新的流派,有"周昉复起,亦未能过"之评。《人物故事》册是其人物画中的代表作。仇英的山水画发展了宋代院体的"青绿巧整",常见的是细润而风骨劲峭的青绿之作。其代表作有《剑阁图》、《秋江待渡图》等。此外,他还擅画花鸟、水墨、白描等,风格挺秀而清丽。

他作画,不自题诗书,一般也不落年款。有时仅在画幅的树杆或石壁空隙间,细楷"仇英制"字样,以示识别。他一生作画500余幅,毕生以卖画为生,与沈周、文徵明、唐寅并称"明四家"。传世作品有《桐阴清话图》轴、《右军书扇图》、《莲溪渔隐图》、《独乐图》、《九成宫图》卷等。

席上珍

席上珍(？~1555)，靖江人。明抗倭烈士。自小练就一身功夫,且胆识过人,急公好义。明嘉靖三十四年(1555年),大股倭寇犯靖,所到之处,房屋尽遭焚毁,2000余名百姓遭屠戮,血流成河。倭寇逼近县城东门时,城上官兵惊慌失措,城内人心惶恐,一片混乱。秀才席上珍闻知敌情后,义愤填膺,向县丞主动请缨率众前去杀贼。县丞因嘉靖帝未曾有抗倭圣谕,加之倭寇凶狠残暴,担心抵抗不成,反遭致更大的灾祸,便借口出战的日子不吉利,不肯出战。席怒发冲冠,激昂地说："贼寇疯狂进逼,我们如果只是观望徘徊,任其杀掠,其气焰必然更加嚣张。如果予以迎头痛击,挫其锐气,贼寇必然退出。我愿与贼众拼死一战,以保乡土平安。"随即便召集100多名义士,各执兵器,准备战斗。他一面派人探听贼寇的虚实,一面站在城头观察贼众行动掀起的烟尘,分析判断敌人的去向。然后率领众义勇壮士,一鼓作气,从东门杀出,以迅雷不及掩耳之势冲入贼群,夺得贼寇的战马,猛冲猛杀。骄横一时的倭寇见他们来势凶猛,惊骇奔逃。席身无铠甲,在敌群中奋力拼杀,在杀伤10多名倭寇后,自己也身负重伤。稍后,溃败的倭寇惊魂初定,复又整队杀回。席毫无惧色,横刀挺立,扼守在泰家桥头,寸步不移。倭寇自恃人数众多,将其团团围住。席不畏强敌,镇定自若,毫无惧色,继续顽强抵抗,终因众寡悬殊,后援无继,刀折力尽,被倭寇刺倒。正当倭寇得意忘形之时,席陡然起立,手持大刀又杀伤几名倭寇,直至流尽最后一滴血。倭寇经此重创,纷纷逃散。

清末诗人何星榆曾写有新乐府《东门桥》,赞叹席的可贵精神和壮烈事迹。

王 铁

王铁(1514~1555),字德威,号苍野。浙江东阳人。抗倭烈士。嘉靖二十九年(1550年)进士,授常熟知县。善体民情,剔除奸弊,檄收海壖大豪改邪归正,为吏民敬畏。时倭患起,常劫掠沿江,入侵内地。王铁募集民兵数百人,立着长训练,并亲自教射。县城失修颓圮,集资施工修固。嘉靖三十二年,倭寇侵常熟,率兵迎击,射杀寇首,倭退。翌年,再度入侵,又带兵在三丈浦大败倭寇,烧毁倭船 27 艘,杀寇 150 人,溺死无数。嘉靖三十四年五月,倭寇掠邻县后,将经常熟尚湖入江。王铁乘小船率兵追击,在让塘误中埋伏,登岸奋战,足陷于芦荡污泥,腹部受创死难。朝廷诏赠太仆少卿,遣官致祭;邑人请留葬于常熟西门外虞山麓。

崔 桐

　　崔桐(1478～1556),字来凤,号东洲。海门(今海门市)人。为官清正廉洁、刚正不阿。祖父崔润做过湖广、郴州同知,治家极严。崔桐天资聪颖,少年时即以"奇童"闻名乡里,9 岁就能写一手好文章。明正德十一年(1516 年),授翰林院编修,时年 39 岁。崔桐为人忠厚,不求荣禄,说话直率。他自己说:"奉职太愚,自处太高,操持太执,语言太直。"因此,仕途坎坷。明武宗南巡,他与同事联名上书,遭受斥责,罚跪午门外,被廷杖,并扣罚半年薪俸。嘉靖三年(1524 年),他又"谏议大礼",再次受斥责,被关进监狱。出狱后,贬为湖广参议。嘉靖八年,任督学副使,又转任福建参政、浙江副使。在此任上,有一名王一贯的犯案,有人以千金巨款行贿,崔桐不为所动;后又胁以权势,他更不动摇。不久,崔桐调任辰沅兵备,在平安教化山寇、平定土著族人争地中立功受奖,任南太仆少卿。

　　嘉靖十五年,他回乡省亲,接受海门知县吴宗元邀请,根据邑人尹玺(寿昌)存留的成化《海门县志》残稿,加以整理、补充、归类,修成嘉靖《海门县志》。该志详尽地记载海门政治、文化、风俗等历史,体例缜密,至今仍是了解和研究海门历史的宝贵资料。嘉靖二十四年,崔桐任礼部右侍郎。此时,朝中又有流言蜚语中伤崔桐,他以年老请归。崔桐很有文才,曾参加《武宗实录》等书的编修。还写了不少诗词,有《东洲集》行世。

刘景韶

　　刘景韶(生卒年不详),字子成,号白川。湖广武昌府崇阳县人。明代抗倭将领。明嘉靖二十三年(1544 年)登进士。嘉靖三十一年,倭寇侵掠东南沿海,时任浙江海防兵备副使的刘景韶奉命到如皋、海安一带布防。刘景韶抓紧训练士卒,构筑海安土城,筹谋歼敌。嘉靖三十八年四月,几千名倭寇破通州过如皋直逼海安,刘景韶与边将邱陞亲率官兵抵敌于海安,杀毙倭寇465人，斩俘81人。是年七月，从江南溃逃而至的倭寇再犯海安地域，刘景韶与邱陞率明军迎战于西场，斩敌大酋长以下1500多人，活捉15人，残敌被肃清于刘庄。从此，海安、如皋一带的倭寇绝迹。后刘景韶官至浙江按察使。嘉靖三十九年春，如皋知县童蒙吉刻"刘公平倭冢记"石碑，立于西场镇东郊，以纪念刘景韶功绩，此碑至今犹存。

曹　顶

曹顶（1514～1557），通州余西场人。生于一盐民家庭。明抗倭烈士。成年后有膂力，胆略过人，曾受雇作船工运盐，后于通州城一切面店干活。嘉靖三十二年（1553年），愤于倭寇骚扰掳掠，毅然应募入伍，随即参加江上阻击，大败倭寇，首立战功。翌年四月，倭寇3000多人侵犯通州，曹顶率部众500多人在城下筑栅御倭，并伺机反击，不断杀伤敌人，艰苦坚持20多日，大批援兵终于到达，解了通州之围。每次与倭寇开战，他总是争先杀敌。嘉靖三十六年四月，进犯通州的倭寇遭痛击溃逃，曹顶提刀跃马，奋勇追击，至单家店（今平潮镇）北街头，因雨天路滑，加之激战半天，人困马乏，战马失蹄，将他掀落堑壕之中，不幸被倭寇所害。噩耗传至城中，人人悲切痛哭，为之在城南关帝庙前营葬，并建"曹公祠"，以表示对这位抗倭英雄的纪念。

薛　己

薛己（约1488～1558），字新甫，号立斋。吴县（今属苏州）人。明医学家。父薛铠为太医院医官，治病屡获奇验，精于儿科，著有《保婴撮要》20卷。薛己幼承家学，尤殚精方书，内外妇幼、本草之学，无所不通。初为疡医，后以内科驰名。明正德元年（1506年）补为太医院院士，正德九年擢太医院御医，正德十四年授南京太医院院判。嘉靖九年（1530年），以奉政大夫南京太医院院使致仕归里。著述宏富，主要有《薛氏医案》16种，内容为自撰著作8种：《外科枢要》4卷，《内科摘要》2卷，《女科撮要》2卷，《疠疡机要》3卷，《正体类要》2卷，《保婴粹要》1卷，《口齿类要》1卷，《保婴金镜录》1卷。订定旧本，并附己说计8种：倪维德《原机启微》3卷，陈自明《妇人良方》24卷，陈自明《外科精要》3卷，王纶《明医杂著》6卷，钱乙《小儿药证直诀》4卷，陈文中《小儿痘疹方论》1卷，杜本《伤寒金镜录》1卷，薛铠

《保婴撮要》20卷。其遗著可见者尚有：《外科经验方》、《外科发挥》、《外科心法》、《本草约言》、《薛己医案》、《痈疽神妙灸经校补》等。

皇甫冲　皇甫涍　皇甫汸　皇甫濂

皇甫冲(1490～1558)，字子浚。长洲县(今苏州)人。明诗文家。父皇甫录，弘治丙辰(1496年)进士，授都水主事，改礼部仪制郎中。生冲、涍、汸、濂四子。兄弟四人均好学，工诗，并称"皇甫四杰"。皇甫冲善骑射，好读兵书，通众艺，吴中少年推其为首。嘉靖七年(1528年)举人。著有《灭胡经》、《兵统》、《枕戈杂言》、《皇甫华阳集》、《河志》、《己庚小志》、《三峡山水记》、《还山诗》、《纪游诗》等。

皇甫涍(1497～1546)，字子安，号少玄。冲弟。嘉靖十一年(1532年)进士。授工部主事，改礼部主事。历任仪制员外郎、主客郎中、右春坊司直兼翰林院检讨。谪广平通判，擢南京刑部主事、员外郎，迁浙江佥事。未及三月，坐南计论黜，未及赴调卒。涍好学不倦，工于诗，有才名。著有《春秋书法纪原》、《续高士传》、《皇甫少玄集》、《皇甫少玄外集》等。

皇甫汸(1498～1583)，字子循，号百泉。明诗文家、学者。嘉靖八年(1529年)进士，授工部主事。因监运陵石迟缓，贬为黄州推官。迁南京稽勋郎中，再贬开州同知，移处州同知，擢云南佥事。浮沉不废吟咏，诗名相埒王士贞。亦工书法。著有隆庆《长洲县志》、《百泉子诸论》、《岳游漫稿》、《皇甫百泉还山诗》、《皇甫百泉集》等。

皇甫濂(1508～1564)，字子约，一字道隆，号理山。嘉靖十三年(1534年)举人。嘉靖二十三年进士。官工部都水主事。历任河南布政司理问、兴化同知等。归居后专心典籍，多所撰述。能画善书，作花石竹木臻妙，临唐人书亦妙。著有《逸民传》、《老子道德经辑解》、《水部集》、《皇甫理山集》等。

文徵明　文　彭

文徵明(1470～1559)，初名壁(亦作璧)，以字行，更字徵仲，号衡山。长洲县(今苏州)人。明书画家。少时学文于吴宽，学书法于李应祯，学画于沈周，并常与祝允明、唐寅、徐祯卿相切磋。54岁以贡生荐试吏部，任翰林院待诏,旋辞归。工行、草书,有智永笔意,大字仿黄庭坚,尤精小楷,推为第一,亦能隶书。擅画山水,师法宋元,多写江南湖山庭园和文人悠闲生活,构图平稳,笔墨苍润秀雅。早年所作多细谨,中年较粗放,晚年粗细兼备。亦善花卉、兰竹、人物。名重于世,学生甚多。其后世书画相承,延绵不绝。亦能诗,宗白居易、苏轼。以诗、书、画"三绝"兼擅,驰誉艺苑,名满天下。著有《甫田集》、《太湖新录》、《书画见闻志》等。沈周、唐寅死后,推为吴门画坛、文坛领袖。文徵明素以清高自赏,恶趋炎附势,淡金钱职位。《明史》称其"四方乞诗文书画者接踵于道,而富贵人不易得片楮,尤不肯与王府及中人","外国使者道吴门,望里肃拜,以不获见为恨"。其墓在今陆墓文陵村,现为省级文物保护单位。

文彭(1498~1573),字寿承,号三桥,别号渔阳子。国子博士。文徵明长子,生于弘治十一年(1498年)。明篆刻家。少承家学,善真行草书。初学钟王,后效怀素,晚年倾力于孙过庭,精于篆隶。尤精篆刻,风格工稳,与何震并称"文何"。原多作牙章,后得灯光石,乃多刻石章,为后世所宗,称为流派印章的开山鼻祖。善写墨竹,老笔纵横,亦工山水。能诗,著有《文博士诗集》及《印章集说》。

文嘉,文徵明次子,字休承,和州学正。也工书画篆刻,并能诗。

邱　陞

邱陞(?~1559),字嵩山,号跻堂。河南封邱人。明抗倭烈士。明嘉靖中武举,初任守备,后升山西平阳游击将军。嘉靖三十六年(1557年),倭寇侵扰江北,邱陞奉命提兵镇守。嘉靖三十八年三月,倭寇从海门登陆,围攻通州,邱陞与刘景韶移兵扼守如皋。驻守通州的副总兵邓城防御不支,邱陞急往增援,于白蒲、丁堰、如皋城郊与敌交战,歼灭倭寇近3000人。倭寇败退占据龚家庄,邓城调集人马击敌,倭寇迂回攻掠如皋城,居民千余人被害。邱陞奋勇昼夜搏战于仲家庄、樱桃园,获胜。倭寇沿海窜掠,邱陞联合副使刘景韶尾追,大破倭寇于庙湾,再歼敌于虾子港,前后歼敌数千人,群众筑"平倭坟"。六月,邱陞以战功提升为扬州参将。后邱陞率部追击倭寇至海安西场,战于曹家庄,失利。邱陞"奋怒擐甲",身先士卒,力斩倭寇90余人。残敌30余人逃往泰兴。邱陞发誓将敌"麛尽乃食",穷追三昼夜,单骑至新沙时已是傍晚,马失前蹄坠地为敌所害,士民闻讯后无不痛哭流涕。都御史郑晓上疏朝廷,如皋人于县城建有邱公祠。后人又将西场改为邱场。

卢　翊

卢翊(生卒年不详),字凤冲。常熟人。明臣。明弘治三年(1490年)进士,授新喻令,有政绩。又知获嘉县,惩治土豪恶棍,以法治称。后以荐拜御史,出理山东军政、广西巡抚。正德年间(1506～1521年),任四川按察司佥事,提督水利。总结元代以后"以铁治堰"失败的教训,恢复李冰父子"深淘滩,低作堰"的治水法,疏凿都江堰以灌民田,成都平原遂连年大熟。后擢云南参政。洱海四周常苦旱,他为治品甸,开砦二坡,筑梁王山坝,汇诸泉之水溉田,岁大丰。殁后,四川人民于都江堰畔二王庙建配殿,塑卢翊像,与李冰父子合祀。

魏良辅

魏良辅(生卒年不详),字尚泉(一作上泉)。原籍江西豫章(今南昌市),寓居昆山,嘉靖年间流寓娄东(今昆山、太仓一带),后居太仓南码头(今南郊乡)。明戏曲音乐家。被誉为"国工"、"曲圣",昆腔"鼻祖"。他熟悉音律,初习北曲,因不及北人王友山,乃钻研南曲。他的家乡是弋阳腔的天下,而他却厌鄙弋阳。为了改变所处的艺术环境,他于明嘉靖年间(1522～1566年)来到当时南戏北曲都很活跃的太仓,居住在南码头。在当地驻军中,有很多人通晓音律,魏良辅常去那里与他们切磋技艺和商讨乐理。这时,他结识一位南曲专家,太仓卫百户过云适,便经常去请教,每次度曲都要等到过认为满意方肯罢休。他还去请教从安徽寿州(今寿县)发配至太仓的弦索、北曲专家张野塘。当时张正在军中服役,对魏良辅的求教欣然应允,两人结为挚友。后来,他将自己的女儿许配给张野塘。此后,他在过云适、张野塘等人的协助下,并得到昆山、苏州、无锡等地一大批民间曲师和乐工的支持、协助,借鉴、吸收当时流行的海盐腔、余姚腔以及江南民歌小调的某些特点,对流传于昆山一带的戏曲唱腔进行加工整理,将南北曲融为一体,既可使南曲"收音纯细",又可使北曲"转无北气",从而改变以往那种平直无意致的呆板唱腔,形成一种格调新颖、唱法细腻、舒徐委婉的"水磨腔"(昆腔)。它以清唱的形式出现,终于使昆腔在无大锣大鼓烘托的气氛下能够清丽悠远,旋律更加优美。同时,魏良辅在伴奏乐器方面也进行改革。原来南曲伴奏仅以箫、管为主要乐器,为了使昆腔的演唱更富有感染力,他将笛、管、箫、笙、琴、琵琶、弦子等乐器集合于一堂,用来伴奏昆腔的演唱,大获成功。魏良辅从此名声大振。著有《曲律》(一名《南词引正》),为论述昆腔唱法及南北曲流派的重要著作。

沈 坤

沈坤(1507~1560),字伯生,号十洲。淮安河下人。嘉靖二十年(1541年)状元。明抗倭英雄。他任南京国子监祭酒时,因母丧回家守孝。当时倭寇猖獗,时常侵扰淮安。沈坤变卖家产,招募乡勇1000多人,亲自操练。这支队伍纪律严明,英勇善战,被群众誉为"状元兵"。嘉靖三十八年,在淮安东乡柳蒲湾、姚家荡一带,状元兵与官兵设埋伏,掘暗坑,将千余倭寇全部歼灭。他们将倭寇尸体就暗坑埋葬,上筑高土墩,后人名之为"埋倭墩"。为了褒扬沈坤的功绩,姚家荡人民为他建一座"报功祠",淮安人民还在他故居河下建了"状元楼"。巡抚李遂上书赞颂沈坤"才兼经略,功收御侮"。沈坤因此被提升为北京国子监祭酒。但是,还未来得及赴任,巡抚御史林润等就上书诬蔑他随便杀人,说他组织"状元兵"抗倭是"私结义勇",有谋反嫌疑。嘉靖皇帝昏庸轻信,竟下令将沈坤逮捕入狱。嘉靖三十九年三月十二日(1560年4月7日),沈坤病死狱中,终年53岁。

唐顺之

唐顺之(1507~1560),字应德,一字义修,号荆川,人称荆川先生。武进(今常州市区)人。明抗倭名将,著名学者、诗人。嘉靖八年(1529年)进士,会试第一。殿试得二甲传胪(第一名)。选庶吉士。调兵部主事。不久病归。嘉靖十一年,出任吏部主事。翌年秋改任翰林院编修,校勘历朝实录,文名卓著。曾两度罢官。他隐居阳羡(宜兴)山中,修文武10余年。家境贫困,清白廉洁,好学不倦,从学者甚众。嘉靖三十七年秋,任兵部郎中,九月视察蓟镇,发现该镇编制兵员9万,实际只有5万,且不堪作战。便条陈九事,补兵3万,使边防得到充实。不久,受命去南畿、浙江,协助胡宗宪剿伐倭寇。他认为:防御的上策,应当是拦截倭寇于海外,不让他们登陆祸民。他亲率部属出海巡逻,自江阴至蛟门大洋(舟山群岛一带),昼夜航行六七百里。倭船停泊在崇明三沙,他指挥海军袭击敌人,杀敌120人,击沉倭船13艘。三沙大捷后,升任太仆少卿,加右通政。嘉靖三十八年,上疏举荐戚继光。当时有倭船数百艘,劫掠南通、如皋、海门等地。他急令总兵卢镗坚守三沙,自己率副总兵刘显驰援江北,与凤阳巡抚李遂夹击倭寇。倭寇先后在姚家荡、庙湾大败,出海逃遁。三沙告急,他督兵回援进击,失利。他亲自持刀冲杀,离敌营仅百余步,敌人坚壁不出。卢、刘两次保护他回营。时值盛夏,在海上数月,因劳累得病,便返回太仓。升右佥都御史,代理凤阳巡抚,为布防、筹饷、赈灾,抱病奔波于江淮海滨。

唐顺之兵法娴熟,武艺高强,刀枪箭法多有传人,抗倭名将戚继光即曾学过他的枪法。他又发明"水底雷"(人称连环雷),早在嘉靖二十八年,在其所撰《武编》一书中就有记载,是世界水雷早期发明者。他抗倭虽仅两年,但因捍御得宜而屡建奇功,威震敌胆,是文武兼备的儒将。他治学严谨,学识广博,《明史》称他"于学无所不窥,自天文、乐律、地理、兵法、弧矢勾股、壬奇禽乙,莫不究极"。他从大量书籍中,辑录"文、武、左、右、儒、稗"6编,"学者不能测其奥也"。其《文编》取唐宋八大家之文,以其真情实感抵制缺乏生命力的"复古派"。唐宋八大家之说,盖始于唐顺之。他与王慎中、归有光、宋濂、方孝孺、王守仁被称之为"明六大家"。他又是明代著名诗人,作诗不崇唐宋,不事雕琢,只求本色,写出"真性情、真事理、真见识"。其诗淳正自然,豪迈雄壮。著有《乐论》(8卷)、《策海正传》(12卷)、《传氏始末》(12卷)、《挑选汉书》(4册)、《汉书揭要》(1卷)、《宋资治通鉴节要》(17卷)、《史纂左编》(140卷)、《史纂右编》(40卷,一说50卷)、《儒编》(60卷)、《稗编》(120卷)、《武编》(12卷,一说10卷)、《诸儒要语》(20卷)、《勾股等六论》(1卷)、《荆川集》(12卷)、《续集》(6卷)、《荆川外集》(2卷,一说3卷)、《南北奉使集》(3卷)、《文编》(60卷,一说64卷)、《六家文略》(12卷)。后人辑有《荆川先生文集》(总20卷)等多种。

嘉靖三十九年春,他抱病巡江,登镇江焦山望江长叹:病魔缠身,不能展其能。在泰州定下遗言:"岁荒民饥,有司宜加意;作糜分赈,勿以我物故怠其事。"当年四月在南通去世。崇祯年间追谥"襄文"。故居在常州青果巷(唐氏八宅),其中易书堂原有规模宏大的藏书楼,即荆川读书处。清潭新村西另有荆川读书处,旁为荆川墓。东下塘有唐襄文公祠。

宗 臣

宗臣(1525~1560),字子相,一字方城山人。兴化人。明抗倭名将,文学家。嘉靖二十九年(1550年)进士,授刑部主事,调吏部考功司。后托病退职回乡,在百花洲筑室读书。不久,起复旧职,移文选司,进稽勋员外郎。适逢兵部武选司员外郎杨继盛因劾严嵩被杀,宗臣和王世贞等解袍覆其尸,为文哭祭,因而得罪严嵩,被贬出任福建布政参议。嘉靖三十七年夏,倭寇侵犯福州,宗臣监守西城。他罢去守军中老弱,选壮丁守城,并命欲入城壮夫将百里之内所积粮草尽数运入城中。宗臣率部会合巡抚兵及闽省各府守军转战追击,歼灭倭寇多股,倭寇丧胆,不敢再犯。转战中,宗臣亲冒矢石,画无遗策,为八闽所倚重,进福建提学副使。因积劳成疾,于嘉靖三十九年卒于任所,归葬于兴化南门百花洲,时年35岁。

宗臣生平好学,厌于当时台阁体萎靡文风,诗文主张复古,与李攀龙、王世贞等齐名,为"后七子"之一。有《宗子相集》15卷、《西征记》、《海防三策》。散文《报刘一丈书》,对当时官场丑态有所揭露,被收入《古文观止》。

顾可久

顾可久(1485~1561),字与新,号前山,别号洞阳。无锡县胶山(今属无锡市北塘乡)人。明臣,书法家,诗人。正德九年(1514年)中进士,授行人司行人。正德十四年二月,因与145名官宦上书武宗帝,阻其南巡,言辞激烈,受廷杖四十,至"臀肉尽脱",并被贬为国子监学正。后复官行人。世宗即位后,顾可久拜户部员外郎。嘉靖三年(1524年)七月,世宗帝召群臣于左顺门,下诏删尊号中"本生"二字。群臣冒酷暑跪谏。顾可久参与其中,又遭廷杖。由此,与同邑的杨淮、黄正色、张选同称"锡谷四谏"、"嘉靖四忠"。后进户部郎中。嘉靖五年,他在福建泉州知府任上,廉平守正,平反诬冤,革除军需多征之弊,订立社仓赈济之法。嘉靖十三年调任江西赣州知府,旋升广东按察副使,并兼管海南岛防务。到位后,整饬法纪,约束部属,抑制豪强,解除民困。还出访各地,察看形势,深入了解少数民族状况,凡关隘、险阻、冲要都驻兵守御,连同海港、山川一并绘制成图,编成《琼州府山海图说》2卷。在琼州还曾多次主持乡试,选拔人才,海瑞便是其中最著名的一位。后遭豪强和权臣中伤而被勒令辞职。他回乡后,在西关外修筑别业"清溪庄"(又名"绿萝庄"),过着徜徉山水、咏歌自适的悠闲生活。嘉靖三十三年,与邑中张选、施渐、王问、华察等复举碧山吟社之会,赋诗论文,诗酒唱和。诗初学李白、杜甫,中年崇陶渊明,晚年以王维为宗。他的赋"文词宏邕尔雅,本之庄周氏"。还擅长小楷,师法钟繇、王羲之,别具雅趣。著有《洞阳诗集》20卷、《唐王右丞诗集注说》6卷及《李杜诗体略》等行世。嘉靖四十年病逝于家中,享年76岁。隆庆三年(1569年),海瑞奏请朝廷于无锡惠山寺塘泾建顾可久祠。

沈 启

沈启(1490~1563),字子由,号江村。吴江松陵镇人。明水利学家。嘉靖十七年(1538年)进士,授南京工部营缮司主事,后知绍兴府,将废弃的兰亭重建,又迁湖广按察副使。因不善迎奉上司,嘉靖三十二年罢官归里。筑室结诗社自娱,研究阴阳、律历、五行之学。嘉靖四十年,他目睹吴江洪水泛滥、庐舍漂没、民不聊生的惨景,立志查清吴江水患之源,提出治水方略,著《吴江水考》。沈启认为,治理吴江水患,首先要治理太湖,太湖无险则吴江平安。治理的根本是保证太湖水入海通畅,疏浚三江,则上游七郡之水入太湖,再经吴江入海,不致泛滥。他还针对吴江地势低洼,提出将小圩并成联圩,降低圩内水位,可收保护农田之功的设想。他的著述有《南厂志》、《南船记》。

徐九思

徐九思(1481~1566),字子慎。江西贵溪县人。明臣。嘉靖四年(1525年)中举人,嘉靖十五年任句容知县。上任伊始,他便严定规章,整治胥吏。在县衙石屏画刻一丛青菜,题辞上方"为民父母,不可不知其味;为吾赤子,不可令有此色";旁题"方丈高墙为屏户,一丛画菜辅官箴"。身体力行,自奉菲薄,夏不易葛,冬无重裘,一日三餐,茹茹菁服,以垂范衙吏。

有一次,一胥吏将空白公文藏在衣袖里,准备私盖公章,被他抓住。他要按法处置,其他官员替这胥吏叩请宽待,遭他严拒而绳之以法。于是,"人人惴恐"再不敢越轨。他要求官员、胥吏不得私入乡户,骚扰百姓;办事公正,不徇私情;对诚实平民给予恩惠,对豪强顽劣严惩不贷。在他执政九年中,句容政事清明而少诉讼。特别是他大力整顿徭役、赋税,以民户的贫富、居地的远近,作为征发徭役的依据,富者、近者多役,而贫者、远者少役。以土地的沃瘠核定田赋,并编册示民,使吏民均有章可循。由于句容有道教名山——茅山,又临近南都应天府,朝廷权贵常来茅山打醮、敬神,附近百姓供应不断,负担很重。徐九思请示上司将县府积累的盐引金分发百姓,以资补助,同时精简了三分之二的差役,三分之一的车马,以节约开支。他率领众吏在城西开塘养鱼种菜,以增收入作为招待过往宾客和县衙部分开支,不在百姓头上摊派,以减轻人民的负担。徐对权贵从不阿谀奉承。有一次,应天府尹派到句容的催粮官,向县府索贿,遭到抵制。此官就出言不逊,滥施淫威。徐即命打他五十板子,以惩其威。于是官事为之肃然,百姓因之大快。严嵩死党、工部尚书赵文华来东南视察,徐九思也未亲自迎接,只派了官员带了公文去谒见。赵文华气得大骂徐九思,愤然而去。句容连遭三年大旱,朝廷发放数百担赈灾粮,但规定平价出售的粮款全部上缴。徐认为灾民无力买赈粮,只会使富绅们得好处。于是他甘冒风险,将赈粮一半按平价出售,将所得之款上缴国库;用另一半赈粮煮粥于各寺庙设施粥厂,以济断炊灾民。患病行动不便者还可住庙就食,家住远僻者可向就近有粮的富户领取,再由官府偿还。因此救活很多灾民。

嘉靖二十三年,徐九思调任工部主事。句容父老来到县衙遮道挽留,使他懈留一月之久。临行时,他勉励乡民说:"牢记勤、俭、忍三事,俭则不荒废,勤则不衰败,忍则不会引起无谓的纠纷",作为处世之道。不少人家把他画的青菜图拓印下来,写上"勤俭忍",称之"徐公三字经",以为对他的敬仰。由于他清介刚正,为腐败的官场所不喜。工部尚书赵文华勾结吏部尚书吴鹏排挤、罢免了他。他清贫自守二十余年后病故,享年85岁。句容百姓闻之痛哭失声,在茅山建了一座"遗爱祠"以纪念他,其得民心如此,为历史上掌县篆者所少见。

钱 薇

钱薇(约1506～约1570),字君望。通州(今通州市)人。明嘉靖十一年(1532年)进士,出任抚州推官。历任浙江道御使、兵备副使、广西巡按、广东副使、广东参议等职。为官清廉,敢于平反冤案。后升为广西按察使,办事顺乎民意,地方安定。惟有靖江王以宗室自居,恣意搜刮,并辟地下室以藏奇珍。此事以前无人敢于过问,钱橐不避权贵,查实后依法处治。

在任浙江道监察御史期间,极力上书为通州奏免种马。指出:通州"三面濒江,一面边海,中复系运盐河通十场,不宜养马"。并恳切陈述,通州从为六安州临时替领贡马任务后,不料竟成为定例。由于地碱水咸,草土不服,虽称种马,并不产驹,而瘦损倒死十常八九;年耗银13500余两,而朝廷实用3224两。"是通州民独受养马之害,朝廷未尝获通州一马之用也"。疏上,交户部审议,认为钱橐所奏,俱合实情,通州种马遂免。消息传来,父老子弟欢呼动地,并为他立生祠,称"钱公世德祠"。平生勤于著述,其中《悯黎诗》记述嘉靖二十七年官逼民反,实出无奈和当局在镇压过程中妄加杀戮的惨状,是研究民族政策和民族史的重要资料。著述还有《赋役详照》、《问政集》、《纪事杂咏》等。

归有光

归有光(1506~1571),字熙甫、开甫,别号震川、项脊生。昆山人。明散文家。早年从师于同邑魏校。嘉靖十九年(1540年)中举,后曾八次应试进士皆落第。徙居嘉定(今上海市嘉定县)安亭,读书讲学,作《冠礼》、《宗法》二书。从学者常有数百人,人称"震川先生"。归有光曾考察三江古迹,认为太湖入海的水道,只有吴淞江,而吴淞江狭窄,潮泥填淤,年久逐渐填塞,只要合力浚治,使太湖水向东流,其他水道就可不劳而治。为此他写《三吴水利录》。后来,海瑞以右佥都御史巡抚应天十府,兴修水利,主持疏通吴淞江时,采纳他的许多建议,很有成效。嘉靖三十三年倭寇作乱,归有光入城筹划守御,作《倭寇议》。嘉靖四十年,他60岁时始中进士,授湖州长兴县(今浙江省长兴县)知县。他重视教化,治政廉明,每逢处理诉讼事宜,务明事实真相。当时长兴县内盗贼极多,官府乱抓一批无辜者。他用计擒获盗首,使狱中蒙冤受屈者30多人获释。后任顺德府通判,专门管辖马政。隆庆四年(1570年)为南京太仆寺丞,留掌内阁制敕,修《世宗实录》,翌年卒于任所。葬昆山城东南门内金潼里(今邮电局附近)

归有光在文学上,以散文创作为主,与拟古主义者相对抗,力矫前后七子"文必秦汉"之论,取得较高成就,使当时的文风有所转变,对后世也有一定影响。他和王慎中、唐顺之、茅坤等被称之为"唐宋派",擅长把生活琐事引到"载道"的古文中来,使古文更密切地联系生活,写出一些面目清新的作品。归有光生不逢时,严嵩专权,政治腐败,社会黑暗,官场失意,家庭不幸,幼年丧母,中年丧妻,晚年丧子,受尽生活折磨,故其抒情散文,朴素简洁,情感发自肺腑,自然而感人。所谓"一唱三叹,无意于感人,而欢愉惨恻之思溢于言表"(王锡爵《归公墓志铭》)。归的散文成为正统散文向近代散文转折的标识,它的审美影响一直及于袁氏三兄弟的"公安派"散文。但他的散文题材较狭窄,多写身边琐事,缺乏深广的现实内容。归有光的著述较多,主要有《震川文集》、《文章指南》、《诸子汇函》等。

薛应旂

薛应旂(1500～1572),字仲春,号方山。武进人。明文学家、史志学家。明嘉靖十四年(1535年)进士,授浙江慈溪知县,历官南京考功郎中,因忤奸相严嵩,谪建昌通判。迁浙江提学副使,罢归。工文史,与王鏊、唐顺之等齐名。曾就学于王守仁,持"良知"学说。著作颇丰,有《宋元资治通鉴》、《四书人物考》、《薛方山记述》、《薛方山集》。尝修地方志书。嘉靖三十年,徐阶以浙江按察佥事提督学政,倡修《浙江通志》,后薛应旂踵修之,历时10载,7易其稿而志成,共72卷。此志是浙江通志开创之作,为后来官修浙江通志的基础。他对方志编纂理论颇有见地。主张方志是地方史,是史之一体,认为先秦晋之《乘》、楚之《梼杌》,鲁之《春秋》,皆是最原始的地方志书。主张方志体例不必千篇一例。亦不应强立纪、传、志、表,以僭拟诸家之国史。编纂时宜查阅诸史,参订群籍。掇实采真,博观约取,"成一家之言"。目的为"要以掌记时事,用垂法戒"。关于志中人物,如前代官师无论善恶,均按其年代先后,据事直书。

华 察

华察(1497～1574),字子潜,号鸿山。明弘治十年六月初六日(1497年7月5日)生。无锡县隆亭(今东亭镇)人。明学者。少年聪颖,好学能文。嘉靖元年(1522年)中举人,嘉靖五年中进士,推为庶吉士,后调任户部主事,去江淮征收租税。一年后又调为兵部主事、员外郎中。嘉靖十二年任翰林院修撰、侍读学士。嘉靖十八年出使朝鲜一个多月,回国后受宠,调任司经局洗马,执掌图籍。因秉性耿正,得罪权贵,遭谗弹劾。华察免职回乡后,意志消沉,种树养鱼四年多。嘉靖二十二年再度启用,奉旨去应天府(今南京)主持乡试。翌年大比,主持会试和殿试,秉公录用天下名士,遭人忌恨,因而上书求退,不愿在京为官。皇帝不准,并升为翰林院学士。因官场倾轧,屡遭毁誉,于嘉靖二十四年"抗疏气旺,拂衣归田",弃官回家,成为无锡一方臣绅。他常到惠山参加"碧山吟社"活动,同一班文士诗酒唱和,自称"五不欺":不欺天、不欺君、不欺亲、不欺友、不欺民。华察家有良田1万多亩,商得其父同意,租田给贫困户,拿出800亩作"役田",倡议同族富户也捐田,共捐出"役田"2400亩。时值海盗倭寇猖獗,他花巨款在荡口造一座小城,招募乡勇保卫家乡。嘉靖三十三年支持无锡县令王其勤筑城抚绥,协同官府"丈田清粮",查出漏税的无良田16万亩,免去无田粮7000多石,使税赋合理,百姓称颂。一些富豪被查处,对其中伤,使负责"丈田清粮"官员翁大立(华察门生、山东布政使参议)被借故革职,孙慎(监察御史)、王其勤被调任。华察为之不平,在荡口鹅湖边建立"三公生祠",撰写记载"丈田精粮"业迹的《首建三公生祠记》。华察还为地方建造江陂桥(今江溪桥)、学士桥、砖桥、鸭城新桥、冷新桥等。还建造豪华住宅庭院,凿池墩塘、筑假山、种树林,"五步一楼,二步一阁"。文学作品"三笑"《唐伯虎点秋香》中,对华鸿山及其儿子的描写,情节虚构(华察中进士时唐寅已经去世),但也反映其生活豪华。华察于明万历二年五月二十七日(1574年6月15日)病逝,享年77岁,葬于甘露萧塘。他一生著作较多,主要有《皇华集》、《翰苑留院集》、《知退轩集》、《碧山堂集》、《东行纪兴》、《岩居稿》等,惜传世不多。

汤克宽

汤克宽(？～1576),字武河。邳州(今睢宁县古邳镇)人。明抗倭名将。出生于将门之家。倭寇(日本海盗)初起,他在温州、奉化、宁海等地多次击退倭寇进犯,升副总兵,驻金山卫(今上海金山县)。后又在宝山、苏州、松江等地击败倭寇。嘉靖三十四年(1555年),又与总督张经大败倭寇于王江泾(今浙江嘉兴北)。嘉靖四十三年随俞大猷入粤,连胜倭寇,升为广东总兵。万历(1573～1620年)初年调赴蓟镇(今天津蓟县)。万历四年蒙古鞑靼部进攻古北口,他率军迎战,在追击中遇伏身亡。葬于邳州半戈山。明史赞他为"名亚俞戚"。

陆　治

陆治(1496～1577),字叔平,号包山子、洞庭山樵。吴县洞庭西山(今属苏州吴中区)人。明画家。诸生。为人倜傥嗜义,以孝友著称。曾从祝允明、文徵明、沈周学诗文书画。晚年清贫,筑室支硎山下,种菊自遣。擅画花鸟、虫草、翎毛,得徐熙、黄筌遗风,工笔与写意,风格清秀,生趣盎然。山水取法王蒙、倪瓒,画面简净爽朗,内容广泛,线条刚劲,山石用焦墨皴擦,风骨峻峭,设色善青绿。山峰、崖石线条常刻意地运用倪瓒的折带皴,转折处明显呈现尖角状。亦工行楷,长于摹写,摹宋元花卉虫草,独见机杼。曾临明初王履之杰作《华山图》一册,藏上海博物馆,可谓皇皇巨制,足见陆氏功力之深湛。画迹有嘉靖十九年(1540年)作《竹林长夏图》轴,被录于《中国绘画史图录》。传世作品有嘉靖二十六年作《青绿山水图》轴及《雪峰林谷图》、《杏林春鸠图》二轴,藏于上海博物馆;《浪恬波息图》轴,藏天津市艺术馆;《三峰春色图》轴,藏北京故宫博物院;《飞阁凭江图》轴,藏南京市博物馆;《琵琶行图》卷,藏美国弗利尔美术馆。

丁士美

丁士美(1521～1577),字邦彦,号后溪。淮安府清河县(今属淮安市)人,幼而聪敏好学,长而淹贯经史。嘉靖三十八年(1559年)中进士一甲第一名(状元)。他所作的状元卷策论,于整肃吏治改革弊政论析详审,为士林所称道。生性纯厚耿直,不棘不阿。初及第时,首辅欲将妻妹嫁给他,遭其婉拒,益得时人传美推重。历任翰林院修撰、右春坊右谕德、侍读学士、掌翰林院事兼教习庶吉士、太常寺卿、国子监祭酒、礼部右侍郎、吏部左侍郎,历事三朝,辅导二帝。曾任会试经房考官、顺天乡试总裁等,凡五司文衡,皆称得人。充东宫侍班、经筵日讲官,要以正言格论,反复开导,皇帝亲书"责难陈善"四字加以奖赐。曾主持纂修国史、实录及重录《永乐大典》。今《永乐大典》之所幸存者,都是士美主持完竣的副本。万历三年(1575年),丁士美因父亲逝世回乡守孝,守孝期未满,即于万历五年八月病卒于家。卒赠礼部尚书,谥"文恪",赐祭葬。

吴承恩

吴承恩(约1500~约1582),字汝忠,号射阳山人、射阳居士。山阳(今淮安)人。明小说家,《西游记》作者。出生在一个由书香门第沦为小商人的家庭。他"髫龄即以文鸣于淮","性敏而多慧,博极群书,为诗文下笔立成"。他的文才很早就受到郡守、前辈名公赏识。可是他的仕途却极不顺利。嘉靖二十九年(1550年)被推为岁贡生,入南京国子监读书;嘉靖四十五年出任浙江长兴县丞,不足两年被诬入狱,因查无实据获释。自此不愿为官,回家博涉群籍,在他的诗文中,对官场的丑恶、道德的沦丧、民生的凋敝都有所揭露。吴承恩对野言稗史有浓厚的兴趣、丰富的知识。"幼年即好奇闻。在童子社学时,每偷市野言稗史,惧为父师呵夺,私求隐处读之。比长,好益甚,闻益奇。迨子既壮,旁求曲致,几贮满胸中矣"。而流传已数百年的唐僧取经故事,经众多民间艺人的加工,内容已相当丰富,初具规模。吴承恩无法在政治舞台上施展自己的宏图,遂把他的生花妙笔化作"斩邪刀",用以发泄长期郁积在胸中的愤懑,表达斩除奸邪的强烈愿望,写出富于积极浪漫主义精神的著名长篇小说《西游记》。

《西游记》中取经故事的宗教气息比较浓厚,同时现实主义因素在小说中有很重要的地位。他写神魔,是在曲折地写人事,写人间正义与邪恶斗争,这是《西游记》民主性的精华所在。吴承恩还撰有《禹鼎志》,已散佚。他的诗文,风格清逸。今传《射阳先生诗文存稿》是他的诗文集。

严 讷

严讷(1511~1584),字敏卿,号养斋。常熟人。明大臣。嘉靖二十年(1541年)进士,授编修。善文章、书法,工花草画。时三吴地区遭倭患,又遇灾荒,百姓流离死亡几半,而地方官吏仍加紧征粮征款。他上书陈情,极言百姓困苦,得以免征。后入值西苑,撰"青词"。累迁至吏部尚书,任人唯贤,破格超擢人才,吏治一新。后兼任武英殿大学士,入参机务。患病乞归,孝养父母终天年。明万历十二年(1584年)去世,赠少保,谥"文靖"。有《严文靖公集》12卷。

李春芳

李春芳(1511～1585),字子实,号石麓,一号华阳洞天主人。祖籍句容,曾祖寄籍兴化,父复返句容。春芳幼时就读于句容崇明寺。明嘉靖二十年(1541年),在淮安设馆授徒,同吴承恩交往甚密。嘉靖二十六年举进士一甲第一(状元),授翰林院修撰。因撰"青词"得到皇帝爱重,超擢翰林学士。先后为太常少卿,吏、礼二部左右侍郎,礼部尚书,吏部尚书等。嘉靖四十四年兼武英殿大学士参机务(一品宰相)。时徐阶为首辅,每事必推阶,及代阶为首辅,为政不事操切,恭慎持平。柄政以国家大计为重。嘉靖间宗室繁衍,岁禄难继。他考察旧日典章制度,对皇室吉凶大礼和对宗室供给赏赐皆规定严格制度。帝嘉许,赐名《宗藩条例》。隆庆元年(1567年)春,穆宗下诏修翔凤楼,春芳进谏说,皇上新即位,大兴土木,兴役劳民,行吗?穆宗纳谏,取消工程。隆庆五年,力主与蒙古右翼土默特万户首领俺答汗通好,帝采纳他的意见,封俺答汗为"顺义王",放归其降将,致使数十年无边警。他为官清廉,曾两次充任会试同考官,当闻扬州考员,急召子进京,不让在籍与考,将"明经一途,留待寒士"。他常念故乡之情。嘉靖年间,闻句容以砖建城,曾撰文《筑墙记》。他的正直为高拱排斥,于隆庆五年以少师致仕。卒于兴化,赠太师荣典,谥"文定"。著有《世宗实录》、《贻安堂集》、《精忠录》、《先正训蒙》、《海刚峰先生居官公案传》、《海公大红袍传》、《明隽》等。

海 瑞

海瑞(1514～1587),字汝贤,又字应麟,自号刚峰。回族。海南岛琼山人。明著名廉臣。明嘉靖二十八年(1549年)中举,嘉靖三十二年授福建南平教谕,嘉靖三十七年升为浙江淳安知县,嘉靖四十五年升任户部主事。为官刚正清廉,由于向嘉靖皇帝上疏,直陈时弊,称"吏贪官横,民不聊生,水旱无时,盗贼滋炽"。他自知疏上必触帝怒,故预购一棺,诀其妻子,待罪于朝。疏上,皇帝果然大怒,逮狱赐死。直至嘉靖皇帝死后,海瑞才被释出狱。此后,海瑞两度在南京任职,为百姓平了不少冤狱,在民间流传着不少关于他的故事和传闻,百姓誉之为"海青天"。

隆庆三年(1569年)六月,海瑞以右佥都御史巡抚应天十府(包括今苏皖大部分地区,巡抚署设在苏州)。他刚到任,即兴利除弊,进行救灾,兴修水利,疏浚吴淞江、白茆河,通流入海,使民得利;抑制豪强,扶持贫弱,贫民田被富户掠夺去的大多夺还之;均赋役,并在江宁、上元等县推行"一条鞭法",清丈土地,按亩纳税,这些措施减轻人民的负担。在任仅7个月,因裁节邮传多收的费用,触犯一些官员的利益,海瑞被罢官,谢病而归,在家闲居16年之久。其间朝廷内外虽有许多人士出来保荐他,可是当政的张居正始终不肯任用他。万历十三年(1585年),年逾古稀的海瑞才被重新起用。万历十四年二月底,由家乡琼山动身,五月初到达南京,被荐任为南京都察院右佥都御史,随即又擢升为南京吏部右侍郎。一到南京任上,他立即着手革除弊政。他的日常工作就是考察官员的政绩,掌管官员的升降,处在有相当实权的要职之位。因此,当时有许多人给他送礼,请他作客,想借机跟他拉关系。而海瑞一向以身作则,明令禁止向新上任的官员送礼,并把别人送给他的礼物全部退回。

当时南京有个陋规,就是各衙门可以随意开票子要街道商户无偿供应物品,弄得商人们难以应付,苦不堪言。有些人知道海瑞是个清官,就大着胆子拿着兵马司开出的票子到海瑞衙门去告状。海瑞很快发布了告示,宣布废除这个陋规,禁止任何衙门随意开票索取物品,即使物品只值一分,也决不宽恕。海瑞经常深入南京街坊里巷,微服私访,查看民情。一次在仓巷一个米店,看到不法商人用大斗进小斗出的办法盘剥市民,海瑞大怒,脱掉身上的便服,露出朝服,上前一把夺过一个账房先生的笔,挥笔写了几张封条,封了几家米店的门,并勒令这些不法米商,把囤积的大米全部削价卖给贫民。这一举动,吓得奸商们纷纷下跪请罪。海瑞在南京还援引明太祖立下的法规,用板子责打违法御史,平反冤狱,整顿纲纪,为民请命。民间"海忠介公居官公案"和"大红袍"等传说由此而生。海瑞位居高官,但生活一向俭朴,室内所用被子、帐子皆白布,萧然不啻寒士。

万历十五年十月十四日(1587年11月13日),海瑞病逝于南京任上,终年73岁。人们清点他的遗物,唯书卷一架,俸银8两,葛布1端(约合7米),旧衣数件而已。由于当时没有直系亲属在身边,丧事是由同乡、都御史王用汲找几位同僚捐助些银两操办的。海瑞病逝的消息一传开,南京举城哀恸,人们纷纷叹息:"老天爷怎么不保佑这样的好人长寿!"百姓奔走呼号,像自己的亲人去世一样,自动"罢市送丧"。海瑞的灵柩由南京从水路送回家乡海南海口的那天，天下着大雨，但长江两岸穿白衣戴白帽的人群，百里不绝，奠祭哭拜，哀思绵绵，久久不散。有个画工因为曾经亲眼看到过海瑞，特地画了他的像出售，一下子全售完了。市民们还把他的画像供奉在家里，早晚祭奠。海瑞死后谥"忠介"，加封太子少保。著有《海忠介公文集》、《元祐党人碑考》、《备忘集》等，后人辑有《海刚峰集》传世。

汤应曾

汤应曾（约1530～约1588），邳州右石榴（今石家村）人。明琵琶演奏家。创作演奏的《楚汉》为世界名曲之一。幼年丧父，家境贫苦，侍母甚孝。酷爱音律，每有艺人来村演奏，常陶醉入迷。后去陈州（河南淮阳）从艺于蒋山人学弹琵琶，一年而成，能奏《胡笳十八拍》、《洞庭秋思》等古曲百余首，时有"汤琵琶"之称。明皇族周王恭枵欣爱琵琶，曾召集10余人弹奏，皆未中意。汤应曾闻之，欣然而至。周王赐给碧镂牙嵌琵琶，令着锦衣，奏《胡笳十八拍》，弹得哀楚动人，深得周王赏识，遂留王府，赐给粟米万斛以奉养老母。隆庆三年（1569年），随征西将军王崇古去嘉峪、张掖、酒泉等要塞，常为将士演奏《塞上曲》等以鼓舞斗志。所弹古曲，凡摹拟风雨雷霆、愁人思妇、虫鸟鸣叫等，无不曲尽其妙。尤善弹《楚汉》，以声乐描绘两军决战于垓下，冲杀声惊天动地，屋瓦若飞，金鼓声、剑击声、人马嘶叫声维妙维肖，益发为王将军所器重。后思家辞归，妻已亡，遂携老母流落淮浦（今涟水西）、桃源（今泗阳、宿迁一带）。汤应曾因贫困潦倒，双目失明，去世于桃源县薛家村。清乾隆年间，直隶人王君锡整理汤应曾琵琶谱曲，后收入无锡人华秋苹编著的《华秋苹琵琶谱》。

王世贞

王世贞（1526～1590），字元美，号凤洲，亦称弇州山人。太仓城厢镇人。明臣，文学家。出生于将门之家，性格与众不同，幼时勤奋好学，人称读书过目不忘。嘉靖二十六年（1547年）丁未科二甲80名进士，授刑部主事，屡迁员外郎、郎中。为人正直，不附权贵。时有一姓阎的逃犯，躲藏在锦衣都督陆炳家中，他不顾情面将阎犯拘捕。陆炳挽当朝权相严嵩说情也无用，仍被依法处置。后来兵部武选员外郎杨继盛因奏劾严嵩十大罪状，被酷刑下狱。王世贞时进汤药，又代其妻草疏。杨被害后，他以棺殓之，严嵩因之大恨。在任期间，王世贞与李先芳、吴维岳、王宗沐等人组成诗社，少年才高气锐，互相标榜，名噪一时。嘉靖三十一年，他与李攀龙、宗臣、谢榛、徐中行等集于北京，结成复古文学流派，主张"文必西汉，诗必盛唐"。他们接过李、何"前七子"的复古旗帜，以号令一世，名日益盛，世称"后七子"，其中以王世贞与李攀龙为首领。嘉靖三十六年，王世贞任青州兵备副使，时作长诗《尚书乐》，严斥严嵩党羽赵文华。嘉靖三十八年二月，其父王忬任蓟辽总督、右都御史，在抵御外敌时误中敌计，致使滦河失事，遂遭严嵩构陷入狱。王世贞闻讯后，弃官奔走，与弟世懋一起日伏嵩门，涕泣求贷。严嵩当面以谎言欺骗，实则将其父投入死牢，于翌年被害。隆庆元年（1567年），穆宗帝即位后，王世贞偕弟入京为父讼冤，得昭雪，赐祭葬。严嵩死后，他作长诗《袁江流钤山冈》、《太保歌》等，痛斥严嵩父子罪恶。后，王世贞被任为大名兵备副使，迁浙江右参政，历任山西按察使、湖广按察使。万历二年（1574年）九月，以右副都御史抚治勋阳。因与张居正不合，迁南京大理寺卿被劾，起为应天府尹，又被劾罢。张居正殁，他被起为南京刑部右侍郎，辞疾不赴。至王锡爵秉政，起为南京兵部右侍郎，擢南京刑部尚书。

王世贞以才华声气笼盖海内。隆庆四年，李攀龙去世后，独主文坛20年。他善诗，以声韵为主；好古文，多摹拟之作，在前后七子中学问最为渊博。一时士大夫及山人词客、衲子羽流莫不奔走门下，片言褒赏，声价骤起。由于他极力复古，致使文学失去新意，文字诘屈聱牙，难以卒读。所著《弇州山人四部稿》、《续稿》近400卷，摹拟之作连篇累牍，对当时文风有很大影响。至晚年，受不同流派的文学思想的感染，主张稍有改变，对专事模仿渐表不满。

万历元年（1573年），王世贞任湖广按察使时与医学家李时珍初次交往。万历八年九月，李时珍为出版《本草纲目》去南京未有结果后，特地到太仓拜访王世贞。当时正值他免职家居，两人在弇山园内畅谈几日。他们谈天文、地理、声律、农圃等。他对李时珍的许多精辟见解十分钦佩，称他是"北斗以南一人"。当李时珍把作"序"来意说明后，将《本草纲目》给他过目，王世贞展卷细阅，推崇备至，随即应允。后来，王世贞替《本草纲目》撰写序言，为此书以后能顺利刻刊提供方便。万历十六年，他任南京兵部侍郎、刑部尚书。在任期内，所著《弇山史料》、《弇山堂别集》200余卷，对一些史书中错误与失实的记载有所纠正和补充，并批评一些官修、私修的史书对"国史衮阙,则有所避而不敢书",提出"史实贵,史家贵直笔","惟有随事改正,勿误后人"。

王世贞热心于方志研究,尝作万历《通州志》序等。对方志"性质"、"史志关系"、"体裁纲目"等理论有所阐发。他认为方志与史书性质相类,称"今志,犹古史也"。也指出这两种文献的差别:一是"古史之失在略;而今志之得在详";二是"古史之得在直,而今志之失在谀"。认为新修志书当取今志之详,古史之直。他主张志书体裁纲目应博采精辨,文辞亦宜瑰丽。

王世贞对戏曲也有一定研究。在早年所著《艺苑卮言》中,论述南北曲产生原因及其优劣,颇多创见,在当时的文艺批评中很有影响。据传以严嵩为题材的传奇剧本《鸣凤记》出其手笔,乃杂剧反映现实斗争的作品。

晚年,王世贞辞官还乡。著有《嘉靖以来首辅传》、《觚不觚录》、《史乘考误》、《尺牍清裁》等。

梁辰鱼

梁辰鱼(约1521~1594),字伯龙,号少白,自署仇池外史。昆山人。明剧作家。为人任侠,既是一个有抱负才学的志士,又是位风流倜傥的才子。他爱好山水,足迹遍江浙湖广间,又喜结交"四方奇杰之彦",赋诗结社,唱酬往来,足迹遍于吴楚齐鲁间。嘉靖间(1522~1566年),"后七子"都曾"折节与交"。尚书王世贞、大将军戚继光还特地到昆山拜访他,至于"击剑扛鼎之徒、骚人墨客、羽衣草衲之士,无不以辰鱼为归"。隆庆年间(1567~1572年)前后,他从金陵回到昆山,专心钻研革新后的昆山腔,并与之配剧,使昆曲进而发展为昆剧。《浣纱记》是第一部用改革后的昆山腔编写的剧本,对推广昆山腔起了巨大的作用,因而成为昆剧发展史上的一个重要的里程碑。《渔矶漫钞》载:"昆山有魏良辅者,始造新律为昆腔,梁伯龙独得其传,著《浣纱记》传奇,盛行于时。"他除搞戏曲创作,还曾在家教人度曲,"设广床大案,面向坐而序列之,两两三三,递传叠和"。因此,当《浣纱记》搬上舞台后,吴中昆曲爱好者争相传唱梁氏的剧作和散曲。一时"吴阊白面冶游儿,争唱梁郎雪艳词"(王世贞《嘲梁伯龙诗》)。"歌儿舞女不见伯龙,自以为不祥"(焦循《剧说》)。他一生怀才不遇,报国无门,只在戏曲创作和演唱方面赢得极大的声誉。明人屠隆曾不无遗憾地认为,这对梁辰鱼来说,无异是"以龙骥捕鼠"。明万历二十二年(1594年)病逝。著有传奇《浣纱记》

和《鸳鸯楼》(已佚),杂剧《红线女》和诗文《元双补集》等。

王 樵

王樵(1521～1601),字明逸,别号方麓。明正德十六年八月十九日(1521年9月19日)生,金坛县金城镇人。明臣、抗倭英雄,经学著述家。嘉靖二十六年(1547年)进士,授行人,升刑部主事,又升刑部员外郎。因秉公执法,屡次得罪严嵩,被调离京都,出任山东兖州府佥事。时遇兖州地区大灾荒,山东抚臣奏请放赈,王樵令府属吏臣深入农家,按户核准人数,配发赈粮,使乡间贪官奸吏无以作弊。朝廷拟在兖州府募两万役夫。为不影响粮农生产,他力谏不可,谏言被纳,百姓安居乐业。此后,他因病乞求归里,居家十余年。万历元年(1573年),他被起补浙江佥事,分巡浙西。他注重军务,训练士兵,实行严保伍捕制度。倭寇侵犯浙江沿海,他带兵予以反击,击沉倭寇4艘战舰,因而升为尚宝卿。迁任南京鸿胪寺卿,王樵又疏请励精听纳,整肃宗社等大计。由于政局不稳,他又辞官家居十余年,后复起为南京太仆寺卿,累官至大理寺卿、刑部侍郎、南京都察院右都御史等职。

王樵平生好学,精通经学,著述颇丰。编纂《读律私笺》24卷,著述《周易私录》、《尚书日记》16卷、《周官私录》、《春秋辑传》15卷(《四库全书》为13卷),《方麓居士集》14卷,均为《四库全书》收录。还著有《四书绍闻编》、《重修镇江府志》、《檇李记》1卷、《计曹判事》、《书帷别记》10卷、《评定周易参同契》、《老子解》、《西曹判事》等。卒于万历二十八年十二月二十六日(1601年1月23日),墓葬金坛城东九里青岗墩。

陆西星

陆西星(1520～约1601),字长庚,号蕴空居士、方壶外史。兴化人。道教"东派"之祖,《封神演义》作者。他早年孤苦,聪明过人,尝为名诸生。曾九试不遇,遂弃儒服为黄冠,当了道士,为后世道教信徒尊为"东派"之祖。一生著作甚丰,主要有《南华真经副墨》8卷、《方壶外史》8卷、《楞严述旨》10卷、《楞严经说约》1卷。曾于明嘉靖三十八年(1559年)编撰《兴化县志》。另据《乐府考略》和《传奇汇考》中"顺天时"曲剧提要及1979年版《辞海》载,《封神演义》为陆西星所作,今孙楷第、张政烺、柳存仁等学者力持此说。约万历二十九年（1601年）去世，享年约81岁。邑人在城内西北隅之方壶岛建"陆仙祠"祀之。

冯应京

冯应京（？～1607），字可大。泗州卫（今盱眙县境）人。明廉臣。明神宗万历二十年（1592年）进士，为户部主事，督蓟镇军储，以廉洁干练著称。不久改迁兵部员外郎。万历二十八年升湖广签事，分巡武昌、汉阳、黄州三府，对贪官污吏、巨奸权豪绳之以法，声名大著。时税监陈奉恣意横行，巡抚支可大以下唯唯诺诺，应京却将他们以法制裁。陈奉受困辱，怀恨在心，诬奏冯应京。很多臣僚上疏救冯应京，皇帝越发愤怒，命捕冯应京入狱。缇骑至武昌，当地民众得知，相率痛哭。陈奉把冯应京"罪过"张榜在通衢要道口，武昌民众越发愤怒，聚集数万人将陈奉驻地围住，吓得陈奉逃到楚王府躲藏。陈奉的爪牙有6人被愤怒的民众投入江中，缇骑亦被殴伤，支可大的府门被焚烧。陈奉暗中派随从领兵追逐射杀民众数人，受伤者不计其数。冯应京坐在槛车中，民众拥着槛车号哭，致槛车无法行进。他力加劝说，民众才逐渐散去。入诏狱后，他忍着拷打审讯的折磨，在狱中著书，朝夕不倦，写成《经世实用编》。又著有《六家诗名物疏》等共百余卷。万历三十二年九月获释。他"志操卓荦，学求有用，不事空言，为淮西人士之冠"。冯应京出狱三年后，于万历三十五年去世。天启初年，追赠太常少卿，谥"恭节"。

陆子冈

陆子冈（生卒年不详），一作子刚。太仓人。明末玉雕艺人。从小心灵手巧，喜爱雕刻。成年后，他选择琢玉这一行。由于潜心钻研雕刻，技艺长进很快。在多年的琢玉实践中，练就一手绝技，凡其所制玉器，均富有变化，方圆扁平，意之所到，即能成器。他还大胆创新，将过去传统的"沙碾法"改革成"刀刻法"，使雕刻技艺达到高超精美的程度，成为当时名闻朝野的玉器雕刻大师。他制作玉器时对选料不很讲究，多用新疆青玉，少量为白玉。其主要功力均放在巧作与镶嵌上。凡山水人物，花草鱼虫，龙凤麟螭，无不雕琢得栩栩如生，精巧可爱。人物常见的有文人学士、渔翁、婴孩等；花果植物纹饰有水仙、松、竹、梅、荷花、山茶、灵芝、石榴、桃实等。其图纹设计巧妙,刻划生动,法古真实,均有独到之处。所琢玉器茶晶梅花之插,选用茶、白两色玉料,茶色琢为树干,白色巧琢梅花,镶嵌而成。他制作的玉器造型规整,器型多变。所琢发簪、壶杯、水注、水丞、洗印盒、香炉、尊、罍、觥等,无不规整清雅。玉器的立雕、镂雕、剔地阳纹、浅浮雕和阴阳刻纹等线条流畅,琢磨工细,古雅有致。玉器水仙簪制作得玲珑奇巧,花茎细如毫发而不断。不少器物还铭有诗文。书法有草书、行书,字体清秀有力。落款用图章式,有篆、隶两体。在多年的琢玉生涯中,陆子冈制作的许多精美玉器,成为士大夫和收藏家的偏爱之物,往往一簪之微,其价高达五六十金。其中有不少传入宫中,成为帝王玩赏之物。当时,他的名气很大,可与士大夫抗礼。据传,后来他在制作一件玉器时,因一时失检,在龙口中(一说在龙背上)刻了子冈款,遂遭人告发,被判"犯逆"罪处死。

卢廷兰

卢廷兰(生卒年不详),字芳谷。淮安府桃源县(今泗阳县)人。廪膳生。明纺织工艺改革家。自幼善于思考,对民间铁木工具造作、纺织工艺,莫不留心。某年应金陵(今南京市)乡试,课余参观织坊,见10人操一台织机织花,于是笑着对机工说:"君等如是操纵,无乃太拙乎?"机工听他议论,莫不吃惊,于是当即向他请教。他就根据自己平素设计,为他们改进织花工艺。他还按照所织花纹,编出歌词,让机工边操作边歌唱,既便于熟练掌握技术,又愉快身心。这样,以一个人的10指,取代10个人的繁重劳动,所织布匹并不减少,所提花纹巧夺天工。因此,卢廷兰之名不胫而走。自此以后,苏杭等地织花机工都争相延聘,请其作技术指导,改革工艺。后卢廷兰卒于金陵。江南机坊都设像祭祀,被奉为"卢祖"。事详清河蒋阶《甦余日记》。

王　衡

王衡(1561～1609),字辰玉,号缑山,别署蘅芜室主人。太仓人。明戏曲家。宰相王锡爵之子。早年其父隐退,随父读书于吴县枫桥支硎山,受父指点,少有文名。万历十六年(1588年)中顺天府乡试第一。当时其父是礼部尚书兼文渊阁大学士,首辅申时行的女婿也同时中举。遂有主考官黄洪宪拍首辅和次辅马屁之议论，礼部和刑部有人联名论劾是科有疑之举人。最后万历皇帝在午门外复试所劾举人，结果王衡仍为第一，所劾举人也无一被黜落。王衡因此不愿参加礼部会试，直至其父退休多年后，于万历二十九年才参加会试，中一甲第二名进士，授翰林院编修。当年奉诏使江南，请终养而归，不复为官。王衡少时作诗，能落笔千言，"长而学殖益富，能诗善书，散华落藻，名动海内"。"诗文俱名家，尤长经世略，注意边务，论者多惜其未用"。王衡学问宏博，多才多艺，擅长书法，董其昌曾评曰："秀绝而盘旋唐晋间，工力兼至。"亦善剧作，著述颇多，主要有《春秋纂注》、《论语驳异》、《诸子类语》、《秦汉人文选玉》、《悬壶故事》、《缑山先生集》、《纪游稿》、《归田词》及《没奈何哭倒长安街》、《王摩诘拍碎郁轮袍》、《再生缘》、《裴湛和合》等。

王锡爵

王锡爵（1534～1610），字元驭，号荆石。太仓人。明大臣。嘉靖四十一年（1562年），会试第一，殿试第二，榜眼及第，授官编修，累升至祭酒。万历五年（1577年），晋升为詹事，掌管翰林院。翌年，进礼部右侍郎。因与首辅张居正不协，请假回家探亲后不出。万历十二年冬，朝廷封他为礼部尚书兼文渊阁大学士，参与内阁事务。他还朝后，建议禁诏谀，抑奔竞，戒虚浮，节侈靡，辟横议，简工作，都被朝廷采纳。还建议早定太子，并请皇长子出阁读书，但因万历帝不想册立长子为嗣而未有结果。万历十九年夏，因母老请假回家看望。万历二十一年正月，奉诏还朝任首辅。经他继续力争，皇长子于次年二月出阁读书，用的都是太子的仪式。至此，历时十几年未能册立太子的事始告结束。他也就托病告老还乡，先后奏请8次才准。万历三十五年，朝廷推举阁臣，召他还朝，他三辞未去。万历三十八年，卒于家。谥"文肃"，敕建特祠，赐茔金祭葬。墓在苏州虎丘山西南，距运河约半里许。著作有《荆石诗文集》、《奏草》、《牍草》、《左传释义评苑》、《春秋实录》、《密揭辩议》等。又善书法。

沈 璟

沈璟（1553～1610），字伯英，一字聘和，号宁庵，别署词隐。吴江松陵镇人。明戏曲家，"吴江派"创始人。万历二年（1574年）进士，任兵部职方司主事，后改礼部仪制司员外郎。万历十四年，上疏立皇太子，为王恭妃请封号，忤旨，降行人司司正，又迁光禄寺丞。万历十六年任顺天乡试同考官，升光禄寺丞，次年因科场舞弊案告病还乡。家居二十余年，潜心研究戏曲格律和创作，形成以其为中心的戏曲创作流派——吴江派。著有传奇《义侠记》、《博笑记》等17种，合称《属玉堂传奇》，并将蒋孝《南九宫十三调词谱》增订为《南词全谱》，还撰有《古今词谱》。散曲集3种已佚，今存42套，小令16支。沈璟反对追求词藻华丽，提倡朴实语言，但过于讲究声韵格律，使内容和腔调受到限制，也削弱了文学性。沈氏一族从事词曲研究创作，延衍11世90余人，有"吴江沈氏，词人渊薮"之称。沈璟亦工诗文及行草书，词宗盛唐，诗体雄健清丽，著有《属玉堂诗文稿》。

顾宪成

顾宪成（1550～1612），字叔时，号泾阳，世称东林先生。明嘉靖二十九年八月初七日（1550年9月17日）生。无锡县泾皋里（今张泾桥）人。"东林党"领袖，著名学者。6岁入私塾，聪明好学，常夜读达旦。隆庆四年（1570年），补邑庠生员，治学以程朱理学为宗。万历四年（1576年）举乡试第一。翌年作《学庸说》，认为治学的正道不在于考究词章，而在探求理学真旨并身体力行之。万历八年中进士，授户部广东司主事，督理边饷，革除陋规积弊，颇得社会好评。并上书次辅申时行，主张朝廷应进用贤能，罢斥小人。万历十年底，调任吏部稽勋司主事，后历任考功司、文选司郎中。在此期间，他研究《易经》、《春秋》，并将故居题名为"小心斋"。万历十四年九月补吏部验封司主事。当年七月，万历帝册立郑妃为皇贵妃。顾宪成殿书对策，认为贵妃一旦弄权，国家将后患无穷。他的言论一时倾动在朝官员，有人借此诋毁，幸有右佥都御史海瑞仗义执言，结果削进士籍，返归故里。翌年，他再次入京任吏部稽勋司员外郎。因议论"京察"，上疏忤旨，被连降三级，调任湖广桂阳州（今属湖南）判官。他感到从政以来有愧于古人和黎民，将自己居所题名为"愧轩"。万历十六年改升浙江处州府推官。当年，他重订《大学》一书的章句。万历十九年底，转任福建泉州府推官。次年被推举为"公廉寡欲天下推官第一"。继作《大学通考》、《大学质言》，重申前说。四月继任吏部考功司主事。后历任验封司、考功司员外郎及验封司、文选司郎中等职。万历二十五年五月，因廷推大学士王家屏主持内阁，忤旨，被革职还乡。在家开始写作《小心斋劄记》。同年在家中辟"同人堂"。教习士子，并约集常熟、苏州、松江、宜兴等地学者至无锡讲学。从正统理学宗旨出发，力斥佛教的"邪说"、王阳明的心学和泰州学派离经叛道的思想，逐渐形成一个学派，后称"东林学派"。万历三十二年，倡修东林书院与道南祠，与弟顾允成，以及高攀龙、安希范、刘元珍、叶茂才、钱一本、薛敷教等人讲学于东林书院，时称"东林八君子"。顾宪成任首任主讲，审定《东林商语》、《东林会约》，规定每月一小会、每年一大会，撰有"风声雨声读书声，声声入耳；家事国事天下事，事事关心"的名联，鼓励学者经世致用，锐意进取。各地学者闻风响应，云集东林。他们除讲解儒经、切磋义理外，还讽议朝政，裁量人物，指斥时弊，震动朝野各界。当时，参加东林讲学活动的人被称为"东林党"人。万历三十六年，顾宪成又被启用为南京光禄寺少卿。翌年八月赴任途中因病折回。万历三十八年，针对朝政废弛、百弊丛生的现状，他致书内阁首辅和吏部尚书，推荐李三才入阁。万历四十年五月二十三日（1612年6月21日）病逝，终年62岁。

天启年间（1621～1627年），魏忠贤阉党乱政，东林书院被毁，已去世的顾宪成被追夺一切功名。直到崇祯初年才获昭雪，赠吏部右侍郎，谥"端文"。著有《泾皋藏稿》22卷、《小心斋劄记》18卷、《毗陵人物志》9卷及《还泾录》、《桑梓录》等。裔孙汇编有《顾端文公遗书》行世。

张凤翼

张凤翼（1527～1613），字伯起，号灵虚（一作凌墟），又号冷然居士。长洲县（今苏州）人。出身书香门第。明学者。曾祖张昶，字景春，好读书，著有《吴中人物志》；祖张准，以心计起家；父张冲，是商人，以"贾而侠"闻名于世。嘉靖四十三年（1564年），与弟燕翼同举乡试，凤翼中解元。万历五年（1577年），第四次会试下第，从此绝意仕进，杜门不出，读书养母，卖字鬻书以自给。其博学多才，诗文、杂著有《处实堂前集》和《后集》、《读铎》、《梦占类考》、《文选纂注》、《海内名家工画能事》等，又有散曲集《敲月轩词稿》等。雅善吹箫度曲，喜为乐府新声，亦能粉墨登场，往往观者填门，"天下之爱伯起新声，甚于古文字"，"吴中旧曲师太仓魏良辅，（张）伯起出而一变之，至今宗焉"（明末徐复祚《曲论》）。又善书法。所作传奇甚多，今知有9

种,现存《红拂记》、《祝发记》、《窃符记》、《虎符记》、《灌园记》、《彘廖记》6种,合称《阳春六集》,均以词藻华丽著称。代表作为《红拂记》。卒于万历四十一年,享年86岁。

他与弟献翼、燕翼并有才名,吴人以比皇甫氏兄弟,有"前有四皇,后有三张"之说。张燕翼早逝。献翼,字幼于,年十六以诗赞文徵明,文氏自叹勿如。入国子监读书,后刻意为诗,诗名籍甚。

王肯堂

王肯堂(1549~1613),字宇泰,别号损庵,又号念西居士。生于明嘉靖二十八年九月十二日(1549年10月2日)。金坛金城镇人。明万历南京右都御史王樵之子,医学家。王肯堂平生好学,天资聪颖,工书法,擅石刻,娴习文史;酷爱医学,留心医药方术,博览医著药书。其妹患重病,各方名医皆束手无策。他根据其病情和脾性,依据脉理开药。服后霍然而愈,一时名震乡里。他常篝灯夜读,求教各方名医,甚至投苏州名医薛延卿门下当药店伙计,学开药方。返回家乡后,他又遍收民间秘方,求教当地祖传"土郎中",整理成帙。明万历十七年(1589年)中进士,授翰林院检讨,参与国史编修。他推究古书别具新见。著述《尚书要旨》30卷、《尚书过庭录》、《论语义府》20卷、《五经义府》等,誉满馆阁。在此期间,他还与来中国传教的意大利天主教耶稣会传教士利玛窦交往甚密,对利玛窦带来的西方数学等自然科学知识很感兴趣,并派学生张养默去虚心求学。利玛窦曾向王肯堂赠送欧洲书籍与纸张。他在《念西笔尘》中记录利玛窦的《交友》、《近言》等论理道德哲学。利玛窦在《中国札记》中亦提到王肯堂,称他"是北京翰林院里一位杰出的哲学家"。针对倭寇侵犯,他疏陈十议,并毛遂自荐,愿借御史衔练兵海上,以扬威武之师,震慑敌寇。朝廷不纳其疏,且予斥诘。万历二十一年,他愤然称病辞官回乡。回家后,王肯堂边疗民疾,边撰医书,曾成功地为一位眼窝边生毒瘤患者行切除术,不仅保住患者的视力,还不留刀痕,为国内医家所重。他还做成耳再植手术,蜚声医坛。他注重"情绪疗法",利用"五行"学说,按照病人的病症和各种情绪反应,因人施治。他用"以惊驱惊"的疗术,治愈一富家子弟在科举得中后因惊喜过度而突发的精神病,还救治昏迷误死的难产孕妇,救得母子性命。居家14年,在疗治民疾的同时,他还广泛收集历代医学文献,用心攻读,详尽摘录,积累大量资料和文献,根据脉症辨别异同,结合自己的临床经验,耗10年之精力,于万历三十年编著成44卷220万字的《证治准绳》,内分杂病、类方、伤寒、疡病、幼科、妇科等,后汇刻称《六科准绳》。书中对各种疾病的症候和治法叙述甚详,史称"博而不杂,详而有要","因证论治,尤能不偏不倚,而归于平正",故为历来医家所推崇。又编《古今医统正脉全书》205卷,搜集、整理中国古代医学文献44种,为祖国的医学保存许多有价值的珍贵资料。还著有《针灸准绳》、《医学正宗》、《医镜》4卷、《医论》4卷、《律例笺释》、《念西笔尘》等书,其中《尚书要旨》、《念西笔尘》收入《四库全书》。万历三十四年,吏部侍郎杨时乔荐补他为南京行人司副,后转任浙江宁绍道参议,累官福建参政。晚年退居故里。卒于万历四十一年八月八日(1613年9月21日),先附葬城东九曜先茔,后又迁葬城东九里青岗墩。

翁 遴

翁遴(生卒年不详),字文夫,号少山。吴县东山(今苏州吴中区)人。明代中期富商。少时即挟赀,渡江逾淮,到百货凑集、"河济海岱间都会"的山西清源经商。治邸四出,临九逵,招徕四方贾商,生意兴隆。并选子弟童仆中有心计强干者,指授方略,以布缕、青靛、棉花货赆,往来荆楚、建业、闽粤间,甚至辽左江北。闻其名,非翁少山布勿衣勿被,于是南北转毂无算,海内有"翁百万"之称。殁后,大学士申时行为其作墓志铭。

申时行

申时行(1535～1614),字汝默,号瑶泉,晚号休休居士。吴县(今属苏州)人。明臣。申时行祖父从小过继于徐姓舅家,故时行幼时姓徐,嘉靖四十一年(1562年),中状元,认祖归宗,复姓申。授翰林院修撰,历左庶子,翰林院掌事。万历五年(1577年),以礼部右侍郎改吏部。翌年,以吏部左侍郎兼东阁大学士,后进礼部尚书兼文渊阁大学士,累进少傅兼太子太傅、吏部尚书、建极殿大学士,继张居正、张四维后,成为朝廷首辅,"状元宰相"。

其为官尚德正,老练稳重,熟谙政术。当年张居正为相时,推行变革,保守顽固派纷纷罢官贬谪,而申时行则以"蕴藉不立岸异",连连升官。为相后,政务宽大,并"以次收召老成,布列庶位,朝论多称之,赢得一片赞誉"。朝廷大臣多"乐其宽,多与(之)相厚善"。其为相九年,尽力做了不少有益于百姓、国家安定的事,但他为政"务承帝旨,不能大有建白",迎合帝意,不能有所匡正,一切务为简易,因而"上下恬熙,法纪渐不振"。其为相时,国家相对比较安定,朝廷也较平静,文恬武嬉,海内清宴,故人称"太平宰相"。后退居家乡20年,卒后加少师兼太子太师、中极殿大学士,诏赠太师,谥"文定"。著有《赐闲堂集》、《书经讲义汇编》、《大明世宗肃皇帝实录》、《大明会典》、《召对录》、《申文定公集》、《纶扉奏草》、《纶扉筒草》等。其墓在苏州上方山,为省级文物保护单位。

朱　梓

朱梓(1542~1616),字孔材,号柳津。赣榆县沙河镇人。明廉臣。幼入塾读书,聪颖勤奋,成绩超群,但因父朱春为屠夫,不准应科举试,且常受衿绅子弟凌辱,遂辍学拜师习武。某冬,因公过高邮,见河边饥民奄奄待毙,急回淮安,尽出积蓄买米200石,委当地好义富绅代为赈济,每人每日给米1升,使百余饥民得以度过春荒。

明万历二十一年(1593年),朱梓三考升授湖广省靖州天柱守御千户所吏目。天柱处西南边陲,汉、苗杂居,以苗为主,朝委官吏常为土人所杀。朱梓慨然前往。十一月到任所,微服私访,周密调查地理、民情,洞悉之后,谒见沅州兵备道佥事江铎,条陈《安边十三策》,甚得江铎赏识,委朱梓权署天柱所掌印官事,专任抚苗,得便宜行事。

朱梓开狱释囚,革除大秤、小斗,废中间盘剥之仓场揽头,除差银附加、屯粮常例,军民悦服。于是单骑入傅良咀苗寨,宣谕朝廷德威,晓示顺逆利害,苗头傅良咀叩头请罪,愿纳鸡、粮归顺,为各苗寨先导。随后,清水等18寨亦先后归服。朱梓突发奇兵,捕杀煽动叛乱、鱼肉苗民的恶棍苗天师。附逆作乱的刘得仁等闻风归降,辖境73寨13哨遂安。经三年,天柱军民安居乐业。朱梓考升浙江海盐知县,军民闻讯,上书抚、按苦留。湖广抚、按两院再三上疏朝廷,吁请"天恩赐名定县","保朱梓为令"。万历二十五年五月,朝廷下旨允准,赐县名天柱,即以天柱所治凤城为县治,升朱梓为天柱县知事。苗民得知建县,欢声雷动,争先运木,自带饮食输工,无人愿领木值、工价。县署、学宫当年建成,朱梓以自然村落为甲,联甲为保,建立基层政权;

督官吏廉洁奉公；引进铁犁牛耕，废除刀耕火种；辟市场，发钱币，废止以物易物；立官庄，垦荒地，建仓库，积粮防歉。天柱县政通人和，经济文化逐渐繁荣。

万历二十五年七月，播州宣慰司杨应龙叛，败贵州巡抚江铎，陷綦江。贵军屡败，朝野震动，乃改江铎为偏沅巡抚，以李化龙为总督，调集八路大军，于万历二十八年二月征讨。江铎到沅州，思朱梓熟知苗情，征为军前赞画官。朱梓条列苗地疆土民情，指掌分明。遂委朱梓率天柱县哨官范文魁、千夫长吴仲玉、通健龚大忠等先行抚慰。朱梓等与苗头傅良咀、唐银冒、杨晚等带通译分投马家挂等18寨，宣谕朝廷德威，令各安居乐业，无得容隐皮林叛逆，若能俘获献于军前，与官军一例优赏。各寨苗头皆如前齐集跪迎归服。杨应龙势孤，六月兵败，举家自缢，播州乱平。次年，分播州为遵义、平越两府，改世袭土司为朝命流官，杨氏独霸播州800余年至此终结。朱梓以赞画平播州功，升任道州知州，加辰常黎靖兵备道，仍兼天柱县知事。万历三十年三月，圣旨赐朱梓宣议郎，后又晋为中宪大夫。

朱梓在天柱15年，深得苗民拥戴，立生祠13处。万历三十六年以丁忧去官，朝命建坊。苗民自天柱运石至赣榆县，并恳漕运总督李三才题额。三才叹道："格苗之化有是哉！"为题"旷代奇勋"4字。万历四十四年，朱梓病逝，终年74岁。葬于朱屯庄祖茔，苗民百余人前来奔丧，哭数月始去，其中2人不走，终生守墓，葬于朱梓墓侧。

刘　綎

刘綎（？~1619），江西南昌人。明万历年间抗倭名将。父刘显，也是名将。刘綎爱用大刀，世称"刘大刀"。万历年间，倭寇侵犯海沭一带，民不聊生，刘綎移兵沭阳东乡吴集，驻守御倭。他从海州南城至沭阳吴集、李恒一线交通要道，构筑工事72处，分兵把守，相互策应。倭寇陷于重围，只有少数逃脱，余被歼灭。不久，倭寇窜犯韩山，刘綎率部堵截，数日内荡平。李恒、吴集、韩山百姓纷纷送粮送草，慰问刘綎官兵。时浙江、苏州沿海倭寇赶来增援，刘綎全线出击，迫使倭寇遁入山东沿海，海沭遂安宁。这次恶战，刘綎负伤，战旗破碎，官兵尘垢满面，唇干舌枯。他思绪万千，口占一绝："剪发结缰牵战马，拆袍抽线补旌旗。胸中无限英雄泪，洒上云蓝纸不知。"

万历四十七年(1619年)二月,刘綎奉旨赴辽东,与建州兵交火,战死于阿布达里冈。天启初年,旨令于沭阳吴集花墩建普济寺,祭祀刘綎。清光绪年间,追谥"忠壮",重修普济寺,更名"刘綎院"。该院毁于日军侵沭战乱中。

李士达

李士达(1500～1620),号仰槐。吴郡(今苏州)人。明画家。万历二年(1574年)进士。为人刚直,富有正义感,性格孤傲,生活放达,不拘小节,不畏权势,权贵索画,虽重币亦不可得。万历间织造太监孙隆在吴地,罗集名流众吏,均屈膝登门,惟士达不卑不亢,长揖而出。由此得罪孙隆,不久被捕,经人营救庇护才免遭于难,隐居于新郭。擅画人物、山水,题材多为自己熟悉的文人雅士生活,如《西园雅集图》,以白描手法绘人物,线条柔韧,人物形体、神态、动作既生动又逼真。亦画佛道鬼神,如《罗汉卷》,个个罗汉传神入化。还常画山水,由于自己处境不佳,常把自己的卓识、情感、理想寄寓于绘画之中,以幻想的神仙境界寄托之,从而打破常规藩篱,大胆创新,名噪艺坛。传世作品有《浔阳琵琶图》卷,作于万历二十九年,以唐代诗人白居易贬官江州作的长诗为题材,寄托对黑暗社会的不满与愤慨。万历四十五年冬作的风俗漫画《三驼图》轴,画面无背景,只用白描手法勾勒出三个姿态生动的驼背人,用曲折的讽喻手法,对社会现实进行嘲弄。万历四十七年又作《罗汉图》卷。以上作品均收藏在北宫故宫博物院。另有《西园雅集图》卷,画出二十二个神态生动的人物,共分为五组,或挥毫作画,或吮笔构思,或谈禅论道,或弹琴遣兴,对山林野外的闲适放达生活,表现得淋漓尽致。此卷藏于苏州博物馆。著作有《仰槐山水论》。

焦 竑

焦竑(1541～1620),字弱侯,号漪园,又号澹园。江宁(今南京)人。明朝学者。初为诸生时即负盛名。后从督学御史耿定向,又师事罗汝芳。嘉靖四十三年(1564年)举乡试第一。时耿定向选14府名士读书于清凉山麓崇正书院,焦竑之学识,推其为学长。万历十七年(1589年)中进士,廷试第一(状元),授翰林院编修。因精于史学和明朝的国家典章,万历二十二年大学士陈于陛推荐他领衔修国史,"逊谢,乃选修《经籍志》,其他率无所撰,馆办竟罢"。翌年,皇太子出阁,焦竑为讲读官。焦竑性格疏耿,敢于直言,故为同僚所忌。万历二十五年,他主持顺天乡试时,因考生曹番等9人用语险诞而被张位等人弹劾,随谪福建宁州同知。次年,又被降级,遂辞归家。后虽一度被用,任南京国子监司业,但其懒于官场,而专心从事著述,并曾讲学于南京崇正书院。卒后追谥"文端"。

焦竑博览群书,70岁时已集书数万卷,自经史至稗官、杂说,无不淹贯。善为古文,典正训雅,卓然成一名家。他与耿定向、耿定理、李贽交往甚密,且笃信李贽之学。认为"佛学即为圣学",对王阳明的辟佛之语,多加驳斥,力图调和儒佛思想,时人以禅学讥讽。他一生著述甚丰,著有《国朝献征录》、《澹园集》、《易筌》、《焦氏笔乘》、《焦弱侯问答》、《金陵旧事》等十余种。另编有《国史经籍志》和《玉堂丛语》、《焦氏类林》、《熙朝名臣实录》等。他还先后刊刻苏轼、苏辙的《两苏经解》,李贽的《藏书》和《续藏书》以及己作《澹园集》等书籍十余种。明万历四十八年去世,享年79岁。今南京珠江路附近焦状元巷,即因其住宅所在而得名。

张贞观

张贞观(生卒年不详),字惟诚,别字惺宇。沛县安国乡张双楼人。明万历十一年(1583年)进士,授山东省益都知县。任职期间,省徭役,振疲敝,抑豪右,决冤狱,当地百姓称颂其"神明"。

张贞观任兵部给事中期间,曾出巡山西边务,查五台奸人张守清招亡命之徒3000余人,非法开挖银矿,并与潞城、新城二王缔结姻亲,以掩护其所为。皇帝采纳巡按御史意见,令张守清交纳官税,继续开矿。张贞观力争不可,开矿方才停止。前巡抚沈子木、李采菲皆为贪官。沈子木行贿钻营,升为兵部侍郎。张贞观一并加以追劾,沈子木被免官,李采菲被撤职。回京后,张贞观被提升为工科右给事中。泗州淮水决口,几乎将明皇陵淹没。张贞观前往观察,制定分黄导淮的正确措施,治理水灾,被提升为礼科给事中。因朝廷办事不按规矩,张贞观等极力劝谏,得罪了皇帝,被免官除名。朝野大哗,纷纷上书请求,皇帝坚持己见,不再起用张贞观。张贞观脱掉官服,穿着百姓的服装,傲然走出都门,回到沛县老家,怡然自得,终老乡里。著有《掖垣谏草》、《野心堂诗》。

张贞观去世后，里人以名宦和乡贤为之立祠塑像，四时祭奠。明熹宗即位后，朝廷认为张贞观无辜有功，追赠他为太常少卿。

许自昌

许自昌（1578～1623），字玄祐，号霖寰，又号去缘居士，别署梅花墅主人。长洲甫里（今苏州）人。明代戏曲作家。明万历三十五年（1607）以赀授华殿中书舍人。因不乐仕进，旋即归里。与钟惺、董其昌、张凤翼、王穉登、陈继儒等相友善，风流声伎并甲吴中。筑梅花墅，有杞菊斋、招爽亭、流影廊、竞观居、沈华阁等，园中得闲堂宏爽弘敞。槛外石台，为许氏宴客唱和、演剧歌舞之处。自昌聚书连屋，雅好刻书，有家乐，善度曲。著有传奇《水浒记》、《桔浦记》、《灵犀佩》、《弄珠楼》、《报主记》、《临潼会》、《瑶池宴》等。曾改订许三阶《节侠记》、汪廷讷《种玉记》。以《水浒记》最为著名，至今尚能演出。所作散曲残存于明代散曲选集中。

朱之蕃

朱之蕃（1548～1624），字元介，号兰嵎。江宁（今南京）人。明末官吏、书画家。万历二十三年（1595年）状元。官至吏部侍郎，曾出使朝鲜。死后赠尚书。朱之蕃才华横溢，人才出众，尤擅长书画。"之蕃真、行、草师赵魏公，间出入颜鲁公与文征仲，日可万字，运笔若飞，小则蝇头，大则径尺，咄嗟可办"。他为官清廉，洁身自好。出使朝鲜期间，以其品格、书画受到当地官员钦慕，皆以人参、貂皮等特产求索书画。他对礼品，虽照单受之，但并不纳入私囊，而将其换取散落在朝鲜的中国古代名家字画和古玩宝器。一时收藏之富可与宋代古器书画收藏家米芾相比，深得时人钦佩。后人将他居住过的巷子，起名"朱状元巷"以资纪念。著作有《奉使稿纪胜诗》、《还南杂著》、《落花诗》、《金陵图咏》等。

高攀龙

高攀龙（1562～1626），字云从，改字存之，号景逸。明嘉靖四十一年七月十三日（1562年8月12日）生，无锡城内水阙（今水曲巷）人。明臣，东林书院首领。19岁时以品学兼优,为邑诸生。万历十年(1582年)中举,曾就学于顾宪成。万历十七年中进士,先后任职于大理寺、行人司,公余研读二程与朱熹的著作。自诚无愧"三不":一字不可轻于人,一言不可轻许人,一笑不可轻假人。万历二十一年,因上疏痛责首辅王锡爵排斥异己,被谪为广东揭阳县典史。万历二十三年弃官回无锡,在五里湖畔建筑"水居",家居27年。万历三十二年与顾宪成等合力重修东林书院,以程朱理学为宗,聚众讲学,议论朝政,指斥时弊。时称参与东林讲学活动的人为"东林学派"和"东林党"人。他是"东林八君子"之一。顾宪成去世后,他主持东林书院,长达22年,世称"高顾"。天启元年(1621年),朝廷起用被贬谪的诸臣,高攀龙入朝为光禄寺丞,翌年升光禄寺少卿。这时山海关外已被清兵攻陷,危及京师,他推荐礼部右侍郎孙承宗专理守战的疏奏为皇帝接受。孙承宗出关督师,收复辽河以西失地。高攀龙后调任太常少卿,升太仆卿。天启三年春,他利用公差回无锡主持东林书院讲会,同年调任刑部右侍郎,弹劾宦官魏忠贤的党羽、御史崔呈秀。天启四年升都察院左都御史。时魏忠贤已结成阉党,矫旨指斥他与吏部尚书赵南星谋结朋党,高攀龙被迫辞职回乡。天启五年起,魏忠贤大兴冤狱,捕杀杨涟、左光斗等正直官员,打击东林党人。四月,高攀龙被追夺诰命,削籍为民。十月,东林书院被毁。十二月,魏忠贤一伙颁示"东林党人榜",他被列入榜中。天启六年二月,魏忠贤、崔呈秀合谋诬劾高攀龙和前应天巡抚周起元等7人。锦衣卫缇骑四出追捕东林党人。三月,缇骑在苏州逮捕周顺昌等人,激起大规模的市民抗暴斗争。高攀龙得到消息,自知不免,于十四日谒东林书院与道南祠,焚烧所撰《道圣文》,并写下遗表,于当年三月十七日(1626年4月13日)凌晨,从容投水自尽,终年64岁。崇祯初年得以昭雪,赠太子太保、兵部尚书,谥"忠宪"。擅诗文,著有《周易简说》、《毛诗集注》、《天完录》、《春秋孔义》、《大学知本》、《武林游记》等。遗著经后人整理为《高子遗书》和《高忠宪公集》。

周顺昌

周顺昌(1584~1626),字景文,号蓼洲。吴县(今属苏州)人。明臣、诗文家。万历四十一年(1613年)中进士,授福州推官。时税监高寀横行不法,周捕其爪牙问罪。天启(1621~1627年)时任文选员外郎,署选事,因为人刚正,不久辞官归家。巡抚周起元忤魏忠贤,被削籍归,周特作文相送,毫无顾忌地斥责魏忠贤。吏科给事中魏大中被阉党指为东林党人,被捕入狱,他又送钱安慰,并许以女嫁大中孙。如此忤逆魏忠贤,遂被阉党所不容,被罗织罪名,于天启六年(1626年)被捕。被捕时,曾激起苏州市民反阉党的斗争。入京后下狱,受酷刑,被杀死于狱中。崇祯初,诏谥"忠介"。《明史》有传。著作甚多,惜在被捕时,大多被烧毁,后由其子孙拾觅,编为《忠介烬余集》。墓在苏州阊门外白莲湾马家墩,黄道周作墓铭。

缪希雍

缪希雍(1546～1627),字仲醇,号慕台。常熟人。明名医。父早殁,幼年孤苦。17岁患疟疾,自阅医书,得方治愈。遂立志从医,搜求医方,研究药道,博涉各种医书,尤精本草之学,认为"神农本经,譬之六经,名医增补别录,譬之注疏;本经为经,别录为纬"。于是钻研其理,著《本草经疏》、《本草单方》等书。缪希雍医德高尚,医术精湛,行医以"生死人、攘臂自快,不索谢"。时人搜集其医案,成《先醒斋广笔记》行世。天启七年(1627年)去世,墓在虞山北麓。

计 成

计成(1582～?),字无否,自号否道人。吴江人,中年迁居镇江。明园艺师。好搜奇,能诗善画,宗法五代山水大师关仝、荆浩,后成为其造园意境独特、幽雅的渊源所在。通晓造园理论和技法,具有丰富的造园叠山经验,扬州影园即其所造。以代豪门巨族建造园林为生,常往来于南京、扬州、苏州,考察各地园林,并因而结识常熟钱谦益、怀宁阮大铖、扬州郑元勋等豪绅名士,还到过北京、湖广等地。他曾为武进吴又予叠石造园,又为仪征汪士衡造花园住宅,颇得时人好评。崇祯七年(1634年)作《园冶》。《园冶》是计成造园的实践经验总结,对造园的择地、取材、布局、结构等等都提出符合实际的理论,并作系统的图释。作序的郑元勋把它和古代的《考工记》相比。书中首先使用"造园"一词。日本学者称《园冶》为世界造园学最古名著,占有世界科学史上光荣的一页。

陈实功

陈实功（1555～1636），字毓仁，号若虚。明代崇川（今南通市区）人。陈少时体弱多病，始萌发学医的念头，遂勤奋攻读《内经》、《难经》诸书，后正式业医。在长期的实践中，他悟出"内之症，或不及其外，外之症必根于其内"，主张内治法与外治法并重。尤其对脓肿等痛症，他主张应尽早开刀，以免单用保守疗法而贻误病情，最终形成"内外并重"，"消、托、补相结合"的"正宗派"的学术思想。他治外症，也重辨证论治，"四诊"、"八纲"辨审证候，而后立法，拟定内治方药，外治投蚀药抑或施以刀针。陈实功内治注重脾胃和营养，认为外疾患者的气血盛衰与疮疡愈后善恶有密切关系。他创用"七星剑"、"八仙糕"（后改为八珍糕）等消、托、补代表方剂，沿用至今。陈实功开展的外科手术，除一般疮疡、疽痈切开外，还有气管缝合术、鼻息肉摘除术、下颌骨脱臼正复术、截肢术等等。他还创造发明多种医疗器械，至今为国内外研究医学史者所瞩目。他创用的枯痔散、挂线疗法治疗痔瘘，迄今仍在运用。

陈实功积 60 多年临症经验，建立了独创的外科医学理论，著有《外科正宗》4 卷。该书从明万历四十五年（1617 年）始，至民国 10 年（1921 年），300 余年间先后刊印发行石印、铅印本 5 种。《外科正宗》在中国中医外科古籍中，以"列症最详，论治最精"而著称于世。

孙慎行

孙慎行（1565～1636），字闻斯，号淇澳。武进（今常州市区）人。明末大臣、东林党人。幼年受外祖父唐顺之的影响，学习认真。万历二十三年（1595 年）中探花。任翰林院编修、左庶子等职。万历四十一年，由少詹事擢升礼部右侍郎，代理尚书。曾数度请假归里，精研理学，并讲学东林书院。天启元年（1621 年）任礼部尚书。翌年四月，他以公义发愤，疏请严惩害死明光宗的"红丸案"首恶李可灼及进药者大学士方从哲，旁及立后、移宫之事。虽再三辩析，可灼仅处于流放，从哲则免去罪责。五月，又因秦王四子厚贿近臣得封郡王事，他三疏力数其不当，未听。后托病辞官。天启五年，魏忠贤阉党大翻"三案"（梃击、红丸、移宫），以诬害东林党人，毁天下书院。

阉党指他为罪魁,决定充军宁夏。常州知府曾樱缓其行。八月熹宗死,思宗即位。十一月阉党败露,魏忠贤失败被诛,才获赦免。崇祯元年(1628年),思宗命他复职协理詹事府,他力辞不就。崇祯八年,荐召其入阁。翌年,他抱病抵京,未及上任即去世。追赠太子太保,赠谥"文介",葬常州东门外金槛里。

他操行峻洁,工诗文、擅书法,刻有《元晏斋帖》。编著有《慎读义百篇》、《周易明洛义纂述》6卷、《奏议》3卷、《恩恤诸公志略》、《丽泽会语》1卷、《元晏斋文集》5卷、《元晏斋诗选》5卷、《唐诗选记述》6卷、《皇明四大家文钞》5卷、《元晏斋困思钞》3卷等14种320多卷,其中《元晏斋集》10卷本于清乾隆年间编入《违碍书目》(禁书)。

文震孟

文震孟(1574~1636),字文起,号湘南(一说初名从鼎,字定之),别号湛持。长洲县(今苏州市区)人。明末大臣、东林党人。出身吴中望族,曾祖为文徵明;祖父文彭,号三桥,善书法,尤长篆刻,被誉为吴门派鼻祖;父文元发,官至河南卫辉府同知。

文震孟博通经史,尤长《春秋》。万历二十二年(1594年)获乡荐,嗣后10次会试皆不中,直至天启二年(1622年)终以一甲一名状元大魁天下。中状元后,授翰林院修撰,因疏陈勤政讲学,忤魏忠贤,被廷杖八十,贬职调外。震孟愤而告归故里。崇祯元年(1628年)召任翰林侍读、左中允、日讲官、少詹事等。崇祯八年七月,擢为礼部左侍郎兼东阁大学士,入阁预政,成为状元宰相。文震孟性格刚直,品行端庄,"以经论气节,领袖东林"。他以直言多次逆忤首辅温体仁,任职两个月即被劾落职。文震孟继承家传,以善书法闻名于世,风格近欧阳询、苏东坡。著有《荆驼逸史》、《壁史》、《桐槎小录》、《廷对策》、《奏议》、《竺坞草》、《初夏园林小咏》、《药圃诗稿》、《姑苏名贤小记》等多种。其故宅在今苏州市文衙弄5号,园名"药圃",建有"世纶堂"、"青瑶屿"等建筑,现为市级文物保护单位。《明史》有传。

卢象昇

卢象昇(1600~1639),字建斗,又字斗瞻、介瞻,号九台。明末大臣。

宜兴张渚锁前桥人。幼年勤奋读书，习艺练武。天启元年（1621年）乡试中举。翌年中进士，授户部主事。以员外郎衔监管仓库。天启三年任满，提任山东按察副使、大名知府。崇祯二年（1629年），清军入关，京师戒严，大名、广平、顺德三府告急。卢象昇奉命整兵破敌，因有"天下雄军"之称。崇祯三年，出任山东布政使右参政。崇祯七年，升右佥都御史。次年五月，再升右副都御史，巡抚湖广。八月，诏命总理南直隶（今苏、皖、沪）、河南、山东、湖广、四川军务，加督山西、陕西军务。十月，因参与围剿李自成有功，提升兵部侍郎，赐尚方剑。崇祯九年八月，清军进犯，卢象昇奉诏率师驰援，再赐尚方剑，统率各路援军，清军仓皇退出关外。崇祯十一年七月，任兵部尚书。九月，清军再度入关，京师震动，崇祯召其率师入卫，三赐尚方剑。十月，崇祯召见卢象昇，问其战议方略。卢主战，遭主和派首辅杨嗣昌、总监中官高起潜等所忌。卢总督援军不满二万。十月，清军三路南下，卢分兵出击，连战皆捷。杨、高对其断饷，又诬其贻误战机。朝廷信谗，诏令罢卢尚书职，以侍郎视事，戴罪立功。十二月十一日，卢率军五千人进驻钜鹿贾庄，清军数万骑兵重围贾庄，高起潜拥军驻鸡泽，相距50里而不援。十三日（1639年1月16日）卢孤军作战，身中四箭三刀，壮烈而死，时年39岁。崇祯十五年，追认太子少师、兵部尚书。清康熙二十七年（1688年）奉诏在宜兴建祠。乾隆四十一年（1776年）赐谥"忠肃"。著有《卢忠肃公集》3卷、《卢象昇疏牍》、《忠节全编》等。

程国祥

程国祥（1580~1641），字仲若，又字我旋。上元（今南京）人。明末廉臣。家世甚微，幼时日治骨角为生，夜则读书。后受业于焦竑，万历三十二年（1604年）进士，曾任确山知县，继调光山。为官清廉，民间有"程半升"之称。他"讼狱简易无忧，计所费不过半升也"。后迁南京吏部主事、礼部四司发。天启四年（1624年）冬，因吏部尚书赵南星案牵连，被魏忠贤免职。崇祯二年（1629年）复被起用，任稽功员外郎、考功郎中，后历任大理石寺丞、南京通政使等职。崇祯九年拜户部尚书。崇祯十一年改任礼部尚书兼东阁大学士，入参机务。次年夏，议兵饷时，因忤帝旨，遂乞休归。崇祯十四年因呕血不治而卒，终年61岁。

程国祥"历任卿相，布衣蔬食，不改儒素"，"殁后，家贫，不能举火"，为历史上罕见的廉政官员。后人为纪念他一生为官正直廉洁，称其住址所在地为程阁老巷。此巷东起今南京洪武路，西至今中山南路。巷后有一鹅李家巷。据《钟南淮北区域志》载："阁老家素贫，父死无以为葬，邻人李姓以地予之，阁老报一鹅，故有此巷名传世。"

徐霞客

徐霞客(1587～1641)，名弘祖，字振之，号霞客。明地理学家、旅行家。明万历十四年十一月二十七日(1587年1月5日)生。江阴南马镇旸岐人。他出身书香世家，曾祖、祖父均善诗文。父徐有勉不乐仕途，以赋诗和游览山川风光为乐，给徐霞客幼年以深刻印象。徐母知书礼，勤持家，经纺织。家道中落，后得复旧观，为其出游提供经济条件。徐霞客自幼博览群书，特好奇书，爱古今史、地方志、山海图颖，自称有"山癖"，不入仕途，以身许山，愿与山缔生死盟。万历三十五年，始游历江河山川，探索奥秘，足迹遍于16个省，跋涉人迹罕至之山河和云贵边陲。"不计程，不计年，旅泊岩栖，游行无碍，攀险峰，涉危涧，探异窟"；"高而为鸟，险而为猿，下而为鱼"，山川洞穴，探奇测幽，"尽其胜，穷其奥"；饥啖野果，渴饮波泉，风餐露宿，历尽艰险。跋涉途中，曾两次被窃，三次遇盗，四次绝粮，多次落水，数次生病，毫不退缩。每历一处，必详记述。经过三十年积累，写成六十多万字的千古奇书《徐霞客游记》。

《徐霞客游记》详记其考察到的奇山异水之地貌，探索形成之原委，涉及地理、地貌、地质、水文、植物、动物等多方面学科。对云贵高原石灰岩地貌的记述，早于欧洲人近三百年。肯定长江上游为金沙江，从而纠正历代史书岷江为长江上源之误。英国著名科学家李约瑟说，《徐霞客游记》"读来并不像17世纪的学者所著，倒像是20世纪的野外勘察家所写的考察记录"。在国际地理学上也独具开拓和领先地位。

徐霞客与明代东林党许多著名人物是亲密挚友。他游历勘察名山大川，得到东林党人顾宪成、黄道周、陈仁锡等人的大力支持。黄道周遭魏忠贤阉党诬陷入狱，他叫长子徐屺携诗文、棉衣到北京探望。黄感激地说："死生不易，豁胆相示者，独有尊公。"徐霞客晚年西南万里之行，为其导游、结伴而行的僧侣有30多人。江阴迎福寺静闻和尚伴行一年余，到南宁病逝后，徐得其遗骨和血书法华经等，供于云南鸡足山悉檀寺。

徐　燿

徐燿（1592～1641），字韫生，号蓼茂，一号心野，别号古愚。海安县城人。明末廉臣。年幼丧父，由寡母卢氏抚养教育。明天启四年（1624年）中举，崇祯元年（1628年）登进士。曾任官龙溪、海澄、漳浦诸地。崇祯七年，入京师任兵科给事中。后朝廷军饷匮乏，奉令督征两浙欠赋。他深入下层，了解百姓疾苦，独请减免20余万石。淮阴旱灾，又将灾情据实上报，获准缓征或免征。泰州也豁免特派米万石之多。崇祯十三年，任春闱房官，主持校阅试卷。是年秋，晋升为四译馆太常少卿。不久，又升迁为都察院左佥都御史，协理院事。徐燿为官期间，不阿权势，清正廉明，孝敬父母，待友以诚。去世后，崇祯皇帝示祭奠并安排安葬事宜，追封左副都御史。里人尊徐燿为乡贤。

张　溥

张溥（1602～1641），字天如，号西铭。太仓人。明末复社创建者。他自幼聪颖好学，不分酷暑与严寒，常常半夜起床读书至天明。为了把所读之书牢牢记住，每次读书他必先抄录，读后即焚去，如此再抄、再读、再焚，7次方休。他也因此将自己的书房取名为"七录斋"。天启四年（1624年），张溥与吴江同里张采在苏州创立应社，以文会友，衡艺论文，注重气节，志在尊经复古。神宗后期，宦官魏忠贤专权。当时，苏州爆发反对厂卫特务迫害清官周顺昌的市民运动。为首的颜佩韦等5人惨遭杀害。其时，26岁的张溥出于义愤，撰写脍炙人口的《五人墓碑记》，以纪念死去的5位义士。崇祯元年（1628年），张溥以覃恩选贡入都，名满京师。他汇集众多贡生，举行一次成均（太学）大会，并邀在京名士成立燕台社。会上，他感慨陈词，呼吁"尊遗经，砭俗学"，以求振兴古学。翌年，他以"兴复古学，务使为用"为宗旨，集郡中名士，并联络江浙诸省文人，将全国16个文社合而为一，创建复社。曾多次在苏州、南京等地举行集会，进行文学和政治活动，影响颇大。以后又扩展到江西、福建、湖广、贵州、山东、山西等地，成员遍及海内。崇祯四年，张溥中辛未科三甲一名进士，授庶吉士。翌年，张溥因父死，回家治丧后，居家悉心著述，各地学者竞相登门求学。崇祯六年春，他领导的复社在苏州虎丘举行数千人大会，声震朝野。其间，他与复社人士倾身交结，自谓以嗣东林,常评品朝士,议论朝政。因此,遭执政者所恶。当时,内阁首辅温体仁袒护逆案而疾东林,对复社早有成见。适逢同里陆文声赴京告发张溥"倡立复社,以乱天下";苏州推官周之夔因宿嫌于张溥,也呈文控告他"树党挟持,企图谋反";于是,朝廷下旨追查。直至数年后温体仁罢相,此事才有所缓和。崇祯十四年,张溥完成所著《七录斋近集》16卷。他的文章融洽经史,其诗皆三唐风格,为天下人争相传诵。当年夏,他因常年惊恐不安、积劳成疾,病死于家中,时年39岁。翌年,复社案得到解除,朝廷诏征张溥遗著,共得3000余卷。著有《七录斋近集》、《易经注疏大全合纂》、《书经注疏大全合纂》、《春秋三书》、《四书注疏大全合纂》、《十三经诂释》、《南北史简异》、《皇明经济书》等。

徐上瀛

徐上瀛(生卒年不详),别署青山。太仓人。明末操琴家。他年轻时满怀从政热情,胸怀"济世"之志,曾两次参加武举考试,但都未得到主考官的赏识,只得作罢。当时娄东一带善操琴者不少,他受环境影响就迷上操琴。初从娄东著名操琴家陈爱桐之子陈星源学习,后又向陈爱桐的入室弟子张渭川学琴。由于他虚心好学,孜孜不倦,琴艺提高很快。为了不断增进琴艺,他又拜常熟人严澂为师,得益匪浅。后他与陈星源、严澂、赵应良、陈禹道、弋庄乐等人结成琴川(常熟)琴社,人称"虞山琴派",其中大多为娄东人。他经常与琴友们探讨琴学理论,切磋操琴技艺,并注意广收博采,取长补短。经过他多年的实践和总结,辑成《大还阁琴谱》一书,共收琴曲32首,指法详明,谱法自成一体。主张琴曲慢快并重,不可偏废,强调音调节奏须有轻重缓急之致,急而不乱,多而不繁。因而将《雉朝飞》、《乌夜啼》、《潇湘水云》等因节奏急促而受到严澂轻视的优秀名曲收入该集。这是他继严澂的《松弦馆琴谱》之后虞山琴派的又一重要琴谱。同时,他在严澂提倡的"清、微、淡、远"四字琴学理论的基础上,又取诸家之长而别创一格,提出"和、静、清、远、古、澹、恬、逸、雅、丽、亮、采、洁、润、圆、坚、宏、细、溜、健、轻、重、迟、速"的24字要诀。系统而详尽地阐述运指、用力、取音等弹琴要点和琴学的美学原则,丰富和发展了虞山琴风,被虞山琴派奉之为准则,对后来的琴学理论发展有相当大的影响。他在表现上也纠正严澂只求简缓而无繁急的缺陷,达到较高的艺术水平。他特别擅长弹奏当时流行的《汉宫秋》。一次,京师掌管礼乐的陆符来到江南,听了他的演奏后大为惊异,认为这比京师的演奏手高明,并问他是否愿意去京城。徐上瀛回答说,我是武举出身,有一身好武艺,到京城去正是报效国家的好机会。因翌年李自成攻入北京,他还是未能去成。明崇祯末年(1644年),他凭着有一身武艺欲参加抗清,但未有结果,遂隐居苏州穹窿山,改名洪,号石帆。著有《大还阁琴谱》、《溪山琴况》、《万峰阁指法闷笺》等。

王鸣鹤

王鸣鹤(生卒年不详),字羽卿。海州(今连云港)人。初任明海州西海所掌印千户。倡导修治所,申请免除屯田粮,以减轻人民负担。后中武进士,升迁为指挥。任守备勋襄(湖北沔阳县北)时军士哗变,王鸣鹤用安抚手段,平定军变,立功受奖。万历十四年(1586年)入都,试为天下将才第一,升为甘肃参将。时甘肃地方头人勃拜,勾结蒙古卜失兔、压秃赖等人企图叛乱,王鸣鹤立即出兵,将其驱逐出边塞,擢升为副总兵。后南征播(贵州遵义一带)酋,与杨应龙作战。攻破北部寨子海龙囤,平息邛水叛乱,并破巴梁、鬼计等19个寨子;又远征乐平(贵州麻哈县北约40里),擒获酋首阿礼生等。继而进攻都匀、养鹅、养蛊等寨,灭王道成军;并擒获江洋大盗陈忠等百余人。因而晋升为都督佥事,挂征蛮将军印,镇守广西。又征思明府(广西思乐县),擒斩陆佑,晋升为都督同知,加授一品官服和一品俸禄。后镇守广东,在一次在回师途中染瘴岚之气,患病而逝。皇上赐祭拜大礼安葬。王鸣鹤戍守边疆30多年,历大小数十战,为巩固疆域,多次平叛,战功卓著,但也在平乱中伤害了无数无辜百姓。喜吟咏,多文才,著有《登坛必究》、《帷间问答》、《东粤私优》、《平黎纪事》、《教操说》、《训兵说》、《行兵图》等兵书多种。其中《登坛必究》系兵学名著,为后世兵家必读的经典之一。

于仕廉

于仕廉(1559~1645),字元贞,别号振方。金坛人。明廉臣。幼时丧母,潜心苦学。万历十四年(1586年)中进士,授户部主事。他在任员外郎中分管通州粮储时,主持开挖城河四千丈。建闸节水,城乡运输称便,节省车运费数千金。升山东按察副使,分守莱州,时值倭寇侵犯朝鲜,继而窥犯莱州。莱州系山东海上门户,但城防简陋。他反复上书巡抚,请求改筑城防。上书获准,他及时领导营筑,防御工事坚固,倭寇不敢冒犯。后调任陕西参政,他在检阅边防守军时提出"防边七议"。后因亲病乞请返乡,家居十年。再起为浙江按察使,分巡台州,因功绩卓著,提为江西右布政使。不久迁调广西左布政使,治理荒政24年,预借国库两万金购米赈济。后晋升为南京太仆寺卿,又调任通政使户部右侍郎,总督仓场钱法,纠察不称职官吏马士英、毛可教。天启二年(1622年)引疾归家。崇祯十七年(1644年),明朝灭亡。翌年,他居先辈墓所绝食而卒。著有《职掌录》、《修城通河书》、《救荒书》等。

史可法

史可法(1601～1645),字宪之,号道邻。祥符(今河南开封)人。明末抗清名将。祖父史应元,曾任黄平知州。史可法少时即聪颖好学,胸怀大志。20岁在顺天府大兴县应试,深为学政左光斗赏识,被定为第一名秀才。左曾对人曰:"他日继吾志事,惟此生耳。"崇祯元年(1628年),进士及第,后历任西安府推官、户部主事、户部右侍郎、右佥都御史等职。曾总督漕运并巡抚凤阳、淮安、扬州等地。崇祯十六年升任南京兵部尚书,参选军机。福王监国,拜为东阁大学士兼兵部尚书,主持朝政。不久遭马士英排挤,督师扬州。守扬期间,他整饬军队,修筑城垣,以民族存亡大义激励军民同仇敌忾,保家卫国。是时,北方国土已尽失守,清摄政王多尔衮多次致书诱降。他写了著名的《复多尔衮书》,表明自己的严正立场,并示其决心:"法鞠躬致命,克尽臣节。"清顺治二年(1645年)四月十五日,清军游骑至扬州城下;十八日,大队清军抵达扬州城西北郊斑竹园。清豫亲王多铎多次劝降,史可法皆不予理睬。其时皇帝昏庸,权奸掣肘,武将内讧,扬州城已孤立无援。史可法令众文武登城分守各门,自己则把守最为冲要难守的西门。他以岳飞、文天祥的英雄事迹鼓舞将士,并严申军令:"上阵不利,守城;守城不利,巷战;巷战不利,短接;短接不利,自尽。"城中军民斗志昂扬,踊跃登城御敌。史可法日夜督守西城楼,用大炮轰击清军,伤其士卒甚多。多铎用重炮掩护清军登城,城上军民毫不畏惧,矢石发下如雨,城下清军尸积如山。多铎见硬攻难破,遂于二十五日令其部分士卒打着明军旗帜,改着明军装束,诈称明将黄得功部。城中军民远望旗帜,信以为真,开城迎入,清兵"猝起杀入",城遂为所破。史可法见大势已去,欲拔刀自刎,被一参将护持而行。至小东门,清兵已如潮水般涌来,狂烧滥杀,酷虐至极。他不忍见军民惨遭屠戮,挺身而出,大呼:"吾史督师也!万事一人当之,不累满城百姓。"于是被执。多铎待以宾礼,欲诱降之。史可法大义凛然,曰:"吾朝廷大臣,安肯苟活?城存与存,城亡与亡,吾头可断,身不可辱。"遂从容就义,时年44岁。谥"忠正"。后人于扬州城北梅花岭畔建有史公祠及其衣冠冢,以资纪念。有《史忠正公集》。

阎应元

阎应元(1607～1645),字丽亨。北直隶通州(今北京市通县)人。明末抗清义士。明崇祯十四年(1641年)任江阴典史。海盗顾三麻子率数百艘战船犯黄田港口,县署兵力不足。阎命居民千人持竿列阵江滨,手发3箭,连中3盗。盗大恐,扬帆远去,为县民称颂。崇祯十五年转任广东英德县主簿。因母病未行。清兵入关,举家避居砂山之麓。顺治二年(1645年)清军南下,六月二十四日派降臣方亨任江阴县知事,推行剃发令,激起士兵反抗。闰六月初一,江阴倡义守城,清兵10万围城,杀掠四乡。阎应元应继任典史陈明遇之请,投袂奋起,于七月初九率家丁40余人入城主持军务。时城中兵不满千,户不足万,饷银、火器俱缺。阎应元祭旗发令,纳乡兵数万与在城兵分保而守。发前兵备道曾化龙所制火药、火器,贮堞城。劝富户出钱帛粮盐等物助饷。由武举黄略、把总汪某分守东、西城门;阎、陈共守南、北城门,并总督四门,昼夜巡历。城内缺箭,阎命扎草人,外披军衣,人持一竿,上挑一灯,于月黑之夜直立雉堞,士兵伏城垣内擂鼓呐喊。清兵箭如猬集,平明得箭无数。又遣壮士夜半缒城斫营,泅城河钉炮眼,屡创清军。营帅刘良佐原系南明四镇之一,降清为上将,驻十方庵。见城久攻不下,策马近城劝降。阎应元答:"某明朝一典史耳,尚知大义,将军胙土分茅,为国重镇,有何面目率众见我邑忠义士民乎?"刘良佐羞愧而退。七月十九日,清将贝勒统马步兵至,缚降将黄蜚、吴志葵至城下长跪请降。阎应元怒斥:"大臣被缚,当速就死,安用喋喋为?"二人再拜泣去。贝勒见城中守义不可动,用红夷大炮200余门日夜轰击。八月二十一日,江阴城陷,阎应元率千人夺门西走,不得出,勒马巷战8次,杀伤以千数,见势不支,拔短刀刺胸,踊身投入湖中,水不没顶被执。见贝勒挺立不屈,一卒以枪刺其小腿倒地。日暮拥至栖霞禅院,庵僧夜闻:"速杀我!"骂声不绝而死。死时题书禅院壁:"八十日戴发效忠,表太祖十七朝人物;十万人同心取义,留大明三百里江山。"

沈宠绥

沈宠绥(? ~1645),字君徵,号适轩主人,别署不棹馆。吴江人。明代戏曲声律家。约生于万历年间(1573~1620)。家资殷富,学有渊源。少时天资聪颖,名为诸生,但未肯入仕途,蓄养歌僮艺伎,度曲终生。其友颜俊彦在《度曲须知序》中说:"君徵渊静灵慧,于书无所不窥,于象律青乌之学,无所不晓,而尤醉心声歌。"沈氏从前辈那里得到《南九宫十三曲谱》,见其于宫调声律虽能正伪辨异,但仍未能使读者知其所以然,乃于崇祯初,蛰居于姑苏郊外虎丘山僧舍,专心致力于著作《弦索辨讹》与《度曲须知》二书。前者专为弦索歌唱者,指明应用的字音和口法。书曲列举数套曲子,逐字注音,以示规范。后者则将南北曲之源流、格调、字母、发音、归韵诸种方法,一一辨析其故,使度曲者有章可循。故清初学者李光地盛赞他"有功于词曲"。因其书系作者度曲经验之积累,故至今昆剧演员常用为唱曲之依据。清兵南下时,他正在撰述另一部音韵专著《中原正韵》,惜书未完稿便避兵出走,不久逝世。

周遇吉

周遇吉(? ~约1645),睢宁县凤虎山(今睢宁县苏塘乡凤山)人。明万历年间(1573~1620年),逃荒辽东,应征入伍,报称锦州卫籍。因他年少且有勇力,好打猎,因功被封为京营游击。崇祯九年(1636年),京城有战争,他随尚书张凤血战有功,被封为前锦营副将。崇祯十年冬,随孙应元转战至河南;崇祯十一年,在浙江大破胡可受军,降其全部。后随杨嗣昌出兵襄阳,并与刘元斌共战张献忠,据守槐树关。是年十二月,张献忠战败入蜀。崇祯十二年,又与孙应元大破罗汝才。崇祯十三年,与黄得功转战到凤阳,在寿张击败李青山后,被加封为少保左都督。崇祯十五年冬,任山西总兵。崇祯十六年十二月,李自成攻占陕西,进军山西,周遇吉沿河设防以拒。崇祯十七年正月,朝廷派副将熊通增援周遇吉。熊通中途被人诱使,反劝周遇吉投降李自成。周遇吉杀熊通,传首京都示众。翌年七月,太原失守,他退守宁武,后城破,周遇吉被俘,不屈,遭杀害。明福王赠其衔太保,追封周武公,位列精忠祠。

冯梦龙

冯梦龙(1574~1646),字犹龙,又字耳犹、子犹,别署龙子犹、顾曲散人、墨憨斋主人、姑苏词奴等。长洲县(今苏州)人。明末文学家、戏曲家。少有才气,惜怀才不遇。万历四十年(1612年)前后,因编纂通俗文艺遭迫害。万历四十七年曾馆于麻城。崇祯三年(1630年),57岁才考取贡生,选为丹阳县训导。崇祯七年任福建寿宁知县。居官期间,提倡男女平等,禁溺女婴,提出有计划地生育人口的主张,并编纂《寿宁县志》。清兵渡江时,南明唐王朱聿键建立流亡小朝廷,70高龄的冯梦龙誓从抗清。顺治三年(1646年),唐王政权被消灭,冯梦龙从台州逃回苏州,作《辞世诗》,含恨而死。冯梦龙才情跌宕,诗文丽藻,尤明经学。其思想受市民意识的影响,重视小说、戏曲和通俗文学。辑有话本集《喻世明言》、《警世通言》、《醒世恒言》,世称"三言"。还编有民歌集《桂枝儿》、《山歌》,散曲集《太霞新奏》,笔记《古今谭概》等,并改写小说《平妖传》、《新列国志》。戏曲创作有传奇剧本《双雄记》,曾修改汤显祖、李玉、袁于令等人作品多种,合称《墨憨斋定本传奇》。另外还著有《春秋衡库》、《春秋指月》、《别本春秋大全》、《智囊》、《智囊补》、《七乐斋集》、《情史》、《笑府》等上百卷。兄梦桂、弟梦熊皆有名,称"吴下三冯"。

朱由崧

朱由崧(?~1646),祖籍安徽凤阳。明神宗朱翊钧孙,南明皇帝。崇祯十四年(1641年),李自成攻破洛阳杀其父朱常洵时,他逃脱而流落江淮。崇祯十六年袭封福王。次年四月清兵入关后,逃至淮安(今江苏省淮安县)。五月,由南京兵部尚书史可法、凤阳总督马士英和总兵高杰、刘泽清等人在南京拥立为监国,旋即称帝,改年号为"弘光"。史称弘光帝,也称福王。朱由崧称帝后,与农民军为敌,幻想与入关清军议和。他大难当头却又昏庸无能,沉湎酒色。崇祯十七年八月,派太监至苏杭强征民女入宫。他还把朝中大权委于马士英、阮大铖等佞臣,排斥史可法、高弘图等抗清派,以致内部争斗激烈,对外又不做防御清军的准备。弘光元年(1645年)五月,清豫亲王多铎统兵南下,在血洗扬州后渡江直扑南京。警报传来,他还在饮酒作乐。后又深夜带着爱妃,从通济门弃城出走,逃至芜湖黄得功军营。第二天,清将多铎率军追杀,他又与爱妃避入黄得功战船中。两军展开水战,黄得功战死,部将田维乘机反叛,将朱由崧及其爱妃捆绑,送至清军邀功,旋即被押回南京。同年九月,被押送到北京。第二年被杀。

时大彬　徐友泉

时大彬(1573~1648),号少山。宜兴县人。紫砂大师,工艺紫砂壶的首创者。他出身世代紫砂之家,自幼勤奋好学,在其父时朋的教导下,掌握紫砂作品制作的全套技艺,又推陈出新,创出砂泥调色等新技术。他早年仿供春壶,多喜作大壶,形制古朴雄浑。中年以后,时大彬与著名文人陈继儒,画家王时敏、王鉴等结成深交,因而熟知文人饮茶习尚,遂改制小壶,并充分发挥想象力,创出提梁壶、扁壶、线豆壶、瓜棱壶、僧帽壶、六方壶、鼎足圆壶等造型各异的多种型制式样,自此将紫砂壶制作引上艺术化道路。与之相应,他创造出泥片拍打、镶接、凭空手捏成形等高难度技术;又受文人字画落款格式的影响,爱在得意之作的盖、底等部位刻上姓氏、堂号、印章等标记,进一步增加其艺术价值而为人们所宝藏。为使时氏技艺发扬光大,时大彬广收门徒。李仲芳(宜兴人)即为时大彬的高足。时大彬爱其所作"老兄壶",发现精品即征得李氏同意款上己名,时人称"李大瓶、时大名"。清顺治五年(1648年),时大彬病故,享年75岁,所创砂泥配色、泥片拍打与镶嵌、手捏造型等工艺至今沿用。传世作品有"紫砂提梁大壶",古朴雄浑,藏南京博物院。

徐友泉(1576~1643),宜兴人。爱好泥塑,偶因用泥捏塑树下眠牛为时大彬发现,大加赞赏,即收为徒。徐经过精心传授,亦成时门高足。后来,他决心跳出时门风格自创一家,制壶仿商周铜器,刻意精工,千奇百巧,至晚年发觉仍未突破时大彬的艺术境界而自嘲:"吾之精终不及时之粗!"

时、李、徐师徒三人驰名当时,有"壶中妙手三大"之美誉(按:三人排行皆为第一,故称"三大")。

吴 炳

吴炳(1595～1648),又名元寿,字可先,号石渠,室号粲花主人。生于宜兴城郊一户书香门第。晚明剧作家。16岁中秀才,时已家道中落,由妻于氏脱簪珥,资膏火,以资诵读。他自小喜爱戏曲,崇拜汤显祖,为汤氏戏剧代表作《牡丹亭》所倾倒。后拜晚明吴江派名剧作家叶宪祖为师。21岁中举,25岁中进士。翌年任湖北蒲圻县令,崇祯中历官江西提学使,永历时官至礼部尚书、东阁大学士,从朱由榔转徙湘桂,于清顺治四年(1647年)十二月,南明桂王令吴炳护送王太子,途中为清兵所俘,手书绝命书:"荒山谁与收枯骨,明月长留照短缨。"绝食数日而死,终年53岁。乾隆时赐"忠节"。处女作《画中人》的创作思想、剧情构思与创作技巧,颇受汤氏《牡丹亭》的影响。《画中人》主人翁书生庚启说:"天下人只有一个'情'字,情若果真,离者可以复合,死者可以再生",道出了吴炳"以情抗礼"的创作思想,与汤氏追求个性解放和自由幸福的反封建思想如出一辙。他的作品多以歌颂真挚爱情为主题,通过青年男女为追求自由幸福,抗争封建礼教,达到针砭时弊,揭露社会丑态的目的。吴炳在戏剧创作道路上的辛勤探索,使他颇有声望。惟一生仕途多舛,少有闲情从事创作。著有《粲花斋五种曲》,以汤显祖之笔法,合沈璟之音律,在中国古典喜剧中独树一帜。另著有《说易》、《雅俗稽言》、《绝命诗》等。力作《绿牡丹》、《西园记》至今仍为越剧和昆剧演出的保留节目。

堵胤锡

堵胤锡(1601～1649),原名灵授,字锡君,又字仲缄,一字牧子,号牧游。宜兴县(今宜兴市)善计乡人。明万历二十九年十二月初八日(1601年12月31日)出生于其父客居武进时之寓所。南明抗清领袖。他家世清贫,11岁丧父,迁居家乡宜兴。20岁时至无锡投亲,从名士马世奇学。天启二年(1622年)正月,以无锡籍补常州府学生员,后一面教书,一面游历,足迹遍及今河北、山东、江苏、浙江、福建等地,特别留心考察中国东南一带的山区形势。

崇祯十年(1637年),堵胤锡赴京会试,中进士。当年,他以新进士入大理寺观政,崇祯十二年授南京户部主事,先后负责监督水兑二差分司(南京)、江北浦差分司(浦口)、北新钞关分司(杭州)等财税机关,因作风清廉、长于理财而获盛誉。后,又历任湖广行省长沙府知府、湖广分守长宝道副吏、长沙监军等官职。

崇祯十七年,清军入关,堵胤锡被南明朝廷提拔为提督湖广全省学政兼湖广按察副使。清顺治二年(1645年)五月,清军大举南下,南京失守,堵胤锡决计起兵抗清。他纠合同志,募义兵6000人,投福州唐王,被任为湖广巡抚兼都察院右佥都御史,驻节常德。清顺治二年五月,李自成败死,大顺军余部30万人在高夫人统率下进入湖广,有联合抗清的意向。为壮大抗清武力,堵胤锡力排众议,赤手空拳进入大顺军营,以登堂拜母之礼晋见高夫人,晓以民族大义,大为高夫人所叹服,终请准唐王将高部改编为忠贞营,由堵胤锡亲自节制。授兵部右侍郎兼右佥都御史。清顺治三年、南明隆武二年(1646年),福州陷落,唐王败死,桂王在肇庆即明帝位,堵胤锡率所部改投桂王,进兵部尚书。清顺治四年、桂王永历元年(1647年),加东阁大学士,封光华伯。奉命以兵部左侍郎督师出征,克常德、辰州二城;次年夏,赴东川收编原农民起义军王光兴、于大海、李占春各部,组成忠开营,军势大振。八月,堵胤锡指挥忠贞营大举出兵,克复衡阳、湘潭,进至吉安,席卷湖南,准备进兵河南、山东,横断关内清军主力而歼灭之。

因与马进忠、曹志建等不协,使明军与李自成旧部分裂,遂忧郁而死于浔州。遗作有诗200余首和《堵文忠公集》等传世。

瞿式耜

瞿式耜(1590~1650),字伯略,一字起田,别号稼轩。常熟人。明万历十八年八月初八日(1590年9月6日)生。明末抗清将领。万历四十四年(1616年)进士,授江西永丰县知县。崇祯元年(1628年),擢户科给事中。针对时弊,屡有建白,抨击阉党余孽,为被害人讼冤请恤。未几,为政敌借端攻击,削职家居。崇祯十七年,福王起用瞿式耜为应天府丞。不久擢右佥都御史,出任广西巡抚。时清兵已破南京,他未雨绸缪,做好抗清准备。隆武时(1645~1646年),靖江王朱亨嘉争帝位,闹分裂,威胁瞿式耜,他坚拒不从,后联络军将,设法擒亨嘉。以定乱功,擢兵部右侍郎,协理军政。清兵入闽后,隆武政权溃,他与广督丁魁楚拥立永明王朱由榔于肇庆,建号永历。

瞿式耜进文渊阁大学士,兼吏、兵部尚书,留守桂林。清兵三次袭桂林,他与士卒共甘苦,击退清兵;并练兵筹饷,扶缉流亡,延揽士人,联合农民军共同抗清,收复湖广大片失地,封临桂伯。朝中党争又起,式耜阻止不住。清顺治七年(1650年),清兵乘机围攻桂林,城破,他与总督张同敞同被执,坚贞不屈。被囚禁40余日,与同敞唱和自若,赋《浩气吟》明志。是年润十一月十七日(1650年12月29日),与同敞同时被害。永历五年(1651年),追赠瞿式耜为粤国公,谥"文忠"。清乾隆四十一年(1776年),追谥"忠宣"。著有《云涛集》、《松丸集》、《虞山集》、《瞿忠宣公诗文集》、《瞿式耜集》等。墓在常熟虞山拂水岩牛窝潭。

薄 珏

薄珏(生卒年不详),字子珏。明末清初长洲(今苏州)人,祖籍浙江绍兴。机械制造家。少时家境贫苦,勤奋好学,好思考。因仕途不顺,改学天文、数学和机械制造,曾自设实验室。明崇祯年间(1628～1644年),为巡抚张国维造铜炮,构造先进,装有千里镜。又制造水车、火铳、地雷、地弩等器。张国维曾荐之于朝,不报,退归吴门,以穷病死。著有《浑天仪图说》、《格物测地论》等。

董小宛

董小宛(1624～1651),女,名白,字小宛,号青莲。金陵歌妓,"秦淮八艳"之一。秉性聪颖,姿容秀丽。懂诗、词,善书、画,曾手书唐人绝句一卷,清秀工整,落笔生辉。顺治五年(1648年),董小宛创作《孤山感逝图》,别具风格。她神针曲圣,食谱、茶经、刺绣、烹饪等各种技法,均极精通。她因家贫流落秦淮青楼期间,与高邮富商才子冒辟疆(冒襄)相遇,结伴游无锡惠山和毗陵等地。游客围观,称之为"神仙伴侣"。不久,为冒所娶。董小宛和冒辟疆结婚后,移居如皋,居住在水绘园艳月楼,鉴赏升鼎,专事书画,并集古今闺阁韵事荟为一书,名曰《奁艳》。董小宛素以贤惠闻名。清兵入关南侵,在战乱期间,举家逃难时,她不畏艰险,与冒生死相从。冒病重,董小宛日以继夜侍候,辗转离乱,终因积劳过度于清顺治八年(1651年)病逝,时年27岁。董小宛死后,冒辟疆极为悲痛,作《影梅庵忆语》,语极缠绵,哀痛悼念。董小宛能诗,有《绿窗偶语》、《书闷》等,气质纤弱,诗如其人。

万寿祺

万寿祺(1603～1652),字介若、内景、年少,又字若;晚年为僧,法名慧寿。徐州人。明末清初诗人。他天资聪明,父死后,闭门苦读。天启七年(1627年),以贡生进入国子学。崇祯三年(1630年),参加南京乡试中举。在京邸常与陈子龙等人谈古论今,对朝廷的腐败深为不满。崇祯九年复至南京,与沈寿民等文友召集复社成员数次聚会,得文2500余篇,传为一时盛事。万寿祺在当时文人名士中享有较高声誉。

清兵入关后,他在吴县集结人马,与太湖农民和渔民组成的"白头军"取得联系,又与沛县好友阎尔梅相约,起兵抗清。万寿祺四处奔走,联络旧友,准备起事。清顺治二年(1645年)五月,清兵攻破南京。万寿祺和许多朋友便于六七月间在几个地方同时起兵,会合太湖,配合"白头军"进攻。但由于各路人马成分复杂,战斗力不强,斗争持续三个多月便失败。万寿祺被捕。他入狱后,毫无惧色。狱官因久仰其名,待他如上宾,并劝降,遭严辞拒绝;又说准备举荐他为吴江县令,也毫不为所动。两个月后,狱官以"阴逃"为名,将他释放。万寿祺逃到江北,辗转飘泊,居无定所。当时,清廷已颁布"剃发令",他不甘屈辱,便削发为僧,法名慧寿,号明志道人,又号寿道人。顺治五年移家山阳县清江浦普应寺东,筑室自题为"隰西草堂",从此便与妻子隐居下来,以种菜为生。因他虽托名为僧,却不弃妻室,且时常狂饮悲歌,被人看作怪诞不经的疯子。他曾作一幅自画像悬于室内,画中的寿道人斜披大红僧衣,袒露右臂,牵一头小毛驴,怒目而视。许多文人义士慕名到隰西草堂拜访,流连歌哭,发泄亡国之痛。

顺治八年,顾炎武过淮北,寻访万寿祺,两人互诉衷曲,肝胆相照。顾写诗相赠说:"万子当代才,深情特高爽。时危见縶维,忠义性无枉。"并以复国雪耻相勉励,邀请他去山东共商反清复明大计。但因万寿祺贫病交加,虚弱不堪,终难成行。次年夏,他便怀着"国仇未雪身仍在,家散无成志有余"的遗恨溘然长逝,时年49岁。葬于徐州。

万寿祺擅古文、诗词,精通数理、琴、剑,尤精于行楷,兼画山水人物。著有《遁渚唱和集》、《隰西草堂集》9卷,多为晚年之作。

江千里

江千里(生卒年不详),又名秋水。扬州人,一作浙江嘉兴人。明末清初镶嵌漆器名工。他首创软螺钿漆器工艺,喜用文学故事作夹贮胎软螺钿杯盘,镶嵌夹全片,人物绵纹均极精致,体现出较多的文人审美情趣,清新澹雅的地方特色,给现代扬州漆器以深远的影响。据《嘉庆扬州府志》载:"又有江秋水者,以螺钿器皿最精工巧细,席间无不用之。时有一联云:'杯盘处处江秋水,卷轴家家查二瞻。'"官修志书将一个手工艺人与名画家相提并论,是十分罕见的。其作品大多藏于扬州、上海、南京等地的博物馆(院),主要表现的是士大夫的文化情味;而故宫博物馆所藏其海水云龙纹长方漆盒等漆器,则细入微芒,比较接近皇家作坊的制器风格。另外中国历史博物馆、台北故宫博物院,以及美国维多利亚博物馆和日本东京国立博物馆也藏有他的漆器。

智 旭

智旭(1599~1655),俗姓钟,名际明,又名声,字振之,又字素萃,自号蕅益,别号八不道人。吴县木渎(今属苏州吴中区)人。明末清初高僧。初学儒,曾作《辟佛论》数十篇,后读袾宏著作,乃止谤佛。20岁萌出家思想。后从憨山德清大师受教,24岁从德清徒雪岭剃度出家。遍阅律藏,坐关参禅。33岁始入浙江孝丰北天目山灵峰寺,后云游各地。历住西湖、武水、九华、温陵、漳州、湖州、石城、晟溪、长水、新安等地,精究佛学,讲经论道。归老于灵峰,乙未清顺治十二年正月二十一日(1655年2月26日)圆寂。智旭综合禅教律而会归于净土,又以天台教观为主,融通性相二宗。与真可、袾宏、德清合称明末"四大高僧"。清以后,天台宗以其经论注疏为依据,并形成合教、观、律归入净土的灵峰派,颇有影响。著有《阿弥陀要解》、《楞伽义疏》、《大乘止观释要》、《阅藏知津》、《灵峰宗论》等40余种,200余卷。

陈贞慧

陈贞慧(1604~1656),字定生。宜兴高陆乡人。复社领袖、散文家。

陈父于廷为东林党人,天启年间(1621～1627年)在吏部左侍郎任上,因抨击魏忠贤党羽,与杨进等人同时削职回籍。陈贞慧早年入县学为禀生,在其父亲的影响下敬重东林党人,对阉党切齿痛恨。崇祯帝登位后,杀魏忠贤,治魏阉逆党,陈于廷复出,历任南京右都御史、左都御史等官职。陈贞慧亦以名宦子弟与出众才学名闻乡里。他广泛交结宜兴等地青年士人,主持文社;崇祯三年(1630年)参加南京乡试,中副榜。崇祯六年,江南各地文社会集苏州虎丘,联合成立复社,陈贞慧成为复社领袖之一,与河南侯方域(字朝宗)、如皋冒襄(字辟疆)、桐城方以智(字密之)合称"四大公子"。他们主张严惩阉党,改良政治,继东林讲学之后,又一次在江南造成极活跃的政治空气。自此,陈贞慧经常在南京活动,并与侯方域和安徽贵池人吴应箕(字次尾,复社骨干)结成密友。时,原吏科给事中、魏忠贤义子阮大铖因名列逆党,废居南京。他不思收敛,反恃财招摇,激怒复社人士。崇祯十一年,陈贞慧与吴应箕合作起草《留都防乱揭》,发动140余名士署名,历数阮大铖丑迹罪状,在南京广为散发,并在祭孔时带领士子们痛打闯入典礼场所的阮大铖,使他不敢出门。事后,阮大铖出巨资置妆奁托人送秦淮名妓李香君,欲使李转托其情人侯方域居间活动,与陈贞慧取得谅解。李香君得知事实真相后,毅然将妆奁全部退还。陈贞慧十分敬佩,称她为"复社之友"。此事传遍南京。陈、阮之间因而结下不解之仇。翌年,陈贞慧又与侯方域、黄宗羲等在南京创立国门广业社。崇祯十七年,崇祯帝死,清军入关。阮大铖抓住机会,攀援凤阳总督马士英,联结北方四镇,谋立福王朱由崧为帝。陈贞慧等复社人士拥护史可法、左良玉,坚决反对福王为帝,指出福王有"三大罪、五不要立"。他们主张国难当头,应立宗室之贤者。福王执政后,阮大铖复出,任兵部右侍郎,不久升尚书。他与马士英全不念国家危在旦夕,大翻逆案,向东林、复社人士疯狂报复。福王弘光元年(1645年)三月,阮大铖兴党狱,陈贞慧被捕。阮痛下杀手,严刑拷打,经侯方域与当朝大员王铎、钱谦益、练国事等救援,方获释,但已九死一生,被勒令逐出南京。同年五月,清军南下,南京城破,南明覆灭。陈贞慧隐居家乡不出,十余年不入城市。在痛定思痛之余,全力从事著作。其散文创作取得巨大成就,著有《山阳录》、《交游录》、《皇明语林》、《秋园杂佩》等文集,又编成《唐宋八大家文选》。

清顺治十三年(1656年),陈贞慧在忧郁中去世。其子维崧后为清初著名大词人,将其父遗作辑为《陈处士遗书》流传于世。

吴有性

　　吴有性(1587~1657),字又可。吴县洞庭东山(今属苏州吴中区)人。明末清初医学家。崇祯十四年(1641年),南北直隶、山东、浙江大疫,众医用伤寒法治疗无效。他推究病源,认为瘟疫病非风非寒,非暑非湿,乃天地间别有一种异气所感。于是潜心研究,依据治验所得,著作《瘟疫论》,开中国传染病学之先河。其书流传甚广,清康熙间日本亦刊行。另著有《伤寒实录》(已佚)、《瘟疫合璧》等。传见《清史稿》。

徐常遇

　　徐常遇(生卒年不详),字二勋,号五山老人。江都(今扬州市区)人。广陵琴派的首创者。他开始学习的是由琴家严澂创始的虞山派。严澂吸取京师琴家沈音的创造,形成"清、微、淡、远"的琴风。他对此又有继承和发展,取音柔和委婉,跌宕多变,节奏自由,崇尚"淳古淡泊",从而创立广陵派。他还通过平时弹琴的实践,编写一本《琴谱指法》,刻于响山堂。后经他三个儿子校勘,重刻澄鉴堂,就是现存的《澄鉴堂琴谱》(又称《响山堂琴谱》),包括由他亲自题字的《琴谱指法》,是广陵派最早的一部琴谱集,从而开创扬州琴风的繁荣局面。康熙、乾隆年间,该琴谱又3次重刻,当时凡操缦之家皆备此谱。广陵派随之名声大振,与虞山派并称中国两大琴派。

　　他还针对当时"古琴曲传至今日,大都经人删改"的情况,提出"古曲设有不尽善处,可删不可增"的原则。他认为,如果"大曲过于冗长重沓",是见许"大加删汰而成曲者"。他举出《羽化登仙》删为《岳阳三醉》,《汉宫秋月》删为《汉宫秋》,《渔歌》删为《醉渔唱晚》的例子说:删改者必须"新识作者之旨不可"。他坚决反对"无知妄人,谬为妄删"。认为:删比增好一些,理由是删得不好,最多不如古玩字画之有破损,其未损处,"故仍未尝减色也";可是增添得不恰当,就像一碗清水加进污浊,再也"无还原之日矣"。甚至认为:"即使加得极佳,终非古人本来所有。"当然,这一限制创造和发展的论断,后来并未被广陵派传人所遵从。

　　为了使琴艺后继有人,徐常遇培养许多广陵派继承者。他不仅传艺给自己的学生,还在三个儿子身上花费了很多心血。其长子祜、二子瓒臣、三子徐祎,均承其家学,造诣颇深。其中以三子徐祎进步神速,对曲意的理解更为深透。他与大哥曾去北京报国寺献艺弹琴,一曲未了,"四座倾倒",名重京师,被誉为"江南二徐"。康熙帝特在畅春院召见,令他们对弹数曲,深为嘉赏。有人以唐诗"一声之动物皆静,四座无言星欲稀"来赞美徐祎的琴艺。清代文人李斗在《扬州画舫录》中曾提到"扬州琴学以徐祎为最"。

徐常遇尚有《二香琴谱》行世。

毛　晋

毛晋(1599～1659),一名凤苞,字子久,后改字子晋,号潜在,别号汲古主人。常熟横泾乡人。明末清初刻书、校书、藏书家,传为中国私家刻书之最。他喜读书,建汲古阁、目耕楼,藏书八万余册,又好抄录罕见秘籍,缮写精良,后人称为"毛抄"。曾校刻多种经、史及大型丛书《津逮秘书》、《六十种曲》等。汲古阁刻版所用之纸,都由江西特造,厚者称毛边纸,薄者称毛太纸,一直沿用至今。其汲古阁本,至今仍为出版界、学者视为珍宝。著作有《毛诗陆疏广要》、《虞乡杂记》、《隐湖小志》、《海虞古今文苑》、《明诗纪事》、《汲古阁题跋》、《汲古书目》等。墓在常熟戈庄。

金圣叹

金圣叹(1608～1661),本姓张,名采,字若采;后改姓金,名喟;明亡后改名人瑞,字圣叹。长洲(今苏州)人。明末清初文学批评家。他颖敏绝世,奇才横溢;为人倜傥高奇,俯视一切,生性不羁;文章怪诞诡谲,不循常理。为此,当局不准其岁试,他遂以金人瑞参考,得名第一。一举成名后,张采之真名反而淹没无闻了。善衡文评书,议论发前人所未发。曾以《离骚》、《庄子》、《史记》、"杜诗"、《水浒》与《西厢记》合称"六才子书",并对后两种进行批改。他将《水浒》七十一回以后的情节全部删除,并续上他写的"梁山泊英雄惊噩梦"作为全书的结局。他衡文评书,批评文字雅训、透脱、精妙,可谓"透发心花,穷搜诡谲"。"一时学者爱读圣叹书,几乎家置一篇"。他的评点注重思想内容的阐发,往往借题发挥,议论政事,其社会观和人生观灼然可见。他还提出较为系统的小说和戏曲的创作理论。其著作有《沉吟楼诗选》。清顺治十八年(1661年),金圣叹与一些秀才于顺治皇帝治丧期间,控告县官贪污仓粮、酷刑逼税、杖毙乡民的罪行,遭巡抚朱国治镇压,逮捕诸生5人。金圣叹等又与一批群众哭于文庙,以示抗议。朱国治又以大不敬罪逮捕金圣叹等38人,是为"哭庙案",又诬诸生私通海寇(倭寇)谋反,判处斩刑,家产籍没入官。七月十三日(1661年8月7日),金圣叹被杀害于南京,妻、子被充军边塞。金圣叹墓葬于吴县境西五峰山博士坞(今属藏书镇),现为县级文物保护单位。有《圣叹全集》行世。

孙云球

孙云球(1630～1662),字文玉、泗滨。吴江人。明制镜专家。自小随母亲居苏州虎丘山麓,13岁中秀才。孙云球对科举仕途不感兴趣,热衷于光学仪器的研制。经过不断探索,他能磨制散光镜片,还把磨制成的凸透镜和凹透镜组织在一起,制成望远镜,是中国民间最早制造望远镜的人。后来,他又磨制出察微镜、放光镜、夜明镜、多面镜、万花镜等70余种光学仪器。用他制的察微镜观看虎丘影戏洋画,一眼望去能化小为大,由浅变深。他还自制"自然晷"(一种古老的时钟),判定时刻十分准确。孙云球将制镜经验写成《镜史》,刊行时由他母亲作序。此书系统阐述制镜的历史、原理和方法,各地制镜者均据此制造光学镜片。在他影响下,苏州逐渐成为全国有名的眼镜制造基地。

孙 榘

孙榘(生卒年不详),字不踰,号东海。建湖县人。约生活于明万历至清康熙初年。少依兄嫂,守贫好学,博览经史。他目击时艰,多次发表较有见地的言论。天启四年(1624年),举人中试。崇祯四年(1631年)六月,南支黄河在新沟、苏家嘴决口,孙访遍省级大员,请求筑塞两口,结果取得漕运巡抚李待问的支持。兴工未久,伏水、秋水连发,田沉禾没。四乡灾民纷纷逃往府城淮安乞食,受到当地地痞的凌虐。孙先请淮安推官王用予严惩为首者,得以相安无事;继而,又请李待问拨发仓粮赈济灾民。孙则亲执其劳,奔走不懈,救活了很多灾民。崇祯末年,朝廷加征各饷,致使民不堪命。孙又亲往京师,通过在户部供职的友人关系,使盐城获减饷银2万余两。

崇祯十六年,孙榘获中进士。南明弘光小朝廷建立之初,孙候选得授浙江上虞知县。弘光帝被俘后,投奔以监国名义驻节绍兴的鲁王朱以海,任兵部给事中,襄理军务。未几,清军下浙东,又随鲁王避走海岛。晚年,返里闭户著书。约70岁病故。著有《初茅轩集》、《亦园杂刻》等。其所著《被缨集》,是研究明清盐城乡土历史的重要史料。

沈 汉

沈汉(生卒年不详),字天河,一字书樵。约生于明天启年间,卒于清康熙年间。原居同德圩(今建湖县颜单镇沈韩村,光绪《盐城县志·舆图》作沈汉庄),后迁居盐城城隍庙附近。少年失父,事母尽孝。有弟三人,皆早卒。因家贫,早年常就城隍庙神前灯光读书达旦。清顺治五年(1648年),沈汉参加省试获中举人。顺治十五年,京试中进士,授宣化府镇司理。下车后,首先革除敲诈勒索、民愤较大的马快、书吏,当地百姓为之称快。又为大盗柴敏政案内受牵连而被判死刑的13人平反冤狱,尽予释放。继调任遵义府司理。沈"两任刑官,执法不阿",心存宽恕,不愿酷法于民。后因裁缺罢归,时值南支黄河决口,河工需柴柳,河务衙门下文向民间催办,按户缴纳。沈以其扰民言于当局。当局纳其言,收回成命。后乡居30年,杜门谢客。著有《听秋阁诗集》、《卧园文集》等。

钱谦益

钱谦益(1582～1664),字受之,号牧斋,晚号蒙叟、东涧老人。常熟人。明末清初学者。万历三十八年(1610年)进士,授翰林院编修,天启时(1621～1627年)典试浙江,转右春坊中允,参与修《神宗实录》。后为魏忠贤罗织东林党案牵连,削籍归里。崇祯初,起为礼部右侍郎,兼翰林院侍读学士。适值会推阁员,温体仁、周延儒争权,钱谦益被抨击,再次削籍返家。弘光时(1644～1645年),官礼部尚书,迎合马士英、阮大铖,拥立福王。顺治三年(1646年),豫亲王多铎定江南,谦益迎降,北上为礼部侍郎管秘书院事。冯铨总裁修《明史》馆,谦益副之。不久辞归故里。顺治初,因江阴黄毓祺起义案牵连,被逮入狱,次年获释。自是归隐居家,筑绛云楼以藏书检校著述。谦益博学多才,谙悉朝典,尤善诗词,与吴伟业、龚鼎孳并称"江左三大家"。诗文在当时颇负盛名,东南一带奉为"文宗"。康熙三年五月二十四日

(1664年6月17日)去世,墓在虞山南麓。乾隆四十四年(1779年),钱氏著述被列为"悖妄著书人诗文",其已载入县志者均被删削。著作有《初学集》、《有学集》、《投笔集》、《开国群雄事略》、《列朝诗集》、《内典文藏》等。传见《清史稿》。

吕 宫

吕宫(1603~1664),字长音,又字苍枕,号金门。常州人。清顺治四年(1647年)状元。历任秘书院修撰、右中允。顺治帝评论他"文章简明,气度娴雅",亲自选为侍讲学士。帝曾在什刹海集大臣于高阜之颠,命骑兵围阜、奔驰直上。将至阜顶,诸大臣惊慌失措,唯独吕宫一人静立不动,骑兵也突然停步。顺治帝赞道:"吕宫气度过人,于此可见。"顺治十年,授秘书院学士,任吏部侍郎、弘文院大学士。官至一品。他与明末状元杨廷鉴为僚婿(连襟),人称僚婿状元,一时传为佳话。他曾与大学士陈名夏、冯铨、成克巩等推荐御史郝浴巡按四川。郝奏劾吴三桂专横跋扈,图谋不轨。三桂反劾郝欺君罔上。刑部抉处郝死罪,吕宫为郝说情,奏准降郝三级流放奉天(今沈阳)。翌年三月,陈名夏因倡言"留发复衣冠,天下即太平",受"揽权、市恩、欺罔"之罪被处绞刑。他被株连为陈党,并以误举罪降二级留用。顺治十二年,他修成《资政要览》,加太子太保衔,以病休赐归。闲居10年,里人不知有国相。康熙十二年(1673年),吴三桂果然反叛,郝浴复出,官至左副都御史、广西巡抚。后人追思吕宫之护郝为"知言"。他著有《五经辩讹》10卷、《群书通解》、《金镜录》等,由门生吴桐校理,后均散失,无传。

柳如是

柳如是(1618~1664),女,原姓杨,名爱,又名因;后改姓柳,名隐,更名是,字如是,小字影怜,号蘼芜君、河东君。明末吴江名妓。原籍浙江嘉兴,幼年被卖到吴江盛泽归家院徐佛家为养女。曾被卖入文渊阁大学士吴江周道登家为侍婢、姬妾(一说卖入周道登家在前,后入归家院)。稍长,流落青楼。她才华出众,能诗、文,善书法、绘画。作书得虞、褚笔法;白描花卉,雅秀绝伦。间作山水石竹,淡墨淋漓,不减元人。初嫁云间(松江)孝廉,因佴觥放诞被弃去,交游于吴越间。在松江,她结识许多名流、文士,曾与宋辕文、陈子龙交往。慕常熟钱谦益文名,于崇祯十三年(1640年),以男装访钱,遂于次年嫁钱谦益。两人同居绛云楼,相得甚欢。明崇祯十七年,即清顺治元年(1644年),钱谦益至南京,任南明弘光朝礼部尚书,柳如是随至宁。翌年清兵南下时,柳劝钱一同以身殉国,钱不能从。柳如是欲自投池中,被阻止,未果。钱谦益降清后,曾奉召入京,不久即辞官回乡。后传与抗清复明志士有交往,受牵连,钱谦益遂被逮,下江宁狱。柳冒死从行,至宁竭力营救,终获释放。晚年移居常熟白茆红豆山庄。康熙三年(1664年)五月二十四日,钱谦益去世,钱氏族人乘机向柳如是要挟索金。六月二十八日,柳如是自缢死。时年46岁。墓葬于常熟虞山西南麓拂水岩下花园浜拂水山庄遗址,钱谦益墓右侧20余步。碑文"河东君之墓"。常熟士人感于柳如是之才,柳如是之烈,于道光年间申报旌表为"烈妇"。建国后重修墓地,列为常熟市文物保护单位。

柳如是著作有《戊寅草》、《湖上草》、《柳如是诗》、《柳如是尺牍》、《河东君集》等。

史德威

史德威(生卒年不详),字龙江,号愚庵。原籍山西大同左卫。明抗清义士。少时喜爱跑马射箭,学得用兵之法。明崇祯十四年(1641年),史可法巡抚淮阴,史德威任援剿都司,隶属史可法部下。清顺治二年(1645年),清军南下,史可法以大学士、兵部尚书的身份,督师驻防扬州。史德威代理内营副总兵,竭力赞助死守。不久,很多文臣武将出城投降,局势危急。史可法召见史德威,相抱痛哭,对他说:"我没有儿子,你以同姓做我的儿子。我为国死,你为我生。"扬州陷落,史可法殉难。史德威在乱军中找不到史可法的尸骸,就把所遗衣冠葬在城外梅花岭上,自己避居溧阳,以诗酒消遣,不闻外事。只是每年按时前往探望史可法的母、妻和祭扫史可法的坟墓,始终不懈。史德威没有儿子,与妻子龚氏死后合葬于溧阳城东社坛村北面。坟墓久湮。

朱佐朝

朱佐朝(生卒年不详),字良卿。吴县(今属苏州)人。明末清初戏曲家。与李玉、毕万石、叶稚斐、张大复及其弟朱素臣交往密切,曾与李玉合作《一品爵》、《埋轮亭》两本传奇,又与朱素臣等四人合编《四奇观》一剧。一生创作传奇30余种,现存《渔家乐》、《乾坤啸》、《轩辕镜》、《璎珞会》、《艳云亭》、《御雪豹》、《血影石》、《石麟镜》、《吉庆图》、《五代荣》、《夺秋魁》、《双和合》《莲花筏》、《九莲灯》(残抄本)、《锦云裘》、《牡丹图》、《万寿冠》、《四大庆》、《四奇观》等20种。多数取材历史传说,曲词通俗,风格粗犷。其中《渔家乐》尤为人所称道,许多折子戏至今传唱不衰。

马世俊

马世俊(1609~1666),字章民。溧阳县(今溧阳市)别桥乡马家村人。清臣、诗人、书法家。他8岁能作诗文,在县学读书时屡试第一。清顺治十四年(1657年)中举人,顺治十八年考取进士,廷试时对答道:"王者天下为家,不宜示同异,必尽捐满汉之名,俾精白一生,以成至治。"被清世祖赏识,胪唱第一(即中状元)。得中后,他保持书生本色,不乘舆马,也没有仆从,步行回寓,并咏诗一首:"听得胪传第一声,玉阶何意引诸生。同瞻蕊榜随云动,独捧宫袍映日明。樱荐寝园初罢燕,柳依禁御尚闻莺。应怜十里无归骑,自愧才疏欲避名。"京城里的人都传为佳话。康熙三年(1664年),马世俊由翰林院修撰升为侍读,充任会试同考官。平时早晚都手执书卷,认真阅读,对于迎送的宴会,多谢绝参加。他于康熙五年去世。马世俊为官清廉,儿子马宥扶棺回乡时,行李萧然,只有图书数卷。墓在今后周乡。他生平博涉经史,工于诗文,兼长书画。鉴赏家称他有"二右"之名,赞他的书法如右军(王羲之),绘画如右丞(王维)。清乾隆时,书画家张庚在《国朝画征续录》中称:"溧阳马世俊,善山水,好作巨幛,不专师法,而自出杼轴,耸拔夺目。"其著作有《十三经汇解》、《禹贡注》、《理学渊源录》、《李杜词汇注》、《匡庵诗集》、《匡庵文集》、《华阳游志》等。

庄臻凤

庄臻凤(1624~1667),字蝶庵。扬州人。清广陵琴家。庄臻凤幼年时体弱多病,父亲从虞山请来白云先生教他弹琴和强身术,渐渐"不知病之霍然而去也",从此和琴结下不解之缘。他经常在大自然中进行创作构思。

他极爱杭州西湖的山水景色,常到那里客居。他最重要的作品是《琴学心声》,其中汇集他创作的14首琴曲。主要有《云中笙鹤》、《梨云春思》,以及最广为流传的《梧叶舞秋风》等。他不满足于艺术上已取得的成就,对已受到好评的琴曲也不断进行修改,精益求精,使自己的琴曲成为经得起时间考验的传世之作。

庄臻凤在琴论方面颇有新颖、独到的见解。他创作琴曲十分注重独创性,认为"音律句读,弗类他声,若不发明,难于入彀";同时也主张尊重各个流派的特点。对于琴曲填词,他认为既不能"以文拘音",也不必"舍文而就音"。他主张"琴乃除忧来乐之意",认为"悲愁哀悼之词,抚之转增惆怅"。其得意弟子蒋兴俦东渡日本,带去了庄的《琴学心声》等琴谱,对日本的琴学产生一定影响。

杨廷鉴

杨廷鉴(生卒年不详),字冰如,号静山。武进昇西乡(今前黄)人。受业于孙慎行、张玮。张玮应召入都,他随行。不久玮死,因无子,由他料理后事。他拒收亲友的丧礼。明崇祯十六年(1643年)状元,授翰林院修撰。明亡时携带家属从小路逃回家乡,闭门谢客。对地方兴修学校,救灾恤患等公益事仍尽力承担。入清后,曾任过官职,其名迹少见于史籍祠阁。无锡先贤祠有他的名字。有人作诗讥之:"贤字须教识得真,忠臣两字写分明。自从静老(即廷鉴)归祠后,不写忠臣写又臣。"他擅长文学和经术,又善于书法,入虞世南、颜真卿派。著有《东皋草堂集》20卷及《群书通解》、《静山日钞》(1卷羽翼已佚)等。

孙一致

孙一致(生卒年不详),字惟一,号止澜,别号箬安。大约生于明天启年间(1621~1627年)。世居今建湖大孙庄,发迹后迁盐城西门。清顺治十年(1653年)中进士,钦点一甲第二名(榜眼),授翰林院编修,后升至侍读学士。约在康熙六年(1667年)前后,孙以母老为由,请退归养,不复出仕。居乡时,守淡厌纷,不钓名誉,粗茶淡饭如穷士,展卷吟哦,怡然自得。徒步与素交往来,见者不知其为侍从显臣也。喜游览,遍历齐、鲁、燕、赵、吴、楚之地。遇佳山水,双履孤篷,必穷其胜。抚景触事,赋之于诗词,不假雕饰为工。孙一致诗宗杜甫,书法亦俊逸。经常与其唱和的有冒辟疆、吴绮、尤侗、乔莱等,皆一时名士。他的诗文多为关心民间疾苦之作。康熙年间,水患泛滥,孙疾呼"当年物力诛求尽,此日疮痍补救难",担心"此后不为农业弃,渔樵何地更容身",他愿"直将忧国泪,洒到圣明前"。当时的学者刘沁区评价孙诗是"意永而脉洁,色新而调逸"。乾隆年间文学评论家沈德潜编著《国朝诗别裁集》时,选录孙的诗作,并为其附有小传。晚年长卧病床,犹吟咏不辍。著有《世耕堂集》。大约卒于清康熙年间。

徐 祺 徐 俊

　　徐祺(生卒年不详),字大生,号古琅老人。扬州人。清初广陵琴家。曾历游祖国各地,寻觅隐居琴家,精研各种名曲。集30余年精研所得编成广陵派影响最大的琴谱《五知斋琴谱》。此谱不循守门户之见,荟集众长,推陈出新,尤其对指法论断精严,指示详确。谱中不少名曲表现了"国破山河在"的忧愤之情,故为当朝所不喜,久未刊印。

　　徐俊(生卒年不详),字越千,徐祺子。精于鼓琴,立志完成其父刊谱遗志。康熙二十六年(1687年),从金陵到安徽,遇知音周鲁封(字子安),相得益彰,"越千有谱,子安有考订而玉成;子安善琴,越千能推敲而属和"。在周鲁封的参与下,《五知斋琴谱》经编辑修订,于雍正初年增订为8卷刊行。凡操缦之士,几乎人手1编。历200余年,流行不衰。

柳 敬 亭

　　柳敬亭(1587~约1670),原姓曹,又名逢春,号敬亭。泰州人。明末清初评话艺人。少年时犷悍不驯,遭官府缉捕,逃亡泰兴、如皋、盱眙等地。为谋生试学说书,18岁时,在盱眙首次登台说书,显露了出色的才华。后南下苏杭,过江时休息于垂柳之下,忽生感慨,遂改姓柳。

　　他浪迹江湖20余年,一直以说书维持生计。开始习艺无师承,后因善于机变的天赋为松江名儒莫后光赏识,受其精心指点,刻苦演练养气、定辞、审音、辨物功夫,书艺得以大进,声誉日著。先后纵游扬州、淮阴、苏州、杭州、庐江、南京、北京等地献艺。善说《水浒》、《西游记》、《隋唐》、《西汉》、

《三国》等历史故事。明天启、崇祯年间寓居南京,出入于秦淮河、桃叶渡,以精湛的技艺大受欢迎。当时人张岱记载:"南京柳麻子,黧黑,满面疤瘤,悠悠忽忽,土木形骸,善说书。一日说书一回,定价一两,十日前先送书帖下定,常不得空。南京一时有两行情人:王月生、柳麻子是也。……柳麻子貌奇丑,然其口角波俏,眼目流利,衣服恬静,直与王月生同其婉娈,故其行情正等。"复社成员多乐与他结交,缙绅士大夫也以上宾之礼待之。

清兵入关后,他心怀"国变"之悲愤,于崇祯十六年(1643年)入左良玉军中为幕僚,以说书激发军士之抗清热情,深得左良玉信任。左授以军衔与官职,均不肯接受。南京当权者马士英、阮大铖与左有隙。清顺治二年、南明弘光元年(1645年)春,左命其为特使,到南京与马、阮释嫌修好,一时皆称为"柳将军"。后左猝然去世,清兵趁机南下,南明覆亡。他所有积蓄也随之而尽,只得仍以说书为业,往来苏、浙、皖各地。由于亲历破国失家的变故,说书更加感人。说起左良玉,使听者"亡国之恨顿生,檀板之声无色"。次年,再入扬州,写海报数十张,大书"柳麻子又来说书"。张贴各处,轰动全城,不到1月,"已得三百余金"。其后,先后入南京,到松江、苏州、常熟、北京、安徽庐江等地说书。一度在苏松常镇提督马逢知军中为幕客。康熙元年(1662年)去北京,顺道回泰州访问并说书,泰州知州刘佑有诗纪其事。抵达北京后,官僚士大夫争相邀请表演,诗人文士纷纷赠以诗词赞咏。康熙四年后南返,又回泰州,为被充军至宁古塔的泰州人陈志纪传递家信。直至84岁仍活动于南京。

柳敬亭为人慷慨有大节,明末清初的名士钱谦益、吴伟业、龚鼎孳、冒襄、邓汉仪等与他都有交往。他一生生活极为简朴,富裕时将说书所获千金之财尽散于贫困之人,深受群众之爱戴。潦倒落魄时尚自称:"吾有技在,尚足为生,何忧贫乎?"去世后,黄宗羲曾为之作传,说柳氏对当时社会中的"流离遇合、破家失国之事无不亲目所见"。赞其评话艺术的传神高妙和"风号雨泣,鸟悲兽骇",能使人欢然大笑或毛发尽悚。

他在家乡曾授徒,晚年于北京传艺,被曲艺界奉为祖师,是扬州评话创始人之一。

李 玉

李玉(约1591~1671;一说1596~1676),字玄玉(一作元玉),号苏门啸侣，又号一笠庵主人。吴县（今属苏州）人。明末清初戏曲家。李玉家世低微，焦循称："系申相国（申时行）家人，为申公子所抑，不得应科试，因着传奇以抒其愤。"吴伟业说："其才足以上下千载，其学足以囊括艺林，而连厄于有司，晚几得之，仍中副车。"甲申以后，绝意仕进，遂专心致志于传奇创作，借戏剧排场以抒胸中积郁。崇祯末年中乡试副榜。明亡后，专事剧本创作。与毕魏、朱素臣、张大复等相友善，研究曲调，从事戏剧创作，形成别树一帜的苏州传奇作家群，被现代学者称为"苏州派"戏曲作家。作有传奇40余种，今存《一捧雪》、《人兽关》、《永团圆》、《占花魁》、《清忠谱》、《麒麟阁》等18种。作品广泛反映社会生活，曲词通俗。他精通音律，熟谙舞台规律，曲调清新流丽，结构精致周密，剧作为戏班所争演。曾又编订《北词广正谱》，是北剧曲谱中最完备的著作，也是研究北曲曲律的重要著作。吴伟业誉为"骚坛鼓起，堪与汉文、唐诗并传不朽矣"。另有《一笠翁批评玉簪记》2卷，藏日本宫内省图书馆。

冯班 冯舒

冯班（1602～1671），字定远，号钝吟老人。常熟人。明末清初诗人。因仕途不遇，遂发愤读书。专攻诗学，为钱谦益及门弟子。他论诗讲究"无字无来历"，穷源溯流，自诗300篇以下一一考其根据，明其变化所自。尝谓"诗以道性情"，要以"隐秀之词"求"言尽而意不尽"之含蓄。钱谦益称冯班之诗，"沈酣六代，出入于义山、牧之、庭筠之间"。他又擅书法，四体皆工，尤精小楷。为人落拓不拘，或于市集街坊曼声长吟，酒后抑郁恸哭，旁若无人。因其排行第二，时人称为"二痴"。著有《冯氏小集》、《钝吟集》、《钝吟杂录》、《钝吟书要》等。《钝吟杂录》被采入《四库全书》。清康熙十年（1671年）去世，墓在常熟虞山东麓仲雍祠侧。

冯舒（生卒年不详），字已苍，号默庵，冯班兄。诗人。他亦专力于诗，时人称其兄弟为"二冯"。冯舒遇事敢为，不避权势。邑民张汉儒诬讦钱谦益、瞿式耜，他出面营救，被系入狱。后又因揭露邑中漕粮弊端，为县令瞿四达所忌，指控他的《怀旧集》讪谤朝政，遂被曲杀。著有《诗纪匡缪》，亦采入《四库全书》，还著有《校定玉台新咏》、《空居阁集》、《默庵遗稿》等。

袁于令

袁于令(1592~约1672),初名晋,字韫玉,又字令昭、白宾,号凫公,又号箨庵,别署幔亭仙史等。吴县(今属苏州)人。明末清初戏剧作家。出身官宦之家,祖父袁年万历进士,历官陕西按察使。父袁堪,万历二十八年(1600年)举人,历官广东肇庆同知。于令为明末生员,居苏州因果庵,因恋妓女,被革去学籍。清顺治二年(1645年),于令起草降表,有功,任工部都水司官,顺治三年任临清关监督,次年出知荆州,为官放荡不羁,日以唱曲下棋为乐,十余年未升迁,于顺治十年罢官回吴地,往来金陵、杭州、苏州、扬州等地,与故友欢聚唱和。晚年贫困落魄,胸怀抑郁。

袁于令风流倜傥,词曲擅名,创作传奇有《西楼记》、《珍珠衫》、《鹔鹴裘》、《瑞玉记》、《玉符记》、《汨罗记》、《合浦珠》、《长生乐》等10多种。杂剧有《双莺传》、《战荆轲》(已佚)。还编有《北曲谱》,著有《留砚斋稿》、《及音室稿》。此外,还创作过小说,流传的有《剑啸阁批评秘本出像隋史遗文》等。

吴伟业

吴伟业(1609~1672),字骏公、号梅村。太仓人。明末清初诗人、学者。出身于没落的书香之家,14岁即能写一手好文章。后受学于同乡张溥,很受张的赏识。崇祯初年,张溥继东林党之后倡立复社,他积极参加复社的活动,成为该社的重要成员。崇祯四年(1631年),他以会试第一(会元)、殿试一甲二名(榜眼)的优异成绩中进士。当时有人为了攻击主考官周延儒,连及吴伟业。崇祯帝亲自审阅他的试卷,作了"正大博雅,足式诡靡"的批示,这场风波才算平息。此时,吴伟业尚未成婚,崇祯帝又特赐他归里娶亲,荣极一时。后历任翰林院编修、东宫讲读官、南京国子监司、左中允、左庶子等职。期间,写了不少词藻华丽的诗歌,但大多未能流传。崇祯十七年三月,李自成率领的农民起义军攻入北京,崇祯帝自缢于煤山。吴伟业在家中闻讯后号啕大哭,欲自缢,幸被家人所觉。当年四月,他在南明弘光朝任少詹事,因与把持朝政的权奸马士英等不合,居官两月就辞官回乡。明亡后,他闭门不出。这期间,他亲历国变,饱经忧患,写下不少悯时伤世之作,如《避乱》、《读史杂感》、《琵琶行》、《圆圆曲》等,诗风趋于沉郁苍凉。有些诗篇以同情的笔触反映劳动人民的悲惨生活和不幸命运,如《芦洲行》、《捉船行》、《马草行》等。

清顺治十年(1653年),朝廷征诏至,他再三推辞不过,遂不得已入都。先后任秘书院侍讲、国子监祭酒。顺治十三年,因母亡辞官回家,以后一直家居不仕。但总被失节一事折磨,常常自怨自艾。这一时期,他以明末清初时事为题材,写出许多反映个人身世之感以及仕清后悔恨心态的诗篇,格调更显得悲怆而低沉。《贺新郎·病中有感》是这类诗词的代表作。康熙十年(1671年),他在临终前一年作诗四首,对自己一生中降清出仕这段历史深表悔恨。他追悔道:"忍死偷生廿载余,而今罪孽怎消除。受恩欠债应填补,总比鸿毛还不如。"康熙十一年病逝。由于他耻于仕清,不愿在墓上写上官衔,而只以诗人自称。

吴伟业是一位多才多艺的学者,学识渊博,著述甚多。他不但工诗能文,而且熟悉音律,擅长度曲填词、杂剧传奇、绘画等。但他的诗歌创作成就最大,其诗取法唐人,各体皆工,而以七言歌行最能自成一体,时称"娄东派",世称"梅村体",与钱谦益、龚鼎孳并称"江左三大家"。他一生写诗千余首。著有《梅村集》、《梅村家藏稿》、《绥寇纪略》、《春秋地理志》等。

陆世仪

陆世仪(1611～1672),字道威,号刚斋、桴亭。太仓人。明末清初理学家。自幼聪明好学,虽家境清贫,但得到父母的支持。他读书勤奋,不肯稍懈,偶逢疑义,废寝忘食,必求其解而后安。曾向太仓赵自新和绍兴刘宗周学习,对诸子百家的学说无不通晓。崇祯十年(1637年)起,始著《思辨录》巨著,分大学小学、立志居敬、格致诚正、修齐治平、天道人道、诸儒异学、经史子集等14门类,共35卷,数百万字。他疏证剖析,主张读书要讲求实用,不尚空谈;朝廷用人要打破成格,不拘资地,使更多的人才为国效命。在研究天文学时,他自制琉璃圆灯,上绘赤道进行试验。在兵法研究中,又自习枪法技击,并作《八阵发明》图说。崇祯十三年,他与陈瑚在太仓讲会,宣讲理学。他认为除"六艺"(礼、乐、射、御、书、数)之外,如天文、地理、河渠、兵法之类,都是安国兴邦不可缺少的有用知识,必须学好。他鼓励青年学子要具有"体用具备,文武兼资"的才干,用以救亡图强,振兴国家。明亡后,他绝意科举。在太仓城东周泾桥南购地10亩,建宅居住,题名"桴亭",专心于读书、著述。还将居处作为讲学之所,人称"桴亭书院"。清顺治二年(1645年),清兵南下,他曾秘密参与太湖抗清兵事,后因事败潜回乡里。顺治十五年,他受督学张能麟之聘,至江阴编辑《儒家理要》一书,同时讲学于江阴广福山房。以后,又先后应邀去无锡东林、毗陵(常州)、云阳(丹阳)等处讲学,培育英才,桃李满天下。他的学说恪守北宋二程(颢、颐)和南宋朱熹的理学体系,以"居敬穷理"为主,着重内心的修养。他解释《大学》的"格物致知",认为"有一事一物之格致,有彻首彻尾之格致",前者指"随事精察工夫",后者指"用力之久而一旦豁通焉"的"一贯工夫"。与朱熹的见解基本相同。康熙十年(1671年),吴淞、娄江久塞,泄水不畅,上游水患不断。他十分焦虑,特作《淘河议》、《决排脱》、《建闸议》三文,提出泄水建闸,整治水利的积极主张,受到人们的重视。康熙十一年病逝。他一生著作颇多,除《思辨录》外,还有《论学酬答》、《复社纪略》、《春秋考论》、《诗鉴》、《书鉴》等40余种。

钱邦芑

钱邦芑(1600~1673),字开少,法名大错,字他山。镇江人。抗清名士。南明弘光元年,即清顺治二年(1645年),清兵渡江。钱邦芑把家财捐散,离家到浙江、福建参加抗清军事。因上书隆武帝,受到赏识而授官御史。顺治三年,隆武政权失败后,到广东去见南明永历帝,仍用为御史,巡按四川。他在四川平定朱容藩的割据叛乱,招抚王祥部队,又建议招抚张献忠的旧部孙可望等。但孙可望却反过来授他为官,钱邦芑不得已,在顺治十一年削发为僧,改居宅为"大错庵",门人随同出家的达11人。其后,孙可望败亡,钱邦芑重新出山。顺治十六年,永历小朝廷失败,清兵搜捕钱邦芑,复入云南鸡足山重新为僧。康熙元年(1662年)他在贵州路上遇到吴三桂之子吴应熊,因"出语不逊",被抓去见吴三桂。吴三桂知道他是故意辱骂自己以求死成名,便叫儿子赶快把他放了。康熙三年入衡山。康熙十二年死于岳麓,终年73岁。遗命用明朝的幅巾方被裹尸入土。著作有《他山诗选》、《十年堂诗选》、《后潇湘赋》、《大招诗》、《游岳草》等。编纂的志书有《永州府志》、《宝庆府志》、《浯溪志》、《九疑山志》、《鸡山志》,以及与徐遵汤、恽本初等同编纂的《靖江县志》等。

他的两个弟弟邦韶、邦寅都能文。邦韶死于清军;邦寅入清不仕,与顾炎武等为友,死后门人私谥为介节先生。

归 庄

归庄(1613～1673),一名祚明,字玄恭,号恒轩,或称归藏、归妹、归乎来,又称悬弓、园公、玄慕、普明头陀等。昆山人。清学者。系明隆庆时南京大理寺丞、著名学者归有光之曾孙,与顾炎武为同庚挚友。其父归世昌也有"才子"之称,长于草书,尤善画墨竹。归氏一门家学渊源流长。归庄自幼受诗书熏陶,为诸生时,即博览群书,下笔数千言不止。他工诗文、作曲,善画竹石,尤精于书法,狂草功力更深,时人以为绝伦,自称狂草近时无人匹敌。生性好奇,与好友顾炎武被目为"归奇顾怪"。归庄生活于明清改朝换代之际,明崇祯二年(1629)时才17岁,就同顾炎武等因痛恶阉党之误国,毅然加入复社。明亡时,他已32岁,对李自成攻陷北京,痛加诋毁,口诛笔伐。他二哥归昭单骑赴危城,协助史可法守扬州西门并战死于抗清沙场。昆山城破时,归门一家多口遇难。他与顾炎武仅以身脱。在组织抗清失败后,绝意仕途。入清后,归家一贫如洗,他常着缁衣僧帽,或破衣齐膝,鬓发乱腮,浪迹江湖。曾南渡钱塘,北涉江淮,每至名山大川,则凭吊古今,痛哭流涕。他佯装疯癫,不与世俗苟同,故有"归痴"、"狂生"之称。虽赤贫如洗,还是嚣嚣不羁,嬉笑怒骂,玩世不恭。虽穷,却不接受馈赠,更不出售书画。精于草书,求者甚众,常漫应之却从不兑现,说明他惜墨如金,多藏于家而不轻易示人。心相知相近者,常诗酒相还,酒至酣时,不论长笺短幅,挥洒恣肆;若是贵介相邀,则不应。晚年更贫,寄食僧舍,致力于汇刻曾祖《归有光全集》,未竟而卒。归庄一生著述甚丰,有《恒轩集》、《悬弓集》、《山游诗》等。他的孤愤之作《万古愁》尤为著名。全曲二千多字,自盘古开天辟地起,对历朝帝王贤相,痛加诋诟,直至清兵南下,金陵陷落,独独竭力恭维明朝。清朝顺治皇帝福临,十分欣赏《万古愁》,御膳时,常命乐工歌唱此曲以侑食。全祖望说,《万古愁》"盖《离骚》、《问天》一种手笔"。顾炎武在山东章丘获归庄死讯后,特在桑家庄设坛致祭,写了《哭归高士》诗四首。

玉琳琇

玉琳琇(1614~1675),俗姓杨,讳通琇,号玉琳。江阴人。清初临济宗禅僧。其父为儒生,厌世遁入空门。玉琳琇受父亲影响,幼年即虔诚奉佛,18岁投常州磬山寺天隐圆修禅师,仅几个月就"悟道得法"。后随圆修至湖州报恩寺。23岁时继承法席,做了主持。"出世"之早,为禅门罕见。他曾两次奉召入京,膺国师称号。时顺治帝福临崇佛,闻玉琳琇之名,于顺治十五年(1658年)九月遣使请他入京说法。他先是卧床不起,后到天津又称病不行。到京后,为顺治帝取法名"行痴"。顺治帝还不时到他馆舍请教,并赐予"大觉禅师"称号。玉琳琇辞归,临行,赐黄衣、银印;后又派钦差到湖州报恩寺,晋封他为"大觉普济禅师",赐紫衣、金印。顺治十六年十月,福临在一次骑马时,因马蹶而有"省悟",玉琳琇又应召入京为之"证道"。他到京后,使已经削发的福临表示愿意蓄发,欣然放弃了效"达摩舍国位而为禅师"的想法。接着,命选僧1500人,于阜成门外慈寿寺,从玉琳琇受菩萨戒,并加封他为"大觉普济能仁国师"。至翌年正月初七,福临去世。二月,他才得旨南还。晚期,他开法于浙江西天目山。

康熙十四年(1675年),玉琳琇弟子白丰松任住持的宜兴善权寺,被陈氏族人一炬而焚。玉琳琇惶惶不可终日。他"尽摒参侍,不食粒米",独自北行,改号"无住",然后至清江浦慈云庵,终日危坐室中,"惟饮冷水",第七天便圆寂,终年61岁。后慈云庵迭经"敕建",赐经赏物,并改名慈云寺。其身价百倍,名高禅林,实源于玉琳琇。

王大经

王大经(生卒年不详),字伦表,号石抱,一号待庵居士。东台安丰人。清初学者。自幼家境贫寒,兄弟四人中排行第四。少时,奋力自学,博览群书,人称"王武库"。20岁起,在安丰设塾课教,维持一家生活,后鬻文卖字,奉养父亲至90岁。著有《独善堂文集》6卷。王大经秉性耿直,不媚时俗。康熙年间,御史魏双凤读到大经文章,惊奇道:"当世轶才也!"向当朝推荐,大经不赴。又诏举为"博学鸿儒"科亦不赴。泰州分司汪兆璋赏其才学与人品,于康熙十二年(1673年)聘他重修《淮南中十场志》。成书后,汪兆璋酬以重金,被婉言谢绝。《淮南中十场志》共10卷,17纲185目,图表22帧。该志书比较全面地反映包括今东台市在内的淮南中十场地理、经济、文化等各方面的情况,是一部重要的地方历史文献。王大经虽未署名(原志书的序言署为"杨大经"),但据《中国人名大辞典》、《明末遗民录》、《国朝先正事略》等考证,《淮南中十场志》应为王大经重修。

王 鉴

王鉴(1598～1677),字元照,或玄照、圆照,号湘碧、弇山后人、染香庵主。太仓人。明末清初画家。明万历时南京刑部尚书、文学家、史学家王世贞曾孙。崇祯六年(1633年)乡试举人,官任广东廉州知府,故人呼为"王廉州"。明亡后,他退居不仕。

王鉴系明代书画家董其昌的传人,与王时敏同列明末"画中九友"。明清易代后,他与同乡人王时敏、王原祁及常熟的王翚同属为风靡画坛的"娄东派"和"虞山派",合称"四王"。而王鉴、王时敏则跨越明清两代画坛,实有"开继之功"。王鉴工山水,早期大都师法董源、巨然,笔法圆浑,实中带虚;中年以后,渐广学宋、元诸家,笔墨丘壑,务求肖似;晚年,笔法变为尖刻。他是比较全方位的师法古人,与王时敏仅以一、二家为宗的路子不同,与王原祁"笔墨一道,用意为尚,主张'临画不如看画'的观点"相去更远。他擅长烘染和青绿重彩,风格沉雄清润而时见浓丽。王鉴的作品甚多,《梦境图轴》是他中年时代的代表作,此图构思颇为奇特,笔墨精谨,用笔繁密中见松秀,略加淡墨烘染,山石高耸,水面波纹细致。《长松仙鹤图》系他70岁时的佳作,图中山峦重叠,山谷溪旁松树繁茂,树石间隐约可见房舍数间,境界幽深。著有《染香庵集》、《染香庵画跋》等。传世作品有《仿古山水屏》12幅,藏上海博物馆;《九夏风松图》轴,藏北京故宫博物院。亦精书画真赝品鉴赏。

李枝翘

李枝翘(生卒年不详),字条侯。约生活在顺治、康熙年间。睢宁县人。地方名士,有诗文传世。他由拔贡生任官学教习,考授知县,回籍候选。性孝友,父母都享年80岁,奉养始终不衰。有异母所生幼弟,不仅将先人遗产全部分给,并将个人所置私产割让之。一生注意大节,远近闻名,各处贤士,以诗文投赠者甚多。著有《商芝馆集》、《燕台之体诗》等。顺治十六年(1659年),睢宁县增加田赋四千一百多顷,后因水患田多荒芜,人民受累。他一再向知县石之玫提出,请报皇帝豁免,后获诏令,永远豁免。康熙十六年(1677年)水患严重,他陈述河务十九条,被采纳酌行。同时对地方行政利弊,一贯抗直敢说,全县兴革,多得到他的意见,故睢宁人久念不忘。康熙五十七年,知县刘如晏为他立位乡贤祠,以永祭祀。

吴三桂

吴三桂(1612~1678),字长白。原籍高邮(传其家从徽州迁入),明末入辽东(今辽阳)籍。父吴襄,明末任都指挥使、辽东团练总兵。吴三桂武举出身,以父荫袭军官。崇祯四年(1631年),后金兵攻大凌河,吴与宋伟率兵赴援战败,被削职。崇祯五年,孔友德反于登莱,吴襄随朱大典、金国奇前去镇压,以功授都督同知,吴三桂亦在军中,吴襄因功受都指挥使。崇祯十一年后,清太宗皇太极派多尔衮率师入关攻掠,因贻误军机,纵兵淫掠,被革职待罪。崇祯十二年洪承畴任蓟辽总督,荐吴三桂袭镇守宁远中左、中右等处团练总兵,右军都督府都督同知。

吴三桂"少年勇冠三军",任松上总兵、辽东团练总兵时,与清军主力济尔哈朗、多铎等部激战。崇祯十三年,松山、锦州城被清军攻破,洪承畴、祖大寿被俘降清,吴三桂被贬三秩、充军事。松锦战后,吴三桂驻守宁远。清皇太极多次派人劝降,吴未应,并数创清军。崇祯十七年三月,李自成农民军逼近京师。崇祯诏封吴三桂为平西伯,令其弃宁远入援。由于关外数十万兵民惧怕清兵报复,尽徙入关,耽延时日,京师已被农民军攻克,崇祯自缢而死。李自成占居庸关后,派降将唐通赴山海关,招降吴三桂。他得知其父吴襄已降李自成,家小在京,决定投降,留唐通守关。三月,吴军抵卢龙,得悉其父被夹打要银,爱妾陈圆圆被刘宗敏所夺,回军击败守关的唐通,以残明势力重守山海关。李自成得知吴三桂降而复叛,率数万大军前往平叛,吴向清军求援。清摄政王多尔衮接受范文程建议,发大兵南下。吴亲去关外欢喜岭见多尔衮,答应清方条件。四月二十二日,清军入关,取得了清军入关的关键性山海关之战胜利。吴三桂被封为平西王。李自成杀其父及家小30多口。

清顺治元年（1644年）十月，清王朝定都北京。命吴三桂镇压陕西、四川等地农民起义军，后会同多尼等进攻南明云贵地区，杀明永历帝，奉命镇守云南，手握重兵，形成割据势力。专制滇中十余年，练兵马，利器械；水陆冲要，遍置私人；各省提镇，多其心腹。并招徕商旅，资以藩本，使广通贸易，殖货财。广东、福建之尚可喜、耿继茂二藩亦扩充实力，对清中央政权形成潜在威胁。四辅臣辅政时，已开始抑制其权，收缴大将军印，解除总管云南事务之权。

康熙亲政后，决心撤藩。康熙十二年（1673年）准尚、吴、耿撤藩之请。吴请撤藩，原为试探朝廷真意，得知朝廷决意如此，吴即于同年十一月二十一日杀云南巡抚朱国治等，自称天下都招讨兵马大元帅，改元昭武，起兵反清。吴三桂起兵之初，其势汹汹，入四川、湖广，威胁江、浙、赣，陕、甘亦在动荡之中。康熙采取剿抚并用之策，主攻湖南。康熙十三年四月，杀吴三桂长子应熊及孙世霖，以坚平叛决心。康熙十七年三月，吴三桂在衡州称帝，图振军心，当年八月十七日中风而死，终年66岁。其孙吴世璠继立。次年，清军克复全湘，继克川、贵、滇三省，"三藩之乱"基本结束。吴骸骨发各省示众。

阎尔梅

阎尔梅（1603～1679），字用卿，号古古，又号白耷山人、蹈东和尚。沛县人。幼时随父攻读经书，关心国事，喜爱歌咏历史上英雄人物的诗篇。崇祯三年（1630年），赴南京乡试。主考官非常赏识他的试卷，称赞他"旷逸跌宕，有唾吐四海之气"。阎尔梅与徐州人万寿祺一同中举。

他趁入京会试之机，参加复社。当时明朝政权处于风雨飘摇之中，他便接连上书请缨，愿为明王朝效力。崇祯十三年，他变卖家产，组织一支近千人的地主武装。次年，微山湖起义渔民围攻沛县城。阎尔梅带乡兵驰援，义军撤围而去。阎尔梅率兵追堵，被杀得溃不成军，自家房产也被义军夷为平地。这时，阎尔梅得知北京已被李自成攻破，崇祯皇帝自缢，痛不欲生，绝食7日。清军入关后，他对农民起义军的态度起了根本的变化，他决心与农民起义军合力抗清，共保社稷。他多次向坚决抗清的史可法当面陈述与农民军联合作战的主张，但终未被史可法接受。应山东榆园农民军的邀请，他表示愿意合作抗清。顺治二年（1645年），阎尔梅再次进言史可法，竭力主张联合榆园军,收编高杰(明末农民军降将)部众,未被采纳。阎尔梅预感大势已去,便留下一封书信离开史可法。四月下旬,扬州城破,史可法遇难,阎尔梅北走淮安。五月,清军入南京,南明弘光政权灭亡。万寿祺等人在太湖一带分几路起兵,然后合兵太湖,向清军猛攻。阎尔梅在淮安附近起兵响应。没有多久,相继失败。阎尔梅几经辗转,加入榆园军,以嵩山少林寺为联络点,化装成游方僧人,自号"蹈东和尚",秘密往来于山西、河南、河北等地,并几次入京觇视清廷动静,报告榆园军。

顺治八年,榆园军失败,阎尔梅与弟阎尔羹均在沛县被捕,地方官调重兵押解他们去济南,一路上,百姓夹道相送。阎尔梅被铁索紧绑,骑于驴上,但神态自若,慷慨悲歌,观者无不泪下。顺治九年冬,他被押至济南狱中。狱官多次劝降,都被他坚决拒绝。陈名夏曾写信劝他参加科举考试,并以会元(会试第一名)为诱饵。他写诗回答:"谁无生死终难避,各有行藏两不如。"陈名夏不敢再相强。顺治十二年夏,他趁放松看管之机逃回家乡。尚未来得及遣散家人,清兵已来搜捕。妻妾自缢而死。阎尔梅携幼子仓皇夜奔,途中将幼子托付友人,只身亡命虞城(河南境内)一带,或摆渡,或打鱼,常独坐船头歌哭不已。自称吕老,又称翁先生,改字藏若。不久,从济南狱中逃出的榆园旧友梁东川、马龙宾等与他取得联系,表示已经绝望。阎尔梅却以侯嬴、聂政为榜样,抱必死之决心,想以行刺的方法与清廷抗争到底。奔走数年,遍历南北,又几次潜入北京,但都未得到机会行事。康熙元年(1662年),他悄然返回家乡。两年后,为仇家告发,只得再次亡命他乡。诗人、刑部尚书龚鼎孳出面调停,才使案件平息下来。阎尔梅终于感到反清复明已成梦幻,康熙十二年返回沛县,依靠两个儿子艰难度日。他虽体弱多病,仍坚持整理旧作,闲暇时抚琴悲歌。他最喜欢的是苏武牧羊曲。

康熙十八年冬,阎尔梅病逝,享年76岁。他的诗作繁多,长于五、七律,多感怀时事,笔意纵横,格调苍凉,当时流传很广,有"一驴亡命三千里,四海无家十二年"的名句。著有《白耷山人集》传世,后人辑有《阎古古全集》。阎尔梅与万寿祺被称为"徐州二遗民",他们的诗文被合编为《徐州二遗民集》。

薛鼎臣

薛鼎臣(1630～1679),字式九,号海峰。祖辈为今建湖县薛家滩人,后迁居盐城城厢。清廉臣。薛鼎臣17岁中秀才,后补廪生。清顺治十一年

(1654年)中举人,考授翰林秘书院中书舍人,选拔入都,继登北闱贤书。他与杨雍等齐名,国子监司业曹庵以国士待之。在任户部主事转升兵科给事中时,为民请命,刚直不阿,声震朝廷。相传有"薛给事上朝,地动山摇"之说。他的奏章直陈时弊,把惩治贪污作为第一要务,竭力主张:"杜贪源而安民生","求生财之言,必以理财为先;求理财之言,必以清弊窦为要。"所上"停察荒以安民生、筹军饷以勤枢务"之法,皆治国要领。他提出安抚流民、禁止游手好闲、普查人口、照里征收商贾、劝农课桑、团练里社等主张,为朝廷所采纳,并刊立木榜,以示家喻户晓。顺治十六年,他在奏疏中有"今日而求治平,莫不以惩贪为第一务,顾所以惩贪之法,有挈其纲领而惩之者,有列其条目而惩之者……"奏疏中指控永宁知县章平事、濮州知州钟玄超、临颖知县熊启良等贪污受贿罪。

顺治十八年,因弟荩臣病逝,请求归养父母。他居乡以耕读为业,凡地方有益之事皆尽力而为。著有《海峰疏草》留传后世。

李香君

李香君(生卒年不详),原名香。明末秦淮歌妓。身材娇小,人称"香扇坠"。精于音律,尤工琵琶,略知诗书。为人"侠而慧","能辨贤奸"。与马湘兰(守贞)、卞玉京(赛)、柳如是、董白(小宛)、顾媚(横波)、寇白门(湄)、陈圆圆合称"秦淮八艳"。其故宅在秦淮河畔称媚香楼。李香君和复社文士侯方域(朝宗)相爱,极力劝阻侯与魏忠贤余党阮大铖往来,不为阮的利诱所动。南明亡后,李香君拒绝新贵田仰逼婚,血染素扇。杨文骢以血点画成桃花一枝。后李香君逃出,避居栖霞山保贞庵。侯方域为李香君写成《李姬传》。剧作家孔尚任以其情节,创作《桃花扇》。

王时敏

王时敏(1592～1680),初名赞虞,更名时敏,字逊之,号烟客,又号偶谐道人、懦斋、西庐老人、归村老农。太仓人。明末清初著名画家。出生于官僚世家。祖父王锡爵曾任明万历年间的内阁首辅。他从小受祖父钟爱,学业日见长进,后以祖庇荫任尚宝丞(管理皇帝玺印的官),又升任太常寺少卿,故有"王奉常"之称。曾奉命巡视山东、河南、湖广、江西、福建一带封藩地区,因而得以游历名山大川,观赏各地收藏的名画真迹。期间,他经常与画家董其昌等人接触,并在画技上得其指点。崇祯五年(1632年),因病辞官归里。明亡后,隐居不仕,专心于绘画的研究与创作。他对于宋元诸家颇有研究,尤以较多笔墨摹拟元代大画家黄公望的作品《山水轴》、《端午景图》等。其中,仿黄公望《山水轴》是绢本大帧,青绿设色,气韵神逸,意境精深。他的作品多为仿古,山水得宋元神韵,笔墨苍润松秀,而丘壑较少变化。所著《西庐画跋》16则,强调刻意师古,在笔墨上求"神韵",主张"一草一木,皆有原本",一味模仿,不求创新,对当时画坛影响较大。晚年致力于培养年轻一代,王翚、吴历都出自他的门下。其孙王原祁更亲承指教,曾亲手绘制《仿自李成以下宋元名家山水册》供其学习、临摹。他还工诗文,善书法,隶书尤为出名。王时敏与王鉴、王翚、王原祁并称"四王",加吴历、恽寿平亦称"清六家"。传世作品有《仿山樵山水图》轴、《层峦叠嶂图》轴、《秋山图》轴、《雅宜山斋图》轴等。著有《西田集》、《疑年录汇编》、《西庐诗草》等。

李　渔

李渔(1610～1680),原名仙侣,后改名渔,号天徒,字笠鸿、谪凡,晚年又字笠翁,别署笠道人、随庵主人、觉世稗官、新亭樵客、湖上笠翁等。以字笠翁行,世称李十郎。原籍浙江兰溪,生于雉皋(今如皋),先后居住于雉皋、兰溪、南京、杭州等地。南京是他一生中居住最久的地方。清初剧作家、戏曲理论家。

李渔少时即知名于郡邑,"髫岁即著神颖之称","童时以五经受知学使者,补博士弟子员。少壮擅诗、古文词,素有才子称"。19岁时父亡,遂迁回兰溪。27岁考入金华府庠。入清后再未应试,终身为布衣之士。48岁,李渔因家道衰落,被迫举家迁杭州,初靠卖文为生,后试写剧作和小说以市利。清顺治十四年(1657年),李渔因笔墨官司,被迫迁居金陵(今江苏南京)。此时,李渔已"家口日繁"。为了维持生计,他开设芥子园书铺,专营刻文卖书。然因贩书所得有限,遂再度搞起戏剧创作,并家设戏班,组织家姬跑遍浙江、江苏、安徽、江西、福建、山西、广东、甘肃和北京等地,为达官贵人们演出,赖以谋生。

在金陵的近20年时间里,李渔广交社会名流,交流艺术,切磋技艺,其声名日盛,成了南北曲中无不知晓的李十郎。好读闺情性态,并演绎成各种戏曲传奇,颇为正人君子所讥刺。然而漂泊不定的演出生活虽所得甚丰,但毕竟"终年托钵",寄人篱下。李渔对此逐渐厌倦起来。康熙十六年(1677年),时已 67 岁的李渔再无浪迹江湖之精力,于是,变卖了金陵家业,再度移家杭州。三年后病逝。李渔著作很多,有戏曲十九种,《奈何天》、《比目鱼》、《蜃中楼》、《美人香》、《风筝误》、《慎鸾交》、《凤求凰》、《巧团圆》、《意中缘》、《玉搔头》(以上十种合刊为《笠翁十种曲》)、《万年欢》、《偷甲记》、《四元记》、《双锤记》、《鱼篮记》、《万全记》、《十错记》、《补天记》、《双瑞记》。小说有《无声记》12 回、《连城璧全集》12 卷、《外编》6 卷、《十二楼》(一名《绝世警言》)12 卷 38 回、《合锦廻文传》16 卷、《肉蒲团》6 卷 20 回,还有评《忠义水浒传》一种,诗词有《一家言全集》。其《闲情偶记》一书,成为后世戏曲创作教本。

江之蓣

江之蓣(生卒年不详),清云台山水流村人。清顺治十八年(1661 年),兵部尚书苏纳海等巡阅沿海至板浦,见海风大起,不敢亲临尚在海中的云台山,遂定迁海之计,迁云台山附近军民至海州西,令民开垦荒田,以巨大木排桩钉塞海口,是谓"裁海"。清康熙十五年(1676 年),淮安府海州学生员江之蓣等,向漕运总督帅颜保呈《请复云台状》、《再请复云台状》,陈述裁海的弊端:遮蔽海洋,有碍边防;弃商贾辐辏、鱼盐桑麻之利,哀鸿载道,有亏正赋;云台沿海黄淮泄水之处,沙壅积滞,南溃北决等等。康熙十六年,帅颜保奏请开复云台,朝廷使吏部侍郎哲尔肯会同督抚实地勘察,奏准复云台为内地,时为康熙十七年闰二月初二兵部照议覆题,初四日奉旨依议。江之蓣等不避艰险,跋涉经年,呈请复海终获成功。

顾炎武

顾炎武(1613~1682),初名绛,更名继坤,后复名绛,字忠清;明亡后更名炎武,与人书一作炎午,表示他对南京民族英雄文天祥的学生王炎午的敬仰和不仕二朝的决心。又名圭年,字宁人,号亭林,为避怨自称蒋山佣。昆山千灯人。明末清初杰出的思想家、爱国学者。祖上曾世代为官,明末家势败落,父顾同应,只是一个没有取得做官资格的副榜贡生。顾炎武出生后由生母何氏将他过继给叔祖顾绍芾的守寡儿媳王氏为子。嗣母时常以刘基、方孝孺、于谦等人的事迹教育他,要他做一个忠于国家、忠于民族的人。嗣祖则教育他关心国家大事。

顾炎武少年时代,正值明末政治日益腐败,满汉民族上层统治集团矛盾日益尖锐之际。明天启六年(1626年),他14岁参加复社反宦官权贵斗争。在复社中与同乡归庄齐名,两人意气相投,一见如故,遂结下终身不渝的友谊。复社成员来自四面八方,成分复杂,二人常特立独行,不流俗,被复社同道讥为"归奇顾怪"。崇祯十二年(1639年)秋,国事艰难,加上乡试再度败北,终于震醒了沉溺于科举的顾炎武。他发愤读书,遍览二十一史和全国州县志书、当代名人文集、章奏文册等,单是志书就读了1000多部,抄录有关材料,从而揭开自己一生治学的篇章。崇祯十七年四月,明朝为农民起义军所推翻;五月,南明弘光政权在南京建立,他被任命为兵部司务。他从弘光政权据南京立国的实际出发,针对明末在农田、钱法、军制等方面的积弊,提出一系列解救危机的应急措施,即著名的"乙酉四论"(《军制论》、《形势论》、《田功论》、《钱法论》)。清顺治二年(1645年),弘光政权覆灭后,他愤然投笔从戎,在苏州参加抗清斗争。苏州兵败,潜回昆山。闰六月十五日,昆山人民揭竿而起。他的挚友归庄、吴其沆等都投入这场抗清斗争。七月初六,昆山城破,归庄虎口余生,吴其沆惨死血泊,他的两个弟弟死难,其生母何氏也被砍断右臂。顾炎武其时恰至常熟探视嗣母,得以幸免。十四日,清兵占领常熟,其嗣母绝食十余日去世,临终留下"勿仕二姓"的遗训。他在军败、国亡、母死的惨痛、悲惨心情中,进行深入隐蔽的反清斗争,并以勾践复国自勉。

清顺治十四年秋,顾炎武决定到北方游历,继续进行抗清斗争。45岁的顾炎武,开始他以后20多年转徙不定的生涯。这一时期他不仅写下大量的短篇诗文,也编纂《营平二州史事》等著述。且对早年辛勤编写的《天下郡国利病书》、《肇域志》,以历年实地所见进行增补,古韵学的专著《音学五书》也加快编写。康熙元年(1662年)起,他北游的踪迹扩展到豫、晋、鲁、陕各地,全部精力几乎都用于他一生最重要的作品《日知录》的写作。康熙九年,《日知录》初稿8卷公开刊行;后经增补,在他去世前夕脱稿,共成32卷。顾炎武是一位卓越的思想家和成就巨大的学者。他开拓了广阔的学术门径,坚决摒弃宋明理学的思辩玄说、空谈心性,提倡严谨精勤的学风和朴实的经验归纳法,开创有清一代崇实致用的治学精神、严谨绵密的考据方法,对清代学术文化的发展,产生极其深远的影响。他使中国文字音韵从经学的附庸成为独立学科。他一生广泛涉足于学术文化的海洋,在经学、史学、方志地理学、文字音韵、金石考古以及文字等方面都有卓越成效,贡献巨大。他的"天下兴亡,匹夫有责"思想,成为华夏子孙所遵循不变的崇高原则。康熙二十年,顾炎武以68岁高龄,自华阴出游河东,不幸病倒。翌年初又因马上失足坠地,在正月初九(1682年2月15日)病死于山西曲沃,终年69岁。后其嗣子衍生运棺归故里,葬千灯。著作还有《左传杜解补正》、《九经误字》、《石经考》、《二十一史年表》、《历代帝王宅京记》、《昌平山水记》、《山东考古录》、《金石文字记》、《谲觚十事》、《求古录》、《菰中随笔》、《救文格论》等。

陈维崧

陈维崧(1625~1682),字其年,号迦陵。宜兴高滕乡亳村人。出身官宦之家。清词作家。幼年天资聪慧,10岁代祖拟《杨忠烈像赞》;17岁进学,即考中秀才,终日手不释卷。清顺治九年(1652年),苏、常四郡大兴文会,宜兴成立同声社,文人墨客云集,饮酒赋诗。他应邀参加,即席赋诗数十韵,用六朝体作序,"骈四俪六,顷刻千言",词藻华丽无比,诸名士惊为神笔。时称陈维崧、吴汉槎(吴江人)、彭古晋(云间,今松江人)为"江左三凤凰"。30岁时,家道中落,外出漫游,所到之处,名公贵人争相迎待。康熙十八年(1679年),年过50岁的陈维崧,应博学鸿儒科试,以《璇玑玉衡赋》中选,授翰林院检讨,参与撰修《明史》,前后达4年。后患头痛病,康熙二十一年卒于北京,终年57岁。他一生清廉,无积蓄,死后家徒四壁,仰亲朋资助收殓,归葬原籍亳村。

陈维崧学识渊博,才气横溢,通晓诸文体,尤工于词。一生作词1629阕","古今词家篇什之多,未出其右"。其词"凌厉光怪,变仪若神",时人誉陈维崧词"能包一切,扫一切",为"词中之圣"、"词学中绝唱"。他一生交游很广,又经历时代的盛衰变迁,故词作题材广泛,语言丰富,文笔流畅;除抒写身世和感旧怀古之情外,不乏描写民间疾苦之作;还有一些散发出浓郁乡土气息和生活情趣的词作。主要著作有《湖海楼集》42卷、《迦陵文集》16卷、《箧衍集》12卷、《两晋南北史集珍》6卷、《陈检讨四六》20卷等行世。

王锡阐

王锡阐(1628~1682),字寅旭,号晓庵,又号余不、天同一生。吴江震泽镇人。清天文学家。他少年时博览群书,尤精历象之学。明亡投河完节,被人救起,从此着明朝冠服,不用清朝钱,潜心研究天文学。每当夜色晴朗,王锡阐躺卧屋顶上整夜观察天象。针对当时中西历各种门户之见,他提出考证中历古法之误,而存其是;择取西说之长,而去其短。著《晓庵新法》,精确计算出日食、月食的时间,首创计算金星凌日、水星凌日的方法。还著有《五星行度解》、《大统历法启蒙》、《筹算》等。死后葬在震泽镇西(今震泽中学内)。道光十七年(1837年),江苏巡抚林则徐倡捐重修其墓,并在墓东建"王贤祠"。1982年3月,其墓被列为省级文物保护单位。

李 清

李清(1602~1683),一字心水,晚号天一居士。兴化人。清史学名儒。天启元年(1621年)中举,崇祯四年(1631年)中进士后,授宁波司李,平反了一些错案。崇祯十年被召入京,升为刑科给事中,后因事被谪为浙江幕僚。不久,起用为吏科给事中,转工科给事中。官居言路,中立无依傍。南明弘光朝任大理寺丞。明亡,隐居松江,后归兴化。清康熙间征修《明史》,辞以年老不至。居邑之枣园,杜门著述终老。一生著述甚丰,时称史学名儒。有《三垣奏疏》、《三垣笔记》、《南渡录》、《南北史合著》、《南唐书合订》、《澹宁斋杂著》、《正史摘奇》、《外史摘奇》、《古今不知姓名录》、《女世说》、《三余琐录》诸书行世。缪荃孙、邓之诚曾推测《梼杌闲评》(又名《明珠缘》),亦为李清所作,是以明太监魏忠贤为题材的长篇历史小说,人称"魏忠贤之外史",此书颇引起研究界注意。康熙二十二年(1683年)去世,享年81岁。

吴嘉纪

吴嘉纪(1618~1684),字宾贤,号野人。东台安丰人。明末清初诗人。少时天资聪颖,参加府试,中第一名秀才。因目睹沿海盐民受官吏与盐商的双重剥削,民不聊生,遂绝意仕途,隐居家乡。由于他的住所四周杂草丛生,而他又终日把卷苦吟,不与外人往来,故人称他为"野人"。他也乐以"野人"为号,并名其所居为"陋轩"。扬州诗友汪楫遂将其诗送往两淮盐运使周亮工阅览,周又转扬州推官王士祯,王十分推崇,说:"有才如嘉纪,天下之人不知也,乡曲之人不知之也……独有一汪楫知之。"周、王二人都为诗卷作序,随后由泰州分司汪兆璋搜集吴诗400首刊刻问世,从此吴嘉纪便名闻四方。

因长期生活在贫苦灶民中间,吴嘉纪反映民众悲惨生活的大量诗篇,大多出于亲身体验。如《临场歌》、《朝雨下》、《海潮叹》、《流民船》、《翁履冰行》、《邻翁行》等诗篇,以真实而深刻的内容和高度的艺术概括,状难状之景,达难达之情,在古诗人中殊不多见。他的许多反映劳动人民贫困、苦难的诗,如"白头灶户低草房,六月煎熬烈火旁。走出门前炎日里,偷闲一刻是乘凉";"小舍煎盐火焰举,卤水沸腾烟莽莽。斯人身体亦犹人,何异鸡鹜釜中煮";"今年春夏雨不息,沙柔泥淡绝卤汁。坐思烈火与烈日,求受此苦不可得"等,都是对压迫阶级的血泪控诉。他的"广陵奢尤甚,巨室如王公。食肉被纨素,极意媚微躬。欢乐成昏愚,不幸财货丰"等诗句,深刻揭露了那些不劳而获的盐商们的奢侈生活。

吴嘉纪的《陋轩诗集》共收入诗1265首,作品因事主题,因题制宜,不拘一格。当时的名人吴鏖、孙枝蔚等都给予很高的评价。吴周祚在诗序中称其"冰霜高洁,刻露清秀,不得指为何代何体,要自成为野人之诗"。明亡后,吴嘉纪曾结交明末遗民屈大均等人,从事抗清文学活动,有不少诗揭露了清军的暴行。1978年,上海古籍出版社出版有《吴嘉纪诗笺校》。

吴兆骞

吴兆骞(1631～1684),字汉槎。吴江松陵镇人。清初诗人。其七世祖即孝子吴璋,叔祖吴易。他9岁作《胆赋》,10岁写《京都赋》,少年时即声震文坛。后随父宦游楚地4年,因张献忠起义,奉母归里。清初,江南士大夫各自结社,慎交社、同声社较为著名,他曾主盟慎交社,与诸名贤角逐艺苑。清顺治十四年(1657年)中举人,南闱科场案发,被诬卷入其中。次年,吴兆骞赴京接受检查和复试。在复试中,他负气交白卷,被革除举人名。顺治帝亲自定案,他的家产籍没入官,其父母兄弟妻子一并流放宁古塔(今黑龙江省宁安县）。戍塞外二十三年,日与羁臣逐客饮酒赋诗。经好友纳兰性德、徐乾学等人在朝中斡旋,费赎金数千,加上他的《长白山赋》长达数千言,词极瑰丽,康熙看到后深为感动,遂于康熙二十年（1681年）放归,康熙二十二年返里省亲。长期的严寒生活,他已不适应江南水土气候,大病数月,赴京治疗,康熙二十三年客死京城。吴兆骞留下大量讴歌祖国边陲的诗篇。现仅存《秋笳集》、《归来草堂杂卷》、《西曹杂诗》。

万　树

万树（1625～1687）,字花农,一字红友,号山翁。宜兴人。万树为一代词家,既有精良的吟咏,又有独到的词学论著,还是多产的戏曲剧本作家。兵部尚书吴兴祚总督两广期间,深知万树文采风流,招致督府,一切奏议文牍,皆交付万树之手。万树在公牍之暇,勤奋地创作剧本。剧本一脱稿,吴兴祚就让家养伶人排练演唱,用于宴请演出。万树空有绝世之才,终寂寂于幕僚文牍之间,竟郁郁而卒。万树创作各种曲目有20余种,今可考者仅16种。计杂剧8种:《珊瑚球》、《舞霓裳》、《藐姑仙》、《青钱赚》、《焚书闹》、《骂东风》、《三茅宴》、《玉山庵》;传奇8种:《风流棒》、《空青石》、《念八翻》、《锦尘帆》、《十串珠》、《黄金瓮》、《金神风》、《资秦鉴》。其中《风流棒》、《空青石》、《念八翻》合刊为一集,总题曰《拥双艳三种曲》,很有名。又因词谱的图牌紊乱,遂作《词律》20卷。又著有《堆絮园集》、《香胆词》、《璇玑碎锦》。据《四库全书总目提要》介绍,《璇玑碎锦》"是集皆回文诗图,上卷三十幅,下卷三十幅,各以名物寓题,组亦颇巧。然亦弊精神于无用之地矣。苏若兰事,不可无一,亦不必有二也"。

宋德宜

宋德宜（1626～1687）,字右之,别字蓼天。长洲县（今苏州）人。清臣。父学朱,明监察御史,巡抚山东时死于兵难。德宜8岁能作文,与兄德宸、弟德宏早著闻誉,一时有"三宋"目之。清顺治十二年（1655年）中进士,后任翰林院编修。康熙三年（1664年）迁国子监司业,后历任国子监祭酒、翰林院侍读学士、经筵讲官、内阁学士、左都御史、刑部、兵部、吏部尚书。康熙二十三年,授文华殿大学士,官至宰相。康熙二十五年加太子太傅衔。

宋德宜为官谨慎，简任机务，敢于直谏。曾疏请减免江南赋税、饬禁通贩硝黄，反对以开例捐输录用官吏，主张弛海禁，开放鼓励沿海渔民自造渔船出海捕捞和商人出海经商，均受到康熙皇帝重视并采纳。曾两度担任会试主考官，并推荐汪琬、陈维崧等应博学鸿儒试。

宋德宜博识有文才，精通《周易》，曾任《清太祖·太宗圣训》副总裁，《世祖皇帝实录》纂修官，《太祖高皇帝实录》总裁官，《政治典训》与《大清一统志》总裁官，《三朝圣训》、《平定三逆方略》、《大清会典》、《明史》等监修官。康熙二十六年（1687年）六月卒于任上。谥号"文恪"。德宜严肃刚毅，说话木讷，但论及国家大事，则侃侃而谈，见解独到；居官清廉，官至一品，其宅未添一砖一瓦，门巷萧然。

其子宋骏业，字声求，官鸿胪寺卿、左佥都御史、左副都御史、兵部右侍郎等。次子大业，字念功，康熙乙丑（1685年）进士，累官内阁学士。

张大复

张大复（生卒年不详），清顺治年间（1644～1661）在世。名彝宣，字心期，一作星其，自号寒山子。吴县（今属苏州）人。清初戏曲作家、声律家。《世海总目提要》称其"粗知书，好填词，不治生产。性淳朴，亦颇知释曲"。是苏州戏曲作家群的重要成员。一生作传奇30种：《如是观》、《天下乐》、《金刚凤》、《醉菩提》、《海潮音》、《钓鱼船》、《井中天》、《快活三》、《獭镜缘》、《苞蕉井》、《重重喜》、《龙华会》、《双节孝》、《双福寿》、《读书声》、《娘子军》、《小春秋》、《天有眼》、《发琅钏》、《龙飞报》、《吉祥兆》、《痴情谱》、《紫琼瑶》等。还有未完稿者6种：《智串旗》、《三祝杯》、《大节烈》、《罗江怨》、《新亭泪》、《金凤钗》等。别本《传奇汇考标目》还记载其传奇《竹叶舟》一本。据《寒山堂新定九宫十三调南曲谱》记载，张大复曾作"万寿大庆承庆杂剧"6种：《万国梯航》、《万家生佛》、《万笏朝天》、《万流同归》、《万善合一》、《万德祥源》，今已不存。其《如是观》为著名剧作，写岳飞抗金故事，至今仍有演出。《天下乐》写钟馗嫁妹故事，现仅存《嫁妹》一节，今京剧亦有此剧，情节与其相同。《新品传奇》评价他的作品是"去病用兵，暗合孙武"。张大复的戏曲声谱理论专著有《寒山堂新定九宫十三调南曲谱》，该书卷首还录载他编纂的《谱选古今散曲传奇总目》70种，又附《曲话》17则。此书影响很大，《南词定律》、《九宫大成谱》均以此为主要依据，今有抄本流传,与钮少雅的《南曲九宫正始》齐名,史称"钮张"。此外,尚有《南词便览》、《词格备考》传世。

龚 贤

龚贤(1618~1689),又名岂贤,字半千,又字野遗(野逸),晚号柴丈人。祖籍江苏昆山,幼年随家迁居南京。清初画家、诗人。13岁习画,21岁左右在秦淮河畔参加复社活动。南明弘光元年(1645年),清兵攻陷南京,龚贤怀着慷慨悲愤的心情,随复社诸友离开南京,"短衣去国",过着流浪生活。清顺治二年(1645年)前后,龚贤的妻子及其他亲人(共8口)相继去世。为了谋生,他到扬州,后又应聘在海安教书。在长达20年的漂泊生涯中,他顽强地学习古代绘画艺术,还写了大量深沉悲壮的诗歌,倾吐民族志士的一腔忠言。大约在48岁时,龚贤回到南京,经数次移居,最后选清凉山作为定居之地。他购买瓦屋数间,又在屋旁栽花种竹,名曰"半亩园",别称"草香堂",过着清苦的隐居生活,专心于艺术创作。曾尝自写小照作扫叶僧,因名所居为扫叶楼。他还自号"半亩"、"柴丈人",称"半亩居人"、"清凉山下人",又称"钟山野老"。著有《画诀》、《柴丈画说》、《半千徒画稿》。其间,迫于生计,他卖过字画,还招收学生教书。

龚贤工山水,画法宗董源、吴镇,沉雄深厚。善用积墨,非常浓密。其画别有风格,为明末清初金陵画坛上享有盛名的山水画家。他的《春山高阁图》、《木叶丹图》、《清凉环翠图》及《柴丈山水册》等,挥毫洒墨自如。但有时积墨过浓,不免柔弱而乏秀气。而有的画,如《木叶丹黄图》,则用墨较少,与浓重的画风相比,别有一种情调。龚图章法,常有奇趣,如《高斋图》、《江天帆影图》等,并无落套,皆自出新意。龚贤还兼工诗文。其作品除上述外,另有《香草堂集》、《中晚唐诗纪》等。

清康熙二十八年(1689年),龚贤因遭权势者豪横索书、欺凌迫害而病逝,终年71岁。后得孔尚任的帮助,归葬昆山故里。

汪 琬

汪琬(1624~1690),字苕文,号钝翁,晚号晓峰,又号玉遮山樵。长洲(今苏州)人。清初学者、诗人。少年失怙,勤奋好学,锐意于古文辞,对于

《易》、《诗》、《书》、《春秋》、《三礼》等均有独到见解。性情耿介,用心于经世致用之学,对当世人物多有褒讥。清顺治十二年(1655年)进士,授户部主事,迁刑部郎中。因"奏销案"降北城兵马司指挥,任满迁户部主事,因办事认真,能为老百姓着想,离开城北兵马司时,送他的当地居民把街巷都塞满了。新任不久即以病辞馆归里,结庐尧峰山,闭门不出,专事撰述,学者称其为尧峰先生。后宋德宜、陈廷敬举荐博学鸿儒科,列一等。授编修,纂修《明史》。汪琬共撰写《明史》书稿175篇。又以病为由辞官归乡,居家10年而卒。汪琬学术精深,文章风格浩瀚流畅,有南宋诸家之风格。诗则具备范成大、陆游、元好问的长处。尤善叙事,极富章法,一时公卿之流,以铭、表、传出自汪琬之手为重。与魏禧、侯方域同为古文"三大家"。他的著作,有自辑《类稿》62卷、《汪氏族谱》及其父行略为《别集》26卷,又择其诗文中最得意之作简编为《尧峰诗文钞》,嘱门人林佶缮刻行世。

恽南田

恽南田(1633～1690),名格,字惟大,后字寿平,改字正叔,号南田,别号筼谷樵隐、白云外史、东园客、东园草衣生、雪衣居士、瓯香散人等,晚年号南田老人。武进上店(今马杭镇大华行政村寿山村)人,后迁居县城(今常州市区)白云渡。清初书画家。自幼敏慧,幼承家学,8岁咏莲花诗,惊其塾师。少从堂伯父本初学画,后随父至闽,参加抗清义军,兵败被掳。曾在杭州灵隐寺为僧,后还俗。一门忠于明室,气节凛然。其画先学王蒙、倪瓒的山水,后承徐熙、黄鉴的花鸟。学北宋徐崇嗣"没骨法",并有所创新,其作花卉,不用笔墨勾勒,全以五彩染成,为没骨花卉一大流派,即"常州画派"(恽派)创始人。没骨花卉画,得到人们广泛的喜爱,一时竞相仿效,师事他而有成就的门生有几十人,为清初六大家之一。其性格落拓不羁,不为豪门所屈。虽"家酷贫,风雨常闭门饿",绝竟科举;为赡养其父,长年卖画,足迹遍及苏、浙、皖等省。其诗笔超群,为"毗陵六逸"之首,诗作辑入《国初十家诗钞》。书法得褚遂良神髓,时称恽南田的字,为"南田三绝"之一。

他耿介清高,遇知音"匝月为之点染","非其人则视白金如土芥,不市一花片叶"。于清康熙二十九年三月十八日(1690年4月26日)酷病中去世。家贫子幼,知友王翚葬之。墓在上店恽日初墓旁。1983年两墓重修,并在马杭桥镇上建恽南田纪念馆。创作书画最多的"瓯香馆"(临溪小筑),

遗址在常州市区后北岸。生平除绘画外,还著有《画鉴评》1卷、《画跋》总3卷、《南田诗草》5卷、《瓯香馆诗集》总15卷、《瓯香馆尺牍》、松烟肥研斋《恽帖》2卷等。恽帖刻石尚存常州市区东下塘周氏宗祠壁内。

张 弨

张弨(1625~1691),字力臣,号丞斋。清江浦(今淮安市)人。清初朴学家。父张致中藏鼎盉碑版文甚富,精小学,正体审音,著书十余种,为士林所宗仰。张弨承其家学,专心六书之学,尤嗜金石文字,精研群籍,广搜碑帖,著书立说。康熙六年(1667年),乘冬日江水落,亲至焦山拓《瘗鹤铭》,较前人增多十余字,晚年写成《瘗鹤铭辨》。康熙十年入秦谒昭陵,遍拓陪葬诸王公墓碑及六马图赞;过济宁州,手拓孔子五汉碑,皆加辩论,根据详洽,时人以为董彦远、黄伯思也不能超过他。张弨交游颇广,与王士禛、顾炎武、潘耒等都有交往。与顾炎武最善,曾变卖家产为其校刻《音学五书》、《广韵》。顾炎武在《音学五书》自序中写道:"予纂辑此书三十余年,刊削数四,又得力臣考《说文》、采《玉篇》、仿《字样》,酌时宜而手书之,二子叶箕、叶贞分书小字,鸠工淮上,不远数千里,累书往复,必归于是。"张弨又为《音学五书》改正一二百处,顾炎武因而称叹道:"笃信好古,专精六书,吾不如张力臣。"

徐元文

徐元文(1634~1691),字公肃,号立斋。昆山玉山人。生于明崇祯七年(1634年)九月。清臣。清顺治十六年(1659年)中进士第一名(状元),授翰林院修撰。顺治十八年,靖南王耿继茂与子耿精忠欲以二千金作路费邀他往广东,被拒斥之。康熙八年(1669年),任国史院修撰,秘书院侍读,主考陕西乡试。不久,升国子监祭酒。在任四年,兴人才,崇教化。所列的国子监条文规定极为严格,即便"满洲弟子不率教者"亦"必加挞责",而从不稍有怠懈。康熙十二年,奉旨教习庶吉士。翌年任内阁学士、《太宗实录》副总裁。康熙十五年,任翰林院掌院学士、殿试读卷官、《孝经衍义》总裁,主持武科会试。康熙十八年监修《明史》。次年,迁左都御史。上疏清除三叛(平西王吴三桂、平南王尚可喜、靖南王耿继茂)虐政,停捐纳。又分条陈述督、抚、藩、臬有"不举其职"、"功过无准"、"察吏不严"、"心多侥幸"四大弊端。禁科道勿交督抚,结纳外吏。福建总督姚启圣屡次欺骗朝廷,浙江副都统高国相恣欲害民,巡盐御史阚某徇私庇护贪官,徐元文不畏强御,上疏弹劾。康熙二十二年掌计典。不久,入内当值。后《大清一统志》馆初开,兼任副总裁。康熙二十七年任刑部尚书,十日后改户部尚书,清理刑狱。次年任文华殿大学士兼翰林院事。康熙二十九年夏,因亲属、门客在乡依势横行,争利害民,被参劾解职。南归途经山东临清时,守关的官吏欲构其罪,登船搜索,唯有图史数卷和光禄馔金300两。返乡未满一年,于康熙三十年七月二十七日(1691年8月20日)在昆山病逝。所著有《含经堂集》30卷、《含经堂书目》别集2卷、《得树园诗集》15卷等。其墓葬长洲县金鹅乡(今苏州虎丘黄桥镇),熊赐履撰墓志铭。

髡残

髡残(1612～1692),字介邱,号石谿、白秃、石道人、残道者等。武陵(今湖南常德)人。清初画僧。俗姓刘,幼失怙,自行削发,20岁入寺为僧。参学诸方,行脚吴越,至南京、杭州及黄山、天台、雁荡诸山名刹丛林。清初避兵家乡桃源,"历诸苦恼三月"。清顺治十一年(1654年)定居南京大报恩寺,皈依高僧觉浪、道盛,法名大杲,参校大藏。品节为顾炎武、钱谦益、张怡等推重。顺治十五年主持祖堂山幽栖寺,又赴吴越、黄山诸地,作画访友,返幽栖后结庐幽居。时寡默多疾,然专意禅理,精研画学,与程正揆交善。

髡残善画山水,兼工人物、蔬果等。山水画师前人,然刻意创新。融合元四家之长,"变其法以适意"。构图繁复,境界幽深,山石作披麻解索皴,从王蒙画法变出;笔致苍率,墨色浅绛,是吸收黄公望作风之优。并远宗董源、巨然,近习董其昌、文徵明,尤得巨然"心法"。更重视师法自然,主张性灵与景物相交融。画法重笔墨,以为与书法同一关纽。最擅渴笔,老笔纷披之际,多与色墨融合渗化,而愈显苍老润藉,创造出沉酣淋漓的新异境界。画作见于著录者约百帧之多,存世有《苍翠凌天图》、《层岩叠壑图》、《云洞流泉图》等,均生动表现出江南山川雄浑奇辟、蓬勃蕴藉的情境。《报恩寺图》绘南京聚宝门外南郊一带形胜,经概括提炼,集中地传达出金陵山水清幽峻拔、磅礴跌宕的气象。他的画艺当时即为金陵画坛所重。周亮工、程正揆等人极力推崇,龚贤赞誉其画作为"逸品"。与程正揆合称"二谿",与石涛并称"二石"，与朱耷、弘仁、石涛共称"四画僧"。康熙三十一年（1692年）去世，享年80岁。传世作品有《苍翠凌天图》轴，藏南京博物院；《苍山结茅图》轴、《绿树听鹂图》轴，藏上海博物馆；《雨洗山根图》轴、《层峦叠壑图》轴，藏北京故宫博物院。

陆　舜　陆儋辰

陆舜（1617～1692），字元升，号吴州。海安镇万民洞王家庄人。清康熙三年（1664年）登进士，为刑部刑曹。后官至温州分巡道、浙江提督学政、广西主考。陆舜幼时潜攻古文。为文洒脱不羁，思维敏捷，供职中秘府时，中秘府重要法令文书均出自陆舜之手。在浙江任提督学政时，陆舜努力推动浙江教育、文化建设，识拔人才。在巡历中，地方府县官员送给陆舜的棚规，本应是他的津贴，而陆舜却移作清寒子弟读书费用，此举深受朝廷赞赏。陆舜任浙江温州分巡道期间，正值倭寇进犯闽中。陆舜曾在温州新训官兵，并引师驰援抗倭。陆舜致仕返回故里后，家居20余年，潜心编书立著。著有《吴州文集》、《制艺文集》、《当场文集》、《何恃楼集》等。

陆儋辰（1777～1842），字莞泉，别号耳乡。清提学使陆舜之从曾孙。他勤奋好学，尤致力于医学。喜研金石，搜古碑数百通。蓄铜雀瓦、古砚及印章合数百件，印证掌故，一一题识，而手自镌之。擅书法、工琴、好诗、喜博弈，著有《弈谱》4册。陆儋辰曾得古医书多种，各据善本，为之校正。撷诸家之精粹，编成《证治赋》若干篇、《运气辨》两篇。得其存者，整理成册，先后收入《海陵丛刻·运气辨》2册及《海陵丛刻·陆莞泉医书》6卷，全书近20万字，今上海、南京中医学院图书馆均有藏本。陆儋辰不仅有多种医术著作，且极为重视实践，临床经验丰富，远近求治者甚多。

笪重光

笪重光（1623～1692），字在辛，号江上外史，又自名蟾光、逸光、郁冈居士、扫叶道人、始青道人、僧摩等。原籍句容望仙乡（现白兔镇）茅庄，高祖迁居京口（今镇江市区）。清代名士。

笪重光出生四代官宦家庭，少年好学，广览经、史、百家著述。清顺治九年（1652年）中进士，授刑曹，晋郎中、关中恤刑，旋擢为湖广道监察御史，江西巡按。笪为官清廉,兴教惠民,办案公正。顺治十二年供职江西时,对江西分巡湖东道佥事李嘉猷贪酷不法,发生命案,严词参劾,因而得罪了李的后台、当朝权相明珠和余国柱,被革职、判刑收赎,"永不叙用"。郑成功攻镇江,重光绾城求援,事平后,赐御书榜,然终未再仕。先居丹徒(镇江)以卖画为生。晚年居道教圣地茅山。

笪重光精鉴赏、工诗文,尤以书画名重一时。他的字笔意超逸,与姜西溟(辰英)、汪退谷(士宏)、何义门(焯)齐名,合称四大家,还被王文治推为"本朝第一"。他的画被称为"睨痴翁(元黄公望)、傲白石(明沈周)"。他与王石谷、恽南田为好友,合作画幅。著有《书筏》、《画筌》2卷,文法1卷,诗文集20卷。

笪重光居茅山,花费了十年时间重修《茅山志》。以《茅山志记》为稿,益以邑志,旁搜于名记、广舆记与诸家文集等资料,突出记述道教上清派的创立、发展和演变;收集与茅山有关的历代碑刻、众多典籍和名人诗文。全志共14卷,近30万字。于康熙十年(1671年)成书,光绪三年(1877年)和光绪二十四年两次重刻,成为一代名志。传世作品有《秋雨孤舟图》及《行书七律诗轴》,均藏于北京故宫博物院。

冒 襄

冒襄(1611~1693),字辟疆,号巢民,又号朴巢。如皋县(今如皋市)人。明末清初文学家。父冒起宗,明末吏部侍郎,被诬入狱,辟疆泣血上书为父辩诬,遂获释。冒襄自幼聪明好学,10岁能作诗文,14岁时就刊印个人诗集,董其昌为其作序。16岁时赴扬州郡试,中秀才。明崇祯九年(1636年),在金陵与张明弼等结盟,参加复社,评论朝廷政治,极力主张改良。与方以智、陈贞慧、侯方域并称明末"四公子"。同年,右佥都御史、安徽巡抚史可法曾以人才荐举,特授为监军,冒襄辞谢不就。同年副榜贡生,当授推官,甲申乱起,作罢。崇祯十六年,秦淮歌妓董小宛归嫁冒襄。崇祯十七年,李自成部将高杰降明,带兵进逼如皋,冒襄逃往金陵。阮大铖派人劝冒,如愿投身阮大人门下,即保荐其进翰林院任职。冒襄严词拒绝。弘光元年(1645年)初,被捕入狱。六月,清兵破金陵,冒襄获释返回故里。随后又因躲避战乱,举家流落于盐官、马鞍山、海陵等地。次年回到如皋,隐居水绘园后,一时名士来聚,参与文会者先后300余人,收养抗清志士遗孤20余人,施粥、救济县内灾民达9月之久。由此家道中落,晚年卖字为生。冒襄一生著述颇多,著有《先世前征录》、《朴巢诗文集》、《水绘园诗文集》、《影梅庵忆语》、《寒碧孤吟》、《六十年师友诗文同人集》等40多种。

徐乾学

徐乾学(1631~1694),字原一,号健庵。昆山玉山人。清臣、史志学家。8岁能文,后又得舅父顾炎武的指点传授,根底益深,慨然有用世之志。清顺治七年(1650年),与吴伟业、尤侗、朱彝尊等人在嘉兴组织十郡大社。顺治十一年入太学。康熙九年(1670)中进士第三名(探花),授编修。康熙十一年主考顺天府乡试,深忧当时读书人研习经义,不务实学,专趋时好,评卷时苦心搜阅,在原已落选的人中选出韩菼。翌年,韩菼果然中进士第一(状元),文体为之一变,世人叹服其鉴别文章的能力。康熙十五年升任左赞善。纂集历代丧制,加以说明,编成《读礼通考》,详备前所未有。康熙十九年为纳兰性德搜集唐、宋、元、明学者解经之书,纂辑成《通志堂九经解》。曾先后奉命为《大清一统志》、《明史》、《鉴古辑览》、《古文渊鉴》各馆总裁。康熙二十六年任经筵讲官。秋,升都察院左都御史。整肃台纲,劾罢江西、河南两巡抚,甘肃、山东两总兵官等。康熙二十七年任会试总裁。转刑部尚书。就职不久,因湖广巡抚张汧以罪被逮而受牵连,被劾。上疏请求归故里,未允,仍命其任各馆总裁。后又被许三礼所劾,于是力请归故里。康熙二十九年奉康熙帝命出京,在苏州东洞庭山设书局修纂《大清一统志》、《宋元通鉴》。不久,又因家属、门客依势横行,被控告,受夺职处分。康熙三十三年秋,官复原职,待命令下达,徐乾学已于前四日病逝。他与其弟秉义(探花)、元文(状元)均为一甲进士,朝廷贵官,号"昆山三徐"。生前建"传是楼",藏书极富。黄宗羲曾多次到昆山借阅、抄录藏书。所著诗文,除奉命纂辑诸书外,另有《憺园集》36卷、《传是楼书目》等。他任《大清一统志》、《明史》总裁时,《修明史条议》、《大清一统志凡例》等皆由他写定。他的方志思想,颇为全面,对方志起源与性质、方志作用、专志编纂方法、志书材料搜集、志中人物诸方面的论述,对修志有较高的参考价值。

陈圆圆

陈圆圆（1623～1695）名沅,字畹芬,圆圆是其乳名。本姓邢。苏州人。因家贫,被卖到武进奔牛农村,养父姓陈,遂改姓陈。因家计无着,被卖入苏州娼门。聪明好学,能歌善舞,天生丽质,姿容绝代,为"秦淮八艳"之一。崇祯十四年（1641）,与江南名士冒襄相识,二人一见倾心,定下生死盟约。崇祯宠妃之父田弘遇赶在冒襄之前,将陈圆圆强娶为妾,后又赠吴三桂为妾。李自成破北京,陈圆圆被刘宗敏掠为己有。吴三桂遂引清兵入关,攻克北京,救出陈圆圆。诗人吴梅村为此赋诗一首,内有"痛哭六军皆缟素,冲冠一怒为红颜"句。陈圆圆随军去云南,见吴三桂招兵买马,扩军备反,知其野心不可劝阻,遂出家为尼,法名寂静（或称女道士）,字玉庵。清康熙三十四年（1695年）病故,终年72岁。陈圆圆工于词,《荷叶怀·有所思》、《转应曲·送人南还》、《丑奴儿令·梅落》等词为人所称赏。著有《舞余词》,散见于《众香集》。

胡简敬

胡简敬（1631～1695）,字又弓。沭阳县新河乡人。清臣。父胡国祥,好学精思,课读不避寒暑,不舍昼夜。胡简敬承家学,才思敏捷,勤学不辍。20岁中举,24岁成进士,选为庶吉士,不久升国子监司业,改进八旗子弟教育。后调吏部侍郎、翰林院侍读。清康熙十年（1671年）,父亲病故,他回乡奔丧。康熙十二年春,知县张奇抱到任,请他主持重修《沭阳县志》。他遂与博学能文之士一道搜集资料,悉心编纂,殚精竭虑,历时10个月,县志即杀青,凡29类,13万言,刊行于世。因淮扬道会举考试出事,他受到牵连,被贬为太常寺少卿。康熙二十八年,乡人周廷鉴与他的族人闹事,进京告御状,指控他所谓支持家族占田诬良。两江总督傅腊塔奉旨核查,遂坐成此案,被革职治罪,发往河南汝宁开荒。他因无端受挫,忧愤成疾。康熙三十四年,胡简敬含恨离世,终年64岁。遗体殡葬汝阳。因他勤于笔耕,诗文俱佳。著作有《二十一史通论》、《太极图说》、《朱陆异同辨》、《题覆赎镪疏》、《南征纪盛诗》、《长白山赋》等6种,还有大量诗歌散文。由于宦海沉浮,命运多舛,没有结集刊刻,散佚甚多。两个儿子皆入籍汝阳。长子安世,举人,官至知县;次子宜世,廪贡生,舞阳县训导。

朱柏庐

朱柏庐(1627~1698),名用纯,字致一。昆山玉山人。生于明天启七年四月十五日(1627年5月29日)。清理学家、教育家。清顺治二年(1645年),其父朱集璜在守昆城抵御清军时遇难。朱柏庐昼夜恸哭,痛不欲生。时其弟用白、用晫尚幼,用商遗腹未生。他上侍奉老母,下抚育弟妹,播迁流离,备极艰辛。待局势稳定,才返故里。因敬仰晋人王裒攀柏庐墓之义,故自号柏庐。居乡教授学生,潜心治学,以程、朱理学为本,提倡知行并进,躬身实践。他深感当时的教育方法,使学生难以学到真实的学问,故写了《辍讲语》,反躬自责,语颇痛切。曾用精楷手写数十本教材用于教学。生平精神宁谧,严以律己,对当时愿和他交往的官吏、豪绅,以礼相待。康熙十八年(1679年),他坚辞不应博学鸿词科,后又坚拒地方官举荐的乡饮大宾。康熙三十七年四月初七(1698年5月16日)病逝。临终前嘱弟子:"学问在性命,事业在忠孝。"著有《删补易经蒙引》、《四书讲义》、《困衡录》、《愧讷集》、《春秋五传酌解》、《毋欺录》等。其所著《朱子治家格言》,劝人勤俭治家,安分守己,宣扬封建伦理道德,其中"一粥一饭,当思来之不易;半丝半缕,恒念物力维艰"等句,含意深刻,脍炙人口,世称《朱子家训》。

张竹坡

张竹坡(1670~1698),名道深,字自德,号竹坡。徐州人。清文学评论家。幼年聪明好学,6岁即能赋诗应对,8岁入塾读书,以博闻强记闻名乡里。他发愤进取,才识过人,恃才傲物,曾以帝师国相自许,但却屡试屡败,竟五试不中,因此一生未能进入仕途。

康熙三十二年秋,他得知北京有个长安书社,聚者皆天下名流,便立即赶到北京,大展诗才,赋成100多首。诗社名流无不倾倒,皆誉其为才子。康熙三十四年,张竹坡开始他一生最重要的事业——评点《金瓶梅》。共写下十几万字的评论,对《金瓶梅》下了"第一奇书非淫书"的评语。这一观点破石惊天,从根本上否定《金瓶梅》为淫书的观点,成为后人研究《金瓶梅》的重要依据,确立《金瓶梅》为中国四大奇书之首的地位,为中国文艺理论留下了一份十分宝贵的遗产。他在评点中强调艺术结构的整体性,指出每个细节在整部著作中的艺术作用,并希望读者应充分注意作者的精心构思。尤其可贵的是,张竹坡在评点该书时,提出"典型"这一概念,这在中国文艺理论史上还是首次。张竹坡在评论小说方面所表现的才能,在当时社会只被视为异端。他本人也因评点、刊刻、发行《金瓶梅》,而陷入贫病交迫、寄人篱下、有家不能归的困境。他曾在苏州寓居年余,康熙三十七年春到永定河工地,以图进身之阶。不料于当年九月十五日(1698年10月18日)染疾身亡,时年28岁。其著有《金瓶梅评点》和诗集《十一草》。

李　蟠

李蟠(生卒年不详),字仙李,号根庵。铜山县人。出身书香门第。祖父李向阳,明天启年间举人;父李弇,明弘光年间拔贡,《忖庵诗集》的作者。李蟠幼年聪慧,博闻强记,洋洋数千言可一气呵成,且不涂改一字。

他于康熙二十九年(1690年)中举,康熙三十六年中进士。殿试时,因对军政、吏政、河防等诸事条条对答贴切,符合事理,且有独到见解,遂被康熙帝点为一甲第一(状元),授翰林院修撰,入国史馆纂修《一统志》。他风度翩翩,仪表堂堂,康熙帝曾夸他为"朝国美貌男子"。适逢暹逻来朝,赐李蟠一品官服,充当馆伴。暹逻使臣对李蟠十分赞赏,认为自己有幸结识第一流人物。康熙三十八年,李蟠主持顺天府乡试,因被指责为受贿舞弊,康熙帝下令复试,另由他人主考,结果原录取者绝大部分仍被录取。不过,当时有一位郎中孔尚任,据此写出一本《通天榜传奇》,在京城广为传播,造成很大影响。为此,李蟠被判充军罪,流放到沈阳服刑。3年后赐归故里徐州。自此,李蟠以著述自娱,直至辞世。著有《偶然集》传世。所书《东坡放鹤亭记》、《金刚经》,世人视为珍宝,可惜均已散佚。

今徐州户部山南有李蟠状元府遗址,云龙山上有其撰写的碑文三处,另有李蟠书白燕诗十首,后刻立于彭祖园天涯行碑林中。

朱　雈

朱雈(生卒年不详),字素臣,号笙庵。吴县(今属苏州)人。清戏曲家。朱佐朝之弟,康熙四十年(1701年)仍在世。精通音律,擅长度曲,交游甚广,与戏曲名家李渔、尤侗等过从甚密。平生著有《笙庵传奇》19种,今存《十五贯》、《秦楼月》、《聚宝盆》、《翡翠园》、《未央天》、《文星观》、《锦衣归》、《万年觞》等12种,其中以《十五贯》、《翡翠园》较著名,演出也最多。其曲"如少女簪花,修容自爱"。同李玉、李渔友善,曾协助校订《北词广正谱》,编传奇《清忠谱》,与李书云合编《音韵须知》。

钱 曾

钱曾(1629～1701),字遵王,号也是翁。常熟人。清藏书家,诗人。钱谦益族曾孙。明贡生。家富藏书,得其父钱裔肃。少年时跟族祖钱谦益学。谦益认为钱家只有他能接续他的学问,将绛云楼失火中抢出之书及诗文稿,都交给钱曾收藏。钱曾常与江南藏书家毛晋等人交往,抄校图书,所获善本书很多。所藏明末赵奇美脉望馆之《古今杂剧》最为著名。所撰《读书敏求记》为最早善本书提要。辑有《也是园藏书目》、《述古堂书目》。诗为虞山诗之翘楚,其《秋夜宿破山寺绝句》为钱谦益激赏,取为《吾灸集》之冠。其集有今人谢正光《钱遵王诗集笺校》。

宋 曹

宋曹(1620～1702),字彬臣,一字邠臣,号射陵,又号汤村逸史。盐城县北宋庄(今属盐城市盐都区大纵湖镇)人。清书法家、爱国诗人。系宋氏独子,自幼受博学好古、严于治学的父亲熏陶。7岁即读帖临池,酷暑严寒从不间断。十载笔耕,自勤不息,至而立之年,已能诗能书,瞩目乡里。宋曹虽才华出众,但仕途并不得志。南明弘光时,官至中书舍人。清顺治四年(1647年),他与厉豫等人起兵反清,兵败,身陷囹圄。获释后,退隐盐城南门汤村,闭门养息,会友谈艺,聚首唱和,遂使诗书融合,造诣日深。康熙元年(1662年)至八年间,朝廷两次征诏,宋曹均隐居不出。康熙十七年,朝廷为纂修《明史》,征诏海内名儒,侍郎严沆和江苏巡抚慕天颜共举应试,他又以母老固辞未赴。此后,出游江淮,客扬州、镇江、昆山、苏州、杭州等地,与顾炎武等结为好友。他饱览南北名碑,吮吸精髓,并加以融会贯通,终于自成一体,书成《草书千字文》。该书法气势融贯,跌宕起伏,结构精妙,体势遒逸,通篇熔铸诸家之长,自成一体。《草书千字文》为木刻板,旧藏盐城兜率寺。现仅有流传民间的拓本保存完好。民国25年（1936年），《历代名家草书辑成标准草书范本千字文》一书，宋曹的"恭、养、量、盘、聚、蒴、盟、曜"等8字入选。晚年的宋曹又撰成书法理论著作《书法约言》。全书含总论、论草书等七篇，对学书要略及楷、行、草各书都有精到的论述。宋曹还有《真草石刻》，但已无存。他的书法墨迹在民间流传很广。时至当今，日本书道界仍有研究宋曹书学的学术群体。宋曹除工书法外，亦善诗文，他的《会秋堂诗文集》是其诗作的精华、诗学代表作。其《自题小像》、《为顾炎武赋两松树诗》、《过广陵为王翚石谷二子肇锡、嘉名赋诗》、《赋冒辟疆姬人蔡含女罗生日贺诗》等近300首，大多收纳其中。宋曹所著《杜诗解》，对杜甫的诗篇作了精当的注述，融注了宋曹的高度学养。

康熙二十二年，两江总督于成龙特邀宋曹到南京纂修《江南通志》。志书编成，宋曹坚持不列自己的姓名。于成龙很尊重他，称之为"射陵先生"。康熙四十年，宋曹病故于家乡盐城，享年82岁。

严绳孙

严绳孙（1623~1702），字荪友，号秋水、勾吴严四，晚号藕荡渔人。无锡县胶山（今属无锡东北塘乡）严埭村人。著名文士、诗人、画家。6岁能书径尺大字。及长，以诗词书画闻名。20多岁时，抛弃举子业，游历于山水之间。与朱彝尊、姜宸英被誉为"江南三布衣"。清顺治六年（1649年），入江南名士太仓吴伟业主盟的慎交社，结识一批东南名流。顺治十一年，与邑中顾贞观、秦松龄等10人结云门社，时称"云门十子"。康熙十四年（1675年），结识满族词人、大学士明珠之子纳兰性德，成为挚友。康熙十八年三月，朝廷诏举博学鸿儒，会试时严绳孙正患眼疾，只赋《省耕诗》一首。康熙重其才，仍列为二等末，授翰林院检讨。他与朱彝尊等纂修《明史》，昼夜不辍。以后历任日讲起居注官、山西乡试正考官、右中允兼翰林院编修、承德郎等职。康熙二十四年辞官回乡隐居。以诗会友，主张"诗发乎情"，多吟山水田园，"婉约深秀，独标神韵"，卓然成家。所作《金缕曲》，人称是"一韵累百"的名作。他的书画也享有较高声誉，书法入晋唐之室，绘画有"工赡绝伦"、"足以括当世之士"的佳评。他于人物、花鸟无所不能，画凤尤为精湛。传世作品有《老树寒鸦图》、《鹤寿图》、《江村草堂图》等。著有《秋水集》、《无锡县志》（与秦松龄合纂）等多种。康熙四十一年病逝。

尤侗

尤侗(1618~1704),字同人,一字展成,号悔庵,晚号艮斋,又号西堂老人。长洲县(今苏州市区)人。清臣,诗人,戏曲家。生而警敏,博闻强记,有才名。弱冠考取秀才,后数举科考不第。清顺治六年(1649年)经荐举,授贡,任直隶永平府推官。任内秉公执法,不徇私情,不畏权贵。所作诗文多新警之思,杂以谐谑,每一篇出,传诵人口。所作杂剧《读离骚》得清帝赏识而曾于宫中演出。顺治十三年,罢官归家。康熙十八年(1679年),举博学鸿儒,授翰林院检讨,参修《明史》。居三年告归。初时,尤侗诗传入宫中,顺治帝阅后称之为"真才子"。入翰林院时,康熙称其谓"老名士"。康熙帝南巡至苏州,为庆贺康熙御驾亲征打败噶尔丹,尤侗献上《平朔颂》、《万寿诗》。康熙甚喜,赐御书匾额"鹤栖堂",升翰林院侍讲。善诗词古文,体物言诗,情切流畅,饶有情趣,每出一篇,即被传颂之。尤精戏曲,曾自置女乐,亲自参加排演。尚作有传奇《钧天乐》,杂剧《吊琵琶》、《桃花源》、《黑白卫》、《清平调》等,合称《西堂曲腋》。诗文集有《鹤栖堂集》。作品大多收入《西堂全集》。卒于康熙四十三年,墓在吴县藏书乡(今苏州市吴中区)官山后姚姊坞,已毁。

阎若璩

阎若璩(1636~1704),字百诗,号潜邱居士。明正德元年(1506年),其六世祖由山西太原嘉节都西寨村迁来淮安,经营盐业,遂为淮安河下人。阎若璩父亲阎修龄,为淮上名士,望社创始人之一。阎若璩小时候资性若钝,每诵读恒至千百遍。中年时冬夜读书,有所疑滞,愤不肯寐。漏四下,笔砚皆冻,而坚坐沉思,顷之,心忽开朗,自是颖悟异常。九经诸史注疏,百家之说皆能暗诵,综核贯穿,略无遗脱。尤其长于考据,抉择讹误,引经据典,发先儒所未发。20岁阅读《古文尚书》25篇时,即怀疑其为伪作。30年后遂作成《古文尚书疏证》8卷,专辨东晋晚期出的《古文尚书》16篇及同时出现的孔安国《尚书传》皆为伪书。此后虽有抗辩诘难,而伪古文一案,终成定局。梁启超评价说:"中国向来对于几部经书,完全在盲目信仰的状态之下。自《古文尚书疏证》出来,才知道这几件'传家宝'里头,也有些靠不住。

非研究一研究不可。研究之路一开，便相引于无穷。自此以后，今文和古文的相对研究，六经和诸子的相对研究，乃至中国经典和外国经典相对研究，经典和'野人之语'的相对研究，都一层一层的开拓出来了，所以百诗的《古文尚书疏证》，不能不认为近三百年学术解放之第一功臣。"阎若璩学问渊博，顾炎武以所著《日知录》相示，若璩为其改订数则，顾氏信服接受。他还长于诗文，曾经为陈寿善一个晚上作成七言绝句百首。尚书徐乾学主修《大清一统志》，开局于太湖洞庭东山，延请若璩参与其事。他的著作尚有《毛朱诗说》、《四书释地》、《潜邱劄记》、《〈困学纪闻〉注》、《誉西堂诗集》等。乾嘉学派作为清乾隆、嘉庆年间形成的讲究训诂考据的经学派系，是清代的主流学术派系。乾嘉学派导源于清初的顾炎武和阎若璩。阎若璩则是清初崇尚实学并开考据之风的第一位经学大师。清代学者张穆评价说："念国朝儒学，亭林（顾炎武）之大，潜邱（阎若璩）之精，皆无与伦比，而潜邱尤北方学者之大师。"阎若璩是乾嘉学派的杰出先驱。

邵长蘅

邵长蘅（1637～1704），一名衡，字子湘。别号青门山人。武进从政乡（今武进区政平乡邵家塘）人。清诗人，学者。9岁能文，10岁时为县学生员，因奏销案欠赋被除名。对诗与古文辞造诣很高。清康熙年间游京师，与诸名士交游。有人以诗文向他请教，他指点批改，无所顾忌。应太学生试时，吏部尚书宋德宜誉为"今之震川（归有光）"，以第一名入太学。后应乡试未中，回乡筑"青门草堂"隐居。草堂大只五楹，外环以溪，溪清而甘；东南诸峰，苍烟晴翠。江南田园风光，尽收眼底。他"与族之父老子弟，力衣食而课农桑，闲以其暇，临溪而渔，登高而赋，徜徉田园"。他除晚年为江苏巡抚宋犖幕友外，终生未仕。他性情坦率，爱游山水，长于诗文。诗文中表现较多的抗清思想和对人民疾苦的同情。如《宋城行》、《京口行》、《讹言行》，写清兵虐杀江南人民的罪行；《阎典史传》写阎应元坚守江阴牺牲的壮举；《沈君行》写沈寿荛在宣城抗清殉难的事迹；《苦旱》写苏鲁大旱；《布谷谣》写官府逼税、囚人、百姓卖儿等情景。其古文与侯朝宗、魏叔子齐名。其诗初学唐，晚学宋，风格在苏、黄、范、陆间。他著述卷帙浩繁，政治、经济、天文、地理、书画、文艺理论都涉及；传、序、记、跋、说、诔、墓表、墓志铭；诗、古文、尺牍均娴熟。著有《青门集》总30卷、《古今韵略》5卷、《东坡年谱》1

卷、《青门词》等。编有《二家(王士禛、宋荦)诗钞》总20卷、《明十家文钞》10卷,《明四家诗钞》18卷、《古乐府诗钞》6卷已佚、《古诗钞》8卷已佚等。

韩 菼

韩菼(1637~1704),字元少,号慕庐,学者称"慕庐先生"。长洲县(今苏州)人。清臣。出身书香门第。曾祖韩世能进士出身,官至南京礼部侍郎;祖父韩治,举人,做过县官;父韩馝虽终身青衿,但以文才闻名吴中。韩菼从小随父读书,"精研经史,贯穿百家"。母早逝,父不治产,家境日益贫困,而他勤奋苦读,"不屑为俗儒章句剽窃之学"。参加童子试,因文章不合时俗被邑宰斥为"劣文"。翰林学士徐乾学回苏闻其文,则感叹曰:"此文开风气之先,其盛世之元音也"。收为门生,引入京都。清康熙十一年(1672年),以国子监生中顺天府乡试;翌年,又在会试、殿试中夺魁,成为清代第一位连捷会元、状元的文人。

韩菼以文章著名于世,擅长八股文,与刘子壮、熊伯龙、李光地并称"顺、康四大家"。其八股文被作为"典范",编入《钦定四书文》,一时举子纷纷仿效。其文章"原本六经,出以典雅",继承唐代韩愈、宋代欧阳修风格;一扫明代以来科举之文流于警缛或空疏浮滑之气,而使文坛学风为之一变。其负文章名,而树风概,当时馆阁制诰、饶歌、郊祭诸作,多出于其手笔。民间有"韩慕庐文章天下通行"之说。曾任《一统志》总裁官,领纂《孝经衍义》、《平定朔漠方略》、《政治典训》等巨著。官至礼部尚书。康熙四十三年(1704年)卒于京馆。乾隆称:"菼雅学绩文,湛深经术,所撰制义清真雅正,开风气之先,为艺林楷。"谥"文懿"。

石 涛

石涛(约1642~约1707),俗姓朱,名若极,字石涛,以字行,小字阿长。出生于广西桂林靖江王府,为明皇室后裔。其父朱亨嘉是世袭的第十一代桂藩。他的生年有明崇祯三年(1630年)、九年、十四年和十五年等说法。其父因自称监国而为人俘杀。时石涛尚幼,被太监带走,后隐姓埋名遁迹空门。法名原济,别号苦瓜和尚、大涤子、清湘老人、清湘陈人、清湘遗人、零丁老人、瞎尊者、一枝叟、枝下僧、湘源济山僧等,又自称"善果月之子"等。清画家。

　　石涛大半生云游四方，一边修佛，一边习画。早年出湖南，过洞庭，到武昌，又东抵浙中，曾拜松江名僧旅庵本月为师，参禅论道；游历华山、黄山诸名胜，揣摩画理。在安徽宣城敬亭山一住10年。后于康熙二十年（1681年）迁居金陵（今南京）。9年后，又北上旅居京城（北京）4年。与著名画家王原祁等人交往甚密，艺术上获极大提高。晚年定居扬州，生活极为孤苦窘迫，靠卖画为生。卒于扬州，葬于扬州城北蜀冈隆庆寺后。

　　他的艺术成就主要在山水画方面。他主张"搜尽奇峰打草稿"，师法自然；认为"山水真趣，须是入野看山，时见他或真或幻，皆是我笔头灵气"。他通过漫游名山大川，对大自然进行细致深刻的观察研究，以真切的感受，摄取山川千变万化、生动奇异之态。他曾数游黄山，视黄山为师友，创作大量体现黄山风貌特征的作品，为黄山画派之重要人物。在笔墨技法上灵活多变，不拘成法，将景物描绘得"曲尽其态"、"物我交融"；善于用墨，尤其喜欢用湿笔来表现山川的氤氲气象和浑厚之态。他的山水画新颖奇异、苍劲恣肆，呈现出生动多变的艺术特征，每每收到清新奇妙的艺术效果。他兼擅人物、花卉。他的人物画能非常形象生动地传达人物的神态和意趣，使整个画面充满生机；所绘兰、竹、荷，皆水墨淋漓，笔势雄放，丰富多彩。主要作品有《篷泊居士图》、《水亭闲趣图》、《仿仇实父百美争艳图》、《泼墨山水卷》、《墨竹长卷》、《梅竹图》、《搜尽奇峰打草稿图》、《云山图》、《采石图》。他的画作，被誉为"名满天下，无不推重"。他还是一位杰出的绘画理论家。他的《苦瓜和尚语录》就是一部辉煌的画论杰作。书中系统地总结他一生艺术实践的经验，抨击明末清初画坛上的复古主义、形式主义画风。强调画家要"借古以开今"；主张"门户自主"，"师古而化之"。提出"笔墨当随时代"的口号，反对泥古不化，因循守旧，成为当时画坛上革新派的代表人物。

　　康熙十二年左右，他第一次到扬州，栖居于当时的南郊名刹静慧寺。在寺中写成《苦瓜采药图》。康熙十五年又绘下8幅《山水小册》。及至康熙中期，又曾数度至扬州，结识许多画家文士，在一起探讨艺术的真谛。其间，绘就《山云仙寿图》、《华山胜景图》。孔尚任推许他："石涛上人，道味孤高，诗画皆如其人。"康熙二十八年，康熙在扬州平山堂接见石涛，对之优礼有加。他为此画《海晏河清图》。他画风对当时扬州画坛也产生重大影响，有"石涛开扬州"之说。高翔曾直接师事于他；汪士慎的山水、郑板桥的兰竹，都直接取法于他；李鱓、金农和罗聘也都精研过他的作品，很受启发。他对后来"扬州八怪"的形成和成名起到重要作用。他精湛的园林叠石艺术,更为扬州人所称道。他在扬州所叠假山,一处为万石园,今已废;一处为片石山房,是他叠石的"人间孤本"。其总体布局和具体格局无不追求和体现他的画理、画意。其主体假山,西为主峰,东作陪衬,虚实衬托"有自然之理,行自然之趣"。园内奇石挺秀,水月皎美。另外,扬州的个园,据说也是按他的画稿造的。他在书法上也有很高造诣。他认为"字与画,其具两端,其功一体"。他的书法"以高古为骨","而加以气韵生动",深受推崇。他50余岁时的精品,《清湘书画稿》便集诗、书、画于一篇,山水、花卉、人物俱备,全方位地表现了他艺术才华的高绝,无不精妙,书画评论家称之为"神品"。

潘耒

潘耒(1646~1708),原名楝吴,字次耕,又字稼堂,晚号止止居士。吴江人。清学者。幼孤。生而奇慧,读书能一目十行。少因其兄柽章罹庄廷钺之狱,全家北徙戍边,备尝艰辛。后变姓名为吴开琦,避地山西、太原,受业于同郡徐枋、顾炎武,获益非浅,对于群经、诸史、算术、宗乘等学无不贯通,嘉定陆元辅、平湖陆陇其交口赞其学识渊博。康熙十八年(1679年),以布衣试博学鸿词科,授翰林院检讨,参与编写《明史》,并充日讲起居注官,兼修《实录》、《圣训》。在明史馆时,上书总裁,提出八点主张,受到康熙欣赏,充会试同考官,名声越来越响,招致一些人的妒忌,被指为浮躁,降职调离,遂辞职归。家居期间,闻老师徐枋殁,家甚贫,经常在经济上接济徐枋的孙子。同时,刊刻另一恩师顾炎武的学术著作。康熙四十三年,康熙南巡,给他官复原职,大学士陈廷敬乘势力荐起用,遭到他的拒绝,遂作罢。耒性好山水,每游胜景,必有诗文纪之。晚年钻研"易象数",颇有心得。耒工于诗文,其登临怀古之作,使很多名流折服。著述有《遂初堂诗集》16卷、文集20卷,别集4卷,又因承顾炎武的《音学五书》作《类音》8卷,皆行于世。

毛宗岗

毛宗岗(生卒年不详),字序始,号子庵。长洲县(今苏州)人。清小说批评家。其父毛纶,字德音,晚年更号声山,有文才,曾评论过《琵琶记》、

《三国演义》。称《琵琶记》为"第七才子书"。毛纶晚年双目失明,毛宗岗继承父业,评刻《三国演义》。毛氏父子对罗贯中原本重新加以修订,整顿四月,修订文辞,削除论赞,增删琐事,改换诗文,使之更加紧凑畅达,成为至今流传的120回本,为小说流传及价值的揭示作出贡献。在其修改和评语中,依据朱熹的《通鉴纲目》,增强了尊刘黜曹的封建正统观念,艺术分析也受八股文做法的影响。

徐秉义

徐秉义(1633～1711),初名与仪,字彦和,号果亭。昆山玉山人。清臣。康熙十二年(1673年)举进士第三名(探花)。时和兄乾学(探花)、弟元文(状元),谓"同胞三鼎甲"。授翰林院编修。康熙十四年,主持浙江乡试。事毕,以母丧归。除服,补原官。秋,以史馆纂修征召入京。授左中允,任《大清一统志》总裁官。康熙十五年,升侍讲,任右庶子。康熙三十六年,擢少詹事,任日讲起居注官。康熙三十八年任詹事。次年任殿试读卷官,不久命其总裁《明史》,旋又晋吏部右侍郎。康熙四十年春,奉命与刑部侍郎绥色勘查盐商案,绥色办事专断,遭诘责。同僚劝其据实奏辩,他说:"与人同事而独避其咎,我不为也。"遂被解除吏部职。翌年任内阁学士兼礼部侍郎。康熙四十三年秋,告归。康熙四十四年春,康熙帝南巡到昆山,他陪同登玉峰,游遂园(乾学私家花园)。自此,杜门却扫,购求古籍,借稿本抄录。常与学者黄宗羲、万斯同、胡渭、钱秉镫等探讨和阐明经、史中有疑义的地方,有所得便疏录成稿,过着隐居不与世务相接的生活。又关心家乡的公益和慈善事业,如当时的世德仓、广孝轩、育婴堂、同善会等,总是先任其事,历久不倦。著述有《培林堂集》、《培林堂书目》、《诗经识余》、《明末忠烈纪实》、《宋儒学案续》等。

张玉书

张玉书(1642～1711),字素存,号润甫。丹徒人。清臣。顺治十八年(1661年)进士,散馆授翰林院编修,迁左庶子,充日讲起居注官。后因进讲得到顺治帝的赏识,屡加升迁。历官内阁学士、充经筵讲官,授教席庶吉士、礼部侍郎兼翰林院掌院学士、刑部和兵部尚书。康熙二十九年(1690年),

官至文华殿大学士,兼户部尚书。

张博学多能,熟谙水利,曾数次视察河工,对治理黄河、淮河提出不少建议。康熙二十七年奉命勘察高邮州海口等地河道,提出增减各处水坝建议;康熙三十年奉命检察河工,提出建议;康熙四十六年随康熙帝亲往清河口视察河口,提出引汶水入运河,使"淮水敌黄,黄水趋海",受到朝廷的重视和采纳。

张玉书因学识渊博,被康熙帝委派修纂多种书籍。由他担任总裁修成的有《三朝国史》、《大清会典》、《大清一统志》、《平定三逆方略》、《政治典训》、《治河方略》等书。另有《佩文韵府》,始编于康熙四十三年六月,告竣于康熙五十年十月,历时八载。张玉书以大学士身份奉敕领衔编纂。该书以元代阴时夫的《韵府群玉》和明代凌稚隆的《五车韵瑞》为基础,汇集其他类书中有关资料,补充增辑而成。他亲自采辑经史,花费相当大的精力。全书收单字10258个,复音词48万余条,共106卷,是一部供人们赋诗作文时查找辞藻的大型类书。问世以来,备受学界青睐。康熙四十九年三月,他又受命主持编纂《康熙字典》,前后历经六年,至康熙五十五年成书。该书是在明梅膺祚《字汇》、张自烈《正字通》两书的基础上加以增广而成的。共收字49030个,在民国4年(1915年)前是中国收字最多的一部字典。该书还辑集大量前代典籍,收罗大量冷僻字。《康熙字典》承袭从《说文》到《字汇》的编纂传统,博采众长,又另辟蹊径,使字典编纂系统化、规范化与近代化,是汉语字典编纂史上的一块丰碑。它开创难检字、音韵知识附录,已为后世字书所效仿。

康熙四十三年,康熙率军亲征噶尔丹,张是随行的唯一汉族大臣,参与了帷幄之议。得胜归朝后,次年六月受命充任纂修《平定朔漠方略》总裁官,记述平定噶尔丹叛乱始末。他还担任过明史馆总裁,为编修《明史》做了一些基础工作。康熙五十年,随康熙帝出巡热河,病死于塞外。卒后,康熙亲自题写挽诗,赐银千两,并命内务府监制棺椁衾帐,护送回京,加赠太子太保衔,赐谥"文贞"。玉书谨慎廉洁,工古文,文辞英容典雅,公认为一代大手笔。有《文贞集》12卷留世。

徐正明

徐正明(生卒年不详)。吴县(今属苏州)胥口香山人。中国最早飞行器的发明者。少时学木匠,善思索,好创新。见水乡多河港,行路艰难,用10余年时间,"虽百易而不悔",研制成飞车。车形像栲栳椅,下有机关,齿牙错合,人坐椅中,两脚踏板,上下机转,飞旋疾驰,离地尺余。嗣后,又设想试制高度能超越楼房,行程能往返于相隔四五十公里太湖水面的飞车,但因资尽而作罢,人亦贫困而死。其妻视飞车为祸物,焚毁之,其制遂不传。

曹　寅　曹雪芹

曹寅(1658~1712),字子清,号楝亭,另号荔轩。原籍丰润(今属河北),迁居沈阳。清朝官吏、文学家。先世为汉族,自祖父起为满洲贵族的包衣(奴仆),入籍为汉军正白旗。父亲曹玺是皇帝的近臣,康熙元年(1662年)以郎中出任江宁织造,故曹寅自幼在南京长大。母亲孙氏为玄烨帝(康熙)的乳母,因此曹寅也得康熙的信任,稍长即被召入宫中做玄烨的伴读。13岁充任御前侍卫,28岁任内务郎中。康熙二十九年,曹寅以郎中身份出任苏州织造。在苏州3年,他结交了著名文人姜宸英、吴之振等人,赋诗填词,捭阖古今。康熙三十一年,又兼任江宁织造,翌年专任江宁织造,连任20年之久。其间还连续5次兼任两淮巡盐御史。他虽官为通政使,管理江宁织造、巡视两淮盐漕监察御史,却负有帮助皇帝了解江南民情、监察官吏、沟通满汉民族之重大使命,权力十分显赫。康熙6次南巡,4次就以曹寅的江宁织造署为行宫,荣宠备至。

曹寅善诗词,也嗜好写作戏曲,又雅好藏书。著名藏书家季振宜、徐乾学所藏之书不少为他所购得。著有《北红佛记》、《表忠记》、《续琵琶》、《太平乐事》等曲作,又自编诗文集《楝亭诗抄》8卷,后人又辑录他的词曲及未收之诗,汇为《楝亭诗别集》、《楝亭词钞》、《楝亭文钞》。他还奉康熙帝谕旨主持刊刻《全唐诗》和《佩文韵府》。还以自己所藏之书,选择精良,刊刻了《楝亭五种》和《楝亭十二种》。

曹雪芹(约1715~约1764),名霑,字梦阮、芹圃,号雪芹、芹溪居士,曹寅之孙。清朝文学家。因曹氏三代四人官居江宁织造之职,其童年和少年时,生活在赫赫扬扬又极富文学素养的家庭里,锦衣玉食、富贵舒适的生活,六朝古都锦绣山川的陶冶,广博的见闻,诗书的濡染,为他以后的文学创作打下坚实的基础。雍正五年(1727年),由于皇室内部激烈倾轧的牵连,其父曹頫因"行为不端"、"亏空银两"、"骚扰驿站"等罪名被撤职抄家,他与家人被遣返北京。从此,他结束了"烈火烹油、鲜花着锦"的富贵生涯,过着颠沛流漓、浪迹江湖的生活。他当过文书("笔帖式"),在长街卖过画。晚年,他居北京西郊,生活更加凄凉困顿。

曹雪芹有广泛的文学艺术知识和深厚修养。他一生又经历曹氏极盛而衰的急剧转变,对封建社会的种种黑暗和罪恶有深刻的认识,对封建阶级没落的命运也有更深切的感受,同时也使他有可能更广泛地接触社会。在此基础上,他创作长篇古典小说《红楼梦》(初名《石头记》)。《红楼梦》以贾宝玉和林黛玉的爱情悲剧为线索,描写贾、王、史、薛四大家族的兴衰,揭示封建制度的腐朽和必然崩溃的趋势,全面深刻地展现中国封建社会末期的政治、经济、文化和社会生活,是中国古典小说中思想性和艺术性最强的作品之一。创作中,他曾增删书稿5次,后因病逝,书仅成80回。一般认为,后40回系高鹗续写。此书问世不久即被视为珍品,广泛流传,京师就有"开谈不说《红楼梦》,纵读诗书也枉然"之说。《红楼梦》对后世的文学艺术的创作与研究产生深远的影响。曹雪芹也能诗,还善画石,但流传作品绝少。

顾贞观

顾贞观(1637～1714),原名华文,字远平、华峰,号梁汾。无锡县泾皋里(今无锡张泾桥)人。顾宪成之曾孙,清词作家。幼习经史,尤喜古诗词。少时就与江南名士,如太仓吴伟业、宜兴陈维崧、无锡严绳孙、秦松龄等人交往,并加入他们的慎交社。该社中他年纪最小,却"飞觞赋诗,才气横溢"。清顺治十五年(1658年),其好友吴兆骞因科场舞弊案被株连而流放宁古塔(今吉林宁安)。时顾贞观在北京,作《金缕曲》词两首赠之,哀怨情深,被称为"千古绝调"。他与陈维崧、朱彝尊并称"词家三绝"。清康熙三年(1664年),他任秘书院中书舍人。康熙五年中举。改任国史院典籍,官至内阁中书。翌年,康熙南巡,他作为扈从随侍左右。在国史院任典籍时,曾修订其曾祖顾宪成的年谱《顾端文公年谱》,又为其父编定文集《庸庵公日钞》。康熙十年因受同僚排挤,落职归里。康熙十五年,大学士明珠慕顾贞观的才名,聘其为子纳兰性德授课。纳兰性德亦为清初著名词人。二人遂成忘年交。他在京期间还为纳兰性德编订《饮水词》集。康熙十七年,清廷开"博学鸿词科",网罗汉族士大夫。著名文人学者朱彝尊、陈维崧、严绳孙、姜宸英等人都被荐至京,会试中式任翰林院检讨等职。顾贞观、纳兰性德与他们经常聚会,吟咏唱和,促进清初词坛的兴盛。康熙二十年,顾贞观回无锡为母守孝期间,曾帮助修订《庐州郡志》。又按惠山听松庵竹茶垆旧制,仿造一只竹茶垆。不少名士题词赋诗以记其事。后由纳兰性德汇成《竹垆新咏》。晚年多病归里,居惠山桑榆墅(今忍草庵),积书万卷,收藏处称"积书岩",与严绳孙、秦松龄等诗酒往来不绝。又将平生所著结成《弹指词》、《积书岩集》等书付梓,还编《唐五代词删》、《宋词删》、《宋书删》等各种,均传世。

王原祁

王原祁(1642～1715),字茂京,号麓台,别号石师道人。王时敏之孙。太仓人。清画家。清康熙九年(1670年)进士,官至户部侍郎。他从小就在祖父指导下学画。幼时,原祁画了一幅山水画贴在书斋墙上,其祖觉得很奇怪,我什么时候画了这幅画啊? 一问之下,大为惊喜,原来真是尚处在懵懂之中的宝贝孙子所为,叹道:"此子业且出我右。"登第后专心致志于画学。善画山水,继承家法;学元代四大画家,以黄公望为宗。其祖父评他的画,曾说:"元季四家,首推子久(黄公望);得其神者惟董宗伯(其昌),得其形者予不敢让;若形神俱得,吾孙其庶乎。"他的山水画,到中年以后笔墨章法更趋简练稳实。用笔用墨取黄公望的深厚,又参以董其昌的润秀;晚年又吸收倪瓒含蓄生拙的笔墨,甚至还学过吴镇气势磅礴的技法。用笔沉着,自称笔端有"金刚杵"。设色长于浅绛,青、绿、朱、赭相映鲜明,有独到之处,唯丘壑缺乏变化,但功力深厚。自从他在朝廷为官后,得到康熙帝的宠遇,令其为宫廷作画并鉴定古画。后奉命任画谱馆总裁,主编《佩文斋书画谱》,历时三年,成书一百卷。70岁时,又奉命主持绘制《万寿盛典图》,为玄烨祝寿。他画的《五岳图》,长10余丈,历时数载才画成。他的画深受帝王的赞赏和社会的称誉。所以向他学画的人很多,形成一个声势浩大、几乎独占一时的娄东画派。他的著作有《罨画集》、《麓台题画稿》、《雨窗漫笔》等。

禹之鼎

禹之鼎(1647～1716),字上吉,一作尚吉或尚基、尚稽,号慎斋。江都(今扬州)人。清画家。康熙二十年(1681)任鸿胪寺序班,以画供奉内廷,曾出使过琉球国。工山水、人物，精于写生，一时名人肖像皆出其手。早年画人物故事，师法蓝瑛，后出入于宋元诸家之间，极有功力，临摹旧本，可以乱真。写真以宋李公麟的白描手法为主，笔法秀劲爽利，用墨笔勾画后，以淡墨稍加渲染，兼取马和之以来的"小兰叶"描，特别是用兰叶描写人物衣纹，显得飘逸、流畅、贴切，两颧微以胭脂赭石晕染，富有立体感。设色又受曾鲸晕染法的影响，画风秀美古雅，为康熙时画肖像名家，时人推为"当代第一"。曾为王士祯、王翚、王原祁等许多绘画大家画过肖像。传世作品有康熙三十七年作《王士祯放白鸭图》轴、《王原祁艺菊图》卷，均收藏于北京故宫博物院；《将军图》收藏在上海博物馆；《女乐图》收藏在南京博物院；康熙四十七年作《国门送别图》卷，全长24米，主题描绘宋荦在马车上，与51名送行者拱手相别，随从8人，人物神态各异。该图卷收藏于中国历史博物馆。

王　翚

王翚（1632～1717），字石谷，号烟客、烟客外史、臞樵、耕烟散人、乌目山人、剑门樵客，晚号清晖老人。常熟人。清画家。幼时即爱好画山水，常以芦荻画壁。因家贫，为画商摹制古画出售，故临摹了许多宋元名画，后得王鉴、王时敏指授，学习各家技法，融为一炉。作品运笔构思不同时流，笔墨严谨，沉着苍劲，功力颇深，能师古而不泥古，在仿古方面，竟高出乃师"二王"一等。康熙中诏征，以布衣供奉内廷。60岁时，受康熙之命主绘《南巡图》，共12大卷，为创作画中巨制宏篇，名声益著，成为融南北二宗的山水画大家。返里后，潜心绘画，晚年的山水画，在简练中求苍浑，为鉴赏者所重。偶画花卉，秀隽有致，有"画圣"之称。与当时的画家王时敏、王鉴、王原祁并称"四王"；合吴历、恽寿平，也称"清六家"。王翚的弟子很多，人称"虞山画派"。清康熙五十六年（1717年）去世。墓在常熟西门外山前塘畔。其传世作品藏北京故宫博物院和上海博物馆。

吴　历

吴历（1632～1718），原名启立，字渔山，号桃溪居士，后号墨井道人。常熟人。清画家。明监察御史吴讷七世孙。少年丧父，学经学于陈瑚，学诗于钱谦益，学画于王时敏，学琴于陈岷。中年母殁妻丧后，于清康熙二十一年(1682年)入天主教,后到澳门入耶稣会。康熙二十七年任司铎(神父),先后在嘉定、上海传教30年。擅画山水,初宗黄公望、王蒙,所作丘壑层叠,笔墨苍润。澳门回来后,多用干笔焦墨,构图设色更为邃密郁苍。与王时敏等合称"清六家"。著有《墨井诗钞》、《三巴集》等。传世作品分别收藏在北京故宫博物院、南京博物院、上海和辽宁博物馆。

孔尚任

孔尚任(1648~1718),字聘之,又字季重,号东塘,别号岸堂,自称云亭山人。山东曲阜人,孔子第六十四代孙。清剧作家。清兵入关后,他并未忘怀于现实,尤其是南明覆亡的历史教训更引起他深沉的思索。当他得知南明弘光遗事,李香君洒血溅扇的轶闻等南明遗闻后,激起他创作《桃花扇》的愿望,并在他出仕前就已完成《桃花扇》剧本的第一稿。

康熙二十四年(1685年),康熙南巡回京,途经曲阜祭祀孔子,他奉命在"御前"讲《论语》,得玄烨帝赏识,被破格任命为国子监博士。翌年,随工部侍郎孙在丰到淮扬疏浚河道。他本想在治河工役中施展"经济之才",但官场的黑暗使他难有作为,因而抛弃指望得到康熙青睐而一展抱负的幻想。在江淮治水三年多时间里,他奔波于江淮之间,"博采遗闻"。他到过南京、扬州、泰州等地,访寻各地名胜,结识清流名士,尤其在南京,"所交者大抵风人野老,抱膝吟啸之客"。江淮一带的名胜古迹、故老遗闻、风土人情、民间疾苦,丰富了《桃花扇》的创作素材。康熙二十八年冬,尚任回京复任原职。后又迁户部主事、广东司员外郎等职。在京居留期间,虽为京官,但深感"制礼作乐"的政治理想难以实现,过着闲散而寂寞的生活,就将自己的全部精力投入《桃花扇》的创作。在前后十多年的时间里,经三次修改,于康熙三十八年六月脱稿,旋即搬上舞台。六七年后,又得津门(今天津市)诗人佟蔗村帮助,刻板印行。

《桃花扇》为昆曲名剧。故事发生在南京。剧中以复社文士侯方域与秦淮歌妓李香君悲欢离合的爱情故事为主要线索,以复社文人与魏阉余孽的斗争为主要冲突,展现南明一朝兴亡的历史画面。作者"借离合之情,写兴亡之感"。《桃花扇》问世后,以曲折的故事情节和高超的艺术感染力,赢得社会民众的关注,也勾起明朝故臣的亡国之痛,并获"南洪北孔"之美誉。同时,也引起清朝政府的不满。康熙三十八年,他因愤疾吏治黑暗,以创作抒发胸怀而肇祸,次年春丢官回籍,重过隐居生活。他毕生喜好诗文,除《桃花扇》外,另著有戏曲《小忽雷》(与顾天石合写),诗文《湖海集》、《长留集》、《岸堂文集》、《同风录》等。

僧传悟

僧传悟(1619~1719),又名道悟,号雪庄,晚号黄山野人。淮安府山阳县(今淮安市)人。清诗画僧。幼年师事于湖心寺僧大依(即南安老人),向南安老人学诗。他的诗画与童求、柴村齐名。清康熙二十八年(1689年),因慕黄山胜景,以七十高龄云游到黄山,在山僧的坚留下定居黄山。他遍游黄山前海、后海等胜境,观景摹形。时值下了七天大雪,平地雪厚1丈多,雪庄被困卧于土神祠中。他已经冻僵了,被扫雪的僧众发现救出,得以不死,于是就这个地方"剥木皮结棚以居"。此处四周奇峰环立,披云挂霞如拥蜃楼,正是写生的佳处。但一般人不知他的苦心。"争致薪米,为构精舍"。他不肯离开,仍栖居棚中。人们因此称他为"皮棚和尚"。僧传悟在黄山30年,画了很多黄山胜景图,还写了不少诗歌。他是以画黄山见长的诗画僧。在他90高龄的时候,被康熙皇帝请到北京讲法。他不愿涉足尘世,被强行请到京城后,"终日酣睡,与人不交一言,诸贵臣往候,皆以睡为辞。逾月放还山"。康熙五十八年辞世,享年100岁。今黄山还有"皮棚"古迹。

彭定求

彭定求(1645~1719),字勤止,号访濂、止庵,晚号南畇老人,学者称之为"南畇先生"。长洲县(今苏州市区)人。清学者,诗人。出身于吴门望族。少承庭训,自小从父攻读程、朱理学,并拜汤斌为师。康熙十一年(1672年)中举人,康熙十五年连中会元、状元,授翰林院修撰。嗣后,曾充纂修两朝《圣训》,历官国子监司业、翰林院侍讲、充日讲起居注官等。其为人志气清明,德性坚定,"富贵荣利不足以动其心,厄穷患难不足以摇其守"。康熙十九年引疾归里,杜门谢客,沉潜经术,深研宋、明儒学,终日讲道,课题诸生。闭门著述,以纲常、名教为己任,表彰先贤,奖掖后生,不遗余力。康熙四十四年,康熙皇帝南巡到苏州,命他到扬州书局担任《全唐诗》总纂,遂与吴县汪士铉、昆山徐树本等词臣编纂成《全唐诗》巨著,为整理祖国文化遗产作出杰出贡献。其治学宗陆九渊、王阳明。一生著述丰富,有《学易纂录》、《儒门法语》、《密证录》、《阳明释毁录》、《孝经纂注》、《周易集注》、《明儒蒙正录》,以及《南畇文稿》、《南畇诗集》等。康熙五十八年四月,病逝于家中。其墓安葬在吴县光福铜井山,已毁。其孙彭启丰亦连中会元、状元,官至兵部尚书。祖孙会状,为天下科甲之盛事。

赵申乔

赵申乔(1644~1720),字慎旃,一字松五,自号白云归人。武进人。清臣。康熙九年(1670年)进士,初任商丘知县,后调刑部主事,迁员外郎。因病家居7年。康熙四十年,康熙帝认为他品行"敬慎",越级提拔为浙江布政使,翌年又升浙江巡抚。自藩署移抚廨,仅有行李一挑,书籍数筐而已。钱塘江紧靠杭州城,潮汐拍岸,旧塘倾圮,他考察思索后,采取将熔化的铁灌注到石块中的办法,筑成子塘以保护江岸。九月调偏沅(湖南)巡抚,参与镇压红苗之乱。康熙四十九年升任左都御史。翌年,他弹劾编修戴名世"恃才放荡",所作《南山集》、《孑遗录》语多"悖逆"。一场文字大狱,由此兴起。戴名世曾在给门人余港信中提到:《明史》不应到崇祯为止,其后还有弘光帝在南京,隆武帝在闽越,永历帝在两粤滇黔。不应让其"荡为清风,化为冷灰",使"孤忠效死,流离播迁之情状,无以示于后世"。此信刻入《南山集》,该集多采方孝标《滇黔纪闻》所述南明事。《孑遗录》则记明末桐城兵变事。赵申乔斥之为"逞一时之私见,为不经之乱道"。此案株连达数百人,朝官32人被查办。康熙五十二年定案,杀戴名世,方孝标戮尸,家属充军黑龙江。作序者方苞,罪当死,大学士李光地力保得释,没入旗籍,雍正时赦归原籍。同年,赵申乔迁户部尚书,与同官多有争议,不悦于众。康熙五十九年卒于位,谥"恭毅",入祀贤良祠。所著有《恭毅公剩稿》8卷。平生清廉奉公;性苟急,不能容人。论学以不欺为本。为政严厉揭奸,名重天下。但因兴《南山集》文字狱而遭到世人讥讽。

陈厚耀

陈厚耀(1648~1722),字泗源,号曙峰。泰州人。清数学家、天文历法学家和经学家。早年师从著名历算学家梅文鼎,习天文历算,尽得其传。康熙四十五年（1706年）中进士后，因精于历法而受到康熙帝的召见。康熙命他绘三角形、求中线及弧背尺寸等，对其很赏识。陈自是入值内廷，得以大量阅读宫内珍本秘籍，并接触到大量当时西方比较先进的科学仪器。康熙四十七年，他因母亲年事已高，要求回乡就近供职，康熙即任他为苏州府教授。次年，他被召回京都，得授内阁中书。康熙帝召他入南书房，相互论难。

自明朝末年以来，西方的历算知识开始传入中国并产生很大影响，但这些知识很不系统。为此，他向康熙帝提出"请定步算诸书以惠天下"的建议。康熙采纳，令梅文鼎之子进京，开蒙养斋，赐他们《算法原本》、《算法纂要》、《同文算指》、《几何原本》等书，他与梅共修《律历渊源》一书。该书系囊括历律历算各方面主要成就的学术丛书。其中的一部《历象考成》于康熙五十二年成书。该书采用丹麦天文学家第谷的天文学体系和有关数据，在编纂体例和精度上都超出此前的《崇祯历书》。

康熙五十三年，康熙帝晋升其为国子监司业、左谕德，兼翰林院编修，次年会试，并充当考官。这一时期，他还参加《律历渊源》中《数理精蕴》一书的编纂。该书以介绍自十七世纪来传入中国的西方数学为主，包括欧几里德的《几何原本》、三角学、代数学，以及对数表、三角函数表等数学用表，乃至当时较为先进的西方计算尺；同时，它也介绍中国古代的一些重要成就。如中国古数学关于粮食堆体积的近拟计算中，曾有尖堆与倚壁堆的计算方法与公式，他也予以数学证明。这是一部对中国数学的发展产生重大影响的数学百科全书。

他一生涉猎广博，著述宏富。他不拘泥于古法，能中西结合，融会贯通。关于算学方面的著作，有《续增新法比例》40卷等。而他在学术界影响较大、流传较广的则是《四库全书》收录的两部研究《春秋左传》的专著。一部是《春秋长历》10卷，为补正杜预长历而作。该书以天文学、算学知识系统爬梳春秋历法。他在著作之始，详细征引自《汉书》以来诸正史《律历志》或《历法表》及《春秋属辞》、《天元历理》诸书中的证述，往下又引出了历法及春秋古历的算法，然后，将春秋242年的朔、闰月之大小并经传中的证据各系于表中，从而考证出杜预所谓隐公元年失一闰不合实际，实际上相反，应为多一闰。因而定隐公元年正月为庚辰朔，更为精当。此书与杜预的长历相比，"非惟补其阙佚，并张正其伪舛"。另一部为《春秋世族谱》，填补了春秋时期姓氏研究之空白。两书是研究《春秋左传》者极重要的参考书。撰有《春秋战国异辞》54卷，另外尚有《礼记分类》、《孔子家语注》、《十七史正讹》等书行世。

张符骧

张符骧(1663~1727),字良御,号海房。海安人。康熙四十六年(1707年),康熙南巡,张符骧于扬州塔湾进献《迎銮诗》12章,陈述治国方略,甚得康熙帝嘉许。康熙五十三年,张符骧中顺天举人。康熙六十年,张符骧通过会试,被录为进士,时已58岁。因他在殿试时对答方策言词激烈,被贬为三甲第34名。同年五月,康熙帝于澹宁居召见张符骧等人,因张符骧学识渊博,被选为翰林院庶吉士。3年后,张符骧即告老还乡。他平生不善趋附权贵,为人厚道,是非分明,对地方捐助、赈济、疏通河道修堤等公益均能尽力资助。他所著诗词文章甚丰,著有《依归草文集》、《自长吟诗集》、《海房文集》、《日下震泽集》、《顺时录》、《天慵子集》等。

刘 智

刘智(1660~1730),字介廉,号一斋。回族。出生在南京伊斯兰教经师的家庭。清回族鸿儒。其父刘三杰有一定的儒学根基,通性理之学,使刘智从幼年起就受到良好的启蒙教育和宗教思想的熏陶。约于13岁时,刘智被送至位于今太平南路附近的武学园清真寺(现已不存)学阿拉伯文经籍。3年后,他告别经师,回到家中,开始读书生涯。凡儒家的经、史、子、集,佛家的《释藏》,道家的《道藏》,以及当时颇为时髦的"泰西之学",无所不读;对流入中国的伊斯兰教经籍,不论何种文本,只要能搜集到,他皆潜心研究。经14个春秋的苦读,终于学贯四教——儒、佛、道与伊斯兰,而成一代回族鸿儒。刘智学成后,已近"而立"之年。这时,父亲已经去世,自己也有了家室。过去,他一心读圣贤书,家境每况愈下,而学成后,既无意于功名,又不事生计,专心于著书立说,被家人视为怪物,终日与之吵闹不休。他为实现父亲"伊斯兰教之性理亦甚精,恨未能译之,俾广昭于斯土也"的遗愿,毅然离家,在清凉山独自建庐而居。在后来的10多年独居生活中,他眼观斗转星移,花开花落,心悟其间蕴藏的奥秘,每有所得,即回庐奋笔疾书。其间,他曾在山中十易其居,生活极不安定。然而,他以苦为乐,著作达数十种之多,其中以《天方性理》与《天方典礼》为传世之名著。当这两部书的初稿完成后,他一度离开清凉山,携稿出游,以征询意见。

康熙六十年(1721年),他为了使西方"至圣"流传于"斯土",又握笔为西方"圣人"穆罕默德立传。经三易其稿,于雍正二年(1724年)脱稿,始名"小成"。然而"小成"资料不足,内容不够充实。于是,他又携"小成"初稿再次出游,以寻访藏于回族人士手中的有关资料。他一行千里,终于在河南朱仙镇发现阿拉伯文原著《穆罕默德传》,便回到清凉山。此时陋庐已成断垣残壁,再也无法居住。后得友人相助,搬至三山街一喧闹的书肆小楼,又熬过了几个酷暑和寒冬,完成又一部巨著《天方至圣实录》。晚年,他再次回到清凉山中,重建陋庐。从此,他毅然绝笔,摆脱人间的纷扰,在扫叶楼过着宁静的生活,直至于清雍正八年去世,终年70岁。葬于南京中华门外。他一生著作和译著较多,流传的还有《五功释义》等。其著作在中国伊斯兰教内被尊为"汉乞他布"(汉文经典),一些经句至今仍脍炙穆斯林之口。其《天方典礼》曾被清人收入《四库全书》存目;《天方至圣实录》被英、法、俄、日等国翻译成本国文字出版。

蒋廷锡 蒋 溥

蒋廷锡(1669～1732),字扬孙,号西谷,又号酉君、南沙、青桐居士。常熟港口(今张家港市)人。清臣。康熙三十八年(1699年)应顺天乡试中举,招选为南书房行走。康熙四十二年中进士,选庶吉士,入翰林院,授编修,迁赞善,历侍讲、侍读学士、内阁学士,充经筵讲官。雍正元年(1723年),升任礼部侍郎。雍正二年,奏请续纂《大清会典》,即命为副总裁,又调任户部侍郎。雍正四年,升为户部尚书,并主顺天乡试。不久,又兼领兵部尚书。雍正六年,拜文华殿大学士,仍兼理户部事,充《圣祖(康熙)实录》总裁,加太子太傅。廷锡工诗善画,作水墨画,能色墨并施。尝画塞外花卉70种,为宫禁所宝。雍正八年,典会试,特赐一等轻车都尉世职。雍正十年卒于位,终年63岁。著有《尚书地理今释》、《青桐轩诗集》、《破山集》、《片云集》等。

蒋溥(?～1761),字质夫,号恒轩。蒋廷锡长子,常熟港口(今张家港市)人。清臣。清雍正八年中进士(二甲一名俗称传胪),任庶吉士、袭一等轻车都尉,授编修,擢左春坊庶子,升侍讲学士。迁内阁学士,乾隆五年

(1740年)升吏部侍郎。乾隆六年,典浙江试。翌年,充经筵讲官,乾隆八年任湖南巡抚。见当地野蚕成茧,缫治之每颗得丝数铢,而百姓不懂饲蚕缫丝之术,便下令民间收集遗种,教以饲养练丝之法。翌年,蚕业大兴。时豪民争占洞庭湖滨官地,植芰养鱼,讼事不断。他亲临勘察,分别情况,组织民众加固湘阴文洲围旧堤防,成上腴田万余亩,分给贫民耕种;对沅江万子湖,则碍于上下游水利,为防湖患,不宜堵截开垦,经他妥善处置,终于利兴而讼衰。两年后,他回京城任吏部侍郎、军机处行走。乾隆十三年,任会试总裁,进户部尚书。乾隆十五年,加太子少保。乾隆十八年,兼任吏部尚书、协办大学士,掌翰林院事。乾隆二十四年正月,晋东阁大学士兼户部尚书。翌年,复任会试总裁。

倪瑞璇

倪瑞璇(1702~1732),女,字玉英。宿迁人。清代女诗人。幼随母、兄,寄居舅父睢宁名士樊正锡家中。幼从舅教,聪敏好学,6岁能诵《易经》,7岁学古文,8岁作《九河考》,学诗及俪体,9岁读宋五子书。倪瑞璇在其舅父的精心教诲下,通读《五经》、《四书》、《周礼》、《仪礼》、《孝经》、《尔雅》等儒家经典著作,对先秦、两汉、魏晋六朝、唐宋八大家、阴符、吴尹、庄周、法华、齐谐、越绝、紫阳纲目、文献通考诸书,无不熟悉。她通四声,能作长短句,对"箫管琴棋,攒花刺绣,裁剪刀尺,一见精晓",是当时"一位稀有的才女"。

倪瑞璇25岁时,和在睢宁教书的宜兴人徐起泰结婚。婚后,琴瑟虽和,但家境清贫,使她对黑暗社会感愤不平,遂把心中郁忿铸成诗篇。著作有《大学精义》、《中庸折中》、《周易阐微》及6本诗作。因慑于清代文字狱的威胁,怕贻患于亲人,临终前付之一炬。现保存的仅有《箧存诗集》,采其诗歌120首,是她去世后,由其丈夫徐起泰整理而成的。这些诗歌,笔力矫健,题材多样,或借古讥今,或抨击时政,或关心民苦,或抒写忧愤,均能得心应手,挥洒自如,很少有纤弱之态。

倪瑞璇的诗作,获得很高赞誉。清雍正时期诗坛领袖沈德潜盛赞她的诗为:"独能发潜阐幽,诛奸斥佞",令人"每一披读,悚然起敬"。袁枚对倪氏之诗作,也颇称道。

清雍正十年(1732年),倪瑞璇病逝,时年30岁。当地人士为纪念这位女诗人,曾在宿迁今马陵公园建祠。

杨名时

杨名时(1661～1737),字宾实,一字賓实,号凝斋。江阴城东门人。清大臣。康熙三十年(1691年)进士,深得考官李光地的器重,选为翰林院庶吉士,从之受经学,造诣益深。康熙四十一年任顺天学政,逾年升侍读。后因父母相继亡故,返故里服丧。于康熙四十九年手录、校订《徐霞客游记》12卷,并作序。康熙五十一年服丧期满,赴京候补。康熙五十三年入值南书房,特命担任陕西正考官。康熙五十六年授直隶(河北)巡道,以巡道行按察使职权,革除宿弊,有政绩。康熙五十八年迁贵州布政使。康熙五十九年擢升云南巡抚,年羹尧率师入藏,平定乱事,取道云南,留屯以待。他为之营馆舍,输粮饷,明约束。雍正三年(1725年)擢兵部尚书,总督云贵,仍管巡抚事。雍正四年转吏部尚书,仍以总督管巡抚事。雍正六年因题本误载密谕获罪,遂以借欠亏空等事革职。留云南居行馆7年,专治理学,悉心著作。乾隆即位,以其诚朴端方,即诏召赴京,加礼部尚书衔兼国子监祭酒,并兼值上书房南书房,侍皇太子课读。乾隆二年(1737年)病故。赠太子太傅,入贤良祠,赐谥"文定"。著有《易义随记》、《诗义记讲》等。江阴叶廷甲编定《杨氏全书》36卷。

李　卫

李卫(1686～1738),字玠。丰县人,后在铜山县暂居。清廉臣。他好读书,特别注意钻研治国安邦的道理。他以国子监学生的身份,被选用为兵部武选司员外郎。由于拒不受贿,以后又升任户部广西司郎中。他随从御史朱轼救灾,朱轼看到他才能超群,操守清廉,便推荐他任直隶巡道,抚臣又奏保留任。雍正元年(1723年),授云南驿盐道,由于母亲年老,不愿就任。雍正皇帝下谕说:"朕新政,万里外边疆重地,无信任的人委派,你千万不能推辞!"他到云南,便详查盐务,根据情况肃清几十年的积弊。不久,升任云南布政使,仍管盐务,监管铜厂。这时,有地方土匪作乱,四出劫掠,为地方一大患,他亲自统兵擒抚,不下三个月便肃清匪患。

后朝廷任命他做浙江巡抚,赐花翎,又御笔写"永锡康宁"四个大字,并赐人参、貂皮和一些华丽的丝织品为他的母亲祝寿。他到浙江以后，竭力整顿，纲纪肃然，吏治大清。这时，盐务、海塘都归他兼管，做了很多兴利除弊的事情，如解除南来赔垫转派的累苦。清钱塘江涨沙多占者，处罚之，以抵摊赔丁额。随事规划，所向风行。实行顺庄均田法，革除几百年以来里书图甲的流弊，一切拖欠赋税很快得到清理。动用国库款三十万到四川买来大米，分发各州县，把缺额的粮仓都充实起来，余下的便贮存在永济仓内，以备平价出售。这时候接到命令，截留南方各省漕米，以便支援福建。李卫便申请以所存川米解决，不待征收便已完成任务。接着又因为淮阴、宿迁等地发生水灾，便请准把剩下的米运往灾区，平价卖出。雍正五年，升任总督兼管巡抚事。此外，仍兼管盐务并管理江苏七府、五州督捕事。

　　李卫武艺娴熟，每每手持兵器在台上操练军事，指挥自如，因而军容大振。江海间多巨盗，他侦察到姓名和活动区域后，派兵跟踪，结果盗匪都被捉了回来，凡其他地方发现土匪，也都很快消灭。从此，东南数千里内无盗警。他又疏浚西湖，灌溉农田，筑成玉环山。一切平原土地尽让农民耕种。为了加强海防，又于乍浦设立水师营。又督促南北海三关，减费恤商，严禁额外勒索。设敷文书院，聘请老师，执掌教学，还不时到书院亲自与诸生讲课，加强立身处世的教育，一时号称极盛。他在浙江6年，锐意振兴，百废俱举。后入京见皇帝，皇帝以珍膳招待，还叫他游览御花园，又命画工绘制了李卫的像留在宫中作纪念。后升任兵部尚书。这时，不幸母亲亡故，皇帝命他守孝，给他假期葬亲，又派大臣到他家中吊丧。不久，又命他担任太子少保。

　　后来，李卫再次入朝，皇帝命他任军机处行走，可乘马入紫禁城，又命他教习勇健兵丁。不久，代理刑部尚书，每日批阅案卷，顷刻裁决。在刑部只43天，命他担任直隶总督；合省提镇，都归他节制。他亲自前往塞外，视察边防，充实军粮，练习武艺，所在均成劲旅。他奏请重新设立大名府兵备道，以重弹压，又请以巡道事务，归各河道执掌。属员中有个很有才干的人，过去受了撤职处分，他便请示复职录用。同时，清除贪懦官吏，赏罚分明。凡州县判定的案件，总是反复研究，避免造成冤案。京城南一带有土匪流窜，他便密访捕杀，博得了群众的爱戴。他贡献出自己的一部分薪金，对书院学生作伙食补贴，其一切措施与在浙江时几乎一样。乾隆元年（1736年），任命他兼管直隶总河，他便往永定河、运河及海口等处视察，提出修浚河道的建议，也都被批准。乾隆二年京郊少雨，他奏请停征、减租、留漕、贮报等事。

乾隆三年夏苦雨,连遇歉岁,李卫赈济有方,灾民们才避免了挨冻受饿。这年十月间,他积劳成疾,申请回家治疗。皇帝批准,并派太医前往诊视。他病重时,握着儿子的手说:"要努力报效。"说罢便瞑目而逝,终年52岁。

嵇曾筠

嵇曾筠(1670~1739),字松友,号礼斋。无锡城内学前街人。清臣、治水专家。康熙四十五年(1706年)中进士,入翰林院,选庶吉士,授编修。雍正元年(1723年),擢都察院左佥都御史,并署河南巡抚。不久任东河(山东、河南)副总河,驻河南武陟,专督黄河河工。任职期间,亲自踏勘西起河南荥阳、东到山东曹县和江苏砀山(今属安徽省)数百里黄河南北大堤,发现最险处12万余丈,立即奏请兴工加固。他采用开河导水、排除险情的"引河杀险"法,在黄河河道过于弯曲处开河,引导河水直道下泄,减轻河水对凹岸大堤的冲刷。雍正三年,开封附近黄河河心出现淤滩,河水从淤滩南边绕行,河道有南迁的危险,威胁开封黄河大堤。他指示在淤滩处开挖引河一道,引流直行,排除险情。因治河成绩卓著,雍正六年擢升为兵部尚书。后又转吏部尚书,仍管副总河之事。翌年,又授东河河道总督,兼管运河事务。雍正八年,嵇曾筠任江南河道总督,驻清江浦(今江苏淮阴)。他抓住辖区内洪泽湖、京杭运河水利工程的两大要害处,督责修建淮河入洪泽湖的山圩,洪泽湖入运河、黄河的高堰,运河通长江的芒稻河闸等关键性堤闸工程,并加固拱阻沭水,不使入黄河的禹王台大坝。在兴办各项工程时,他精于计算,总计节省库银100余万两。雍正十年,因功加太子太保衔。翌年又授予文华殿大学士兼吏部尚书职,但仍留在江南河道总督任上。是年十二月,因母亲病故,恳请回无锡丁忧。雍正帝要他在丁忧期间仍兼顾水利工程事务。

乾隆元年(1736年),他兼任浙江巡抚,后又改为总督,并兼管盐政。期间,曾主持纂修《浙江通志》,又在海宁县、乐清县等地督修海塘大堤,筑海宁尖山坝,建鱼鳞石塘7400余丈。任职期间,在革除水利工程管理和盐政管理的弊端方面,也多有建树。乾隆三年,应诏赴京,为内阁学士。翌年因病返里,同年十二月在无锡家中去世。遗作有《师善堂集》、《河防奏议》传世。

蒋 衡

蒋衡(1672～1742),一作蘅,名振生,字拙存,号湘帆,晚年又号江南拙叟、潭老布衣。金坛人。清书法家。他自小癖嗜游雅,自习经史。清康熙时取得恩贡。其祖及父辈皆精书法,他自小临摹,苦练有成,尤工行楷,远近求书者甚众。成年糊口四方,浪迹江湖,足迹几遍海内。他游历关中观石碑,西入秦关探碑文,临摹碑帖300多种,刻成《拙存堂临古帖》28卷。他在西安观赏碑林时,发现唐代《开成石经》出于众手杂书,既失校核,又混乱不齐,于是决心重写《十三经》。雍正四年(1726年)授英山教谕,他为书成《十三经》,自称才疏学浅,不足以为人师表,力辞不赴,而在江皋借得一席僧舍,始书《十三经》。雍正十二年,蒋衡已书成一半时,上司又催其就职。他仍以老、病为由,上书求免,并抱病亲至官署衙门求情,终于获准。至乾隆二年(1737年),历时12年之久,共手书楷书80余万字,终于大功告成。其规模之巨,书艺之精,令世人惊叹。乾隆五年,江南河道总督高斌将其手书的《十三经》奉乾隆皇帝,乾隆见后十分喜欢,次年授蒋衡为国子监学正,赐缎2匹。乾隆五十六年谕旨以蒋衡手书为底本刻石太学,定名《乾隆石经》。全部刻石189块碑,加"谕旨"告成表文1碑,共190块,规模宏大,楷法工整,雄强茂美,其精确完美方面都优于《天成石经》,成为中国文化艺术宝库中的稀世珍品。他一生还著有《读易私记》、《拙存堂文集》6册,《易卦私笺》等。今扬州大明寺东墙之"淮东第一观"五字,每字约一米见方,笔力遒劲,亦为其手书。

王 澍

王澍(1668～1743),字若林,又字若霖、蒻林,号虚舟,又号竹云,自署二泉寓客。金坛人。先居金坛洮西岳阳村,后徙无锡。清代经学家、书法家。王澍家境贫寒,靠自学成才。康熙四十四年(1705年)中举人,康熙五十一年登进士,授翰林院编修。后任《五经》篆文馆总裁官,提为本科掌印。雍正年间(1723～1735年),他以科臣微官处理皇帝失宜的诏命,驳正臣下有违误的奏章,因得罪皇上及诸大臣而被革职。王澍不服,与同僚崔致远、康五瑞极力争辩,因语词激烈,降任户部员外郎,两年后辞官归乡。他家居不出，潜心理学。著有《禹贡谱》、《大学本义》、《中庸本义》、《大学困学录》、《集程朱格物法》、《集朱子读书法》、《白鹿洞规条目》等书，均录入《四库全书》。王澍的书法为清代首屈一指。他善篆书，参合古今，不染旧习，坚持"圆、瘦、参差"三者兼顾，灵活掌握，运用自如。他对书法理论极有研究，著有《淳化阁法帖考正》12 卷（见《四库全书》），此书兼取北宋画家米芾、宋朝篆隶正行草皆绝的黄伯思、明朝善书又精赏鉴的顾从义三家辩证阁帖之意，以史传正讹误，以笔迹辨依托，对行款标目以及释文之类，亦一一考核。《竹云题跋》4 卷（见《四库全书》），则为临摹古帖题跋之合编，考辨援引，多所依据。还辑有《积书岩帖》60 册，《二十种兰亭》12 册。王澍曾为大唐三藏圣教序字帖题跋。无锡惠山"天下第二泉"、扬州大明寺正南墙"天下第五泉"，亦为其所书。他晚年书法愈益精到，上门求墨者络绎不绝，穷苦人讨其墨迹以维持生活，他亦应允，终日忙碌，不知疲倦。

叶天士

叶天士（1667～1746），名叶桂，字天士，以字行，号香岩，晚号上津老人。吴县（今属苏州）人。清医学家，中国温病学说主要创始人之一。先世自安徽歙县迁至苏州，世居苏州阊门外下塘上津桥。世代业医。叶桂继承家学而博采众长，闻某人善治某症，即往师之，集众人之长，自成一家。著《温热论》，倡温病卫、气、营、血的辨证和治疗方法，为温病学说奠定了基础。其临床医病，诊脉看色，听声写形，能揭示病根所在；治疗各科疾病，能灵活运用古法，处方精简，用药配伍有独到见解。尤擅治奇经、脾、儿科等病，曾有"天医星"之誉。与薛生白、缪遵义合称"吴中三名医"。后人将其医方编成《叶案存真》、《临证指南医案》等。其孙叶堂为乾隆时著名昆曲家，著有《纳书楹典谱》22 卷。

任兰枝

任兰枝（1677～1746），字香谷，号随斋。溧阳县后官庄（今溧阳市茶亭乡水东村）人。清大臣。清康熙五十二年（1713 年）中进士。廷试一甲第二名（榜眼），授翰林院编修。雍正年间（1723～1735 年），历任詹事府中允、庶子、翰林院讲读，升学士，改少詹，署内阁学士，兼礼部侍郎。当初，云南开化铅厂有四十里土地被安南人侵占,清政府要安南王归还土地。安南王屡次诡辩,说那里不属中国。雍正五年(1727年)九月清廷特命任兰枝为使臣,前往处理。安南王对他傲慢失礼,且陈兵威胁。任兰枝不为所屈,严正责问,终使安南王理屈词穷,交还占地,划疆定界。临别时,安南王赠送他千金与许多当地特产,他一概谢绝。回朝复命后,先后任兵、刑、吏三部侍郎。乾隆元年(1736年)升礼部尚书,后调户部、兵部尚书。乾隆十年因年老患病告退。翌年去世,墓地大芥(今属沙河乡)。

任兰枝饱学能文,出仕后,曾参加编修《八旗》、《一统》等志书,任国史馆的总裁。4次任乡试与会试的同考官,江西、浙江、顺天乡试的主考官,雍正八年、十一年任会试的总裁,文武廷试的读卷。任中允时还曾提督四川学政。其著作有《见南集》(诗2卷文2卷)。

袁　江

袁江(约1671~约1746),字文涛,晚号岫泉。江都(今扬州)人。清画家。康熙、乾隆年间,活跃于扬州、江宁(今南京)等地。早年学仇英的画法,受萧晨、李寅、颜峄及界画工致画风影响,中年对"李氏父子"、"赵氏兄弟"的青山绿水专门研摹过,加之受唐宋画法影响,袁江将工致异常的青绿水山和精密的界画巧妙地结合起来,融为一体,创造"山水楼阁界画"。时人把袁江、袁曜(字昭,袁江子,一说侄)父子称作"二袁",为界画大师。袁氏界画的特点是构图深远,布局奇特,笔法遒劲,色彩丰富绚丽,整体效果金碧辉煌,气势磅礴。袁江亦善绘花鸟草虫,工写、勾勒和没骨画。曾一度为画家高其佩的大幅作品着色烘染。传世作品有《瞻园图》卷,笔墨精致,为其早期作品,收藏于天津市文管会;《海上三山图》轴,收藏于南京博物院;《骊山避暑图》轴,收藏于北京市文物管理局。袁氏的界画对后世影响很大,传其画法的有倪灿、李庆、袁灼、袁雪等。

高凤翰

高凤翰(1683~1748),原名翰,字西园,号南村,别号因地、因时、因病等40多个,晚署南阜左手等。山东胶州人。一说"扬州八怪"之一。自幼能诗画,诗宗陆游,画先从父,后从胶州李世锡、淄州靳秋水、安邱张氏父子等,早年即已成名〔清雍正六年(1728年)以前的画,现各地珍藏多幅〕。19岁时,中秀才,后应乡试不第。雍正五年,应"贤良方正"特试,名列第一。赴任前,漫游山东、河南、江西等地,广交名人,并有诗集《击林集》、《湖海集》。金石书画造诣很深,治砚更有独到研究。雍正八年至十一年,高凤翰以安徽歙县县丞试用。雍正十一年,调安庆府监修学宫。后经两淮盐运使卢雅雨保荐,以县丞职任泰州坝监制,即巡盐分司,直至乾隆二年(1737年)。其间,曾往来于扬州、泰州两城,画《邗沟春风》、《岳台春晓》、《大耄图》、《小五岳图》、《坝上图》等名作,创作《屠户谣》、《捕蝗谣》、《苦灶行》等状写民生疾苦的诗歌,并于泰州琢砚90余方,将所蓄165方砚拓为砚图,辑为《砚史》4册。后因卢雅雨案牵连入狱3年,并染风痹,右臂病废,即以左手作画、写字、刻印,自号"尚左后生"、"废道人"等。乾隆二年至六年,主要在扬州、苏州度过,曾借住卢雅雨未结案时的住处董子祠,以卖画为生。乾隆六年,返故里,以养病为主,间有画作,并汇辑汉印约5000方,补充完成《砚史》,收集齐鲁先贤书画为《桑梓之遗》3册,集本人诗稿2366首,分为6册、39卷,后人刻有《南阜山人全集》。乾隆十三年冬,殁于家,葬于胶州西辛置岭。10年后,郑板桥为其书墓碑文。

王维德

王维德(1669~1749),字林洪,一字洪绪,号洞庭山人,人称林屋先生,吴县洞庭西山(今苏州吴中区)人。清中医"全生派"代表。家世代业医,以外科闻名。他通内外妇儿诸科,尤精外科疮疡。行医40余年,治效卓著,所创阳和汤、醒消丸等至今为临床治阴疽、疮疡的代表方剂。晚年将祖传效方及亲治验方,撰成《外科症治全生集》(又名《外科全生集》),为近代外科学主外症内治一派(亦称"全生派")的代表作。另著有《永宁通书》、《卜筮正宗》;又编撰《林屋民风》12卷。

边寿民

边寿民(1684~1752),原名维祺,字寿民,以字行,又字颐公,号苇间居士、渐僧。淮安府山阳县(今淮安市)人。康乾间活跃在扬州画坊,是扬州画派的代表之一。他生于淮安平民之家,自幼爱好书画,傲岸不羁,无心仕途。

成年后，往来淮扬间，卖画谋生，以文会友。他以泼墨绘芦雁见称于世，每到苇花雁嘹的季节，就潜身湖滩，细心观察停歇在苇间水际的雁群，专心摹绘。他还兼画山水花卉，曾以《瓶梅图》震惊画坛。名流过淮者纷纷造访，郑板桥曾多次来苇间书屋拜谒，并以"画雁分明见雁鸣"相称许。他的创作思想和艺术风格，突破文人画脱离生活的框框，开拓新的题材，在中国绘画艺术史上占有一席地位。边寿民的外甥薛怀，自幼爱绘画，稍长，即赴山阳随边寿民学画。边寿民善画芦雁，薛怀每随舅父至芦荡，潜伏芦苇中细心观察雁群，千姿百态，全活在心中。又得边寿民的指点，所作芦雁，与其舅所作酷似。每成一幅，人不能辨。遂与舅父相约，在雁腿着色上稍作浓淡之分。所作花卉禽虫，均生动而富有情趣。传世作品有《芦雁图》三轴，分别藏于山东省博物馆、南京博物院和北京故宫博物院。著有《苇间书屋词稿》、《苇间老人题画集》。

潘思榘

潘思榘（1695～1752），字挈方，号补堂。阳湖县（今武进）人。清大臣。清雍正三年（1725年）进士，选庶吉士，改刑部主事。理刑谨慎，受人称颂。由郎中出任广东南雄知府，遇大水灾，竭力救援赈济。升任海南兵备道，深入五指山化导黎人，奏劾悍将暴吏害民者。疏浚琼州西湖，人称"潘西湖"。调任广东粮驿道，按察使，清正廉明。任浙江布政使时，杭州、湖州、绍兴3郡发生水患，及时赈济，又疏浚余杭、余姚、上虞诸湖。后选任安徽、福建巡抚，重视赈济灾民，兴修水利。在福建任所，修筑宁德东湖，得良田数万亩，开浚福州西湖，灌溉千顷良田。潘好学务实，"学必求有用，凡象纬方舆历算水利农政，何事不当留心"。有《周易浅释》4卷、《鳌峰讲义》等书行世。

甘凤池

甘凤池（生卒年不详）。清代江宁（今南京）人。生活于康熙、雍正、乾隆年间。武士。他体矮而精悍，须髯刚如戟。精于内外家拳术和剑法。善以导引之术替人治病，"同里谭氏病瘵，医不效，凤池于静室牖户，夜与合背坐，四十九日而愈"。他以"勇力绝人"名世，能"提牛"、"击虎"，乃至握石成粉，名列清初八大拳勇之一。据《清稗类钞》记载：甘凤池"偶出行，见二牛斗于路,势汹汹不可近,乃以手徐推之,两牛皆陷入泥中数天,辗转不能出,牛主固求凤池为之出,凤池复提出之";"夏日披酒,行至岭上,倦憩于山石,忽腥风骤起,林木怒号,有白额虎自林间跃出,直扑凤池,凤池举臂迎击,仅一拳,虎已涔涔血出而就毙"。

甘凤池创编武术套路和拳谱多种,如《甘凤池十三手》、《甘凤池拳谱》等。他尤擅花拳,著有《花拳总讲法》。雍正即位(1723年)时,曾多次严令天下督抚,从速捕拿志在反清复明的甘凤池等人。他好打不平,行侠江湖,有"江南大侠"之称。

浦 琳

浦琳(生卒年不详),字天玉。扬州人。清乾隆年间扬州评话艺人。少年孤贫,靠行乞维生,并以赌博积聚赀财,致成家室。自幼喜听评话艺人说书,长期耳濡目染,遂学说书。他不识字,书艺也无师承,经常取因果报应一类的小说,请人为之诵读,他听后"润饰其词,摹写其状,为人复述",甚于书中所言。浦说书后,因感于"各说部皆人熟闻,乃以己所历之境,假名皮五,撰为《清风闸》故事",塑造了皮五辣子这一以讹诈为生的市井无赖形象。他演说的《清风闸》,以扬州方言编成,表现当时的社会生活,"养气定词,审音辨物",模仿当时各种人物的口吻气息、声音笑貌,"听之者靡不动魄惊心,至有欷歔泣下者","扬城士女争艳羡之,春秋佳日,弦管遂中必招致浦琳说书,以为豪举"。清人李斗称其演说维妙维肖,让人身临其境,"遂成绝技"。浦琳无子,有四女。传徒张秉衡、陈天恭,均有成就,声誉颇著。

梁魏今

梁魏今(生卒年不详),一字会京、汇经、魏金。回族。活跃于清康熙、乾隆年间。淮安府山阳县(今淮安市)人。清围棋国手。自幼学棋,年轻时曾与久负盛名的前辈国手徐星友角试多局,水平不相上下。他和程兰如齐名,在程兰如击败徐星友逼其归隐武林之后,两人曾多次交手,有对子23局。从现存的棋谱看,双方的胜负都不悬殊,有的仅半子之差。鲍鼎称赞说:"程、梁对局,最为细腻风光,不必标新立异,而落落词高,令人有白雪阳春之叹。"清康雍乾三朝,是中国围棋发展史上的一个全盛时期,梁魏今恰好生活在这一时期。他与程兰如、施定庵、范西屏合称"四大家"。他们共同开创清代棋坛兴盛的局面,代表了当时围棋艺术的最高水平。邓元镱称赞说:"四家之弈,高深远计,突过前贤。"在"四大家"中,梁魏今年龄最大,出名最早。施定庵、范西屏在少年时都曾得到他的指导,获益良多。范西屏十多岁时,梁魏今曾授以三子三局。到雍正八年(1730年),梁魏今与程兰如同游湖州,遇见施定庵,两人又受先与施定庵对弈。两年后,梁魏今又携施定庵同游乌程(今浙江湖州)境内的岘山,时施定庵虽已成国手,但仍未脱一先的水平。看着山下泉水淙淙,萦洄荡漾,梁魏今对施定庵说:"你的棋已经下得不错了,但你真的领会了其中的奥妙吗?下棋如同流泉一般,行乎当行,止乎当止,听其自然,毫不勉强。"施定庵听后,受到很大启发,遂与诸位前辈分先角胜,棋艺由是猛进。这一年,施定庵23岁,而梁魏今年已古稀。

他的棋风,以奇巧多变为最大特点,施定庵在《弈理指归》中说:"夺巧胜者梁魏今。"梁魏今的对局,散见于各种棋谱。其中,清末邓元镱编辑的《四大家棋谱》,收有梁魏今与程兰如的14局棋,与施定庵的3局棋,与范西屏的7局棋,以及梁、程、施、范与当时名手下的20局棋,是梁魏今对局中的精品。此外,乾隆年间问世的《弈妙》、《受子谱》等书,都载有梁魏今的局谱。

张 肱

张肱(生卒年不详),字左周,号良亭。宝应人。清代数学家。清乾隆年间,张尚年少,即补顺天廪生,后历官夏官正、户部主事。他同数学家陈际新同为著名数学家明安图的学生。明任钦天监监正,曾为求证法国人杜德美传入的求圆周率等3个公式,花费半生心血,刻苦钻研,发明6个公式,著有《割圆密率捷法》,书未写成就病逝。张肱与陈际新及明安图子明新合作,完成《割圆密率捷法》4卷,用具有中国特色的割圆连比例数学方法,把中西两法结合起来,成功地证明了西方传入的公式,把三角函数与圆周率的研究提高到一个新水平。对中国已经沿用1000多年的割圆术,提出直曲关系转化的辩证认识,为解决展开三角函数的问题提供正确的思维途径,对后世产生深远的影响。

高 翔

高翔(1688～1753),字凤冈,号西堂、西唐,一作犀堂或樨堂,别号山林外臣。扬州人。清画家,篆刻家,"扬州八怪"之一。性格孤傲,终身布衣。他为人不尚交游,"避客年来高凤岗,扣门从不出书堂"。住所与"小玲珑山馆"毗邻,常应马氏兄弟(马曰琯、马曰璐)之邀参加其宅举行的诗文雅集。以授徒为业,卖画为生。善画山水、花卉。山水有弘仁的雅秀、石涛的纵肆笔意。石涛晚年定居扬州,与高翔成为莫逆之交。艺术思想受石涛"我师我法"创作主张的影响。石涛去世时,高翔才20岁,每年均为石涛扫墓,终身不辍。所作危岗险径,独树幽篁,笔墨简练超逸,雅秀苍润,书卷气盎然,反映其安贫乐道的思想情趣和孤高自赏的性格特点。工写生,亦作人物、佛像。其园林小景清新恬静,画像形神皆似,线条简练流畅,曾为大画家金农、汪士慎画过小像。所画梅,以疏秀见胜,墨法苍润。精篆刻,刀法质朴苍劲,构思严谨,独具风格。曾为石涛刻过印,金农印章,多出其手。晚年右手残废,改以左手写字作画,竟达极深造诣,时人评为"字奇古,为世宝之"。与汪士慎、丁敬齐名,又与胶州高凤翰、天台潘西凤、江阴沈凤并称"四凤"。其代表作有《竹石图》、《峰峦叠秀图》、《弹指阁图》、《春入江城图》等。亦善诗,格调清新自然,卒后其子高增辑成《西唐诗抄》。传世作品《水墨山水》轴,藏北京故宫博物院;《樊川水谢图》册页,藏上海博物馆。

李方膺

李方膺(1695～1754),初名方邹,字晴江,小字龙角,号虬仲、木田、成才,又号秋池、禊湖、仙李、木子、白衣山人、抑园、借园、借园主人等。生于通州(今南通市区)。清画家,"扬州八怪"之一。李方膺善画松菊兰竹,尤擅画梅,借腊梅以寄托感情。28岁时任山东乐安县令,后调山东兰山(今临沂)。因上书批评总督王小俊在开垦中加派工银,被罢官关进监狱。但百姓爱戴他,纷纷带着食物前去探监。"李兰山"之名由此而来。乾隆初年复职,历任安徽潜山、合肥知县,代理滁州知州。他至滁州第一件事,便是打听宋代欧阳修种梅花的地方,并特地到醉翁亭旁瞻仰宋梅。他画的墨梅虬枝蟠曲,生气盎然。李方膺为人刚直不阿,不畏权势。除夕,他送给郡守的年礼为两小坛用红纸封口的咸菜。当发现对方是猥琐小人时,忍不住说:"阁下脑满肠肥,哪里知道我们食菜根的滋味!"要回那两小坛咸菜而离去。为此,他再次被免职。此后,他借居在江宁名士袁枚的园中,自号"借园主人",专事绘画,才名远扬。后客居扬州,与金农、黄慎、李鲜、郑燮、罗聘、高翔、汪士慎等7人交游,因他们的书画风格雄放奇崛、非同一般,世称"扬州八怪"。

乾隆十九年(1754年),因病回通州,是年冬在故乡去世。李方膺善山水、人物、小品,尤精于画梅,笔意纵恣,天趣跃然。布局章法,不同时流。曾泼墨作四君子大幅,墨气淋淳,笔力千钧。其代表作有《桃李春风》、《百花呈瑞图》、《风翻雷吼图》、《乔松倚石图》、《沅汀烟雨图》、《紫云卧虹图册》等,不少遗作为国内外博物馆收藏。

吴敬梓

吴敬梓(1701~1754),字敏轩,又字粒民,自号秦淮寓客,晚号文木老人。安徽全椒人。清小说家。出身名门望族,早年生活豪放,父去世后,家道衰落。18岁中秀才,后几次应试举人落第。雍正十一年(1733年)二月移家南京,住白板桥水亭(今秦淮河畔石坝街、大中桥一带)。乾隆元年(1736年),安徽巡抚赵国麟荐举他应博学鸿词考试,他以病谢辞。在南京,他广肆交游,结识了程廷祚、周榘、刘著、姚莹、王㳫草、王宁仲等学者、文士、诗人、画家,常与友人"乘月出城南门,绕城堞行数十里,歌吟啸呼,相与应和,逮明,至水西门,各大笑散去,夜夜如是"。他也被"四方文酒之士,推为盟主"。他因经营不善,窘困潦倒。41岁以后,有时竟"囊无一钱守,腹作干雷鸣",靠卖文和友人周济为生,但为重建雨花台先贤祠,却不惜卖掉全椒最后一点房产,襄助其事。乾隆十九年,他携家去扬州。

吴敬梓能文善诗。乾隆元年始作长篇小说《儒林外史》,历经14个春秋,于乾隆十五年左右完稿。这是一部批判现实主义巨著。书中批判当时的科举制度,揭露封建道德的虚伪,讽刺悭吝的地主及其帮闲,并把批判的矛头指向封建道德风尚和黑暗的政治。该书问世后,逐渐为世人所知,争相传抄。其人物刻画形象生动,语言准确洗练。后世称此书为中国古典讽刺小说奠基之作。《儒林外史》在国内有多种刻本行世,在国外有英、法、德、俄、日、越、匈、捷等多种语言译本。他还写了不少散文、诗词,有《文木山房集》，今存4卷；《金陵景物图诗》，现存图24幅、诗23首；史著《史记纪疑》。

清乾隆十九年（1754年）在扬州去世。后经两淮盐政使卢见曾捐资，由友人将其棺木运回南京，葬于清凉山麓。

马曰琯　马曰璐

马曰琯（1688～1755），字秋玉，号嶰谷。其弟马曰璐（1697～1766），字佩兮，号南斋，又号半查、半槎。马氏兄弟祖籍安徽祁门，祖父马承运始移居扬州。清江淮藏书家、诗人、版刻家。

马氏兄弟在扬州东关街南筑有私家园林"街南书屋"，其中的"丛书楼"珍藏10万余卷的图书，颇多秘籍与善本。曰璐则自谓"下规百弓地，上蓄千载文"，并称"卷帙不厌多，所重先皇坟"。二马以古书为第一性命。阮元称他们"酷爱典籍，有未见书，必重价购之"。除不遗余力搜集众多的典籍外，还收有书板若干。马氏兄弟凭借自己饶富的家资和广泛的交往，很快使"丛书楼"的藏书富甲东南。马氏兄弟是兼考订、校雠、收藏、鉴赏皆有之的藏书家。全祖望称："其书精核，更无论讹本。而架阁之沉沉者，遂尽收之腹中矣。"马氏藏书目不仅注重善本的精心校雠，同时对藏书的装订也十分考究，其书脑皆延请名手以宋字书写之。马氏兄弟的藏书原则是开放型的，"丛书楼"的大门对当时的学者、名士敞开。许多学者得益于其所藏的书，竟成一家之言。著名学者厉鹗便是利用马氏藏书，并在马氏兄弟的支持和参与之下，完成《宋诗纪事》这部近180万言的皇皇巨著。

马氏丰富的藏书为流传、保存文献典籍作出杰出的贡献。乾隆三十八年（1773年），清廷开《四库全书》馆，下旨采访海内秘本，璐之子马裕共进呈藏书776种，是南方藏书家献书最多的四家之一，故而翌年，马氏得乾隆御赠《古今图书集成》之殊荣，名重一时。马氏兄弟还是中国历史上著名的版刻家。他们精于刻书，所雕版片均工楷细书，秀丽天成，速度快，校勘精确，版式精美，世人称之为"马版"。曾为朱彝尊刻300卷巨著《经义考》，为王士禛刻《感旧集》，又刻《许氏说文》、《玉篇》、《广韵》、《字鉴》等书，历来为学林所重。

马氏兄弟的乐善好客，也有口皆碑。他们"尤好客，凤儒名士，交满宇内"。他们深知读书人讲情面，不便启齿，便设法主动提供方便，一再慷慨解囊，接纳通儒，奖励人才。故而"人比之汉上题襟，玉山雅集"。雍正十二年（1734年），马氏兄弟与扬州府同知刘重选在梅花岭建梅花书院，桐城派古文宗师姚鼐诸名士曾执掌院事兼课诸生，造就不少通人硕儒，汪中、王念孙、洪亮吉、段玉裁均出于此，使书院名满天下。他们热心乡邦，广施善行，在当时是很有影响的人物。乾隆二十年（1755年），马曰琯年67岁去世时，"知与不知，皆为流涕"。乾隆三十一年马曰璐去世。终年69岁。杭世骏在为曰琯所撰的墓志铭中写道："以济人利物为本怀，以设诚挚行为实务。为粥以食江都之饿人，出粟以镇江之昏垫……建书院以育才，设义以通往来……冬绵夏帐，椟死医羸，仁义所施，各当其厄。"

马氏兄弟勤敏好学，皆有诗名，时称"扬州二马"。四方名流常与其相互酬唱，流连诗酒。画家郑燮、金农、高翔、罗聘等亦经常在其处吟诗作画。马氏曾与人结诗社，有唱和集行世。马曰琯著有《沙和逸老诗集》、《嶰谷词》。马曰璐有《南斋集》和《南斋词》。他们还编有《韩柳年谱》、《丛书楼目录》、《焦山纪游集》、《村屋酬唱录》等。马曰琯主持扬州诗坛达数十年之久。阮元曾叹："扬州业盐者多，今求一如马君者，不可得矣！"

华 嵒

华嵒（1682～1756），字秋岳，一字空尘，号新罗山人，又号白沙道人、离垢居士等。福建上杭人，一作莆田人。久寓扬州。清画家。善画人物、山水、花鸟、草虫、走兽，远宗李公麟、马和之，吸收陈淳、周之冕之长，近受恽南田、石涛等影响，形成兼工带写的小写意手法。他重视写生，构图新颖，形象生动多姿，在笔墨上敢于大胆创新，时用枯笔，干墨、淡彩，用笔含蓄，常常笔不到而意已到，设色鲜嫩明丽。画山水重境界意趣；写人物用减笔画法；花鸟、动物神态逼真生动，几可与恽南田并驾齐驱，对清朝中叶以后的花鸟画影响极大。工书，取法钟繇、虞世南，自成一体。代表作有《列子御风图》、《松韵泉声图》、《寒竹幽禽图》、《银湖吹梦图》、《村童闹学图》等。著有《离垢集》、《解弢馆诗集》。

王安国　王念孙　王引之

王安国（1692～1757），字书城，号春圃。高邮人。王念孙（1744～1832），字怀祖，号石臞，王安国之子。王引之（1766～1834），字伯申，号曼卿,原名述之,榜后改名引之,王念孙之子。为清乾嘉学派突出的代表人物。祖孙三人均曾中进士,都进翰林院,当时传为佳话。后引之子寿同又中进士。龚自珍有诗赞曰:"一脉灵长四叶貂,谈经门祚都岩尧。儒林几见传苗裔,此福高邮冠本朝。"王氏祖上居苏州,明初迁高邮,故居在今高邮城内西后街。王安国禀承家训,从小精熟宋五子书。康熙五十六年(1717年)中举人,雍正二年(1724年)以会试第一(会元)、殿试一甲二名(榜眼)及第,授翰林院编修。历官广东学政,左佥都御史,都察院左都御史,兵部、礼部、吏部尚书等。曾于乾隆五年(1740年),奉命查办两江总督及广东巡抚徇私案。还于乾隆十四年向乾隆帝奏陈诸行省考试学官舞弊,并列诸学臣姓名,致使几位学臣受到应有的责罚。王安国家本素寒,中进士后曾谒见朱轼,朱告诫他说:"学子中了进士后,唯有保留本来面目难以做到。"王安国牢记此语,后来由巡抚入尚书,衣食器用,不改旧时。饭后公余,不理杂事,孜孜学习,深研经籍,并专以经学教导子孙。安国父曾禄去世前年逾七十年,望孙心切,遗嘱王安国生子名之为念孙。乾隆二十二年正月初八日(1757年2月25日),王安国病逝,终年65岁。乾隆帝赐白金五百治丧,谥"文肃"。著作有《王文肃公遗文》1卷,《补遗》1卷。

王念孙,生于乾隆九年三月十三日(1744年4月25日)。幼时便随父在任所,由父教读《尚书》,10岁便读毕十三经,有"神童"之称。后受教于戴震,其稽古之学实基于此,尤精于音韵学。扶父柩归里后,受业于乡贤夏啸门,笃志为学,为文根底深厚,理法逐渐精熟。乾隆二十八年补为诸生。乾隆三十年,帝南巡经高邮,王念孙以大臣儿子身份前往迎接,并献上颂册,被赐为举人。乾隆四十年,以二甲七名中进士,选为翰林院庶吉士。乾隆四十六年,王念孙任工部水司主事,专心研究治河方法。了解古今利弊,写成《导河议》上、下篇。乾隆五十二年,奉命勘察浙江海塘工道,路过高邮,只与妻子交谈几句便出发了。后调任郎中、陕西道、山西道、监察御史、给事中等职。职中,以秉公持正著称。乾隆末年,大学士和珅擅权,恣意妄为,贪污受贿,王念孙对此深为愤恨。嘉庆四年(1799年),王念孙上奏文弹劾和珅。不久和珅便被夺职下狱,后又赐死。同年春,王念孙巡视淮安漕务,严格杜绝赠送礼物。到了高邮,路费用尽,向人借贷,继续巡视。秋季,受命巡视济宁漕务,凡陋规旧习,一律免除。十二月,任直隶永定河道,严整风纪,尽汰陋规。嘉庆六年夏,盈月大雨,河堤决口,王念孙被免职,仍奉旨督办河工。次年,督办河间高家口河工。嘉庆七年十二月,复任直隶永定河道,严整风纪,积弊一清。不久,任山东运河道,检查工程,清除弊端,节省国币数十万。嘉庆十五年,调任永定河道,临行时,济宁百姓远出郊外为他饯行,几十里中,络绎不绝。其时,东河总督与山东巡抚在"引黄利运"问题上有争议,王念孙奉召进京,以决是非。他奏议:引黄入湖,原非良策,但暂行无害。奏议被纳。是年永定河水上涨泛滥,他以此负罪,请求处分,奉旨以六品退休。道光五年(1825年),被赏给四品衔,参加中举60年后的鹿鸣宴。道光十二年,病卒京城,享年88岁。他一生研治群经,穷搜博采,著述不辍,历10年,于嘉庆元年完成《广雅疏正》上下32卷。该书问世后,深为学者们推崇,将它与北魏郦道元的《水经注》相提并论,作为"注优于经"之典范。道光十三年,始著《读书杂志》82卷,对经史子书中古义之晦误、写校之妄改,皆一一证之。郭沫若誉称该书为"考证学中之白眉,博洽精审,至今尚无人出其右者"。

王引之,自幼颖异,笃志于学。王念孙每到一任所,都将其带在身边,亲为讲授经籍。嘉庆四年,引之中探花,被任命为翰林院编修。嘉庆八年,翰林院大考一等,被提为侍讲。历官河南学政,通政使司道政使,太仆寺卿,工部、户部、吏部、礼部尚书等。任中,勤政廉洁,敢于秉公直言。提督河南学政时,奏请朝廷重申"五童互洁法",严肃处理刘云汉等冒名顶替一案。嘉庆二十二年,奉命去福建复查藩司李庚芸被诬自缢身死一案,使之得以平反,并为民请命,为李建遗爱祠。同年八月,奏报高邮等州、县遭洪泽湖水淹浸之情,致使朝廷派员查勘救赈。其父退休时,欠河工例银27000两,他向亲友借贷,分期完缴。引之幼承家学,精心研究声音、文字、训诂,专治小学,用小学说经、校经。于嘉庆二年完成《经义述闻》32卷,皆摘经句而解释。嘉庆三年完成《经传释词》10卷,是一部研究古文虚词的力作,共收254个虚词。他发明"因音求义"的方法与《经义述闻》互为表里,开清代文典之先河。道光十四年(1834年)病逝,谥号"文简"。

王氏祖孙三代,治学直接师承皖派大师戴震,以实事求是为准则,既反对宋明以来的空疏学风,又反对唯汉是从、墨守成规的做法。致力于对中国古代典籍的整理和古代学术的总结工作,在音韵、文字、训诂、校勘等专门领域都取得丰硕的成果。特别是王念孙、王引之父子,号称清代经学第一通儒,为清代乾嘉学派的中坚。王念孙是清代古韵分部理论体系的集大成者,王国维称其"古韵二十二部之目遂令后世无可增损"。王引之则对虚词有着独到的研究,初步形成较为严密的虚词分类思想。通过他们卓有成效的研究工作,取得专攻小学基本经验,一是以音求义,不拘形体;二是据上文校字释义,从而解决了古书训诂在通假和虚字方面的两大难题。清代训诂遂逐渐成为具有一定理论性和科学性的专门学科。王氏的主要著作有对训诂规律作了初步理论总结的《经义述闻》、校勘学著作《读书杂志》、研究古籍中虚词的《经传释词》以及《广雅疏正》,通称"王氏四种",是清代训诂学最负盛名的代表作。其他著作尚有:王念孙的《河源纪略》、《释大》1卷,《古韵谱》1卷、《王石臞先生遗文》4卷、《丁亥诗钞》1卷等;王引之有《王文简公文集》4卷等。

惠　栋　惠周惕　惠士奇

惠栋(1697~1758),字定宇,号松崖,人称"小红豆先生"。清经学家。原籍吴县东渚,后迁居苏州城区元和县境,故又作元和(今苏州市区)人。出身经学世家。

祖父惠周惕(生卒年不详),本名恕,字元龙,故居在东渚砚谿,故自号砚谿。后徙苏州葑门冷香溪侧,宅有红豆树,故又号红豆老人。康熙三十年(1691年)进士,任密云(今属北京市)知县,有惠政,卒于官。擅长经学,是吴派经学的导源人。著有《易传》、《春秋问》、《三礼问》、《诗说》等。工诗文,有《砚谿诗文集》等。

父惠士奇(1671~1741),字仲儒,一字天牧,一字仲儒,晚号半农,人称"红豆先生"。12岁能赋诗作文。他博览群书,博通六艺经史,长经学。康熙四十八年进士,官编修侍读学士。曾典学湖南,督学广东。倡导经学,使粤东文风为之一变,粤人塑像祭祀。因入对不称旨,罚修镇江城,后以产尽停工削籍。乾隆元年(1736年)复起用,补侍读学士,免欠修城银,令纂修《三礼》。传周惕之学,著有《易说》、《礼说》、《春秋说》、《琴笛理数考》等。搜集汉儒经说,征引古代史料,加以解释,方法较宋儒为缜密,但较拘泥。

惠栋传祖、父之学,搜集汉儒经说,加以编辑考订,详赡博识,集"吴派"经学之大成,为"吴派"经学的奠基者与领袖。与"皖派"经学领袖戴震友善。撰《周易述》、《易汉学》等多种。专宗汉《易》;《古文尚书考》辨证伪《古文尚书》出于晋人;《九经古义》,讨论古字古义。另有《明堂大道录》、《禘说》等。其墓在吴县光福镇香雪村,为县级文物保护单位。

顾栋高

顾栋高(1679~1759),字震沧,又字复初,号左畬。无锡人。清乾嘉派早期学者、经学家。少时从舅父华学泉学经学,喜读《左传》,每遇不悦之事,家人将《左传》置于桌上,他怡然读之,百事俱忘。康熙六十年(1721年)中进士,授内阁中书。后雍正帝继位,引见时他因奏对越次被罢职。雍正二年(1724年)起,与邑人秦蕙田、吴鼎等人聚会,每逢初一、月半举行"读经会"。雍正八年客居开封,为该地纂修通志,直至事毕。翌年,与秦蕙田等纂修《江南通志》,还曾协助秦编《五礼通考》。乾隆十二年(1747年)应聘去淮安编纂《淮安府志》。乾隆十五年,顾栋高被举国子监司业,以年老不任职,赐司业衔。当年与华希闵、浦起龙等纂修《无锡县志》。时逢皇太后大寿,他入京求见,以"三吴敝俗"上疏,请求提倡节俭,得到嘉奖。乾隆二十二年,乾隆皇帝南巡,他在无锡被接见。加祭酒衔,并赐御书"传经耆硕"四字予以表彰。顾栋高一生潜心研究经学,兼治史学及方志编纂,尤笃好《春秋》左氏学。费时55年著《春秋大事表》50卷,《舆图》1卷、《附录》1卷,将春秋列国史事、天文历法、世系官制、疆域地理等皆列表说明,条理详明,考证典核,引据博洽,议论精辟,多发前人所未发。另著有《毛诗类释》24卷、《毛诗订诂》10卷、《大儒粹语》28卷、《尚书质疑》2卷、《陶人心语》5卷、《万卷楼文集》12卷及《万卷楼笔记》等书。还纂有《司马温公年谱》、《王荆公年谱》等传于世。乾隆二十四年去世,享年80岁。

汪士慎

汪士慎(1686~1759),字近人,号巢林、溪东外史、左盲生,别号七峰居士、晚春老人、天都寄客、甘泉山人、成果里人、心观道人等。原籍安徽休宁富溪,长期流寓扬州。清代画家、篆刻家,"扬州八怪"之一。工画,擅书,能诗,墨梅尤精。他的画笔意幽香,气清神腴,尤善画梅花,与金农、高翔、罗聘并称为"画梅圣手"。所画之梅,枝桠繁茂,千花万蕊,冷香清艳,劲秀潇洒。其《至梅册》、《竹石图》为传世之作。亦善画松,今藏北京故宫博物院的《苍松偃寒图》是他的精心之作。他的篆刻艺术亦颇有成就,与高翔、丁敬齐名。又工诗,著有《巢林集》7卷,收其所作五言、七言古诗近500首。由扬州马曰琯、马曰璐兄弟为之刊刻。

汪一生清贫,年轻时在扬州城北一所旧草堂中,布衣疏食,卖画为生。嗜茶成癖,喜与诗画之友品茶论道。与高翔、金农交谊深厚。乾隆四年(1739年)和十七年双目先后失明,却处之泰然。自称"盲于目而不盲于心",衰年失明,从此之后可以不再看到纷乱的世界和庸碌的人群,反而觉得可喜。失明后不废创作,其画"工妙尤胜于未瞽时",并开始苦练狂草,在书法上取得一定成就。其《三清图》轴、《春风香国图》轴、《墨松图》轴、《梅花通景屏》、《兰竹图》、《梅花图》等分别收藏于天津、沈阳、广州、扬州等地博物馆和北京故宫博物院。

庄培因

庄培因(1723～1759),字本淳。武进人。清乾隆六年(1741年)举人。考授中书,入军机房办事历10余年。乾隆十九年殿试一甲一名进士(状元),授修撰。后历任日讲起居注、中允、侍讲学士、内阁学士。乾隆二十一年任福建主考,阅卷精勤。有些应试文章虽不及格,但他对其中佳句也加以欣赏,并对错舛之处作出批示,所以连后进的学员也非常感激,有人甚至从百里之外赶来求见。乾隆二十四年在福建学政任上,因父去世哀痛不食,回家一日即逝,时年36岁。朝野无不惋惜,闽人为之建祠奉祀。他重友谊,讲信义,诗文敏赡,楷书精妙。随乾隆帝出巡时,在行帐中写奏章等,紧迫时往往不凭几案,手执一匣,振笔疾书,写得和平常同样工整,一般人极难做到。他的遗墨有录入庄氏家谱的。他与清常州学派创始人庄存与为兄弟鼎甲。乾隆二十一年二人分别为主考浙、闽,路过常州,联袂省亲,一时传为佳话。著有《虚一斋集》5卷。

浦起龙

浦起龙(1679～1762),字二田,号孩禅,自署东山外史,晚号三水伧父,时称三水伧先生。无锡上福乡(今厚桥乡)前涧村人。清乾嘉派早期学者。世代务农,父粗通文墨。他幼时口讷,然读书认真。康熙三十七年(1698年)中秀才。次年乡试落第。此后屡试不中,困顿场屋30余年,靠在乡坐馆为生。康熙六十年夏,积10多年研究成果始撰《读杜心解》,于雍正二年

(1724年)写成。此书为杜诗研著中的一部创新之作。乾隆帝刊布的《唐宋诗醇》中多处采用此书的观点。雍正七年中举,翌年中进士,3年后授扬州府学教授,但因父病故未能赴任。雍正十二年正月,任昆明五华书院山长(即院长),讲学其中。乾隆四年(1739年),授为苏州府学教授,主持紫阳院。清代著名的学者王昶、钱大昕,经史学家王鸣盛为诸生时,均受业其门下。讲学之余,对《左传》、《国语》、《国策》、《楚辞》、《文选》、《文苑英华》等14种古籍的历代评注进行校勘,参照不同版本补脱去衍,修正错谬,汇集名家注释,自己又详加评注。历时17年,汇集成79卷的《古文眉诠》。刊印后流传各地。乾隆十年,因年老辞职回家,着手校勘、研究唐刘知几的《史通》,并写作《史通通释》,历时7年,5易其稿、8次修改而成。该书成为史学研究者的必读之书。乾隆十五年,应邀与华希闵等同修《无锡县志》。另著有《酿蜜集》、《三山老人不是集》等多种。获誉"康雍耆宿"、"江南鸿儒"。乾隆二十七年去世。享年83岁。

李 鱓

李鱓(1686~1762),字宗扬,号复堂,又号懊道人、墨磨人、苦李等。清康熙二十五年(1686年)生于兴化一个世代为官、殷实富裕的诗礼之家,为明代状元宰相李春芳之六世裔孙。画家,"扬州八怪"之一。自幼受到良好的教育,早年从同里画家魏凌苍习画山水,又从家嫂王瑷学花卉,才华出众,名闻乡里。康熙五十年中举,不久因先后向宫廷进献诗画而受到康熙帝的赏识,被选入"南书房行走",供奉内廷书画,从此"名动公卿"。但因他性情狂放不羁,讨厌宫廷画的摹古习气,"心恶时流庸俗",加之"才雄颇为世所忌",终于受到排挤,康熙五十八年离开宫廷。之后,他漫游各地,不辍作画。雍正六年(1728年),与郑燮(板桥)、黄慎同寓扬州天宁寺。乾隆元年(1736年),李鱓"托钵"往来北京、扬州之间,次年三月被命为山东临淄知县。他为政清廉,"口碑在人,风流蕴藉",深受人民爱戴。同年十月,调任滕县知县,任中清简爱民。乾隆五年,又因秉性刚正、触犯权贵而被罢官。郑燮(板桥)曾为他作诗道:"两革科名一贬官,萧萧华发镜中寒。"

罢官后,曾羁留山东数年,后回到家乡兴化,以书画来排遣心中的郁闷。曾于其间书一条幅以赠邑人顾于观:"有补于天地谓之功,有关于世教谓之名,有精神谓之富,有廉耻谓之贵,此吾人之所谓'功名富贵'耳。"但"剥啄摧租恼民频,水田千亩翻为累",家居生活并不如意。曾一度打算复出为官,却未能如愿。只能在扬州小东门内的西雷坛的住处内卖画为生。但当时他的画作竟不为人赏识,到了"途穷卖画画亦贱,佣儿贾竖论非是"的地步。而他为人清高,遇盐商官绅重金购画则常不售,贫寒挚友求索者分文不取,更加重了他经济上的窘迫。70岁时,一度定居扬州竹西僧舍,后又回到兴化,于城南筑"浮沤馆"作画室,乾隆二十七年病逝。

他的绘画艺术,曾师写生画家蒋廷锡,画法工致;又师指画家高其佩等,改工笔为泼笔勾勒。崇尚写意,取法林良、石涛等名家,吸取众长,融会贯通,而又自成一家。笔法"纵横驰骋,不拘绳墨,而多得天趣"。以花鸟画的成就最大,他继承沈周等人的写意花鸟技法和苏轼等的书法艺术,在绘画中参以中锋篆隶书法用笔,加以变化,别开蹊径;特别在水的运用上,有独到之处。他也爱画松和山水,用笔挥洒自如,泼墨酣畅淋漓,线条生动流畅。其长文题跋,也极富特色。传世作品很多,其中《石畔秋英图》轴藏南京博物院、《松藤图》轴藏北京故宫博物院、《紫藤花石图》轴藏山东省博物馆、《蕉竹图》轴藏广东省博物馆。著有《浮沤馆诗集》。作为一位杰出的写意派花鸟画大师,李鱓因长年生活困顿,心情不佳,部分作品也不尽人意,遭到后人的批评。

金 农

金农(1687~1763),字寿门,号冬心,别号金牛、老丁、古泉、竹泉、曲江外史、稽留山民等二十余种。浙江仁和(今杭州)人。"扬州八怪"中最具"大家笔墨"者。擅画竹、梅、马。乾隆元年(1736年),荐举博学鸿词科,京试未中而返,心中抑郁,遂云游四方,"足迹半天下"。后久居扬州,先后寓三祝庵、西方寺,以画会友,卖画度日,终因贫困于乾隆二十八年逝于西方寺,享年76岁。他定居扬州之前,是一位学者、诗人和书家。8岁始"读书于先师何又门先生家"。他嗜奇好学,博览文物典籍,有深厚的文学基础。他的诗文古奥奇特;书法自创扁笔书体,兼有楷隶体势,时称"漆书";亦能篆刻,得秦汉法;好收藏,积金石文字千卷之多。53岁后始作画,全靠自学。学画从画竹开始,之后以梅、马、佛为题材遂次往下学,画路极宽。他画竹、梅、马多从写真入手,而画佛像则靠摹写,但造意新奇,笔墨"古朴奇逸",别开蹊径。他的人物和花卉被公认为"神品"。北京故宫博物院藏有他的《山水人物图》册和《自画像》轴,上海博物馆藏其《山水册》和《采菱图》册页,扬州博物馆收有他的墨梅册页及隶字条幅。著有《冬心诗钞》、《冬心随笔》、《冬心杂著》、《冬心画梅题记》及《冬心画马题记》等,是清代"扬州画派"的宝贵遗产和珍贵资料。

史贻直

史贻直(1683～1764),字儆弦,号铁厓。溧阳人。詹事史夔的儿子。清臣。他10岁能诗,康熙三十八年(1699年)中举人,翌年考取进士,授检讨。后历充云南主考、广东督学、赞善、侍讲、庶子、讲读学士。雍正元年(1723年)任内阁学士,翌年升吏部侍郎。后来署理闽浙总督,改署两江总督,升左都御史,协理西安巡抚,又升户、兵部尚书。乾隆初历任湖广、直隶总督,经筵讲官,户、工、刑、兵、吏部尚书。乾隆九年(1744年)授文渊阁大学士(即宰相)兼吏部尚书。乾隆二十年,他为次子史奕昂担任甘肃布政使,写信给巡抚鄂昌,被告发而削职。乾隆二十二年再入朝拜相。史贻直办理政务,以维护大局,保持安定为原则。他曾说:"天下办事人多,懂事人少。一味地深入苛求者,不能说是明白治世;对事情马虎松懈者,不能称为宽容大度;与人交际者,不能一概斥为谋私;与人恭敬相处、互相密切协作办事者,不能说是结党。"又曾向皇帝进言:吏部与礼部的科道官,以从正途(科举)出身的人中选拔比较适当;都察院科道官,一定要用当时有声望、行为端方、刚直有骨气的人担任。溧阳由江宁府改隶镇江府,有利于行政联系,这是史贻直要求的结果。乾隆二十九年去世,赠太保,谥"文靖",入祀贤良祠。

秦蕙田

秦蕙田(1702～1764),字树峰,号味经。无锡县城人。清臣,乾嘉派礼学研究者。自幼受祖父秦松龄(官至左春坊左谕德)和父秦道然(官至礼科给事中掌登闻院事)的教导,习经书,研字义,专心致志。他在遵义坊租借一室作为书斋,取名"味经窝"。自雍正二年(1724年)起,与同邑学者顾栋高、吴鼎等结成读经会,每月初一、月半定期集会,研讨各经,比较前代名家注释,广证博引,穷究字形、音韵和义理,为后来治学打下基础。雍正九年被推荐参加纂修《江南通志》。乾隆元年（1736年）中进士（探花），授翰林院编修，入值南书房。后历任上书房行走、右春坊右庶子、礼部右侍郎等职。先后两次充任顺天府（北京）乡试同考官，一次充任会试副总裁。乾隆十二年因父病故回乡丁忧。

伏阙还京后，又历任礼部侍郎、工部尚书、刑部尚书等职，充翰林院掌院学士，加太子太保衔，极受乾隆帝宠爱。曾扈驾南巡。丁忧期间，秦蕙田有心钻研礼经（周礼、礼记、仪礼），受清初学者徐乾学《读礼通考》的启发，完成全部吉、嘉、宾、军、丧五礼的研究，写作《五礼通考》。以后10余年间，他考核撰述不辍，经四易其稿，又请顾栋高、钱大昕斟酌参校，于乾隆二十六年成书。《五礼通考》共262卷。分75个门类。对中国古代礼制的源流沿革作了系统的考证，保存了历代学者的研究成果，是研究中国古代礼制的重要参考书。《四库全书总目》评其著作为："考证经史，元元本本，具有经纬，非剽窃饾钉，挂一漏万者可比。"他还好治《易》及音韵、历数之学。乾隆二十八年，又奏准进行统一韵书的工作。兼采顾炎武、江永之说，另行考订《四声表》。翌年因病请假回无锡，于乾隆二十九年九月九日（1764年10月4日）卒于沧州途中。谥"文恭"。遗作尚有《周易象义日笺》及《味经窝诗文类稿》28卷。

李　葂

李葂（1705～1764），字磐寿，铁笛生。安徽怀宁人，定居扬州。清诗人，扬州画派的重要画家之一。自幼聪颖，十多岁便取秀才，每逢岁考，总是名列魁首。他诗才敏异，思路清越，一次督学俞成巡考，命赋《春江》诗，他挥笔不停作七律30首，篇有主题，句无雷同，不拾前人牙慧，俞叹为奇才。早年被称为皖江三啸之一。袁枚称誉他"为皖诗人表著者"。但由于他不热心于八股文，一直中不了举。中年时踏上漫游之路，足迹遍于南京、扬州等大都会。在扬州时，以诗才为两淮盐运使卢见曾所器重，收为门生，从此定居扬州。乾隆九年至十一年（1744～1746年），贺君召在扬州贺圆拓揽名士，李寄迹其中，为贺作《谷雨放船吟序》，撰写凝翠轩楹联，又为贺之并蒂莲即兴赋诗。乾隆十六年二月，乾隆帝南游，驻跸扬州，召集一班有才无功名的文人面试，李因诗才出众而得到赏赐。

李不但工诗，且擅山水、花卉、翎毛。乾隆二十二年，卢见曾举行一次

"虹桥修禊"。其时和修禊韵者七千余人,李参与这一重大的祭祀活动,尤其为卢氏所绘的《虹桥揽胜图》,更是名重一时。时人汪砚山著《扬州画苑录》,最先提出"扬州八怪"这一名称,其中就包括李葂。他的画喜用减笔,减至无可再减,仍然神足意完。他的荷花轴,只画一叶二花,花含苞待放,草数茎点缀其下,可谓简健奇古。

李一生落魄失意,只能混迹于富商显宦之间做一小小清客,但他专心诗画,常与戴震、郑燮(板桥)、汪由敦等学问家切磋盘桓,却从不非份求人。他曾登南京燕子矶作绝句云:"年年高卧非关懒,许大江南没处飞。"以自伤怀才不遇。乾隆二十九年,在穷困中辞世。有《啸村近体诗》3卷行世。

郑　燮

郑燮(1693~1765),字克柔,号板桥。兴化人。清书画家、文学家和思想家,"扬州八怪"之一。其父之本,字立庵,号梦阳,为一介寒儒。板桥3岁丧母,由乳母费氏抚养。少年时随父读书,他聪明刻苦,很早就熟读许多史集。17岁读书于真州(今仪征)毛家桥。20岁从乡里陆种园学填词,26岁设塾于真州江村。后应科举,为康熙秀才、雍正举人、乾隆元年(1736年)进士。中进士前,曾到扬州卖画。乾隆七年春,任山东范县(今属河南)县令。乾隆十一年,调署山东潍县。是年,该县遭大灾,他开仓借粮于民,并令富户平粜所积之粮。任中处理民事,多助穷苦百姓,不帮富商,因之得罪豪绅,于乾隆十八年被罢官。临行时,他"三驮书籍,两袖清风",全县百姓遮道挽留,家家画像以祀,并为其建生祠。回扬州后,以卖字画为生,居城北竹林寺、汪氏文园、枝上村。晚年回兴化,住李鱓之"浮沤馆",后迁李鱓为之所建"拥绿园"。乾隆三十年,因贫困潦倒而逝,终年72岁,葬兴化大垛镇管阮村。

郑燮善画,主张师古而不泥古,"师其意不重迹象间"。尤擅写兰竹,悟有"眼中之竹、胸中之竹、手中之竹"三个艺术创作阶段。他画的墨竹独具风骨和神韵,历来独步画坛,为一代宗师。名作有《修竹新篁图》、《清光留照图》、《丛兰荆刺图》等。亦善书法,以画法入笔,用隶体参入行楷,自成一格,号称"六分半书",后人称之为"乱石铺街",所书"难得糊涂"横幅名满天下。又善诗文,作品明白流畅,不受神韵格调之缚。其中,《悍吏》、《私刑恶》、《孤儿行》、《逃荒行》等篇,描写人民疾苦深切;《家书》、《道情》等作,自然坦率,摆脱清初诗坛专讲神韵格调的束缚,为世人称道。人称板桥诗、书、画"三绝"。他将诗、书、画、印结合为一个有机的整体,打破当时以"四王"(王翚、王时敏、王鉴、王原祁)为代表的正统画派的窠臼,开创以他本人为代表的崭新的艺术流派——扬州画派。后人谑称为"扬州八怪",他们诗词、书画的共同特点是有创意,不流俗,不墨守成规,关心百姓疾苦,点染社会现象,喜怒形于色,性情尽在其中。郑板桥还有《板桥全集》行世。

黄 慎

黄慎(1687~1766),初名盛(或胜),字恭懋、恭寿,后改字菊庄,号瘿瓢子,又称东海布衣。福建宁化人。久寓扬州。清画家,"扬州八怪"之一。

他15岁开始从上官周习画,所绘人物、花鸟、山水等均佳,并自勉说:"吾师绝技难以争名矣,志士当自立以成名,岂肯居人后哉!"清雍正元年(1723年)到扬州,潜心钻研书画,精进不懈。偶见名书家怀素草书,细心揣摩其用笔,遂将其笔法入画,形成独特的风格。黄慎一生不求功名,喜饮酒,量不大,"一瓯辄醉,醉则兴发,濡发舐笔,顿刻飒飒,可了数十幅"。他性情疏狂不羁,艺术上敢于突破陈规大胆创新。其作品多取神仙故事和士大夫生活为题财,有时画纤夫、渔民、乞丐,形象往往怪特,如《八仙星聚图》、《商山四皓图》、《东坡玩砚图》、《醉眠图》、《群乞图》等。兼工花鸟、山水小品,亦工诗、善书,时称"三绝"。曾刊有《蛟胡诗草》,惜未传世。

在扬州期间,他与"扬州八怪"的其他画家如郑板桥、李鱓等颇友善,常相互切磋技艺,相互影响,相互提高。雍正五年,回故乡将母亲接来扬州同住,雍正十三年春,送母返乡。乾隆十六年(1751年),年已65岁的他又到扬州,仍以卖画为生。乾隆二十二年,最后离开扬州。在人才济济的扬州,他凭藉出众的才华和较为深厚的功力,名气很大。求画者络绎不绝,但他由于亲身体会到生活的艰辛,有着鲜明的爱憎感情。他不慕金钱、不畏权势,对求画的普通百姓"虽担夫竖子,持片纸方逡巡不敢出袖间,亦欣然为之挥洒题署"。对持重金购画的达官贵人,却常常冷眼相待,清贫自守终身不悔。

沈德潜

沈德潜(1673~1769)，字确士，号归愚。清代诗人、诗歌批评家。长洲县(今苏州市区)人。初为诸生，学诗于吴江叶燮。中年以前授徒为生，并以诗名。曾筑屋居木渎山塘街，著书作述。后归居苏州城区。乾隆元年(1736年)荐举博学鸿词，试后未被入选。乾隆三年中乡试，乾隆四年67岁中进士，历任编修、左中允、侍讲学士、内阁学士、礼部侍郎等官，加礼部尚书职衔及太子太傅衔。曾为乾隆帝校《御制诗集》，深受赏识，称为"江南老名士"。其论诗主"格调说"，拘于"温柔敦厚"的诗派，同王士禛的"神韵派"、袁枚的"性灵派"，并为清季诗学三大宗派，分别给后世以极大影响。其诗多歌功颂德之作，少数篇章也对民间疾苦有所反映。著有《沈归愚诗文全集》、乾隆《元和县志》。其诗学深邃，曾选编《古诗源》、《唐诗别裁集》、《明诗别裁集》，辨析源流，指出名家得失，为研究古代诗歌发展的重要著作。乾隆十四年校毕《御制诗集》告休归里，食原俸，主苏州紫阳书院，以诗文导后进。乾隆三十四年病逝，享年96岁，追封太子太师，谥"文慤"，入贤良祠。后因牵涉"一柱楼诗案"文字狱，被追夺其赠衔，罢祠，削封，仆其墓碑，剖棺戮尸，全家治罪。

薛 雪

薛雪(1681~1770)，字生白，号一瓢，晚号牧牛老叟。清医学家。吴县(今属苏州)人。早年学诗于吴江叶燮，博学多才，不求闻达。乾隆初两征博学鸿词未就。善诗，工画。尤精于医，长于温病，与叶天士齐名，为温病大家，学术上各有心得，或因歧见而不相下。相传薛氏自名居处"扫叶庄"，然每见叶氏处方善者，亦称赏。临诊多奇验，治学不拘成说。著有《医经原旨》、《薛生白医案》(与叶桂、缪遵义医案合刊为《三家医案合刊》)、《扫叶庄医案》、《湿热论》等，多录时病、内科杂病及外、妇、儿科诸证验案，述症简明。其中《湿热论》系薛氏探索研究湿热病之力作，条分缕晰，深切详明，与叶天士《温热论》齐名，堪称阐发湿热、温热病的姊妹篇。另有《扫叶山房诗存》、《一瓢诗话》等。后人多业医。

邹一桂

邹一桂(1686~1772),字原褒,号小山,又号让卿,晚号二知老人。无锡人。清臣,画家。父邹卿森,工书画,家藏名画极富。邹一桂受家庭熏陶,年轻时除攻读四书五经外,酷爱绘画,但科举屡试不第,直到雍正五年(1727年)42岁时才中进士,授翰林院编修。雍正十年,任云南道监察御史,察官媒勾结不法之徒,蓄养妇女,以此诈骗奸利,即奏请朝廷,获准严禁。雍正十三年,提督贵州学政。曾上疏反对司狱法外用刑。乾隆七年(1742年)转任给事中,时湖南巡抚许容因诬陷同僚被撤职。可不久圣旨又命许容任湖北巡抚,当时舆论哗然。邹一桂愤然上书,要求将许容撤而复出的理由昭示天下,以明赏罚而维国法。乾隆帝被迫收回成命。乾隆十一年,任大理寺少卿时办案认真,反对草菅人命。多次纠正冤案、错案,并对监狱管理进行整顿,上疏奏请严禁各监狱以非刑折磨犯人。乾隆十四年,邹一桂遵皇帝诏书举荐无锡著名学者顾栋高,结果顾以第一名被取中。乾隆十九年,在礼部侍郎任内,同部侍郎张开泰徇情保举邹一桂之子为国子监学政。事发张开泰被革职,邹一桂被降三级留用。邹一桂能诗善画,尤擅花卉,间作山水。山水效法宋人。花卉学恽南田。曾精心绘制百种花卉,每花题一诗,集成《百花卷》进呈乾隆帝,深受赞赏,乾隆帝亦为《百花卷》题了百首绝句。他亲自培植百余种花卉,仔细观察它们的神态特征,获得真切的感性认识,因而使笔下花卉形神俱备。诗、画作品有《春华秋实图》、《百花诗卷》、《五君子图》、《秋山萧寺图》、《小山画谱》、《小山诗钞》、《大雅堂续稿》等传世。

乾隆二十三年,邹一桂获准辞职回乡。乾隆帝南巡时,曾赐"画禅颐寿"匾额。乾隆三十六年,他赴京祝皇太后寿辰,加授尚书衔。翌年回家,卒于东归途中,享年86岁。

徐大椿

徐大椿(1693~1772),一名大业,字灵胎,晚号洄溪老人。吴江松陵镇人。徐钇孙,清御医。初为县学生员,因行为狂放被剥夺功名,遂绝意仕途。探研"易经",读黄、老与阴符家言,进而对经地志、九宫音律、刀剑技击、勾卒嬴越之法,无不通究。其兄长三人先后患病而亡,徐父悲伤过度去世,激励他潜心学医。他主张治病问症要针对病情辨证施治。乾隆二十六年（1761年），他被诏进京为大学士蒋溥治病。会诊时，众御医嗫嚅不语，唯徐大椿认为其病不可治，过立夏七日当逝，到日子果然应验。清帝很赞赏他的医法和医术，命入太医院供职，他坚辞不就。十年后，乾隆皇帝再度诏他入京。临行前，他自审脉象不能越冬，乃让其子带棺随行，果然于乾隆三十七年客死京城。其墓在吴江八坼乡凌益村，1963年整修，1984年再修，现为县级文物保护单位。徐大椿积50年行医经验，著有《难经经释》、《神农本草经百种录》、《医贯砭》、《医学源流论》、《伤寒论类方》、《兰台轨范》、《慎疾刍言》、《洄溪医案》等。他还工文辞，著有《道德经注》、《附阴符经注》、《画眉泉杂咏》、《乐府传声》、《管见集》等。善作道情，与沈彤共创新乐府，著有《洄溪道情》，其中《时文叹》一篇揭露八股文弊端颇为生动。

钱维城

钱维城（1720～1772），初名辛来，字宗磐，一字幼安，号稼轩，又号初庵、茶山。阳湖县定东乡（今常州市郊区茶山乡）人。清臣，宫廷书画家。乾隆十年（1745年）一甲一名进士（状元），任翰林院修撰。乾隆二十三年任工部左侍郎，乾隆二十六年调刑部左侍郎。视学浙江时，见浙江学子多揣摩，少实学。便命诸生以半年时间学一经，并通过考试核验，学风为之一变。乾隆三十五年，参加镇压古州"苗族之乱"，设计擒获首领香要。乾隆三十七年，奔父丧回乡，因哀伤过度去世。赐谥"文敏"。墓在今常州市郊区白荡西。

钱维城，善书画、工诗文。书法学苏轼，画得王原祁笔意，落笔苍润，秀骨天成。他与董邦达齐名，都以幽深沉厚见称，而为乾隆年间一大家。他供奉内廷20余年，画册呈皇帝御览，多由乾隆亲笔题句，真迹绝少流传。著作有《茶山诗文集》30卷、《文钞》10卷，《鸣春小草》7卷。

吴玉搢

吴玉搢（1689～1773），字藉五，号山夫，晚号顿研，或称钝根。淮安府山阳县（今淮安市）人。清朴学家。幼承家学，八九岁时即喜欢辨识古字。长大后遂究心六书，博极群书，对《三仓》、《尔雅》、《说文》、《字林》，旁及金石文字,凡涉及六书的都穷年搜讨,寻源彻委,审其同异,指陈得失,为海内学者所瞩目。他在京师时,著名朴学家翁方纲、朱竹筠都前去拜谒,以所著书相质。朴学家秦蕙田曾经对人说:"吾于海内见二奇士,其一为山夫也。"其所著《五礼通考》多出吴玉搢手订。吴玉搢的著述以《说文引经考》、《金石存》、《别雅订》、《六书述部叙考证》等最有代表性,其中《别雅订》收入《四库全书》。另外著有《山阳志遗》,纠正过去淮安地方志的许多讹误,并编有《山阳耆旧诗》等。他性好游历,曾南浮大江,北走塞上,访奇人逸士,求碑刻铭文。晚年官凤阳府训导,不久归里。乾隆三十八年(1773年),吴玉搢卒于家,享年84岁。乾隆三十九年,朝廷征海内博物洽闻之士入京纂修《四库全书》,他为在征者之列,惜他已故。

沈金鳌

沈金鳌(1717～1776),字芊绿,号汲门,晚号尊生老人,人有赠号再平(言其医道高明,犹如张方平再世)。无锡城内西水关堰桥人。清中医折中派代表人物之一。自幼好学,及长,先后从华希闵、秦蕙田、顾栋高门下,博综典籍。一人一事必究其详。乾隆年间中举人。其兄岵瞻序称:"博古明经,一生笃学。大约四十岁以前,专志七六儒书;四十以后,专攻医学。"先从师孙庆曾。后以数十年兼学、专事之功,统会平日所读方书,研审意理,既采前人之长,亦抒一己之见。历20余年,参互考订,相继著成《脉象统类》1卷、《诸脉主病诗》1卷、《杂病源流犀烛》30卷、《伤寒纲目》18卷、《妇科玉尺》6卷、《幼科释谜》6卷、《要药分剂》10卷。总称《沈氏尊生书》,于乾隆三十九年(1774年)前后告成。乾隆四十九年刊印。该书对内、妇、儿各科的临床治疗,论述颇详,见解独到,不失为学医之津梁。其中《杂病源流犀烛》的理论精湛,证治丰富,流传海内外,成为医家必备的书籍。另著有《芊绿草堂文稿》及《尚书随笔》等传世。沈金鳌一生志趣高尚。他说:"吾辈读书,无论事之巨细,皆当怀利济天下众心,非沾沾于制举文字,博功名,便一己为也。"又说:"昔人云:不为良相,当为良医,余将以技济人也。"还说:"医系人之生死,凡治一症,采一方,用一药,在立法著书者,非要于至精至当,则贻误后世,被其害者必多;在读书用法时,非审于至精至当,则冒昧从事,被其害者更多。"

秦大士

秦大士(1715～1777),字鲁一,号涧泉,又号秋田老人。江宁(今南京)人。清官吏、书法家。父秦有伦,有子七人。秦大士排行第二。秦大士自幼聪睿好学,10岁能文章,通书法。家境困难,曾一度为扬州盐运使幕僚。受前辈指点,知幕僚应酬繁多,难以做成学问,于是拂袖而归,卖字自给,求学上进。乾隆十七年(1752年),皇太后六十寿辰,特举行"恩科",秦大士一举夺魁。中状元后,入翰林院,授修撰。翌年,出任顺天乡试同考官。乾隆十九年,充咸安宫及官学总裁,入武英殿值班。不久母逝,回乡服丧。乾隆二十二年服满,回京任庶常馆庶吉士教习。同年冬,奉命充任皇子"授读师傅"。乾隆二十三年,皇帝考试词臣——文学侍从官员,秦大士得第一等第二名,被破格提升为翰林院侍读学士。乾隆二十四年,逢三年一次京察(对京官的考察),秦大士又名列一等。同年,任顺天武乡试副考官,录取阳曲(今山西太原)人马全,后成为武状元。乾隆二十七年,充任福建乡试正考官。乾隆二十八年,再次出任会试同考官。事毕,上疏辞官,请求侍养老父,未准。过5年,父病死,回籍服丧,从此不再出山。

秦大士退出仕途,尚不足50岁。他在南京武定桥东畔购一宅园(今长乐路57～61号)。晚年,以名儒硕德,望重一时。书法直逼欧、柳,又工篆隶书,兼喜绘画,尤善写竹,间作写意花卉。著名学者、书法理论家包世臣在《艺舟双辑》一文中评品清代书法家时,将其书法列为"佳品"。此外,还著有《蓬莱山樵集》、《抹云楼集》等书。乾隆三十五年至三十六年,秦大士两次入京,贺乾隆皇帝、皇太后寿辰。旧日同僚劝其再次出仕,皆婉言谢绝。清乾隆四十二年病逝于家中。其长子秦承恩进士出身,官至刑部尚书;次子秦承业以传胪及第,官至山西乡试主考。

乔 林

乔林(1731～?),字翰园,号西墅,晚号墨庄。如皋丁所(今属海安县)人。清篆刻家。他酷爱读书,家无长物,但蓄书颇多,晨夕揣摩,孜孜不倦。乾隆四十三年(1778年),曾刻有"人事多所不能,惟酷好学问文章"印。工六书篆籀之学,悉心精研数十年而从不间断。善刻晶、玉、瓷、竹等印,各臻其妙。侧款作行草,间或亦刻隶书,其所作篆隶淳古浑劲,得秦汉遗法,后人曾误为宋、元人所作。清代翰林院侍读学士、上书房行走钱大昕在《乔墨庄先生传》中赞其:"用刀如用笔,试以玉、铜、竹根无不如意。"他的篆刻风格,对当时江浙印坛以至后世均有相当影响。

善制竹根印是乔林独特之处,加之他篆刻书体工整,笔法老练,章法严谨,线条虚实相间,朱白对比得当,一时颇负赞誉。清代工部尚书、协办大学士彭云楣,曾以乔林所制竹根印供奉乾隆皇帝。乾隆见后十分欣赏,见印有墨庄小款,遂查问墨庄为何人,大臣回答说,墨庄是宋朝的。乾隆命侍臣作竹根图章歌以记之,但乾隆没有弄清墨庄就是同时代的人。清代《东皋印人传》一书记载了此事。《中国人名大辞典》中称乔林"手制竹根草,尤精雅绝俗"。乔林对古钟鼎器物的款铭文字亦颇有研究。一生著有《篆刻汇编》、《金石萃言》、《寒碧轩诗抄》8卷、《墨庄印谱》等。

于敏中

于敏中(1714～1780),字叔子,一字重棠,号耐圃。金坛县(今金坛市)金城镇人。于汉翔孙,清雍正元年(1723年)状元于振之弟。他幼年资性过人,读书勤奋。雍正七年考取举人。乾隆二年(1737年)中状元,授翰林院修撰,执掌山西乡试。不久担任山东、浙江学政,掌管所属各府、厅考试童生及生员。于敏中担任浙江学政期间,考吏拔秀,罢庸补能,按期组织科举,担任乡试总考官,所拔多知名士。因其满腹经纶,文章冠绝一时,书法清秀洒脱,又通熟掌故,为乾隆皇帝所倚重。乾隆十八年选任兵部侍郎,后改户部侍郎,加太子太保,其间奉旨编纂《户部则例》126卷。乾隆二十五年任户部侍郎兼军机大臣,历时近20年。还就任文华殿大学士兼户部尚书、文渊阁领阁事等要职,朝廷谕书多出其手。清廷开设四库馆,他受命为正总裁,与大学士刘统勋勋力主搜辑《永乐大典》中古书。还担任国史馆、三通(《清通典》、《清通志》、《清文献通考》)馆总裁。平定四川金川时,他负责军书旁午,以书旨功赏戴双眼花翎,画像挂列紫光阁。乾隆四十二年,于敏中奏准,以纪事本末体撰写《钦定临清纪略》16卷。次年,又奉旨编辑《西清砚谱》24卷。还著有《素余堂集》、《日下旧闻考》159卷。乾隆四十五年病逝。后赠"文襄",赐祭葬。

他担任军机大臣期间,交结内监外官,广收地方官员贿赂。因此受到诘责。死后数年，被撤出贤良祠，并剥夺子孙世袭。

黄景仁

黄景仁(1749～1783)，字仲则、汉镛、仲泽、晚号鹿菲子，别号西蠡。黄庭坚后裔，祖籍江西清江荷湖，明永乐年间移居武进(今常州市区)。清诗人。住白云溪畔(今马山埠)。9岁能作诗写文章。16岁在有3000多人参加的县试中，名列第一，受到知府、知县的赏识。翌年补博士弟子员，读书于宜兴氿里。19岁与洪亮吉、杨伦从学龙城书院邵齐焘。21岁起，先后担任湖南按察使王太岳、太平知府沈业富、安徽学政朱筠幕僚。24岁受业于朱筠门下。曾在采石矶太白楼会诗，与会者数十人，他虽年龄最小，穿白袷，立于日影下，顷刻间，数百言立就，众人咸为之搁笔。八府学子竞相传抄。26岁结交袁枚，在江宁随园度岁。27岁主讲于寿州正阳书院。他自恨其诗少幽燕气，决意北上游京师。28岁春，赴天津应乾隆东巡召试。取二等，得赐缎二匹。在武英殿书签，校录《四库全书》，30岁受业于王昶，居法源寺。31岁与洪亮吉参加翁方纲、蒋士铨、程晋芳、张埙、吴锡祺所结"都门诗社"，其诗作多被争传赞叹。翌年因生活艰困，移家南归，去山东学政程澄江处做幕友，冬季回京。33岁时，其名作《都门秋思》为陕西巡抚毕沅所赞赏。秋游西安，得毕沅、王昶合助3000金，捐得县丞，在都候补。乾隆四十八年(1783年)为债主所逼，抱病出都，病逝于山西解州途中。好友洪亮吉千里奔丧，扶柩归葬阳湖县永丰西乡永宁庵前(今常州市区北环小学内)。

他生前才气横溢，生性孤傲，而穷愁不遇。工诗，以奇肆新警见长，骈体文绝似六朝，又善书画，皆极古朴。短暂的34年生命中，呕心沥血，写下2000余首诗词。翁方纲论景仁诗："沉郁清壮，铿锵出金石……可通风云而泣鬼神。"郁达夫认为："要想在乾、嘉两代的诗人之中，求一些语句沉痛、字字辛酸的真正具有诗人气质的诗，自然非黄仲则莫属了。"近人评其诗，是"千古中不得十一"的"诗中之诗"，是"中国诗歌艺术的最高境界"。著有《两当轩集》(诗16卷、词3卷、文1卷、补遗2卷、附录7则)、《竹眠词》(2卷)、《西蠡印稿》、《如无录》(2卷，已佚)等。

杨潮观

杨潮观(1710~1788),字宏度,号笠湖。无锡人。清臣、戏剧家。乾隆元年(1736年)中举,入实录馆供职。后历任山西文水县、河南固始县、杞县、林县知县,江苏邳州、四川邛州、泸州知州等16处地方官。初到文水县时适逢编审户籍,他严加稽核,改善赋役,使上千名鳏寡孤残免除赋役之苦。在固始县任上,他办案严肃认真,周详细密,平反冤案。还创设书院,修造学舍,对清寒学生资以衣食。在杞县期间,曾奉檄征钱200万,办河工物资。时河南遭灾,哀鸿遍野,他为民请命,具文求免,并亲自主持开仓放粮,大批流落他乡的羸老妇孺闻讯返里,他逐一给足,妥善安置,民心大定。但知府故意刁难,这笔费用不予报销。他愤然捐俸自理。在赴任泸州时,那里正发生严重饥荒,他刚到任,就设置义渡,修养治院,增加学田额,并办3个粥厂,施舍赈济,不敷之数则用自己俸银来填补。他为官清廉,拒绝任何馈赠贿赂。他在为官之余,喜爱组织戏剧演出和戏剧创作。乾隆三十三年在邛州知州任上,他修复卓文君妆楼古迹。翌年六月,他又修葺官舍,取名小西园,并在园中建造吟风阁,约聚艺人演唱各种戏曲。乾隆三十九年将平生剧作加以修改补正,辑成《吟风阁杂剧》4卷。内有《杨太守却金拒贿》、《寇莱公思亲罢宴》、《新丰店马周独酌》、《穷阮籍醉唱财神》、《凝碧池忠魂再表》、《李卫公替龙行雨》、《荀灌娘围城救父》等32出单折短剧,取材于历史故事和神话传说,多数剧情切中时弊,批评贿赂公行、奢侈铺张,提倡清正廉洁、勤俭朴质,具有积极的社会意义和较高的艺术价值。阮元巡抚浙江时观看《罢宴》一剧,触动隐情,竟感动得痛哭失声,亦因之撤去筵席。乾隆四十五年,杨观潮一度返回无锡,卜地另建吟风阁。次年以年老辞官回故里。他一直信奉佛教,晚年更笃,守律益严。乾隆五十三年二月,赴安徽太平县探亲,同年八月病逝于太平县。纂有《林县志》、《左鉴》。另著有《周礼指掌》、《易象举隅》、《家语贯珠》、《心经指月》、《金刚宝筏》、《笠湖诗稿》、《吟风阁诗钞》、《吟风阁词钞》等。1963年,上海中华书局将《吟风阁杂剧》铅印出版。《寇准罢宴》、《东方朔偷桃》、《荀灌娘》等短剧,至今仍为京剧、豫剧、秦腔、河北梆子等剧种改编上演,成为传统剧目,久演不衰。

庄存与

庄存与(1719~1788),字方耕,号养恬。武进人。清经学家,常州学派创始人。清乾隆十年(1745年)殿试一甲第二名进士(榜眼),历任翰林院编修,侍读学士,湖北与浙江乡试主考官,湖南与直隶学政,内阁学士,礼部左侍郎、右侍郎。乾隆三十八年与大学士刘纶等主持《四库全书》的纂修工作。乾隆五十一年以衰老去职。乾隆五十三年卒于故里。

庄存与廉洁鲠直。主持浙江乡试时,巡抚以金钱相赠,他不受,赠二品冠受之。归途中发觉冠顶为真珊瑚,价值千金,便急忙命人千里送还。为乾隆帝进讲文华殿,讲毕,奏讲章有误,奉书复讲,帝留听之。他性清淡,虽长期任侍郎职,却从不以经学自鸣。直至死后40年,其孙授甲刻印庄存与著《易说》行世,后人才知他精于《周礼》、《春秋》、天宫、历律、五行之学。他提倡今文经学,宣扬春秋公羊微言大义。所著《春秋正辞》13卷,为常州学派第一部著作。其弟子刘逢禄、庄述祖、宋翔凤等发扬师法,遂开清代今文经学一派。师生多为常州(府)人,称常州学派,又称公羊学派。与惠栋的吴派、戴震的皖派鼎足而立。他通六经,兼治古文经学,尤其长于"尚书"。著有《尚书既见》3卷、《尚书说》2卷、《毛诗说》总4卷、《周官记》5卷、《周官说》5卷、《乐说》2卷、《算法约言》1卷等。后人集有《味经斋遗书》总13种。另有《味经斋文稿》4卷,已佚。

任大椿

任大椿(1738~1789),字幼植,又字子田,号芝田。兴化人。清扬州学派早期代表人物之一。祖父任陈晋,是乾隆初年有名的易学家。受其影响,他少年好学,8岁能诗,后来其治学的兴趣逐渐转移到名物训诂上。乾隆二十五年(1760年)乡试,他与乾嘉学派创始人之一戴震同榜中举,对其执弟子礼,在其教诲下,治学更为严谨,"实事求是,所学淹通"。乾隆三十四年,以二甲第一名中进士,授礼部仪制司主事。乾隆三十七年,《四库全书》馆开,他先后任纂修官、部目协勘官、文渊阁详校官等职,与姚鼐共事,前后10余年。《四库全书总目提要》相当部分由其写成。姚鼐称他"博于闻见,其考订论说多精当,于纂修之事犹为有功"。

他工于文辞,后治经,长于《礼》。他的诗文受《文选》影响很大,而又有自身特点,尤其以诗成就为高。他"不好征引","喜为穷苦句",作诗不以学问掩性情,恬淡而清远,为时人称道。洪亮吉和袁枚对之都很推崇,他的"无言便是别时泪,小坐强于去后书"诗句更令人百诵不厌。他在《礼》经研究中,就古代礼制中的名物搜集材料,加以综合,撰有《弁服释例》3卷、《深衣释例》3卷、《释缯》1卷等书。均是条分义举,巨细无遗。他在书中反复胪举,不厌其详,并且辨异者所以异,同者所以同,证据确凿,其中创见极多,开拓后代学人的思路,繁荣经学研究。他的学术研究不囿于对经传注疏的爬梳整理,他在名物训诂研究的同时,对古文字书辑佚整理也作了很大贡献。在这方面有两部名著,即《字林考逸》8卷,使散佚数百年的《字林》一书得以基本恢复;他又辑成《小学钩沉》19卷,参考典籍不下百十种,收集有关小学文字的散佚之书37种之多。

他的学术著作还有《列子释文考异》1卷、《吴越备史注》20卷。前者通过校《列子释文》而校《列子》,事半功倍;后者仿裴松之注《三国志》体例注《吴越备史》,详证博引,比勘异同,都有为学界称道的学术价值。

他在京为官凡16载,"惟键户读书,不肯谒权贵",在官场上亦是"人竞我却"、"工巧我迂"。在当时的世态下,仕途因而并不得意,尽管他诗才学识出众,在编纂《四库全书》中贡献突出,却居礼部主事10多年仍不得升迁。乾隆五十四年四月授陕西道监察御史,赴任1月后病逝,终年51岁。他一生为官清寒,死后无嗣,第二年四月方归殁兴化。又经10多年才得卜葬祖茔。有诗挽之云:"奈何一抔土,埋此万卷香。"

缪遵义

缪遵义(1710～1793),字方彦,又字宜亭,松心。清吴中名医。吴县(今属苏州)人。状元缪彤之孙。与叶天士、薛生白齐名,称"吴中三名医"。乾隆二年(1737年)进士,官知县。因母病而潜心岐黄家言,并弃官为医,就诊者填塞街巷,治无倦容,总督高晋为其堂题书"志济"。临证立方用药多有新意,善治温病,尤善用调补之法及血内有情之品,治虚痨杂症,效验颇著。著有《温热朗照》、《缪氏医案》、《松心堂医案经验抄》(亦称《缪宜亭医案》)、《伤寒方集注》、《伤寒三注》、《松心笔记》等。

潘恭寿

潘恭寿(1741~1794),字慎夫,号握贫,又号莲巢,外号工莲巢居士。皈佛后,法号达莲。镇江人。清画家,京江画派奠基人之一。幼年家贫,喜学诗作画,名画家王文治见他认真可教,常邀至家中,将所藏宋、元、明各代真迹,供其观摩和临习,又以书法运笔之道,教以运之于画。潘恭寿还拜虞山派画家王蓬心为师。初工山水,继擅花卉。中年皈佛后,好作仙佛像,无不精妙。潘恭寿所作之画,均得王文治题字,当年称之谓"潘画王题",视为珍品。亦工书能诗,并能治印。传世书画甚多,故宫博物院、中国美术馆、中央美术学院、天津博物馆、辽宁省博物馆及南京博物院均收藏有他的作品。著有《龟仙精舍集》。

汪 中

汪中(1745~1794),原名秉中,初字庸夫,后改容甫,亦有称颂父、容夫。江都(今扬州市区)人,祖籍歙县古塘。清哲学家、文学家、史学家,扬州学派的代表之一。出身寒微,7岁丧父,家贫不能入塾,由其母授《小学》、《四子书》,为其启蒙。稍长,即为人舂米、放猪,以小补家计。14岁时,至书店做书佣。他孤苦自奋,常向书商借阅群经,遍览经史百家,故扬州民间有"无书不读是汪中"之说。乾隆二十八年(1763年)考中秀才。同年,以应试《射雁赋》,列扬州府第一名,得补诸生。乾隆三十三年,乡试落第,从此绝意仕途,潜心著述。曾在江浙、两湖(湖南、湖北)入幕数年。乾隆四十二年,侍郎谢墉督学江苏,试经解、策、赋诗,他均列第一,举为拔贡生。晚年,应盐运史戴金德之聘,至镇江金山校勘文宗阁《四库全书》,校毕,乾隆五十九年,戴氏复迁其往杭州校勘文澜阁书。是年冬,因积劳病发,卒于西湖葛岭园僧舍。

他早年致力于辞章之学,擅诗文,才华俊逸,尤工于骈文,负有盛名。乾隆三十五年,仪征盐船遭火灾,作《哀盐船文》,为名儒杭世骏所赞赏,以为"惊心动魄,一字千金"。郑虎文、朱筠等名儒称其为奇才,自是文名远播。乾隆五十年,其博征载籍、贯串史事作成的《广陵对》3000余言,述扬州割据之迹、死节之人,更是脍炙人口,被誉为"天地间有数之奇文"。乾隆五十四年,于黄鹤楼为湖广总督毕沅作《黄鹤楼铭》和《汉上琴台之铭》,不胫而走,为人争相抄写传诵。汪中治学广泛,学贯群籍,30岁后专攻经史考据,对经史、诸子、史学、校勘、文字、音韵、训诂、金石、地理和书法等都有研究,并以考证精辟、思想敏锐、识见超群而开通治学新径,斐然已成大家,学业成就硕大。

在经学研究方面,自乾隆三十七年结识王念孙并与之订交后,始治小学,其后专治经学。他研经博大精深,著述颇丰,有《春秋述义》、《左氏春秋释疑》、《尚书考异》、《明堂通释》等等,多通过融会贯通,疏明大义,发前人所未发,颇见功力;史学方面也有相当成就,有《广陵通典》10卷,多录正史中有关扬州的事迹材料,是一部史料价值较高的扬州地方史书。还有《秦蚕食六国地表》、《金陵地图考》、《石鼓文证》等,皆有裨史地研究。他除研经治史外,又博考先秦诸子,深入地探讨诸子之精蕴,阐扬周秦诸子之学,作《墨子序》,对已成绝学的墨学推崇备至,认为墨学是当时之显学,墨子为救世之仁人,力辩孟子辟墨为过枉。又作《荀卿子通论》,肯定"荀卿之学出于孔氏,而尤有功于诸经",将孔荀并提。还作《渲新书序》等。他曾博考秦代、西汉学制以及有关学术方面的内容,研究古代学制的兴废,拟著《述学》100卷,后因身体早衰,仅写成《述学》内、外篇及《补遗》、《别录》,保存他多方面治学的精髓。

他生性质实,遇事言衷。在治学方面实事求是,不尚墨守,不信释老阴阳神怪之说,不喜宋儒性命之学,作文不遗余力,对儒家的正统思想展开学术性批判,被清朝院治者视为"名教之罪人"。又因一生坎坷,才华高俊,常有愤世嫉俗之情、狂傲放诞之言,为人目为"狂生"。

任 瑗

任瑗(约1715~1796),字恕庵,号东涧。淮安府山阳县(今淮安市)人。清乾嘉学派学者,任宗延(廉臣)之子。小时候听老师与朋友讲经书典籍,欣然神往。18岁放弃考科举取功名,孜孜苦读经史典籍,终于淹贯博通,尤其精于程朱理学,曾纂注《朱子文类》,又著《经正说》、《传心录辨》、《省身录》。任瑗笃于求友,虽千里不惮。随侍父于延平府时,到武夷山中,造访硕儒,留连十多天才离开。大学士朱轼曾见到任瑗所作文章,称叹不已,认为是陆清献一流人物。乾隆元年(1736年),被推荐应博学鸿祠,廷试落选后,归来闭门著书更勤奋。与潍县韩梦周是好朋友,韩梦周曾对人说:"任君体用具备,有明以后无此巨儒。"他的学问"以济物为事","凡舆地、形势、河防、财赋、礼乐、兵法,讨论纤悉,稽古准今,期可见诸施行而后已"。任瑗还善于作诗文,"诗文冲淡饶古致,非流辈所能及"。还曾经因为祖母有顽疾,研读医书,又延请名医到家中,与他一起辨析诊治,遂又精通医术。

他晚年为淮安府水利而奔走尽力。嘉庆元年(1796年)去世,享年81岁。平生著书几十种,相当一部分已散佚。

黄文旸

黄文旸(1736~?),字时若,又字秋平。甘泉(今扬州)人。清学者,诗人。工于诗、词、古文,精通音律之学。乾隆年间,两淮盐政设词曲局,延为总裁。奉旨修改苏州织造府进呈之古今词曲,因得尽阅所有古今杂剧传奇,辑成《曲海》,收录一千零十三种,成为研究古代戏曲最重要的资料。作诗清逸高洁,与其人品相似。壮年奔走于齐、鲁、吴、越间,继从阮元于杭州,颇受重视。返里后,盐运使曾燠招入题襟馆中,与当时名流相唱和。著作更多。文旸有奇癖,极爱古钱,尤好葫芦。著有《扫垢山房诗钞》12卷,《隐怪丛书》12卷,《通史发凡》30卷,《古泉考》6卷及《葫芦谱》。妻张因,自号静因道人,亦工诗,著有《绿秋诗屋诗》1卷,《遗集》1卷。

吕又祥

吕又祥(生卒年不详),字瑞龙,一字凤图。沭阳县人。清臣。17岁即在官练习簿书。时为沭阳知县袁枚器重,他携资入都赴任,途经邹县,见流民遍野,倾囊救济,囊空返回家。三年后,又积资北上,途经郑州,见水沟上无桥,行人不便,他又出资修路。他以赀为都水属官,分管东河水利。皇帝命山东助秫秸500万担,陆运水运都很艰难。他建议曹、兖两郡秫秸运抵单县黄冈河,借徐州空粮船装运,顺流而下,直抵工地,省时省费。吕又祥的才干初为人知,遂补滕县主簿。工部尚书裘曰修奉命勘测微山湖积水,众议开伊家河宣泄。他赞成方略,代绘图入奏。他不辞劳苦,严格施工,进展顺利。工程告竣,济宁、滕、沛等5县得良田数万顷。裘曰修爱其才,留在身边。乾隆二十九年(1764年),赵北口淀河淤塞,夏秋河水泛滥成灾。裘曰修奏调他去治理淀河。他赴直隶督办,完成疏浚任务后,被提拔为曹州府同知。秋初,黄河发水,众议购料以防不虞。他认为秋季雨水小,不必劳民费资,宁愿贻误受罚。是年,黄河无恙,民众欢腾,立碑颂德。曹州、临河、六堡等地百姓,年年修筑黄河,不堪其扰。他力排众议,主张开挖陈家庄引河分洪。引河长2.7公里,经费2000余两银子,他捐出年俸。工成后既分洪保堤,又免民累。因政绩卓著,升任常德府知府。到任后,除恶蠹,廓清吏治。一年后,因病辞职归里,送者塞途。他重病在身,医生以贵重药品医治,他说:"贵药未必能济吾命,而可以济民之命。"遂以药购棉衣千余件施舍。路过南京,袁枚倒冠而迎,设酒洗尘。在家乡,立义学,课乡民,建栖流所,收流民。70岁卒,有《循理手记》行世。袁枚撰《常德府知府吕君墓志铭》,述其生平事迹。

袁 枚

袁枚(1716~1797),字子才,号简斋,别号随园老人,晚年自称袁丝、仓山居士。钱塘(今浙江杭州)人。清诗人。生性聪慧,幼有"神童"之称。清乾隆四年(1739年)中进士,选庶吉士,入翰林院,曾任溧水、江浦、沭阳诸县县令。后任江宁(今南京江宁)县令时,推行法制,不避权贵,有政声。他体察民情,关心生产,并写《劝农歌》刻行四方,歌中云:"劝农莫放锄柄空,劝农莫嗤积谷翁。东家稻熟早芟草,西家豆稀懒打虫。"告诫农民要学东家勤,莫学西家懒。这些甚为时人称道,当时江宁知府蔡长云赞叹说:"袁枚来江宁四年,政清人和,狱讼者不之府而之县,余凝然静镇。"乾隆十三年,他以丧父养母为由,卜寓南京,不惜重金,从隋赫德手中购得小仓山"隋园"(后经改造更名"随园"),蒐集书籍,创作诗文。晚年出游南方诸名山,与诸诗人往还。袁枚以诗名闻当世,论诗主性灵说。在随园居住的50年间,创作诗歌达六七千首。他创作诗歌,讲求性情个性,反对清初以来拟古和形式主义的风气。所作古体诗奔放纵肆,近体诗清新自然,与蒋士铨、赵翼并称"江右三大家"。他还力倡女子教育,有女弟子数十人,颇多唱和。笃于友谊,程晋芳死,举其债卷五千金焚之,并恤其孤。著有《小仓山房诗文集》、《随园诗话》和笔记小说《子不语》等。清嘉庆二年(1797年)病逝于随园,享年81岁。葬于小仓山南岭(今五台山百步坡上)。

王鸣盛

王鸣盛(1722～1797),字凤喈。祖籍昆山,明代进士、翰林院编修王同祖的后裔,自昆迁居嘉定。清史学家、经学家。幼从沈德潜学诗,又从惠栋考察经义,精通汉学。乾隆十九年(1754年)举进士一甲第二名(榜眼),授翰林院编修。乾隆二十三年,朝廷大考翰林院、詹事府的有关官吏,名列第一名,升为侍读学士。次年,他任福建乡试正考官。不久,又升任内阁学士兼礼部侍郎,后因在福建任职期间滥用驿马被弹劾,降职为光禄寺卿。乾隆二十八年,母死回乡服丧后,不再出任官职。寓居苏州阊门外洞泾,闭户读书,靠卖文自给。嘉庆二年(1797年)病逝于苏州。王鸣盛的诗、古文、经学、史学均有名,尤以汉儒为宗,致力于《尚书》的研治,撰《尚书后案》。他以汉学的考证方法治史,撰《十七史商榷》,是清代史学名著之一。又依照前辈顾炎武的《日知录》著有《蛾术篇》,对中国古代制度、器物、文字、人物、碑刻、地理等均有考证,是他晚年的代表作。另有《耕养斋诗文集》、《西沚居士集》、《周礼军赋说》等传于世。

毕 沅

毕沅(1730～1797),字湘衡(一作纕蘅),号秋帆,别号灵岩山人。镇洋县(今太仓市)人,其先辈从休宁(今安徽)迁来定居。清臣。幼时丧父。母张藻,卓有才识,为娄东著名女诗人,并以学术著称。6岁时,母即教授《诗经》、《离骚》。他聪明好学,读书过目不忘。10岁,通晓声韵,能作诗。以后,母又将其送至苏州,师从著名学者、诗人沈德潜与著名经学大师惠栋,加深学习。乾隆十八年(1753年),考中顺天乡试。乾隆二十二年,以举人身份被授内阁中书,不久调任军机处章京。乾隆二十五年参加殿试,中状元。历任翰林院修撰,甘肃巩、秦道,陕西按察使、布政司,陕西、河南、山东巡抚,湖广总督等官职。在甘肃、陕西、河南任职期间,鉴于当地经常发生水旱灾荒,他常亲赴灾区,察看灾情,了解民生疾苦,并向朝廷详加陈奏,得旨赈济灾民,使之重建家园,恢复生产。为此,曾多次得到乾隆帝的褒奖、赏赐,赞他是"尽心民事,居心公正,深识大体"。乾隆末年,湖北、四川、陕西等地相继爆发白莲教起义、甘肃回民和湖南苗民起义,毕沅作为封疆的朝廷命官,进行残酷镇压,仍不能使皇帝满意,曾受过降职降级等处分,但朝廷对其功绩仍然肯定。嘉庆元年(1796年)复为总督,并赐给二等轻车都尉世职。翌年八月,他病故于辰州(今湖南)任上。赠太子太保衔,赐祭葬。墓在吴县木渎上沙村。嘉庆四年,追论毕沅失察匪乱贻误军机、滥用军需帑项,革子孙世荫,查封家产。旋又奉旨还给田宅。

毕沅自幼好学,手不释卷。得到古书善本,常予以校印。他治学范围较广,由经史旁及小学、金石、地理,也精诗文。著有《灵岩山人文集》、《灵岩山人诗集》。至于《传经表》、《续资治通鉴》等书,虽署其名,实际多成于他人之手。其他撰述收入《经训堂丛书》中。

王贞仪

王贞仪(1768～1797),女,字德卿。江宁(今南京)人。清代科学家。自幼聪颖好学,尽读其祖父所遗书籍。她敢于鄙弃束缚女子的种种训教,不仅作诗、绘画,学会琴、棋、骑、射,对天文、气象、地理、数学、医学等方面也均有涉猎,并有很深的造诣。她曾作诗自勉:"足行万里书万卷,尝拟雄心胜丈夫。"

王贞仪是中国封建社会的一位难得的多才女子,尤其在天文学的研究方面,更是成绩斐然。在无人指导的情况下,她靠自学阅读大量中外天文学家的著作。她把学习放在首位,不论是随亲旅居西北塞外,还是寄居于关中平原,以及遍游大江南北,从不放弃学习,而对自己的婚事却一再推迟,直至25岁时才和安徽宣城人詹枚结婚。在自学过程中,通过比较、鉴别,她对清初著名数学家、天文学家梅文鼎十分敬佩,对其著作反复钻研,深入探索,敢于提出自己的见解。而对清初以来的"地心说"(即太阳绕地球转)与"日心说"(即地球绕太阳转)等学说争论,贞仪从不随波逐流,在权威面前敢于独树一帜。为了探求天文现象的奥秘,她不仅冲破封建礼教之束缚,进行大胆试验,还克服困难,解决科学仪器缺乏的障碍。她还常常日以继夜地观察天上大小星辰的运动和变化情况,并把观察的现象、心得记录下来,进行分析研究。长期的观察,不断的积累,终于使她掌握丰富的天文知识。她能根据天空中云彩的变化,预测短期的天气阴晴雨雾的变化;她通过旱涝晴雨的分析,可以估计到农业生产的丰或歉,受到农民们的敬重。她还结合对天文气象的观察、分析,撰写成书。其中:在《月食解》中,深刻地阐述月食发生、月食和月望以及食分深浅等科学道理；在《星象图解》等科学著作中，科学而通俗地解释星象的变化，并对风水占卜等迷信予以无情的揭露；在《地圆论》中指出，人类所在的地球处于天空之中，在宇宙间是没有绝对的上下左右之分的。嘉庆二年（1797年），当她正为科学事业奋力拼命之时，却因病离世，时年29岁。王贞仪在临终前，嘱咐丈夫将她的手稿托交给闺中挚友蒯夫人（钱与贞）整理。后蒯夫人花6年时间，把王贞仪的大量手稿整理成册，其中有文选、诗赋、参评10卷，《女蒙拾诵》、《沈疴呓语》各1卷，还有《星象图说》2卷，《象数窥余》4卷，《筹算易知》、《西洋筹算增删》等科学著作。

王周士

王周士（生卒年不详）。清元和（今苏州）人。清苏州评弹艺人。善说《白蛇传》、《游龙传》，弹词以滑稽、调笑见长。乾隆帝（1736～1795）南巡时，曾召至御前弹唱，赐以七品京官之冠，并"护驾回銮"，在南府中供奉，以说游公卿大夫间，名噪京华。病乞归乡后，用所余资，在城区宫巷第一天门创建光裕公所（后称光裕社），遂使吴中弹词家、评话家一时镔起，人才辈出，代有名家。他曾著有《书品》、《书忌》各14则，其中涉及说功、吐字发音、运气和书目内容、台风、手势以及论述学习态度等多方面问题，提出许多有益的见解。

管干贞

管干贞（1734～1798），初名翰，又名干珍，字阳复，号松崖，管绍宁裔孙。阳湖县（今武进政平乡华渡桥大三房）人。清臣，学者。乾隆三十一年（1766年）进士，改庶吉士，散馆授编修。历任贵州道御史、光禄寺卿、内阁学士、工部侍郎。在担任谏官时，纠劾大员无所顾忌。乾隆五十四年起任漕运总督7年。重视吏治，恤丁爱民，关心水利，办事清正务实，乾隆帝赞为能干。嘉庆元年（1796年），户部议"江浙白粮全运京仓，以羡米为耗，浙江运丁如议交运"。他认为江南余米较少，力排众议，执意不从，交部严议，被革职。嘉庆三年在北京去世。归居"读雪山房"白云溪。

管干贞的画有盛名。擅长丹青，善花鸟画，得恽南田真髓，尤精于着色牡丹。工诗文,著有《松崖诗钞》总38卷、《旧雨集》总8卷,《乐府源流》8卷及《松崖文钞》等,又纂辑《读雪山房唐诗钞》。于经学、小学、史学著纂颇多。有《读易一隅》2卷、《书经一隅》2卷、《诵诗一隅》4卷、《问礼一隅》6卷、《规左一隅》3卷、《玉书》3卷、《黄白篆说义》2卷、《说文辨异》3卷、《明史志》36卷、《国史分编》、《内外札克蒙古外藩王公表传》16卷等。其他著纂有《松崖奏疏》6卷、《延陵志余》10卷、《职方志》6卷、《自叙年谱》、《毗陵食品拾遗》1卷等。

程得龄

程得龄(生卒年不详),字与九,又字湘舟。约生活在清乾、嘉年间(1736~1820年)。安东县(今涟水县)人。养生学名著《人寿金鉴》的作者。他"自幼力学,颖悟朴诚。家多藏书,无不丹黄(校注)一过"。稍长,"日以书史自娱"。"每见古人至某年其行事有可鉴者,随手抄撮,札记别纸,积久成帙"。他崇尚人生的意义在于能做到立德、立功、立言。他认为不管少年、壮年还是老年,都要及时策励,爱惜光阴,都应以善为法,以恶为戒,以古人为鉴。为此,他将"积久成帙"的札记编纂成书,题名《人寿金鉴》。《人寿金鉴》凡22卷,以年为经,以史为纬,将古人的嘉言、懿行、胜事、美谈贯穿其中,荟萃成编,是一部体例精严、体裁宏大的编著。该书搜集的古人古事约3500多例,例例都注有出处。援用的载籍有历代史、诸子百家著作以及古人状志、家传、诗文、杂集等,约250种。此书的主导思想是规劝人们及时努力,奋发向上,在一生中能有所建树。不要"人生不满百,常怀千岁忧",自暴自弃;也不能"少壮不努力,老大徒伤悲",虚度一生。但也有不少消极因素,如往往将古人的成就归于古人的天赋等,这些又与他劝人及时努力大相径庭。

罗 聘

罗聘(1733~1799),字遁夫,号两峰,又号花之寺僧、却尘居士、金牛山人、蓼洲渔头、衣云道人等。原籍安徽歙县呈坎,先辈已迁居扬州。自题所居"朱草诗林"(今扬州天宁门弥陀巷42号)。清画家,金农的入室弟子、"扬州八怪"中最年轻者。自幼父母双亡,家境孤贫。但他聪明过人,爱好书画,常参加小玲珑山馆主人马氏兄弟的诗文书画聚会。24岁时,拜年已71岁高龄的金农为师。经过名师指点,加之自己的刻苦钻研,他的画艺进步神速,成为扬州画坛上的风云人物。

为了开阔视野,增长阅历,他又开始外出云游,饱览祖国山河秀色。38岁时第一次上北京,一时以画艺名动都门。以后两次赴京,第三次甚至一住便是20年。他广泛学习宋元明清石涛、陈老莲等诸名家绘画技法,还借鉴朝鲜画的技巧,画艺日臻成熟、精湛。但他仍过着卖画买酒、飘零自叹的生活,以至被困京门,不能南归。嘉庆三年(1798年)冬,得到两淮盐运使曾焕的资助,方回到扬州,次年七月即病故。

他的艺术成就是多方面的。他的画路极宽,人物、山水、花草、梅竹,无不精妙。他的许多作品,明显带有金农的风格,但用笔比金农厚重,造型更为准确,作画快捷也是一绝。他的人物肖像画,继承并发展金农首创的淡写意手法画人物肖像的特色,淡用色彩,放笔挥毫,不求形似,而注重笔墨情趣与人物气质精神的一致,颇有神韵。所绘《冬心先生蕉荫午睡图》、《药根和尚像》、《丁敬像》写意不写形,写神不写貌,有"描来影欲飞"之美誉。他画《鬼趣图》长卷,共有8幅。画中有的是黑气笼罩、阴森可怖之鬼;有的是化装成美人的女鬼等,题诗云:"诸君试论阎浮界,到底人多是鬼多?"借以讽喻时弊。作品线条简朴,气氛渺溟,形状怪异,是一幅奇特的作品。当时曾在扬州和北京的官僚、学者和名流之间引起轰动,盛况空前。罗聘自己也引为得意之作,随身携带出游,得袁枚、钱大昕等名流为之题咏。他又作《卖牛歌图》,描绘灾荒的年月里,农民被迫卖掉自己的命根子——耕牛的惨痛情景,表现了他对劳动人民的关注和同情。

他也画山水和花卉。其山水画多为写生之作,且在山水中穿插人物活动。如《泰岱图》、《春泛图》和《两峰蓑笠图》都很有意境。他的花卉以兰、竹、梅闻名,对清高的竹和孤傲的梅花情有独钟。其主要作品有《丹桂秋高图》、《画竹有声图》、《粉梅图轴》、《梅竹双清图轴》以及作于乾隆五十五年(1790年)的巨幅《探梅图卷》。他还工诗,善治印。他的诗格调高雅,有《香叶草堂诗集》行世。《广印人传》也推其印为上乘。他性好佛,故自号"花之寺僧",这反映他对现实生活的不满和对神秘虚幻的宗教世界的向往。在他的自画像中,他身穿黄衫,手捻佛珠,并题长诗为佛说法,表达出历经沧桑之后思想深处的感喟之情。他的墓志铭中称其为"一身道长,半世饥驱",也是他一生的写照。

罗聘对恩师十分敬重。早年随金农学画时，几乎与大师形影不离；后又随其去杭州，帮助老师整理文稿，有时还为老师代笔作画以应酬求画者。金农逝后，他葬其遗骸于杭州，并搜罗其遗稿，出资刻版，使其著作得以传世。他的妻子方婉仪，号白莲，能诗，也善画梅，又好佛，自称"白莲居士"。其子允绍、允缵，女芳淑，均善画梅，遂有"罗家梅派"之称。

王文治

王文治（1730～1802），字禹卿，号梦楼，晚年信佛，法名达无，字无余。丹徒人。清诗人、书法家。少年任侠，狂放不羁，但聪慧异常，13岁即能作诗，有唐人之风。乾隆十八年（1753年）拔贡，到北京应廷试，和姚鼐、朱孝纯等人结为好友。乾隆二十四年中举，次年殿试中一甲第三名进士（探花），授翰林院编修。乾隆二十八年大考第一，擢侍读，充国史馆纂修。以后又历任顺天会试同考官、临安知府等职。乾隆三十二年因病辞官归里。嘉庆七年（1802年）去世。

王文治卓有才情。他的诗工整精练，雄杰宏亮，与袁枚、蒋士铨、赵翼并称"袁王蒋赵"。袁枚更赞其诗"细筋入骨，高唱凌云"。他的字有宋代米芾和明代董其昌的风骨，风神俊逸，与诸城刘墉、钱塘梁同书齐名。当时便有"浓墨宰相（刘墉）、淡墨探花（王文治）"、"天下三梁（梁国治、梁同书、梁巘），不及江南一王"等评论，远近各地都请他书写碑铭联匾。他除吟诗挥毫外，亦精于音律，应大吏之聘，作《迎銮乐府》新曲九种，每种一折，教习歌伶，迎接乾隆南巡。又作传奇《蝶归楼》、《曲谐》等。

他还应聘担任过《嘉庆丹徒县志》的主纂人，总揽全书纂修业务。在编纂体例上，吸取《江南通志》的长处，又有所创新。资料丰富且实用。且辨正了康熙志的讹误之处。他的著作有《梦楼诗集》24卷、《快雨堂题跋》、《鹤归楼》、《快雪时晴法帖》以及《梦楼吴越游草》等，多半自行刊刻行世。

沈起凤

沈起凤（1741～1802），字桐威，号薲渔，一号蓉洲，又自号红心词客。吴县（今属苏州）人。清戏曲家。乾隆三十三年（1768）中举，此后屡试不第，抑郁无聊，乃放情词曲自娱。乾隆四十五年、四十九年，两次应苏州织造、扬州盐政之邀,制作迎銮戏曲以供乾隆欣赏。乾隆五十三年任安徽祁门教谕,嘉庆四年(1799年)调全椒教谕,因作《贤侯怒》乐府讽刺地方官僚而得咎,被解职。嘉庆七年病逝于北京。沈起凤一生著述甚丰,作有《十三经管见》、《谐铎》、《续谐铎》、《人鹄》、《吹雪词》、《红心词》、《蕢渔初稿》等,尤以杂剧、传奇著名。吴梅在《才人福·跋》中说,"余尝谓蕢渔之才既不可及,而用笔之妙,尤非藏园、倚晴所能。笠翁自负科白为一代能手,平心而论,应让蕢渔。"起凤的碧桃诗社挚友石韫玉曾为其刊刻《红心词客四种曲》,他在序中称:"其所著词曲,不下三四十种……风行于大江南北,梨园子弟登门而求者踵相接。"传奇《才人福》、《文星榜》、《伏虎韬》、《报恩缘》为其代表作。此外,尚有《千金笑》、《桐桂缘》、《黄金屋》等传奇,皆写男女爱情故事。

张惠言

张惠言(1761~1802),原名一鸣,字皋文(一作皋闻)。阳湖县(今常州市区德安街德安里)人。清经学家,常州词派阳湖文派创始人。4岁丧父,14岁为童子师。乾隆五十一年(1786年)中举人。考授景山官学教习。嘉庆二年(1797年),他与弟琦同辑唐宋44家词为《词选》2卷,批判当时词坛主流浙西词派。《词选》以词"与诗赋同类"的尊词观点,反对浙西派以词为"小技"的贬词观点;主张"意内而言外"的"论世"思想,反对浙西派的雕琢堆砌的形式主义;推崇北宋词人的婉约豪放,反对南宋词人的逸乐、无聊。于是形成常州词派,并且逐步成为一个有独立词风、完整理论、浩大声势的词坛主流。嘉庆四年中进士,历任庶吉士、实录馆纂修、武英殿协修、翰林院编修等职。他面貌清瘦,须眉青绀色。修学立行,敦品自守。幼学《易经》,即懂大义。早年作辞赋,学司马相如、杨雄。壮年为古文,宗韩愈、欧阳修。古文与恽敬相投,二人同为阳湖文派创始人。后学《易》、《礼》,《易》主虞翻、《礼》主郑玄。阮元谓之"孤经绝学"。他才识渊博,是清中叶经学、小学、古文、骈文、词学名家,又是书法篆刻家。篆书初学李阳冰,后学汉碑额及《石鼓文》,又从邓石如学篆,后曾奉命去沈阳篆列圣加尊号玉宝。

嘉庆七年去世,墓在武进县循理乡(今龙虎塘镇塘北村)。著有《茗柯词》1卷、《茗柯文编》总9卷,编《七十家赋钞》6卷。经学著作甚多,主要为研究《易经》的专著。所著《说文谐声谱》总50卷,未成而卒,由其子成孙续成。后人汇辑成《茗柯全集》14种。

刘台拱

刘台拱(1752～1805),字端临,一字江岭,号子阶。宝应人。清乾嘉学派学者。6岁丧母,8岁入塾,9岁作《颜子颂》,倾慕理学,有"小朱子"之称。16岁补县学生。乾隆三十六年(1771)中举,后屡试礼部不中,翰林分校朱珪得其试卷,叹为学识渊博之人。当时,正值四库馆开放,海内著名学者云集,他亦在京都,与朱筠、程晋芳、戴霞、邵晋涵、任大椿、王念孙等,稽经考古,旦夕讨论。他在其中年龄最小,但所发议论,诸人莫不折服。后依大挑(清乾隆定制,6年1次,在3科以上会试未中的举人中挑取一、二等的供职),授为丹徒县训导。时值饥荒,他奉命主持赈济,亲临灾区抚恤灾民,有效地杜绝胥吏侵吞赈银、中饱私囊行为。父与继母双亡后,居家教诸弟,对宗族中贫孤少年予以接济。

刘台拱自天文、音律,至声音、文字无不贯通。对汉宋诸儒之说,不专一家,务求其实。于《论语》、《礼经》精研尤深,阐发了许多精辟的见解,补充、纠正前人的著述,多为后人所采用。生平无他嗜好,唯聚书数万卷,及金石文字,日夜搜集,而不务著述。嘉庆十年(1805年)去世。卒后,稿件大多散佚,存有《论语骈枝》1卷、《仪礼传注》1卷、《经传小记》3卷、《国语补校》、《方言补校》、《淮南子补校》、《汉学拾遗》、《荀子补注》1卷等,辑为《端临遗书》。

他慎于接物,而好扶掖后进,与王念孙、段玉裁、汪中成为莫逆之交。汪中虽"恃才傲物",独"心折台拱",曾说:"君欲吾养德性,无骋血气,使吾见所不足,吾所以服也。"汪中逝后,刘台拱抚其子汪喜孙成长自立。武进臧庸向他请教经义,他悉心教诲,十七年如一日。

李毓昌

李毓昌(1771～1808),字荣轩。山东即墨人。清臣。嘉庆年间,他以榜下知县分江宁候补。嘉庆十三年(1808年),淮阴境内又逢水灾肆虐,民不聊生。朝廷例行赈济。赈务结束后,江苏省按常规派委员查勘,李毓昌奉委查山阳(今淮安)县。奉委后,他携三个仆人到山阳,住在漕督大院东面的善缘庵中。山阳县令王伸汉要李毓昌多开户口，企图贪污赈灾钱粮，中饱私囊，李毓昌不予理睬。王伸汉生怕事泄，派仆人包祥贿赂李毓昌的仆人李祥等，李毓昌知道后大怒，断然拒绝了贿赂。王伸汉得知李毓昌拒绝他的贿赂后，更加害怕，于是请知府王毂出面，盛宴招待李毓昌。席上，王毂对毓昌道："公做清官，无非也是为多弄几个钱，如今你要山阳县令的好看，眼看财尽人亡，他能甘心于你么？我看还是互相照顾照顾，大家都有好处。"李毓昌席上正色道："公别的事找我都可以，唯冒赈事断不能私了，国法严，民命重，毓昌定要回省汇报！"事后，王伸汉立即请包祥找来李祥密谋，又给李祥一笔重金让他去行动。李祥等于十一月六日夜置毒于杯中，将李毓昌毒死，又用衣带勒于其颈上，造成自缢的假象。

王伸汉与知府王毂验看现场，王毂怀疑李毓昌不是自杀。王伸汉见此情况，先后贿赂王毂4000两银子，遂以自缢上报案情，并为做棺殡葬。后李毓昌的叔父李太清在迁葬时，发现李毓昌是被毒死的，遂进京告状。朝廷大震，派明干大员重新组织验尸，众官咸集现场，最后经剔骨蒸检，发现两锁子骨黑如墨，冤情终于大白。

按清朝律法，查处侵冒吏员数十人，王伸汉、王毂、包祥、李祥等被处以死刑（李祥在李毓昌坟前摘心祭灵），其他的督抚以下官员都受到不同程度的处分。追赠李毓昌为知府，荫一子为举人，赏其叔父李太清武举科名。

洪亮吉

洪亮吉（1746～1809），初名莲，又名礼吉；字君直，又字稚存、蜡；号北江，又号藕庄、梦殊、对岩、华封，小字元。阳湖（今常州市区）人。清乾隆十一年九月初三（1746年10月17日）生。清学者、诗人、骈文家、书法家和人口论学者。6岁丧父，随母寄居外祖蒋家。勤学苦读，但科考不顺利，长期以教书、文墨为生。乾隆五十五年，殿试一甲二名进士（榜眼），授编修，时已45岁。后历任石经馆收掌官、顺天乡试同考官、贵州学政。嘉庆元年（1796年），回京入直上书房，教授皇孙奕纯。嘉庆三年，参加大考，作《征邪教疏》，列二等前茅。因力陈弊政，语多激切，为大臣所忌，降为三等二名。适弟亡，请病假归。翌年，授实录馆纂修，撰《高宗实录》。初稿成，与同官意见不合而辞职。临行上书成亲王等转呈嘉庆帝，指谪内外大臣误国害民，贪赃枉法，"权私蒙蔽，事事不得其平"；"风俗日趋卑下，赏罚仍不严明,言路似通非通,吏治欲肃未肃";更直指皇帝"视朝稍晏,(小人)荧惑圣听"。书上,以大不敬拟斩立决,嘉庆帝改判为革职充军伊犁,管教5年。流戍后,"言事者日少,下情复壅,为害甚巨"。嘉庆帝为表明自己"非拒谏饰非之主",下令赦回。并"宣示亮吉原书",承认"亮吉所言实足启沃朕心,故铭诸座右,时常观览",以"勤政远佞"警惕自己。流放百日回家后,埋首著述,放浪山水,自号更生居士。嘉庆十二年,常州大灾,饥民剥食树皮,死者无数。他带头捐助,请设赈济局,全活几十万人。嘉庆十四年四月二十八日(1809年6月10日)去世,葬于武进德泽乡(龙虎塘)前桥。

洪亮吉博学多才,对经学、小学、史学、文学、地理学、方志学都有精深的研究,美才实学,著撰等身。所作诗文5000余篇,著述30多种。光绪年间所刊遗集共达222卷。《洪稚存全集》收13种,《洪北江全集》收23种。其经学与孙星衍齐名,时称"孙洪"。他治学谨严翔实,力求正确,科学。对舆地学"证以昔闻,加以目验,既不信今,亦不泥古"。对方志则博考分疏,"必推今昔,稽乎古图,准以今尺"。所纂方志有泾县、淳化、长武、固始、登封等县志;延安(代修)、怀庆(改纂)、宁国等府志,并有《与章进士学诚书》等方志论文。其诗与黄景仁齐名,所谓"黄诗似李白,洪诗学杜甫"。赵翼更誉为"稚存先生今李苏"。乾隆三十九年,他在常州作文会,与杨伦、孙星衍、赵怀玉、黄景仁、吕星垣、徐书受合称"毗陵七子"。乾隆四十八年,黄景仁客死运城,他自西安借马四昼夜,飞骑700里,为景仁料理后事,一时传为美德。

洪亮吉著《卷施阁文甲集》,卷一有《意言》20篇,其中《治平》、《生计》等篇指出:人口增长过快与粮食产量增加缓慢之间存在着矛盾。赵翼对此极为赞同,写道:"只为人多觉地褊,一人一亩尚难全";"如今只欲禁婚嫁,始减年年孕育繁。"他们在18世纪即对中国人口增长有所警觉。洪亮吉的人口学说比英国马尔萨斯的人口论还要早5年。

凌廷堪

凌廷堪(1755~1809),字次仲,号仲予先生。清经学家。海州板浦人,祖籍安徽歙县。乾隆四十八年(1783年)游学京师,深得内阁学士、金石考据家翁方纲的赏识。次年与扬州考据学家阮元相识,两人结为挚友。后到开封为河南巡抚毕沅的幕僚。乾隆五十二年回板浦,受板浦场盐课司大使李汝璜之聘,设馆授徒,李汝珍及中正乔绍侨、乔绍傅均为其门下,其外兄许乔林也经常向其质疑求教。乾隆五十五年中进士。乾隆六十年任宁国府学教授。嘉庆九年(1804年),凌廷堪再回板浦,为李汝珍所著的《李氏音鉴》作编辑。嘉庆十四年卒于歙县。著有《礼经释例》、《通鉴翼胡》、《元遗山年谱》、《充渠新书》、《校礼堂文集》、《燕乐考源》、《陵阳读余录》等。

钱伯炯

钱伯炯(1738~1812),字鲁斯,又字鲁思,号野余、仆射山樵、见南居士等。阳湖县定东乡(今常州市郊区茶山乡)人。清书法家。乾隆国子监生。族叔钱维城曾促其应试《四库全书》馆誊录,可得丞簿进身,但于乾隆三十八年(1773年)一试落选。从此发愤学书。初学董文敏,后学颜鲁公、徐季海、李北海。苦练几十年,又学宋四家。终以雄健豪放,入北海流派,为一代名家,与嘉定钱坫齐名。他执笔不用小指,只用三指包笔管外面,与大姆指相抗衡。侧毫入纸,以张声势。指、腕都不转动,只以肘力来去运转,一反古今相承的拨镫手法。与邓石如的悬腕双钩、管随指转的手法,各成一家。他除于乾隆五十九年入武昌毕沅幕外,终生未仕,以品行高远见重于时。性嗜酒,广交游。故旧贫士很容易得到他的书法作品;而性情不合者虽强要亦不顾。作书时有如风雨骤然而至,飒然有声。纵横驰骋,顷刻间淋漓数十页。写完放笔豪饮,一座皆畅。其字配毕涵画,被誉为毗陵书画双绝。他兼精诗文,但才名为书名所掩隐。诗学少陵,著有《仆射山房诗》4册。古文师桐城刘大櫆的"义法"。他向同乡恽敬、张惠言称道大櫆之学,于是才有"阳湖派"古文之兴起,时人视其为阳湖派古文首领。

赵 翼

赵翼(1727~1814),字耘松,一字云崧,号瓯北。阳湖县(今武进)戴溪乡人。清史学家、诗人。乾隆十九年(1754年),他以举人中明通榜,用为内阁中书,入直军机处。乾隆二十六年,殿试拟定为一甲第一名。乾隆帝以陕西未有中状元者,将他与一甲三名王杰(陕西人)对调,而以探花授编修。乾隆三十二年,与刘纶、刘星炜、毕沅、朱筠、王昶等纂修《历代通鉴辑览》。翌年,出任广西镇安知府,革除用大筐敛谷弊政,得到人民爱戴。后因忤违上司,从军入滇。乾隆三十五年改广州知府,在任获海盗108人,按律皆当处死,他宽大处理,只杀38人。翌年升贵西兵备道。乾隆三十八年因海盗案被劾"违律"而降级使用,以母病辞归,在家从事著述。乾隆四十九年赴扬州主持安定书院。乾隆五十二年入闽参与镇压台湾林爽文起义。事平,游武夷、浙东。辞归写作。

清嘉庆五年(1800年),合所著《二十二史札记》37卷、《檐曝杂记》7卷、《瓯北诗集》53卷、《瓯北诗话》12卷等7种,编为《瓯北全集》刊印。又纂《陆放翁年谱》1卷。翌年纂《唐宋以来十家诗话》10卷。嘉庆十五年,因中举近60年重赴鹿鸣宴,得赏三品服。

赵翼有经世之才,未能尽其用。著作40年,深探史海,考据精赅,对史学作出重大贡献。驰骋诗坛70年,诗学造诣精湛。与洪亮吉唱和,自比"酒龙遇诗虎"。与蒋士铨、袁枚(子才)观点相近,并称"江左三大家"。他反对摹拟,力主推陈出新,博采众长,独创一格。他的许多名诗至今仍脍炙人口。如《诗论》其二:"李杜诗篇万口传,至今已觉不新鲜。江南代有才人出,各领风骚数百年。"即为其代表作之一。

段玉裁

段玉裁(1735~1815),字若膺,又字乔林、淳甫,号茂堂,晚年号砚北居士、长塘湖居士、侨吴老人。金坛金城镇人。清经学家、文字、音韵、训诂学家。6岁时从祖父学《朱子小学恭跋》,13岁补邑庠生,20岁从蔡一帆游学,得诗赋时义之说,又攻音律。乾隆二十五年(1760年)乡试中举人。当年在北京获读顾炎武的《音学五书》,遂有意于音韵之学。乾隆二十八年春,会试不第。即在景山万喜殿官学教习,适奉思想家、考据学家戴震亦赴京赶考,落第后在新安会馆讲学,段玉裁即叩门求教。当年夏,戴震南归,他曾以弟子身份去信求教。乾隆四十一年,他将新著《六书音韵表》奉教戴震。戴震读后作六千言《答段若膺论韵》,就古韵分类方法提出精辟见解,他获益匪浅。段玉裁在京时,还结识清代史学家、考据学家钱大昕、邵晋涵和桐城派古文大家姚鼐等名家,集思广益,学识精进。之后,他在历任贵州玉屏、四川富顺、南溪、巫山知县期间,均携《六书音韵表》于身边,"每处分公事毕,漏下三鼓,辄篝灯改窜是书以为常"。他毕生铭记"不耕砚田无乐事,不撑铁骨莫支贫"的祖训,博览群书,精研不止,30余年共撰写30余种700多卷著作。他的《诗经韵谱》和与其弟玉成合择的《群经韵谱》，钱大昕序称："此书出，将使海内说经之家奉为圭臬，讵独存古音而已哉。"他的《六书音韵表》5卷，吸收顾炎武《音学五书》和江永《古韵标准》的研究成果，并有突破性的发展，分古韵为17部。中国当代语言学家周祖谟认为此书"在古韵学上是一部划时代的著作"。他为注释许慎的《说文解字》一书，使之能通其条贯，考其文理，自乾隆四十一年至五十九年，历时19载，编著成540卷的《说文解字读》。在此基础上，他又删繁就简，精心提炼撰成《说文解字注》。乾隆五十九年，正当编著紧张阶段，他不幸跌坏右足，他撑着拐杖，白天考核资料，夜晚伏案编著。他对友人说："《说文注》三年必有可成，左丘氏失明，孙子膑脚之义也。"60岁之后，他的健康每况愈下。"疮烂疥烦"，"心脉甚虚，稍用心则夜间不能安宿，又左臂疼痛不可耐"，加上晚年五世同堂，物价昂贵，且要筹资刊刻《说文注》，更是忧心忡忡。尽管如此，他仍矢志不渝。他说："吾似春蚕一般，茧未成而不能毙。"段玉裁奋斗13年，终于在嘉庆十二年（1807年）写成传世巨著《说文解字注》30卷。为将此书刻成付印，他用去全部积蓄。此间，他得到亲朋好友的资助，历时8年，于嘉庆二十五年五月将全书刻成。书成后声振海内，风行一时，说文之学由此而盛。小学家王念孙推崇说："自许慎之后千七百年来无此作矣！"

段玉裁还著有《古文尚书撰异》32卷、《春秋左氏古经》12卷、《春秋五十凡辑本》1卷、《诗经小学》30卷、《毛诗故训传定本小笺》30卷、《诗绠不兮卷》、《周礼汉读书》6卷、《仪礼汉读考》1卷、《释拜》1卷、《汲古阁说文订》1卷、《说文解注释例》、《一切经音义》（与顾广圻同校）、《广韵校定本》5卷、《集韵校定本》10卷、《十三经注疏校勘记》、《经典释文校勘》、《国语校定本》、《列女传校定本》、《荀子校定本》；编有《经韵楼从书》112卷；撰《戴东原年谱》1卷、《汉书地理志音释》、《富顺县志》、《中水考》、《诗经注释韵谱》、《群径韵谱注释》、《跋古文四声韵》、《地理志观县考》、《春秋径成公十年无冬十月考》、《春秋经杀弑二字辨别考》、《经韵楼集》12卷、《经韵楼续集》2卷等。他不仅苦心研学，而且乐于助人，奖掖后进。他曾先后为臧书林《径义杂记》、王石曜《广雅疏证》、黄芄圃《隶释刊误》、钱大昕抄本《西游记》、吴小岩《说文引经异字考》、李松云太守书写《十三经》等25人的著作作序写跋，并作墓志铭、书碑文若干，杭州紫阳书院的碑文即为段玉裁所作。

嘉庆二十年八月六日（1815年9月8日）病逝。

伊秉绶

伊秉绶(1754～1815)，字组似，号墨卿，晚年又号默庵。福建汀州府宁化县人。人称"伊汀州"。清扬州地方官、书法家。其父朝栋，为乾隆三十四年(1769年)进士，官刑部主事、光禄寺卿，通程朱理学，著有《南窗丛记》8卷、《赐砚斋诗钞》4卷等。秉绶幼承父训，又受家乡先贤李光地、蔡世远影响，讲求立心行己之学，工诗能文，深得朱珪、纪昀(晓岚)等名家器重。后为乾隆五十四年进士，授刑部主事，又迁员外郎。嘉庆三年(1798年)，充湖南乡试副考官，出任广东惠州知府。在任期间，裁汰陋规，惩治劣绅，打击海盗，又建丰湖书院，收徒授学，士民争相称颂。嘉庆九年任扬州知府。时值淮南大水，扬州所属2州5县受淹，里下河地区灾情严重。他亲赴高邮、宝应等灾区，指导抗洪救灾。他乘一小舟，挨户探访，慰问灾民，为他们解决一些实际困难。回到府城，他组织各属员赈贷，支援灾区。对救灾物资的发放锱铢必核，不使地方官员渔利。又劝说扬州富商大户捐赈6万余金，于各县设置粥厂多处，灾民赖此存活者甚众。同年，里下河3万多灾民拥向扬州府城，许多官员主张闭城以拒。他却组织于寺庙立棚厂，安置饥民并赈济钱粮，尔后动员并帮助他们回籍生产自救。嘉庆十一年，扬州地区又逢大旱，农民纷纷变卖耕牛以谋食。他命将牛估价，以牛券作为抵押，并招人牧养。及至次年，风调雨顺，农民赎牛耕作，大获丰收。他在扬期间，还致力于整顿吏治，惩治奸滑，加强治安。当时扬州城北30里北湖有汤家泮，群盗聚集，公然抢劫，为非作歹，人们敢怒不敢言。他得悉详情，组织力量前往缉捕，抓获盗首铁库子等，就地正法，群盗溃散，汤家泮恢复往日安宁，民心大快。又有县役聂兆何，诡称道士，率家人占据东岳庙，诱骗妇女，强取财物，民怨极大，他设计擒获。又招僧奉香，告诫民众须遵纪守法，使社会秩序日趋安定。嘉庆十二年，他回家奔父丧。家居八年。他学识超群，艺术造诣深厚。初任扬州知府时，便与在籍的阮元相约纂辑《扬州图经》、《扬州文粹》两书，并邀焦循、江藩等分任其事。

嘉庆二十年再任扬州知府时，寓扬州黄氏园，政事之暇，常与当时名流唱和。他能诗善画，书法尤为人所称道，与邓顽伯、刘石庵、张廉卿共称为清代书法四大家。其行楷书深得颜鲁公神韵，隶书结体严谨，笔法劲秀，气度雍容不凡。人得其一诗一字，奉为至宝。他在扬州留下不少珍贵的墨迹，如为"隋炀帝陵"题碑,雄健浑厚;他曾往游瘦西湖和平山堂,分别题写"湖上草堂"和"过江诸山到此堂下,太守之宴与众宾欢"。他还与扬州八怪中的罗聘等缔交,绘画方面亦相得益彰。嘉庆十年,曾为法梧门作《山水图》;嘉庆二十年,作《孤鹤图》、《红梅翠竹图》,均为传世佳作。是年九月,病卒于扬州。人们感其恩,将其附祀于瘦西湖内欧阳修、苏轼、王士祯三贤祠中。

所著有《留春草堂诗》7卷以及《攻其集》等。

恽 敬

恽敬(1757~1817),字子居,号简堂,又号琐旃,道号固山。阳湖(今武进)人。清散文家。乾隆四十八年(1783年)举人,历任咸安宫官学教习,浙江富阳、江山,山东平阳,江西新喻、瑞金等县县令,江西吴城同知。为官认真廉洁,明智果断,正直无私。因奸民诬告家人得赃,遂以失察罪罢官。

年轻时喜作骈文,以古文声传当时。与张惠言同为"阳湖派"创始人。主张文以载道,内容决定形式;作文须字字有本,字字自造,篇篇变局,事事揽根。他的文章推崇孔孟之道,宣扬"性"、"命"之说。所作《三代因革论》,虽阐述三代之治有因有革,但又认为"信物之纪,名实之致,等威之辨"(即封建论理纲常与封建等级制度),永世不变。和张惠言的思想大致相同。著有《大云山房文稿》、《言事》、《十二章图说》、《今古首服图说》、《子居诀要》等。

李 锐

李锐(1768~1817),字尚之。号四香。元和县(今苏州市区)人。清数学家。潜心经史,勤于探讨,为钱大昕高足。早年学习《算法统宗》,对天文、数学怀有特殊兴趣,"每得一书,其有关历数者,必广搜博采,穷幽极微,取其精华,以资会通辅益"。深明古历,上自《三统历》,下迄《授时历》,都能洞澈其源,著有《召诰日名考》、《回回历元考》、《司天通志》、《历法通考》等。尤精数学,会通中西异同之奥,探本穷源,深得其案,著有《方程新术草》、《勾股算术细草》、《弧矢算术细草》、《开方说》等。与安徽汪莱、扬州焦循,号称"谈天三友"。曾参与《畴人传》纂修。殁后,阮元将其数学著作汇刻成《李氏遗书》17卷。

李　斗

　　李斗（？～1817），字北有，号艾塘。仪征人。清文史学家。上舍生，博学多才，在诗文、戏曲、音律和数学等方面均有较高造诣。因病服防风而痊愈，故名斋为"防风馆"。李斗性好游山水，他曾三至粤西，七游闽浙，一往楚豫，两上京师，开阔了眼界。退而家居后，则时泛舟湖上，往来诸工段间，用数十年的时间考察于志乘碑版，咨询于故老通人，采访于舟人市贾，对扬州之风土人情无不详悉。于是将上之贤士大夫流风余韵，下之诙谐俚俗之谈，皆登而记之，为《扬州画舫录》18卷。对清代乾嘉时期扬州经济富庶、百业兴旺、人才辈出的局面作了详尽描述，为清代全盛时期扬州风物实录。其内容包括城池沿革、园林名胜、寺观祠宇、梨园酒肆等，兼采诗词楹联、论学名篇，以至风俗传说、营造法式；更结合名胜的记述，列举有关名流学士的行状。书中记录了康熙、乾隆两帝南巡的盛况，搜罗极为广博，史料价值极高。该书初成于乾隆六十年（1795年）左右，后曾迭经翻刻，流传广泛。

　　李斗另有《永报堂》诗集8卷，《艾塘乐府》1卷，《防风馆诗》2卷，以及《岁星纪传奇》等传世。晚年他还曾纂修《盐法志》。

郭大昌

　　郭大昌（1742～1818），字禹修。山阳县高良涧（今洪泽县城）人。清治水专家。16岁在河工上当"帖书"（帮写）。因勤奋好学，勇于实践，三年时间熟练工程计算与财会业务，并对黄河水性及流向趋势了如指掌，被人称为"老坝工"。他一生"讷于言而拙于文"，秉性刚直不阿，做事认真，主张廉洁，坚持节约，故遭河官的排斥，不得重用，但若遇到困难和紧急工程，当局又不得不请他办理。他治水经验丰富，精于堵塞决口，对治黄方案有精辟见解。乾隆三十九年八月十九日（1774年9月24日），黄河在清江浦东北老坝口决口，宽达125丈，淮安、宝应、高邮、扬州受灾，形势十分危急。当时，南河总督吴嗣爵"惧无所措"，不得不亲自去求曾经被自己排斥的郭大昌。吴嗣爵再三谢罪之后，坚请郭大昌主持堵决口，准许支拨工款银50万两，限期50日完工。郭大昌不计个人恩怨，毅然答应堵口，保证工期不过20天；并提出施工期间，只要文武汛官各一人维持工地秩序，不要任何官员过问工程,吴嗣爵只好一一应允。郭大昌如期堵复老坝口,用银10.2万两,受乾隆帝嘉奖,声名大振。

嘉庆元年六月二十日(1796年7月24日),黄河又在丰县决口,河防主管编制堵口计划,需银120万两。河督兰第锡觉得要钱太多,恐难奏请,拨减少一半上奏,就商于郭大昌。郭果断地说:"再减一半也足够了"。兰第锡面有难色。郭又说:"15万两银子办堵口工程,15万两中饱你们的私囊,还少吗?"郭大昌不善于写文章,便将河工技术、治理意见口授给好友包世臣,和包走遍江苏、安徽,勘察黄、淮、运河以及诸多湖泊。包世臣所著《中衢一勺》中的治河方略,多半由郭大昌口授。嘉庆二十三年,郭大昌辞世。系中国水利学会编撰的《中国古代著名水利人物表》,所列的自战国以来著名水利人物14人之一。

孙星衍

孙星衍(1753~1818),小名喜,字渊如,又字苑如、季仇、伯渊,号季述,又号薇隐、芳茂山人。武进县城(今常州市区)人。清代经学、校勘学、金石学、方志学家。幼年勤奋好学,博览群书,14岁就能背诵《昭明文选》,20多岁时就崭露头角,尤以诗词闻名,曾就读龙城书院。好学不倦,近至南京、苏州,远游浙江、安徽、山东、北京、西安等地,遍求书籍,或购买,或借抄。早年在陕抚毕秋帆处做幕僚。乾隆五十二年(1787年)中进士(榜眼)。历任翰林院编修、刑部郎中、兖沂曹济兵备道等职。在翰林院任职时,接触到国家藏书,如饥似渴地研读和抄录。嘉庆四年(1799年)因母丧回里。浙江巡抚聘他为杭州诂经精舍主讲。嘉庆十年补山东督粮道,嘉庆十二年代理布政使,嘉庆十六年请病假归家。嘉庆十九年客居扬州,参与校刊《全唐文》。嘉庆二十一年主讲于南京钟山书院。他为政宽恕,疑狱依古义平议,平反全活甚众。性格刚正,屡遭上司压制。在河工中不取羡余,分赔独当,任劳任怨,为人受过。好奖掖后进,士人争附。门生中以撰述成家者甚多。早年诗文华美,与洪亮吉、黄景仁、赵怀玉齐名,为"毗陵七子"之一。袁枚誉之为"天下奇才",二人订为忘年交。他不欲以诗进取,而深究经史、文字、音训之学,旁及诸子百家。他勤于著纂校勘,共撰辑成书25种,227卷。主要编著有《尚书今古文注疏》30卷、《周易集解》10卷、《考注春秋别典》15卷、《尔雅广雅诂训韵编》5卷、《孔子集语》17卷(四人合辑)、《晏子春秋音义》

2卷、《史记天官书考证》10卷(臧庸续成)、《古文尚书马郑注》(总14卷)、《春秋集证》29册(未刊)、《寰宇访碑录》12卷、《平津馆金石萃编》总32卷(与严可均合编)、《续古文苑》20卷、《八家四六文注》(总11卷)、《芳茂山人文集》12卷(外集六卷)、《芳茂山人诗录》10卷、《神农本草经》3卷(与孙同翼同辑)等。校勘、刻印的古籍共达数千卷之多,辑为丛书的有《平津馆丛书》42种、《岱南阁丛书》16种、《问经堂丛书》18种,世称善本。又与毕沅合校《经训堂丛书》21种,与严可均合纂《全上古三代秦汉三国六朝文》746卷。他还工篆隶、金石,擅长骈体文,为清代骈文八大家之一。他又是乾嘉时期著名的方志学家。编纂有《乾隆直隶邠州志》、《庐州府志》、《松江府志》,长安、醴泉、澄城、三水、咸宁、偃师等县县志。他爱好藏书,听说谁家有善本,便立即借来抄写。对金石、书画,无不考证原委,收集各类图书5万多卷。用10年时间整理,统筹兼顾,系统连贯,选出2392种,46460卷,编写成《孙氏祠堂目录》。其编目分类一改传统的四部分类法,创新为十二类分类法,有利于藏书的保管和使用,为中国的目录学作出探索性的贡献。嘉庆二十三年卒。葬于常州近郊芦墅。

程伟元

程伟元(？~约1818),字小泉。吴县(今属苏州)人。清小说家。博览群书,有文才。因科场失意,一生未仕。清乾隆末,寓居北京。嘉庆五年至七年冬(1800~1802年),为盛京将军晋昌幕僚,佐理奏牍,并替晋昌编辑《且住草堂诗稿》。后留居辽东,约清嘉庆二十三年(1818年)卒于此。

在京时,程伟元与高鹗共同修补《红楼梦》,成120回本。全书于乾隆五十六年(1791年),由萃文书屋以活字版印行,后称"程甲本"。翌年又大量改动前80回的文字情节,对后40回续稿亦颇多修改,仍由萃文书屋印行,后称"程乙本"。从此,《红楼梦》小说以刊本形式流行。他亦能诗文及书画,但作品流传绝少。

焦 循

焦循(1763~1820),字理堂,亦字里堂,晚号里堂老人。甘泉黄珏(今邗江黄珏乡)人。清学者,扬州学派代表人物之一。出身易学之家,曾祖源、祖镜、父葱均深于《周易》之学,治易基业渊厚。他颇受家学熏染,天资聪颖,精于研思。8岁时,随家人至公道桥阮赓尧家拜寿,与宾客辨读壁上"冯夷"字,说"冯"当如《楚辞》读皮冰切,不当读"缝",被视为奇才,阮氏将女儿许配给他。乾隆四十四年(1779年)五月,补为县学生。嘉庆六年(1801年)中举,为了侍奉卧病在床的老母,毅然放弃赴礼部考试的机会,一时传为佳话。他读书勤苦,官路断后,更加闭门苦读,遇有疑难辄与同乡人江藩、黄承吉、李钟泗切磋,时有"江、焦、黄、李"之称。他嗜书如命,平时节衣缩食以积攒书款,藏书甚多。乾隆五十一年,遇灾荒,家中多事,经济拮据,不得已变卖田产维持生计。恰巧一书商来售《通志堂经解》,他以卖田银并添加夫人一金簪买下该书。当晚,则以麦屑粥充饥。嘉庆九年后,重修家室,名为"半九书塾",后又筑雕菰楼,著述其中,足不入城。50岁后,病魔缠身,腰足疼痛,取书不便,由孙代检;目力不济,手腕摇颤,口授由子记录;夜间失眠,则拥衾思考;咯血不止,仍倚榻笔耕,终使《花部农谭》、《邗记》等一一脱稿。

焦循毕生"究习经书,博览典籍",于经、史、历算、音韵、训诂、诗词、医学、戏曲等多有创建。著述颇丰,计近20种、400卷,收于《雕菰楼集》。壮年即名重海内,为世人推崇。逝后,阮元称其学精深博大,堪被世人誉为"通儒"。他的主要精力是用于治经,于《周易》、《孟子》、《毛诗》用力甚勤,且在治学方法上独树一帜。他坚持"旁通"、"时行"、"相错"的三原则,提倡"填之以实,运之以虚"、"述其人之言必得其人之心,述其人之心必得其人之道"和"集千万人之知以成我一人之知"等主张。他以数理道释《周易》,更由治《易》的方法通释诸经,著有《易通释》、《易图略》、《易章句》,此即为著名"易学三书",被王引之誉为"凿破混沌,扫除云雾,可谓精锐之兵矣"。曾仿戴震的《孟子字义疏证》,作《论语通释》,后又纂成《孟子正义》30卷,被公认为清代学者所著群经新疏中的代表作。他在天文数学方面也有研究。乾隆六十年,他应姻族弟阮元提学邀请,先后游历山东、浙江。客居期间,就平时研习所得,写成数学文稿《释弧》3卷、《天元一释》2卷、《开方通释》1卷、《释轮》2卷。后来还完成《释椭》1卷、《加减乘除释》8卷,以及《里堂学算论》16卷,总结天文学中的数学基础知识,为中国古典数学中的要著。在史学上也曾发表过许多独到的识见,他还立意为家乡修志。嘉庆十二年,他搜寻故籍,理葺旧闻,实地查访,汇集考证,翌年修成《北湖小志》。扬州知府深慕其才,特聘他参与编修《扬州府志》。返里后,他就查勘所见所闻,集成《扬州足征录》27卷。在医学、戏曲、诗文方面亦有所作为。著有《剧说》6卷、《雕菰医说》1卷。种牛痘之术刚从西方传入时,乡人将信将疑,他先让儿孙试种,后撰《种痘书》10篇分送乡人。他曾协助阮元撰辑成《淮海英灵集》,还有《游山东诗钞》、《游浙江诗钞》行世。

其子名廷虨,字虎玉,著有《易多俗字辩》等文,所见甚为精当。

卢 顺

卢顺(？~1820),约生活在清朝中叶。淮安府桃源人。幼年丧父,成年后,投效河营,以功累官至参将。总河黎培敬非常赏识他,当时河营中武职官员,并不练武,除汛期督部抢修河工外,余则无所事事。参将、游击等高级官员皆终日优游。卢顺独刻苦自励,努力研究治水防汛事宜,并抓紧训练所属官兵,一刻不肯懈怠。一切防汛措施,均有一定法度;对各地土质疏密,水势缓急,均了若指掌;遇有险情,常身先士卒。所以,他修筑的工程,无一不坚实稳固。

嘉庆二十四年(1819年)秋,河南马营坝决口,山东、直隶均受灾,朝廷特命宰相吴璥治理。吴璥素知卢顺的才能,特调他前往助理。卢顺到工后,分管西坝工程。他终日辛劳,卧不安席,至嘉庆二十五年三月,终于合龙。而就在已挂缆合龙时,东坝忽塌陷数十丈,势甚危急,卢顺立即率众赶往抢救。有人劝阻,他说:"这是国家的事情,怎能分什么彼此!"遂挺身前往。在他的激励下,众无不感激效命,历两昼夜,坝始稳定。这时,坝心忽蛰一洞穴,众人正惊愕间,卢顺已跑上前去用脚试探,不料刚一着脚,下层土忽坍塌,他身陷穴中,抢救不及,竟以殒灭,自宰相以下,无不号哭而无法挽救。事后,吴璥奏闻朝廷。嘉庆帝亲批谕旨,赠副将衔,依阵亡例给予抚恤,敕封武功将军,入祀京师及本籍府城(淮安府)昭忠祠,世袭云骑尉。数年后,趁春初水小,其子呈准启土寻觅遗骸,葬于故里恩福乡三义坝东。

王卫均

王卫均(生卒年不详),字和村,号山阴老人。生活于乾嘉年间。清泗州挂剑乡(今泗洪县步园乡梁圩村)人。乾隆五十三年(1788年),以年少参与编修《泗州志》。嘉庆五年(1800年)举人,后肄业于国子监。博览群书,为文奇特,因尚书汪廷珍赏其才,选入国子监任教。嘉庆九年,他奉命赴山东征粮。时山东灾害连年,哀鸿遍野,民不聊生。他身为钦差,当机立断,将所征3000石粮,全部赈济灾民。返京后请降职问罪。嘉庆帝降旨为山东免去征粮,且加封他为都察院副都御史。不久,又破格聘他为太子旻宁(道光帝)老师。他执教甚严,太子违反学规,亦常被罚跪于孔子像前。适嘉庆帝途经学馆,见状心疼不忍,当即责问:"太子乃他年帝王,怎敢罚跪?"王卫均神情严肃地答道:"陛下,臣闻服圣规者尧舜之君,不服圣规者桀纣之君也。"嘉庆帝无由再问,匆匆含羞而去。嗣后,他仍严教如昨,终于制服太子骄横放纵之性。嘉庆帝为答谢教子之恩,特宴请他。席间,他毫不介意地从碗中捡出一颗稻粒。饭后闲坐,只见侍卫用托盘捧上一颗血淋淋的人头。王卫均惊问何故,太子告诉他,因御厨失职,得罪御师,故杀之以道歉,王卫均惊悸成疾,旋告病归里。

王卫均还乡后,边授徒,边著述,直至去世。著有《闲草堂杂录》,计15万字,后佚于战乱。道光帝即位,曾命有司在梁圩村头设上、下马台,并亲撰《祭先师王卫均文》,中有"朕蒙之荫蔽,四载有余,然不知先师身世之寒苦,愧哉!然先师为朕为民之诚意,虽不能鹏展,但日月可鉴,惜哉!"至今,王卫均七世孙仍珍藏着枣木匾额一块,上书"文元"二字,系当年四位主考所赠。

孙长源

孙长源(生卒年不详),字问津。清江浦(今淮阴市区)人。主要活动于清乾隆末年至道光初年。音乐家。岁贡生。擅长弹琴,并潜心于音乐理论的研究。著有《琴鹄》、《琴旨补正》、《琴谱拙存》、《琴况》。《琴鹄》是一部提纲挈领、引人入门之书。《琴谱拙存》共载十首古曲,为之厘正音调,修订宫商,"转调易吟,一依定法"。《琴旨补正》学术性很强,《清史稿·艺文志》载有书目。他对音韵学也很有研究,"尝以《毛诗》叶韵纷更,于古未合",取顾炎武《诗本音》,参以江永《古韵标准》,精心酌订,成为一书,名《三百篇韵读》,受到淮上名士苏秉国等人推服。

他很注意个人操行修养,重义轻利,"家居阛市,门无停舆",曾经为人偿还逃欠租赋,而不让人知道,"隐法卓诣",渺与俗绝,时人把他比作汉代郭林宗和宋代石守道。

戴联奎

戴联奎(1751~1822),字紫垣。如皋城区人。清臣。20岁时至北京读书,乾隆三十九年(1774年),中顺天府解元。次年殿试取进士,官授翰林院庶吉士,3年后升为编修。权相和珅把持政权,权势显赫,但戴联奎从不折腰逢迎。和珅为其子聘戴联奎为师,戴坚辞不就。嘉庆元年(1796年),戴联奎升为内阁学士,历任礼、兵、工、户部侍郎。嘉庆二十一年,升左都御史,次年任礼部尚书,并代理过吏部尚书。嘉庆二十五年,改任兵部尚书。同年,旻宁将谒东陵,兵部失落行印,戴联奎为此降职为太常寺卿。道光元年(1821年),复任兵部尚书,因生病未能赴任。戴联奎曾先后典试云南、江西,督学安徽、浙江,任经筵讲官、会试大总裁。他的门生大多担任显官要职,但他平生以诸葛武侯为师,清节自励。有人怀疑他故作姿态,他坦然地说:"为官者改变节操,多因生活骄奢所致。"戴联奎于道光二年殁于浙江。奉旨归葬如皋草港(今属丁北乡)。

许桂林

许桂林(1779~1822),字同叔,号月南,又号月岚,别号栖云野露。海州板浦人,祖籍安徽。清学者。幼时聪明异常,12岁参加童子试便考取秀才,被学官称为"奇才"。后来随失官的父亲迁至宿迁,嘉庆三年(1798年)回板浦。20岁时,拜海州学正常熟籍学者翁咸封为师,刻苦攻读。长沙人刘权之按试淮海,许桂林获第一,刘公将他与胞兄许乔林誉称"东海二宝"。嘉庆十四年和二十年,许桂林两次获得海州科试的"冠军"。嘉庆十七年,以《腹稿赋》被学使文远皋赏识,取拔贡生。嘉庆二十一年秋,中丙子科举人。

许桂林生性忠厚老实,不喜涉猎官场,不贪求功名利禄,终生以教书为生。他志于诸经,精于诗词文学,并对古算术及天文星算历算颇有研究,22岁时就写出第一部数学论著《宣西通》,对中国算法"宣夜"作了精辟的解释。考据学家阮元曾手书"谈天秘欲传宣夜,学海深须到郁州"。阮元还把许桂林编入记述著名数学家、天文学家的《畴人传》一书。

许桂林一生淡泊清苦,昼夜写作,呕心沥血,积劳成疾。嘉庆二十四年八月，其生母卒，悲伤过度。他抱病写成《北堂永慕记》后，病情日趋严重。道光二年（1822年）春，许桂林病逝，时年43岁。葬于灌云龙苴埠苴村。

许桂林一生著作甚丰，可考书目近40种160卷。其中：《易确》20卷、《自序》1卷、《庚辰读易记》32卷、《禹贡蒙求》1卷、《毛诗后笺》8卷、《春秋三传地名考证》6卷、《谷梁传时月日释例》6卷、《汉世别本礼记长义》4卷、《大学中庸讲义》2卷、《四书因论》2卷、《许氏说音》12卷、《说文后解》10卷、《大元后知》6卷、《参同契金提大义》2卷、《立天元一导窥》4卷、《步纬简明法》1卷、《宣西通》4卷、《算牖》4卷、《擢对》8卷、《半古丛钞》8卷、《盐议愚筹》1卷、《日月合璧五星联珠考》1卷、《琴想山房传声谱》1卷、《味无味斋文集》16卷、《味无味斋诗集》26卷。另外还著有志异小说集《七嬉》和《春梦十三痕》等。

赵怀玉

赵怀玉（1747～1823），字亿孙，号味辛、映川、琬亭、牧庵居士。赵申乔四世孙。武进人。精于校勘的学者。乾隆三十八年（1773年）入《四库全书》馆任编校。乾隆四十五年召试举人，授内阁中书。因不阿附权臣，出为山东青州府海防同知，兼代登、兖州二知府。嘉庆年间，奔丧回乡，不再出仕。他性仁厚，坦荡无城府。与著名学者洪亮吉、孙星衍为莫逆之交，也能尽规劝之责。他律己至严，自谓"不敢好名为欺人之事，不敢好奇为欺人之学"。他好学深思，工诗善文。诗多清癯悱恻，动人以情，与孙星衍、洪亮吉、黄景仁并称孙、洪、黄、赵。古文平雅深远，兼有魏禧之才与方苞之学。恽敬称其文章无"杂文、诐义、离真、反正"者。校勘旧籍，尤以精审而出名。嘉庆十七年（1812年），入关中任书院事。嘉庆二十五年，在吴兴爱山书院掌教。道光三年（1823年）去世，葬于武进县循理乡（今小新桥乡）吴村。编著有《宋史节要》、《辽史节要》、《赵瓯北先生年谱》、《牧庵居士自述年谱略》2卷、《舲窗随笔》、《病余记述》、《亦有生斋诗集》32卷、《文集》20卷、《续集》6集、《云溪乐府》2卷、《秋籁吟》4卷、《亦有生斋词》5卷。校刻《古文尚书考义》6卷、《四库全书简明目录》20卷、《斜川集》总8卷、《花间集》10卷、《毗陵集》20卷、《毗陵志》30卷、《韩诗外传》10卷（另附所辑《补逸》1卷）。

汪 椿

汪椿(1760～1825),字春园,晚号式斋。淮安府清河县(今淮安)人。清乾嘉时期天文历法学家。他好学强记,博览群书。他对天文历算之法尤精,对历代历算法的精疏正误了然于胸。他认为,古推步之术,以郑康成研究最为精密,北周甄鸾"不知康成之确,乃自为步算,其术甚疏;孔疏疑经文错乱,推算益舛;陈澔纠孔疏之失而算之,数步下忽有奇零,殆全未通晓者"。著《王制里亩二数考》以阐发郑说。他又根据太仓钱氏太岁超辰之说,著《推太岁法》、《太岁星法》、《太阴法》共数万言,阐述服虔龙度天门之说。他认为:战国、汉初皆用"跳辰",宋洪迈也知道此法,元熊朋来则未能尽晓;古法,"太岁、太星俱有超辰,不尽依六十甲子之次,钱氏之说,信而有证"。礼部尚书汪廷珍对历法颇有研究,读了汪椿的著作,十分佩服。中年以后,他潜心于"太一壬遁"的研究,"键户二十年,著《周秦三式疏证》数十卷"。当时河督黎世序也笃好此学,对他非常敬重,优礼有加。嘉庆二十五年(1820年),黄河大涨,他夜观天象,认为水发于河南省,后果应验。道光四年(1824年),黎世序死,他痛失知音,认为世无知音,遂"尽毁所著"。该书共44篇,被烧得仅剩序和目录。其著述,"多稿藏于家,世所行者十一而已"。其中有《日知录补注》数十卷。

汪廷珍

汪廷珍(1757～1827),字玉粲,号瑟庵。淮安府山阳县河下镇(今淮安市境内)人。清臣。出身于盐商之家。父去世时,他还在襁褓中,族人欲加害于他,以分其家产,母亲程氏多方卫护,"卒以得全",但家境却更加贫寒。逢荒年,甚至三餐难以为继,而不令人知。程氏言:"吾非耻贫,耻言贫,疑有求于人也,故不为也。"年终岁尾,家中无米为炊,使人去外索旧欠,归来无所得,母子各饮茶一碗,以几根咸菜充饥。他自幼刻苦攻读,志趣高雅,"不事声气结纳,衣冠垢弊,行于途,遇人不揖,人多以迂怪目之"。兴化任大椿主讲淮上,一见汪廷珍便以国士相期。乾隆五十四年(1789年)会试,以一甲第二名进士及第(榜眼),授翰林院编修。当权者因为他不依自己,多方阻抑,他却更加自励,后积官至左都御史、上书房总师傅、礼部尚书、太子太保、协办大学士。嘉庆七年（1802年）以后，历任安徽、江西、浙江三省学政。其间，把历次的试卷刊刻，名《立诚编》，附条约十八则，编选极为精审。对士子则循循善诱如父兄，一时人才济济。被后人称"郑、莫"的郑珍、莫友芝，均出其门下。汪廷珍任上书房师傅最久，对道光帝（宣宗）尽心启迪。在其登极后献策尤多。汪廷珍博览群书，尤精于经术。"十三经义疏皆能谙诵"，为太子讲授，"不袒汉、宋，一本义理为折衷，其他民情、政治之大，下及舆地、名物、算数、方伎，无不曲究其蕴"。当时仪征阮元，以通经博学负有盛誉，一时间知名人士皆归附于左右。汪廷珍品望在阮元之上，阮元佩服他多闻渊博，曾劝他著书立说。廷珍回答他："六经之奥，昔儒皆先我言之，岂敢复以长语相混哉？但读书所以析文，要归于中，有所主而已。"他先后在朝三十余年，风节侃侃，不棘不阿，以文章品谊高天下，海内推为正人，门生故吏遍满中外，终其身无尺一相慰答。汪廷珍生活俭朴，曾有人讥笑他盖的是布被子，他一笑置之："士大夫不以曲学阿世为耻，而徒畏布被之讥乎？"终身以国事为忧，闲暇之时，极少会见宾客，而每每端坐榻上，审阅完官牍文案，即沉默凝思，如有所建议，就向皇上当面启奏；如必须上奏章，则反复修改奏稿，力求言简意赅。做宰辅重臣近十年，"人罕见其奏牍"。他曾经两次充会试总裁官，两次任乡试正考官，三次任提督学政。"所至严关防，绝供张，而藻鉴精核，人不能欺"。在安徽时，有谭某，善于做文章，曾受到激赏，一次岁试，有一人被取为高等。他很诧异："这个人的文章太像谭某的了！"后一察访，果出自谭某之手。

汪廷珍于道光七年（1827年）去世，朝廷赠太子太师，赐葬，谥文端。有《实事求是斋集》传世。

高朗亭

高朗亭（1774～1827），艺名月官。宝应县城北门外人。京剧的奠基人之一。小时爱演唱民歌小调，后入安庆徽班，工花旦。曾经在扬州、杭州等地演出，以演《傻子成亲》而著名。17岁便在"安庆班"领衔主演，30岁始任该班班主。高朗亭善南北曲（昆曲），兼工小调。清小铁笛道人《日下看花记》中说：高是"二黄之耆宿也。体干丰厚，颜色老苍，一上氍毹，宛然巾帼，无分毫矫强，不必征歌，一颦一笑，一起一坐，描摹雌软神态，几入化境"。可见高朗亭的演技已达到炉火纯青的地步。乾隆五十五年（1790年），高宗弘历八十寿辰,高朗亭应聘率"安庆班"(后更名为"三庆班")到北京献艺,轰动京师。乾隆帝曾多次观看高朗亭的演出,对他的演技倍加赞赏。此次进京,不仅打破昆腔长期独占京都剧坛的局面,而且引来"四喜"、"和春"、"春台"等徽班的相继进京,合称"四大徽班"。高朗亭的"三庆班"始终居领衔地位,被誉为"京都第一"。"三庆班"活跃在京师舞台上长达百年之久。高朗亭38岁时,被清廷内务府委为北京艺人行会组织"精忠庙会"会首,负责解决伶界纠纷,筹建梨园公益事业。

高朗亭大半生是在北京度过的,正是京剧孕育形成的时期。他从汉剧、秦腔、昆剧等剧种及民歌中汲取营养,丰富和发展徽剧的表演形式及声调唱腔,培养了陈喜官、邱玉官、苏小三、双凤官、沈霞官、沈翠林等著名旦角,为促进徽剧向京剧演变作出贡献。京剧大师梅兰芳曾说:"京剧能发展到今天地位,由于四大徽班的创业者的几位领导人(高朗亭、程长庚等)不断艰苦奋斗与互助,奠定了百年基础的功绩是不可磨灭的。"

李汝珍

李汝珍(约1763~1828),字松石,号松石道人。直隶大兴(今北京市大兴县)人。旅居海州板浦(今灌云板浦)。清小说家、音韵学家。乾隆四十七年(1782年)秋,随兄李汝璜赴海州板浦场盐课司大使任所,拜凌廷堪为师,学习经史、三礼及推步之学。约在乾隆五十八年娶板浦许氏女为续弦。嘉庆六年(1801年),黄河在邵坝决口,李汝珍赴河南任治水县丞。

他"读书不屑章句帖括之学,以其暇旁及杂流,如壬遁、星卜、象纬、篆隶之类,靡不日涉以博其趣。而于音韵之学,尤能穷源索隐,心领神悟(余集《李氏音鉴序》)"。嘉庆九年(1809年),著成《李氏音鉴》。粉纸初刻本由"宝誉堂"开镌书成。著名乾嘉学派人物许桂林在《李氏音鉴》后序中赞美李汝珍说:"松石姐夫,博学多能……尝纵谈音理,上下其说,座客目瞪舌桥……"嘉庆二十二年,李汝珍完成《镜花缘》初稿。第二年,又对《酒令》部分作严谨的修订,于当年赴苏州赶刻。当时,江宁桃红镇书坊已据李汝珍《镜花缘》的传抄本抢先刻出。道光元年(1821年),经过李汝珍修改的《镜花缘》再次镌刻。道光八年,李汝珍再次修订《镜花缘》,由广州芥之园书坊刻成,成为经过作者最近一次改完的版本。李汝珍在《镜花缘》第一百回中称,写作该书"消磨了三十多年的层层心血",道出了作者著述的艰辛。《镜花缘》是一部著称于世的古典名著。鲁迅在《中国章回小说史略》中称之为"与万宝全书相邻比"。日本、朝鲜、澳大利亚、美国等许多国家都有致力于《镜花缘》研究的学者。嘉庆二十三年,李汝珍关于围棋的著述《受子谱》刊印。该书详尽地记载乾隆六十年李汝珍和他的9位棋友在海州举行公弈的场景及棋谱,而且收入他用近20年时间向当代棋坛广征的棋谱,成为一部备受推崇的弈谱著作。

徐 碐

徐碐(1775～1829),字映华,号枳村。沭阳县人。清词人。少年聪慧,人称神童。嘉庆六年(1801年)拔贡。后因朝考受牵连,谪居常州,不准应试。他与当地诸耆宿切磋学问,无心科举。常州学界为他谋求复试,他笑曰:"吾一辱矣,可再乎?"谪满回沭,专心学问。他冷眼看物,热肠待人。王钦霖未仕时,曾留他于家,面命耳提,手把口嘱,情同骨肉,指点学习,供给书墨纸砚。王钦霖中进士,仍执弟子礼。他学识渊博,涉猎很广,尤富词章,作品有《易旨》、《天爵堂集》、《茆宇集》、《感红轩诗》、《述坡诗存》、《艾学诗存》、《肩凤斋存稿》、《咏物诗八百首》、《愍秋堂乐府》、《天爵堂文集》、《捉刀集》、《墨徭集》等12种。另有选本若干种。鸳湖王相将《肩凤斋存稿》2卷刻入《友声集》,在后记中称其"博闻强识,倚马万言",因而名噪一时,学人深相引重。

刘逢禄

刘逢禄(1776～1829),字申受,号申甫。武进人,大学士刘纶之孙。清经学家、常州学派的重要成员。幼年从外祖父庄存与和堂舅父庄述祖学。嘉庆十九年(1814年)进士,授翰林院庶吉士,改礼部主事。在官12年,未曾迁升。常根据古礼以定今制,推演经义以决疑难;天性廉和,人皆钦佩。他治经学务通大义,不拘章句。精研《春秋公羊传》,专主董仲舒、何休、李育等人的学说,认为可贯群经之源,决天下之事;以之持身治世,可复先王之道。与张惠言交游,共同研究《易经》,撰有《卦象阴阳大义》。所撰《春秋公羊经何氏释例》、《公羊春秋何氏解诂产笺》,以何休《公羊解诂》为主,创通条例,发挥今文"微言"。在《左氏春秋考证》一书中,排斥《左传》,攻击古文经学开创者刘歆,对后来康有为著述《新学伪经考》颇多影响。著《春秋释例》(30卷)、《尚书今古文集解》(30卷)、《论语述何》(2卷)、《诗声衍》(27卷)、《刘逢禄诗文集》(8卷)、《刘逢禄词》、《刘礼部集》(12卷)等。编《八代文苑》(40卷)、《绝妙好词》(20卷)、《唐诗选》(40卷)、《词雅》(5卷)等,著辑共有200余卷。今文经学常州学派自庄存与开创,由他发扬推进,为清代《公羊》学者之冠。其说以《春秋》为"垂法万世"、"维封建于不敝"的"经世之书",其大义即在《公羊》。其"损益因革"及"大一统"学说,有利于巩固中央集权,维护国家统一。

骆绮兰

骆绮兰(1756~约1830),女,字佩香,号秋亭,别号天波阁女史。句容人。清才女。约30岁左右丈夫去世,后移居镇江。骆绮兰幼承家传,聪慧好学,能诗善画,生性豪放,晚年信佛。曾作《八梦诗》,记述梦中登天、渡海、登科、从军、种田、隐居、求仙、学佛,以梦中事成诗,寄托自己的抱负。骆绮兰寡居后,不甘埋没自己的才华,师事袁枚、王文治,常与诗友赵翼、洪亮吉、鲍之钟、陈文述、顾宗泰等人相偕出游,或留宴赋诗。她诗才敏捷,分题赋咏,往往先成。她诗意清新,风格俊逸,在当时负有盛名。骆绮兰爱好兰花,新作诗画,以兰花为题材较多,如《佩香图》、《秋灯课女图》等。骆绮兰居镇江小码头邂风馆(超岸)附近,家有小园、听秋轩、天波阁等建筑。

徐开业

徐开业(1788~1831),字健庵,号丹岑。阜宁县(今属响水县六套乡)人。清臣。嘉庆十八年(1813年),徐开业驻省提堂。嘉庆二十四年,己卯中武科举人。次年,庚辰以武科第一及第,大魁天下。后历任御前一等花翎侍卫,陕西都督府宜君参将、潼关协镇等职。诰授武功将军,晋封武显将军。

徐开业不仅武功超群,而且学识渊博,尤精诗词。民国《阜宁县志》载:"开业虽武人,喜文学,有儒将风,善诗,与山阳潘德舆为诗友,所著多可传者。"他认为:大丈夫志在四方,身当许国。空有气吞胡虏之志,而无文武兼备之才,终难以遂其愿而逞其志。他说:"学武功不学轻功,是生拼硬搏血气之勇;武不通文,是无深谋远略的匹夫之勇。"他既钻孙武兵法,又博览群书,工吟咏,善诗歌,"诗才高绝,拔帜骚坛"。其和邑举人赵干《咏向日葵》诗有"几乎旧梦萦丹陛,一种深情恋太阳"之句,曾得到道光皇帝赞赏。其他如:《中山店阻雨》中的"吟鞭不指章台柳,幸有琵琶傍玉鞍";《乘月晓行》中的"此行不惮天衢远,笑指青云在眼前";《京城咏归燕》中的"清秋燕子已归来,千里高飞未易才。不论江南王谢宅,依依直欲傍燕台"等句,皆传颂一时。徐开业诗友颇多,如与山阳的潘德舆、鲁一同,天长的戴兰芬等常有诗词唱和。道光十一年(1831年),徐开业任陕西潼关协镇时,以身殉职,时年43岁。

张　琦

张琦(1764～1833),初名翊,又名与权、季鹰,字翰风,又字玉可,号宛邻,又号默成居士。武进县城(今常州市区)人。常州词派创始人之一。工诗文、书法,精舆地、校勘,旁通医、兵。文名与其兄张惠言并列,人称"毗陵二张",二张合编《词选》,开创常州词派。他50岁中举人,以誊录议叙知县。60岁以后,历任山东邹平、章邱、馆陶等县知县,共11年。任邹平知县时,历阅470村。见麦田无种,报灾请求缓征,同时得缓征的有16州。在他任章邱知县前,邑民在诉讼中投书请托成风。他任职一年多,却无一纸请托私函。办案2000多件,无一翻控者。在馆陶8年,久旱风霾为灾,麦苗皆死,饥民聚掠。他逮捕带头抢劫者,同时惩办囤积粮食的富户。各县灾民都指控赈灾工作中的弊短,县令均被罢官,唯独馆陶县令获嘉奖。县无良医,他设惠民局,施诊给药,救活无数病人。官吏扰民必予严办,同时又妥善安排其家属的生计,所以受惩处的人也毫无怨恨。馆陶地多盐碱,卫水坏田,他精研古代的沟防及区田法,试行未果。由于他清正廉明,德政卓著,名列《清史稿·循吏传》。编著有《宛邻文》2卷、《宛邻诗》2卷、《立山词》1卷、《鸳鸯剑》曲(2卷)、《战国策释地》(2卷)、《素问释义》)12卷、《宛邻杂著》1卷、《兵家杂著》2卷、《本草述录》6卷、《古诗录》12卷,辑《宛邻书屋丛书》12种等。

恽　珠

恽珠(1771～1833),女,字星联、珍浦、伴云,晚号蓉湖散人。武进(今常州市区)人。清学者、书画家。生时祖母唐氏梦老妪授以珠,故名。幼聪颖好学,通读《毛诗》、《尔雅》、"四书"等。10岁工诗,13岁工铁绣。从教族姑恽冰学画,得恽南田艺法,笔意简雅。恽珠夫,完颜廷璐,满州镶黄旗人,曾任泰安知府,死于任所。她抚育子女,教育严格,持家严谨,待人宽厚。其子女都有实学成就。长子麟庆,官至河南总督。恽珠能诗善画,精女红,世称其诗、书、画为"闺中三绝"。著有《红画馆诗抄》。她广搜清代名女之作,辑成《国朝闺秀正始集》20卷、《续集》10卷、《补遗》1卷。又辑列女传《兰闺实录》6卷。校刻恽日初遗书及《李二曲集》26卷。她笃好理学,人称"女中之儒"、"兰陵才女"。

吴甸华

吴甸华(1733~1834),字南畇。沭阳县人。清臣。幼聪慧,好学深思,孜孜不倦,文章人品斐然,学子无不仰羡。乾隆四十五年(1780年)庚子科进士及第,殿试阅卷官拟第三,弘历帝改第七,朝考一等第三名。遂饮誉海内。后任内阁中书,仍值内阁协办侍读。他因念母心切,要求就近为官,以便奉侍老母,遂改就县令,首任歙县知县。歙县多显官要员,请托庇护甚多,他不予理睬,依法断狱,清理积案,民多称颂。后调任合肥。时白莲教首领刘之协进入湖北,他奉檄驰赴樊城,领兵镇压,然刘之协已走,仅捕获4名白莲教头目,因此被弹劾落职。嘉庆十三年(1808年),奉旨准捐复任黟县知县。黟县士民多惑于风水,为求宝地,停棺不葬,遂成风俗,绵延百余年,富者停棺山谷,贫者抛尸荒野,尸腐恶气外溢,污染环境。吴甸华躬亲劝谕,并责成各乡镇捐田置义冢,无力者助其银两,无主者官府安葬。全县共葬32000余棺,陋俗为之一变。又筹银8000余两,建碧阳书院,立条规,严课徒,使教育事业兴旺。黟县田赋多虚,民众负担过重。他重新核查户籍,清丈田亩,查出虚田1700余亩,予以注销,当年不足田赋则以己俸禄弥补。嘉庆十四年,移任阜阳。阜阳与楚、豫接壤,盗贼众多,剿则散去,停则复聚,为害甚重。他运动京官,三省联合清剿,盗贼遂灭。后因功升任无为州知州。任职30年,兴利除弊,清正廉洁。道光三年(1823年)归田,道光十四年卒,享年101岁。

吴 瑭

吴瑭(1758~1836),字配珩,号鞠通。淮安府山阳县(今淮安市)河下镇人。清医学家,中医温病学集大成者。其人心正口直,性刚气傲,乐善好施,一生救人无数,为人敬仰。19岁时,父亲因病去世。他感于庸医既不能"确识病情之寒热虚实燥润",又不能"精察药性",或则胡乱投药,或则束手无策,"愧恨难名,哀痛欲绝",以为"父病不知医,尚复何颜立天地间",于是立志学医。4年后,他的侄儿患了喉疾,请了大夫以后,使用冰硼散吹喉,可病情反而加重了,又请来几位大夫,胡乱治了一番,竟然全身泛发黄疸而死。吴鞠通当时学医未成,深感锥心疾首,遂发奋读书,精究医术,终成温病学的集大成者。他借在京检校《四库全书》之机,阅读大量古今医著,积累丰富的医学知识。他推崇叶天士,但认为叶氏的理论"多南方证,又立论甚简,但有医案散见于杂证之中,人多忽之而不深究"。于是他在继承叶天士理论的基础上参古博今,结合临证经验,撰写《温病条辨》5卷,对温热病学说做了进一步的发挥。

乾隆五十八年(1793年),京都温病流行,时医界多守伤寒论治法,收效甚微,独吴瑭另辟蹊径,治好不少垂危的病人,由是名声大振。此间,他又历采历代名贤著述,"去其驳杂,取其精微,间附己意",结合临床实践,著成《温病条辨》6卷。该书由其好友礼部尚书汪廷珍于嘉庆十七年(1812年)刊刻传世。该书以条文为纲,分注为目;以三焦辨证为经,正气营血辨证为纬,系统而全面地阐述温病发生、发展变化及治疗规律。它的问世,标志着中医温病学完整理论体系的诞生,因而被此后的中医学界列为中医"四大经典"之一,成为学中医者的一本必读之书。同时,三焦辨证法也完善了叶天士卫气营血说的治疗法则。叶氏的《温热论》中没有收载足够的方剂,而吴鞠通的另一重大贡献,就是在《温病条辨》当中,为后人留下许多优秀的实用方剂,像银翘散、桑菊饮、藿香正气散、清营汤、清宫汤、犀角地黄汤等等,都是后世医家极为常用的方剂。吴瑭还著有《医医病书》、《胎产要旨》。《医医病书》主要论述医德、医术及医者之病;论述内科杂病,治疗原则与方法,药物性能与用药之道。吴瑭于道光十六年(1836年)去世,享年78岁。后人据吴瑭乾隆五十九年以后30年行医实践辑成《吴鞠通先生医案》,此书与他的医学理论可相互参证。江苏中医学界有"南孟河,北山阳"之说,吴瑭是山阳医派的杰出代表。

瞿绍基 瞿镛

瞿绍基(1772~1836),字厚培,号荫堂。常熟古里村人。清廪生,曾代理阳湖训导。喜藏书,所藏至10万卷,是清代四大藏书家之一。对宋元善本,不惜重价收购,建"恬裕斋"珍藏。有《恬裕斋书目》。

瞿镛(1794~1876),字子雍。瞿绍基之子。岁贡生,承父志继续搜集藏书。又喜收藏金石文字、古器陶瓷等,得铁琴与铜剑尤为珍爱,遂改"恬裕斋"为"铁琴铜剑楼"。与当时的聊城杨氏同为藏书家,世称"南瞿北杨"。瞿镛著有《续海虞文苑》、《铁琴铜剑楼词稿》、《铁琴铜剑楼藏书目录》、《续金石萃编》、《集古印谱》、《续海虞诗苑》等。

瞿镛之子瞿秉渊(字镜之)、瞿秉清(字浚之)兄弟亦恪守家风。太平天国起义,战争逼近常熟。为防藏书受损,兄弟二人历尽艰险,将书籍移藏江北等地,事后又运回江南。珍本、秘本书籍,得以保全。瞿氏兄弟绘有《虹月归来图》,以志庆幸。

石韫玉

石韫玉(1756~1837),字执如,一字琢如,号琢堂,又号花韵庵主人,晚称独学老人。吴县(今属苏州)人。清学者。乾隆四十四年(1779年)举人,乾隆五十五年中状元。历任湖南学政,重庆府知府,山东按察使、布政使。嘉庆十二年(1807年)被劾去官,念其为官有劳绩,赏编修。不久引病退休,在杭州紫阳书院、江宁尊经书院、苏州紫阳书院等处掌教,学子无数,文风丕振。道光年间(1821~1850年)主修《苏州府志》,在苏州沧浪亭倡建五百名贤祠,并撰写像赞。精金石,工书法。作有杂剧《花间九奏》。著有诗文集《独学庐稿》,校勘《全唐文》,选刻明八家古文等。卒于道光十七年(1837年),墓在光福西碛山,陶澍撰志。

唐汝明

唐汝明(生卒年不详),字黼卿。剑州(今四川剑阁县)人。清臣。举人出身,清道光六年(1826年),两江总督琦善开减坝池放黄河之水,北乡人民被冲离散,他奉文赈济安抚,在泥水中跋涉,了解情况,就地安排,北乡境内人民赖以安然有序。道光十三年任清河(今淮阴县)知县,道光十八年续任,任中县内大治。清河县内的官员民众,多以宽厚称誉他。他对告发盗贼的事必严肃处理,做到有讼立决。断案时只准原告、被告双方在堂,不牵连佐证。断案公允,人犯无不心服,虽被责罚,却感激涕零。县内有一奸猾土讼经营一案,原告、被告皆其主使,他探其情,立捕猾讼,绳之以法,于是讼风遂息。自道光登极,连年灾荒欠收,三县边地的盗贼和境内游民勾结,盗劫大起,人民不安枕席,盗贼也无从捕获。他到任后,设计捕获为首的几个人,偷盗打劫之事立即得到平息。他还时常巡视北乡,一月数次,见有荒闲之地,一定督责其主耕作;遇到游手好闲的人,一定惩治,使之劳作。初到任,人们害怕他,时间长了,人们都拥戴他。他历任安东(涟水)、山阳(淮安)、宝应等县令,皆有美好声誉。后升任海阜同知,死于任上。

顾广圻

顾广圻(1770～1839),字千里,后以字行,号涧蘋,又号思适居士等。元和县(今苏州市区)人。清版本校勘学家。少孤多病,勤奋好学,遍读群书。20岁后,学者称"万卷书生"。师事江声,潜心经学,学问渊博,尤精校勘,辨证精审。不为科举业,年三十始补诸生。嘉庆六年(1801年),应阮元聘编纂《十三经注疏校勘记》;嘉庆十三年,与彭兆荪代胡克家校刊《文选》;嘉庆十七年校《资治通鉴》。黄丕烈、孙星衍、秦恩复、胡克家、张敦仁等所刻之书,均由他校勘,并写成札记。手批手校之书甚多,有功于艺林,"诸儒中校书最精,传播最多者,莫如元和顾学博千里",有"清代校勘学第一人"之誉。自著有《思适斋集》、《思适斋笔记》等。卒于清道光十九年(1839年),墓在一云山东麓,李兆洛撰志。

陶 澍

陶澍(1779～1839),字子霖,号云汀。湖南安化人。清嘉庆七年(1802年)进士,选庶吉士,授编修,迁御史、给事中。嘉庆二十四年出为川东道,后任山西按察史、安徽布政史,道光三年(1823年)擢巡抚。道光五年调江苏,遇洪泽湖溃溢,江南漕运梗阻。他奏请以苏、松、常、镇、太五府州漕粮

160余万石,由海运北上,并亲赴上海筹雇商船,探访航道,将160余万石漕粮分两次于道光六年春起运,安全运抵,较河运省费过半。清廷优诏褒美。时江苏频遭水患,原因是太湖水泄不畅,于是他上疏请准治理吴淞江、浏河及白茆河,以海运节省的20余万银为资费,由时任江苏按察使的林则徐综理其事,经八年而竣工。又江苏水道以(丹)徒(丹)阳运河最易淤阻,他在巡视漕运时即奏陈利害,得疏浚徒阳运河及其上游练湖和孟渎。道光十年,他任两江总督后,与巡抚林则徐合力都加疏浚,吴中称为数十年之利。他在任江苏巡抚时,十分注重传统文化的传承,在苏州名园沧浪亭修建"五百名贤"祠,将自古以来的吴中名贤画像、题赞、石刻列于祠中,成为苏州有名的历史文物胜迹。他还对一些名胜古迹题字、吟联,留下翰墨史迹。道光十年任两江总督,加太子少保,兼管两淮盐政。他督办海运,整理盐务,筹划安徽荒政。之前,两淮盐政一直沿袭宋、元各朝的商人垄断食盐运销的"专商引岸"制度。由于地方土棍与官吏勾结,黑费太多,层层盘剥,致使商疲民困,商区有盐无售,盐民困苦不堪;销区人民无官盐可食,只有仰赖私枭,私盐充斥市场,两淮盐区商困课绌,阻碍两淮盐业的正常发展。陶澍到任后,亲临查访,调明症结,悉心筹议,兴利除弊,正本清源,大改旧章。决定"废引改票",变"引法"为"票法",盐商也从"引商"变为"票商"。陶氏这一重大改革方案,获清政府批准实施。同时,清政府还将陶氏兼管两淮盐政改为专管,以资事权统一,利于整顿改革。废引改票后,商民称便,运销立畅,课收立裕,票贩踊跃领运,未及4个月,商贩纳税销盐30万引(6万吨),场内积余10余年的陈盐,也一扫而光。在销区则以淮盐的质优价廉占领城乡市场,受到民众的欢迎。往日私盐、私枭无以自存,有些私盐贩子也改领票盐,纳入正道。清代思想家、史学家、文学家高邮知州魏源,曾称赞陶澍"废引改票"之举,"利国、利民、利商、利灶,为数百年的未有"。陶澍在重视经济的同时,还关心社会教育事业的发展。他曾于板浦创建敦善书院,为盐业和地方培养一批有文化的人才。陶澍辞世以后,依其生前事迹,特别是他在盐政管理上的贡献,清廷晋赠太子太保,依尚书例赐恤,谥号"文毅",并在板浦(当时两淮盐运使衙门驻地,今灌云县板浦镇)建陶文毅公祠。

潘德舆

潘德舆(1785~1839),字彦辅,号四农。淮安府山阳县(今淮安市)车桥镇人。清中叶文艺理论家。潘氏世代书香,他重礼义,好周济穷困者。26岁时,开始把主要精力用于探求古人的微言大义,解释当时的各种社会弊病上。时清政府吏治腐败,各种社会矛盾日益激烈化、表面化,有识之士皆深为忧虑。潘德舆认为:"天下之大病不外一'吏'字,尤不外一'例'字,而实则不外一'利'字。"主张用儒家经典加强人们的忠孝观念,以"刚直之气以起人心之痼疾,而振作一时之顽儒鄙薄以复于古"。与这种政治思想相适应,他面对当时趋于沉寂的诗坛,讥斥性灵、格调诸说的偏蔽,提出诗境应尚质实。以《诗经》为根本,强调诗歌的教化作用。他的诗论,把"乾嘉诗坛的不良习气,已经涮洗净尽"。

道光八年(1828年),他中乡试第一名。后入都参加会试,与当时的一批名士,如郭仪霄、黄爵滋、张际亮、徐宝善、汤鹏、魏源、龚自珍等相往还,在北京宣武门组织诗社。他们关心时局,以诗明志,互相砥砺,为文学史上平添一段佳话。他性刚直,尚气节,不喜趋附权贵。好招聚名士的阮元做漕运总督时,曾招聘他,而他"力辞不往"。后来,名臣朱桂桢、周天爵皆愿与他相交,周天爵甚至准备微服到车桥去拜访他,潘德舆以"义无所居,徒骇流俗",而加以拒绝,周天爵"喟然有望尘之叹"。他的著作主要有《养一斋诗文集》、《养一斋诗话》、《养一斋札记》、《春秋纲领》、《作诗本经》、《九经人表》、《丧礼正俗》等。道光十五年大挑一等,以知县分发安徽,未赴。

王希文

王希文(1766~1841),字景范,号艾山。祖籍晋阳(山西太原),明中叶迁于下邳(今睢宁)枣林庄(今连防乡山后村)。出生于贫苦家庭,靠父亲教私塾维持生活。他天资聪颖,5岁入学,过目背诵如流。后发愤苦读3年,考中拔贡,被主考官收为义子,并推荐给乾隆皇帝。经廷试选入翰林院任太子侍讲。太子一度厌学,掷书于地,王希文严加训斥,恰乾隆驾到,考问王希文:"我儿读书做皇帝,不读书也做皇帝,何必如此认真?"王希文跪答:"臣闻读书做尧舜之君,不读书为桀纣之王。"乾隆听后,双手挽起,严厉训斥颙琰,遂下圣谕:"如教而不学,可严加惩戒。"后为瑞州府新昌县知县。到任后,严惩贪官污吏,深得百姓称道,同时遭到官吏非难,改做县丞。皇帝念其教育太子有功,嘉封其父王爱泰为"修职郎"、母石氏为"八品孺人"。晚年,辞官退隐,行医助人。乾隆时御立蛟龙碑尚存于山后村南。道光二十一年

(1841年),王希文逝世,终年75岁。

李兆洛

李兆洛(1769~1841),字申耆,号绅琦、养一。阳湖县(今武进)三河口人。清地理学家、方志学家。祖上本无锡王氏,明神宗时有子育于武进县三河口李氏,始改李姓。他幼求学乡里,后肄业龙城书院。嘉庆九年(1804年)乡试得第一名,被誉为"江南名解元"。翌年中进士,授翰林院庶吉士、武英殿协修。散馆后任安徽凤台知县7年,政绩昭著。他亲自实地查勘,疏浚河渠,修筑堰闸,指导耕作,人民生活得到改善;并勘定湖界,保障人民权益。他辟设义学,劝民孝谨。又亲自率领旗勇,抓获盗首,然后进行招抚,盗贼从此收敛。嘉庆二十年,因父丧辞官返乡。先后主讲安徽真儒、敬敷两书院。自道光三年(1823年)起,应聘主讲江阴暨阳书院近二十年,四方学子,从问不绝。他分别就其所近,以实学进授,凡经学、昔韵、训诂、舆地、历算、古文,各专其所长,造就很多人才。他长得短身大腹,豹头刚目,表面上似乎难以接近,实则待人平易可亲,资助贫困故旧亦从不吝啬。他对家乡兴修水利也很关心,曾建议开浚县境孟渎,江阴映天河,劝修黄天荡、马家圩、芙蓉圩。道光二十一年去世,入祀安徽名宦祠。墓在江阴观山。

李兆洛藏书逾5万卷。治学谨严,尤重考据。辑甚丰。徇治《通鉴》、《通典》《通考》,尤以舆地学最精,曾指导庠生徐泰武首创精制天球铜仪及地理仪。曾购各省通志,校当千年来水地之书,证以正史,刊定原文。录善本,访名家,辑成《历代地理志韵编今释》20卷、《历代地理沿革图》、《大清一统舆地全图》、《皇朝舆地韵编》、《皇朝一统舆图》、《海国纪闻》、《海国集览》等专著。为文则谓秦汉之骈偶实唐宋散行之祖,宜求骈散合一。辑有《骈体文钞》31卷,所作文赋词编为《养一斋集》36卷,并留意整理乡邦文献,曾先后整理刊印先正遗书及故旧别集几十种。他又勤于修志,每任一县,如觉旧志简陋,则曰"志书宜纂修"。曾先后主修编纂凤台、东流、怀远、江阴县志、武进阳湖合志。修《凤台县志》时,他详细了解地理形势,物产种类,民情风俗,条分缕析,记载详明,该志历来为修志者称颂,誉为善本,著录于张之洞《书目工答问》。另外几种亦各有好评。他主张方志应为政治服务,"志者,心之所志也。志民生之休戚,志王下之命脉,志前世之盛衰,以为法鉴也。志异日之因革,以为呼吁也"。认为"志尚征实,所以传信,一事一语,必据其所自来"。运用资料,要"详稽而慎取,统贯而条目分明"。李兆洛特别强调编纂方志态度要十分严谨,主张修志者要亲自"周历县境,审地形,察水道,访遗志,稽古籍,考金石",认为只有如此,方能编成佳志。

骆腾凤

骆腾凤(1770~1841),字鸣冈,号春池。淮安府山阳县(今淮安市)人。清中叶数学家。从小就喜欢数学,曾拜数学名家李璜为师,做过舒城训导等官,善于赋诗作文,但尤精于数学。治数学十年,对清代数学家李锐、梅文鼎等人的著述悉心考察,认为其论颇不完备,遂于嘉庆二十年(1815年)写成《开方释例》4卷、《游艺录》2卷。《开方释例》探讨宋元时期的数学方法——天元术的起源,纠正天元术起源的种种不完备说法,论证西方流传到中国的数学方法——借根法就源于中国的天元术。这一成果是打开开方之门的一把钥匙。该书还展示骆氏自己的成果。《游艺录》着重对高次方程和勾股定理等课题进行深入的研究,利用非常简便的正负开方的方法直接来求得两勾弦。该书还对《九章算术》等古典数学名著进行溯源订正,是数学史上较有影响的著作。

关天培

关天培(1781~1841),字仲因,号滋圃。淮安府山阳县人。清抗英爱国名将,民族英雄。小时侯读过几年书,终因家贫而辍学,遂弃文习武。20岁时当上淮安府城守营营官的亲兵,22岁中武庠生,被任命为漕督右营把总。道光三年(1823年)升为水师参将,道光七年因督海运成绩卓著,被实授为苏淞镇总兵。清中叶复行海运,关天培堪称有大功之人。道光十三年(代)任江南提督。道光十四年十月,受任广东水师提督,担负起经营海防、抵御外侮的重任。林则徐赴广东禁烟期间,关天培与林则徐肝胆相照,从军事上密切配合。他从守备为本、以逸待劳、以静制动的原则出发,整顿防务。首先修筑炮台,增强武备;其次整肃军纪,裁汰罢劣,训练士卒,积极做好反侵略战争的准备。虎门销烟之后,英军发动穿鼻洋海战,关天培指挥水师奋勇出击,击溃敌军。道光二十年,软弱的清政府派琦善至广州。琦善在军事上撤防,拆毁炮台,遣散军队。道光二十一年一月,英军陷大角、沙角炮台,直逼虎门。时年已六旬的关天培亲临炮台指挥,并请琦善速派援兵。二月二十五日,英军大举进攻虎门炮台,关天培率部死战,守台士卒大多牺牲。他亲自燃放大炮,身受数十创,鲜血淋漓,衣甲尽赤。他决心以身殉国,让家人孙长庆将提督印送回广州,不多时,便为飞炮所中,英勇牺牲,终年60岁。

牺牲前,他曾差人送回一只木盒,嘱咐在他生前不得开启。他牺牲后,家人打开,只有堕齿数枚,旧衣数袭,表现了他以身殉国的决心和廉洁奉公的品质。关天培为中国近代史上写下英勇悲壮的一页。关天培牺牲后,已经受到贬逐的林则徐更加悲愤抑郁,挥笔写下挽联一副:"六载固金汤,问何人忽坏长城,孤注空教躬尽瘁;双忠同坎壈,闻异类亦钦伟节,归魂相送面如生。"今淮安关天培祠大门上,仍悬着这副对联。

海 龄

海龄(? ~1842),字蓬山,郭洛罗氏。满洲镶白旗人。清抗英将领。历任大名、正定两镇总兵,西安、江宁副都统。道光二十年底(1841年初),调任京口副都统,时值鸦片战争战事紧张,英军进犯长江流域。他到任后亲视江防,认为圌山"诚为京江要隘","饬令瓜洲水师副将李明等安设炮位。委妥员带领兵丁时加巡防"。又奏请增派援军,并在圌山以下拦扎木簰,但都未获准。次年,英军进逼镇江,大小官员都奉行清政府的"羁縻"政策,两江总督牛鉴亲到镇江劝说商民出银12万两做"赎城费"。援军齐慎、刘允孝两部略战即退,只有他一人主张抗战,坚守城池。但海龄"不通兵法,过分倚赖城墙,放弃城外沿江据点,把保卫东码头的青州兵也悉调入城"。而且他对汉族军民又深怀疑忌,紧闭城门不准进出。英军攻城时,他率领青州兵英勇抗敌,城破,和英军进行激烈巷战,最后兵溃自杀殉节。

邹 澍

邹澍(1790~1844),字润安,号润庵。常州人。清医学家。家贫,从小刻苦好学,寒暑不辍,学识渊博,通晓天文、推步、地理、形势、沿革,诗文也卓然成家,尤精医学。生平以治学自娱。道光元年(1821年),清帝下诏,征召山林隐逸之士,地方一致推荐他,并向清廷上报,他却坚决辞谢,甘愿在本地行医。他为人治病,优行贫家而后富室。专心著述,撰有《本经疏证》12卷、

《本经续疏》6卷、《本经序疏要》8卷、《伤寒通解》4卷、《伤寒金匮方解》6卷、《医理摘抄》4卷、《医经书目》8卷、《医书叙录》1卷、《医经杂说》等医学著作。现仅《本经》3种有刻本传世。他旁通道经、佛书、《群芳谱》及名人著作，凡有关论药的都加以疏解辨，或论病之所适用的药，或论药所适用的病，以及论当用不当用的原故，务必求其精华，不失于粗疏；求其真谛，不惑于近似，反复校勘，力求正确，使古代名医思想昭然若揭，对后学很有帮助。由于他生长在清乾隆、嘉庆、道光时期，此书颇受考据之学的影响。此外，还有《明典》54卷、《常州府忠义词录》5卷、《沙溪草堂文集》、《沙溪草堂杂著》、《沙溪草堂诗集》等著作。

邓廷桢

邓廷桢（1776～1846），字维周，又字嶰筠、嶰谷，号妙吉祥室老人、刚木老人。祖籍福建，清初入江宁（今南京），遂籍。清抗英名臣。出身宦绅之家，世居秦淮河畔万竹园。自幼熟读经史，谙熟诗词、书法。清乾隆五十六年（1791年）中秀才。嘉庆四年（1799年）自钟山书院肄业，又从师姚鼐，为姚门高弟。次年中举。嘉庆六年中进士。选庶吉士，授编修。嘉庆十五年起，先后任宁波、延安、西安等地知府，因廷桢善断冤案而有神明之称，其事传播京师。嘉庆二十五年，擢湖北按察使、代理布政使。到任时，他看到沿江民田历年沉没入江，而百姓赋税未减，遂上疏请免征税银10万余两，减轻百姓负担。道光元年（1821年），迁江西布政使，时因发现他在任西安知府期间，由于对下情失察，致出过命案，治充军罪。后道光帝知其并非有意包庇，免去他充军，降职为七品官，发直隶委用。道光六年升安徽巡抚。到任后，正遇水灾，他亲自赈恤百姓，兴修水利，解除百姓痛苦；又上疏请求废除不近人情的刑律。他在安徽为政的10年间，政通人和，境内安静。

道光十五年，邓廷桢升任两广总督。当时鸦片走私严重，他采取加强沿海巡逻缉私、重奖破获囤烟贩等措施，抓捕大烟贩至外国商馆前绞决。翌年，英国因向中国输烟不成，发动战争，廷桢立即迎战。道光十九年，钦差大臣林则徐到广州查禁鸦片，邓协助林开展禁烟斗争。次年，邓改任闽浙总督。此时国内投降势力抬头，以钦差大臣琦善为代表，与英签订卖国的《南京条约》。七月，英舰进犯厦门，他亲督水军击退侵略军。嗣因投降派诬陷他任两广总督期间放松防务，与林则徐同时革职，充军伊犁。后清廷在舆论谴责下,于道光二十三年释放了他。不久又以三品顶戴任命为甘肃布政使。其间,他在清查荒地中,亲自勘察,得田2万余顷,并大力组织垦荒。道光二十五年复二品衔,擢陕西巡抚、陕甘总督,平息边疆战乱。清道光二十六年,邓廷桢终因积劳成疾,卒于任上。葬于今南京东郊仙鹤门外灵山下的邓家山。著有《诗双声叠韵谱》、《说文解字双声叠韵谱》、《双砚斋诗钞》、《双砚斋词话》等。

张成龙

张成龙(1775～1847),字云岩。原籍崇明,后移居海门和合镇(今启东境内)。从小习武,成年后武艺出众,曾在南京比武场上显露身手。从军后,由行伍拔补镇标左营外委。嘉庆二十年(1815年),升为骑兵营把总。道光三年(1823年),升任苏松镇标左营千总,道光十二年任川沙营参将,道光十四年任京口(镇江)协水师副将,10月升京口协副将。协辖京左、京右、高资3营,负责京口等地区江防要塞的警卫工作。张成龙治军严明,操守廉洁,遇事不避艰难,身先士卒。然而因有人诬陷他在参将任职内玩忽职守,而被调回川沙营任参将原职。总督陶澍为他伸张正义,列举他在京口任职时的业绩,奏清廷辨明是非,恢复他的任职,清廷允诺。张成龙复职后,继续做地方治安工作,成绩显著。

道光十六年,总督陶澍保奏说:"张成龙堪胜任水师总兵。"上疏军机处,以水师总兵名义备案。次年,张调任浙江黄岩镇总兵。道光二十年鸦片战争爆发,两广总督林则徐奋力抵抗,由于林则徐在江苏做官时早已熟悉张成龙的军事才能及人品,竭力推荐他负责指挥抗英战争。道光皇帝立即传旨,调张成龙前往广东中路,担任阳江镇总兵。这时,英军将领伯麦突然下令封锁广东河口,向中国水师开火。英军遭到林则徐沉重打击,但闽浙以至山东、大沽沿海防范空虚,威胁到北京。朝廷惊慌,将林则徐革职。闽浙总督吴文榕又紧急求援,以张成龙在浙江任职时间较长、熟悉洋面防务为由,上疏朝廷让他担任闽浙前线防务重任。张成龙趁英决定撤离定海之机,摆开阵势,关门打狗,英军被击狼狈不堪。然而清政府腐败无能,他被主和派耆英操纵召回。当张成龙奉旨面见道光皇帝时,皇帝便夸奖他一番,并"提升"为浙江提督,实际已失兵权。道光二十七年,张成龙回到海门故居料理母亲丧事,同年在家乡病故。

徐子容

徐子容(1782~1847),原名广绪,字子容,以字行。沭阳县龙庙乡人。画家。嘉庆三年(1798年),徐子容随父去西藏。嘉庆二十三年,出任山西蔚州吏目,后历任河北蓟州、浙江钱塘等县主簿。徐子容为官廉洁,"贫不能自聊"。他热爱山水,公余或啸傲山顶,或徜徉湖滨。时山水画多仿效"四王",无新意。徐子容反对"一味临摹,徒在几个死人卷册上作生活",主张"多看真山真水",师法自然,崇尚创新。徐子容的实践与画论,给画坛吹进一股新鲜空气。清仲梓村对其画评价甚高,说他的画"水即真水山真山,笔端写出边关色"。清蒋宝龄《墨林今话》称,徐子容"画山水疾如风雨,倾刻百幅,随笔题记,风趣横生"。徐子容画作多散失,淮阴博物馆仅存六幅山水手卷。著有《听云楼且存稿》、《听云楼尺牍》、《听云楼杂著》等3种。道光二十七年(1847年),徐子容卒于钱塘任上。

阮 元

阮元(1764~1849),字伯元,号芸台,别号雷塘庵主,晚号颐性老人、北湖跛叟。清乾隆二十九年正月二十日(1764年2月21日)出生,甘泉县北湖九龙岗(今邗江县公道镇)人。清臣、学者。阮元出身官宦世家,祖父阮玉堂官至河南卫辉营参将,诰授招勇将军;父阮承信,诰封光禄大夫、户部左侍郎加三级。

阮元幼年随母亲林氏习诵诗歌,并逐渐矫口吃。6岁,父为其延师课蒙,并亲授古文辞。17岁受业于进士晴山李道南。年暨弱冠,占籍仪征,补县学附生。乾隆五十年,阮元县试居榜首,翌年乡试名列第八。中举后遂游历京师等地,遍谒学者名家,钻研经易等学。乾隆五十四年二月,恩科会试中试,殿试二甲第三名进士,入翰林院为庶吉士。散馆第一,授编修。翌年大考,乾隆擢为第一,升詹事府少詹事,入直南书房。继而晋职詹事,充文渊阁直阁事。后历官山东、浙江学政,内阁学士,礼、兵、户、工等部侍郎,浙江、河南、江西巡抚,漕运总督及湖广、两广、云贵总督,太子少保,体仁阁大学士。道光十五年(1835年),先后主刑、兵二部,兼署都察院左都御史。次年,充经筵讲官、殿试读卷官、教习庶吉士。道光十八年,以老疾请致仕,加太子太保衔,归故里领半俸,住扬州大东门福寿庭宅。道光二十六年,晋太傅衔,位列三公,支食全俸。道光二十九年十月十三日(1849年11月27日)去世。享年85岁,谕赐祭葬,谥文达。墓在扬州城北中雷塘(今邗江槐泗乡永胜村老坝山)阮氏祖茔。

阮元历乾隆、嘉庆、道光三朝,在救灾、办学、平海盗、御外侮诸方面,取得有口皆碑的政绩。阮元官高位尊,但禁止部下送礼、祝寿。他每逢生辰,即避客煮茶于竹林,不受一缣一烛之贺。职中,善体察民情,尽力为民解忧;并悉心办学,培养人才,扶掖后进。每至一地,必以兴学教士为急。他曾奏请朝廷批准,增定学额,让世受歧视的苗族等少数民族学人,得以同满汉族人一样应科举考试。嘉庆四年(1799年)、道光十三年两次会考各得实学之士200余人。晚年归故里后,仍关心后进,遇有书院贫苦学人,列其名告之淮商,以公谷济之。

阮元博学淹通,凡经史、小学、历算、舆地、金石、校勘等,无不涉及,尤以治经名重后世。仕宦生涯50余年,从事学术研究和著述不辍。著有《曾子十篇注释》、《山左金石志》、《两浙金石志》、《积古斋钟鼎彝器款识》、《十三经注疏校勘记》、《广陵诗事》等。他还全力编纂、汇刻各种学术著作,以嘉惠后学。编纂《畴人传》、《儒林传》,主编(修)《经籍纂诂》、《浙江通志》、《广东通志》、《云南通志》、《扬州图经》、《北湖续志》等,编刻《淮海英灵集》、《两浙輶轩录》、《文选楼丛书》、《皇清经解》等,刻印自著《揅经室全集》等,为诸学者刻印《知足斋集》、《述古录》、《雕菰楼集》等当时学术精粹之作。垂暮之年,虽疾病缠身,仍勤奋于学术,自印《揅经室再续集》。其论学宗旨在实事求是,不主门户之见,尤注重发明大义。他一生不废学术,不仅是清代扬州学派的巨擘,也是对乾嘉学派进行总结的一代大师。

林则徐

林则徐(1785~1850),字元抚,又字少穆、石麟,晚号竢村老人、竢村退叟、七十二峰退叟等。清乾隆五十年七月二十六日(1785年8月30日)生,福建侯官(今福州)人。清抗英名臣、政治家。出生在一个以教书为生的清寒知识分子家庭,自幼才识过人。嘉庆三年(1798年)中秀才;嘉庆九年中举人;嘉庆十六年中进士,选翰林院庶吉士,散馆授编修,派充国史馆协修。在京的七年中,他利用翰林院藏有的丰富书籍,潜心钻研经世致用的学问及其行政、军政、刑政、盐政、水利等变革图强之道。期间,曾于嘉庆二十二年、二十四年先后充任江西省乡试副考官、会试同考官,云南乡试正考官。嘉庆二十五年二月,离京出任江南道(包括当时的江苏、安徽两省)监察御史,不久改任浙江杭嘉湖道。道光元年(1821年)七月,闻父病,旋辞官回闽。道光二年四月回京补官,仍发浙江为道员用,八月署(代)浙江盐运使,旋得旨简放江南淮海道,十二月到任。因他在浙江修海塘,兴水利,整治盐务,深得道光赏识。道光三年正月,升任江苏按察使。到任后,他认真清理积压案件,亲自断案。为使断案公平,他还到各地明察暗访,并制裁把持诉讼的豪强恶棍,被百姓称颂为治狱严明的"林青天"。林则徐在任江苏按察使时,就开始最初的禁烟活动。他经过调查,发现江苏吏治腐败,民风奢侈,其主要原因之一在"包揽妓船,开设烟馆",吸食鸦片所致。据估计,当时苏州城吸食鸦片者不下数万人,商业中心南濠街一带原来的商品交易只剩半数,而销售的鸦片则很多。于是他上奏道光帝,要求严厉禁烟,查捕烟贩,并在苏州严拿一批"包揽妓船,开设烟馆,要结胥役,把持地方的恶棍"。是年夏天,江苏大水,松江灾民"聚众告灾,汹汹将变",江苏巡抚将调兵镇压,林则徐立即加以劝阻,只身一叶扁舟赶赴灾变地区,安抚灾民,很快平息一场即将爆发的民变。接着他又采取多种措施赈灾救荒。十一月,奉命以江苏按察使署(代)理江苏布政使,继续赈灾。他一面放赈救济,一面指导受灾农民抢种补种,生产自救。据当时记载,虽然江苏灾情比较严重,然而江南、江北千里之间,"群而熙熙,曾不知腹中之饥"。当时有人送联称赞他:"为政若作真书,绵密无间;爱民如保赤子,体贴入微。"由于他的政绩,江、浙两省的官绅一致推举他总办两省七府的水利,得到道光皇帝的首肯。后因家母病逝而止。从道光七年起,他先后被任命为陕西按察使兼署布政使、湖北布政使、河南布政使、江宁布政使(两任)、河东河道总督,其宦途通达,青云直上,一时贤名满天下。

道光十二年二月,林则徐调任江苏巡抚(六月到任)。上任时,正遇英国东印度公司派出的"阿美士德"号船,船主胡夏米在吴淞口外的羊山洋,从事间谍活动,他即下令苏杭镇总兵关天培等将其驱逐出境。次年四月,他与两江总督陶澍合奏,主张严禁鸦片,自铸银币,解决银昂钱贱的问题;在省内开展捉拿烟贩、收缴烟具、查封烟馆等禁烟活动。道光十三年,江苏又遇严重的旱涝灾害,他两次上书,请求缓征漕赋,以苏民困。从此,江苏百姓对他更加敬佩和爱戴,称颂他有海瑞之严峻、周忱之干略和汤斌之公平。他还在江苏试种和推广优质早稻,宣传改进农业技术,提倡深耕细作等先进的耕作方法,重视农田水利建设。他早在江苏按察使任内,即着手综理巡抚陶澍主持的黄浦、吴淞江的治理工程,不久因丁忧离去。他任巡抚后,在两江总督陶澍的支持下,继续疏浚浏河、白茆河、练湖以及浏河附近的七浦河、白茆附近的徐六注、东西护塘等河道;又疏浚丹徒、丹阳运河等水利工程,整修宝山、华亭两县的海塘。自道光十二年至十五年,四年间疏浚河道、港汊、湖塘就有六七十处之多,促进江苏农业生产的发展。道光十六年,林则徐两度署理两江总督兼两淮盐政,继续推进陶澍的盐政改革,使淮北票盐"以期久运畅行"。

道光十七年正月,他被道光帝召见后擢升为湖广总督。次年十月,又被道光帝召见,受命为钦差大臣,赴广东查禁鸦片输入。道光十九年正月抵达广州,旋即派人查询国内及西方有关鸦片的情况,翻译外文书报,编成《四洲志》。他还礼贤下士,拜访和接交包世臣等爱国人士,征求他们对禁烟的意见,并与邓廷桢通力协作,严令英美烟贩交出鸦片。四月二十二日至五月十五日,林则徐亲驻虎门监督销烟,将收缴的二万余箱"二百三十七万六千二百五十四斤"鸦片,在虎门滩当众销毁,焚烧40多天才烧尽;英国烟贩首恶颠地也被驱逐出境。嗣后,他又积极筹备海防,倡办义勇,屡次打退英军武装挑衅。道光二十年一月,接任两广总督。鸦片战争爆发后,他严密防范,使英军在粤无法得逞。同年十月,因遭投降派的诬陷,背着"误国病民"、"办理不善"等"罪名",被革职。翌年,派赴浙江,筹划海防,不久与邓廷桢流放新疆伊犁。道光二十五年十一月,释放奉召,赐以四、五品京堂候补,寻署陕甘总督。道光二十六年,授为陕西巡抚,二十七年任云贵总督。道光三十年十月,又被起用为钦差大臣赴广西镇压太平军起义,当年在赴广西途中,病逝于广东普宁县,终年65岁。后赠太子太傅,谥号"文忠"。能诗文。著有《林文忠政书》、《信及录》、《畿辅水利论》等。

胡翘汉　胡盍朋

胡翘汉(约1796~1850),字南樵。沭阳县章集人。学者。道德学问,冠于一时。著名古文大师鲁一同赞扬他"负绝人之资,淹博沉奥,汪茫不可涯涘"。胡翘汉文思敏捷,顷刻千言,能独创新意,有雄视四海之概,然终未折桂蟾宫。著有《四书特解备存》、《尔雅撷英》、《诗春秋评本》、《锥末录》、

《建元录》、《闽唐纪年》、《樵山录》、《樵人野史》、《息樵亭诗草》等。胡翘汉共四子：盍晋、盍省、盍朋、盍绩。

胡盍朋（1826～1866），字子寿，别号勿疑轩主人。胡翘汉第三子。清剧作家。廪生，12岁学诗，工词章。学贯古今，经史子集、诗词歌赋无不涉猎，一生著述宏丰。诗集有《寿榆草堂赋》、《白榆草堂诗赋》、《拟十国宫词》、《九秋诗》等4种，剧作有《勿疑轩传奇四种》。邑人进士李映庚为《寿榆草堂赋》作序，称其诗赋"无美不臻，其间鱼龙百怪，眩然不可迫视"。《勿疑轩传奇四种》即《海滨梦》、《汨罗沙》、《鹤相知》、《中庭笑》。

同治五年（1866年），胡盍朋去世。长兄盍晋，庠生，著有《四书别参》4卷、《蕃榆堂诗草》4卷、《清斋赏异录》6卷。次兄盍省，庠生，以医学名世，著《温病条辨补遗录》1卷。弟盍绩，贡生，注兄盍朋《拟十国宫词》1卷。

卢　栋

卢栋（？～1850），字葵生。扬州人。清髹漆工艺家，雕刻家。祖父映之、父慎之，均为髹漆名家。卢栋承家传，善制漆砂砚、多宝嵌、雕漆、浅刻、八宝砂、漆座像等多种工艺手法。尤长于仿宋宣和内府所制的漆砂砚，形质类澄泥而轻巧，入水不沉。当时文玩诸器均以漆砂制作，所雕山水、花鸟、鱼虫等非常精细，奇巧夺目；刀法有钝拙趣味，刀工笔趣，相得益彰，非寻常画工所能及，声名超越其祖。常用漆色有墨、灰黑、赫色、暗紫，偶尔用明艳的漆色，用朱漆的多为精品。漆艺为浅刻、百宝嵌、八宝灰等。在一色漆器上多浅刻名人的诗书画印，以追求格调清淡洒脱，疏秀高雅。其有较高的艺术修养，与书画艺术名流交往甚密，作品常表现江南文化情味和文人雅士志趣。还能制漆立体造像，摹仿紫砂器的锡胎漆壶，上边雕刻铭文和图画，被时人视为珍宝，并远销日本。亦喜画花卉、山水，有嘉庆十三年（1808年）作的《山口待渡图》传世，藏于南京博物院。传世漆器有《嵌螺钿梅花漆盘》，收藏于中国历史博物馆；《漆砂砚》、《锡胎漆壶》、《漆观音造像》，藏北京故宫博物院。道光十六年（1836年）作《仿紫砂漆茶壶》，外壁阴刻篆书"独携天上小团月"，楷书"丙申秋月葵生"，下钤"栋"字小方印，收藏于南京博物院。葵生谢世后，制作漆砂砚工艺失传。直至1980年，经扬州漆器厂技师反复钻研，才生产出漆砂砚的新产品，展销于海内外。

丘心如

丘心如(1804~1851),女。淮阴(今淮安)人。清长篇弹词巨著《笔生花》的作者。她出身于书香门第,家原望族,进为儒官。幼时即饱读诗、书、礼、易,能诗会文,是当地有名的才女。

丘心如约于18岁时开始创作长篇弹词巨著《笔生花》,19岁嫁于当地张姓儒生为妻。从此,她的生活发生巨大的变化,自云:"惊米贵,苦囊空,不在愁中即病中。"不是枵腹连朝,便是炊烟常断。此间,娘家的境况也一落千丈,父亲弃世,妹妹寡居,兄长相继而亡;丈夫离世,爱子夭折。于是她完全失去了依靠。但她仍以坚强的毅力,不辍写作。为了维持生活,便回娘家与老母团聚,设帐授徒,继续写作《笔生花》。"质尽衣衫存败絮,空余性命比轻尘"。这是她晚期生活的写照。"止与我,薄产一区为活计,千钧重负压枯骸"。在穷愁困苦之中,她把写作《笔生花》当作生活最大的乐趣,整整用了三十年时间,大约在咸丰元年(1851年),终于完成了这部百万字的弹词巨著。《笔生花》是继《天雨花》、《再生缘》之后,又一部出自女作家之手的长篇弹词。作品结构宏伟,情节曲折,描写细腻。八卷三十二回,着重叙述明代女子姜德华被点秀女,投水自杀,终于得救,入京应试,中了状元,建功立业,官至宰相,与表兄结为夫妻的故事。表现较为广泛的社会生活,揭露明正德年间朝廷腐败,权臣跋扈;倾诉妇女的不幸和种种怨愤。主人公姜德华的形象,反映妇女的非凡智慧和才能,寄托着不甘屈辱的妇女理想。在艺术上也独树一帜,颇受文学史家重视。郑振铎的《中国俗文学史》这样评价她:"和《再生缘》的后半部比较起来,丘心如的写作技巧和情绪要较梁德绳高明得多了。"谭正璧的《中国女性文学史话》、吉水的《近百年来黄皮剧本作家》也都给予较高的评价。咸丰元年,丘心如病逝,时年47岁。

许乔林

许乔林(1775~1852),字贞仲,号石华。祖籍安徽,生于四川,长于板浦。清学者。少年时诗词歌赋无有不通,与其弟许桂林被时人誉称"东海二宝"、"板浦才子二许"。嘉庆五年(1800年)参加乡试,以第六名中举。嘉庆十七年被邀请出任郁洲书院山长。道光三年(1823年)冬出任山东平阳县知县,曾"以防堵功钦加京衔"。

许乔林学识渊博,治学严谨,深受海州地区文人才子的爱戴,当时有"江淮学者,争出其门"之说。许乔林在任平阳县知县期间,清正廉明,勤政办学,当地人称他为"许青天"。海州盐运分司通判、无锡县知县谢元淮曾这样评论他:"江淮以北,凡金石文字,必得先生手笔为光荣,其人品如蝉如鹤,风露云清,洁然易饱,九皋之鸣,自闻于天。名位不崇,而时闻所属人无异词。"

许乔林曾与海州知州唐仲冕纂修了《嘉庆海州直隶州志》,协助谢元淮纂辑《云台新志》20卷,主编《海州文献录》16卷、《朐海诗存》16卷,编纂了《票盐志略》14卷、《东平州志》32卷,与海州族人许调同辑《板浦许氏支谱》。另外,还著有《球阳琐语》、《檠榆山房笔谈》、《唐志》(与许桂林合编)等数十卷,并为李汝珍写作《镜花缘》提供资料和帮助。李汝珍成稿后特"送呈斧正",许乔林亲为作序。

王 相

王相(1789~1852),字惜庵。祖籍浙江秀水,后迁入宿迁。清藏书家、学者、金石学家。王相出身于封建士大夫家庭,幼读诗书,深通六经典籍,擅长诗文,但自幼不屑科举,鄙薄仕途。性好文学艺术,酷嗜古籍及金石书画。他家累世藏书颇多,至王相时更多方搜罗,收藏益富。他原居桃源县(今泗阳县)郑家楼"百花万卷草堂",终日著书吟咏。

他于道光十九年(1839年)迁居宿迁县城富贵街,建园凿池筑亭,并购二层楼一幢,题名"池东书库",内藏40万卷。书多宋元善本,名刻、珍本、绝版皆有所藏,唐、宋、元、明书画名迹甚多,而以历代别集为当时海内藏书之最。很多书籍经他校勘,陆续刻版,统称《信芳阁丛书》,其中最著名的是他选辑的清道光以前的300多家诗选《信芳阁诗汇》,共40函,洋洋大观,是一部清代诗选巨制。他中、晚年主要心力用于主持摹刻高凤翰《砚史》。高凤翰《砚史》为"海内乐石极诣",时已散失,王相以重金多方罗购高凤翰手制《砚史》拓本,先后请名刻工王子若等勒石51方,刻枣木84方,共135幅。

王相能诗能文,诗近苏、陆,文宗韩、柳,诗文皆富有爱国思想。其著作有诗集《无止境斋初、续稿》8卷,《乡程日记》1卷,《井窥》2卷,《春明图览》

1卷,《草堂随笔》1卷。抗日战争中,《砚史》原册和摹刻枣木版已不知下落,仅剩部分石刻,现藏南京博物院,为国家一级文物。

甘 熙

甘熙(1798～1852),字实庵、石安,晚号二如居士。安徽歙县人,流寓江宁(今南京)。清文人。出身江南望族。道光十九年(1839年)进士,以知县迁广西。道光二十二年升郎中。后任户部广东司兼云南司主稿、记名知府等职。他博学强记,懂天文,识地理,尤精勘舆(即看风水)之术。咸丰二年(1852年)受诏进京重安道光帝灵柩于墓陵,并为咸丰堪平安峪陵地。甫毕,以微疾三日,卒于邸舍。甘熙致力于搜集乡邦文献,证析异目,著书立说。他对金陵历代掌故和逸闻旧事搜罗考证甚详,于街道名称之沿革录述尤为详备,为后世治史者所推重。

著有《白下琐言》、《金石题咏》、《桐荫随笔》、《栖霞寺志》等。还编修有《重修灵谷寺志》12卷。他的故居(今南京南捕厅15号、17号、19号和大板巷42号),原占地10亩,内有古建筑100余间。由其父甘福在道光十二年建成的津逮楼藏书(画)10余万卷,甘熙主持时更为丰富,甲于金陵。惜此楼于咸丰三年毁于兵燹,所剩书籍及刻板约3卡车,其后人于1951年捐赠南京龙蟠里国立图书馆,其中有传世孤本宋代金石家赵明诚著的《金石录》,后由北京图书馆收藏。

程开聚 程立炜 程立昕

程开聚(生卒年不详),乳名小开,字萃堂。约生活于清嘉道咸时期,沭阳县沭城镇人,祖籍安徽歙县。清豪绅,号称"江苏第一家"。祖父程文佑在乾隆年间逃荒流落于此。父程仲璜与沭阳章集乡人结婚。祖业竹蔑器编织,生活维艰。程开聚无力上学读书,且摒弃祖传手艺,另辟蹊径,学做生意,摆了个小布摊子。因经营有方,很快成为大户,遂雄心勃勃,买下山西人在沭城开办的酒店和槽坊,雇用工人,自己当了老板。又兼营盐业,特别是淮北纲盐改票后,获利甚巨。晚年开办27爿店,购买廉价土地累计达1600余顷,遍布全县各地,纵横达100余公里。清道光年间,程开聚家资逾百万,遂为淮北首富。道光十一年(1831年),程开聚修文庙,建书院,"捐资数千缙"赢得了声誉。道光十三年,沭阳灾荒,哀鸿遍野。程开聚"捐千金办粥厂",供饥民食用,清政府奖给"闾里矜式"匾额,遂身价陡涨,官民拭目视之。道光二十一年,英军侵犯镇江,战云密布,而清政府国库渐虚,军饷无着。程开聚助饷20万两银子,清帝特赐他"二品顶戴",准其"建宗祠,置祭田"。于是,程开聚由土财主变成大豪绅,跻身政界,显赫一时。

程立炜(？~1870),程开聚次子。廪生,援例为贡生。道光二十二年,捐资助军饷,朝廷奖以"克襄王事"匾额。太平军进军淮扬,程立炜以板浦200号盐池助饷,帮助清政府镇压太平军,清廷赏赐给他花翎。同治四年(1865年),程立炜进京改选,任刑部山东司行走。同治八年冬,捐田2600余亩,立义庄,收养无家贫困者耕种;办程氏义塾以教族中不能延师的子弟。后因兄立焯死,程立炜哀而成疾,就医孟河(今武进境内),卒于旅次。同治十三年,清廷特旨建坊,旌其功德。

四子程立昕(？~1869),程开聚四子。曾勾结县衙,张榜捉造反农民。咸丰十年(1860年),组织兵丁,布防六塘河一线,阻挡捻军北上。次年,捐巨资,于沭城东关外筑土圩,"屏蔽治城"。同治元年,捻军在宿迁、沭阳间活动,劫富济贫。程立昕联络宿迁豪绅,组织联防,围剿捻军。清政府授朝议大夫衔。同治年间,程立昕出资,修筑沭河堤扎下至十字桥段,提高防洪能力。

余保纯

余保纯(1775~1853),字与屏,一字冰怀。号祐堂。武进县城(今常州市区)人。清嘉庆七年(1802年)中进士。历任广东高明、番禺知县。嘉庆二十四年,母病回常服侍而开缺。母去世后,应江苏巡抚陶澍奏留,负责开浚武进孟渎、德胜、澡港河,道光十三年(1833年)工竣。在江苏巡抚林则徐的奏荐下,加知府衔,发广东候补,负责防洪筑堤和任潮州盐政。道光十五年起,历任潮州、嘉应、惠州以及南雄直隶知州。道光十九年,钦差大臣林则徐到广州禁烟。他受命严缉烟贩,协助林则徐扣押船上的鸦片,先后缴获鸦片2376254斤,在虎门海滩销毁。接着奉林则徐之命,赴澳门与英国驻华商务监督义律谈判,令其对所有的鸦片商船必须在3天内具结、候查或回国。是年10月,余保纯在官涌6次击退英国军舰的侵犯。旋擢任广州知府。英国侵略军见广东防守严密,绕道定海,向防务空虚的浙江进攻。清廷屈从英军压力,将林则徐革职,派投降派琦善接替林的位置。余保纯奉琦善之命,到黄埔向义律求和,接受义律提出的屈辱条约。道光二十一年五月,英军又炮击广州,他又被奕山派去向英军乞和,签订《广州和约》。后广州城郊三元里103个乡的几万民众奋起抗英,将小股英军围于四方炮台无法脱身,他又奉奕山之命,到三元里驱散居民,为英军解围。此事引起广东人民不满。同年九月,他主持广东科举考试,考生一致罢考,大呼"不考余汉奸试"！清廷迫于舆论压力,将他削职。道光二十三年,回常州度晚年。曾一度负责修筑东坝事宜。纂有《南雄州志》34卷。

汤贻汾

汤贻汾(1778～1853),字若仪,一字雨生,号粥翁,又号琴隐道人。武进县城(今常州市区)人。清画家。父荀业和祖父均是报效朝廷,战死疆场。他16岁便世袭云骑尉。从19岁起,历任安徽凤阳、江苏扬州三江营、广东标抚营守备、山西灵邱路都司抚标营游击、浙江抚标营中军参将及乐清协副将等武官。最后擢升温州镇副总兵。晚年侨居金陵,筑琴园于鸡笼山下,并在城北筑"狮子窟"别墅,颐养天年。咸丰三年(1853年),太平军攻破江南大营,他配合清军组织团练抵抗。不久,金陵城被攻破,他投水溺死。

汤贻汾从小聪明好学,于天文、舆地、百家之学均有研究,并对琴、箫、棋、剑诸艺更为精好。又擅长诗书画,历有"常州双绝"之誉(即:恽南田、汤贻汾)。他"画梅极有神韵,占染花卉,闲淡超脱,笔无滞机";擅画山水,承娄东派衣钵,后发展淡墨干笔皴擦之法,枯中见润,雅致疏秀,富有神韵。间写苍松古柏"纵横恣肆,墨气淋漓"。与同代著名画家戴熙并称"汤戴"。代表作《姑射停云图》卷、《秋坪闲话图》轴均藏北京故宫博物院,《紫阳讲舍图》藏上海博物馆,《山水》册页藏南京博物院。不仅能画,也总结出有独创之见的"论时景"、"论山水"、"论设色"等绘画理论,甚为社会器重。生前将笪重光《画筌》分目10卷,以独特的"透彻之言",著有《画筌析览》、《狮窟集》、《江亭集》、《琴隐园诗词集》等书。其长子汤绶名、次子汤懋名、四子汤禄名及女儿汤嘉名均为书画名家。

臧纡青

臧纡青(1797~1853),字牧庵。宿迁人。道光十一年(1831年)中举。道光十六年春,他第二次赴京会试,与主张禁烟的鸿胪寺卿黄爵滋等10余人在陶然亭集会,开展禁烟宣传活动,朝野上下为之震动。后又帮助黄爵滋起草《严禁漏卮以培国本疏》,道光帝被打动,遂下令禁烟。鸦片战争初,他绘制海防图,成万余言上奏朝廷,促请整顿军备,加强海防,以备外敌入侵。同时还在家乡办团练,有乡勇万人,可随时迎击来犯之敌。道光二十年,继失广州之后,又失浙江定海、镇海、宁波三城。为挽回败局,道光帝任皇侄奕经为扬威将军赴浙江督师。途经宿迁,得知他有智略,便将其延聘入幕。入幕后,他请奕经上书朝廷,把因力主禁烟与抗英而被革职的林则徐从开封河工调来浙江襄办军务;并劝奕经抵制朝中投降派琦善来浙,以免动摇军心;对临阵脱逃、连失三城的浙江提督余步云处以军法,但奕经为保护自身利益,未予采纳。在军事上,他又建议奕经充分利用浙江有利的水网地形,采用分兵埋伏,以小部队出击,主力为援,水陆并进,内外夹攻的作战方案;并主张派人到鲁汴江淮选勇,将浙江沿海的所谓"土贼"组织起来,配合清军作战。但奕经未采纳这些建议,而于道光二十二年三月贸然分兵三路同时反攻宁波、镇海、定海,向英军作正面强攻。结果三城未复,又失慈溪。他气愤伤肝,向奕经力辞,奕经坚留,并同意采用他的作战方案。一次战斗中,使用他的战术,果然歼敌数百。战后,奕经奏请清廷赏他同知衔,他拒绝领受,并气愤地说:"无功而赏,不可。且以和受功,不亦耻乎?"固辞职回乡。回乡后积极训练丁壮,组织地主武装,以镇压太平军及捻军。所部号称"虎头军",甚得曾国藩等人倚重,在宿迁、徐州间屡次同起义军作战。

咸丰三年十一月十七日(1853年12月17日),在安徽庐江一带同太平军作战,所部被歼,臧纡青自杀。清廷追赠三品衔。

刘文淇　刘毓崧　刘寿曾

刘文淇(1789~1854),字孟瞻。仪征人,世居扬州。清学者。少时家贫,在其舅父公羊学家凌曙指导下攻读群经,以淹通经史闻名江淮。他对毛、郑、贾、孔之书,宋、元以来经注,都锐意搜求,平衡各家优劣,提出折衷观点。18岁时开始做塾师,长年寄食于外。又曾做幕僚,帮人编书、校书。嘉庆二十四年(1819年)举优贡生,终生未仕。道光年间与宝应刘宝楠、江都梅植之、泾县包慎言、丹徒柳兴恩、句容陈卓人议定分工改作《十三经注疏》,他专事《左传》旧注疏证。搜集整理、研究历代名家关于《春秋》、《左传》的旧注疏证,上稽先秦诸子,下考唐以前史书,旁及杂家、笔记、文集,取为证佐,历时40年,草成长编,编为《左传旧注疏证》80卷,未及写定,遽然于咸丰四年谢世。另存《左传旧疏考证》8卷。

他还曾根据《史记》、《秦楚之际月表》的记载,知项羽曾拟都江都,为推见割据之迹,著《楚汉诸侯疆域志》3卷、《项羽王九郡教》1卷,《十八王分地考》2卷。据《左传》、《吴越春秋》、《水经注》等书,载唐宋以前扬州地势南高北下,且东西两岸未设堤防,与当时运河形势迥然不同,著《扬州水道记》4卷。另有《读书随笔》20卷、诗1卷、《青溪旧屋文集》10卷。还曾任《重修仪征县志》总纂。

刘毓崧(1818~1867),字伯崖,一字松崖。刘文淇之子。幼时从父受经,又师事刘宝楠。博通经史百家,尤精于校勘考据。先助父亲编书、校书,后在金陵书局主持校书工作。曾长期充曾国藩、曾国荃幕僚,颇受曾国藩赏识。他承其父志,治《左传》,著《春秋左氏传大义》2卷,但仍未完成父业。他又依其父考证《左传》旧疏义例,著《周易》、《尚书》、《毛诗》、《礼记》的旧疏考证各1卷。另有《史乘》4卷、《诸子通义》4卷、《经传通义》10卷、《王船山年谱》2卷、《彭城献征录》10卷、《旧德录》1卷、《通义堂文集》16卷、诗集1卷。此外,曾为秀水杜文澜辑《古谣谚》100卷。

刘寿曾(1838~1882),字恭甫,一字芝云。刘毓崧之子。少受庭训、博览群书,学问精深,是个典型的书生。曾于同治三年(1864年)、光绪二年(1876年)两次中副贡生。后在曾国藩幕下,以筹办军饷有功,被保举知县加同知衔。后进入金陵书局校经史。他因祖、父两人治《左传》未竟,发奋继其志,严立课程,孜孜不懈。光绪七年由江宁返回扬州,次年病逝。所著《左传》旧注疏证稿件,只写到襄公四年(公元前569年),时人惜为"刘氏三世一经"功亏一篑。另有《读左札记》、《春秋五十凡例表》、《雅堂诗文集》、《昏礼重别论校义》、《南北史校义集评》等著作,还曾参与编修《江宁府志》、光绪《江都续志》。

刘氏《左传》家学,由刘师苍、吴遐伯、吴静安继之。吴静安于中华人民共和国成立后完成了《左传》旧注疏证的全部工作。

吴文镕

吴文镕(1792～1854),字甄甫,一字子范,号云巢,别号竹孙。仪征人。清臣。嘉庆二十四年(1819年)进士,选庶吉士,授编修。历任学政、赞善、翰林院侍读、侍讲学士、詹事、内阁学士、礼部及刑部侍郎,兼户部侍郎。道光十九年(1839年),授福建巡抚,偕总督邓廷桢筹备海防,并选拔水师将领。次年,英国挑起鸦片战争,北犯福建。吴协助邓廷桢在厦门击败英军。林则徐、邓廷桢被革职后,吴署理闽浙总督,曾于道光二十一年正月密陈厦门通市之害。不久调任江西巡抚,力筹抚恤,裁减漕丁陋规。道光二十九年调浙江巡抚,入境过衢州,察游击薛思齐贪劣,劾戍新疆。又劾不称职县令5人,改革官吏考绩,革除浙江盐务弊政。次年浙西水灾,亲往嘉兴、湖州考察,力行赈抚。道光三十年海塘潮涨决口,请往督饬堵筑,曾失足落水,还自请治罪,终于次第修复。升任云贵总督后,驱逐云南永昌边境入侵的外国势力。咸丰二年(1852年)兼署云南巡抚。当年调闽浙总督,未行。

太平军由湘北进,破武昌,吴主张迅速扑灭太平天国起义。咸丰三年九月调湖广总督时,田家镇清军失利,武昌戒严,太平军逼城,吴坐城上督战,守数旬。围解后,巡抚崇纶以闭城坐守奏劾吴,清廷下诏促吴收复黄州。咸丰四年正月,吴督师向黄州,屯堵城,正逢大雪,清军日行泥淖中,太平军分路来攻,大败清军,吴投水塘自尽,终年62岁。

包世臣

包世臣(1775～1855),字慎伯,号倦翁,晚号小倦游阁外史。安徽泾县人,长期寓居扬州。清书画家。嘉庆十三年(1808年)举人,官江西新喻知县。少工词章,继而喜兵家之言,善经济之学,于农政、漕运、盐政、货币以及鸦片战争后外国商品输入对中国经济的影响,有独到见解。嘉庆十五年秋,携眷至扬,寓于西门外倚虹园;是年撰《策河四略》。其间,曾致书知府伊秉绶急赈里下河灾民,举荐扬州士人入梅花书院。

包世臣是著名书法家邓石如弟子,书法、篆刻极富个性,均为当时所推崇。中年书法颜、欧,转及苏、黄,后致力北魏。晚年习书"二王",遂成名家。他的书法行笔"筋摇骨转",以侧锋取势,开辟书法新途径,对咸丰、同治年间的书法有很大影响。偶然亦作画自娱。著有书论《艺舟双楫》及《安吴四种》、《小倦游阁集》、《说储》等,另刻有《小倦游阁法帖》3卷。咸丰五年(1855年)去世,享年80岁。

刘宝楠

刘宝楠(1791~1855),字楚桢,号念楼。宝应县王野乡(今广洋乡)人。清学者。嘉庆二十四年(1819年)优贡生,道光二十年(1840年)始中进士,历任文安、元氏、三河、固安等知县和宝坻县代理知县。他任文安知县时,勤于听讼,审结积案1400多件,并组织军民修筑防水大堤,堵塞演马庄决口,以消除水患。任内3年,农业均获丰收。宝坻任期届满时,境内暴雨成灾,他吁请州府和地方富户赈济灾民,待救灾事宜妥善安排后才离任。任元氏知县时,适逢蝗蝻滋生,他自捐银两,组织人力迅速扑灭,是年获得丰收。官三河中,官军过境,他拨款雇车辆运送辎重给养,使百姓免受骚扰。

他少时便从叔父、经学大师刘台拱受业,精研汉字。初治《毛诗》和郑氏《礼》,即已名声大振,与叔父并称"扬州二刘"。早年还曾在扬州、仪征执教,主讲于广陵书院,与刘文淇、梅植之、汪喜孙、柳兴恩交往甚密,后与刘文淇、柳兴恩相约各治一部经著。他专治《论语》。他治学严谨,务实忌浮,对各种学派兼收并蓄,因而能异中存同,同中有异,互相补益、渗透,形成自己独有的学术体系。著有《论语正义》,详采汉、宋以来各家旧说,经去粗取精再加以引伸。他认为宋代邢昺疏解《论语》颇多芜陋,遂分别细加辨识,又吸取同时代学者考订训释的成果,不仅弥补邢氏的不足,且多所阐发,蔚为大观。后人称之可与孙星衍的《尚书今古文注疏》、邵晋涵的《尔雅正义》、焦循的《孟子正义》等经学名著相媲美,堪称研究《论语》的指南。惜费时二十七年尚未及完成全书。

他毕生皓首穷经,著述甚丰。除《论语正义》外,有《〈论孟集注〉附考》、《释谷》、《殉扬录》、《韫山楼文集诗集》、《宝应诗事》等。另有《文安堤工录》,这是他多年从事治水实践的经验结晶;《宝应图经》,记录了宝应地理环境的变迁,给后人留下珍贵的地理材料,至今仍有重要的参考价值。清咸丰五年九月二十四日(1855年11月3日)病逝于宝应,终年64岁。

其子刘恭冕,字叔俛,又字公俛,光绪五年(1879年)举人,承传家学,弘扬父亲在《论语》上的成就,续成《论语正义》,共计24卷;另著有《何休论语注训述》。与刘台拱、刘宝楠同被誉为"宝应刘氏"。

韦昌辉

  韦昌辉(1823~1856),原名志政,又名正。广西浔州客家人,原籍广州。太平天国领导人之一。出身地主兼典商家庭。自幼读书,"颇知文义",但两次应县试皆落第。后因捐纳监生,被人告发,罚银"三百两",从此积愤。清道光二十八年(1848年),结识冯云山,并参加拜上帝教。后与洪秀全、冯云山等结为异姓兄弟,称"天父第五子",献出家产,开炉制械,积极准备起义。金田村起义时,全家从征,韦昌辉任后护又副军师领右军主将。咸丰元年(1851年),太平天国在广西永安州封王时,又封韦昌辉为北王。"自粤西至江宁"的征战中,他亲临战阵,指挥战斗,乘胜追击,声威大振。

  天京初建时,韦昌辉和石达开协助东王杨秀清辅佐洪秀全理政,并主管天朝军事,兼理外交事务。"天京事变"前,他就利用石达开、秦日纲等人对杨秀清的积怨,暗中图谋杨秀清。咸丰六年五月(1856年6月),太平军大破清军江南大营后,杨秀清逼天王承认他称万岁。韦昌辉利用杨秀清"逼封万岁"之机,在洪秀全的支持下,自江西前线带3000兵回天京,以"勤王"为名,杀死杨秀清。其间,他拒绝石达开"不得妄杀一人"的劝阻,竟滥杀无辜2万余人,整个天京城笼罩着一片恐怖气氛。石达开闻讯,速从湖北洪山赶回天京,对他杀人太多表示不满。韦昌辉对石顿生杀心,石逃离天京后,他又下令杀其全家。嗣后,他还带兵围攻天王府。韦昌辉的所作所为,引起广大太平军官兵强烈义愤。同年十月,洪秀全在石达开的支持和天京军民的配合下,将韦昌辉处死,时年33岁。

杨秀清

  杨秀清(1823~1856),广西浔州人。太平天国领导人之一。父母早逝,雇工出身,为平隘山烧炭工首领。他虽识字不多,但多智善谋,在群众中颇有威信。道光二十四年(1844年),经冯云山介绍加入拜上帝教。道光二十七年,冯云山被捕。洪秀全到广东营救,群众动摇,杨秀清假托天父附体,取得天父代言人的特权。他疾恨当世"富儿当权,豪杰绝望",遂与洪秀全等密谋起义。道光三十年,主持金田军务,指挥花洲迎主之战。金田起义后,封为左辅正军师中军主将,在永安晋封东王、九千岁,节制诸王,成为太平军统帅。咸丰二年二月(1852年3~4月间),永安突围大捷后,太平军北出桂林。此时,他针对部分将士的怀土恋乡的情绪,提出"直前冲击,循江而东,略城堡,舍要塞,专意金陵,立为根本"的主张,为洪秀全所采纳。旋即率军进湖南,占道州(今道县)。他与萧朝贵联衔颁布《奉天诛妖救世安民谕》等3篇文告,传檄三江两湖,痛斥清廷的腐败残暴,号召士农工商归顺天王,沿途响应者甚多,太平军人数剧增,声势大振。遂乘胜长驱,势如破竹,进长沙,出洞庭,克武昌,于翌年二月直抵南京。

建都天京后,他在京城总理朝政,并派兵北伐西征,破江南大营,保卫天京。在天京,他采取"整顿营规、立法安民"的措施,还以天父名义宣布"孔孟之书不废,其中有合于天情道理亦多",成立删书衙,删改儒家典籍。他治军严于训练教育,并按《太平军目》之制编立军伍,制定营规,严格施行。故太平军自建立之始,组织严密,号令分明,纪律优良,迥异于同期其他农民军。后由于他居功自傲,独揽大权,挟制天王,压制同僚,不知自忌,逼洪秀全封他为"万岁",引起天王及同僚的不满,领导集团内部矛盾激化。咸丰六年七月十六日深夜,韦昌辉奉诏率心腹3000人赶回天京,包围东王府,次日闯入府中,将杨秀清及其全家杀害。同时还滥杀无辜2万余人。后洪秀全追念前功,定其死日为"东王升天节"。

魏 源

魏源(1794~1857),原名远达,字默深、墨生、汉生,别号良图。湖南邵阳县金潭(今属隆回县)人。清末思想家、史学家、文学家。早年随父入京,师从刘逢禄学《公羊春秋》。和龚自珍同属主张"经世致用"的今文学派,人称"龚魏"。清道光六年(1826年),受聘于江苏巡抚贺长龄,辑《皇朝经世文编》120卷,撰《筹漕篇》、《筹河篇》等。道光十二年,卜居南京城西龙蟠里(今龙蟠里20号),宅第名"小卷阿",并于乌龙潭(今乌龙潭公园)浅水边建"宛在亭"。

道光二十一年,魏源入两江总督裕谦幕,参与浙东抗英战役。后见清廷和战不定,投降派昏庸误国,愤而辞归,发奋著书。道光二十二年《南京条约》签订时,已完成《圣武记》一书,其序中提出"今夫财用不足国非贫,人材不竞之谓贫;令不行于海外国非羸,令不行于境内之谓羸"的论断。又受林则徐之托,据《四洲志》和他所能搜集到的资料,编成《海国图志》50卷,后几经修订、补充,到咸丰二年(1852年)成书100卷。该书对强国御侮之方颇多探索,提出"以夷攻夷"、"师夷长技以制夷"等著名口号;并主张学习西方技术,制造战舰、火器,以及选兵、练兵、养兵之法,改革中国军队。还提出"以甲兵止甲兵","去伪,去饰,去畏难,去养痈,去营窟",以及允许私人设厂局,自行制造与销售轮船和器械等富国强兵主张。又在《默觚》中说,"变古愈尽,便民愈甚"和"及之而后知,履之而后艰"。凡此真知灼见实为近代中国改良思想之前驱。道光二十五年,魏源已届50岁,始中进士,以知州用,分发江苏。初任扬州府东台知县,后任兴化知县。咸丰元年擢升高邮州知州,公余整理著述。太平军东进时,他倡办团练。咸丰三年,被钦差大臣琦善诬以"贻误文报","玩视军机"革职。旋复原官,辞不赴任,居兴化,手订生平著作。咸丰七年卒于杭州。著作除前述各书外,还有《老子本义》、《禹贡解》、《古微堂集》、《公羊古微》、《诗古微》、《元史新编》等。1975年,中华书局收辑短篇论著、诗文成《魏源集》。

陈玉标

陈玉标(? ~1857),沭阳沟上人。晚清沭阳一带农民起义军领袖。为人仗义疏财,为乡里所重。陈玉标以贩盐为业。咸丰三年(1853年),海州守备秦怀阳打击盐贩。陈玉标以族人为核心,聚众千人,揭竿而起,反抗官府压迫。陈玉标左手被官军截断,他将利刃缚束左臂,右手执长枪,跨马冲突,左刀右枪,所向披靡。秦怀阳调集州兵围剿,破义军。不久,陈玉标复起,凭险自守,官军莫敢问。他在官府和兵营中收买耳目,掌握敌情,运动灵活,稳操主动权。陈玉标义军以大幅布为旗,故号称幅军。幅军四出打击官府和豪绅,纵横数百里。

海州赵心廉联络沭阳诸生徐春森,以团练对抗幅军。咸丰四年元月二十四日,幅军占领沭阳新河。二月既望,陈玉标北略沙河镇。时梁宝生观察统兵至海州,与山东道府会剿,陈玉标败走赣榆。是年春,陈玉标率幅军挺进海州,把总李步瑶率官军狙击,李兵败被擒。时沙河镇董孙氏以千金馈赠陈玉标,要求陈勿攻沙河镇,释放把总李步瑶,陈玉标一一照办。次日,梁宝生追兵至,陈玉标退出沙河镇。山东沂州兵邀击,地方团练助战,陈玉标败走夹谷山中,丢下大批辎重。官兵哄抢财物,无心追赶,第二天进山搜索,已不见陈玉标踪影。陈玉标移师山东郯城、沂州之间,地方长官惶惶不可终日。咸丰四年春,陈玉标率幅军进攻邵店,所获牛马金银散给饥民。三月进入县境,徐春森率团练与之战,追至宿迁境郑家庙,遭幅军伏击,团练覆没,徐春森被击毙。陈玉标遂驻军庙头镇,出富家粮食分给饥民。灾民纷纷参加幅军,旬日间得数千。四月九日,进攻颜集、新店仓等镇。十三日夜,陈玉标幅军遭徐淮两军夹击。徐州千总滕嘉胜出邵店,进逼新河;淮军从东面包抄新河,官府河兵、贤官镇董周桂林带乡丁助剿。陈玉标临危不乱,选择河兵、团练防地为突破口,战两日,冲出重围,死伤千余,被俘百余人,幅军元气大伤。陈玉标率残部走颜集,又遭团练狙击,幅军星散。陈玉标走山东,幅军另一首领刘业驹收拾残部进入宿迁。临沂县书生王善福自请往剿陈玉标,县令拨兵与他。咸丰七年,王善福带兵围追堵截,陈玉标东突西冲,幅军损失殆尽,终于被擒,壮烈就义。

华秋苹

华秋苹(1785~1858),名文彬,字伯雅,号借云馆主人。无锡人。清篆刻家,音乐家。自幼酷爱金石篆刻,苦练达20余年,作品有汉代玉刻风格,苍劲秀美,意味隽永。清嘉庆二十一年(1816年)将作品集为《秋苹印草》。其中所镌刘禹锡《陋室铭》全文,王羲之《兰亭集序》节录,为其生平得意之作。印谱中每件作品均旁注刀法,提示技巧,可谓别开生面。同年春,他邀集兄弟及族人成立诗文音乐社,取名"二柳村庄",经常以文会友,相互酬唱,并将社友之作辑成《二柳村庄吟社诗卷》刊印。华秋苹擅弹古琴,尤精琵琶,喜唱昆曲。平日留意收集昆曲和江南民间小唱,经整理订谱,辑成江南牌子小曲谱《借云馆小唱》,内收《清平词》、《软平调》、《马头曲》等共13首,为研究明清时期江南民间音乐提供珍贵史料。同年又与其七弟华文桂等共同考订、整理,编成《琵琶谱》3卷,收小曲62首、大曲6套,这是中国第一部正式刊印的琵琶曲谱集。内收南北两派传谱,卷首还标明作谱者姓名。参照传统七弦古琴的减字谱法,将民间手传的琵琶弹法,用字谱记录下来,订立较完整的指法符号系统,以利于琵琶曲的整理和传播,对琵琶弹奏艺术的流传起到重大作用。他还工书善画,书法长于草篆,悬针垂露之异,出于中锋逆笔之间,字字含蓄有情,气韵流贯。绘画长于人物、花鸟,善用工笔勾勒。

朱骏声

朱骏声(1788~1858),字丰芑,号允倩,晚号石隐山人。吴县(今属苏州)人。清文字训诂学家。4岁解四声,13岁授《说文》,一读即通晓,有"神童"之称。15岁补诸生,就读于紫阳书院,师事钱大昕,受到赏识。嘉庆年间(1796~1820年)举人。道光时,官黟县训导,任期内努力著述,亲自讲课授业,撰成《说文通训定声》,专明转注、假借之旨,对《说文》和训诂的研究颇有贡献,与段玉裁《说文解字注》、桂馥《说文解字义证》、王筠《说文句读》齐称,誉为"说文四大家"。得咸丰帝嘉奖,授国子监博士,升任扬州府学教授,引疾未就。于《左传》、《礼记》及天文历算方面的研究也颇有造诣。著作甚丰,有《左传旁通》、《夏小正补传》、《大戴礼记校正》、《天算琐记》、《离骚补注》、《小学识途》、《说丛》、《六十四卦经解》等数十种之多。

杨凤翮

杨凤翮(生卒年不详)。四川大竹县人。清抗英英雄。道光二十年(1840年)任靖江知县。道光二十二年七月初八,侵华英军10余人乘舢板至靖江城东门外抢掠,遭到靖城人民的强烈抵抗。有一名英国军官慌不择路,误走城下,被一少年从城上掷砖击毙,并缴获指挥刀1把(现存南京博物院),城外英军也多数被百姓打伤。

杨估计大股英军必来报复,遂于当晚召开会议,商讨御敌之策。会上主战派与主和派展开激烈争论,杨采纳靖城士绅陈凤喈意见,连夜做好应战准备。次日天亮前,杨、陈亲率兵民,在城外江堤下严阵以待。早晨,大股英军乘舰来犯,先向城内开炮,继而登陆,意图攻城。杨、陈沉着指挥,待英军靠近时,命抬枪手射击,千余民众挥舞刀、矛及农具,呐喊助威。英军知已有防备,丢下10余具尸体,撤回舰船。战斗持续2个多小时。适逢西风大作,潮水骤落,1艘英舰又被抬枪击中,燃起大火,英军不敢再犯,慌忙逃窜。事后,杨将此战上报,反遭两江总督牛鉴训斥,被革职还乡。数年后,杨又以布衣重返靖江,主讲马洲书院。

冯道立

冯道立(1782~1860)，字务堂，号西园。东台时堰人。清水利学家。自幼聪明好学，博览群书，尤偏好天文学与《易经》，书房设有简易"天文台"。每遇晴朗夜晚，必登台观察星斗运行规律，并细心记载。道光元年(1821年)，考入国子监，为恩科贡生。后因目睹洪水给淮扬带来的灾难，立志为民解除水患，于是发奋从事水利研究。

为了掌握根治淮扬水患的第一手资料，冯道立常深入长江、淮河、黄河、洪泽湖、白马湖、高宝湖等流域进行实地考察，了解淮扬水路的来龙去脉。每到一处，他都要详细调查走访并作翔实记载，先后测绘数以百计的草图。在此基础上，他初步设想西水排泄入江入海的道路。他还先后参加过许多大、中型水利工程。道光六年夏，阴雨连绵，湖水骤涨，漕堤决口，里下河汪洋一片，时堰东面大兴圩决口，圩内水深近3米，面临崩溃危险。冯不顾个人安危，带领乡邻在圩内筑堤以控制水势，并在决口上打桩，用草包装泥填实。经昼夜奋战，决口终于堵住，保住了圩内70多个村庄。道光十五年春至夏，久旱不雨，河道干涸，泰州州判朱沆准备疏浚运盐河的东台海道口到青蒲角河段约30余公里。时值炎炎夏日，很多人反对施工。冯支持朱的意见，建议雇工限6天完成，一切赏赐从厚。冯道立指挥施工，并亲自搬土，众乡民很受感动，结果按期完成疏浚。这时，东部先得大雨，由海道口逆流而西，东坝闸门一启，水尽西行，农田未遭水淹，盐船又得畅通，人民无不欢欣鼓舞。道光二十年六月，灶河大水，海潮倒流，八月，运盐河圩堤溃决，东台一带顿成泽国。当时知县秋家丞欲疏通入海口以泄西水，特聘冯道立襄助其事。冯亲赴滨海实地勘察后，提出"近海之地潮汐冲击，从来治河难，治海尤难，治小河以通海则更难。现在施工，应先将海口浚深，然后寻源而上，尾闾既泄，腹涨自消"。由于按照他的计划进行，水患终以排除。

冯道立一生著述甚丰，已刻印问世的6种，未刻印的尚有36种。他写的《淮扬治水论》，分析治淮与治黄的辩证关系，指出"淮与黄相倚伏，治淮能先治黄，则蓄清自然有功；治淮不先治黄，则蓄清终难有效"，概括黄淮危害苏北的历史根源。他的《勘海日记》、《束水刍言》、《测海蠡言》、《攻沙八法》等水利专著，集几十年治水之经验，实用价值很大。其中《测海蠡言》从"审地势"开始，到"裕后国"为止，分52目，共归纳为施工准备、组织动员、工程具体布置和分工、经济和总务、劳动纪律、安全保卫、安排民工生活、结束工作八个部分。《攻沙八法》所提出的"疏"、"开"、"束"、"蓄"、"直"、"闸"、"捞"、"下"8种方法，使海沙不为河害，有很大效果。

季芝昌

季芝昌（1791～1860），字仙九，一字云书。江阴青阳季家库（今属桐歧）人。清臣。清道光六年（1826年）中举，任国子监助教。道光十二年一甲三名进士（探花），授翰林院编修。翌年大考，升侍读，出任山东学政。道光十九年大考再得第三名，升詹事府少詹事、詹事，主持江西乡试，并任浙江学政。曾国藩、田雨公、钱振伦、万青黎、杨重雅等均出其门下，后因母亡服丧。期满，擢升内阁学士。道光二十三年，授礼部侍郎，出任安徽学政，又调吏部右侍郎，转左侍郎，署户部左侍郎，充武英殿副总裁，经筵讲官，调仓场侍郎。道光二十八年奉命查办长芦盐务，清查天津府属仓库，巡阅海口炮台。道光二十九年偕大学士耆英赴浙江阅兵，并筹办盐务，查仓库、节浮费、裁冗员，升为山西巡抚。十一月，改署吏部侍郎，特召为军机大臣。道光三十年，升都察院左都御史。咸丰元年（1851年），出任闽浙总督，次年兼署福州将军，赏戴花翎。专任徐宗幹以靖台湾，密保叶绍春以办洋务，并疏请停办捐纳举人、附生，奏请严禁盐商代销官运，均被采纳，有政绩。咸丰三年，因病辞职归里。咸丰十年去世，葬于江阴长山高台。光绪二年（1876年）谥"文敏"。遗有《感遇录》和《丹魁堂集》7卷。

赵振祚

赵振祚（？～1860），字伯厚。武进县城（今常州市区）人。出身官宦世家。清常州团练组织者。道光十五年（1835年）中进士，授翰林院庶吉士、编修等。道光二十二年擢詹事府赞善。其时翰詹习文，讲究"声韵对偶"。他不然，好言兵事，以为自第一次鸦片战争失败以来，"祸伏世潜"，随时有可能遭到列强更为惨重的掠夺，主张朝廷应习兵事作将来之御敌。对朋辈所习"浮华"学问"时发愤言"，常遭推行媚外路线的大学士穆彰阿嫉恨，遂将他压制10年不用。咸丰三年（1853年），太平军突破江南大营，他上书清廷辞官回常，组织常州团练以备顽抗，与回常养病的浙江布政使汪本铨等，在龙城书院成立"武阳保卫局",并督促西南、西北17个乡成立分局。他从藩库中要到1.9万元钱修筑城墙,疏浚护城河。同时从太平、沙洲及近郊招募"洲勇"、"练勇"、"帮勇"等兵,进行训练,为在常州负隅顽抗做准备。同年9月,太平军攻下扬州,派人与武进西横林的姜松等农民首领密商,联结反清农民作内应,约期起事,不料朱日昇、周忠等告密,被赵振祚设计诱捕杀害。太平军攻常的计划未实现。这时濒临长江各乡的农民常遭盗船抢劫,为保卫各乡的安全,他在长江择要隘口设立稽查卡房,配备水师战舰进行打击。咸丰六年,太平军从扬州沿江而下,进兵镇江,在城外与抵抗者展开激战,一时镇江的群众纷纷逃往常州。赵振祚组织身强力壮的青年进行训练,开赴镇江增援,阻挠太平军东进。后因镇压太平军"有功"赏戴花翎,加翰林院侍读衔。咸丰十年,太平军进兵常州,两江总督何桂清逃到常州驻守,安排亲信赵曾向主办常州团练,排斥赵振祚,武阳保卫局停办。5月19日,太平军击溃丹阳清兵大营,何桂清逃离常州。赵振祚再次出来举办团练,出城招集溃军,准备抵抗,结果被群众捉住杀死。他善古文辞,精汉学。著有《明堂考》1卷和诗文集若干卷。

石寿棠

石寿棠(生卒年不详),字芾南。淮安府安东县(今涟水县)人。约生活于清道咸年间。清医学家,《医原》作者。清道光二十九年(1849年)举人。石家七代业医,石寿棠幼年读书时,家长就开始用医家所必须了解的常识作为教学内容之一。石寿棠是"朝而儒,夕而医,历数十寒暑如一日",虽然中举,也未曾废止。所以,得以穷邃医学,在行医实践中颇有心得。他有感于当时医学界多半"昧于其原,而仅逐其末"的状况,于咸丰十一年著《医原》一书,阐发疾病的根本原理。该书上卷重点论述疾病的生理病理和四诊,下卷重点论述内伤、燥、湿等问题,见解独到,多发前人所未发,对后世医学有很大影响。

他晚年以候选府同知身份被李鸿章调至巡抚衙门任职。后客死于苏州。《医原》于1983年5月由江苏科技出版社重新校点出版。另外,他尚有《温病合编》一书,稿存中国中医研究所。

彭蕴章

彭蕴章(1792~1862),字咏莪,号小园;别号涧东墨客,晚号诒谷老人。吴县(今属苏州)人。清臣、诗人。嘉庆二十三年(1818年)中举。道光五年(1825年)入问梅诗社,与黄丕烈、张蒔塘、尤春帆等为诗友。道光七年由教谕改官内阁中书。道光十四年补军机章京。次年中进士,授工部都水主事,仍留军机处行走。其后历官鸿胪寺少卿、光禄寺少卿、顺天府丞、通政副使、宗人府丞、福建学政、左副都御史和工部侍郎。咸丰四年(1854年)升工部尚书,次年任协办大学士,咸丰六年拜武英殿大学士,兼管工部及户部三库事务,又充上书房总师傅。咸丰十年因其主荐的何桂清为太平军所败,失宠,遂出京就医。次年署兵部尚书,兼署左都御史。死后追赠为"文敬"。彭蕴章终生吟咏不辍,存诗约1500首。咏地方风物的《幽州土风吟十八首》、《扇子湖竹枝词十二首》、《燕山八景》、《霞浦八景》、《桐山四景》、《宁川二景》、《石堂六景》等较为有名。另有拟古之作《拟唐人五律十二首》、《拟古十九首》,亦有不少称颂朝廷之作,而反映民生疾苦之作绝少。故王芑孙称其诗"有和平之响,无噍杀之音;有婉约之情,无叫嚣之习"。著有《彭文敬公全集》。

徐鼒

徐鼒(1810~1862),字彝舟,号亦才。六合人。清学者。"家世业儒"。6岁从父读《毛诗》,8岁开始读《尚书》,14岁参加童子试。17岁"折节力学",三年后,以第一名考入县学。22岁"研读明清诸名家文章,探索源流,而尤好方桨如《集虚斋稿》,批点至再"。清道光二十五年(1845年)中进士。道光二十七年选授翰林院检讨,道光三十年起先后充实录馆协修、纂修兼国史馆协修。后因镇压太平天国革命,于咸丰八年(1858年)被任为福建福宁府知府。

青年时期的徐鼒,博览群籍,懿意治经。他走京师,游淮扬,遍交当世通才硕彦。道光十八年,徐鼒赴扬州与刘孟瞻、刘念楼等人切磋学问,始撰《读书杂释》,成《戴记、吕览、蔡氏月令异同疏解》4卷。次年,辑《周易旧注》若干卷。此后,著有《老子校勘记》、《楚辞校注》、《尔雅注疏》、《四书广义》等书。道光三十年,徐鼒以一人之力,搜集、参考前人所著南明史书60多种和省、府、县志及诸家诗文等有关资料,先后编纂成《小腆纪年附考》、《小腆纪传》。两书为后世研究南明史提供比较系统、全面的资料。建国后,两书经中华书局校点,于1958年重新出版。

鲁一同

鲁一同(1805~1863),字兰岑,一字通甫。近代古文家、诗人。安东县(今涟水县)人,祖籍山阳县(今淮安市)。成年后移居清河县。父鲁长泰以书画有名于世,擅花鸟,尤以画鸡见长,世称"鲁鸡"。鲁一同生而颖悟,6岁通古音,少年时就很会写文章。道光十五年(1835年)中举,此后屡次参加会试不第。有一次,一起参加会试的姓蔡的举人揖问他姓名,大惊说:"少时读先生文,尝恨古人不可复见,乃今先生故在也!"立即尊他为老师。宝山毛岳生见他的文章,以为"七百年来,文患于柔,惟此能得刚之美"。学术界认为鲁一同是桐城派后期的古文大师,也有人认为他杂师古法而创新,是无门派的大家。他生活在清朝衰微、内忧外患交织的年代,为了挽回世运,他与当时的一批有识之士,如魏源、姚燮、龚自珍、黄爵滋等曾在北京陶然亭集会,畅谈改革,以诗明志。他的政治见解,得到当时很多知名人士的欣赏、赞同。林则徐任湖广总督,曾请他入幕,他因父亲年老没有应聘。漕运总督周天爵也称赞他为"天下大才也,岂直文字哉"!道光三十年,他应礼部试,曾国藩数次亲往鲁一同处问天下大事,并对人说:"淮安鲁一同若成进士,天下之幸也!"太平军起,他曾协助清河县知事吴棠积极防御,并向清军将领江忠源出谋献策。

鲁一同还工诗善画。建宁张际亮在道光时以诗名闻全国,号称"小太白",读了鲁一同的古歌行,自以为不及。清末目空一代的李慈铭称赞说:"通甫诗气象雄阔,浩荡之势,独往独来,传之将来,足当诗史。"当今著名学者钱仲联也赞他在鸦片战争时期的《三公篇》、《有感》、《重有感》等爱国诗篇"魄力沉雄,苍凉盘郁","嗣响杜陵","在道光年代,他是江苏诗坛杰出的一人"。其作品有《通甫类稿》、《通甫诗存》、《白耷山人年谱》、《邳州志》、《清河县志》等10余种及《鸡》、《梅》等画作传世。

三姐鲁兰仙,善吹笛,工射,以诗文著称淮上,著有《瘦春仙馆诗剩》。

次子鲁賨,诸生,候选训导,文有家法,名显当世。曾为淮安府清理清河赋税,佐修安东水道,总纂《安东县志》。著有《仲实类稿》等。

贝青乔

贝青乔(1810~约1863),字子木,号无咎,别号署木居士。吴县(今属苏州)人。清末诗人。诸生,道光二十一年(1841年),在苏州入奕经军幕,随军至浙江,曾入宁波侦察敌情,继而监造武器,在浙东率乡勇抗击英国侵略军。后协助奕经办理文案。奕经被逮论罪,又随其入京,助之缮写亲供,备刑部入奏。他目睹清朝军政的腐败与敌人的残暴恶毒,写有100余首爱国诗歌,对当政的昏庸,将佐的腐败,皆秉笔直书,不为讳饰,形成别具一格的爱国史诗。后游历浙江、贵州、云南、四川等地。晚年应直隶总督刘长佑之聘,约同治二年(1863年)卒于旅途。著有《半行庵诗存》、《咄咄吟》、《苗俗记》等。

石达开

石达开(1830~1863),广西贵县客家人,原籍广东和平县。太平天国领导人之一。富家出身,因受土著地主排挤,难以安身,乃于道光二十七年(1847年)入拜上帝教,并与洪秀全、冯云山等结为异姓兄弟,人称"天父第七子",为贵县拜上帝组织的领导人。金田起义时,他率众至金田团营,后领左军主将。在永安晋封翼王。太平军由武昌东下,他任前线指挥,迭克九江、安庆、南京。其名声大震,被清军称为"石敢当"。定都天京后,他和韦昌辉留在京城辅政。曾和韦昌辉一起发布《革除污俗,禁娼妓鸦片黄烟诲谕》,以改造腐败的旧社会,革故鼎新,树立新的风尚。咸丰三年(1853年)秋,他出巡安庆,设官安民,实行"督民造粮册,按亩输钱米,于乡里之豪暴者抑制之";并"立权关于星桥,以铁锁巨筏横截江面,阻行舟征其税",使"军用裕而百姓安之","颂声大起"。回天京后,继续协助杨秀清辅政,兼主持南京的城防军务。咸丰四年,武昌失守,西征军失利,他即受命主持军务,在江西湖口痛歼湘军水师,夺回武昌,控制了长江中上游,始扭转战局。翌年进军江西,克八府五十余县,困曾国藩于南昌,使皖赣鄂三省基地连成一片。咸丰六年,他率师救援天京,与秦日纲大破江南大营。同年,"杨、韦内讧",他即回天京阻止韦昌辉滥杀,反遭韦昌辉迫害,遂逃出天京,其家属尽被杀害,他誓师讨韦。洪秀全诛韦后,顺应众心,命他回天京辅政。但由于他的威望明显提高,引起洪秀全猜忌,遂于咸丰七年五月愤然率十几万精锐出走。后转战于浙江、福建、湖南、广西、贵州、湖北、四川等省,因缺乏后备基地,力量逐渐削弱。同治二年(1863年),他在四川大渡河紫打地(今安顺场)准备渡河时被清军包围,粮尽援绝。为保全三军,他带着5岁之子到清军营中求降,受骗被俘。不久在成都遇害,时年33岁。

洪秀全

洪秀全(1814~1864),原名仁坤,又名火秀。广东花县(今花县东北)人。太平天国领袖。自幼受传统封建教育,后在家乡为塾师,曾3次应试秀才不中。鸦片战争失败后,清政府的腐败卖国、民族的灾难、人民的困苦和个人仕途的坎坷,使他产生了强烈的反抗情绪,终于放弃科举仕途。清道光二十三年(1843年)和冯云山创立拜上帝教,并赴广西传教,组织群众。翌年冬,返回花县,此后撰写《原道救世歌》、《原道醒世训》、《原道觉世训》等文章,号召人民信仰皇上帝,击灭"阎罗妖"(指清朝封建统治者),为实现"天下一家、共享太平"的理想而奋斗,为太平天国革命奠定了理论基础。他与冯云山先后吸收杨秀清、萧朝贵、韦昌辉、石达开、胡以晃、秦日纲组成领导集团,准备革命力量。道光三十年十二月十日(1851年1月11日),他在广西桂平金田村举行起义,建号太平天国,旋称天王。咸丰元年(1851年)八月攻克永安(今蒙山)后,洪秀全分封东、西、南、北、翼诸王,各王均受东王杨秀清节制。次年,他率太平军经桂林,克全州,进军湖南、湖北,并在占领武昌后挥师沿江东下。咸丰三年二月十日克南京,定为都城,改称天京。

洪秀全在南京建立政权后,为实现他建立"人间天国"、"共享太平"的理想,颁布《天朝田亩制度》,提出"有田同耕,有饭同食,有衣同穿,有钱同使,无处不均匀,无处不饱暖"的主张,制定了有关军事、商业、文化及婚姻等一系列法律制度。他还下令禁吸鸦片和黄烟、禁酒、禁赌、禁娼,并以诏令的形式,颁发他早年写成的戒吸鸦片烟诗:"烟枪即铳枪,自打自受伤。多少英雄汉,弹死在高床。"规定凡违反禁令者一律处斩。咸丰六年八月,"天京内讧"爆发,洪秀全对此处理失当,致使东王杨秀清及其家属、部众2万余人被杀,接着诛杀北王韦昌辉,将翼王石达开气走,太平天国元气大伤。

清军乘机卷土重来,战局逆转。咸丰八年,他提拔任用陈玉成、李秀成、杨辅清、李世贤、洪仁玕等一批年轻将领,先后打垮江北、江南大营,大败湘军,一度挽救危局。咸丰九年,他批准颁发洪仁玕撰写的《资政新篇》,对于引进欧洲的进步事物,诸如铁路、蒸汽机等类的东西,极为赞成,打算通过学习西方国家的新技艺和"邦法",把太平天国建设成一个能与"番人并雄"的新世界;而对有侵略野心的"洋"人,则倍加警惕。咸丰十一年十一月十九日前后,英国海军司令何伯与参赞巴夏礼到天京,提出帮助太平军推翻清朝,事成后平分中国土地的建议,洪秀全义正词严地加以拒绝:"我争中国,欲想全国,事成平分,天下失笑,不成之后,引鬼入邦。"同月,何伯命在天京的"狐狸号"舰长宾汉,照会太平天国,又提出赔款,英国船可自由航行长江,太平军不得进入上海、汉口、九江周围百里以内等4项无理要求。洪秀全命幼赞王蒙时雍等予以驳斥,在复照中提出太平天国任务是"光复全国","不能弃寸土于不顾",维护了民族尊严。在军事上,洪秀全则于定都天京后不久,即制定西征、北伐计划。但由于洪秀全和杨秀清等不能审度敌我势力对比,致使兵力分散,北伐失利。但西征军横扫大江南北,连战告捷,在岳州和靖州等地,打得湘军首领曾国藩"呼救无从",曾两次投水自杀,均被其部下救起。到咸丰六年秋,长江上至武汉,下至镇江,包括安徽、江西大部,湖北东部及江苏西南部的大片河山,尽归太平天国掌握。

第二次鸦片战争后,中外反动势力公开勾结,共同镇压太平天国运动,安庆失陷,天京被围,杭州、苏州又相继失守。在此危急关头,他一味迷信宗教,拒绝李秀成"让城别走"的建议,困守孤城,带头吃野菜,坚持战斗到最后。清同治三年(1864年),洪秀全去世,终年50岁。他全身以绣龙黄缎包裹,埋葬在天王府内金龙殿地砖下,后被曾国藩挖出,焚尸扬灰。

洪仁玕

洪仁玕(1821~1864),广东花县人。洪秀全族弟。太平天国领导人之一。自幼受儒学教育,屡试不中,曾任塾师。清道光二十三年(1843年),洪秀全创立拜上帝教,他与冯云山首先加入。翌年,应聘在广东清远私塾任教,并宣传拜上帝教,发展教徒。道光二十七年随洪秀全到广州,在美国传教士罗孝全处学习,后回乡学医。金田起义后,他曾应召赴广西浔州(今桂平),因未追及起义队伍,遂折回广东。由于清政府迫害,于咸丰二年(1852

年)逃亡香港,结识瑞典传教士韩山文,并接受其洗礼。他向韩山文详述洪秀全和拜上帝教的早期活动,经韩整理写成《洪秀全之异梦及广西乱事之始事》。咸丰四年,他由香港至上海,拟去天京,未遂,入墨海书院学习天文、历算。其间,曾受传教士麦都思之托,撰写《新约》注解,另著《医缘》。同年冬,又回香港入伦敦布道会,任宣教师4年,结识20多位欧美人士,悉心学习西方资产阶级的政治、经济、科学技术及各国富强之道。咸丰八年,再次离港北上,于次年三月辗转至天京。时值"杨韦事变"后、石达开出走之际,洪秀全见其千里而来,甚喜,说他是"志同南王,历久弥坚"的"板荡忠臣",遂封干天福,半月后又封干天义,加天朝九门御林主将,次月晋封开朝精忠军师顶天扶朝纲干王,降诏天下,要人悉归其制。自此,他以军师身份总理朝政。

到天京后,他针对太平天国时弊,结合西方的"民主与科学"思想,提出一系列改革措施。他写出《资政新篇》,提出向西方学习,发展资本主义工商业,获得天王批准,公开颁布,但未能实现。他还撰写了《立法制谊谕》、《钦定军次实录》、《钦定英杰归真》等书,详细阐述自己改造太平天国政权的主张。咸丰九年九月,洪仁玕任文衡正总裁,主持天京会试,随奏改历法,并建议在历书中增加农业生产的知识,以求合于天象,而"便民耕种与作",获准颁行。咸丰九年底,清政府调集20万人围困天京。为解天京之危,他与李秀成、陈玉成等采取"围魏救赵"的战略,由李秀成、李世贤率军直取杭、湖,以迷惑清军,遂调集各路太平军协同作战,从而彻底摧毁了江南大营。翌年,他率部援救安庆失败。同治三年六月(1864年7月)天京沦陷,他护送幼主寻李世贤部,以图恢复。同年九月在江西石城被俘,后押至南昌。不久在南昌就义,时年43岁。

李秀成

李秀成(1823~1864),广西藤县人。太平天国将领。雇农出身,家境贫寒。幼年在舅父家读书,后做帮工。咸丰元年(1851年),太平军过藤县境时,举家入伍。咸丰三年,太平天国定都天京后,由杨秀清擢为右后四军帅,旋升后四监军。同年,随石达开出巡安徽,次年春守庐州(今安徽合肥),并升任二十指挥,旋任殿右二十二检点,镇守和州、太平郡一带。咸丰六年春,封地官副丞相,参加破清军江北、江南大营之役。同年,他招收安徽蒙城等地一带义军，以功升地官正丞相，进封合天侯。杨、韦内讧和石达开出走后，天王任命李秀成为副掌率，与陈玉成共同保卫皖北。咸丰八年，天王重建五军主将制，授他为后军主将。同年，他配合陈玉成部再破清军江北大营，后转战安徽三河，歼李续宾部湘军，以稳定上游。次年，天王封李秀成为忠王。咸丰十年二月，李秀成率部奇袭杭州，又回师会同陈玉成再次击破清军江南大营，乘胜连克丹阳、常州、无锡，四月十三日攻克苏州。攻克苏州后，他遵天王洪秀全指示，以苏南之地建立苏福省，并推行减租减赋政策，鼓励农商，以恢复和发展生产，为太平天国后期开辟重要的战略根据地。他将苏州名园拙政园一带改建为忠王府，并将之作为苏福省公署。七月，他率部进攻上海，未克。咸丰十一年，他与陈玉成奉命第二次西征，约期会师武昌，以解安庆之围。但他迟迟不肯出兵，后又在江西、湖北一再逗留，误期失约，致使战略目的无法实现。同年，他曾进军浙江，十一月克杭州。至年底占浙江全境，并再次率军进攻上海。同治元年（1862年），曾国荃率领湘军万余人围攻天京时，他奉诏率军回救，并被任命为真忠军师，主持天京战守。不久，曾国藩派左宗棠率楚军入浙，李鸿章率淮军进上海进攻苏浙太平军。李秀成又指挥苏州保卫战，同治二年十月保卫战失利，于十月二十一日凌晨三时，率部万余离开苏州至天京（今南京）。此时，天京形势危殆，他劝洪秀全"让城别走"，被洪拒绝，遂指挥天京保卫战。他调集各路大军赴援，在天京城外与湘军血战40余日，虽也屡破湘军攻城之谋，然因城大兵单，疲馁之卒势难久守，天京城终于同治三年六月陷落。李秀成带幼天王及千余人从太平门冲出清军重围，并让快马给幼主奔广德，自己则断后阻击追兵，旋即被俘。他写下长篇供词《自述》，历述生平及太平天国历史。同年七月六日（1864年8月7日），他步赴刑场，"谈笑自若"。临刑前，还写《绝命词》10首，"叙其尽忠之意"。时年41岁。

陈坤书

陈坤书（？~1864）。广西桂平县人。太平天国护王。清咸丰元年（1851年）参加金田起义，随军征战屡建战功。咸丰四年，为太平天国殿前功曹副侍卫，驻安徽巢县。后随李秀成转战皖、苏。咸丰八年，参与摧毁江北大营之役。咸丰十年二月，进占安徽广德，留此驻守，被封"求天义"。四月，随李秀成等经江苏溧阳、句容，取淳化镇。五月，破江南大营，留守苏州，负责主持苏福省军政事务。咸丰十一年围宝山,攻镇江,又逼松江。任副掌率殿后军主将。同治元年(1862年)春,封殿前礼部春僚顶天护朝纲护王悦千岁。不久,合洪春元等渡江力攻浦口、六合,围扬州,未克而退。翌年二月,被调至江北九濮洲。夏,战于江阴杨舍(今张家港市区)沙山,退走黄塘,又支援江阴,不久撤退。十一月与林绍璋等从天京出击失利,转而救援无锡,又败回。后坚守常州。在常州保卫战中,顽强抗击,浴血奋战数月。同治三年四月初六日(1864年5月11日)城陷,身先士卒,进行巷战,寸土必争。当他受伤被俘押到李鸿章面前时,昂然挺立拒绝投降。当天被"凌迟处死","悬首东门"。

施志远

施志远(？~约1864),泗州东乡(今泗洪县朱湖乡)人。太平军将领。他"博雅好学,耽于诗书"。曾为私塾先生,家境贫寒。祖上原姓方,是明初方孝孺一族人,因方孝孺拒绝为燕王朱棣起草诏书被杀,株连九族。施志远的祖先逃来泗洪乡间,改姓"施",隐含方人也,不忘"方"氏祖宗之意。施志远投入太平军赖汉英部,受到器重,先任书记、司马,后调到主帅赖汉英帐下参与出谋划策。施志远有文化,为人又聪明,计谋甚多,办事干练,成为赖汉英的一个重要参谋人员。他为太平军攻下滁州、庐州、潜山等城出了大力。

咸丰七年(1857年),赖汉英调回天京(即南京),施志远被编入成天豫兼天官副丞相陈玉成军中。著名的浦口之战和三河集之战中,施志远都出过不少好主意。如他建议陈玉成围点打援,派皖籍太平军战士乔扮成清军潜入敌营制造混乱等,对打垮清军起了很大作用。陈玉成晋升为英王后,统帅皖鄂战场上十余万太平军。施志远连升两级,被封为英王殿右辅,还得到天王洪秀全授予的"顺天福"爵号,成为仅有的几个苏北籍太平军高级将领之一。同治元年四月(1862年5月),陈玉成不顾施志远等将领劝阻,去寿城会见团总苗沛霖,以"共商作战大计"。结果被反复无常的苗沛霖诱捕,遭清军统帅胜保的杀害。施志远矢志为英王报仇。数月后,设法刺杀了苗沛霖。英王陈玉成牺牲后,皖省太平军连吃败仗,大势已去。不久,施志远被迫依附驻扎盱眙和天长的太平军护王陈坤书。陈坤书了解施志远是泗洪人,命他组建船队,在洪泽湖上打开局面,筹集粮草供应太平军。施志远竭尽全力去办理,不幸在一次运粮航行途中遭清军水师炮船队伏击,施志远受伤被俘。他拒不投降,被清军杀害。

李世贤

　　李世贤(1834~1865),广西藤县人。出身贫苦,除力田外,还种山烧炭、代人屠猪,以求温饱。咸丰元年(1851年)参加太平军,以军功由"圣兵"提升为侍天福、左军主将、侍王。他曾与陈玉成、李秀成等北败湘军精锐李续宾部,南破清军江南大营,并曾亲率轻骑,击败洋枪队"常胜军"(外籍雇佣军),枪伤其头目戈登。他在咸丰十年四月十三日,率军从西水关攻入溧阳县城,杀清总兵鲁占鳌、副将陈凯旋、参将梁成贵、知县尚那布(满人)等。直至同治三年(1864年)三月九日吴人杰叛变降清为止,他在溧阳共驻军4年多。在此期间,他曾用10天左右时间,东西出击,歼灭二十多起地主武装,并修筑城垣,派兵驻守戴埠、上沛、周城、社渚、旧县、竹箦、上黄、歌歧等地,保卫溧阳的政治经济建设和维护社会治安。在此基础上,制定政策,发展农工商业。并派胡子封、马桂功两人专农桑;命令驻守各乡的部队屯垦自给;还将土地分给无田少地的农民耕种,规定占地5亩以下的农户免税,对地主大户则勒令缴税。他设立硝碳馆制造火药,建立铁匠作坊打造兵器,设立窑场烧制砖瓦陶器;还在胥渚村兴办"买卖街",派人管理卫护,设置厘卡收税,规定"木盈石、布成匹者"必须交税。一时该街商贾云集,市场繁荣。他还派人深入农村,宣传和动员贫苦农民参加太平军,共灭"清妖";并按太平天国苏福省行文,开科取士,广纳良医。由于李世贤的苦心经营,使溧阳成为拱卫天京的外围据点,又成为供应天京物资的基地,而且是天京至苏州、常州、湖州、杭州之间的一个重要兵站。光绪《溧阳续志》载:"溧阳为金陵通衢,贼过往不绝,无分昼夜,大队、小队每打馆于溧。"

　　同治三年七月十九日,天京(今南京)陷落。李世贤招集部众继续高举太平天国大旗,转战江西、福建。翌年八月二十三日(1865年10月12日),他在广东镇平被旧部汪海洋杀害。

张积中

　　张积中(1800~1866),字子中,号石琴。祖籍仪征,世居扬州。晚清学者。太谷学派的传人之一。

道光年间，周毂（太谷）在扬州聚众讲学。张放弃科名，从之受业。道光十二年（1832年），周去世，由他继主讲席。所授以儒家学说为主，旁及道藏、释典、医药、武术等，条贯古今，自居一派，听者甚众。咸丰七年（1857年），张携家眷至山东肥城、长清县之间的黄崖山定居讲学，附近人争拜他为师，不少人全家上山与他同住，原本居户稀少的黄崖山陡增至几千户。张依太谷学派主张，建立类似村社的组织，实行财产公有，政教合一，且耕且读，教养兼施。他以山长的身份，传道讲学，祭孔敬神，练勇习武，并集资在肥城、济南等地开店经商，获利补助办学。在黄崖、孝里铺设置药局，免费为病者施药。周围府县百姓称他为张圣人、张七先生（张排行居七）。同治五年（1866年），山东巡抚阎敬铭认定张传播邪教，纠众作乱，派兵入山围剿，派人要张出山投降。他召集生徒宣告："我讲学有何罪？贪黩官吏欲借此以兴大狱，为立功也"，"积中亦丈夫也，伏剑而死则可，桎梏而死则不可，积中以身殉学存亡！"他劝生徒逃走，弟子们环跪堂前说："愿与先生共存亡！"无一人离去。于是，张命人堵塞寨门，率众端坐祭祀厅上，地上铺满火药，各人手执火香。山门破后，点燃火药，他与部分弟子自焚而死，其余弟子被清兵抓获杀害，约数千人，遂成"黄崖教案"。

张一生著述很多，当时均未刻印。后经学派中人收集抄录，现存19种，如《张氏遗书》、《张氏内经七篇》、《白石山房文集》、《尚书释义》、《春秋释义》、《庄子释义》、《老子释义》、《楞严经释义》等。他和其师的学说，被清廷斥为异端，称之"大成邪教"，至清末才被学者公认为"太谷学派"。

许联镖

许联镖（1801～1867），字香墀。泗州仁信乡（今泗洪县界一带）许圩村人。晚清水师将领。少年英俊而才智出众，精武术，读书过目成诵。他于道光二年（1822年）中武进士，授河南卫辉营守备，奉命赴西北边陲，平定回人张格尔叛乱。连擢江南溧阳营都司，金山营游击，抚、提两标中军参将。道光二十二年，江南提督陈化成殉难，吴淞沦陷，他兼护提督，统领诸军，扼守金山卫。敌军水陆环攻，直扑城下。他率将士昼夜坚守，众志成城，禁讹言，惩内奸，誓与城共存亡。敌见其指挥若定，巍然难犯，遂退去。是年秋，他因功授河中协副将，署理狼山镇。值母丧，呈请归葬。转任河漕重镇清江参将。道光二十九年夏，调守登州镇。一日，率水师出洋会哨，与敌遭遇，果断驱舰出击,擒斩敌800余人,夺获战舰数艘,获圣旨嘉奖。咸丰元年(1851年),许联镖回乡为父举丧,服丧间,请求告病辞归。时闻太平军进军苏皖等地,遂在家乡办团练筑围寨拒守。后执意不复出山。晚年相继丧子,生活坎坷多难。同治六年八月十七日(1867年9月14日),许联镖因旧病复发,于清江客邸去世。

蒋春霖

蒋春霖(1818~1868),字鹿潭。江阴人。晚清词人。父尊典,官荆门知州,春霖随父读。父卒,家道中落,生活困顿。咸丰二年(1852年),署两淮富安场盐大使。咸丰七年,母死弃官,移居东台以避兵祸。从咸丰十年起,先后为乔松年、金安清幕宾。此后复任小盐官数年。最终穷愁潦倒而死。蒋春霖早岁治诗,其诗多写身世之感及社会现实,但已大多散失,今存约百余首,以《东台杂诗》组诗为代表作。后弃诗不作,专心致力于词。平生偏好纳兰容若的《饮水词》和项连生的《忆云词》,遂自署"水云楼",并以其命集。为词反对无病呻吟,主张抒写真情实感。尝谓:"词祖乐府,与诗同源。偎薄破碎,失风雅之旨。情至韵会,溯写风流,极温深怨慕之意。"其词既写个人身世和仕途坎坷,也写社会现实和时事政治,对太平天国革命持反对态度。在艺术上不抱门户之见,既不泥古,亦不趋时,而能广搜博采,自成家数。蒋春霖主要以词名世,备受推崇,而且诗亦同受好评。谭献《箧中词》说:"清代两百年中,只有纳兰容若、项莲生、蒋鹿潭是词人之词,足以分鼎三足。"李冰叔说:"鹿潭为诗,恢雄肮脏,……乃易其工力为长短句,镂情刿恨,转豪于铢黍之间,直而致,沈而姚,曼而不靡。"著作有《水云楼词》2卷、《水云楼词续》、《水云楼剩稿》(诗集)。今人冯其庸合编为《水云楼诗词辑校》。

陈 森

陈森(1796~1870),字少逸,号采玉山人。武进县城(今常州市区)人。晚清狭邪小说代表人物之一。早年科举不得志,游历四方。道光三年(1823年),游至京师,翌年,当一姓汪的兵部尚书之幕僚。由于他常出没于青楼烟馆,根据其见闻,伪托无锡张若水与妓女梅小玉名,将其曲折的恋爱过程,撰写《梅花梦传奇》。此书引起京城上层达官贵人争相传阅。后又凭他自己出入优伶中的实见及传闻,撰成《品花宝鉴》30回。后因出外游历将此书搁在一边。道光二十九年,又续撰30回,全书总计60回。该书在社会上颇有影响。刊印前已在京城广为传阅。他回常时带回此书。常州知府金栗(满人)看后,准备私人出资刊印,后因涉案被革职,未能印成。以后陈森把书随身携带外出游历,所到之处争相传阅者众,他依靠出租此书维持生活。每到一处,他停留10天,把书借给官宦传阅抄录。最多时,仅看一次,租金即达24金。由于众多人传抄,到咸丰二年(1852年),社会上已开始有此书刻本流传。此书内容主要以年轻公子梅子玉和男伶杜琴言的同性恋为中心线索,描绘达官贵人、王孙公子玩弄优伶的污浊不堪行为,同时也反映清代艺人极其低下的地位和生活。据鲁迅所述:"描写文人与妓女或优伶交游的作品,自唐以来,扬州、上海等地诸绝迹。即有录载……然大率杂事琐闻,并无条贯,不过偶弄笔墨,聊遣绮怀而已。若以狭斜中人物事故为全书主干,且组织长篇至数十回者,盖始见于《品花宝鉴》。"此书大开晚清狭邪小说之风。以后,如《花月痕》、《青楼梦》、《海上繁花梦》等狭邪小说相继效仿问世。

吴熙载

吴熙载(1799~1870),原名廷飏,字熙载(以字行),更字让之、攘之,别署让翁,号晚学居士、晚学生、方竹丈人等。仪征人。晚清书、画、篆刻家。他从包世臣学习书法,恪守师法,兼采黄乙生、邓石如等诸家之长。嗜刻印,尤功篆、隶章刻。他认真研究历代碑碣,穷源究委,将碑刻中自然、古朴的艺术美移植到篆刻中,使其篆刻作品大放光彩。吴隐撰《吴让之印谱后》更以邓石如衣钵传人视之。邓石如把书法上"计白当黑"、"疏处可以走马、密处不便透风"的理论运用到篆刻艺术中,冲破"白文不能用小篆"的禁区,开创篆刻中"圆劲"一派。吴继承乃师的创造,将书法美与篆刻美的结合向前推进一大步。道光二十九年(1849年),受宿迁王惜庵之托,续刻高凤翰所撰《砚史》。其时,他正以诸生分典扬州文汇阁秘书,并负责辑《南史注》。咸丰年间,由于太平军与清军激战,文汇阁毁于兵火,他自此移居江都、泰州间凡10余年,从事创作并授徒。后又寓邵伯,旋更寓扬州府城,终年漂泊无定,备尝艰辛。晚年目力衰退,生活更加拮据,只能借居泰州一冷落的小庙中，靠为人作画度日。世事艰难，人情冷暖，使他的印风一改姿媚轻灵之气，在圆转流畅中融入古朴浑厚，做到轻灵古拙、浑厚平实的统一。名家赵之谦盛赞道："息心静气，乃得浑厚，近人能此者，扬州吴熙载一人而已。"他的作品因而愈加臻于化境，将"邓派"篆刻艺术推到新的境界，使印坛面目为之一新。

他有两种印谱行世：其中《吴让之印存》（亦名《师慎轩印谱》），是赵之谦、魏锡曾等为他编订的；以后李维之搜罗其遗刻，又编有《晋铜鼓斋印存》4卷。他精于金石考证，著有《通鉴地理今释》16卷，在学界很有影响。他还精于绘画，喜作写意花卉，以篆书笔法入画，画风独具一格，与陈若木的画、龚午亭的评话并称为"扬州三绝"。

史致谔

史致谔（1802～1872），字士良，号子愚。武进县城（今常州市区）人。清臣。清道光十八年（1838年）中进士，选翰林院庶吉士，授编修兼国史馆纂修、方略馆提调。道光二十八年擢江西广信府知府。任上惠政颇著，惩土豪、修考棚、增号舍、护田设闸、蓄泄洪水、兴修水利等方面无不躬亲过问。尤其经几年治理水利，大大减轻广信地区的水患灾情。并秉承清政府旨意，镇压太平天国革命运动。咸丰元年（1851年）调任南昌府知府。翌年，太平军占领长沙，江西震动，他为阻止太平军南进，在南昌招募团练，办理保甲，制造军械，筑置炮台，修补城墙，疏浚城河，以作防守，使太平军久攻不下。以后，他又被调至广信，训练"信新"军、利用鹰潭的险要地势布设埋伏，与浙江清军形成军事犄角，企图将太平军引入圈套予以镇压，但后被太平军识破未成功。接着史致谔重返南昌，筹集浙盐余息，以充军饷，并遣散纪律松懈的"章武"军，将部分士兵改编入"信新"军，率部增援武宁。在紫鹿岭、中口、炉坪、箬田等地与太平军展开激战，并攻占武宁。咸丰九年，他被清廷召见，发往浙江，协助巡抚王有龄举办团练。咸丰十年，被派沪筹办商捐，以作军费。当年，杭州被太平军攻克，王有龄自缢，左宗棠任浙江巡抚。他被派任宁绍道台。他纠集英国人华尔，率常胜军攻下慈溪。接着又勾结美国广艇舰布兴有等，从太平军手中夺回横溪、石桥、奉化。随后渡曹娥江，继克东关、夏家埠、绍兴、萧山等。到同治二年（1863年）止，浙东太平军全部被镇压。嗣后，他整饬吏治，设安澜局，打击海盗活动。后加按察使衔，同治三年老乞休。著有《慎节斋杂记》。

曾国藩

曾国藩(1811～1872),初名子诚,字伯涵,号涤生。湖南湘乡人。晚清大臣、湘军首领。清道光进士,选庶吉士。累迁翰林院检讨、内阁学士兼礼部侍郎、礼部右侍郎及兵、工、刑、吏部侍郎,两江总督,直隶总督。咸丰二年(1852年),出任江西正考官,行至安徽太和县境,以母丧回籍。咸丰二年底,曾国藩以吏部侍郎身份,赴长沙帮办湖南团练,后扩编为湘军,对抗太平天国革命。咸丰十年调任两江总督,同年又奉命统辖苏、皖、赣、浙四省军务,竭力主张"借洋兵助剿"。同治元年(1862年),他派李鸿章到上海,左宗棠入浙江,伙同英人戈登的"常胜军"、法人德克碑的"常捷军"夹攻太平军,并派曾国荃扎营雨花台,专力围攻天京(今南京)。同治三年六月,天京陷落,湘军分段搜杀劫掠,日夜火光不息。曾国藩也以功加太子太保,封一等侯爵。后奉命督办直隶、山东、河南三省军务,镇压捻军,战败去职。后又相继调任直隶总督、两江总督。曾国藩在任两江总督期间,曾与李鸿章、左宗棠兴办洋务,创办了江南制造局、福建马尾船政局等军事工业。同治元年,他亲自到安庆观看机器轮船的蒸汽机模型试演,后又派其子纪泽在南京参加"黄鹄"轮船的首航典礼。编有《经史百家杂钞》、《十八家诗钞》,所著多收入《曾文正公全集》中。近人辑有《曾国藩未刊信稿》、《曾国藩全集》等。同治十一年二月初四日(1872年3月12日),病逝于南京。谥"文正"。同年在今南京龙蟠里建祠。

冯桂芬

冯桂芬(1809～1874),字林一,号景亭,又号邓尉山人。吴县(今属苏州)人。清政论家、教育家。道光十二年(1832年)中举人,为巡抚林则徐赏识,收为门生,助其校书。后入陶澍、裕谦幕。道光二十年一甲二名(榜眼)进士,授翰林院编修,历任顺天乡试同考官、广西乡试正考官、教习庶吉士等职。在京时,与姚莹、张穆等人友善。咸丰三年(1853年)在苏州办团练,为清朝收复松江府诸城有功,升任右中允。太平军攻克苏州时,逃至上海。同治元年(1862年),参加由江浙官绅与英、法、美等国领事组成的会防局,主张借用外国侵略者收复宁、苏地区。曾上书曾国藩乞师,促使曾派李鸿章至上海与太平军对垒。后入李鸿章幕府,为其出谋划策。桂芬对清朝腐朽统治有所不满,多次建议实施改革。主张在东南一带减赋、均赋、改革漕运。他重视经世致用之学,主张"采西学","制洋器","以中国之伦常名教为原本,辅以诸国富强之术"。洋务派的"中学为体、西学为用"理论口号,即源于此,同时又被资产阶级改良派奉为先导。同治二年,在沪协助李鸿章开办"广方言馆",招收14岁以下文童入学,研读外国语文及自然科学,务求博通中西两学,造就一批熟悉西方科学的人材。曾先后主讲金陵惜阴、上海敬业、苏州紫阳和正谊等书院,前后达20年。居家时,"遇事奋发,不避劳怨。凡浚河、建学、积谷诸举,条议皆出其手"。冯桂芬少工骈文,中年后致力于古文辞,于书无所不窥,尤留意天文、地舆、兵刑、盐铁、漕河诸政。著有《显志堂集》、《说文解字段注考证》、《两淮盐法志》、《弧矢算术细草图解》等。晚年移居木渎山塘街,纂修《同治苏州府志》。卒于同治十三年,墓葬在吴县藏书乡(今苏州吴中区)天池山北竺坞。

丁 晏

丁晏(1794~1875),字俭卿,号柘唐,晚号石亭居士、颐志老人。淮安府山阳县(今淮安市)人。晚清学者,朴学大师。道光元年(1821年)举人。生性颖敏,嗜典籍,博闻强记,勤学不辍,九经皆能成诵。

嘉庆年间,漕督阮元试士于书院,以汉易十五家发策,当时无人通晓,唯独丁晏洋洋洒洒万余言,分条析脉,博而有要。阮元与著名学者江藩很感惊异,对他更加器重,由是知名。学使汤金钊以《大学·格物》、《论语·正名》、《易·爻辰》、《诗·五际》、《礼·裼袭》等发策,丁晏又对数千言,受到汤金钊的激赏。大学者王引之为他的书作序,以为晏能绍承阎若璩之学。此后由举人大挑得教谕,不就,一意于著书立说。治学数十年,硕果累累。他曾经说,学者读书当从汉儒以正故训,故训定而后义理显;从宋儒以析义理,义理明而后故训确。所以,他的著述,于汉学特精。著有《毛郑诗释》4卷、《郑氏诗谱考正》1卷、《诗考补注》1卷、《三礼释注》8卷、《周易解故》1卷、《讼卦浅说》1卷、《尚书余论》1卷等22种。

他也注意经世致用之学,留心于乡里利病,遇赈济灾荒、筑城浚渠诸役,多主其事,颇有成效。他性喜交游,每与许瀚、魏源、江开、黄爵滋、鲁一同等人宴饮谈玄,吟诗赋文,互相切磋,颇得诸学者的推重。

吴 棠

吴棠(？~1875),字仲宣。盱眙人。晚清大臣。自幼学习勤奋,"家奇贫,不能具膏火,读书恒在雪月光明之下"。举人出身,历任桃源、清河两县知县,邳州知州,闽浙、四川总督,成都将军。

桃源县俗号强悍,过去主政者"率以猛,棠独以宽"。他经常到乡间巡行,警恶怜贫,"三年大治"。调清河县,处理县界纠纷甚力。邳州多盗,调任邳州知州,"擒斩数百人",聘名士鲁一同修《邳州志》。清咸丰三年(1853年),太平军攻占南京、扬州,淮上戒严,又调回清河县。到任后,"招集民勇,申明纪律,乡镇立七十二局,练勇数万,首尾联络",并传檄凤、颍、庐、泗、滁、宿、徐、海各府、州、县,共同防御。旋丁忧服丧。时捻军勃兴,愈战愈强,总漕袁甲三奏请将吴棠夺情任用,未得允许。咸丰十年,捻军攻克苏北重镇清江浦后,才命吴棠署淮海道。旋改授淮徐道,帮办江北团练,"修寨保民,贼数至,不为害"。咸丰十一年任江宁布政使兼漕运总督,督办江北粮台。同治二年(1863年),实授漕运总督,次年署江苏巡抚。其间,拆武家墩以北石工,修筑清江城,并筑清江里运河南北土圩,上置炮台多座,以防捻军。又创建崇实书院,建文庙大成殿,置义学四所。同治四年调署两广总督,未赴任,仍留漕督原任,筹划恢复运河漕运,以小粮船岁运4万余石。黄河北徙后,裁汰河道吏员和河标营兵,改修防为操防,并改隶淮扬镇总兵。黄河、运河和洪泽湖等滩地涸出,试行屯田,"划予各兵督耕充饷,以自然之利,养有用之兵"。

同治五年调任闽浙总督。次年调任四川总督,镇压川黔边境苗民起义。同治十年署成都将军。在任拨捐输银赈济灾民,疏呈捐输之弊,要求清政府"讲求吏治,尤当慎予序补之先"。光绪元年(1875年)因病乞归,不到一月,病卒于滁州。谥"勤惠",并于清江浦建祠祭祀。

庞钟璐

庞钟璐(1822~1876),字蕴山,号宝生,乳名文龙。常熟县塘桥镇(今张家港市)人。晚清大臣。道光二十七年(1847年)进士,殿试卷进呈御览时,排为第八。皇帝看过后,改排为一甲第三名(探花),授翰林院编修。咸丰二年(1852年),大考列入一等,升庶子,后又提升为侍讲学士,署理国子监祭酒,转侍读学士,升光禄寺卿,迁官内阁学士。后父丧,归里守孝。咸丰十年,庞钟璐受命为江南督办团练大臣,组织地主武装,与太平军作战数十次。农历七月,太平军攻塘桥,克常熟,他被迫退至上海。他募勇千人,在新泾、大场、华漕等地袭击太平军。同治元年(1862年),接应李鸿章至上海镇压太平军后,遵旨回京供职,先后署工部侍郎,补礼部侍郎,典湖南乡试,督顺天学政,调户部侍郎,署兵部侍郎,调吏部侍郎,升都察院左都御史,署工部尚书,升刑部尚书。对国事有很多建议,但奏稿留存很少。他主持科举考试,选拔人才,深受众人推崇。光绪二年五月初六日(1876年5月28日)病逝。著有《文庙祀典考》和《读均轩诗赋稿》等。

马如飞

马如飞(1817～?),本名时霈,字吉卿,一署沧海钓徒。长洲县(今苏州市)人,祖籍丹阳。晚清苏州弹词艺术家。父马春帆以说唱《珍珠塔》著名。如飞幼习刑名,曾为书吏,因薪金低微难以持家而改习父业。父死后从表兄桂荣秋学艺。相传现今流行的苏州弹词《珍珠塔》脚本是他加工改编的。在唱腔上创造出一种善于表达人物感情,质朴淳厚,运用本噪一气呵成的"马调",与俞秀山所唱的"俞调"同为苏州弹词的主要流派唱调,对后来苏州弹词唱腔的发展影响颇大。与姚士章、赵湘舟、王石泉齐名,合称弹词"四大名家"。同治四年(1865年),马如飞与赵湘舟等艺人在苏州临顿路小日晖桥堍重建"光裕社"(光绪十二年移至原址观前街宫巷第一天门东),并制定一套较完整的规章制度。他反对女子演唱,反对艺人堕落为娼妓。编写弹词开篇100多首,大多收入《南词小引初集》。

龚振麟

龚振麟(生卒年不详),吴县(今属苏州)人。晚清兵器专家。年轻时,素有巧思,闻名乡里。曾任浙江嘉兴县丞。鸦片战争爆发后,由于他会制造火炮等军械,道光二十年(1840年)六月,由嘉兴调到宁波军营,督制军中器械。随即制成以人力驱动叶轮的小轮船,浙江巡抚刘韵珂大为夸奖。清道光二十一年制成车轮战船,时速达 3.5 海里。曾发明铁铸炮法和枢机炮车。他的炮车可进可退,只需一人操作,可以灵活变换射击方位,俯仰高低的不同角度,大大增强了准确性和炮火威力。他的铁模制炮法,是中国传统铸造技术的新发展。著有《铁模图说》、《枢机炮架图说》、《铁模制法》、《铁模铸炮法》、《铁模全图》等,均为魏源《海国图志》收辑。

刘熙载

刘熙载(1813~1881),字伯简,号融斋,晚号寤崖子。兴化人。晚清学者、文学理论家。10 岁丧父,家贫不能入学。因其好学不倦,感动一位塾师,得以免费受教。27 岁中举,道光二十四年(1844 年)中进士,为翰林院庶吉士,后授为翰林院编修,官至左春坊左中允、广东学政。同治六年(1867 年)起,主讲于上海龙门书院 14 年。

任翰林编修期间,虽身居庙堂之上,仍保持书生本色,闭门读书,守正不阿。连太监都为他的严正态度所慑服,逢年过节不敢向他额外需索。44 岁时,清政府对中央官吏进行一次全面考核,他名列一等,本来可以有较好的官运,但他却请假出去教书。三年假满方回北京。同治四年,授广东学政。因他一向熟悉教学生活,积累了丰富的经验,故学政之职,颇合其意。他根据儒家的教育传统,首先从端正学风入手,紧抓思想教育,写了《箴言四首》,分发给全省生员,勉励他们迁善改过,向圣贤学习。他还认真考核诸生,通阅所有考卷,防止营私舞弊或遗落真才;并拒收"供张"(学政的额外补助),颇受生员爱戴。因不习官场生活,一年以后任期未满便借故请假离开广东。

晚年便致力于教学和学术研究。主讲龙门书院时,对生员讲习课业,辨疑析难,常至深夜。教学之余,整理出版著作。有教学杂记《持志塾言》上下卷,创作集《昨非集》4 卷,《寤崖子》1 卷,谈语言音韵的《说文双声》上下卷,《说文叠韵》4 卷,《四音定切》4 卷,文学杂记《艺概》6 卷(文概、诗概、赋概、词典概、书概、经义概,合称《刘氏六种》,又称《古桐书屋六种》)。《艺概》中,除后 2 卷各论书法和八股文外,前 4 卷均为古典文学的理论批评论作。他一生治学,注重实际,不尚空言,所有论著,都是自己的心得之言。他一方面对儒家教育思想作了有益的发展,成为融斋学派的奠基人;另一方面对古典文学批评也有重要的见解。他强调独创,反对因袭;注重文品,轻视文士;提倡反映实际,反对无病呻吟。《艺概》一书成为曹丕《典论·论文》和刘勰《文心雕龙》后较为杰出的文艺理论著作。

光绪六年(1880年),他因积劳成疾,自龙门书院返回兴化,次年便卒于家中。龙门弟子有的不辞千里至兴化赴吊。为纪念他,在松江郡城(今上海市松江)为他建祠立碑,后来郡守陈遹声在祠旁建立融斋书院。

吴昆田

吴昆田(1809～1882),初名大田,字云圃,一字稼轩。南清河(今淮安)人。晚清学者。道光十四年(1834年)中举,历任内阁中书舍人、刑部河南司员外郎,因赈灾有功,加三品封典。平生师事山阳潘德舆,与曲阜孔继镛、汉阳叶名沣、秀水高均儒、上元许宗衡、山阳鲁一同为挚友。他富藏书,喜著述,咸丰十一年(1861年),捻军攻克王家营,其寓所的藏书和所著文稿全部被烧毁。遂主办清河县团练,"驰驱淮海,劳攘数载"。吴氏是清河县大地主,至吴昆田,"益以推财济物为事",故家道渐衰。同治年间,与知府章仪林议论豁免清河县田赋,又大浚田间水道,"事成,需费数千金,将取偿于豁赋诸乡,昆田以民力未纾,不可,自鬻产二千三百亩应之"。他"生平以朋友为性命,尊酒促坐,谈论切靡,旬月不厌"。一生学而不厌,从不晚起,"冠带整肃,终日无惰容",年逾七旬,精力还很旺盛。他熟精《周易》、《三礼》、《史记》、《汉书》,乘舟车远行,都随身携带。阅读甄录,日著千言,孜孜不倦。今传世著作有《漱六山房集》11卷、《读书记》1卷,都是他50岁以后的作品。他还主修有清河、山阳、安东县志。吴昆田晚年主讲奎文、崇实两书院,并主修《淮安府志》,未脱稿而病逝。

陆增祥

陆增祥(1814～1882),字心农。太仓人。清臣、金石学家。道光十六年(1836年)补为县学弟子员;道光二十四年乡试考中举人。道光三十年状元,授官翰林院修撰。次年,因母殡葬回乡。他在母丧葬回乡期间,与本地官吏、绅士相勾结,成立团练,镇压"小刀会"的起义,因此得到朝廷的封赏。咸丰六年(1856年),充会试同考官。历任国史、功臣、方略诸馆纂修、起居注协修、文渊阁校理、庶常馆提调等职。咸丰八年,京察一等,记名以道府用;咸丰十年,授广西庆元府知府。途经湖南时,为巡抚奏留,擢道员,历署粮储道、盐法长宝道。他办事精明干练,"十余年军府度支,悉赖以济"。因积功,加布政使衔,赐二品封典。光绪二年(1876年),补湖南辰沅永靖兵备道。那里是苗族聚居之地,他在官四年,为苗民捕杀盗首,公平处理苗民诉讼,扩充苗民学校,并经常亲自督课;还对苗民减徭役,劝耕作,与民休息,得到苗族人民的称赞。

陆增祥"少通六书,及长益勤于学"。他在官不废学,对金石学很有研究,平时注意搜集汉、魏古砖达数千件之多,并择其精良者亲手刻制成砚。光绪八年六月十三日(1882年7月27日)卒于家。著有《八琼轩金石补正》、《三百砖录》、《楚辞疑异释证》、《红鳞鱼室诗存》等。

梅巧玲　梅雨田

梅巧玲(1842～1882),原名芳、雪芬,又字小坡,号梅道人。泰州人。京剧表演艺术家,梅兰芳的祖父。梅巧玲的父亲梅天材从事木雕塑像业。父丧后,梅巧玲随母及兄弟们逃荒江南,并过继江姓为子,后被转卖给福盛戏班杨家、夏家,备受打骂之苦。著名青衣演员罗巧福同情其遭遇,为之赎身并收为弟子。先学昆曲旦行,后改学皮簧。他敢于创新,突破青衣以唱为主、不重表演,花旦以做工、话白为主,不注重唱工的分工界限,增强旦角艺术表演力。其代表作是《雁门关》中饰萧太后一角,不仅运用青衣的端庄风度、唱工技巧,同时吸收花旦的技巧和表演,开京剧旦角改革之先河;且扮相俏丽,唱做俱佳,有"活萧太后"之称。长期嗣领四喜班,为清宫内廷供奉,"同光十三绝"之一。梅巧玲为人仗义疏财。四川成都举人傅留青曾向梅借债3000两,后傅落魄客死北京,梅巧玲闻讯到灵前吊唁,当场焚化债券,并以500两代办衣衾棺木,由傅的老仆扶柩回川,一时传为佳话。梅巧玲授徒很多,有桃李满天下之美誉。

梅雨田(1865～1912),梅巧玲长子。琴师。为清宫内廷供奉,号称"六场通透",胡琴沉着圆浑,准确流利,与京剧大王谭鑫培及单皮鼓名手李五合称三绝。

李光炘

李光炘(1808～1884),字晴峰,号平山。仪征人。清太谷学派的传人。24岁时,与表兄张积中受业于周太谷门下,同为其首座弟子,深受赏识。太谷曾说:"启予者(光)炘也,助予者(积)中也",并指定二人为传人,嘱光炘"传道于南",积中"还道于北",后被尊为南宗、北宗。光炘曾奔走于两广、山东、江西、武昌、杭州达10多年,结交各方人士,谈学论艺,相互切磋,学识大为长进。道光二十三年(1843年),家乡遭水灾,他变卖家产资助灾民,自己仅留几间茅屋,日常生活都很困难,仍怡然自得。其弟子集资在江都宜陵建几间茅屋供讲学居住,取名"龙川草堂",因之后人称他为"龙川夫子"。"黄崖教案"发生后,他年届花甲,被迫辗转流徙,生活维艰,仍坚持讲学,阐扬太谷学说。

光炘精通儒家,兼容并包,广采各家之长,且有创见,他学识渊博,又工文辞,好说理,善诱导。"先生之学,无所不包,大叩大鸣,小叩小鸣,人人得其意而去"。大江南北,追随者很多,士农工商乃至达官贵人,如湖北提督李长乐、陕甘总督毛庆蕃、尚书荣庆、知事黄葆年等,都慕名而至,向他行弟子礼。遗著经后人辑录整理的有:《李氏遗书》、《龙川草堂文集》、《龙川草堂语录》、《龙川太夫子遗著》等。

徐 寿

徐寿(1818～1884),号雪村,字生元。清嘉庆二十三年一月二十二日(1818年2月26日)生。无锡钱桥社冈里(今市郊山北乡)人。清科学家。青年时代不喜读八股文,研读格致之学(自然科学)。与同学华蘅芳广泛阅读中国古代自然科学论著,去上海从外国传教士开办的墨海书馆买回一批物理、化学、数学、矿物学等科技书籍,进行自学,并制成简易仪器进行实验。经过多年苦学,徐寿掌握化学、物理、机械、数学、医学等多门学科的基础知识,对化学研究尤深。成为江浙两省中"通晓制造与格致"的"异才奇能之士"。同治元年(1862年),徐寿、华蘅芳等6人由曾国藩向朝廷保举创办安庆内军械所,命他们制造一艘轮船。由于当时中国没有钢铁工业、机械制造工业和技术资料,徐、华亲到安庆观摩察看外轮,进行计算设计。在同治四年造成一艘长55华尺、载重25吨、时速20华里的木质轮船,命名为"黄鹄号",成为中国自制的第一艘用机器发动的船舶。同治六年,曾国藩派徐寿父子(建寅)和华蘅芳到李鸿章设立在上海的"江南制造局"负责技术工作,徐向曾提出四条建议:翻译西书;开煤炼铁;自造大炮;操练轮船水师。曾国藩十分赞许,认为"译书较办制造局尤要"。徐寿父子和华蘅芳一面负责造船,建造惠吉、操江、测海、澄庆、驭远等轮船和制造枪炮、子弹等技术工作;一面筹建翻译馆,同治七年,翻译馆在江南制造局内正式成立。徐寿主持馆务,亲自翻译,由于不熟悉外语,由英国人傅兰雅等口译,他记述,共译西方科技书籍17部(105本、168卷),专论9篇,计287万多字。内容包括化学、物理、数学、医学、军事学、工艺等。尤以化学较为系统,如《化学鉴原》、《化学考质》、《化学求数》;还参与《化学材料中西名目录》的编写,为中国近代化学发展,起到促进作用,奠定基础。他用音译方法,如将"Mg"译为"镁","Ca"译为"钙",沿用至今,也为日本化学界所借用。同治十三年,徐寿在上海筹建格致书院,设讲学堂、图书房、知新堂等,开设矿物、电务、测绘、工程、汽机、制造等6门课程,又举行科学讲座、科技研讨,具有学校、学会、图书馆、博物馆等几种功能。格致书院的建立,开创中国近代科技教育先河,培养一批科技人才。厦门博文学院、宁波格致书院都仿效他们的做法。徐寿同英人傅兰雅又在上海创办《格致汇编》(先月刊,后改季刊),传播科技知识。徐寿还撰写《汽机命名说》、《考证律吕说》、《医学论》等论文,对中西文化交流,推动中国科技发展起了重要作用。

徐寿在科学上的成就,名声大起。当时著名洋务派官员丁宝桢、丁日昌及各地封疆大吏纷纷邀请他去帮助创办制造局、开矿、办厂,徐寿一面谢绝,一面又为他们规划、设计、采购机器、聘请科技人员。山东、四川等地制造局、大冶煤铁矿、开平煤矿、漠河金矿等,都得到徐寿帮助。他还设计制造新式烘茧灶、缫丝机,有助于抵制外商掠夺,保护蚕农利益。

光绪十年八月六日(1884年9月24日),徐寿病逝于上海格致书院。

汪藕

汪藕(1832~1884),女,字藕裳;盱眙别称"都梁",因而自署"都梁女史"。盱眙县城人。晚清女弹词作家。她生于官宦之家,祖父汪云,任官陕西布政使,父汪根敬也官至州府。她天资聪慧,自幼即博览典籍,于史学及古文辞无不留意,有着深厚的文学功底,又置身于上流社会,对上流社会有较深的了解。她17岁丧父,由豫返里,后与桐城胡松岩结为伉俪。咸丰年间,太平军于苏皖一带攻城略地,清军败退。汪藳先从桐城归依盱眙母家,再和祖母等举家南迁苏州,投靠堂兄汪祖绶,立足未稳,痛失夫君。又只身赴宝应,依附长兄汪祖茂。光绪初,祖茂去世,复往苏州,随侄汪瑞曾生活。她寄人篱下,清贫自守,曾怆然吟咏:"一自故园兵乱后,流离无所叹途穷。钗分镜破深秋里,托足安宜类转蓬。"

汪藳一生颠沛流离,渴望太平盛世。她长期避居评弹之乡——苏州,深谙弹词体裁,素以之排遣忧愤,抒发抱负。首先写《群英传》,几经寒暑,一脱稿便争相传抄。同治初年孀居后,她以更大的气魄和更高的热情创作《子虚记》。"遍览弹词男扮者,此书不欲与相同"。作者不满意《再生缘》对孟丽君以及《天雨花》等对女子命运的安排,一定要为女子扬眉吐气。《子虚记》假托明孝宗时代为写作背景,着意叙述忠臣孝子的典型文玉邻和具有叛逆性格的巾帼英雄赵湘仙的故事,故事的悲剧性结局的处理,突破传统模式。写法上,结构巧妙合理,情节曲折生动,场景宏伟,语言清丽。全书囊括20多个家族100多个人物,其主要者无不各具个性,神采飞扬。"窗下功夫非一日,青灯照我几篇成"。汪藳去世前一年约光绪九年(1883年),这部64卷150万字的评弹巨著,于当年秋完稿,序文、题词亦相继拟成。它的思想性和艺术性可以和另一部弹词名著《再生缘》相比,特别是它突破了对女扮男装者命运安排的传统模式,具有更大的艺术价值和艺术魅力。在中国俗文学史上,《子虚记》占有重要地位。

清光绪十年,汪藳病逝。因当时环境所限,《子虚记》除光绪二十七年由繁华报馆印行过前八卷以外,全书从未出版过,只以抄本形式流传,因而其全貌鲜为人知。1982年,《子虚记》列入国务院古籍整理规划。

费伯雄

费伯雄(1810～1885),字亚卿(一说晋卿),号砚云子。武进孟河人。生于清嘉庆十五年(1810年)。清中医,孟河医派创始人。出身医家,幼读私塾,聪明异常。7岁便能作联,以"帘卷玉钩钩",巧对"门关金锁锁",惊其师友。稍长,擅研天文、六壬、技击、诗酒琴书,冠于郡邑。著名诗人俞樾对他有"诗原本性情,文得欧阳之神"赞誉。道光十二年(1832年)秀才。

33岁中举人后,无意做官,秉承家业专攻医术。在脉理方面造诣极深,有"名士为名医"之称。曾为道光帝治过失音,为道光帝太后治过肺痛。到咸丰年间,已播誉四方。每日"求诊者接踵而至,所居遂成繁盛之区",成为孟河医派的第一个开创者。《清史稿》称"清末江南诸医,以伯雄为最著"。清咸丰十年(1860年),太平军二破江南大营。他避居扬州,一时请他看病的达官贵人络绎不绝,先后曾为钦差大臣向荣、左宗棠治病。凡经他切脉,便能"晰脉知微,察如丝缕",掌握病情。他用药以"和缓"为主,可通其意。他认为习医在学术上,要强调师古法古方,但不可拘泥,尤其对各种不同病因的患者应灵机应变,方能显效。他以为"天下无神奇之法,只有平淡之法。平淡之极,方为神奇"。因此,他开的处方,用药总以"协调阴阳,顾护正气"为前提。他医德高尚,曾针对当时一些医者存在的不良风气,大声疾呼:"欲救人而学医则可,欲谋利而学医则不可。"自己身体力行,名传大江南北,治人以万计。所著医书,尤于杂病最详,略于伤寒。最初著有《医醇》24卷,毁于战火。后撮其要义,辑成《医醇剩义》4卷,总结他一生治疗杂病的学术经验。其余有《食鉴本草》、《医方论》4卷、《怪疾奇方》和《留云山馆文诗钞》1卷等,还存有医案500余则。

左宗棠

左宗棠(1812~1885),字季高,一字朴存。湖南湘阴县人。晚清大臣,湘军首领之一。清道光举人。青年时有志于经世之学;喜作壮语,常以"卧龙"自比,与人作书,辄署"亮白"。咸丰二年(1852年)起,先入湖南巡抚张亮基幕,后入湘抚骆秉章幕。为镇压太平军,策划军事,筹饷备械,整饬吏治。同治元年(1862年)升任浙江巡抚,亲自率军8000人入浙,与太平军作战,自此独当一面。后历任闽浙总督、陕甘总督、军机大臣、两江总督、南洋商务大臣等。其间,他先后领军镇压太平军、捻军和西北回民起义,竭力兴办洋务,成为清末著名的湘军首领和洋务派首领。曾先后授四品卿、太子少保、太子太保衔,封一等恪靖伯、协办大学士、东阁大学士。

光绪七年(1881年)起,左宗棠在江宁(今江苏南京)任两江总督的3年中,注意兴修水利、筑路、建桥等。次年,他调拨防军5000人兴工,用银"两万八千四百两",历时一年四个月,疏浚赤山湖道土坝至陈家边新旧河道"二十里有余",并开通三汊河,接秦淮河道,以畅其流。同时,又修建陈家边闸及陈家村木桥各一座。光绪九年,针对内秦淮河淤塞,遇大水泛滥成灾及东水关闭塞的状况,他调拨防军2个营,共挑土方16.8万余立方米,疏浚通济门与金川门两门内外河道,建内外桥、闸,"乃得收纳诸水导引清流,陆居、舟居咸受其益"。翌年,又调军防力量,在带子洲(现讹为太子洲)与江宁镇之间河道,建桥、闸,清沟道,筑圩堤。既疏浚入江河口,又解决江宁河两岸陆郎、江宁两乡7万亩农田的灌溉问题。在此期间,左宗棠还曾支银"十七万七千八百八十余两",调拨11个营的防军力量,在浦口地区为滁河开凿一条通向长江的分洪道——朱家山河。光绪十年三月,左宗棠离开江宁。次年七月病逝于福建任所。赠太傅,谥"文襄"。有《左文襄公全集》。今有新刊《左宗棠全集》。

金 和

金和(1818～1885),字弓叔,号亚瓠。上元(今南京)人。晚清诗人。父早卒,由母教育成人。少有文名,以才情见长,不拘泥于八股程式,故终生不得仕进。性嗜酒,好声色,常狎妓,为人处世不加检束,"近于狂"。咸丰三年(1853年)太平军占领南京后,混进太平军,与其妻弟张继庚向清军提供情报,约清军反攻以为内应,并几次挑动太平军之间的内讧。咸丰四年四月,张继庚被太平军捕杀。金和逃离南京城,先后在泰州、清河、松江等地以教书为生。咸丰十年至同治六年(1867年)在广东充陆钟江等人幕僚,任管理刑罚钱粮小吏。其后经上海回南京。一生不得志,晚景尤贫困凄凉,自称为"奇零之人"。金和以诗鸣于世,早年"好为绮语",以写其"筝琶之听,宠花之心,中酒风光"。《影春词十六首》、《倚红本事诗八首》为其代表作。写景抒情俱有佳作。金和为诗不标榜宗源。《写在营诸诗示客题尾》云:"笔端何事好讥弹?公是公非欲难掩。尚忍百分为国讳,敢诬一字与人看。"言其诗多讥评社会之作,又常以散文句入诗。著有《秋惠吟馆诗钞》(初名《来云阁诗》)、《来云阁诗抄》、《来云阁文钞》。

金运昌

金运昌(?～1885),字锦亭。盱眙县河梢桥人。晚清武官。幼值丧乱,被郭宝昌的母亲曹氏收养,遂姓郭。年少时学文习武,年长后充军,隶郭宝昌的卓胜营。镇压捻军,金运昌为卓胜营先锋,"立功"屡受提拔。同治七年(1868年)升总兵。郭宝昌受伤,金运昌统其军,后复金姓。

同治八年,陕甘总督左宗棠调金运昌驻防绥德,镇压回民起义,金积堡一战,终于平定起义,安抚赏赐降将。金运昌又移军缠金,剿平乌拉特旗起义回民,赏头品顶戴。光绪二年(1876年)被派出关,旋任乌鲁木齐提督。当时,伊犁仍被俄军侵占,他即以六营兵力扼精河,屡有擒斩,使局势渐定。于是捐献自己积俸修城垣,疏沟渠,建桥驿,兴农桑。复协助赈济直隶、山东诸省。家乡盱眙县修复文庙、试院、县署、义仓等,金运昌均有捐助,毫不吝惜。光绪八年、九年,兵事解严,疏散所属部队。后因伤复发,咯血不止,光绪十一年归抵寿春卒。诏史馆为之立传,并入祠陕西金积堡、安徽临淮卓胜昭忠祠。

吴师机

吴师机(1806～1886),名樽,又名安业、树杞,字师机,又字尚先、杖先,晚号潜玉居士、潜玉老人。浙江钱塘(今杭州市)人。清末扬州名医。出身于书香门第。道光十四年(1834年)中举,为候补知县。道光十六年入都应考,因病未与试。后随父迁居扬州。习诗文兼学医术。咸丰三年(1853年)太平军攻到扬州,他和弟弟奉母迁到泰州东北俞家垛居住。时因战争频仍,乡间贫病者多。吴师机遂专心研究,用外治法为泰州、泰县、江都、高邮、兴化、宝应等方圆数百里的百姓治病。对风湿性关节炎、风湿性心脏病、血吸虫病等,采用薄帖(膏药)治疗,施术简便,疗效显著,且少痛苦,颇受欢迎。每日登门求医者数百人。为减轻病员负担,他尽力省用药物;遇有付不起药资的,免费治疗。他施药与传方并行,不顾医家大忌,为贫病者着想,使乡人深为感激。

吴毕生着力外治法研究,认为外治可"与内治并行",并能"补内治之不及"。其外治法,除膏药外,还有敷、烫、熏、浸、洗、擦、搭、抹、吹、吸、坐、塞、踏、刷、点、滴、烧、照、扎、火罐、按摩、推拿等数十种,广泛应用于内、外、妇、儿、五官、骨、皮肤等科的多种病症。

他认为治病方法必须师古而不泥古,"医不拘法","前人不传之法,吾亦可变而通之"。他以"膏药治百病",首先是考虑到贫人购药为难,"膏药则更便也"。曾经受到一些人的怀疑和讥笑,但他不为世俗习见所拘,坚持在实践中发展提高医术,终于成功地对外治法加以创造性改进,被誉为"外治之宗"。

为将其外治之法传诸后世,他以大量精力从事《理瀹骈文》(初名《外治医说》)的写作,历时20年,于同治三年(1864年)成书,付印行世后享誉极高,各地一再刊行。新中国建立后,人民卫生出版社也曾标点刊印。

该书是中国第一部集外治法大成的专著,总结膏药外贴必须遵守的五个原则:一、要察阴阳;二、要察四时五行;三、要求病机;四、要度病情;五、要辨病行。对一些疑难杂症作了论述。还总结了多种外治方法。全书内容丰富,切合实用。吴师机晚年卜居公道桥(今属邗江县),建延陵寓祠和碧祠,兼书塾、药局,训蒙童,疗疾病。亲自捐购田181亩,以作祭祀、施药之费。光绪十二年(1886年)去世,享年80岁。著有《小斜川初存诗》2卷存世。20世纪80年代,被国内外医学界推为现代透皮给药的先驱。

高延第

高延第(1823~1886),字子上,号槐西居士。山阳县(今淮安市)人。晚清学者,方志学家。父高士魁,进士,历任四川丹棱、简州、蓬州等地州县官,政绩斐然。父亲在四川做官时,高延第"随任读书,纯笃简静"。赴乡试不第,遂绝意科名,专心著述。他不喜做八股文,以求仕进,而是博览群书,终于"通载籍,练习掌故"。

后高延第回到家乡,"闭门却扫,绝意进取"。淮安知府孙云锦慕名前往拜访,向他咨询"民生利病";提学使黄体芳将他向朝廷推荐,被赐为翰林院待诏。

他作文皆出真意,朴实无华,"汉唐之经训,伊洛之名理,旁至兵农庶政,表里洞澈,有本诸身,措诸天下之意"。晚年"行益高,品益粹,记览益渊博,端居撰述垂三十年"。高延第任分纂的《重修山阳县志》,任总纂的《光绪淮安府志》、《光绪盱眙县志稿》,皆是"雅洁有义法"的良志。又著有《北游记程》、《老子证义》、《涌萃山房诗文集》等。

胡恩燮

胡恩燮(1825~1888),字煦斋,号愚园。江宁(今南京)人。徐州近代煤矿的创办者。他考取国史馆供事后,记叙县丞候选,一度曾主办三叉河厘金局,并任过江宁织造。

太平军攻克南京后,胡恩燮与张继庚为清军谋内应,奉钦差大臣向荣之命,伪装乞丐进城侦察,出入凡36次,以军功授知府。事泄,张继庚被太平军处死,胡未被发现。

光绪八年(1882年),两江总督、南洋通商大臣左宗棠赐令徐州道台程敬之,对徐州周围的煤铁加以勘查,遴员开办煤铁矿,以备拓增船炮大厂,加强海防之需。

此时胡恩燮正在南京候选知府。程知道他主办过厘金局(即税务局)和任过江宁织造,名气大、交际广,便通过其子徐州道差次胡光国延请他到徐筹办矿务。

他与吴子实、方颜卿等人出资,请来西洋矿师进行勘探,发现利国驿周围诸山"铁苗均极勃郁磊露",贾汪一带"遍野煤田"。于是,他仿西洋之法,招股集资,以商为主,不请官本,创办利国煤铁矿务局,颁布开采煤铁章程12条,原准备招5000股,后争认者超过七八千股。为降低成本,他恳请左宗棠上奏清廷:"请减税银。"光绪皇帝批准了这一请求。开采两年,成效颇著,名声远扬。

光绪十年,中法开战,商事骤落,招股投资发生困难。官方原准备投入的资金转用于军事,且商股原集银两50万,也仅收了10万余两。胡氏荡产经营,难以为继,只得改煤铁并举为只从事采煤,先后在利国蔡家庄、青山泉开土井12座。

为办好煤矿,他提出自己的办矿宗旨:首先,以徐煤炼徐铁,数年之后钢铁充仞,不必取之西洋,是一举而塞无穷之漏卮,兴富强之盛业;其次,办矿时注意因地制宜。他把煤井位置选在蔡家庄,一是得水运之便,二是建厂掘井的原料充足,三是招工和租地容易。胡恩燮在徐期间,共掘煤井十几座,日产原煤四五十吨。光绪十三年,他因病返回南京。为总结这一段的经历,写下《煤说》《筹议利国矿务答记》等文,后被收入《白下愚园集》一书。

潘祖荫

潘祖荫(1830~1890),字伯寅,一字东镛,号郑庵。吴县(今属苏州)人。生于道光十年十月六日(1830年11月20日)。清臣。状元宰辅潘世恩之孙。咸丰二年(1852年)一甲第三名(探花)进士,历任翰林院编修、侍读学士、大理寺卿、礼部右侍郎、工部尚书、军机大臣等。其秉性耿直,敢直言,不计祸福,为官清正。咸丰十年,曾上疏力保被弹劾的左宗棠,并密荐其能,左因而获释起用,独领一军。又先后纠弹钦差大臣胜保、直隶总督文煜等。同治二年(1863年),疏请减江苏赋额,苏(州)、松(江)、太(仓)因获准减额三分之一。同治四年,恭亲王奕訢被弹获遣,上书请求持平办理。光绪七年(1881年)中俄《伊犁条约》签订,条陈善后策:练兵、简器、开矿、造船、筹饷等五事。光绪十五年、十六年,浙江、顺天水灾,致力于赈灾救民,疏请设粥厂。自幼好学,涉猎百家,于经学精通《公羊春秋》、《尔雅》,于史学则精通《后汉书》。好金石,图书金石收藏甲于吴中,闻名南北。著有《滂喜斋丛书》、《攀古楼彝器款识》等。光绪十六年十月三十日(1890年12月11日),积劳成病而逝,赠太子太傅衔,谥"文勤"。墓在吴县西跨塘桥东南荄白荡(今属木渎镇),已毁。

李金镛

李金镛(1835~1890),字秋亭,号丽卿。无锡石塘湾陡门李巷村人。清末官员。少时务农,膂力过人。家乡地势低洼,常有水患。他热心地方公益,于咸丰五年(1855年)发起集资整修杨家圩、界溪圩堤岸。不久赴沪经商,与人合资开设招商客栈,与江浙巨商交往,结识李鸿章之弟李鹤章。他将经商所得常用于救灾及家乡公益事业。咸丰十年带头出资在镇江、丹阳等地设粥厂,救济因战争而流离失所的难民。光绪十二年(1886年)竣工的无锡洛社大桥亦是他独资修复的。

同治三年(1864年),因捐纳得官同知衔。由李鹤章介绍投效淮军。同治九年,负责督办西征军需粮饷,因功以坐提赏加运同衔。光绪二年和五年,江苏徐淮一带及直隶、河南先后发生大旱灾,李金镛集巨资亲往灾区助赈,直隶景州灾民为他建造李公生祠。接着擢升为直隶知府。光绪六年,他承修西淀长堤,共1.26万余丈,百日竣工,被誉为"能吏"。光绪七年调吉林珲春办理屯垦事务。时珲春城东苏城沟被俄国侵占,当地民众饱受俄人欺凌。他与俄方严正交涉,使当地民众相继迁出苏城沟。后俄人烧杀八道河一带居民,他亲往调查后向俄方提出强烈抗议,并要求严惩凶手。俄方迫于事实,只得交出凶手"抵于法"。光绪八年,李金镛奉命查勘图门江边界,强烈抗议俄方侵吞中国领土和在中国境内私设哨卡,迫使俄方退还占地。同年秋调任吉林知府。光绪九年冬任长春厅通判。在任3年,政声扬溢。他深感东北正待开发,亟需兴办教育,培养当地人才,便自捐俸饷创建养正书院,厚薪招聘师资,并购书数千卷,供教学之用。他还建立同善堂,安置孤老和救济无助之人。他平时亲询民间疾苦,裁革陋规,清理积讼,伸雪冤案,除暴安良,人称"李青天"。光绪十二年擢升道员。光绪十三年奉命查勘黑龙江精奇里河南岸四十八旗屯地界,据约向俄方力争,悉数收回补丁屯至老瓜林170余里被占之地,并挖壕定界。同年,又受北洋大臣李鸿章委派筹办漠河金矿。他裹粮携枪,深入无人之境1500余里踏勘矿区,采集金砂样品,调查周边环境,拟出开矿办厂章程。清廷正式决定开矿以后,他又忙于募集资金,延聘技师,购买机器,筹划建厂。光绪十四年,漠河矿务局成立,开中国官督商办金矿之先例,筹资本银15万两。他任总办。先后于漠河、奇乾河、观音山等处设立金厂,采取工人得六、厂局得四的分成制和计量工资制度。同时修建工人宿舍,建立药房病院。光绪十五年初,先开工投产的两个矿厂即产金1.8万余两。因功赏加二品衔。光绪十六年四月,李金镛因积劳咯血,病故于漠河。追封内阁学士,无锡、漠河两地均为其立祠。后人称他为"黄金之路辟路人"。

秦 焕

秦焕(1818~1891),字文伯。山阳县(今淮安市)人。晚清廉臣,以擅长"时文"著称,在淮扬地方有"文龙"之誉。咸丰十年(1860年)进士,由户部主事改任桂林知府,到任后,"精心课士,一时登高第者咸出门下"。鸦片战争后,民族矛盾和阶级矛盾十分尖锐。桂林府所属临桂县因清查粮赋激发"民变","大吏派兵弹压并往剿之",百姓则守隘相持,大有剑拔弩张之势。秦焕急忙加以制止,并单骑前往,晓以利害,使"民悦服散去"。光绪八年(1882年),秦焕调任梧州知府,时法国传教士准备到梧州建教堂,"梧人出阻势汹汹",大有一触即发之势。秦焕定计,率领上万民众迎上前去说理,使他们"语塞",并以"声炮助威",使之"气慑,逸去"。光绪十一年,中法战争爆发,"饷糈军械络绎道途,悉由该境经过"。他积极参与备战事宜。运送军用物资"需舟楫缆夫,所费不赀",他拿出自己的俸银雇用船只纤夫,不加重百姓负担。抗法战争取得胜利后,清廷嘉奖有功人员,秦焕亦因"援剿克复谅山",赏加二品衔。后在办理赈灾中也颇有建树。光绪十五年,调任广西按察使。他剖理案牍,"笔如旋风,洪纤毕举"。在官期间,"所至劝蚕桑,设书局,平榷课,通沟渠,恤孤寡,给旅梓"。广西几任巡抚,均推荐秦焕为"循吏第一"。光绪十六年,秦焕奉旨进京,百姓献"慈云远恋图",并为立去思碑。光绪十七年,秦焕病逝。著有《剑虹居文集、诗集、制艺》《时文感旧集》等。

董恂

董恂(1807~1892),原名醇,后避同治帝讳改恂,字寿卿,一字韫卿。江都人。晚清大臣。道光进士,先后事道光、咸丰、同治、光绪四朝。其间,曾入总理各国事务衙门,作为全权大臣,奉派与比利时、英国、俄国、美国等国签订通商条约。为维护国家利益,据理力争,不辱使命。同治十年(1871年),镇江关查获漏税洋船,根据规定应予驱逐,可该洋船更名易主,不遵驱逐,争执甚烈。经查乃英国商船,董恂便招见英使,严正指出:"商船走私,有犯条约,严行驱逐,不准在口贸易。"英使言塞,只好按章办事。

董恂性爱读书。自幼家贫,力学,为官数十年,公余手不释卷,退居后及至耄期,仍勤读不辍。84岁那年还买了1430卷的巨著《皇清经解续编》研读。一生所著颇多,先后著有《楚漕工程》《江北运程》《随轺载笔七种》《荻芬书屋诗文稿》以及《手订年谱》等近百卷。其中《甘棠小志》是其为家乡邵伯编纂的镇志,他花费很多心血,使之著称于世。董亦工书法,尤擅隶书。

卞宝第

卞宝第(1824~1892),字颂臣。仪征人,世居扬州。晚清名宦。咸丰元年(1851年)举人,官历刑部主事、员外郎、郎中,河南司主事,浙江道监察御史兼湖道监察御使,礼科给事中,顺天府丞、府尹,河南布政使,福建、湖南巡抚,湖广、闽浙总督等职。任中,勤政敢言,平反要案,弹劾污吏,扶植良臣,抵御外敌,救赈灾民。

在礼科给事中任内,曾奏请严禁卫、治京兵、遏邪说、备人才、振国纪,并弹劾贪官江北水师统领黄彬。署理湖广总督时,湖北诸郡县连年水患,他偕湖北巡抚赈济灾民,并弹劾承修堤工的县丞张福锁。当时法国侵略越南,挑起中法战争,他奉命偕巡抚治江防,筑炮台,分军驻守,并制木筏,储石头,以备战时之用。中法战争后,他再任湖南巡抚,又上书朝廷,要警惕列强阴谋,并就求才、裕饷、船政、器械四方面提出建议,还指出改革兵勇并设的弊政,提出裁冗兵、练精卒的策略和步骤,为朝廷所重视。再任闽浙总督时,曾兼管福建船政,建议设水雷营于海口,建炮台,备设防。还创立织布官局,购机器,招民学织,逐步推广,并实施运布出口,减免关税。任中,亦率部剿杀过太平天国起义军。

著有《方岳采风录》、《闽峤輶轩录》、《抚湘公牍》及《政书》各4卷,《疏稿》12卷。

徐小香

徐小香(生卒年不详),名炘(一作馨),字心一,号蝶仙。吴县(今属苏州)人。晚清名伶。原演昆曲小生,后兼演京剧。长期在北京三庆班与程长庚合作,演出《镇潭州》、《群英会》、《取南郡》等剧,在《群英会》中扮演周瑜,水袖功、翎子功等形象逼真,神形兼备,脍炙人口,有"活周瑜"之誉。以演小生为主的剧目如《罗成叫关》、《监酒令》等更为人称道。对戏曲艺术刻苦研习,虚心请教于各方,常在家中对镜表演以校正缺点。对于小生的唱、做、念、表、手、眼、身、步均有发展;唱腔宗龙德云而有创新。为人尚侠义,乐于助人。程长庚卒后,即息影家乡,以书画自娱。著名小生王楞仙、朱素云等均曾受其教益。

洪 钧

洪钧(1839～1893),字陶士,号文卿。吴县(今属苏州)人。清末外交官、元史专家。同治七年(1868年)状元,授修撰,任湖北、江西等处学政。

光绪十三年（1887年）五月，以内阁学士衔为出使大臣，携妾赛金花出使俄、德、荷、奥四国，名重天下。光绪十六年七月回国后迁兵部左侍郎，兼总理各国事务衙门大臣。他向清廷奏报欧洲各国形势，建议：中国应当抓紧时机"修明政事，讲究戒备"。洪钧善治蒙古史，在国外接触波斯、阿拉伯、俄、法、英、德以及土耳其诸国史料，尤以得见俄人贝勒津所译波斯人拉施特哀丁的《集史》及亚美尼亚人多桑的《蒙古史》，遂用西方资料补正《元史》，著成《元史译文征补》30卷，为蒙古史研究开一新纪元。后因所携回俄国人绘制的《中俄界图》译图，有将中国边境卡哨置境外之嫌，受弹劾，虽经李鸿章、许景澄集英、俄、德、法之图证之，无大纰缪，然洪钧终抑郁不安，于光绪十九年八月二十三日病逝北京。其墓在吴县横泾宝华山宝华寺后，已毁。

吴友如

吴友如（1850～1893），初名嘉猷，字友如。清末元和县（今苏州市区）人。晚清新闻画、社会风俗画家。幼年贫困，喜绘画，自学勤练，并吸取钱杜、改琦、任熊等人的画法，遂工人物、肖像，以卖年画为生。曾应征至北京，为宫廷作画。清光绪十年（1884年）起，在上海主绘《点石斋画报》，后自创《飞影阁画报》，内容多为时事新闻描图和描绘市民社会生活。此两报为中国最早的石印画报。所作参用西方绘画透视法，构图紧凑，线条遒劲简洁，为后来的年画、连环图发展奠定基础，并为木版年画绘制画稿，在民间流传颇广。他是第一个将桃花年画向月份牌年画过渡的画家，被誉为中国近代新闻画和社会风俗画大师。

左宝贵

左宝贵（1837～1894），字冠亭。回族。山东费县人，定居淮安。晚清抗日殉国名将。父母早亡，家无恒产，学做皮匠手艺。咸丰年间，他因打伤修马鞍不付工钱的官吏，逃到淮安投亲避祸，后娶城内回族女子陶氏，遂定居淮安。左宝贵婚后不久，即投身行伍，因屡立战功，被不断提升，历任守备、游击、副将，并加总兵衔。他治军严谨，爱惜人才，发现"有奇技异能者，辄罗致之麾下，功不吝赏，罚不私刑"。每驻防一处，都能关心地方教育和社会救济等。光绪十五年（1889年），补授其为广东高州镇总兵，仍以提督记名留守奉天,后又赏黄马褂,加头品顶戴,赏戴双眼花翎。

光绪二十年,日军在朝鲜半岛及附近海面袭击中国陆、海军,清政府被迫对日宣战。八月六日,左宝贵奉命率军赶到平壤。时清军奉、盛、毅、淮诸部,计17000人,足可拒敌,然而由于清军将领各自为政,使日军得以乘虚渡江,抢占山头,完成对平壤的包围。左宝贵鉴于日军立足未稳,主张主动出击,先集中兵力攻敌一路,然后各个击破,此计甚得诸军赞同。然而,主帅叶志超贪生怕死,竟按兵不动,后又想率部逃跑。左宝贵义愤填膺,立即派亲兵把叶志超监视起来,并怒斥其部属:"若辈惜死可自去,此城为吾冢也!"九月十五日凌晨,四路日军对平壤发起总攻,先组织力量从东门突破,继又以两支优势兵力逼近奉兵固守的北门外围堡垒。左宝贵沉着指挥应战,双方鏖战良久,日军死伤无数,后终因敌众我寡,致全城制高点牡丹台被敌占领。左宝贵见战局已无法挽回,决心以身殉国。他穿上黄马褂,戴正翎顶,凭城誓师,激励将士曰:"建功立业,此其时也!"他身先士卒,浴血奋战,并亲燃大炮,连发榴弹36颗,左右轰击,多次击退敌人进攻。他身负多处枪伤,仍然坚持裹伤指挥。左营管带杨建春见敌炮火密集,想把他拖下炮台暂避,左奋力将其推开,决不肯后退半步。奉军将士深受鼓舞,人人拼命搏斗。正在酣战时,左宝贵不幸中炮牺牲。左宝贵死后,只觅得他的一领血衣和一只朝靴,后被护送回淮安河下安葬,并建造"左忠壮公祠"作为祭祀。

薛福成

薛福成(1838~1894),字叔耘,号庸盦。清道光十八年三月十八日(1838年4月12日)生,祖居金匮县(今无锡)西漳寺头,后迁城内前西溪。抗法将领,外交家。父薛湘,道光年间举人,官至浔州知府。薛福成于咸丰八年(1858年)中秀才。咸丰十年撰写《选举论》上、中两篇,揭露科举制度的种种弊端,要求变革,以利振文风、兴士气、选人才。同治三年(1864年)入曾国藩幕。在入幕前,他曾向曾国藩呈递万言书,提出养人才、广垦田、兴屯政、治捻军、澄吏治、厚民生、筹海防、挽时变8项施政方略。曾国藩大加奖誉,被誉为"曾门四弟子"之一。同治六年,列江南乡试副榜。同治十一年,曾国藩死,他到苏州书局任职。光绪元年(1875年)上半年,他按规定赴吏部觐见,得悉朝廷下诏"博采谠言,用资治理",便撰《应诏陈言》一疏,其中包括《治平六策》和《海防密议十条》,请山东巡抚丁宝桢代为上奏,被朝廷采纳。此举为洋务派大员注目。下半年,入李鸿章幕府。面对严重的民族危机,他苦思富国强兵之法,于光绪五年作《筹洋刍议》,凡14篇2万余字。提出修改不平等条约、加强北方边防及以"官督商办"和私人集资的方法兴办工商实业等建议,为洋务运动提供理论依据。光绪十年初夏,他出任浙江宁绍道台。其时爆发中法战争,浙江沿海成为军事要地,他奉令综理营务,会同提督欧阳利见等官员在宁波、镇海等沿江沿海一带加强战备,严阵以待。翌年,多次打退侵犯的法舰,击伤法将孤拔,挫败法军登陆浙江的企图,因功被授予布政使之职。为巩固浙江海防,他又建议并主持修筑笠山、招宝山、金鸡山等处炮台,历时4年告成。光绪十四年升任湖南按察使,翌年改任出使英、法、意、比4国大臣。光绪十六年一月率团启程欧州。在欧期间,他认真考察英、法、意、比、俄等国的政治、经济、文化、军事状况,对西方各国的"君民共主"、"富民之术"大为赞赏。他主张向西方学习,实行君主立宪,支持私人兴办工商实业,设立新式学堂以进行近代文化科技教育。他又认为人口增长太快是贫困的原因之一。为减轻人口压力,他主张鼓励民众出洋谋生。在考察中,同时也看到西方各国两极分化、环境污染、扩军备战、对外侵略的严重社会问题。他认为西方"一切政教均有可观,独三纲之训究逊于中国"。在出使4国期间,薛福成进行出色的外交活动,保护海外华侨的利益。经反复周旋争执,与英国订约,解决滇缅边界旧案,收回大片被侵占领土。光绪二十年任满回国。五月二十八日到达上海,因积劳成疾和旅途劳顿,于六月十九日(7月21日)在沪病逝,归葬于无锡峄嶂山麓。

薛福成工文学。他的散文言简意赅,清新流畅,在清末文坛上自成一家。有《庸盦全集》传世,《观巴黎油画记》为近代散文名作。

裴荫森

裴荫森(1823~1895),字樾岑。阜宁人,后定居淮安河下。晚清船政大臣。幼年家贫,父裴大保务农,兼摆米摊为生。裴荫森天资颖悟,勤奋好学,得益林陶塾师欣赏,让他免费入学。咸丰五年(1855年),入京应试落第后,穷困潦倒,"日仅啖一炊饼"。桃源县尹耕云为京官,延请他督教儿子,见他"坚忍耐苦",不同寻常人,结为朋友。

咸丰八年,裴荫森中举人。咸丰十年参加礼部试,因第二次鸦片战争爆发而未及发榜。同治二年(1863年)补殿试,中进士,授工部主事。同治四年,援例为道员,分湖南候补,补辰沅永清道。冒雪单骑前往莅署,"每行部,一马两役,周巡数千里,有所诉,就邮亭立判。苗民感悦"。光绪九年(1883年),擢福建按察使。次年冬,命署船政大臣,与左宗棠商量筹划,并联合上疏说:"欧洲大局已成连横之势,中国除制船造炮,教将练兵,别无自强之道。"任船政大臣六年,"成横海、镜清、寰泰快船三,广甲、广乙、广丙、广丁兵轮四,平远双机钢甲一,设鱼雷厂一,护厂炮台三,创造石底船坞一"。在任期间,披肝沥胆,承艰当难,无奈经费短绌,"事多掣肘",遂忧成疾。光绪十五年九月,授光禄寺卿。此职与他振兴船政、巩固海防的志向大相径庭,因此,决计不赴此任,于次年告老回到淮安养病。他好学不倦,"无事则手一编,不问家人生产,生平不侈言著述,而笃学远识","尤持'定识定力'四字,谓一生得力在此志"。一生尊崇的前贤是孙夏峰、顾亭林、汤文正、于清端,喜欢诵读他们的著作,"返观默勘",体察他们的微言大义时,"或竟日危坐,不作一语,偶语时变,则又扼腕累叹颓息,非雅故者,不能知也"。

黄振均

黄振均(1826~1895),一名钧宰,字宰平、仲衡、钵池山农,号天河生。山阳县(今淮安市)人。晚清剧作家、笔记小说家。黄家"累世读书,科名相望",但从他祖父起,已无显赫功名,而文章学问重于当时。父黄以桬,贡生,工诗词,书法得欧、虞之神。兄振淮,有文誉,太平军攻破扬州时被杀。黄振均博学善文,道光二十九年(1849年)举人,曾做过奉贤训导,并在江西、安徽、南京等地做过幕僚。他"性好词赋而不乐制艺",一生偃蹇不遇,"中年丧偶,益佗傺,不自聊"。著有《比玉楼传奇四种》、笔记《金壶七墨》、《比玉楼遗稿》、《谈兵录》等。在四种剧本中,《十二红》为揭露南河总督署的积弊而作,针砭时弊最力,也最著名。《金壶七墨》是作者游幕期间,以亲身见闻写成,是著名的笔记,"是书也,以之作小说观可,以之作子书观、作史书观、作经书观亦无不可"。《金壶七墨》在清末民初,被书商们多次翻刻,《笔记小说大观》也作了收录。

杨泗洪

杨泗洪(1847~1895),字锡九。宿迁人。清末抗日殉国名将。他年轻时,"读未竟,投效湘军中,积功保至游击"。后辞官返里,以武术联络民众,济人危难。光绪十年(1884年),刘铭传巡抚台湾,杨泗洪从为营官。在沪尾战役中,他率部挫败法军的进攻,由是声名大振。光绪十五年任镇标左翼统领。先后以功累保记名简放提督,赏硕勇巴图鲁名号,旋署台湾镇总兵官。甲午中日战争后,清政府被迫和日本订立《马关条约》,将台湾割让给日本。台湾民情激昂愤懑,推刘永福为台湾军统,杨泗洪为分统,誓死守卫。杨泗洪率所部墨旗军2万人,"当暑用兵,乃训有众,励其忠义之气,激以夷狄之辱,垂泪而道,士皆奋发,慷慨启行"。"驱寇安溪,大战以克,擒斩日酋戈藤文录、式武却哥哥、武生曽邪等。乘胜进攻新竹,诱敌中地雷,反兵追及,歼击几尽"。杨泗洪每战必身先士卒,冲杀在前,被誉为黑虎将军。刘永福诫其自重,他说:"我如驱饥羊搏饱虎,利在速战,机在勇决,我苟不先,士气少沮,无能为也。"

光绪二十一年,在一次夜袭战中,杨泗洪在敌人有备的情况下,率领部队大呼杀贼,不仅冲出重围,而且迫敌溃退,反败为胜。他又不顾腿部中弹,当机立断,挥师乘胜掩杀,追敌数十里,不幸腹部又中弹,当夜即牺牲,时年48岁。他于弥留之际,"遣令军中勿发丧,标姓旗如故……寇但望见其旗,已慑于惑而不敢逼"。"永福闻耗,痛极……民闻其殒,巷哭罢春,多有持纸钱麦饭哭祭柩前者"。为纪念这位民族英雄,宿迁马陵山顶之东望河楼于民国22年(1933年)改为杨公亭,亭左右置对联一副:"沂泗如襟,黄运如带,横贯十三州,独立中流如砥柱;摧秦有项,败倭有杨,上下二千载,同生一地两英雄。"民国27年,杨公亭及楹联均毁于日军炮火之中。

陈崇光

陈崇光(1838~1896),名炤,字崇光,更字若木。扬州人。清末画家。因家居扬州城西扫垢山旁,故又自称"扫垢山民"。自幼酷爱书画,尤喜绘画人物像。因家贫生计无着,曾在教场街大生裕旱烟店旁设摊,为顾客在烟杆上刻画,以资糊口。后在族兄陈虚白资助下,刻苦攻读诗文,潜心钻研绘画。他画无师授,唯悉心师法前人,人物师陈洪绶,花卉师陈道复,山水设色师王原祁,墨笔师石涛,翎毛草虫皆有师法,但不囿于派,而是集诸家之长,创自己之风格。画花鸟、人物、草虫、山水皆工,笔力沉雄浑厚,力追古人。当时"邗上论画者,咸推若木为第一手"。晚年多作山水画,后虽染疯癫之疾,却仍随意挥洒,别趣横生。通书史,善诗文,世人称他"擅三长之技",著有《一沤吟馆诗集》。

王仁堪

王仁堪(1850~1896),字可庄。福建闽县人。晚清廉臣。光绪三年(1877年)中状元。他在朝廷上,与张佩纶、宝廷、陈宝琛等为友,以直言敢谏相尚,称"清流派"。光绪二十年外放为镇江知府。刚到任,就遇着丹阳教案,外国人在丹阳建的天主堂,后改建为育婴堂,名为收容社会弃婴,实是残害中国儿童。光绪二十年,丹阳人民火烧教堂。外国人要求处死烧教堂的群众。王仁堪亲自到丹阳勘验,教堂内确有小孩尸骨70多具。于是他呈报两江总督刘坤一说:"名为天主教堂,不应有死孩骨,既兼育婴局,不应无活婴儿。"认为教堂被焚,"祸由自召"。刘坤一说他迂执,结果还是把烧教堂者判了刑。

他在知镇江府时,发现丹徒岗陇阡陌,水无来源,易遭干旱之苦。乃兴修水利,他自己捐出俸银,并向亲友富商募捐,捐钱3万余缗,在丘陵山地挖沟开塘。两年中,共开塘2300多个,沟渠闸坎,数以百计(不包括丹阳抗灾所挖)。反支费用,账目清楚,涓滴归公。他还在丹徒县宝堰镇设宝堰局,疏浚通济河河道,共19段,长5755米,土方19万立方米。宝堰人对王仁堪感恩戴德,在镇北街修一王公生祠,后立有"镇江知府王仁堪之生位"石碑。

某年,镇江出现蝗灾,飞蝗蔽天,灾民遍地。王仁堪除向上呈报外,又劝绅商捐资,救济灾民。对灾民分极贫、次贫两等,分别救济。同时告诫下属,所得捐资要全部落实到灾民身上,有贪赃枉法者必严惩。放赈之日亲临现场密查暗访,无一敢贪赃者。

募捐余款办理积谷、义塾等事。赈务结束,自出私钱,加上赈余之息,建南濡学舍,又设榛思文社于丹徒县宝堰镇,以普及教育。还整理宝晋书院,兴建金山中冷泉,刻题"天下第一泉"以存古迹。后离任调苏州府知府时,士民夹道欢送,攀辕哭泣。不久,因积劳过度,于光绪二十二年逝于苏州,时年46岁。后人为纪念他的功德,在金山第一泉建祠一座,泉南建八角凉亭,名为"鉴亭",取意他的高风亮节,池水之可鉴人。

王 韬

王韬(1828～1897),初名利宾,改名瀚,字子久,一字仲衡,又字紫诠,号兰卿,又号懒今,别号仲弢,别署甫里逸民、弢园老民、天南遯叟等。长洲甫里(今苏州甪直镇)人。清末改良主义者。其先世原籍昆山,至祖父王科进始迁甫里。父王昌桂长于经学,教学乡里。利宾5岁即依母亲口授字义;9岁通说部,读经书;12岁从父读书,学诗作文,毕读群经,旁涉诸史。道光二十五年(1845年),18岁中秀才,遂改名瀚。后曾两次应考,不第。19岁起在陈墓(今锦溪镇)、甪直等地处馆教书。道光二十九年九月,应英国传教士麦都思之聘,入上海墨海印书局编校译书达13年。他在那里广泛接触西方的科学文化和思想,经常向读者介绍西方科学文化,与西方学者伟烈亚力、艾约瑟等合作编译过《西国天学源流》、《格致新学提要》等书籍,在上海颇负文名,与同职于墨海印书局的数学家李善兰、文学家蒋剑人被称为"上海三友"。

太平天国和第二次鸦片战争时,他屡向清政府上书,进言"御戎、防海、弭盗"三大"平贼方策"等。咸丰十年(1860年)被委办上海诸翟乡团练。次年冬因母病回里省视。同治元年(1862年)四月返沪,被清政府嫌疑为化名黄(王)畹上书太平天国将领,遭通缉。于是年闰八月十一日(1862年10月4日)逃亡香港,改名王韬,为英国传教士理雅各翻译中国经书。同治六年至九年间,由理雅各邀往英国译书,并游历英、法等国,撰成《漫游随笔图说》。同治十三年在香港创办《循环日报》,评论时政,主张维新自强,提出"振兴中国"。为达到富国强兵的目的,他提倡西学,广贸易、开煤矿、兴铁路、兴织纤、造轮船,允许民间自立公司,并主张实行"君主立宪"。其论说影响很大,许多文章被国内外报刊争相转载。光绪十年(1884年),王韬获得李鸿章默许,结束20余年的逃亡生活,回到上海,主持格致书院,主《申报》笔政,创办弢园书局,在上海城内西部筑城西草堂,潜心著述。他常与丁日昌、盛宣怀等交游,为洋务派出谋献策,但对洋务运动也颇有批评。著作有《弢园文录》、《弢园文录外编》、《弢园尺牍》、《淞隐漫录》、《普法战记》、《法国志略》、《扶桑游记》等数十种。

张联桂

张联桂(1838～1897),字丹叔,一字弢叔。江都人。晚清名宦。同治六年(1867年),京官考察得第,赴广西任庆远府同知,累官广西、广东同知、知县、知州、知府,所任均有政声。光绪八年(1882年)迁惠潮嘉道,调署粮道,因陈海防十二策,受清政府赏赐,后调任湖北荆宜施道,又迁广西按察使、广西布政使、广西巡抚。张在桂抚任时,正值中法勘定广西与安南(今越南)边界。由于清政府妥协退让,中法最初绘图,部分中国领土成为失地。他使用较先进的"西法",对1900余里的边界线进行勘测,在谈判过程中据理力争。在谈及中国龙州屏障金龙洞时,法方代表拔出手枪进行威胁,他毫无惧色,当即拍案而起说:"张某人是不怕死的!"致使法国人改变旧图,金龙洞最终重归中国。

光绪二十年,中日战争爆发,张反对丧权辱国的《马关条约》,力争不得,愤懑致疾,终被解职归里。行前乃上疏《遵旨筹议开源节流》奏折,提出铸银元、加洋税、兴商务、节糜费等十项切中时弊的措施,多为清廷所采纳。光绪二十三年,因脾泻卒于江都。著有《问心斋治学杂录》、《延秋吟馆诗钞》等。

万青选

万青选(?～1898),字泉甫,号少筠。江西南昌人,寓居清江浦。父承紫,任中河通判,遂迁居清江浦。万青选以县主簿积资晋升知县,于咸丰十一年(1861年)出任清河知县,同治十年(1871年)再任,光绪二年(1876年)三任清河知县。行政不尚检察,以"和洽舆情为本",而对疑狱检查非常审慎。清江浦被捻军攻克后,市井萧条,租赁民房作为官署,漕督以下文武大吏都搬入淮安城,守清江浦者,只有清河县令和都司。万青选莅任后,首倡筑运河两岸土圩20余里,并传檄各乡村遍筑圩砦。还倡导与民休息,"劝导棉桑,雇江南工师教民机织,复浚文渠,修学宫、礼器。是年,大饥荒,道殣相望,设厂赈粥,全活十余万人"。他任清河知县先后达10年之久,人们把他同清河县历史上的清官李信圭和管钜相提并论。光绪二十四年,他官终里河同知。去世后,邑人建"万公祠"祭祀他。

其子万立珏,精于水利,对乡邦水利多参与,颇有建树。他能通过看水的颜色,测知上游洪水的来水量。

吴凤柱

吴凤柱(1833~1899),沛县崔寨乡吴庄村人。清末抗日将领。幼时家境贫寒,曾寄食于世交韩友芹家,并随韩读书。他性格刚毅,尚武善射。后来,他目睹国势日衰,外侮频仍,毅然投笔从戎。曾慷慨陈词:"大丈夫当效命疆场,岂可于笔砚间苟生?"既而投奔清军。初为伍长,因战功被擢升为把总、千总、襄阳提督,先后与日军血战于海城、牛庄、营口、田庄台一带,被清政府授予"虎威将军"称号。

甲午战争爆发后,吴凤柱奉命东征,誓死报国。当大军到达锦州时,他闻听此地土匪蜂起,民不聊生。吴凤柱遂又奉旨剿匪。他采取妥筹收抚,晓以大义的策略,很快将土匪改造成抗日武装。匪患平定后,大军即开赴抗日前线。锦州守奎华、周冕嫉妒他剿匪之功,向他索要贿赂,他大义刚直,没有理睬。奎、周二人便怀恨在心,用军粮、运输等事多方钳制、要挟。此时日军占据海城。吴凤柱率马步5营进攻日军,大小11仗,大获全胜。清军依尧山部误中日军埋伏,吴凤柱遂率部接应,打死日军百余名,缴获洋枪数十件。依尧山部得以转败为胜。后牛庄失守,清大帅吴大澂企图率军退守,吴凤柱再三谏阻,但吴大澂一意孤行,率部40营,退90里驻双台。吴凤柱详察地理,认为田庄台为营口后路,万不可失,于是不顾兵力单薄,率部扼守田庄台。一日下午,前敌统领宋祝三又率大军60营退至田庄台,营口因而失守。日军于11日、12日猛攻田庄台,先后被吴部击退。13日黎明,日军倾巢分两路包抄来犯,吴凤柱沉着应战,用开花炮猛轰,日军溃退,吴凤柱乘胜追击,不料敌援军蜂拥而至,炮声如雷,子弹如雨。吴凤柱率军直往向前,生擒日军5人,战马4匹,夺缴洋刀、洋枪30余件。吴凤柱左腿负伤,近身卫士阵亡5人。这时北风怒吼,雪雨交加。相持3个小时,友军纷纷退走,日军又由东北侵入田庄台,他恐宋祝三部被围,即回师冲杀,往返3次,没能寻到宋祝三部,敌军已全部攻进城内,四处放火,而宋祝三部已退出30里。吴凤柱仅余马队260骑,步兵3000人,退守田家坟。

此后,吴部孤军往返冲杀于敌军中。宋祝三、吴大澂所率部百余营,溃不成军,沿途滋扰民众。奎华、周冕二人反诬报称是吴凤柱所收匪徒所为,宋、吴二帅罪责难脱，并据此电奏清廷。朝廷下诏，将吴凤柱就地裁撤。吴凤柱愤然道："臣佞君昏，良莠倒置；况大敌当前，遣散劲旅，何异开门揖盗耶？"然而圣旨难违，只好忍辱负重，以余部守田家坟。可是，吴大澂不解兵机，严令吴凤柱部移驻义州，又令其移防大榆树，此时清廷电喻停战媾和。8月26日，吴凤柱奉命率原部到襄阳，湖北巡抚谭敬甫裁去吴凤柱兵权，命其专任襄阳道台。吴凤柱虽每战必胜，战功赫赫，但朝廷惧外，主帅失机，同僚倾轧，他深感英雄无用武之地。赴任后，适值襄阳道水旱频仍，匪患猖獗，他赈济民众，剿除匪乱，省刑罚，薄税，政迹大著。

吴凤柱终因积劳成疾，于光绪二十五年（1899年）病逝，灵柩葬于原籍，乡里至今仍珍藏着他的头盔，其战马冢也仍然完好。

江 标

江标（1860～1899），字建霞，号萱圃，师邠，又自署笃诊。元和县（今苏州市区）人。清末维新派人士。光绪十五年（1889年）进士，由庶吉士改授翰林院编修。青年时期即关心时务，研究中外形势，慨然有矫世变俗之志。光绪二十年任湖南学政后，整顿校经书院，设立史学、舆地、算学、方言等科，讲求五洲形势，中外政教之异同，以正心术、敦品行、学求实用来勉励学生，选拔具有科学知识的人才。翌年参加强学会。光绪二十三年，与陈宝箴、谭嗣同等创办时务学堂，并出版《湘学新报》，宣传变法维新。戊戌变法时，命以四品卿衔在总署章京上行走，未就职而政变起，被革职禁锢于家。忧郁不乐，患肺病，于光绪二十五年十月十日（1899年11月12日）去世，时年39岁。其学识渊博，多才多艺，擅书画，尤工小篆，善作山水；精鉴别，好收藏；好藏书、刻书，家有藏书楼"灵鹣阁"。著有《灵鹣阁稿》、《红蕉蔗词》、《沅湘通艺录》等。曾汇辑刻印《灵鹣阁丛书》、《唐贤小集五十家》等。子江小鹣为著名美术雕塑家。

李厚坤

李厚坤（生卒年不详），字小亭。山阳县（今淮安市）城郊河北镇人，后迁居河下琵琶刘。晚清山阳医派名医。少有大志，爱好古典文学，更钻研辞赋。后从师习医，涉猎各科，尤精于温病学。悬壶河下镇花巷大街迤北巷，闻名遐迩。"痼疾沉疴，悉应手而愈，是以就诊者踵相接，户常满焉"。"性不耐俗居，常引故避去。既而幡然悔曰：'文正不云乎：不为良相，必为良医。医者，救民一道也，吾胡为若是哉。'嗣后无间寒暑昏夜，延至者无不应。"遇有危难重症，他辨之详审，投以方剂，救活者甚众。一天，"其舆过某巷，一跛者，发苍苍攀舆跽地，哀鸣不起。询之，自诉老夫妇一跛一瞽，赖赡养者惟一子。今子病，家无宿粮，典质皆空，敢请施回天之手"。听罢，恻然悯之，随老人步行至其家，为他儿子诊断并给药。后每日绕道必往探视，并给予钱米存恤，直至病愈。其弟子，必择品行端正、聪俊勤谨者收录；身教言传，严加督课，并谆谆教诲："医以仁慈为怀，常存恻隐，临症审谛覃思，勿容粗忽。视人之病，如己之病；治人之亲，如自之亲。""所谓为人造福，即为己造福也。"故门下许多知名之士，弥盛一时。

鉴于吴鞠通《温病条辨》卷繁条多，且不甚通俗，难以记诵，他于光绪三年（1877年）运用韵语，撰著《温病赋》9章、《温病方歌》1卷。不仅将《温病条辨》囊括无遗，而且有所发挥，选词择句亦工稳贴切，琅琅上口，使读者既有探求学术之乐，又有欣赏文采之趣，嘉惠后学，实非浅鲜。

殷自芳

殷自芳（1820~1900），字芷南，又字明经，号霜圃，晚号淮南老人。淮安河下人。晚清水利专家。世代经营盐业，纲盐改票后，家业迅速衰败。咸丰年间（1851~1861年）增贡生。同治五年（1866年）六月，淮扬大水，里运河在"清水潭漫决多处，洪涛巨流，横竖数百里，兴、泰城中水深数尺，而禾稼之淹伤，庐舍之漂没，其惨更不忍言"。时他与淮安名士裴荫森、丁显等纷纷撰文提出治淮方略，呈送河堤工局，唯殷自芳《导淮刍议》所提的20余条建议被采纳，并被邀请担任清水潭堵口指挥。后殷一直在河工局、淮扬水利局供职。他十分关心家乡淮安的水利建设。光绪三年（1877年），他建议由下关市河往东挑一"十字河"，以解决东乡的农田灌溉问题。因工程浩大，占地较多，直接触犯部分地主士绅的利益，惹出"丁三骨头告状"、"黄荡三十六件半大褂去南京江督府告状"等诉讼案件，两江总督左宗棠认为殷自芳的建议有益农事。光绪八年，遂下令淮扬道桂嵩庆檄委淮扬镇章合才派兵协助兴挑。河成后，淮安东乡一带免除旱涝之患，故有"黄金荡"、"银蛇峰"之说。

殷自芳一生倾尽心血研究水利,在事业上颇多建树,在学术上造诣尤深。他写下水利论文文稿计54篇,其中部分被王锡祺刊入《小方壶斋舆地丛钞》,《山阳艺文志》中亦收录数篇。建国后,其孙逸尘将其《筹运事略》等19篇遗稿进行整理,呈献国家水电部水利史研究室。

马建忠

马建忠(1845~1900),字眉叔,又名斯才。生于丹徒一个笃信天主教的家庭。晚清外交家、语言学家。9岁时迁居上海,入法国传教士办的徐汇公学读书。初步接触到外语和西方新知。16岁时,英法联军打进北京,他舍弃举业,发奋专攻西书。26岁入李鸿章幕府任翻译。光绪二年(1876年),被派往法国巴黎政治学院学习"交涉"、"例律"等学问,兼习矿务。4年后取得考试官凭。回国后,李鸿章奏保为二品衔候补道,仍为李鸿章幕僚,办理涉外事务。光绪七年到南洋与香港、印度等地总督商谈逐步禁止鸦片入口事宜。次年,帮助朝鲜政府与西方国家订立通商条约。当年6月,朝鲜大院君李昰应发动宫廷政变,不仅囚禁清朝册封的国王李熙,动摇了清王朝宗主国的地位,而且因杀伤十多名日本人,使早已觊觎朝鲜的日本有了入侵的借口。马建忠奉命与吴长庆、丁汝昌等率领海陆军赴朝相机解决危机。他审时度势,妥善处理,终于抢在日本之先平息祸乱。使日本失去派兵入侵的时机,不得不暂时收敛野心。凯旋回朝后,却并未得到应有的奖赏。接着在中法战争中,马建忠又协助李鸿章、曾国荃处理战争与和谈事务。中日战争和八国联军入侵,李鸿章又请他为参赞,帮助谈和。

马建忠早年就多次上书建议筑路、通商、开矿、兴学和创立海军,为李鸿章帮办实业,颇受倚重。41岁时,在上海开设总理招商局数年。后与李鸿章所派与他共事的盛宣怀意见不合,转到上海机器织布局任总办。但办事却并不尽如李鸿章之意,屡遭申饬。如他筹款添机,被李斥责为"办事一味空阔,未能处处踏实"。最后弃官家居,从事著述。

马建忠又是一位颇有建树的语言学家,精通英、法语及希腊文、拉丁文。他认为,要使国家富强,必须学习西方的先进科学技术;而要学习先进科学技术,首先必须缩短学习本国文化的过程。他运用拉丁语法知识来研究古汉语语法的结构规律,从经、史、子、集中选出例句来加以研究说明,经过10余年时间,于光绪二十四年写成中国第一部较全面系统的语法著作《马氏文通》。另著《适可斋记言记行》。还曾与其兄马相伯合著《度数赅》百余卷,惜未行世。

时小福

时小福(1846～1900),原名庆,又名小馥,字琴香,号赞卿。吴县(今属苏州)人。清末京剧演员。12岁到北京,从陈姓者学皮簧青衣,后随"春馥堂"(昆班)徐阿福学昆旦,兼乱弹青衣。出师后自主"绮春堂",后继梅巧玲掌"四喜班"。光绪十二年(1886年)选为清宫教习。后与谭鑫培、俞菊笙同任"精忠庙"会首。

时小福嗓音嘹亮坚实,腔调上取胡喜禄、梅巧玲二家之长加以发展,并吸收昆曲的唱法,故吐字真切,声调激亢,情韵兼深。其戏路很宽,昆乱皆精,各班争相聘请。擅演剧目以正工青衣戏最为拿手,故有"第一青衣"之誉。与孙菊仙、穆凤山合演《二进宫》,璧合珠联,称为一时佳剧。晚年兼演小生,如《群英会》之周瑜、《雁门关》之杨八郎、《打金枝》之郭暧等。中年之后,刻意授徒,弟子颇众,均以"仙"字为序名,如吴菱仙、张云仙等。

裔步銮

裔步銮(1838～1901),字于锡。建湖县人。清末廉臣。同治九年(1870年)举人。光绪六年(1880年)中进士,授职吏部主事,后迁升员外郎,任京仓监督。光绪二十六年,义和团入京,社会秩序很不安宁,多数官员躲避不出。裔步銮则一如既往地入署理事不停,因而受到都御史徐桐的赏识,特具奏章陈述裔之忠于职守,请求清廷予以擢用。八国联军入侵北京后,有乱兵进入裔的住所,见裔凛然端坐室中,便上前牵拽裔的袍角,裔毫无惧色,并怒斥之。乱兵知不可犯,当即离去。裔愤感受辱,便穿上朝衣,准备悬梁自尽以殉国。此时,恰逢同乡人前来探望,见之连忙劝止,晓以"君存与存"的"大义"。不日,清廷在行都西安下了诏书,擢升裔为记名监察御史。不久,病故于任所。裔在吏部任职20余年,清廉自重,长期独居,不营住宅,安步当车。著有《夏小正集说》、《学庸叙解》、《五经精义提要》等。

何嗣焜

何嗣焜(1844~1901),字眉生,又字梅生、定莘。武进人。清末南洋公学开创者。早年在张树声幕中任文案,历任保知县、盐运使、知府衔。光绪八年(1882年),朝鲜皇父李昰应不满其子李熙独立主政,与东学党勾结,企图推翻李熙皇位,并捣毁日本驻汉城领事馆。早有侵吞朝鲜野心的日本乘机向朝鲜发兵。消息传到中国,清廷命直隶总督兼北洋大臣张树声处理此事。何嗣焜力主向朝鲜派兵先发制人,建议立即被清廷采纳,令他密函登州的陆军提督吴长庆,暗潜天津共商东征计划。随后,何、吴率六营开赴朝鲜,派丁汝昌率舰护送,很快平定朝鲜皇宫的内乱。以后吴长庆留朝镇守,他回国。光绪十年张树声去世,他辞官回乡,从此不问政事。

何嗣焜提倡"国家积弱,救国之道在于教育"的主张。光绪二十二年盛宣怀创办南洋公学时,被聘任该校第一任总理,主持开学工作。招生后开设师范院、外院、中院、译书院和东(日)文学堂。在教学上,他提倡"中学为体,西学为用"。当时盛宣怀聘请的美国传教士、西方总教习福开森全盘西化,照搬欧美的教育制度,高级班所设课程(除中文外)均用外语教授,引起华文教员的严重不满。为此,他拟订颁布《扣奖加饼中文佳者之谕》。强调"视中课、算学、英文三项积分而定,一项不及格者皆不奖",改变过去只奖西学优秀者。他认为教育应贯彻"旧学为体,新学为用"的原则。他在南洋公学亲手制订《南洋公学章程》和各项规章制度。明确规定:"每周中西课的教学时间比例为各得三日。"为使他的教学主张切实贯彻,他聘当时上海教育界中学问精深、治学有方的张涣纶为中文总教习,管理公学的中文教学和主持师范院文课,实行层层负责,详尽地列出教习的职责。在他主持公学的6年中,学生不但学好外国语,而且汉语水平都较高。招收的师范生、外院生、东文学堂学生近300名,并输送10余名拔尖学生出国留学。邵力子、黄炎培、蔡锷等当时均为该校早期的学生。他为南洋公学的初办做了许多开创性工作。盛宣怀称赞他"数年以来,公学之规模考查,钩稽权衡,靡不中于事理。而公学之营造法式、教育章程,尤为该员心力之所专"。光绪二十七年,他在撰拟奏章时卒于桌上,后学校专为他立碑纪念,谓"南洋公学之得有今日,实先生之精力所为"。两江总督刘坤一和盛宣怀曾上书朝廷国史馆为他立传。著有《中西政治纲要》、《悔斋文稿》等。

徐建寅

徐建寅(1845~1901),字仲虎。清道光二十五年正月二十九日(1845年3月7日)生,无锡钱桥社冈里(今市郊山北乡)人。清末科学家。自幼受父徐寿熏陶,热爱自然科学。同治元年(1862年),他随父徐寿、同乡华蘅芳到安庆内军械所参与制造轮船,负责船体及部件计算,"屡出奇思",于同治四年制造出中国第一艘木质汽机轮船——黄鹄号。同治六年到江南机器制造局工作,参与制造中国第一批兵船,有"惠吉"、"操江"、"测海"、"澄庆"、"驭远"等,并生产镪水、火药和枪炮。参与创建翻译馆,参加翻译西方科技书籍,有化学、天文学、机器制造学、电学、声学等科技书12部,译著《仁学》被谭嗣同引用为变法理论依据。还协助徐寿创办格致书院,为第二任华董。同治十三年,徐建寅调天津机器制造局工作。他采用"铅室法"先进工艺生产硫酸,制成火药,生产军火,供应江南、河北、东北各省军队。光绪元年(1875年),调任山东机器局总办,依靠国内技术人员设计、施工、建厂、安装,建成一家以生产火药、枪炮的兵工厂,受到李鸿章、丁宝桢等人赞赏。光绪五年任驻德使馆二等参赞,赴欧考察工业,购买两艘铁甲军舰。驶回国内后,命名为"镇远"号、"定远"号,成为北洋海军中的主力舰船。徐建寅在欧考察80多家工厂,辑成《欧游杂录》、《阅克鹿卜厂造船记》、《水雷外壳造法》、《炼铜铸铜轧铜板铸铜管抽铜管焊铜管各法》、《造石灰法》等科技著作,在上海《格致汇编》上发表。他还了解西方军队建制,参观军事院校、军队操练、德国议院等,翻译《德国议院章程》、《德国合盟纪事本末》两本书,寄希望于中国封建制度有所改良。光绪七年,徐建寅回国赴京候用。光绪十年,其父徐寿病逝,回原籍守制。光绪十二年调金陵机器局任会办,炼成钢,造出当时先进的后膛步枪。光绪十五年,镇江发生教案,英、美等国领事要挟清廷,两江总督曾国荃派徐建寅赴镇处理。他"以一人独当数国领事,据理力辩,不卑不亢",使此案得以和平解决。甲午之战失败后,他奉调天津、威海,检查船械情况兼督办军务。光绪二十二年调任福州船政局提调,写成《兵法新书》16卷,在序言中叙述写书目的:"欲图存,须自强;欲自强,必备战;备战必练兵,练兵必立法也,非此不可为国。"光绪二十四年,在"百日维新"期间任农工商总局督理。戊戌政变失败后,被慈禧开审出京,回无锡闲居。光绪二十六年,应张子洞之邀,任湖北营务处暨教吏馆武备总教习。他向将士灌输爱国、自强思想;翻译《造船全书》20卷、《绘画船线》4卷;兼办汉阳钢药厂,自造机器,生产黑色火药,试制无烟硝化纤维火药,用国产棉代替进口棉生产无烟火药成功。光绪二十七年二月十二日(1901年3月31日),徐建寅在汉阳钢药厂车间拌和药料准备成批生产无烟火药时,因机器爆炸,同在场的14名员工全部遇难,终年56岁。

成肇麐

成肇麐(1846～1901),字漱泉,号厚卿。宝应人。晚清官员。学者成孺之子。同治十二年(1873年)中举,曾先后去山西热河等地主持赈济。为防止属吏舞弊,他亲察灾情,亲发灾粮,很多灾民得以保全性命。光绪二十二年(1896年)代理静海知县。他勤政爱民,百废俱兴。离任时,百姓攀辕挥泪相送。光绪二十五年补灵寿县知事。灵寿地荒多盗,他全力肃清境内盗匪,严惩罪恶昭著的首犯;同时兴办教育,教育人民洁身自好,习礼知义,努力改变灵寿的社会面貌。

光绪二十六年,八国联军侵占京师,纵兵抢掠,延及灵寿。侵略军强令成肇麐供应粮草,他置之不理,因而备受侮辱。敌军将他绑在马尾上,策马绕城飞奔,致其皮开肉绽。他决心以死捍卫民族尊严和气节,于次年三月初一(1901年4月19日)深夜投井殉职,遗绝命诗一首:"屈己全民命,捐躯表素怀。故乡渺不见,郁郁赴泉台。"成肇麐坚贞不屈,从容殉国,受到清室表彰,追赠他太仆寺卿衔,谥"恭恪",准其子袭其职,批准在死难地、直隶省及宝应三地立专祠,并责成国史馆立传。

成肇麐博通六艺,精研古文,擅长词和书法,辑著有《唐五代诗选》、《宋六十一家词选》、《强恕堂文存》、《漱泉词》等。

张大烈

张大烈(1821～1902),字景武。铜山县人。清末巨商。出身于农民家庭,家中仅有几亩地。早年迫于生计帮别人做过伙计,开过饭铺,当过兵。后携带妻小投奔徐州一个开洋货铺的本家,靠推独轮车运货度日,亦附带做些买卖。积攒了本钱,便在徐州南门瓮城(内外城门之间空地)路东(今彭城路奎河桥北段),开设洋货店,字号"景盛公",生意兴隆。咸丰十年(1860

年)后,他的生意越做越大,买货地点已扩展到上海,逐渐积累起近百万银子的资本。由于他讲信用,商家对其施于优惠条件,予以赊销。他大量赊购,转手再向徐属8县及鲁西南、豫东等地的商贩赊销。由于经营有方,获利颇丰,"景盛公"进入鼎盛时期。他虽成了巨富,但为人乐善好施。光绪二十四年(1898年),徐海一带遭水灾,年景饥荒,他便拿出万金帮助灾民,设粥厂赈济。次年又出巨资买米、豆饼、杂粮等救济灾民。修筑黄河大堤时,他承担最长的地段;还独资重修鼓楼;同时又在丰县境内华山故河上建石桥一座,长里许。他虽目不识丁,却捐资2000金设义塾2所,下决心让后代读书求名。当时两江总督刘坤一以张大烈"乐施不倦",专折入奏,被朝廷奖给一品封典。张大烈虽极为富有,却一直自奉俭约,穿布衣旧鞋,并让子女效法。光绪二十六年,他将一部分资金投向金融业,开办数家钱庄。同时又在风化街、艺波巷、彭城路、文亭街一带大置房产。但是,此时濒于破产的农村购买力,已不再使他的洋货畅销,他只好拿出一部分资金开当铺。时徐属8县均有他的"当典"。他也曾设想办工厂,但忌销路不佳,只好作罢。光绪二十八年,张大烈因病去世。民国时期出版的《近代名人小传》、《白手成家》等书都记载他的发家史。

华蘅芳

华蘅芳(1833～1902),字若汀。无锡荡口镇人。清末数学家。自幼爱好数学,偶得明代数学家程大位撰写的《算法统宗》,熟读钻研,掌握基本原理。17岁时学习《周髀算经》、《九章算术》、《孙子算经》、《张丘建算经》、《测圆海镜》等多部古代数学著作。20岁时接触介绍几何原理的《数理精蕴》一书,又从上海外国传教士开办的墨海书馆买回一批数学著作,悉心钻研。同徐寿等人一起通过实验,掌握数学原理和运算方法。咸丰九年(1859年),写出第一部数学著作《抛物线说》。徐寿为之作图。咸丰十一年,华蘅芳和徐寿应曾国藩聘请,到安庆机械所研制机动船。同治元年(1862年),参考墨海书馆出版的《博物新编》的简略图样资料,设计制造中国第一台蒸汽机,为发展中国近代机械动力事业迈出第一步。同治四年,同徐寿、徐建寅一起,设计制造中国第一艘机动轮船——黄鹄号。同年,到上海江南机器制造局主持技术工作。为清代著名数学家李善兰的《古昔斋数学》中的《椭园拾遗》进行核算,与美国人玛高温合译美代那撰写的《金石识别》,认为翻译此书谓"五金之矿藏,往往与强兵富国大有相关焉"。他与玛高温合译《地学浅释》、与英国人傅兰雅合译《防海新论》、与美国人金揩理合译《御风要术》,均出版发行。同治十一年,写出《开方别术》一书,被当时著名数学家李善兰推为杰作。又同傅兰雅合作译出《代数术》25卷和《微积溯源》等书。光绪二年(1876年),上海格致书院开学,他主讲数学。在教学期间,与傅兰雅合作,翻译《三角数理》、《代数难题解》、《决疑数学》等,出版《开方古义》、《算法须知》、《数根术解》、《积较术》、《学算笔谈》等著作。尤以《学算笔谈》,用简明语言,具体例题,介绍数学基本知识和当时国内外数学最新成果,深受数学界人士欢迎。光绪十三年,华蘅芳主讲天津武备学堂课,研制直径5尺的氮气球,撰写《测量法》,翻译《合数术》等书。光绪十八年,主讲湖北武昌两湖书院和自强学堂,撰写《求乘数法》、《数根演古》、《循环小数考》、《算学琐语》等数学著作。光绪二十二年,先后担任常州龙城书院和江阴南菁书院院长。晚年在家乡竢实学堂讲学。最后将一些有创见的著作写刻为《行素轩算稿》一书。

吴大澂

吴大澂(1835~1902),字清卿,号恒轩,又号愙斋。吴县(今属苏州)人。清末大臣。同治七年(1868年)进士,授编修,出任陕甘学政。曾上疏请停修圆明园。同治十年任左副都御史,次年赴吉林与俄会勘边界,据理争回被沙俄侵占的黑顶子地区,立界碑,建铜柱,亲书大篆勒铭其上曰:"疆域有表国有维,此柱可立不可移。"光绪四年(1878年)授河北道。光绪六年,随吉林将军铭安办理边防。翌年,会办北洋军务。光绪十二年擢任广东巡抚,反对总理衙门将澳门划归葡萄牙管辖。光绪十四年参与治理郑州黄河决堤,因功授河道总督。光绪十八年任湖南巡抚。甲午战争爆发后,坚决主战,奏请从军,任命为副统帅,亲率湘军3000人出关御敌,在牛庄附近为日军所败,被革职留任。光绪二十四年,又被处以革职,并永不叙用。吴大澂善书画,工篆书,精于金石学与古文字学。著有《古籀补》、《古玉图考》、《字说》、《权衡度量实验考》、《恒轩所见藏吉金录》、《愙斋诗文集》等。以风疾卒于光绪二十八年。墓在枫桥支硎山东麓,俞樾撰墓志,现已毁。

恽祖翼

恽祖翼(1838~1902),字叔谋,一字菘耘。阳湖县(今武进)上店人。晚清大臣。光绪十四年(1888年)中举人,以知县累官至武昌道、湖北督粮道、汉黄德道兼江汉关监督、湖北按察使。光绪二十二年调任浙江布政使。任内,他鉴于汉江商船樯帆林立、襄河水涨易覆等隐患,便在襄河的上方襄樊,创设一种测水报警装置,竖牌鸣声,以便及时提醒撑船者采取措施;并于嘉兴开挖泖河,疏港建闸,以资蓄水。在杭州任职时,疏浚上塘河,使临平、乔司等处30余万亩农田得到灌溉。浙江东部上虞南塘大水,南岸大坝都被冲垮,他全部重新修筑,并用石块驳岸,筑成石坝全长1100丈,以防水患。后转任浙江巡抚、总理各国事务大臣、都察院右都御史,特加兵部尚书衔。光绪二十八年,母病开缺回家乡,不料突发咯血症病逝。著有《奏议》、《鄂游偶识》、《浙游续识》和《浙省地漕减浮厘捐核实细数备考》等。

丁立钧

丁立钧(1854~1902),字叔衡,号恒斋。生于东台城,祖籍丹徒县。清臣,维新派。光绪六年(1880年)中进士,以翰林院庶吉士授编修。光绪十五年,充顺天乡试同考官。光绪十七年,为湖南乡试副考官。历任武英殿协修、纂修、总纂、提调,国史馆协修,会典馆绘图处提调。以朝考一等,京察一等授山东沂州府知府。后因病乞归,适会典馆议叙,提升为道员,诰授中宪大夫,晋封资政大夫。

丁立钧早年著有《大礼仪》一卷。甲午战前,他观察时局,深知日本有对华侵略之野心,遂撰《历代边事辑要》10卷,并摘其中日本侵朝事件一节的《东藩事略》进呈朝廷,受到光绪皇帝的褒奖。甲午战争中国海陆军失利后,他与翁同龢、沈曾植、沈曾桐、黄绍箕、文廷式、张謇等一起,抨击主和派首领李鸿章,还领衔联合翰林35人上《请罪李鸿章公折》、《参昏庸骄蹇丧心误国疏》,斥责李鸿章主和误国。清廷迫于朝野压力,诏令给李鸿章以"拔去三眼花翎,褫去黄马褂"的惩罚。

由于《马关条约》的签订,民族危机空前严重。丁立钧作为帝党的中坚分子,倾向变法。光绪二十一年七月,与康有为等密谋筹组北京强学会,并为此与杨锐、沈子培、沈子封等相约义捐数千金。八月,又与改良派合力利用全国的民愤,对一贯坚持主和、阻挠新政的后党军机大臣孙毓汶和原兵部尚书徐用仪进行抨击。清廷不得不将他们革职,推进了变法运动。徐用仪是丁的岳父,但在这次斗争中,丁不以亲害义,博得了社会的赞誉。九月,北京强学会成立。丁与陈炽、张孝谦、沈曾植被推为总董。光绪二十二年正月二十日,由于御史杨崇伊上疏弹劾,强学会被查封,其机关报《中外纪闻》亦遭封禁。丁被外放山东沂州知府。任职期间,关心群众疾苦,致力于地方治安和水利建设,重视教育,集资设立沂州书院,并捐献出自己的藏书,为此深受百姓爱戴。不久,因积劳成疾回东台城寓所。此后,以抱病之身在家乡培养人才,主讲于江阴南菁书院,后又改办学堂教授士子。

丁立钧回家养病之前,曾专赴常熟向恩师翁同龢告别。论及国事时,两人相对呜咽,这是他们最后一次相聚。光绪二十八年七月,丁立钧病逝于东台寓所。惊闻噩耗,翁同龢撰联挽之:"有大礼仪,有朝鲜编,忧国孤忠常耿耿;是好长官,是真名士,过江一别太匆匆。"

赵海仙

赵海仙(1829~1904),原名赵履鳌,字海仙,后以字行。高邮人,迁居兴化。清末名医。幼年聪敏,继承家学,读《内》、《难》诸经,皆有敏捷的理解能力,力求融会贯通,运以新意,20岁时,就很有名声。他擅长医治罕见的病症。有个姓杨的病人,冬季患热症生疔,突然疔毒走散,头大如斗,神志不清,乱说胡话。有医生给他服了重剂大黄和凉剂犀角,都没有效。赵海仙下了辛凉轻扬的药品,吃了一剂,霍然而愈。州里幕僚周某有病,来势猛烈,赵海仙说他气虚症实,攻补两难,令人制成银喇叭管一根,透入肛门至直肠之间,用麻油导入,一泻而愈。江西某学使夫人,怀胎四月,小便不通,腹满气塞,病势危殆。赵海仙翻阅以前医术处方,不是利水,就是补气,皆非所宜。他就独自遵照《内经》所载之法,减其大半剂量,开鬼门(毛门)治之,用重麻黄取汗,肿胀俱消。兴化一和尚,冒暑回庵,感到眉睫间似痒若酸,全身毛孔出血,医生们都不知是何病症。赵海仙说:"人行烈日中,血为暑邪所逼,散溢于外,这在经书上叫肌衄,早治尚可活。"给他服当归补血汤,并用檐际垣衣和地衣敷之而愈。淮安有个病人头面肿大,咽喉闭塞,寒热头痛,医生都说是热毒,给以凉剂,病情增剧。赵海仙诊断为时毒,邪气在表,出汗可以保命。他用雄鸡冠血炒牛蒡子,进服后,果然就出汗病愈。他有个孙子,出生两月后,目中障翳,如青光眼,月余仍不消退,人皆说无复明之理。他叫取蜘蛛眼睛和地栗汁,每日服用,几个月后障翳全消。

赵海仙以治疗内科杂病见长,尤以治痢疾、霍乱著称。每遇到疫疠发生,他广为义务诊治。光绪十四年(1888年),兴化霍乱流行,得病者很快死亡。赵海仙特为著作《霍乱辨症》一篇,用鸡屎白散加味来医治,病者都应手而愈。光绪二十八年,兴化又发生瘪螺痧的病疫,他说是霍乱的一种,如误认为痧症,沿用平常的治法,就会祸人不浅。他用鸡屎白散加熟附片来医治,保全了很多人的生命。他在江淮间享盛名30余年,前来求诊的舟车络绎,踵门不绝。光绪三十年,赵海仙去世。所著《阴阳五行论》、《续辨症录》均未写完。另有《赵海仙医案》手抄本。他还与江曲春合编《霍痧辨证》,与江曲春、吴良宪合编《霍乱新编》,与赵冠鳌同撰《旌孝堂医案》(抄本)。1965年江苏人民出版社将他亲笔录存方笺编辑出版,名《寿石轩医案》。

翁同龢

翁同龢(1830~1904),字叔平,号声甫,别署均斋、瓶笙,晚号松禅、瓶庐居士、井眉居士等,别号天放闲人。常熟人。清末大臣、政治家。被誉为"中国维新第一导师"。翁同龢的祖父翁咸封,乾隆举人。父亲翁心存,道光进士,历任礼部、户部、工部尚书,翰林院掌院学士,体仁阁大学士和同治帝的师傅。他的母亲许氏,出身仕宦望族,自幼"通《诗》、《易》五经大义,尤好观史"。长兄翁同书,道光进士,官至安徽巡抚。次兄翁同爵,官至湖北巡抚、湖广总督。

清道光十年四月廿七日(1830年5月19日),翁同龢出生于北京城石驸马街罗圈胡同。8岁时,随父辞官回乡。9岁应童子试,入县学,游文书院,在父亲的指导下阅读大量的经史诗文著作。21岁选为拔贡,23岁中举人。咸丰六年(1856年),他在廷试中以一甲一名,状元及第,官翰林院修撰。后典试陕西、山西,三主顺天乡试,两典礼部会试,提督陕甘学政,历任刑部、工部、户部尚书,协办大学士,两度入军机,督办军务处会办大臣,兼任总理各国事务大臣,会典馆正总裁、国史馆副总裁等。

翁同龢是同治、光绪两朝帝师。同治四年(1865年)十月,他为弘德殿行走,前后9年。光绪帝即位后,他又被命为毓庆宫行走,担任光绪帝的授读师傅。从光绪元年(1875年)到他因支持维新变法削籍归里,师生相处长达24年之久。

　　翁同龢为官廉正,在对内对外重大问题上的主张,充分体现了他的爱国主义思想。光绪八年冬,他被任命为军机大臣上行走。时值中法战争爆发,他主张抗战并支持刘永福的黑旗军保卫疆土。中日甲午战争时,又力主抵御外侮,反对李鸿章求和。后中日议和时,日本无理要求中国割让台湾。李鸿章以日本索银为由,向户部施加压力,要求朝廷给他割地之权。当时身为户部尚书的翁同龢,尽管知道巨额赔款,一时很难筹措,但他还是表示:户部当尽一切努力,而台湾万不可割让。他向光绪帝力陈,如果丢弃台湾,"从此失天下人心,也使我无面目立于世矣"！此后一连数日,为反对割让台湾,与主和派面折廷争。当慈禧下令批准《马关条约》时,他"战栗哽咽",与光绪帝相顾挥泪。当天他在日记中写道:"覆水难收,聚铁铸错,穷天地不塞此恨也。"于是,他主张"破格求贤,冀匡时变"。力荐康有为"通晓时事,才可大用"。他一方面鼓励循导光绪帝倾向变法,另一方面利用自己的地位,手中的权力积极支持维新变法活动。他公开支持康有为、梁启超等人在北京成立强学会。该会被封后,应维新派要求,他又借故将它改为官书局。康有为回广州后,仍与他保持书信联系,共商维新变法事宜。光绪二十三年冬,德国强占胶州湾事件发生后,康有为于十一月份连忙从广东赶到北京,写了一份长达五六千字的奏书(《上清帝第五书》),请求变法。为了能使康有为请求变法的奏书送到光绪帝手中,他曾两次上门作疏通工部尚书松溎的工作,但遭到拒绝。康有为见上书不达,情绪低落,准备启程南归。他得知后坚持挽留,并给康有为鼓勇气,使康有为留了下来。在他的不懈而积极努力下,光绪帝于二十四年四月二十三日正式颁诏,宣布国是,实行变法。翁同龢亲手执笔拟就了这份不寻常的诏书。在此同时,顽固守旧派也积极活动,联合甲午战争时的主和派,迎合慈禧太后,挑拨慈禧和光绪帝的关系,加紧策划政变。他们矛头集中翁同龢,弹劾他"结党私政","揽权误国"。宣布变法的第四天,慈禧逼使光绪帝下令撤去翁同龢协办大学士、户部尚书的职务,撵出北京,开缺回常熟老家。同年十月,慈禧下谕:"革职永不叙用,交地方官严加管束。"他回到常熟后,在虞山鹁鸪峰祖茔旁筑瓶庐山庄,并在墓庐开凿一口井,准备自裁之用。光绪三十年五月二十一日(1904年7月4日),他于故居病逝,临终前,还口授遗疏,希望光绪帝励精图治,使中国逐渐富强。他"身后萧然。吴中士民见其忠清,同深嗟惜"。宣统元年

(1909年），经苏州一带地方官绅奏请，才开复原官。

翁同龢出身世宦，富藏书。诗文简炼凝重；书法纵横跌宕，力透纸背，有颜真卿风骨；亦善绘画，著名于时。其著有《瓶庐诗稿》8卷，《瓶庐文钞》30卷，《翁文恭日记》40册，《翁松禅山水画册真迹》、《翁瓶笙书屏集扇集》等。他的墓在常熟虞山鹁鸪峰下祖茔旁，现为江苏省重点文物保护单位。常熟城里的"綵衣堂"旧居保存完好，现辟为纪念馆正式开放。

欣澹庵

欣澹庵（1846～1904），又名澹然，字露文，号觉非子。高邮湖西闵家桥（今金湖县闵桥镇）人。晚清名医。17岁从叔父欣种五习医，博览古今医书，在研读和实习中，不泥于成方古法，敢于创新。五年后，悬壶济世，对内、外、妇、儿等各科无不精通，在临床上颇有建树，尤擅诊断疑难重症，被世人称为"欣半仙"，名震苏皖边界数县。宝应、淮安、盱眙、天长、滁县等地前来求医者络绎不绝。天长知县宋子联赠对联曰："四代重儒医范文正之存心济人济世；一生兼创导公子荆之居室苟合苟完。"他著有《四诊秘录》和《集试秘览》等书。《四诊秘录》撰于光绪十二年（1886年），分上、中、下卷和附录，该书强调色脉合参、四诊合参，均各有独特的见解；辑录的诊道秘法，遵循《内经》和《难经》等各家学说，熔四诊方法为一炉。《集试秘览》又名《集试录》，共20卷，成书于光绪十八年。该书集家传五世之方和辩证施用之法，结合己意，录以成篇，包含中医内、外、伤、皮肤、五官等诸科疾病有关论述和方药，以及急诊诸毒、怪症、虫兽伤治法验方，并精辑历代名医著述和验方等，乃一部有价值的医药著作。此两书他当年不轻易示人，仅作授徒传家之用。

他秉性方正，乐于为民办事。个人出资建造两只义渡船，专为高邮湖交通和抢险之用，还多次为防匪和修圩筑坝献计出资。1985年，江苏科学技术出版社出版的《历代医人志》，将他作为清代名医载入志中。

裘毓芳

裘毓芳（1871～1904），女，字梅侣，别号梅侣女史。无锡城内沙巷人。清末女报人。自幼颖悟，5岁能背诵唐诗数百首。11岁由叔父裘廷梁教读。

裘廷梁是清举人,与梁启超、严复等人论学,鼓吹维新,这对裘毓芳人生道路起决定性影响。裘毓芳在裘廷梁悉心培养下,年轻时在文史方面打下深厚基础。她思想敏锐,文笔优美,通晓英语,熟知中外历史和现状,善于吸取新思想,有"江南才女"之称。她立志办通俗报刊,运用接近民众口语的白话文开通民智,进行救亡图存、变法维新宣传,普及新文化知识。光绪二十三年(1897年)六月,她用白话文翻译《格致启蒙》一文,印刷成册,赠送亲友,向社会介绍自然科学知识。光绪二十四年五月,裘廷梁创办《无锡白话报》,由裘毓芳主持编务。这是中国历史上最早的白话文报刊之一,她也是中国最早从事新闻工作的妇女。六月,由裘毓芳、康有为女儿康同薇、梁启超夫人李蕙仙在上海创办中国历史上第一份妇女报纸《女学报》,裘毓芳任主笔。她的《论女学堂与男学堂并重》等文章,提倡女学,争取女权,主张男女平等,成为变法维新中大声呐喊的妇女先锋。裘毓芳在《无锡白话报》、《女学报》社工作期间,大展才华。她采访和改写许多新闻,在"海国丛谈"、"海外奇闻"等栏目中经常发表文章。她翻译李提摩太写的《俄皇彼得变法记》,撰写《日本变法记》、《化学启蒙》、《印度记》等文章,为维新变法进行舆论宣传。她还写了《孟子年谱》、《女诫注释》,用章回体写了《海国妙喻》等一系列通俗寓言小品,向读者介绍《哥伦布探新洲纪略》、《麦哲伦探地》、《蒙哥巴克探地》、《富兰克林探北极》等科学小故事,传播科学知识,以打破封建愚昧状态。在"百日维新"失败后,她随丈夫杨君石到安徽避居。

马培之

马培之(1820~1905),名文植,晚年号退叟,武进孟河人。晚清孟河医派名医。出身世医家庭,13岁时,受名医费伯雄赏识传授医术,后从曾祖马省三临床16年,尽得要旨,学成各科医术,尤精内、外、喉三科。在医治伤寒病方面有独到之处,为马氏医家中造诣最深、医术最突出的名医。前半生在地方行医,与费伯雄齐名。后至苏州悬壶,开设诊所,名声大盛,颇受吴中群众推崇,苏州人将他开设门诊的一条街,取名为马医科巷,至今未改。光绪六年(1880年),慈禧太后患病,御医屡药无效,向全国征召海内名医进京为慈禧治病,他由江苏巡抚吴元炳推荐,赴京应诏。当时他已61岁,深知"伴君如伴虎",如果诊治失当,罪必致死。因此,在临行前与家人告别时,泣不成声。农历七月二十日到京后,每日清晨进宫为慈禧切脉,处方格外细心。

切脉时,下跪膝行,不敢抬头。十月初五日,竟晕跌倒地。直至翌年二月十一日,慈禧病情遂有好转,受到赞赏。称他"脉理精细"、"能述病源"、"所拟医方甚佳"、"外来医生以马文植为最"等。慈禧赐他许多金钱及鹿脯等贵重物品。期间,王公大臣纷纷请他诊病,太监乘机向他索贿。三月二十六日,乞慈禧同意,才离京回里,前后9个月又12天。慈禧病愈后,特命南书房翰林手书"务存精要"匾额,挂于门诊大厅。不久,他撰《纪恩录》详纪其事。他治病讲究眼力、药力,认为治疾,首先必须剖析患者的症结,然后再根据药物的性能,方能对症下药,药到病除。他一生作内、外、喉科等论述颇多。著有《外科传薪集》、《马批验方新编》、《马评喉科论》、《医略存真》、《马评外科症治全生集》、《医药舌鉴》、《药性歌诀》、《清囊秘传》、《马氏丸散集》、《马氏经验方》及医案《外科集脓》、《务存精要》等。其中《外科传薪集》记载马培之外科验方200余例,并有外用药的配制及用法,被马氏人奉为秘典。

范当世

范当世(1854~1905),原名铸,字铜生、无错,号肯堂,因排行居一,世称范伯子。通州城(今南通城区)人。清末诗人,南通近代教育倡导者。幼年即聪颖警悟,先后从通州城内有名望的塾师王兆榛、顾金标学习八股文。15岁得州试第一名,17岁为禀贡生员,但此后9次应南京科试不第。25岁后负籍出游,从张裕钊学古文,又与吴汝纶、陈三立等结交,讲学于保定莲池书院。聘桐城姚濬昌女为妻,由是益探究姚鼐古文法,学业大进。38岁应北洋大臣、直隶总督李鸿章请,至天津任李家庭教师4年之久。甲午战争后辞馆南归。

范当世善诗,意境恢宏炽烈,风格旷荡遒健,在同光体诗人中独树一帜。其散文亦佳,是桐城派在江苏的主要代表。传世有《范伯子诗文集》。当世之弟钟、铠皆负文名,世称通州三范。

范当世对南通近代教育颇多贡献。清光绪二十八年(1902年),他与张謇、张师江、孙宝书诸人呈请两江总督设立高等小学,并抱病与张师江主持筹建工作。同时积极酝酿利用盐义仓创办公立中学校(今南通中学前身)。范当世视发展教育为强国之本,在《通州小学堂(今实验小学前身)宗旨》中,他写道:"争强莫如以兵,强兵莫如以富,何为而必出于学?曰:此其先务也。兵且有兵学焉,富且有农工商之各学焉,自今无一事可以不学。""立国必资乎人才,而培才当始于子弟;立教必遍乎全国,而变国莫先于秀民也。"可惜天不假年,两校规模初成,范当世以肺疾弃世。范当世原配夫人吴氏早逝,继配姚蕴素,桐城派古文宗师姚鼐侄曾孙女,工诗,著有《沧海归来集》,任通州女子师范学校校长十数年,人多尊称为范姚夫人。

杨宗濂

  杨宗濂(1832~1906),字艺芳,晚号潜斋主人。清道光十二年二月二十四日(1832年3月25日)生。无锡城内下塘人。清洋务派官员,中国首家商办无锡业勤纱厂创办者。父杨延俊,道光二十七年进士,官至山东肥城等县知县。杨宗濂幼承家学。咸丰五年(1855年)任户部员外郎。咸丰十年,太平军击溃湘军江南大营,忠王李秀成率军东征。四月十日,太平军攻克无锡城。杨宗濂成立团练局,抵制太平军。十月团练局解散,他避走上海。次年为曾国藩幕僚。同治元年(1862年)又入李鸿章幕,并随淮军东下,自募一旅"濂字营"作为淮军向导。他亲自率兵与太平军作战数十次。太平军失守江南后,他奉命总办常州、镇江二郡营田事,招收客户开垦荒地数十万顷。同治六年,再次随李鸿章师围剿捻军,负责总管诸军营务。后以军功升道员,加布政使衔,赏戴花翎。光绪十一年(1885年)任北洋武备学堂监督。他详采兵法,编成《学堂课程》8卷。此书当时为各武备学堂的范本。翌年,与人合办天津自来水公司。光绪十六年,因治校有功,补授直隶通永道,参与修治华北水利。光绪十八年授山西河东道,管理河南、山西、陕西三省盐务。因办饷有功,加一品顶戴。后又升任山西布政使、按察使。光绪二十一年,与其弟杨宗瀚筹银24万两。在无锡东门外兴隆桥创办中国第一家近代纺织工业企业——无锡业勤纱厂,翌年年底正式投产。光绪二十五年,迁任长芦盐运使。八国联军入侵天津时,他亲率盐勇坚持巷战,保卫天津,致使左、右两股受伤。光绪二十八年,以三品京堂候补,奉命督办顺天、直隶纺织事务。光绪三十年以病乞休,回锡赋闲家居。辑成《聊自娱斋诗文集》1卷。光绪三十二年六月十七日(1906年8月6日)病逝。

陈玉澍

陈玉澍(1852～1906),字惕庵。建湖县上冈镇人。晚清诗人。光绪十二年(1886年),肄业于南菁书院,得到经家黄以周的传授,先后著有《尔雅释例》五卷、《卜子年谱》五卷。光绪十四年,中戊子科举人后,潜心研究鲁、齐、韩诗与毛诗之异同,著成《毛诗异文笺》十卷。中年时潜心于历史、政治、掌故的研究,主张变法图治。甲午战争爆发后,他撰文鞭挞日军侵略,抨击清王朝丧权辱国,歌颂为国捐躯的爱国将士,写成《后乐堂文钞》9卷、《诗钞》1卷、《读钞》9卷。陈玉澍不慕荣利,以学为乐,多次辞谢省道大员的礼聘。光绪十九年,应盐城知县刘崇照之请,主修《盐城县志》十卷。又先后任尚志书院和县学堂主讲。光绪二十九年,他应两江总督周馥之聘就任三江师范教务长,数月后辞职回乡,著就《教育刍言》三卷。光绪三十一年,应广东布政使程仪洛之聘去广州幕僚数月,再应两广总督岑春煊之聘一年,亲见时事变化、社会民权运动高涨、官府抗拒不理等现状,先后写成《民权释感》2卷。

李宝嘉

李宝嘉(1867～1906),又名宝凯,字伯元,别号南亭亭长,笔名游戏主人、讴歌变俗人、二春居士。武进县城(今常州市区)人。晚清小说家,《官场现形记》作者。幼丧父,靠任山东道员的堂伯父抚养长大。在堂伯父的严厉督教下,学业日进,对制艺、诗赋无不擅长,能书画,工词典,精篆刻;对金石、音韵、考据之学等,也触类旁通。成年后浪迹皖、湘、噪声及京、津等地。光绪十八年(1892年)回到常州,赁屋青果巷。翌年考秀才得第一名,补禀贡生。他无意做官,潜心文艺,一度从传教士习英语。甲午惨败后,他忧心如焚,愤慨作诗:"世界昏昏成黑暗,未知何日放光明。书生一掬伤时泪,誓洒大千救众生。"他一心救亡图存。光绪二十二年赴上海创办《指南报》,写谴责小说以振聋发聩,唤起民众,先后创办过《游戏报》、《世界繁华报》,成为近代小报之先驱;并在商务印书馆主编《绣像小说》半月刊,该刊曾首发《老残游记》等名著。他以痛哭流涕之笔,写嬉笑怒骂之文,为中国报界别辟一裁。他还关心社会性文艺活动,先后组织艺文社、书画社等。

李宝嘉办报,既当经理,又主笔政,还亲自从事文学、弹词等创作。著有《官场现形记》(60回)、《文明小史》(60回)、《中国现在记》(12回)、《海天鸿雪记》(20回)、《李莲英》及《海上繁华梦》、《庚子国变弹词》、《醒世缘弹词》、《南亭笔记》、《南亭四话》(诗话、词话、联话、曲话)、《芋香印谱》、《艺苑丛话》、《滑稽丛话》、《尘海妙品》、《奇书怪睹》、《经国美谈新戏》、《爱国歌》等著述。其中42回的《活地狱》,因写到第39回,人去世,最后3回由吴研人、欧阳钜源接着完成。《官场现形记》所述,大都实有其人其事,惟不用真名。小说载完后出单行本时,曾起轰动效应。传说慈禧太后阅到此书,曾假借民意,按名调查,意欲追究不法官吏。此作被列为"晚清四大谴责小说"之一。他的作品具有气势磅礴,场面宏大,讽刺尖刻,笔力雄健的风格。他殚精竭虑于文事,消磨心力,终于积劳成疾,于光绪三十二年三月十四日(1906年4月7日)去世。

俞　樾

俞樾(1821～1907),字荫甫,号曲园。浙江德清人,后寓居苏州。晚清学者。道光三十年(1850年)中进士,改庶吉士。咸丰二年(1852年)授翰林院编修,咸丰五年任河南学政。两年后被劾割裂试题罢官职,至光绪二十八年(1902年),重逢乡举,才诏复官,时已暮年。俞樾罢官后,寓居苏州,潜心讲学,专意著述。主讲苏州紫阳、上海求志诸书院,主持杭州诂经精舍30余年。时有"门秀三千士,名高四百洲"之誉。黄以周、朱一新、吴大澂、章太炎等近代许多著名学者,均曾游其门下。其治学宗法高邮王念孙、王引之父子,以小学(文字、音韵、训诂学)、古文经学、诸子学见长。所著《群经平议》、《诸子平议》、《古书疑义举例》三书,正句读,审字义,通古文假借,校正误文,发明古义,为士林所推重。一生著作宏富,集成《春在堂全书》250余卷,声名溢海内,远及日本。又擅长诗词,旁及小说、戏曲;亦工书法,尤长篆隶。其书张继《枫桥夜泊》诗碑,为其86岁病逝前4个月所书,雄浑刚健,被奉为翰墨之宝。光绪三十二年十二月二十三日(1907年2月5日)去世。

俞樾罢职南归后长期寓居苏州,先租赁石韫玉五柳园故居,后寓马医科巷潘世恩旧第。同治十三年(1874年)在马医科巷西首购得潘氏废地,筑屋30余楹,中有乐知堂、春在堂、认春轩、艮宦、达斋、曲水亭诸胜,取名曲园。1954年,其曾孙俞平伯将曲园献给国家,后被列为苏州市文物保护单位。

余思诒

余思诒(1835～1907),原名斯沛,字雨亭,又字翼斋,号易斋,晚号草庐一翁。生于武进县城(今常州市区)一户官宦家庭。清外交官、洋务派。父余光倬曾任刑部提调。他从小受过良好的家庭教育,思想开放,主张学习外国的科学文化,走洋务之路,增强国力。曾为清廷拟订过开办洋务报告,在国内较早地提出"开铁路,以通转运;请制造,以辟利源;移游民,以实边荒;禁缠足,以尊国制"的设想,并产生过重要的影响,得北洋大臣李鸿章赏识,有"才识宏通,讲求西学"之评语。后经李鸿章推荐,作为驻外使节,长期在国外任职。历任驻英国使馆随员、美国使馆参赞、日斯巴尼亚和古巴总领事、美国旧金山总领事等职。驻外期间,亲自将中国在英国阿模士庄厂定造的两艘军舰(定名致远、靖远)督航到天津。

在古巴、旧金山任职时,为侨民的生活及人权,做了大量有益的工作。为解决侨民生活困难和改变被欺压的处境,他四处奔走交涉。遇到旧金山侨民团伙之间发生纠葛时,他则竭力进行调解,开导双方说:"吾民背井离乡,不惮数万里,远涉他邦,寄人篱下如幕燕,乃不思同心协力,合群以御外侮,谋自立,反同室操戈,岂不让异族齿冷!"侨团双方才消除结怨,都称他为"余青天"。

光绪十六年(1890年)归国,历任洋务局、工艺局、农工局、商务局、农林学堂等会办,矿政调查局总稽查等职。为了发展民族工商业,他被派往日本、美国考察。著有《航海琐记》、《罗经卷》、《楼船日记》、《风性说》、《驻英日记》、《海战要略》、《古巴政治风俗考》、《英国地理学》、《归航陈迹》和《一贯录庐笔记》等书。

王得胜

王得胜(1822～1908),原名王绪岳,字捷三。东海县南辰乡西朱范村人。清末武官。出生前丧父,自幼家庭贫寒,母亲雇给富户做"锅头",孤儿寡母,相依为命。6岁时,给东家放牛。10多岁时,母亲改嫁,倍受欺压,饱尝饥苦。清朝咸丰初年从军,由副目、低级军官直到江西省南赣镇总兵。官至正二品。

咸丰六年(1856年)，王得胜因跟从海州守备秦怀扬屡次参加地方作战，维护地方治安有功，由副目升到千总。调赴江南清军大营，效力于钦差大臣德楞泰、袁甲三。因功被保荐戴蓝花翎，任赣榆千总，兼办理地方团练。不久，捻军围攻赣榆县城。王得胜死守顽抗，被两淮漕运使王梦龄保奏，以千总任用留漕河两岸，维护地方航运。捻军大举进攻海洲，王得胜带150人前往援助，设埋伏俘捻军多人。同治二年(1863年)，捻军在苏鲁边境活跃异常。两淮漕运使吴棠奏请清政府派军进攻，清政府派陈国瑞率5000多人由淮徐进剿沂境幅军。王得胜率部配合，把临沂境内捻、幅军平定。这次战斗，王得胜援助有功，被保荐守备外加都司衔。后随陈国瑞进攻反清组织白莲教。王得胜冲锋在前，俘获白莲教首领刘双印。被僧格林沁赏识并推荐，免补都司，以游击任用，驻防淮河两岸，维护漕运。东路捻军首领任柱率领千余人逼近海州，他用计深入捻军营，生俘任柱胞兄任锁，被保奏为参将加副将衔。

同治六年，捻军遵王赖文光率军由清淮一带南下。王得胜率部在扬州俘赖文光，被委任为副将，以总兵任用，并赏志勇图巴鲁名号。同治八年，王率部与西路捻军在豫皖苏北地带进行大小数十战，以记名提督任用。不久任海州营参将。光绪九年(1883年)，实授江西南赣镇总兵。光绪十一年告老回家。光绪二十一年，甲午中日战争爆发。总督张之洞张贴檄文召募"海胜军"8个营，驻防青口一带。王得胜受命驰往验视险要，没等到组成军队，倭寇轮船已驶近沿海，周围民众大惊。王得胜率领百余骑兵，日夜巡视海岸。倭寇听到陆地已有准备，于是撤退。不久，补授王得胜陕西河州镇总兵，他以年老多病辞官回家。光绪三十四年病逝。

陆宝忠

陆宝忠(1850～1908)，字伯葵。太仓人。出生于官僚家庭。清末教育家。幼年体弱多病，20岁时曾中止科举，专事休养。光绪元年(1875年)始参加乡试。翌年中丙子科二甲六十三名进士，先后授庶吉士、编修等职。光绪十一年，任湖南学政。一上任即整肃科场，铲除积弊，受到人们拥戴。后历任少詹事、内阁学士兼礼部侍郎、兵部右侍郎等职，并相继出任顺天乡试同考官、山东乡试主考官与浙江学政等。光绪二十六年九月任顺天学政时，朝廷正在锐意变法，陆宝忠即疏请整顿大学堂，多设蒙学堂(幼儿园)；又请裁撤武科,广设武备学堂。这些建议,很快被朝廷采纳并付诸实施。光绪三十一年,学堂渐兴,他又疏请设立文部,管理自京师大学堂、译学馆以下的各省学堂并建议国家广设学堂,除了官办的以外,还可办私塾和村学等,以普及教育,下级官府应多建蒙学堂,使儿童接受早期教育。他还主张加强实业教育,多设商学、农学、工学、蚕学、林学等科目,使青少年都有一技之长。强调必须订立教育法规,凡7岁以上儿童一律入学,并对学堂设置、教程安排、教材编写、考试检查、教授方法以及学生的升留级制度均作详细的论述。他十分注意对教师的培养,主张在师范学堂之外,广设师范传习所,偏僻乡村可自学师范,经考试合格即发给文凭并予以录用。对工作出色、教龄在15年以上的教师生活上予以优待,或者授以各级学官,负责管理各类学堂。此外,他还倡导学习外国的教学方法,并亲自翻译东西方各国的教学法书籍,颁行各地借鉴学习。光绪三十二年,陆宝忠任礼部尚书,目睹辽东历经日俄战争之后,国土遭到外国列强蹂躏,心中愤慨不已,叹道:"切肤之痛,无过于此。"于是向朝廷密陈十事,内有经营营口,疏治辽河,采掘抚顺煤矿,赎还安奉、新奉铁路,收回辽东法权,设置大连海关,预备18处通商口岸等。另有揭露太监李莲英营私舞弊与请求弹劾的内容。光绪三十三年春,他见御史赵启霖因谏被革职,恐言路阻塞,疏请朝廷在当今举行新政之时,应广开言路,严禁党援,使更多的忠良之士为国效力;至于用人,关系大局,尤宜审慎,否则对国家带来危害。由于陆宝忠言事切实,謇谔不挠,为袁世凯深忌。当年九月,光绪帝下令禁烟,他奉旨离职戒烟,三年乃绝,复职后不久,于光绪三十四年四月于北京病逝。

张鹤龄

张鹤龄(1867~1908),字长孺,号啸圃。武进县城(今常州市区)人。清教育家、文字改革家。25岁考中进士,授翰林院庶吉士,任户部主事。他治学严谨,博览群书,尤好欧美译著,主张"废科举,兴学堂",提倡科学文化。所言"变法改革"之主张,被管学大臣张百熙评为"博大宏深,开拓万古心胸,推倒一世豪杰"。光绪二十七年(1901年),被张百熙聘任为京师大学堂总教习。期间为普及中国的新式教育,曾拟订《学务纲要》等20个系统规则,通称"奏定学堂章程",由张之洞、张百熙等于光绪二十九年呈奏清廷颁布。张鹤龄在提倡新学的同时,还主张对文字进行改革。认为中国的汉文字存在"字义难识"、"律例不一"、"宗派繁多"三大难于推广的障碍。改革的办法："字义"盯避难趋简，改变过去"以义辨字为以音"识字，效法"欧美非澳"国家推行的拼音法，强调语言与文字表述上的统一，做到"能语言之人，即能文字之人"；"律例"上主张全国应统一语法，不能因地而异，各自为主，使初学者无所遵循；至于"宗派繁多"的问题，应规定统一格式，奏疏用"立言之体"，并牍以"运典为工"。当年，他被调湖南，历任督粮道、按察使等。其时湖南巡抚赵尔巽、湖广总督端方根据朝廷颁布的学堂章程，正计划办学堂，于是张鹤龄成为办学的左右手。一时湘省在他的规划布置下先后兴建多所学堂。同年政府与列强签订粤汉铁路借款合同，他公开呼吁"废约保路"，支持人民收回主权而兴起的路潮运动。光绪三十二年四月，张鹤龄调任奉天提学使。面对东北当时日俄战争后一片荒凉景象和地处边塞、文化落后的现实，他在省城设立学务公所，创办师范教育，到关内聘任教师到奉天讲学，为东北培养一批师资队伍。接着，陆续办起格致测算专修科、实验学堂、省立中学堂，从日本人手中接办商业学堂，对维城小学、蒙文学堂及简陋的城乡小学加以修缮，添置设备，使这些学校初具规模。他还在奉天成立省教育会并督促各县兴办教育。据光绪三十四年调查，全省学堂增至2122所，在校学生达8.5万余人。其办学实绩可与长江流域的省、市媲美。他不仅重视教育的普及，还重视提高教学质量。当时所办师范简易科学生成绩，经清廷学部考试验收，评价颇佳，获嘉奖传示全国，曾有"非提学使之力，何以至此"的赞誉。他对图书事业也很关心，光绪三十四年在奉天创办该省最早的省城图书馆（今沈阳图书馆）。张鹤龄为了振兴教育事业，不辞辛劳，对各项学务无不躬亲过问，虽已积劳成疾，仍带病召集各处办学绅董，商量筹办学校计划，不断批览视学报告，提出应建、应革事宜。东三省总督徐世昌有"天下言学使皆曰张公"的赞誉。

甄遇都

甄遇都（生卒年不详），字愚合。沛县甄楼村人。晚清御医。朴直少文，善痘疹术。时清廷常御冷某，其子痘疹急，布告延医。群医毕集，均束手。甄遇都持布告至，施以雨淋、药治，第二日病愈。群医惊为神手。冷常御感其恩，遂与甄遇都结为忘年交。冷常御迁秩去京师，适京中小儿患痘疹者甚多，因无善手，多至夭伤。是时缙绅士庶之家，多数子女未患痘疹，冷常御为预防痘疹出,不远千里聘甄遇都至京师。甄遇都到京师时,痘疹正在盛行。甄遇都用药多奇效,群医均不解。京中君、臣、佐、使观之,无不吐舌称异,叩甄遇都求方。甄遇都出示抄本一册供阅,并借人抄写。此抄本名为《慈航痘疹》,约10万余字,是甄遇都得于外祖父朱太初,朱太初得于其友杨昆峰,杨昆峰得于先祖所传。甄遇都得其秘方,能随时变化,得心应手。后甄遇都被延聘至京,任御医。

张之洞

张之洞(1837~1909),字香涛、孝达,号壶公、无竞居士。直隶南皮(今属河北)人。清末大臣、洋务派首领。同治进士。曾任翰林院侍讲学士、内阁学士等职。光绪十年(1884年),由山西巡抚擢升两广总督,起用将领冯子材,在广西边境击败法国侵略军。他倡办洋务,是洋务派的首领之一。在调任湖广总督后,先后开办汉阳铁厂和湖北枪炮厂,设立织布、纺纱、缫丝、制造四局,并筹办芦汉铁路,与李鸿章争夺权势。毛泽东曾说,中国的实业,有四个人不能忘记,其中有重工业不能忘记张之洞。在资产阶级的维新运动中,他于光绪二十四年发表《劝学篇》,成为当时对抗维新思想的代表作。此书受到慈禧集团的重视,下令颁发全国,要求各省督抚、学政"广为刊布,实力劝导,以重名教而厄言"。光绪二十七年八国联军进攻北京时,张之洞在帝国主义策划下,参与"东南互保",镇压两湖反洋教斗争和唐才常自立军起事。

光绪二十八年刘坤一病逝后,张之洞继任两江总督。他赞同刘坤一等首先兴办师范学堂的设想。翌年正月初八,再呈《创办三江师范学堂奏折》。获朝廷批准后,旋聘杨觐圭为学堂监督(校长)。他还亲自与有关方面议定学堂经费和生源。为规划学堂建造规模及安排教学内容,张之洞还派专人赴日本考察、学习;并在南京设立三江师范学务处。光绪二十九年九月,三江师范学堂开学。该学堂既是南京第一所高等师范学校,也是中国最早建立的高等师范学校之一。光绪三十三年,张之洞离开南京,调任军机大臣,掌管学部。宣统元年(1909年)卒于北京。著有《张文襄公全集》。

刘 鹗

刘鹗(1857~1909),原名云鹏,字云抟、公约,又字铁云,改名鹗,别署洪都百炼生。丹徒县(今镇江市区)人。晚清四大谴责小说之一《老残游记》的作者。他知识渊博,通晓数学、医术、水利、乐律、哲学等,是金石古玩收藏家和鉴赏家,并是最早识别、搜集和整理殷墟甲骨文字的学者,整理和拓印有《铁云藏龟》、《铁云藏陶》、《铁云泥封》等。其父刘成忠,进士,做过几任道台,于清光绪二年(1876年)左右,在淮安城地藏寺巷买了房子,并在山阳购置不少土地,遂在淮安落户。之后的六七年中,刘鹗在淮安埋头读书,除读治河、天算、乐律、词章、医学、兵法等书外,还向太谷学派的传人李龙川学习哲学。光绪十三年,黄河在郑州决口,他投效河工任治水大吏的幕僚,大显其治水才能,被河督吴大澂列案请奖,并升为候补道。在一次极偶然的机遇中,他发现刻有甲骨文的龟甲片。从此,处处留心并竭力收买甲骨。光绪二十年居母丧守孝期间,还在淮安东门外的药店里发现并买了不少。后来他又到处搜集,整理拓印成最早的甲骨文汇编《铁云藏龟》。大约在居丧守孝期间,他认识著名中国金石学家、清末学部参事罗振玉,从此二人交往日密,后来还成了儿女亲家。

光绪二十二年,刘鹗上书直隶总督王文韶,建议兴筑(天)津、镇(江)铁路,"过山东而入江苏,达清江浦,至镇江止"。他因此受到京官中守旧派同乡的攻击,要开除他的乡籍。后被仇家指控为"汉奸"。光绪三十四年,又被诬盗卖仓米,被逮捕流放新疆迪化(乌鲁木齐)。宣统元年(1909年),刘鹗死于戍所。其灵柩由老仆护送到淮安,不久归葬丹徒祖茔。刘鹗学不囿门户,举凡辞章乐律、考古史地、治河历算、农工商医等,无不博览旁搜,精研广著,总计著述达30余种。

杨士骧 杨士琦

杨士骧(? ~1909),字萍石,号莲府。泗州招贤乡(今盱眙县鲍集乡梁集村)人。清末权臣。从祖父杨殿邦起即寓居淮安,家道殷富,有良田千顷。杨士骧于光绪十二年(1886年)中进士,选庶吉士。授编修,保道员。后历任直隶通永道、按察使、江西布政使、直隶布政使等职。

光绪三十一年,杨士骧迁任山东巡抚。时黄河下游淤塞,且河堤低矮,洪水经常漫溢。杨士骧首倡兴修水利,亲定治黄章程,严明治水法纪。河工吏员有因玩忽职守而决堤者,皆依律论斩,并常亲自沿堤巡视,赏功罚过,言必信,行必果。河道疏浚既成,数年内山东水患大减。值曹州盗贼蜂起,士骧推行"清乡法",严惩不贷,几月即见成效。他还参与处理德国租借胶州的善后工作。光绪三十三年,他继袁世凯任直隶总督,左右逢源,上下周旋。翌年,朝见光绪帝,力主兴修永定河水利工程,提议拨银46万两,疏通河道,修复加固芦沟桥北部减坝。宣统元年(1909年),士骧慨然上疏,思革百年之弊。疏成而其志未竟,当年五月,病逝于京都,追赠太子太保,谥"文敬"。

杨士琦(1862～1918),字杏城。杨士骧弟。北洋军阀首领袁世凯的心腹。光绪八年中举,捐道员。光绪十一年分直隶试用,十余年一直总办关内外铁路事宜。光绪二十五年,杨士琦为两广总督李鸿章重用,与兄杨士骧同赴广州效命。后李鸿章迁北洋大臣,兄弟同回京参予机密。此间,与庆亲王奕劻及袁世凯过往甚厚。翌年,曾上书袁世凯请求镇压义和团运动,并担任李鸿章与八国联军议和中的联络员。光绪二十七年,任洋务总文案,为袁"运动亲贵、掌握政权"的马前卒,持续十数年受宠不衰,被袁视为心腹,且素称"智囊"。《辛丑条约》既订,他受袁世凯重托,持银10万两贿赂庆亲王,以其乖巧的口舌,应变的心计,成为其狼狈为奸的媒介,从而由洋务总文案不断晋升而至邮传部大臣。光绪三十二年九月,袁世凯责任内阁制度失败。他主动充当袁排除异己瞿鸿禨、岑春煊的主角,与奕劻合作,密调戊戌政变前的档案,另耗银2万两,得陷害瞿、岑二人的佐证。

辛亥革命后,杨士琦随机应变,力劝袁世凯迫清帝禅位,与南方议和,自甘为议和专使唐绍仪随员。后任政事堂左丞。民国4年(1915年),杨深知袁反对共和、乐于称帝的心理,一拍即合,被袁授为中卿,派为代表,代立法院发表关于变更国体的宣言,于次年元月,极力拥戴袁登上"洪宪皇帝"的宝座。随着袁世凯"皇帝梦"的破灭,改任参政院参政。袁世凯死后,他僦居上海租界亚尔培路。民国7年9月27日,杨士琦遭妾毒死。

杨宗瀚

杨宗瀚(1842～1910),字藕芳。无锡城内下塘人。杨宗濂二弟,清洋务派官员、实业家。太平天国进军江南时,他参加当时官督民办的"团练",

带领团勇抗击太平军。太平军攻克无锡后,避居无锡荡口镇,设果饼摊以维持生计。同治二年(1863年)三月,入李鸿章幕府供职,帮助草拟军情,缮写奏稿。受李赏识,称其"杨三捷才,非他人所及"。以军功升道员并赏戴花翎。光绪八年(1882年),赴台湾佐理巡抚刘铭传,总办商务、洋务,兼办开埠事宜。于台北创立兴台公司,兴办商市;建筑码头,开办短途航运;开辟马路,以利交通。后又被委任督办台湾全省水陆营务,兼办台南台北铁路。在台期间,他与宁波商人陈席珍合资设立宏济药局,施诊给药,并设立学堂,教授农业、蚕桑生产。因功授三品衔,为河南道候补。光绪十六年七月,奉李鸿章命接办上海机器织布局任会办(总办)。他锐意整顿局务,亲手制订各种规章制度和职工守则,采取加强管理、挖掘潜力、扩充资金、添置机器、增造厂房、培训工人等措施,至光绪十八年,织布局"每日夜已能织布600匹,销路颇畅"。翌年十月,织布局毁于大火,被削职返锡闲养。甲午战争后,他与张之洞商议自办民营纺织厂。光绪二十一年,与其兄杨宗濂在无锡创办业勤纱厂,自任总办,主持厂务。次年即盈银4.8万两。晚年他主要精力用于企业的生产经营,阅读商品学、经济学、心理学等方面的译著,以提高经营管理水平。宣统二年(1910年)八月病逝无锡家中。

熊成基

熊成基(1887~1910),一名承基,字味根,一作渭耕。扬州人。同盟会烈士。他幼年爱读兵书,爱谈军事,仰慕岳飞、史可法,自励建功立业,为国效力。光绪三十年(1904年)夏,考入安徽练军武备学堂,学习期间阅读《猛回头》、《革命军》、《警世钟》等书籍,先后参加陈独秀、柏文蔚倡导的"同学会"和"岳王会"等革命团体。学习期满后,应征入江南新军,任第九镇三十二标二营副目,后到江南南洋炮兵速成学堂将校科深造。光绪三十二年毕业,任江宁陆军第九镇第九标炮兵排长,在著名革命党人标统赵声的组织下进行革命活动。次年,调至安庆任第三十一混成协马营队官(后为炮营队官),参加光复会,在新军中积极发展反清力量。同年冬,与新军马营管带倪映典等密议拟在除夕举行起义,后被两江总督端方侦知,倪被撤职,起义未成,熊被推为岳王会首领,继续领导反清革命活动。光绪三十四年,与范传甲、张劲夫等商决,于十月二十六日在安庆城外举行起义,并被推为总司令。熊率起义军英勇奋战,屡次攻城不果,起义军腹背受敌,于二十七日晚,分兵两路夺取庐州(今安徽合肥),伺机再图大举。到达庐州境内时,起义军仅剩300余人,熊遂劝说散部,分头隐匿谋生,以待来日。

宣统元年(1909年)二月,熊成基抵达日本,改名龙潜,字望云,继续进行革命活动。在东京,他结识黄兴等人,并经肖异鲲介绍,加入中国同盟会,与黄兴等一起研究革命方略。同年3月,熊受黄兴派遣,冒着清廷以5000两白银悬拿的危险,回东北负责起义的筹款工作。经沈阳至长春,拟将密山作为联络基地,存粮购枪,以备起事。5月,返回东京,见同盟会经费不足,便自告奋勇,再往东北,拟将十余册日本参谋本部的军事秘密图出售给俄国人。他化名为张建勋,冒籍河南永城。宣统元年十二月(1910年1月),在哈尔滨谋刺从欧洲考察回国的满清贵族载洵,被奸人出卖而遭逮捕。审讯时,他英勇不屈,不仅未泄露任何机密,且严辞驳斥敌人的诬陷,拒绝敌人的种种诱降,并在2000余言的《自书供词》中写道:"推翻野蛮专制政府,重新组织新政府,俾我同胞永享共和之幸福。……敝人情愿以一腔热血灌中国自由之花。"表明自己的革命目标和决心。二月二十七日,在吉林就义,时年23岁。民国元年(1912年)9月,灵柩由其兄成模迎梓至扬州,浮厝于平山堂万松岭上。民国9年5月,国民政府着令军事委员会按陆军上将衔对其进行追恤,并于民国21年在瘦西湖畔兴建"熊园",拟将烈士灵柩移至园内供人瞻仰。后因抗日战争爆发,建筑未完,灵柩未迁。

杨文会

杨文会(1836~1911),字仁山,自号仁山居士。安徽石埭(今属安徽太平)人。清末佛学者。10岁受读,14岁能属文,不喜科举之业,与友人结社赋诗为乐,且放任不羁,喜爱骑射武术。太平天国起义后,他曾举办团练,参与镇压农民运动,后入张芾、周天爵等人幕府。太平天国失败后,他又入曾国藩幕府,饬办谷米局事务,又总办江宁工程界之事和经理汉口盐局。同治三年(1864年),因父亡归原籍守丧,偶读《大乘起信论》,遂生皈依佛门之心。同治四年,文会举家移居南京,且结交王梅叔、魏耆、刘翰清等人,钻研佛典。翌年在南京创办金陵刻经处(初称经书局),刊印佛经。又请画匠、刻工绘刻《慈悲观音像》、《灵山法会图》和《释迦佛坐像》等。光绪四年(1878年)和十二年,他曾随曾纪泽等人两次出使欧洲,考察英、法等国政教事业,继续研究古今梵文佛典。在伦敦时,他与日本名僧南条文雄相识,得南条氏之助,购得日本版小字《藏经》;又从日本、朝鲜陆续搜集中国早已散失的隋唐佛教著作280余部,加以考订,择要刻印,使《嘉祥三论疏》和《慈恩唯识因明疏》等再度流传于世。

光绪二十三年,他在南京延龄巷修建住宅(今淮海路35号),附带收藏经版并流通佛经,4年后又将此房捐赠刻经处。光绪三十四年,在刻经处开办佛教学堂,他亲自主讲佛学,又聘李晓暾、苏曼殊教授梵文和英文。宣统二年(1910年),他在刻经处创设佛学研究会,开中国佛学院之先河。其间,他不仅与汪康年、梁启超、陈三立、谭嗣同等维新派人士交往甚密,还极力维护门人参加同盟会的革命活动。宣统三年,杨文会在南京病逝。遗体葬于刻经处,并建了纪念塔。杨文会长于音韵、历算、天文、地理,又深探黄、老、庄等诸子之学,尤精于佛典之研究。刻经处创办时,他亲自制定章程,且因首刊《净土四经》而蜚声佛学界。他曾订出《大藏辑要》编刻计划,选佛典460部、3300多卷,后完成五分之四。他先后刊印佛教经典万卷以上,并以校勘精审为一时所重,人称"杨文会本"或"宁刻本"。他还著有《大宗地玄文本论略注》、《等不等观杂录》、《佛教初学课本》、《十宗略说》等。杨氏所创金陵刻经处,集中收藏全国各地所刻佛典木版125300片。

端 方

端方(1861～1911),字午桥,号匋斋。清末满洲正白旗人,托忒克氏。光绪举人。清末大臣。光绪二十六年(1900年)八国联军侵占北京前夕,慈禧太后携光绪皇帝逃往西安。时任陕西布政使的端方,因拱卫周到备至,得到慈禧宠信,先后擢任护理陕西巡抚、湖北巡抚、江苏巡抚。光绪三十一年,他受命与载泽等5人出国考察欧美等国宪政。次年回国,写《欧美政治举义》上奏朝廷,建议预备立宪。同时,对"泰西文明"亦颇为赞赏。

光绪三十二年七月,端方调任两江总督。到任后,颇能倡西学,办新政,并先后在南京等地设学堂,办警察,造兵舰,练陆军等。翌年,他获准筹办江南图书馆,并亲自选定南京城西龙蟠里"惜阴书舍"旧址为馆址。在此前后,他获悉钱塘著名藏书家丁氏后人因经商失利,拟将家藏"八千卷楼"藏书出售抵债的消息,立即拨出款项,指令江南高等学堂监督缪荃孙等赴杭州,与丁氏后人接洽,以7.3万块银元,购得藏书60余万卷。不久,他又令人将武昌范氏"月槎木樨香馆"所藏4500余种书籍变价运回南京。这些古籍,遂成为筹办中的江南图书馆的基础。宣统元年(1909年),调任直隶总督,因在东陵拍摄慈禧葬仪而被摄政王载沣罢免。宣统三年,起用为川汉铁路大臣,率军入川镇压保路运动,同年在资州(今资中)被起义士兵所杀,终年50岁。有《端忠敏公奏集》、《匋斋吉金录》等。

卞 赓

卞赓(约1875～1911),字虞卿,因排行第三,人又称卞三。海州人。清末最后一位武状元。幼时,即不爱文墨,乐意武行,到处拜师学艺。稍长后,更是一心习武,以期求得功名。当他考中武举后,又决意进京,参加会试以争夺状元。为了解考取状元的经验,他特地赶到江西波阳,求教于光绪二十年(1894年)甲午科武状元张鸿翥。在张的指点下,卞赓终于在光绪三十年甲辰科会试中,如愿以偿,一举考中状元,在紫禁城看守神武门。几年后被任为两广参谋,镇守广州。清宣统三年(1911年),孙中山在广州起义,卞赓未能"平乱",但又恐遭朝廷怪罪,故吞金自杀。

陶骏保

陶骏保(1878～1911),字璞青。丹徒县(今镇江市区)人。辛亥革命将领。少时从学其兄陶逊,受强国强种思想的影响,抱有推翻清廷的志向。18岁考入江南武备学堂受训,又曾去日本留学和考察军务。后从军于福建、广东,先后任徐绍桢常备军管带、军政局参谋兼武备学堂教员,与谢刚德、方声涛、方声洞诸志士相交甚笃。光绪二十九年(1903年)随徐绍桢回江南筹建新军。光绪三十一年总办江南征兵局,兼办镇江征兵事宜,建立新军第九镇并任正参谋兼南洋宪兵司令官及警察总局会办。次年春加入中国同盟会,与赵声等人在新军中秘密进行反清活动。宣统三年(1911年),革命军光复镇江后,受其学生、镇军都督林述庆之邀任参谋总长。"筹饷安民,不遗余力"。此后,被推任江浙联军参谋总长,与林同率镇军西征南京。南京"光复"后,他力劝林取消镇军都督和南京临时都督,公推程德全为江苏都督,以统一江苏军政。同年12月11日专程赴沪,与宋教仁、黄兴等人讨论北伐之策,不料,遭人陷害,于23日为沪军都督陈其美妄以"汉奸"罪名杀害,时年33岁。民国成立后,冤案终于平反昭雪,被追赠为陆军中将。在北固山下建祠纪念。

陶骏保武略过人,宋教仁也称其"筹之伟远"。他善于化解内部矛盾,使枪口一致对外,加强新军的团结。在战斗中,他用兵如神,且常亲赴前线,激励将士,为赢得胜利奠定基础。陶还素有文才,擅填词,颇有辛弃疾的风格,悲壮激昂,发人深思。惜大半散佚,仅有《陶骏保遗稿》存世。他还从保存乡邦文献出发,搜集《出围记》等多种有关第二次鸦片战争中镇江战事的著述,辑成《京口掌故丛编》雕印出版。

赵 声

赵声(1881~1911),原名毓声,字伯先、百先,号雄愁子,易名宋王孙。丹徒(今镇江市区)人。近代民主主义革命者。19岁中秀才。清光绪二十七年(1901年)入江南水师学堂和江南陆师学堂,光绪二十八年底毕业。光绪二十九年初,赴日本考察,回国后任两江师范学堂教习,后在江阴训练新军,光绪三十一年起,先后任南京督练公所参谋官、广西巡防营管带。陆军第九镇十七协三十三标二营管带,后升标统。次年在南京加入中国同盟会,组织同盟会江宁(南京)支部。任广州督练公所提调,因对士兵宣传革命,为清两江总督端方发觉,出走广州,任督红练公所提调,旋统带新军第二标。宣统元年(1909年)与人酝酿广州新军起义。次年,倪映典发动新军起义失败,他往南洋筹措军费,并任香港同盟会会长。宣统三年三月被推为广州起义军总司令,与黄兴一起组织领导广州起义(黄花岗之役)。四月,在香港病逝,时年30岁。著有《保国歌》。民国元年(1912年)追赠为上将军。

周 实 阮 式

周实(1883~1911),字实丹,阮式(1889~1911),字梦桃。二人均为淮安府山阳县(今淮安市)人。辛亥革命烈士。二人共创淮南社,鼓吹革命。辛亥武昌起义时,周实正就读于南京两江师范学堂,阮式正执教于山阳高等小学堂。消息传来,周实即离宁返淮,与阮式共谋山阳"光复"事。

宣统三年(1911年)十一月六日,淮阴"光复",驻军十三协缺乏坚强领导,形成兵溃。山阳距淮阴30里,人心异常惶恐。周、阮遂组织"巡逻部",日夜巡守,维持秩序。十二日,参议蒋雁行在淮阴被举为革命军江北都督,命令山阳县知事姚荣泽反正,并邀请山阳官绅赴署议事。山阳人公举周实等五人赴会。当时山阳县令姚荣泽等正在阴谋反对中。周实等自淮阴归,定于十五日开光复会。这天,到会者数千人。而姚荣泽独避匿未到。会上,首由周演说光复理由,继由阮演说,并斥责说,姚不到会,就是反对光复的行为,并痛斥山阳劣绅的种种劣迹,声情激越,使这些人闻之胆寒。十六日,蒋雁行应周之请,派兵一队到山阳,周出城迎接。上午,姚荣泽率卫队三四十人持械到巡逻部,阮当面责问他未到光复大会的原因,并向他盘问漕银数目及存放地点,姚言语含混,唯唯诺诺,悻悻而退。周、阮对他虽然有防,但重视不够。十七日上午,劣绅何钵山邀周去午餐。食后,途经府学宫前,被姚令人邀入学宫中议事,一到那里,典史周域邠手持快枪迎击,周实连中五枪,当场身亡。姚荣泽等又命缇骑四出,搜捕阮式。当时阮式正在家招待一个友人。家人报清参将杨建廷至。这时,阮宅已被清兵包围,而杨直入厅房,对阮式说:"实丹约君议事,请即行!"阮式遂与他同行,刚出门,即被捕,押到学宫,刳腹剖胸而死。事后,民军沪军都督陈其美判山阳令姚荣泽死刑,并移文山阳县,追认周、阮为辛亥烈士,嘱建周、阮二烈士祠。淮安人即就城内天妃宫东开元寺旧址改建。但是,姚荣泽后来竟被袁世凯免去一死。

他们牺牲时,周实28岁,阮式22岁。二烈士都善于赋诗作文。周有《无尽庵遗集》,阮有《阮烈士遗集》传世。

阮德山

阮德山(1885～1911),丹徒宝堰人。广州起义黄花岗七十二烈士之一。阮家世代务农,父早逝。他幼随在丹徒县署当差的长兄阮少堂居镇江。21岁应征入南京新军。清宣统三年(1911年)初,任九镇三十三标一营左队一棚正目,加入中国同盟会。时赵声在香港准备广州起义,派人至苏皖调集精英,赴粤决战,阮德山因素有反清大志,且豪侠有为,也在被选之列。适赵声之弟赵光在宁,与其畅谈赵声等在广州革命事迹。阮德山听说广州即将发动反清武装起义,非常兴奋,表示誓死以从。遂随赵光前往香港,与赵声相见。不久,受命赴广州,联络革命同志,准备起义事,并至步兵管带马贡芳处,谋划起义准备等情。不料起义前因突发事件,革命党人在广州受到大肆搜捕,在如此危情中,阮德山奉黄兴之命退避香港。赵声又于同年三月二十八日复派其连夜乘船潜回广州,准备投入战斗。次日(即农历三月二十九日、公历4月27日），他随黄兴去攻打督署，攻入署门后，总督张鸣歧已逃，遂火烧督署复出。在激战中与黄兴散失，至双门底时，战友中弹负伤，阮德山不忍离弃，护持伤员奋力冒险突围，终因寡不敌众，死于乱弹之中，时年26岁。后葬于广州城郊白云山红花岗（后改黄花岗）下。

华金元

华金元（1889~1911），江宁县人。黄花岗烈士之一。清末南洋新军第九镇（相当于师）在江宁城（南京城）征兵时，应征入伍，由士兵升为初级军官。后逐渐接受反清思想，对清政府的对外屈膝卖国、对内施行暴政极为不满。当孙中山领导的同盟会秘密在第九镇发展会员时，他志愿参加，成为新军中同盟会的秘密会员。宣统三年（1911年）春，同盟会筹划在广州举行武装起义，派人到各地组织同盟会会员赴广州参加起义。当时在第九镇集合的就有华金元等40多人。当其他同盟会员秘密在下关集中为他们饯行时，华金元等远行将士，誓为革命抛头颅、洒热血，并慷慨演说，以唤起民众，激励后起之士，与会者无不感慨振奋。

辛亥农历三月二十九日（1911年4月27日），同盟会在广州举行武装起义。华金元等参加敢死队，随黄兴等进攻清两广总督署。当他们攻至总督府前时，螺号直鸣，满街杀声震天，经过激烈的枪战，敢死队很快攻占了总督衙门。这时，敌人已全逃遁。黄兴立即下令敢死队员去攻占巡警教练所和弹药库。当他们冲出东辕门时，即与清军遭遇，展开激烈的巷战。黄兴将敢死队分作三路作战。他自带华金元等一路转战至双门底，又与清兵遭遇，队伍被冲散。华金元和阮德山、徐国泰三人在一起，寻找黄兴，又遭清兵包围，他们冒死冲击，反复拼杀，夺得清兵枪支，击毙清兵多人，但终因寡不敌众，难以杀出重围。最后在与清军冲杀中，华金元与阮德山英雄牺牲。华金元时年22岁。广州起义失败后，广州人民收殓烈士遗骸72具葬于黄花岗，史称"黄花岗七十二烈士"。华金元等13名烈士当时未被发现，后经陆续查明才补入史册，于民国21年（1932年）在黄花岗补立华金元等13名烈士纪念碑。

徐国泰

徐国泰(1889~1911),原名梦九,字民安,参加革命后改名国泰,字晒西。邳县滩上乡蔡庄村人。辛亥革命烈士。他生于贫苦的农民家庭,自幼天资聪颖,性情刚烈,好打抱不平。8岁开始在蔡庄村读私塾,并同时苦练武功,膂力过人。他在一次赶庙会时,遇到一个官吏正殴打一乡民,他上前劝阻,官吏不听,反而转来打他。他义愤填膺,挥拳将其击倒在地。这一义举闯下大祸,不久即传来官府要捉拿他的消息,他不得不外逃避难。

光绪三十四年(1908年)八月十六日,徐国泰应募入伍,被编入南洋陆军第九镇炮队为士兵。由于学、术俱优,一年后考升正目(军曹),在炮标第二营右队服役。宣统元年(1909年),由朱鸿宾介绍,加入同盟会,不久被选为炮标同盟会会员代表,负责标内会务工作。他经常深入士兵中间宣传革命宗旨,未及半年,就发展同盟会员200多人。后徐国泰服役期满,退伍回原籍,同期退伍者达数十人,地方学界在明伦堂举行欢迎会。为了号召家乡有志之士奋起推翻清朝统治者,发展和壮大革命队伍,徐国泰在会上发表演说,痛陈当政之弊,宣传"国家兴亡,匹夫有责"。不久,徐国泰又南下奔走革命。

宣统三年(1911年)春,同盟会员郑赞丞奉命返沪,召集苏、皖两省部分同盟会会员开会,传达孙中山的指示,动员同盟会员参加广州起义。徐国泰积极响应,返宁集合新军第九镇中同盟会员华金元、阮德山等40余人赴广州参加武装暴动。行前,南京同盟会在下关举行欢送会,徐国泰当时被选为南下同盟会员首领,代表南下同志发表慷慨激昂的讲话:"吾辈此行,不计成败,誓以身殉!所有党务均托付在宁同志继续进行。"在黄兴、赵声等领导下,于同年4月27日举行广州起义。徐国泰率领40名同盟会员随黄兴攻打两广总督署,总督张鸣歧闻讯逃跑。清兵据守在总督门城楼上作垂死挣扎,几次攻打不下,伤亡甚重。黄兴组织敢死队攻坚,徐国泰奋勇参加,并率先冲向前去,火烧城门,总督署衙门被冲开,清兵负隅顽抗,双方展开巷战。当下,即分兵攻击督练会所等处,途中与敌遭遇,在激烈战斗中黄兴失踪,徐国泰率领华金元、阮德山四处寻救,他身受重伤10余处,仍奋不顾身地坚持战斗。后被敌兵包围,他依旧辗转抗击,冒死夺敌枪一支,击毙敌兵数名。但终因寡不敌众,壮烈牺牲,时年22岁。

为纪念死难烈士,广州黄花岗为徐国泰立碑留名,邳县国民政府于民国16年(1927年)在邳城建烈士祠,民国35年八义集建国泰中学,并将城北大街改名"国泰街",烈士家乡所在区改名为"国泰区"。

孙天生

孙天生(？~1911),扬州人。辛亥革命烈士。原为工匠,后因失业,至上海、武汉等地谋生(一说他与革命党人有些接触)。宣统三年(1911年),武昌起义爆发,他回到扬州,通过他人结识了清军"定字营"管带李祖培,鼓动李率部起义。同年农历九月十七日(11月7日),孙、李率起义部队打着"光复大汉"、"还我河山"的旗帜冲进扬州城。盐运使增厚闻枪声越墙逃走;知府嵩峋投官印于瘦西湖,躲至高邮;江都、甘泉两知县未及逃走,只得紧跟孙天生左右。当晚,起义部队打开盐运司署银库和大清银行,将银钱散与起义士兵和贫苦市民,并打开江都、甘泉两县牢房纵囚。次日,孙以扬州军政府都督名义,用大汉黄帝纪元元年年号张贴布告,宣布扬州"光复",通令人民安居乐业,并规定3年不完粮,尽免苛捐杂税;禁止奸商抬价,每石米不得超过3元(时已超过7元),每斤猪肉200文,深得平民欢迎。

孙天生的"光复"活动妨碍了扬州绅商方尔咸、周树年等人的切身利益,他们一面假装拥护"光复",一面制造舆论,说孙天生"冒充革命党",并暗地派人渡江迎请镇江巡防营统领徐宝山来扬镇压。九月十九日,徐率部抵扬州,绅商设宴于教场口接风,并驱赶市民列队欢迎。孙天生闻讯,率一小队起义军赶至教场口,当众揭露绅商的阴谋,徐悍然下令开枪,孙乘乱逃走,隐蔽在多宝巷一唐姓妓院里。二十日,徐下令关闭城门搜捕,后因叛徒告密,他于当日被捕。徐将孙押至泰州,企图利用他搜缴泰州一带"定字营"散兵的武器,孙断然拒绝,遂被杀害于回城途中。